珍藏本
纪念版
汉译世界学术名著丛书

李希霍芬中国旅行日记

上册

〔德〕费迪南德·冯·李希霍芬 著

〔德〕E. 蒂森 选编

李岩 王彦会 译

华林甫 于景涛 审校

商务印书馆
SINCE 1897 The Commercial Press

2017年·北京

此书的翻译出版得到国家清史编纂委员会的资助

Ausgewählt und herausgegeben von E. Tiessen
Ferdinand von Richthofen's Tagebücher aus China.
Berlin, Dietrich Reimer (Ernst Vohsen), 1907

《李希霍芬中国旅行日记》据迪特里希・艾默尔（恩斯特・佛森）
出版社1907年版译出

汉译世界学术名著丛书
（120年纪念版·珍藏本）
出版说明

2017年2月11日，商务印书馆迎来120岁的生日。120年前，商务印书馆前贤怀揣文化救国的理想，抱持“昌明教育，开启民智”的使命，立足本土，放眼寰宇，以出版为津梁，沟通中西，为中国、为世界提供最富智慧的思想文化成果。无论世事白云苍狗，潮流左右激荡，甚至战火硝烟弥漫，始终践行学术报国之志，无改初心。

迻译世界各国学术名著，即其一端。早在20世纪初年便出版《原富》《天演论》等影响至今的代表性著作，1950年代后更致力于外国哲学和社会科学经典的译介，及至1980年代，辑为“汉译世界学术名著丛书”，汇涓为流，蔚为大观。丛书自1981年开始出版，历时三十余年，迄今已推出七百种，是我国现代出版史上规模最大、最为重要的学术翻译工程。

丛书所选之书，立场观点不囿于一派，学科领域不限于一门，皆为文明开启以来，各时代、各国家、各民族的思想与文化精粹，代表着人类已经到达过的精神境界。丛书系统译介世界学术经典，引领时代思想，为本土原创学术的发展提供丰富的文化滋养，为推动中国现代学术和现代化进程做出了突出的贡献。

为纪念商务印书馆成立120周年，我们整体推出“汉译世界学术名著丛书”120年纪念版的珍藏本，寄望既利于文化积累，又便于研读查考，同时向长期支持丛书出版的译者、编者和读者致以敬意。

两甲子后的今天，商务印书馆又站在了一个新的历史时间节点上。我们不仅要铭记先辈的身影和足迹，更须让我们的步伐充满新的时代精神。这是商务人代代相传的事业，更是与国家和民族的命运始终紧密相连的事业。我们责无旁贷，必须做好我们这代人的传承与创造，让我们的努力和成果不仅凝聚成民族文化的记忆，还能成为后来人可以接续的事业。唯此，才能不负前贤，无愧来者。

商务印书馆编辑部

2017年10月

译者前言

费迪南德·冯·李希霍芬（Ferdinand von Richthofen）生于1833年，卒于1905年，是德国知名的地质地理学家。曾担任波恩大学、莱比锡大学和柏林大学的教授，晚年多次荣任德国地理协会会长。李希霍芬在1868年至1872年间对中国进行了七次地质考察，足迹遍布当时18个行省中的13个，对中国的山脉、气候、人口、经济、交通、矿产等进行了深入的探查。回到德国后，李希霍芬总结考察成果完成了五卷本传世巨著《中国——亲身旅行和据此所作研究的成果》（*China: Ergebnisse eigener Reisen und darauf geründete Studien*）。除了提出了著名的黄土成因说，李希霍芬还是第一个指出罗布泊位置的地理学家，而且首创了“丝绸之路”这一名称，至今在德语中中国的祁连山脉仍然被命名为“李希霍芬山脉”。

李希霍芬在其研究领域可谓硕果累累，一生共出版了将近200部著作，是近代地质地理学界的先驱人物，生前即拥有极高的学术和社会地位。其对中国的研究更是前无古人，近代中国地质学创始人翁文灏曾称李希霍芬为“最先明了中国地文之伟大科学家”。尽管如此，除了地质学界，李希霍芬的名字对读者来说却十分陌生，甚至远没有他的学生斯文·赫定（Seven Hedin）知名。究其原因，主要在于李希霍芬的作品多为学术著作，且几乎都没有被翻译成中文。李希霍芬逝世之后，他的学生蒂森(E.Tiessen)从其遗留的笔记和手稿中发现，李希霍芬其实早就希望能够出版一本通俗的在中国的游记，但未能如愿。最终在学生们的努力之下，这本主要由蒂森整理编辑的《李希霍芬中国旅行日记》(*Ferdinand von Richthofen: Tagebücher aus China*)终于在其逝世两周年之后的1907年得以问世。

这本日记的主要部分来自李希霍芬所遗留的手稿，其中包含一些从未面世的内容，为读者能进一步了解彼时的中国提供了翔实的资料。该书内容由三部分组成：凡是标有日期地点的段落均出自李希霍芬生前的日记；出自信件的内容段落前单独标示；还有一部分内容是蒂森根据遗留手稿并添加了相应内容编辑而成。此外书中还附上数十幅李希霍芬亲手绘制的风景人物草图，更直观地展示了他旅行中所见的中国的各种景象。

将这本旅行日记翻译成中文必将首先有助于学界深入对李希霍芬的研究，其次也将帮助读者从一位外国地理学家的崭新角度了解清末中国社会政治经济、风土人情等方面的历史情况。此外李希霍芬在中国的考察不单单出于学术目的，还有一个主要目的是为德国殖民侵略搜集情报，为此李希霍芬甚至拥有直接给当时的普鲁士宰相俾斯麦写信汇报研究成果的自由。在考察完舟山群岛后，李希霍芬就在日记中毫不讳言地写道："如果普鲁士政权想在中国占领一座自由港的话，舟山是个不错的选择。"天津教案发生后，李希霍芬在给父母的信中，更是直接表示出，对中国"或许最后将不得不使用武力，那时我之前在中国的考察将会派上用场了”。可见李希霍芬身上的殖民色彩不容忽视，翻译这本旅行日记也将有助于更加清晰地揭示清末欧美列强的殖民侵略历史。

蒂森在编辑这本旅行日记时，省略了专业的地质地理学方面的内容，更多地将李希霍芬旅途中的所见所闻展现给读者。作为一本通俗游记，译者在翻译时遇到的最大困难是书中出现的近500个清代地名。这些地名大到行省，小至村落，为此译者查阅了《中国历史地图集》（谭其骧主编）、《中国史稿地图集》（郭沫若主编）等大量文献，力求能准确还原这些地名。尽管如此，仍有一些地名未能考证出来，对此译者作了音译处理，并逐一标明。这主要是由于译者在地理历史方面能力有限，所掌握的资料有限。另外书中李希霍芬曾写道："在记录地名的时候我遇到了很大的困难，虽然我多次请求中国人说得慢一点儿，发音清楚一点儿，但他们总是说得特别快，我只能连蒙带猜地记下近似的发音。"可见由此造成的错误遗漏可能也是存在的。再次，蒂森在编辑这本日记的时候，学术界并没有一套公认的汉字拼写方式，蒂森对日记原稿中的一些地名作了更改，比如用 s 代替 hs 等，整理过程中是否存在错乱之处也未可知。

此外，从书中的一些段落可以看出李希霍芬对中国的了解也有不少错误之处，比如在芜湖县，李希霍芬这样写道："芜湖的地理位置十分优越，来自浙江那边的两条河流在此处汇入长江，这里土地肥沃，通过运河和东部下游的水系连接起来。可以证明的是，以前长江除了现在的支流以外还有第二部分支流并且与之构成了一个面积巨大的三角洲地带。在芜湖，长江的一条支流向东汇入太湖（Tai hu），由此又有一条分支流向杭州，还有两到三条继续向东汇入大海。”这里李希霍芬显然是受了郦道元《水经注》的误导。李希霍芬因其肩负着为普鲁士殖民侵略搜集情报的任务，在记录日记的过程中很多时候会站在侵略者的立场说话，比如将天津的大沽口说成是中国人狡诈的杰作等。为了保证译文的真实性，译者对上述两种情况都是按照原文翻译。因水平所限，如有错误遗漏之处，还望读者批评指正。

本书的上下册分别由李岩和王彦会独立翻译完成，在翻译过程中，得到了中国人民大学历史系华林甫教授的悉心指导，作为本书的专业译审，华林甫老师耗费了大量时间精力逐字审阅了书稿，并帮助译者考证出数十处地名的翻译。对外经贸大学德语系的于景涛博士作为本书的德文译审，也为本书的翻译提供了不少的帮助和指导。此外中国人民大学历史系徐浩教授尽心尽力促成了本书的最终出版。商务印书馆的李建军、王希编辑也为本书付出了辛苦的劳动，在此对上述师长表示衷心的感谢。

将此书献给一诺和暖洋。

李岩　王彦会

乙未年于北京

前　言

我怀着无比激动的心情看到这本印着我丈夫名字的书最终得以出版，他生前就有此计划，只是未能得偿所愿。该书中所记录的日子距现在已经很久了，当男爵先生的学生们在费迪南德·冯·李希霍芬纪念日上提出想把这些日记出版的时候，出于对丈夫忠诚的爱和敬仰，我欣然接受了这一提议。学生们希望能将老师日记中未出版的部分集结成册，并希望能以此让更多的人了解当年他们的老师在中国游历的日子。蒂森(Tiessen)先生在出版第三卷《中国》的时候得到了我丈夫留下的这些日记。当我得知日记即将付梓，我感到无比的高兴。希望出版者蒂森先生能够成功，并通过日记的出版进一步加深人们对我丈夫所作贡献的认识。衷心感谢蒂森先生和所有给予过支持与帮助的人们。

费迪南德·冯·李希霍芬男爵夫人

出版者导言

费迪南德·冯·李希霍芬的光辉一生虽已终结，但他的作品将永存，他的影响将持续。对于一位研究地理学的人来说，想成为真正的学者必须要经历漫长的游历和考察，而李希霍芬在成为大师之后还继续其在远方的考察，并且边学习边研究，收集了很多珍贵的资料。这些资料非常之多，以至于李希霍芬孜孜不倦地尽其全部力量直到年事已高都还在研究。没人能知道，死神之手是在他伏案冥思还是奋笔疾书时突然到来的。直到他生命的尽头，李希霍芬都在研究这笔精神的宝藏。李希霍芬从不吝啬将这些珍贵的资料公布出来，反而觉得将这些科学研究的成果加以出版是他的本分所在。因此自他的博士论文（1856 年）出版以来，李希霍芬大概已经出版了将近 200 部著作，身后还留下了大笔内容丰富，未经加工完成的宝贵资料。其中最伟大、最重要的当属其宏著《中国》的第三卷。这一卷书不仅介绍了中国南部的情况——正如第二卷主要介绍中国北部的情况——而且还包含了对整个中国的山脉、地理、经济地理、气候、人口、殖民情况和文化的介绍。单单从上述列举的范围就能看出这卷书包含多么丰富多样的内容，以至于编纂之初都让人觉得这是一项无法完成的任务。

这些资料的核心是李希霍芬在中国四年游历期间所进行的科

学考察的成果，存在于他一直不间断的，甚至可以说耗尽心血记录下来的日记当中。在这些厚厚的日记册子中，除了地理学专业的资料外，还有很多个人经历的描述。每当看到这些描述，我们就会想到，如果出版出来，那一定也会受到大众的欢迎。只是李希霍芬鲜有机会向一些专业人士以及朋友们叙述旅行中的这些有趣的经历，以至于身边人认为，他对这种叙述性的游记根本就不感兴趣。事实上，这种看法是不正确的，因为每当李希霍芬的学生们游历归来，作为老师的他总是不忘关照他们尽快将自己的游记出版，而这些游记往往都成为畅销的作品。

在最初整理和挑选这些遗留的笔记和手稿的时候我就发现，李希霍芬早有打算在回国后立刻就出版这样一本大众喜爱的中国游记。所以当学生们提出要完成老师未竟心愿之时，李希霍芬夫人立刻给予了热情的支持，而曾经出版过《中国》的出版社也欣然答应再次帮助我们。计划很快就形成了。如果说单单从李希霍芬留下的手稿还不足以看出他的确有出版游记的意愿的话，那么还有一点可以证明他有此愿望，那就是在他回国后最初的几年里已经亲自整理了一本畅销游记的大部分资料，而且这些资料和手稿被完整地保留了下来。从内容的选取和处理，以及写作风格可以看得出，这部分资料和纯粹的科学研究的资料很不相同。有些是口述的记录，这些记录为本书中插图的形成提供了基础，这些记录或是当时就留下来的，或是后来补充完整的。李希霍芬曾对中国进行过七次大的考察，其中四次考察遗留下来的手稿成为其研究的基础，而这些日记一方面可以作为佐证，另一方面则作为补充。此外李希霍芬夫人还提供了另外一部分更具吸引力的资料，那就是数量众多的私人信件，主要是李希霍芬在旅途中写给父母的信。这些信件为我们勾勒出李希霍芬游历考察的大致路径，让我们更加了解他的计划和经历，其中还描写了很多他和他的陪同者在旅途中的日常事物，可以让我们对李希霍芬这样一个平和的、个性坚韧的伟大人物形成了更为完整的认识。

关于李希霍芬为什么没能完成写作这样一本游记的问题，或许现在我们无法十分肯定地回答，但恐怕主要是因为纯粹科学研究的部分占据了他很大一部分精力，使得他无暇兼顾。但是在他的科学研究成果出版事宜确定以后，李希霍芬开始将其全部精力投入到准备和写作游记的事情上，遗留下来的手稿即可以证明这一点。只是这些资料十分繁杂庞大，以至于李希霍芬未能全部完成。其中还有一部关于日本的作品，也因为同样的原因而搁浅。

之所以决定现在再次着手出版这样的游记也是出于以下的考虑，这些遗留资料中包含着一些之前从未面世的内容，可以为我们了解中国的情况提供帮助。此外，如果集结了李希霍芬在最后几次旅行中写给上海商会的信件的英文本《书信集》也能够借此机会得以顺利出版，则善莫大焉。因为该《书信集》虽然价值极高而被很多专家看作是认识中国的重要途径，但因其专业性太高而难以获得广泛的流传。如果我们从历史角度来看李希霍芬的中国考察，那么《书信集》中记录的很多当时的大事件也足以引起研究者巨大的兴趣，比如太平天国的情况，再比如天津教案的情况。

在挑选日记内容的时候，我们作了如下的考虑：日记中关于地理学考察的内容，尤其是关于煤矿的详尽描述，因其本身就是科学专著《中国》的主要内容，所以在游记中不再重复使用。但是我们尽量保留了一部分内容，以便使读者身临其境地感受李希霍芬在旅途中的所见所闻。另外正如上面所提到的，整理出的手稿中也加入了一些书信的内容。在我们看来，这些每日的记录会引起人们对于逐步形成的伟大理论，即对于地质学发展产生重大影响的“黄土成因说”的高度兴趣。

为了便于读者阅读，在外部结构上我们做了如下处理：凡是原文摘录李希霍芬日记内容的部分，我们在段落边都标明了日期；凡是没有标明日期的段落，则是编者综合遗留手稿并添加相应内容编辑而成；所有来自信件的内容也都做了格外的标注。

关于中国地名的书写方式，我们尽量遵循了李希霍芬在其日记中所使用的拼写方式，尽管在此问题上确实存在一些争议。做了更改的地方包括：中国地名开头的“hs”我们使用更简单的“s”代替，比如用“Si ngan fu”代替“Hsi ngan fu”。但是“县”的拼音仍然保留了原文中的“hsiën”。这一点无需做过多的解释，因为至今学界都没有形成一套公认的汉字拼写方式，尽管对于研究来说十分必要。

遗稿中一些李希霍芬亲自绘制的风景草图为这本书添加了更多的色彩，事实上他在年轻时就孜孜不倦地练习绘画，而且颇具天赋，遗憾的是大部分在中国旅行途中所绘制的草图目前都已遗失。本书中所使用的一些图片有些绘制在单页的纸上，有些则在日记本中。这些在日记本和绘图册子中的草图向读者展示了李希霍芬途中所见的中国各地的地貌情况。

我们只选取了《中国》中的一幅地图附在本书后面，以便勾勒出李希霍芬旅行的路线。如果想把整本游记中所有出现过的地名都标注出来，那么恐怕得用一整本中国地图册才行。在一张普通的中国地图上是不可能标注出所有地名的，而且我们也难以取得中国地图的使用权。对于中国北方城市的情况，如果读者想作进一步的了解，可以参照李希霍芬《中国地图集》第一部分。

李希霍芬夫人不仅授权我们使用全部遗稿，而且尽其所能帮助我们挑选日记和信件的内容，使得该书的出版得以实现。除此以外，在挑选和整理草稿时她也为出版人提供了宝贵的意见和帮助。我们对此表示最真诚的感谢。

在抄录日记原稿的过程中，马希尔(Marschall)、雷特讷(Rentner)、萨柯泽(Sachse)三位女士和威斯温茨凯(Wiszwianski)博士提供了巨大的帮助。凯斯(Kais)先生在校订该书中文地名的时候得到了福兰阁(O. Franke)博士的大力协助。除此以外，李希霍芬的众多学生也为解答书中一些问题尽了各自的一份力量。其中丁泽(Dinse)博士负责了全书的校订工作，并且编写了书后的索引目录。对于所有人来说，作为李希霍芬的学生、朋友和景仰者，我们希望以此来缅怀这位伟大的学者。

1907 年 10 月底于弗雷德瑙(Friedenau)

蒂森(E.Tiessen)

目　录

加利福尼亚(Californien)——中国

(1868年8月24日,在“日本号”上,太平洋)1868年年初, 1
我在加利福尼亚计划对中华帝国进行一次地理考察,并和惠特尼(Whitney)[①]教授以及盟国(Vertragsmächten)派往中国的公使B.(指伯兰特)先生,当他在旧金山(San Francisco)的时候,多次就此事进行过商谈。惠特尼对这一计划十分热忱,而B.先生对此尽管表示欢迎,但碍于他本人的特殊地位,不便为促成此计划做些什么。

计划的实施看来伴随着很多困难,我没有指望在计划还没有成功的时候就能得到来自中国政府的物质资助。因此我必须有至少一年的时间是靠自己的力量来进行考察,虽然势单力薄,但是这样也能获得更多的行动自由并且尽快投入工作。此次科学考察将带来的实践意义甚至引起了加利福尼亚那些银行家们的关注,加利福尼亚银行承担了考察所需的经费。他们的条件是,必须把考察的实际用途放在首位,这虽然多多少少地限制了我的自由,但是比起获得进行如此大规模考察的机会来说这只是小小的代价而已。

---

① 美国知名地理学家,自1861年起担任加利福尼亚国家地理协会会长。

7月30日，我下定了决心。因为有很多事情要处理，所以起程前几天我十分忙碌，几乎没有和朋友们告别的时间。8月3日中午12点正式起航。我带着轻松的心情告别加利福尼亚！因为经过几年漫无目的的劳碌，现在我终于又获得了做一件大事的机会。

2 凉爽的风从旧金山吹来，天空中零星地有一些云彩。当天晚上船就远离了加利福尼亚海岸。1862年8月22日，我第一次满怀希望地来到这里。

航行很舒适，晴好的天气使得这次航行成为我经历过的最舒服的航海旅行。我们在清新的北风中告别了旧金山。19、20号的时候，西南方出现了强烈的海浪，风力加大。20号夜里，南风转东南风。翌日清晨6时，刮起了稍强的东南风，温暖而潮湿，让人昏昏欲睡。天空像一整块儿灰色的幕布悬挂在船的上方。开始下雨了，海水渐渐变成了蓝绿色。气压表显示为6时，29.51英寸（749.5毫米）；8时，29.39英寸（746.5毫米）。浪头很高，东风，更加闷热，毫无疑问台风来了。

时间	气压	风向	风力
9:45	29.20英寸（741.6毫米）	东北东	5
10:15	29.16英寸（740.6毫米）	北东	7
10:30	29.12英寸（739.6毫米）	北东	7
10:45	29.14英寸（740.1毫米）	北东	7
11:45	29.17英寸（740.9毫米）	北	5
1:00	29.29英寸（743.9毫米）	北北西	3
3:00	29.37英寸（746.0毫米）	北西	3

续表

时间	气压	风向	风力
5:00	29.46 英寸(748.3 毫米)	西北西	2
10:00	29.64 英寸(752.8 毫米)	西北西	2

上午 10 点半的时候,我们无疑离台风的中心点最近。浪头高且不规律,还好船的晃动并没有让人很不舒服,也没有人晕船。两点的时候天空渐晴,一会儿晴朗,一会儿多云。云一层层堆积漂移着,最底下一层来的时候,风也跟着来了。上层云的走向已经无法辨认了。

我们还算幸运,风浪已经明显地自西南向东北一线退去。我 3
们从东边来,遇到东南风,然后风向转为北和西北。因为两股风浪先是相遇,然后分离,所以风向转变开始很快,逐渐放慢。因此才会突然间产生了台风。令人奇怪的是,风力并没有加大,因为气压表显示气压很低。这应该是由于回撤的那股风浪造成的,因为它的转向产生了机械作用,使得右边的风力加大,而左边的减弱。

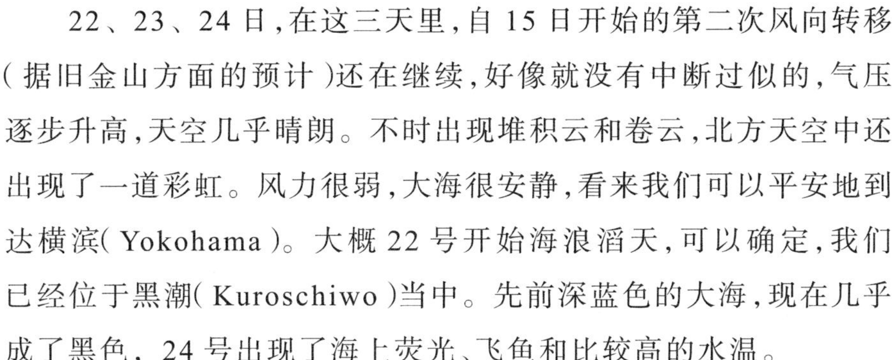

22、23、24 日,在这三天里,自 15 日开始的第二次风向转移(据旧金山方面的预计)还在继续,好像就没有中断过似的,气压逐步升高,天空几乎晴朗。不时出现堆积云和卷云,北方天空中还出现了一道彩虹。风力很弱,大海很安静,看来我们可以平安地到达横滨(Yokohama)。大概 22 号开始海浪滔天,可以确定,我们已经位于黑潮(Kuroschiwo)当中。先前深蓝色的大海,现在几乎成了黑色,24 号出现了海上荧光、飞鱼和比较高的水温。

(8 月 26 日,横滨)5 时,我们到达国王角(Cape King),10 时在横滨抛锚。多云的天气使得我们只能部分看清海湾周围的环境，但对于长时间航海的人来说，这对眼睛是很好的休息和调整。我在伯兰特（Brandt）[①]那里消磨时光，他现在是临时代办（Chargé d'affaires），和其他的公使级别一样，但是只能代表普鲁士，不能
4 代表北德地区。普鲁士的公使馆是一座简单但漂亮的建筑，海边的院子里有高高的树，还有一些很小的附属建筑物。从那里看海港的视野很美。它和法国以及意大利的公使馆都位于这座日本城市的北边，英国和美国的则在南边。

最新发生的政治事件是，昨天伯兰特的一个车夫在横滨的大街上被日本外相的随从拽了下来。因为在日本只有亚库尼（根据德文发音音译：Yakunin）一级的人才能坐车，除天皇（Mikado）外不允许骑马，所以车夫的做法在日本人看来是很没有规矩的。民族偏见和是否将日本本土的规矩用在外国人的仆人身上是目前怎么处理这件事情的症结所在。公使们已经告知日本外相，他们不会参加明天本来要召开的一次会议，也不会接见外相，除非他为此事向全体外国代表道歉。并且他必须张贴海报，以书面形式道歉。

日本的政治状况一直像个谜。自从一桥家族（Hitotsubschi）被水户（Mito）家族和天皇的军队打败并且卸任后，他们没有大君（Taikun）[②]。萨摩（Satsuma）、土佐（Tosa）、长州（Chosiu）和其他

① 马克斯·伯兰特（Max August Scipio von Brandt），奥伦堡（Eulenburg）大公带领的普鲁士考察团（1860/1861）成员之一，和李希霍芬一起作为科学考察人员前往东亚。1862—1872年担任普鲁士代办，之后任北德联盟（der Norddeutsche Bund）代办，再之后任德意志帝国驻日本代办，1875—1893年任德国驻北京公使。

② 大君，对除天皇外实际行使政府权力的幕府将军的称呼，直到幕府1867年被废止。

一些地方支持现在的天皇，而反对他的则有会津(Aidzu)、颜座
(Kaoza)、陆奥国(Mutsu)和很多其他地方。据说，天皇的叔父就 5
是反对天皇的，他驻扎在北部的一所庙宇里。伯兰特猜测，这个国家将被分成南北两部分，中间部分还有一些独立的诸侯。

横滨的变化很大，但不是向好的方向。1860—1861年冬天只有零星的住房，这里还很空旷，这片土地尚未被所谓的文明所开化，而现在已经明显地发展成一座欧化的城市了。但是我从来没见过如此杂乱和糟糕的城市规划和建筑。街道非常狭窄并且弯曲，以任何可能的角度交汇在一起。外滩的几所房子看起来很雄伟，是用石头造的，并且还有带柱子的大厅。但是大部分房子都很难看，谈不上一点儿建筑美感，还不如先前的空地让人舒服。

今天格外炎热，狭窄的街道几乎没有一丝风，给人的整体感觉就是拥挤和难受。此处有一条路通向一个西方人将其叫作密西西比湾(Mississippi-Bay)的地方。但是早些时候拥有的自然原始的特色已经荡然无存，有很多水手、美国军官和牧师在这里。商店寥寥无几，货品匮乏而且昂贵：四瓶饮料就要4美元。这里也没有任何花园，一无可看之处。

(8月27日)我有幸可以带着我们的队伍在这座日本城市里逛逛，围观的人群时不时地发出惊讶之声。观察这些人的表情是很有意思的，因为我以前也和他们一样大惊小怪的。我们当中的一位女士对美国战舰上铜钉的兴趣要远远超过日本为我们展现的所有新鲜事物，每个人都注意到了不同的东西。

(8月28日)我们在“日本号”上舒适的旅行到此就结束了， 6
今天我们登上了“哥斯达黎加号”(Costarica)，它将搭载我们前往

上海。这是一艘老船，狭小，一点儿都不舒适，脏而且没有得到良好的维护，秩序混乱。在船上，我拜访了一位美国战舰的指挥官F. 先生，他不久前曾经乘坐“哥斯达黎加号”去过朝鲜。他对朝鲜和朝鲜人大加赞赏，并且敦促伯兰特先生，和朝鲜签订条约，看来明年年初在他的陪伴之下我有希望能够到朝鲜。

我们傍晚6点离开了横滨。天气不错，云淡风轻，富士山第一次将它的顶端露在了云彩之上。月光皎洁，空气温暖，我们在甲板上一直坐到深夜。海水呈现出祖母绿色，这是我之前从未见到过的。所有的景物在背光中都是绿色的。

（8月29日）当我们今天早晨5点到甲板上的时候，船已经驶过了伊豆（Kap Idzu）。云层远处富士山还在暗淡的光线中若隐若现。6点越过御前崎岬（译者注：Kap Tutomi，从其航行路线判断应为现在的御前崎岬），从这里到伊梁湖岬（Kap Irakosaki）海岸都是沙石组成的。海岸之上是一连串高200米到400米的群山，没有陡峭的山坡，山上覆盖着一些灌木和一丛丛的针叶林。也有很多地方光秃秃的，裸露着红色的土地，那里肯定寸草不生。整个山丘看起来仿佛是红色的。岸边和丘陵之间是一堵堵30米到50米高的板状的用来加固堤岸的深红色的围墙。这些阶梯排列的围墙使得位于其上的林子和村庄看起来并不荒蛮。森林中的山谷在围墙之内向大海延伸着。

7 无数的渔船在我们附近，它们上面经常有12个到20个人一起捕鱼。岸边还停靠着一排排渔船。村子里的人们都跑到岸边来看我们的船。

我们的船上大约有800个日本人，从一个带着一家子人的大名(Daimio)[1]直到很低级的贱民,其中也有很多妇人、小孩和姑娘。她们有些是士兵的亲属,有些是将永远离开江户的那位大名的随从。大名的行李非常多,因为他把他的家和家里的一切用具以各种形状捆绑好随身带着。他的随从们举止优雅,非常安静,从不争吵,并且看来很喜欢在船上的日子,虽然他们得像一条条青鱼那样挤在一起。欧洲人和日本人互有好感,尤其是我们的那个小婴儿和伯兰特先生三岁的儿子汤米(Tommy)格外招他们喜欢。

中午的时候,我们到达位于尾张(Owari)海湾西部入口的鸟羽(Toba),这里的山丘直接伸到了海中,都是些250米到600米中等高度的山。远处还能看得见更高一些长满灌木的山峰,也有少量的树木,在所有的峡谷和缝隙以及平坦的地方都大量种植了一种不开花的树木。岛和山之间是一条很深的海湾,绕道村庄,直到鸟羽,那里是一个很小的贸易地。这里的景色很雅致:房屋被高大的树木包围,到处种满了农作物,水面上浮着大大小小的船,这里的人看起来很快乐和幸福。此处也许对于尾张海湾的贸易还是有一定重要性的,因为一些大吨位的船能够直接停靠。

(8月30日)我们沿着海岸朝日本的南部边缘前行。到处都 8
是山地,并且经过很多海湾。山脊一个个相连,中间是大的峡谷。再往南,山峦的高度低了下来,海滩也变得平坦很多。夜里我们围绕纪伊半岛(Kii)航行,清晨看到了伊都萨(音译:Idusumi)西边的一角,从这里可以去神户(Kobe)。东边的山都很陡峭,而且向着大和市(Yamato)越来越高。但是就连最陡峭的地方也有人

① 大名是日本的诸侯领主,部分大名曾经掌握很大的权力,幕府败落后大名的地位深受震荡,后于1871年被废除。

居住，种上了庄稼，看来对勤劳和要求不高的人民来说没有什么是不可能的。这些村子因为房屋的建造样式看起来让人赏心悦目，高大的树木，绿油油的庄稼，还有一座座的庙宇，海边的防护墙。淡路岛(Awadsi)上全是山，我们从很多渔船旁边越过，大阪(Osaka)以东地势越来越平坦，但是以北仍然是很多山。

神户位于一片平坦的海湾中，几乎没有任何防务，在大阪以西大约30公里。往西3公里就是兵库区(Hiogo)，这里有一座防务稍好的港口。外国人首先就在这里登陆，后来成了开放的口岸。开放口岸看来并不是高明的外交手段。据说大阪也将被开放，虽然大点儿的船根本就进不来这里，而神户将建成一座海港。直到现在，这里的欧洲人并不多，他们还住在日本人的房子里。过几天有些土地就将被拍卖，不久欧洲人的房屋就会拔地而起。虽然当前这里的贸易并不重要，但是很显然将来会繁荣起来。原住民和外国人的关系还算和谐，只有一些小摩擦。神户是一处优美之地，山色曼妙，既有陡峭的山峰，也有狭长的山谷，间或还有瀑布直下。山上植被茂盛，娇嫩的绿色，丛丛树木，隐约的寺庙和零落的村庄，这一切构成了一幅赏心悦目的画卷。我在附近散步了
9 很长时间。我的伙伴们对这里的一切都感到新奇，因为他们是第
一次到日本，看到这样的庙宇和景致。令人不解的是，住在这里的外国人对这里的环境所知甚少，他们只知道通往大阪的道路和5公里外的一处瀑布，对周围进行进一步的探索对他们来说或许毫无意义。

(8月31日)我们清晨从神户出发，万里无云，西风徐徐。在内海的航行是很舒适的，景色不停地变换：深深的海湾，突出的岩

石和登陆的地方,无数的小岛,绵绵山色,形状各异。北边的山呈现出红色,而南边的则很陡峭,长长的山脊,好像是从海中钻出来的一样。山上的植被多是一些低矮的灌木,岩石层层叠叠的。稍高一点儿的是一些针叶树木,也有一些阔叶的,间或地出现在山上。所有能看到的岩石,尤其是山脚的,看起来像是花岗岩。在四国岛(Sikoku)上可见圆顶山峰,看来像是火山岩,有些得有750米高。在每一片平坦的地方,尤其是山谷出口,遍布村落,无数的房子、树木和庙宇,平台似的田地上耕种着农作物,看上去玉米要比水稻多些。

继续前进又有新的岛屿出现,景色不停变换,在每一处突出的山岩后面都是崭新的景色。无数的渔船在这片水域游荡,其中还有一些大的日本贸易船。通航很顺利,没有任何障碍,只有小岛和深深的水面。

我们在图莫(音译:Tomo)的锚地停靠,因为那位大名要在这里下船。为了能重新回到家乡,他带领着自己的家庭和众多的随从由江户回到这里。我们上了岸,并且引来了大量围观,因为这里的大部分居民还从来没见过欧洲人呢!这个城市很干净,而且建造得很美丽,比我曾经到过的其他小城市要好得多。

(9月1日)今天我们航行路过的这段内海是最美丽的一段, 10
无数大大小小的岛屿被窄窄的水道连接在一起,两边只有宽约80公里的陆地,上面是各种形状的山。山上嫩绿嫩绿的,一直延伸到山尖。到处都是山,平坦的地方很少。但凡地势平坦的地方就有大的城市,并且看起来还很富足的样子。引人注目的还有那些防洪墙,它们保卫着村子,并且延绵很长,用大大的岩石一块块垒起来，经常作为水稻田的防护墙。只要山不是很陡峭的话，有些田地甚至顺着山势一直延伸到山顶。这样的景致在世界上其他地方几乎是看不到的。这个地方作为地球上最美妙的一处将会备受赞誉，具有极大的吸引力，人们的生活和耕作是幸福和富有的。一个天堂在这里被创造出来，而在其他国家根本就找不到这样的地方。但愿这里永远能保持现在的样子！这里最大的敌人就是所谓的现代文明和那些现在尚不可知的人们的需求。这里的人们勤劳规矩，没有海盗。土地给予了人们所需要的一切，他们生活得安静而祥和。要是他们的命运再好一点儿，就可以和希腊岛上的神仙媲美了。美丽的景色使我有点儿目不暇接，新的发现不时引起我的惊叹。

11 （9月2日）凌晨，我们到达通往下关（Schimonoseki）的入口。借助明亮的满月之光我们穿过了这里，否则的话会很危险的。正是涨潮的时候，大概每小时航行6节到7节。虽然我们的船队在一条小水路中行驶，但却像是在一条大河里航行似的。河道虽然弯曲不断，但我们的船离两岸的距离始终差不多。这里没有高耸的陡峭的山，只是些低矮的、圆乎乎的丘陵，植被很茂盛。下关这座城市沿着河岸绵延了很长一段。穿行过众多的岛屿后我们就离开了这条河道。

前往长崎（Nagasaki）的路上也有很多可看之处，我们总是和岛屿擦身而过。伊岐岛（Iki）那里多是些平平的丘陵，并且直到山顶都有耕地。东边的岛大多也是些低矮的山丘，间或有陡峭些的，也有种上庄稼的山坡。在九州（Kiusiu）山上可以看到很多圆顶山峰。但是我在这里并没有看见火山，倒是有很多火山岩，越靠近长崎越多。很多都是由奇形怪状的岩石组成,从海面上突起。大一些的火山岩上也看得见柱状体,还有一些火山沉积物。结晶状的石板岩看来也有,而且是大片大片的,和西南部看到的不太一样,他们没有连接在一起,更多的是铺在了那些沉积物的下面。我们在晴朗的天气里到达了长崎海湾。

(9月3日)之所以要在长崎停靠,是想看看这里的墓地。在这里我又发现了令人赞叹的一隅,其实以前我就把这里看成是日本最美丽的地方。往长崎城里走,就会发现这里的确比先前变漂亮了。

上海——天津——北京

12 （9 月 4 日，上海）上海的街道距我上次来这里已经有了明显的改观，街道上铺了碎石子，还建了排水沟，比以前干净了很多。外滩也扩宽了，并且建了石墙，很多新房子矗立起来了，其中就有英国俱乐部。还开通了一条往徐家汇①去的路，跑马场也搬迁了并被装饰一新。看来这座中国城市也因为欧洲的投机生意而扩大了，只是那些房子大部分都空着，并没有人租赁或是购买。不少投机商在 1862 年和 1863 年间作为富有的房东回到了欧洲，靠租金过起了日子，然后又不得不因为房产的贬值沮丧地回来了。现在生意不怎么好，不再有做大投机的机会了，更多的是些实在生意。德国人的房子还有一部分耸立在那里，但是过去几年里那些考察中国的种种尝试都宣告失败，再也没有人对此感兴趣了。

（9 月 17—20 日）早上 9 点我们乘坐“满洲号”（Manchu）离开上海赴天津。北风徐徐，浪头在黄海海水较浅的地方翻涌，船也随
13 之摇摆不停。船上的乘客除我之外都晕船得厉害。18 日这种状况还在继续。水深只有 5 英寻到 8 英寻（译者注：航海术语，1 英寻约为 1.82 米），浪头频率很快，船毫无规律地摇摆，舱里的人痛

① 上海著名的耶稣会会所。

苦不堪。我们的速度很慢，羸弱的船再加上逆风逆浪，这一切都阻止了我们前进的脚步。星期日的早上已经能够看到山东半岛了。前一天夜里天气就开始转好，星期日是个大晴天，微微的东北风吹拂着，大海十分宁静，所有的“病人”也恢复了健康。

山东的东海岸，向外突出的部分有一些岛屿，当我第一眼看到它们的时候，不禁有些惊奇地想到加利福尼亚的海岸，二者有不少相似之处。这里的山看起来光秃秃的，其中一些有着锯齿状的山脊和较大的坡度，但是没有陡峭的岩壁。平坦的地方遍布村庄，围绕着村子延伸出平台一样的田地直到山脚下，山上则只能看得见一些零星的树丛。晚上 9 点钟，我们在芝罘（Tschifu）抛锚，一轮弯月躲藏到山丘的背后照在这座城市的上空，空气很温暖，这时站在甲板上是一种享受。

（9 月 21 日，芝罘）芝罘位于一个朝向东北的美丽海湾中，在这个方向上还有一些小岛，海湾周边则是高 200 米到 300 米不等的山丘。这所城市就在山脚下的平坦处，位置既便利又优美，只是缺少一些绿色，不然景色会更加诱人。这里并不是重要的地方，所以外国人的住所也只有几所房子而已，里面住着大约 50 个白人。对于上海来的人，夏天这里是一个好去处，空气清新，海水清澈。这里的房子是用石头和黑色的砖造的，这样好的材料使这座城市看起来比其他地方要富足。因为冬天的寒冷，外国人的房子都是用石头造的。我去拜访了牧师威廉森（Reverend A. Williamson），他曾经在中国北部游历多时，跟所有在上海的外国
人相比，他能够给我更多有价值的关于这个国家的建议。他几乎 14
走遍了山东、直隶、山西和东北地区，在旅途中看到了很多事情。

我感兴趣的还有他的地图，他在上面画出了煤、铁、金属的藏地和丝绸以及棉花外运的路线，现在他正忙着写游记。

芝罘由一道几公里长的半圆形、高 1 米的城墙围绕，这道墙对后世的人来说也许会成为一个谜。这里的道台在一年前当起义军[①]快逼近的时候建了这道城墙。它根本起不到任何护卫的作用，事实上只是为了向政府索要银子，而道台索要的钱可能是实际耗费的十倍还多。还是这位道台，在去年 120 个英国兵和 80 个法国兵为了保护欧洲人进驻这座城市的时候，向他的政府为这 200 个额外的士兵索要每天的费用。作为对此类诈骗行为的“奖赏”，现在他被晋升为由外国军官负责训练的中国军队的指挥官了。

（9 月 22 日，在海上）晚上我们过大沽口（Taku）后走了 15 公里进入白河（Pai hŏ）。这里的沙洲前只停着一艘船，正是涨潮的时候，沙洲现在几乎有 4 米都在水下，退潮的时候只有 1 米。“满洲号”正好可以从软软的泥泞中穿过。白河本身水很深，我们逆着水流上行。大沽口部分已经被破坏，只有主体还在，留给后世作为对中国人诡诈的纪念。（译者注：此处李希霍芬显然是站在西方侵略者立场。）

（9 月 23 日）我们溯白河去天津，天津农田广袤，人口密集。土地被分割成小块，并且大面积地种植着同样的作物，更像园圃
15 的样子。房子是用麦秆混着泥土（红土）建成，并且在村子里紧紧

---

① 本书还有其他很多地方的起义指的都是发生在 1851—1865 年间席卷了大部分中国的太平天国起义，从日记中可以看出，作者在很多地方十分细致地观察了这次起义的一些后果。（译者注：文中“一年前”所指是 1867 年，而太平天国已于 1864 年被消灭，显然这里指的不是太平天国起义军，从时间上推断应该是活动于北方的捻军。）

挨在一起。整条路上只有一所稍好些的房子，是一所出租屋。到处都是辛勤耕作的人们。河水被引入沟渠灌溉田地，地里种着黄米、玉米、豆子、大麦、棉花，还有谷子、小麦和大米。园子可以看到卷心菜、生菜、甜菜、白萝卜、洋葱、大蒜和红胡椒等，远处还有苹果、梨、葡萄和桃子等。

天津城里欧洲租界死气沉沉。房子建得十分坚固，街道也宽阔，“外滩”也比其他的港口漂亮，但是路上看不到一个人。这里的贸易在1860年后很快就凋敝了，主要原因是大运河不能使用了，所以现在大部分房产已经转到了中国人手中。

（9月24日）今天的大部分时间都用来作继续航行的准备工作了。一艘美国舰船上的军官们，昨天晚上他们就已经竭尽全力用一场黑人游艺表演来娱乐我们，今天又来协助我们作准备。下午的时候，我们的“白河舰队”装备完成，离开了天津的欧洲租界，第一次穿梭在这座中国的城市中。上千艘小帆船杂乱地挤向狭窄河道的两边，也显示出这里作为贸易地的重要性。这座城市的房子都是些近乎坍塌的泥屋，看不出一点儿富有和重要性，但是城市延伸很广，左岸有一片至少长1.5公里的皇家盐田。大堆的盐用席子覆盖着，这些储藏十分重要，这也是第一次表明中国政府还是有一些储备的。

通过铁钩子的推拖，我们的船队很灵活地在乱糟糟的小船间 16
穿行，因为涨潮和退潮的潮水都只能到天津，所以我们是逆流而上。周边的景致和此种航行的乐趣也因为一些不好描述的不甚美观的场景和令人作呕的气味而破坏了很多。人们好像没有什么羞耻感可言，而且看来居民的家中也是很肮脏的。很多小帆船乱

糟糟的，彼此拥挤差不多都连成了一道浮桥。再往西就到了大运河，现在运河里的水都干枯了。我们在不远处停了下来，并且决定到岸上散散步，以此来结束这一天。

（9月25—28日）这些天是我在旅途中所经历的最舒适的一段时间。虽然我们做好了迎接艰苦日子的准备，但实际情况恰恰相反。这就是单独旅行和集体旅行的区别所在了。我们的船队由6艘船组成，都装着大量的行李。每艘船的船舱能载两到三个人。打头的是“红薯号”（Sweet Potato），由H.先生（此人是指挥官和翻译）和W.先生带领，W.先生是驻中国军队的指挥官；接下来是“梅尔岛号”（Mare Island），搭载Frl. M.以及N. B.和使女；第三艘是“风水号”[①]，载着Frls. P.先生、我和我们的厨师；第四艘名叫“州州号”（Tschóu-tschóu），是伯兰特先生家专门用来做饭的船，载着他们的仆人；第五艘名叫“加利福尼亚号”，是一艘大船，坐着伯兰特先生和他的夫人以及孩子们；第六艘船上是Sp. B.先生和夫人。

我们凌晨4点钟出发，在太阳升起的时候洗漱，然后散步，船上的人互相拜访，邀请一同进餐，在太阳落山的时候靠岸停船。然
17 后一对对儿的在月光中散步很长时间。“风水号”和“梅尔岛号”上的人互有好感，来往频繁，看来他们今后也会长时间地保持这次旅行所建立的友情。在这样的环境中和一位令人喜爱的、高尚且聪颖的女士交往当然是一件乐事。

河水在大约50米到60米宽的两岸间流淌，船被长长的绳索

① 参见第27页。

拉着前行，拖拉的机器在河两岸松软的地面上拉出了一条小路，走在上面一定很舒服，堤岸上堆积着一层层微微发光的冲积物。

现在看来，此地在雨季会发大水的，因为无数村庄就建在被水冲高的地方，也许在早些时候洪水的威力更大。从以前的堤岸就可以看出来，它们有一部分和河道平行，而另一部分则因为之前河道的改向而被河水冲断了。这些堤岸现在成了道路或者村子所在的位置。只能从原来生长的，尤其是草地还能看出河道原先的位置。所有能耕种的地方都种满了庄稼，到了第三天和第四天我们才经过一些满是沙子难以耕种的地方，甚至还有沙丘。

如此耕种密集的地方食品自然不会匮乏，我们日子过得很优越。尤其是这里的葡萄格外优良，堪与加利福尼亚的媲美。中国人对整篮子的葡萄一下儿就被我们吃光了感到非常惊奇。上游河道变得曲折，一会儿向东，一会儿向西。密布的小块儿田地、树下的土屋、田边河边蜿蜒的松软小路、茂盛的庄稼，还有这个季节舒
适的天气都勾起了我对家乡的回忆。我们这支船队的大部分成员 18
都在德国待过，每个人都注意到了这里和德国平原地区的相似之处。只是这里少了柔软的草地、清澈的泉水和湖泊、鸣声悦耳的小鸟还有一些牲畜，当然首先缺少的是有素质的居民。

28 日我们到了通州（Tung tschóu），这个地方很大，从这里有一条路和一条运河通往北京。在这里下船，距离京城是 20 公里。上岸的地方是一块肮脏的平地，杂乱的小船，极度不美观。城里很脏很丑，没有什么能削弱这种让人恶心的感受。

（9 月 29 日）卸下行李就到了中午，女士们坐轿子，W. 和 Sp. 先生骑马护卫着她们，伯兰特、P. 先生和我坐马车跟在后面。开

在从通州到北京的路上（第一次乘坐中国式马车）

始我们走的是城里狭窄的用长方形石块铺就的已经被压坏的巷子，路面上不时出现深深的坑和大块儿的石头。还好我们没有骨折，不过这种危险继续存在着。虽然可以走一条宽阔的、同样铺着长方形石块的被压坏的大路从通州去北京，但我们决定放弃这样的路，转走两边散布着村子和田地的田间小路。没有什么能让人感觉到已经置身世界上最大的城市之一的附近了，至少从这里可怕的路况看不出来。伯兰特先生在美国曾经受到热烈的欢迎，而在这个堪称世界最古老的国度，公使先生的车队却陷入如此境地，高傲的中国人可能也要为此感到一点儿羞愧吧。

我对中国的文明状况从来没有过比这更恶劣的印象了，即使在我们进入北京的时候，这种印象也没有削弱。

19 我们先是沿着一条石块铺成的、位于北京城东面城墙和外城之间的路行走，穿过城墙的东门，然后穿过三个南边城门中最东边的那个进入鞑靼之城(Cambalu)[①]。整个晚上雨水不停，我们就这样非常不舒服地度过了在忽必烈大汗之城的第一个晚上。和我们早些时候进入东京(译者注：Yeddo，即江户，1868 年明治维新后天皇迁居至此，改江户为东京)有多么大的区别啊！到此时从旧金山到北京为期两个月的旅程就结束了。但愿在这段平静的时期我的考察能够取得一些成功。

北　京

(9 月 30 日—10 月 13 日)到达那天，整个北京城看起来脏极 20
了。人们几乎都没有办法在街上行走。坐马车也是一件十分危险的事情，因为车夫仅仅凭借对地形的熟悉才能躲过那些水坑和垃圾坑，这些坑大概占了街道一半的面积。尽管如此，北京城最初留给所有人的恶劣印象很快就消失了。伯兰特先生家的家具到了，每个人都出力帮他把家布置一新。钢琴被立起来，歌声和琴声带来了家乡的味道。招待和拜访朋友占据了大部分的时间，下午我们会在北京城的城墙上散步。在我离开北京的前两天，城墙被封锁了起来，据说是因为皇帝要第二次离开他的皇宫，为了怕被外国人看到，所以才这样做。

北京是一座破败而且贫困的城市。只是从残留的一些宏伟的

① 即 Khanbalik，意思是可汗之城。这个名字是来自蒙古的皇帝们(1280—1368 年)为他们所征服的帝国的首都而起的。忽必烈汗(Kublai Khan)是成吉思汗(Tschingis Khan)的孙子，是当时那个朝代第一个也是最强有力的统治者。

建筑，特别是一些桥梁、城墙和庙宇，可以看出这座城市昔日的辉煌。城里的设施十分发达，令人惊叹。宽阔的街道，沟渠和排水无不显示出伟大的建筑灵魂。

21 这里是世界上第一座按照图纸建造起来的城市，在欧洲和美洲只是在最近才开始出现类似的城市。在马可·波罗（Marco Polo）时代，北京肯定远远超过那时仍然遍布窄巷的任何欧洲城市。这座鞑靼之城的内城呈正方形，周长大概24公里。外城的城墙宽12米，高15—18米，用黑色的砖头建成，大部分保留完整。外城墙共有10个门，每个都有如同庙宇一般壮丽的门楼。建造这样的城墙一定耗费了巨大的人力，首要目的是为了防御外来的侵略者。但是现在当人们看到它时，不由会想到，在我们所处的时代，似这样的建筑物看来是多么的不堪一击，如果将当时所投入的人力和物力依现代的方法加以利用，又不知能达到怎样的宏大目标了。人们或许会想，如果是豪斯曼（Haußmann）①，他会利用这些人力及物力来做什么？

北京城的房屋又矮又破，特别是临街的一面，大部分的商铺都很小。虽然街道很宽，但是并没有铺上石子，由于破坏严重，街面上甚至形成了好几道沟壑，高度经常相差5—6英尺。原来的排水渠现在甚至比街面还高，也起不了什么作用了。所以在每家门口都积着一摊脏水。除了视觉和听觉，还有嗅觉也在接受严峻的考验。这里的人们看来并不知道什么是优雅的生活，在这一点
22 上日本人就有明显的优势。但是与这里的贫穷程度相比，这种对

① 巴黎城的改革者，1853—1870年拿破仑三世的军事长官。

裸露毫无羞耻感的现象就完全可以被忽视了。北京城里没有任何工业和作坊,整座城市都靠着皇帝过日子。因为国库往往是空虚的,所以连最基本的物资都十分匮乏。大部分的住户都是旗人,他们认为干活是一种耻辱。

但是如果人们从城墙上俯瞰这座城市,得到的是完全不同的印象。此时,人们不会在意这里的灰尘、肮脏以及令人不适的味道和场景。只能看到淹没在树丛中的房屋,远处庙宇和宫殿的房顶凸显出来。宽阔的街道看起来生机勃勃,一点儿也看不出凹凸不平来了。高高的墙垛如山水画一般将一望无际的城里的景色断开,绵延的城墙和远处的城门依稀可见。但是最美还是西北部的群山,它们将北京城揽入怀抱。山顶参差不齐,变化多端。远处甚至可以清楚地看到浑河(Hun hŏ),这条河最终通往蒙古。(译者注:永定河古称浑河,但此处应不可能看到浑河。)

蒙古人就来自那里,从沙漠中他们看到“鲜花之国”[1]在脚下延伸。东北部的门户是古北口(Ku pé kóu),满洲人从那里袭击内地。从城墙上就能看到这座城市纷纷扰扰的历史。回到现在,人们可以看到太阳正消失在西山下,群山和地势平坦的地方都笼
罩在灿烂的阳光中。景色十分美妙,在这里自然和历史融合在一 23
起,这时一切不适都可以被遗忘。每天下午我都在这里散步,即使在北京待很长时间,这种散步仍然是巨大的享受。城墙上郁郁葱葱,绿色植物将根牢牢扎在城砖的缝隙中。

这种散步的一个有趣的终点就是位于东南部的康熙皇帝的天

---

① “中部之花”(“Blume der Mitte”),是对中国的另外一种称呼。

文观象台。大部分的天文观测仪器仍然在老位置放着。令人惊奇的是，虽然经过了很长时间，这些仪器却保存完好。这些仪器的基本部分是在里斯本(Lissabon)制造的，然后由中国人装饰上龙的图案，最终完成。可惜的是，现在他们对如何使用这些仪器已经所知甚少了，因为在天文以及其他方面，中国已经远远落后于其他国家了。

对于外国人可以在城墙上自由地走来走去，而他们自己却被禁止这样做，这里的人们好像并不怎么在意。这种漠视和缺乏自我意识最能表现出中华民族此时所处的道德水平。他们常常扎堆站在城墙下，好奇地看着上面那些俯视着北京城的外国人，甚至对此津津乐道，没有敌意，也没有任何爱国主义情绪。而日本人，虽然他们的自然环境并不好，但却更好斗，更具有自我意识。他们绝不会容忍外国人拥有这样的特权，可能没有任何一个大民族能容忍。

这次我没有拜访北京的名胜古迹，因为我已有所准备，可能处处都让人失望，而那些把时间花在这方面的人们也证实，事实确
24 实如我所料。这是自然的事情，我们曾经参观过的那些伟大的建筑，现在都破败不堪，看起来如同废墟一般，布满灰尘，被一个已经颓废的民族守望着。如果说，我们已经无法从这些建筑的外表获得任何享受的话，那么留给我们的就只有对它们辉煌历史的回忆了。同样地，如果不知道金字塔是古代文明的象征的话，我们也会同样漠视它们的。比如威廉森就告诉过我，四千年来皇帝们在天坛以近乎一样的仪式来祭祀。(译者注：天坛始建于明代，此处应为威廉森误读。)如果知道这一点的话，肯定会以另外一种眼光

来看待天坛了，而且也不把它看作只是一所破败的庙宇。

欧洲人住的地方很舒适，而且有别于其他港口城市中的租界。这里的商人们看来具有很大的社会影响力，他们区别于那些非商业人士，形成了另外一个社会阶层。在北京的外国人有自己的在欧洲的利益，而且此种利益的维护并不仅仅依靠中国的港口城市，因为他们在那里所获得的相当有限，而更加依赖于其他更广阔的地方。

其中赫德（译者注：Robert Hart，1835—1911，清末英国在华代表人物，长期担任中国海关总税务司）所具有的影响力令人刮目相看。他的商行成为国家机器外的另外一种强有力的、复杂的力量，而且越来越多地控制着各个领域。他看起来就像中国政府外交政策的顾问，而外国人则必须相当程度地依靠着他。商行的学校非常棒，年轻人被录取后，每月可以得到400镑的收入，而且必须学习汉语。一年后，赫德会亲自进行考试，通过的人将得到进一步的资助。每个人在学校里都有单独的教师，而且依自己的方法学习。因此这里的学习也成为一种竞争。大部分的毕业生被商行 25
以1万到4万美元的年薪雇佣。还有一些会在海军或其他军事部门获得一个职位，而赫德则试图将更多的领域置于他的控制之下。

芝罘(山东)——旅行计划

26 (10月19—23日,出自给父母的一封信。)在我刚刚到达芝罘的时候,曾想花两个月的时间游历整个山东,然后再花四个月的时间考察长江周边地域。芝罘之行是我第一次单独旅行,我只学了一些中文单词,因此想带一个会说中国话的人同行。如果能如我所计划的那样,那么在济南府,也就是山东的省城,我会与两个天主教的传教士会面。

到现在为止,我一直严格按照我在加利福尼亚所做的计划行动,我也希望能继续这样做。情况十分明朗,中国政府对于地理考察的价值并没有正确的认识,自然也就不会给予任何经济上的支持,反而会利用手中的权力加以阻挠。虽然中国政府根本就不会认识到地理考察的科学价值,但是向他们展示此次考察的实际价值,这也是我的首要任务。因此我在选择考察地点的时候,首先是从实际价值出发的,首选那些适宜开矿的地方,而山东是一个不错的选择。

27 接下来便是矿山的开采。这是很重要但绝不简单的一步。中国政府强烈反对外国人在中国开矿,而外国公使们在这方面并没有什么作为。虽然一致的行动能够迫使中国政府做出让步,但是各国的利益不尽相同,一致行动几乎不可能实现。前几年我就想回北京促成矿山的开采,如果能先开几个矿,那么中国政府就会意识到,通过开矿他们有利可图,这或许会促使他们同意进行地理考察。所有这一切会在一年内确定。我想,政府的决策应该是乐观的,至少在开矿这方面。因为中国人反对开矿的理由根本就站不住脚。首先是因为那些满洲贵族,他们虽然对老百姓可以指手画脚,但是在欧洲人出现的地方,他们的权力则被削弱了,这不是他们所愿意看到的。其次则是由于迷信的想法,也就是我们常说的风水[①],中国人认为每个地方、每处住所、祖先的坟墓都有各自的风水。而人为地改变地形就破坏了风水,扰乱死去的人和活着的人。铁路、隧道和蒸汽机被认为具有巨大的破坏作用。就连电话线,也因为风水的缘故遭到破坏,至今也无法复建。[②] 凡是欧洲人到过的地方,所有的不幸、死亡和暴动都归咎于他们的汽船和建筑破坏了风水。而第三个原因则在于,中国人并不愿意因为开矿而让欧洲人到开放口岸以外的城市去。

中国人其实并不清楚,中国向外国开放的步伐是多么艰难。28
在我看来,第一批殖民地的开放是这个拥有四万万人口的国家在物质和精神转变的第一步而已。中国由此向世界打开了大门,外国人的殖民地会进一步扩大,欧洲的工业被引进,铁路和电话都建起来了。中国开始面对世界文明的冲击,开放的程度会一步步加深,而精神上的转变也将通过迷信的破除来实现。因此那些精明的传教士们,虽然数量并不多,对于我的事业还是相当欢迎的,并且乐于为我提供支持和建议。

① 这里指风水,关于地形的学说,是中国地理的基础。

② 1905 年仍然有大约 35500 公里的电话线。

虽然在北京有人曾试图挫败我的锐气，但是并没有成功。我将坚定地推进我的计划，因为即使最终我的目标无法实现，但每天做些实实在在的工作已经值得赞许了。虽然在这一全新但十分有意思的领域只有我一个人在奋斗，但是我所做的都具有自身的价值，我正在为这个国家的发展奠定最为重要的基石。对中华帝国进行全面的科学考察，只不过是一个时间的问题。按照我的计划进行，也许会很慢，但是无论如何，我希望能够加快中国发展的进度。

因为没有伙伴，在中国我或许会感到孤单。但我必须适应，我带了一个素质较高的中国人在一起，他是我的中文老师，同时还是我的“外交官”和管家。此外还有一个年轻的仆人。我坐一种轿椅(Schensi)[①]，就是两根竹竿绑着一把椅子，人坐在椅子上面，前
29 后各由一头牲口拉着。竹竿被绑在轿子的两侧，身材矮小的人能躺着，但是我只能坐着。人被抬得高高的，晃来晃去，上和下都很不方便。好在晃动的幅度不是特别大，在椅子上还可以看书——这也是它最大的优点，而且还能装很多的行李。此外我还另买了两头牲口，一头用来驮行李，另一头我的两个随从可以骑。这样，我们一天可以走6英里到7英里。速度太慢，还不如走路，因此我常常下来走着。晚上我们就在当地的客栈里过夜，当然我自己带了床。到处都能找到口粮，我们饿不着。比起在德国来，这里也没有什么特别的危险，因为在这个北部的行省里，人们都很善良。后来天气变凉了，我的蒙古产的羊毛被子派上了用场。

① 一种轿椅。

我打算24号开始在山东的地理考察。这里有很多山，景色出奇的美丽，这个季节阳光充足，气温凉爽，对我来说是非常舒适的时期，于是我的考察就此开始。当我进行了一段后，发现在我之前只有一些并不很重要的考察结果存在。除了我的朋友普博理（Raphael Pumpelly），还没有任何真正的地理学家到过中国。普博理在1861—1864年虽然做过一些考察，但是只是在一些实际意义不太重要的地方。我的目的则是考察山区和一些煤矿，这些地方据几个目击人声称，是中国最好的煤矿，因此十分重要。果真如此，我希望在不久的将来能开发这些煤矿，那么在山东将建造起中国的第一条铁路。

（10月23日）当我准备起程去芝罘的时候，普鲁士的副领事 30
J. 先生告诉我，那里在年底几个月里通常非常寒冷，而3月和4月则是旅行的最佳季节。但是11月和12月在长江沿岸雨水充足，是旅行的好时候。因此我决定，从11月到2月先到长江，而3月和4月再进入山东。有时候我想，要是自己在1862年就在中国四处游历就好了，那么现在我早就回到家中，而且掌握了丰富的地理知识。但是我也认识到在加利福尼亚的停留是有好处的，因为在那里我享受了一段安静的时光，同时增长了见识，或许对今后的考察会产生不小的影响。现在我终于第一次有机会使我的经验变成现实。几个月前，我在旧金山的报纸上读到了一份电报，上面说在中国的芝罘发现了巨大的金矿。然后汽船带来了确切的消息，当我前往上海的时候，人们的情绪很是激动。据说那里的金矿储藏丰富，但是中国人禁止外国人去开采。在北京的公使们会干涉这件事情，为外国人争取开采的权利。这个消息肯定会在加利福尼

亚和其他地方四处传播，吸引更多的外国人来到中国。现在他们终于有了一个成千上万在中国站住脚跟的机会。那时候我就强烈反对这样做，因为依我看来，必须首先证明金矿的储量的确很大，不然怎么可能经得起这上千的人来开采。但是这种可能性很小，因为如果储量真的那么大，中国人岂不早就进行开采了。倘若储
31 量并不多，那么招引来成千游手好闲之徒将造成无休止的骚乱、暴动、政治困境甚至战争。外国人的处境将变得艰难，而开采那些已经探明的煤矿的计划也将被推迟。

当我第一次，也就是在 9 月 21 日在前往北京的途中经过芝罘的时候，那里的气氛已经有些躁动不安了。过量的淘金者进入了内地，他们还发现了铅矿、铜矿、银矿和其他可能或不可能存在的矿藏。那些急功近利的商人们沉迷在获得巨大财富的梦想中。而外国公使们在这样一个重要问题上的不作为也将受到谴责。直到现在，除了中国政府派遣了 600 名士兵驱赶那些开矿人外，情况也没有发生改变。而这样做只不过使骚乱更严重。外国开矿者决定，通过公使向中国政府要求必要的开矿权利。虽然我只在这里待了几天，但是已经清楚地认识到，所有这一切只不过是一个很快就会破灭的泡沫而已。这里的矿藏非常之小，黄金虽然有，但也不过是像尧尔（Jauer）（译者注：今波兰境内）和尼库拉斯堡（Nikolsburg）那样。也有一些铅矿，人们以为可能会有成百万吨的储量。至于据说是永远都开采不完的铜矿，实际上根本就不存在，而银储量也几乎为零。因此我立刻写了一份报告寄给在北京的公使说明情况。现在还来得及制止恶劣的情况发生。水手们制造哗乱，他们离开船只，而淘金者从上海源源不断地涌来。如果情

况持续下去，将会发生严重的骚乱，这也会妨碍我今后的考察。

这种紧张的氛围可能演变成大的暴动。那些淘金者想要回 32
去，他们索要回程的路费。这种激动的情绪已经扩散开来，而且愈演愈烈，尤其是在加利福尼亚和澳大利亚，即使在中国事情已经趋于缓和。那里的淘金者仍会接踵而来，这样做只是在无数的失望者中增加一批新的而已。而那些无知的谣言的制造者应该受到惩罚。我直言不讳地在芝罘当地居民面前说出我的看法。虽然我也并不让他们喜欢，但是不同意我观点的人并不多。

芝罘地理位置优越，每年住在南边海港的居民都到这里过夏天。这里的地面很适合骑马，海边适合游泳，山林茂密，适合郊游。

（10 月 24 日）今天我起程去登州府（Tōng tschóu fu），清晨我们定了轿椅，但是他们并没有来，于是我向道台提出了强烈的抗议。十点钟的时候他们终于出现了，但是其中一些后来还是溜了。还有一个衙役跟着我们，这些必要的条件终于都完成了。我们两点半出发，带着两个轿椅，两头驮行李的骡子，还有两头驴，一头我的仆人骑着，一头富余备用。

在离烟台（Yien tai）45 里远的地方，客栈里住满了人，大概有 50 头牲口，还有赶牲口的人。虽然我们没有走大路，但还是很拥挤，全是些驮行李的牲口、赶牲口的人和轿椅。客栈有一个大概 12 平方米的院子，现在都被行李堆得满满的。客房就环绕在院子的四周。这个地方人口稠密，村落规则地分布着，街道狭窄，房屋都是用黑色的砖砌成，房顶铺着稻草。虽然在远处看来还行，但是屋子里面却很拥挤，而且很脏很破烂。但是这里的人很友好。

高处，也就是我们经过的地方，有一些缓缓的斜坡，到处都 33

种满了庄稼，依稀还可以看见错落其中的一些坟墓。这里的庄稼呈梯地的样子，而且一看就知道是受到了精心照料。和步行的人相比，骑马、骑驴或者坐轿子的人也很多，在田间小路上到处都是人，远看他们仿佛构成了一张大网。很多道路看来已经存在很长时间了，还可以看到一些石子路和石桥，但是都已经破败不堪，那些驮行李的牲口走在这样的路上很是吃力。

五十里堡(Wu schi li pu)跟其他的村子比起来要大一些，而且去年为了对付起义军还建了一道城墙。我们住进了一个相对较好的干净的没有其他客人的客栈。

(10月28日)这次的旅行一如既往地非常舒适。Th. 堪称是一位社交家，他的心情总是那么好。轿子这种东西是中国人的一个大发明，可以以最懒惰的方式旅行。虽然不能在上面读书，但是人们可以随时下来，只要他愿意，或者像我一样常常下来走路。

34 (10月29日)那些热忱的淘金者们还在源源不断地涌来，据说又有新的金矿和铅矿被发现，但我认为这些消息并不可信。没人喜欢听我说话，因为毫无疑问，我使他们的希望破灭了，也使那些制造谣言的人无法得逞。

宁波和周边（浙江）

（11 月 1—12 日）在 11 月 1 日，经过了不太平静的航程我又 35
到了上海。拜访了一些朋友，做好了准备之后，我打算从这里出发，沿着长江首先去镇江（Tsching kiang），那里有一些煤矿，然后再到鄱阳湖边的九江（Kiu kiang），为的是考察那里的山地。从那里我将尝试去广州，然后回到九江，再次沿着长江去汉口。按照计划，之后我将奔向蓝色的远方。当然也许并不能成行，因为在寒冷的冬天我可能无法攀登那些高山。

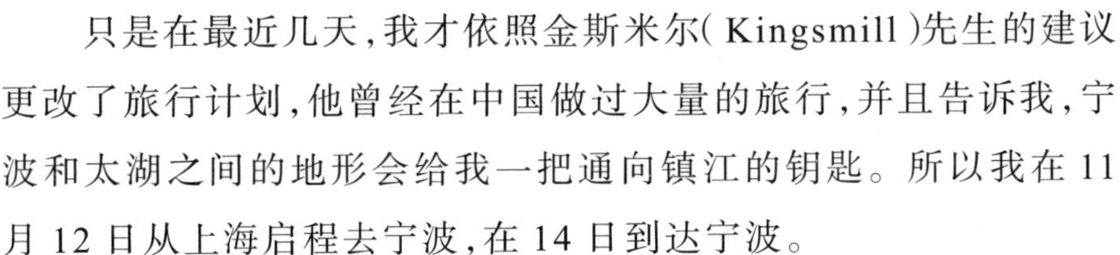

只是在最近几天，我才依照金斯米尔（Kingsmill）先生的建议更改了旅行计划，他曾经在中国做过大量的旅行，并且告诉我，宁波和太湖之间的地形会给我一把通向镇江的钥匙。所以我在 11 月 12 日从上海启程去宁波，在 14 日到达宁波。

（11 月 13 日，宁波）进入宁波河段的入口处，景色非常美丽，经过一些山形岛屿后就到了被山峰环绕的入口。这里的田地和居民住的地方看起来有点儿像日本的内海。山峰缓慢地向后退去，山之间是平地，河边有很多庄稼地，也有很多房屋。这里的房子都是用黑色的砖建造的，看起来漂亮又结实，不时地会出现一些庙宇。

在宁波有六艘外国船和很多的中国帆船。欧洲人的聚居地在 36

河左岸,散落在城郊。宁波城位于河流的分叉处,人口密集的城郊向河的下游延伸着。

下午我在城中散步,宁波是除广州以外我见过的最富有最安逸的中国城市了。主要街道上遍布商铺,那些写着金字的招牌看起来像画儿一样。街道像在广州一样非常狭窄,但是熙熙攘攘的,以至于让人以为是不是在举行什么活动。如果街道的布局设计得合理一些,或许不会出现这么拥挤的情况。房子建得不错,一部分用木头,一部分用砖,偶尔还能看到石头院墙。和城里一样热闹的还有周边的地方,尤其是东边,一座千年古桥将这里和对面的河岸连接起来。

宁波的手工业很发达,精制的印花地毯是重要的出口商品。这里还有铸铁场,但是没有开工。尽管如此,我们还是看到了像艺术品一样完美的铸造刻字大铁钟的模子。值得游览的地方还有福建庙(Fukien-Tempel),大殿里的石头柱子雕刻精美,应该说是我在中国见过最美的。但是现在天色已晚,看不清真面目了。M.C. 博士是位出色的导游,看来他在当地人里也颇有名气,因为他总是附和他们所说的,这在中国是一种美德。

晚上十点我和我的老师朱(译者注:Tschu,根据音译),还有我的仆人阿峰(译者注:Afong,根据音译)登上了租来的用于考察的船。

37 M. 博士为我做了一个从宁波往西直到湖州(Hu tschóu)的旅行计划。后来我发现,这个计划根本实行不了,因为我没法搞到马匹,而步行对于我那两个中国随从来说根本就不可能,坐轿子又太贵。所以我不得不提前放弃了这个计划,只能在运河上四处游走。如此我的所到之处也是有限的。

（11 月 14—16 日）我们夜里赶路，到底是往哪里去，也很难说清楚，因为根本没有一张宁波附近的地图。如果有传教士爱好并且有点儿地质学的本领就好了，那么我们就不会浪费那么多宝贵时间了。唯一的一张地图是张传教图，我宁可没有它，因为它从来没有点亮这个世界，上面的内容和实际情况根本不符。

第二天早上，我发现自己在大概离宁波 40 里外的一条很窄的运河的岸边。面前是一条朝向西北的山谷，两边都是陡峭的绿色山丘，这些山丘向东南方延伸，最后和一道分水岭汇合。在运河的尽头有个村子，接下来的路程我都步行。根据建议我去了东边的一座庙，和此地还隔着很高的山。在分水岭那里有一座非常古老的塔和一座庙。在另一边上游则是比较宽的河谷，这里的土地非常适合种植稻谷，两边是陡峭的大概得有 750 米那么高的山崖。河水最终流向西边的一个湖，而我是往东边水源头那里去了。

我沿着最东北边的那条路到达目的地——一座气势恢宏的 38
庙宇。这里有无数的楼阁，分为前殿、中殿和后殿，还有僧人们住的院落、池塘以及各种各样的富有艺术气息的建筑。高耸的树木和竹子环绕庙的四周，两侧长满松树的一条长长的小路直通往庙门。这条路上铺着长方形的石条，间隔一段距离路面上就雕刻着一些莲花。整座庙位于一处面向南开放的被陡峭山峦围绕的狭窄的盆地中，三面的山崖很难攀爬。这种建筑格局和景致看起来像是在日本。其实宁波城的自然美景也让人不断联想起日本。干净的街道、房屋的建筑风格、掩映在树林中的庙宇、山崖边绝妙的安葬之处、友善的老百姓和那些显然是经过辛勤灌溉的农田都让人

感觉这不是在中国,而是在日本。

当然,不甚美观的地方也和日本有相似之处。早上我从船中出来看到的第一幕,就是一群男人挑着一桶桶大粪到田里去。在村子里每家每户的门前都摆着或大或小的木桶或石桶,里面盛着在当地人看来宝贵的肥料。在街道尽头的小屋子里,过路人还能用自己的排泄物为这里的老百姓祈祷获得好收成!这种状况不比日本差多少:农业和国民经济最高程度的完美循环,但是完全无视一切美好的感觉,尤其是嗅觉。

除此以外,这里的风景和日本一样美妙。山上多是灌木和低矮的植物,基本上没有阔叶林。所以偶尔可见的一些松树、侧柏和阔叶树木格外引起我的注意。

宁波还有一个特点就是有很多庙宇,它们多和在日本一样建在非常浪漫的地方。在别的地方我还从来没见过如此古老而和谐
39 的文化遗产。这里既没有大路也没有马或者骡子,但是用长石条铺成的非常不平整的小路却遍布四周。对于我们这些外来者来说,走在这样的路上备受折磨,但中国人却能舒舒服服地来往。不难看出,这里的人们世世代代都在这样的路上行走,在这样的河道上行船。现在,人们恐怕都无法铺就此种道路了 。

宁波周边很多地方的日常生活和石头息息相关。很多建筑物、全部的街道、河道上无数的桥梁和庙宇都是石头造的。桥梁用长石条建成,船可以从下面通行。不同之处只在于所用石头的品质不同。我参观了一个采石场,当地所需的很多石料都来自这里。由于整整两面山壁都被开采光了,剩下的一半山壁看起来摇摇欲坠。无数的石英石石条堆放着准备运走。河道直接延伸到石料厂边上。在这里就连棺材和装饰物都是用石料凿出来的。

河道的一支直通到山脚下,并且穿山而过。我坐船游荡了几天。通常夜里赶路,白天则带着斧子和枪在山上。带枪是因为山上有很多野鸡和野鸭,带斧子是为了勘探有趣的岩层。我的两个随从是中国人,一个是我的"仆人",另一个则是我的中文老师。前者还会说点儿英语,后者则完全不会。我的中文全无进步,因为根本没有学习热情。我总是呆呆地坐在老师旁边,如果他不是个中国人的话,面对这样的学生恐怕早就绝望了。不时我还会有另外的伙伴,比如说我在某个偏僻地方拜访的某个传教士,都被我当 40
成导游。

这次勘察回来后我坐船去了40里外的东湖(Tong hu),在路上偶尔也停留了几次。这里的河道比湖还要深。所以停在湖里的船都靠在一个斜坡上,另一头则扎在水里。山上都是石英岩,路上我画了一张草图,至少比现在使用的那张准确些。

第二天早上我在湖面上绕了一个大圈。这是一个人工湖,由一座长15米,高5米的大坝拦截而成。湖水大概深两米,混浊死寂,如同小池塘里的水质,且长满了水草,看来湖里有不少鱼。湖岸有些起伏的地方,湖水冲到山间的一些湖湾里。大概有45—50平方公里那么大(根据我的草图测算)。西南边远处可见大概达到1200米高的群山。

湖岸比较平缓的地方,人们筑了石墙,用烂泥填埋。这些地方土质肥沃,一片片绿地格外引人注目。人们紧挨着湖居住,村子密密麻麻,间或可见几座庙宇,在草地上吃草的牛儿会偶尔抬头看看。

第二天早上我造访了B.先生，他是一位来自斯图加特（Stuttgart）的传教士，独自在鄞江口（Yin kiang kiau）生活三年
41 了。他不属于任何团体，而且也没有祝圣为牧师，只是追随他自己的比较类似于浸礼会（Baptisten）的某种宗教。他为在此溺水的亡灵和他的信众祈祷，而后者只限于成年人。现在他在当地已经有35个中国信徒，他们组成了一个小的团体并且一起祷告。我们在洗礼这件事情上有些不同的观点，除此以外我觉得他还算是一个有健康世界观和仁慈的人。

鄞江口地理位置非常优越，位于四面环山的一个平坦的盆地里。朝东开放，也就是河水流进的方向。这里就如同一个花园，除了稻子、蔬菜、红薯以外到处种着棉花和茶叶。村庄散落在画卷一般的风景里，偶尔可见几座大的建筑和庙宇。高大的阔叶和针叶树木环绕下的墓地，很容易就能分辨出来。但是这里最抢眼的还是绿色的长满灌木和竹子以及其他树木的山峦。

这里的山都是红色的砂岩。这不由让人想起了图林根森林（Thüringer Wald）和一些德国中部地带，比如瓦尔登堡（Waldenburg）和西里西亚（Schlesien）的风景。那里同样有这种漂亮的地貌和绿色的植被，只是没有竹子。还有最大的不同就是，中国人的村子从外面看起来散落在绿色的画境中，掩映在高高的树木下，但是里面非常脏，对此我们是无法忍受的。

山谷里高处有几处瀑布，外来人经常去参观。水流从高高的山崖上冲下来，打在红色的砂岩上，水花四溅使得原本陡峭的岩壁看起来平缓了一些。

舟山群岛

我更大的一个旅行计划，即从宁波穿过西边山脉去长江，后 42
来也无法实现了。因为找不到马匹，这样一来我要么步行，要么坐轿子。前者我还可以，但是我那两个穿着丝质鞋子的随从可受不了。后者则太贵了，因为他们两个也得坐轿子才行。

为了弥补不得不放弃的计划，我决定去或许是中国最好的港口之一的舟山港。1842年鸦片战争之后，中国政府不得不赔偿给英国人两千一百万银圆，后者拿这些钱作保买下了舟山港，而且占有了几年。但是在付款之后又放弃了。

（11月19日）今天早上七点我启程前往舟山（Tschusan）群岛。一整天都在下雨，我们行进得很缓慢，东北风也使得前行更加困难。不过还好，随着退潮的江水我们来到了入海口镇海县（Tschönn hai hsiën），因为风停了，天也黑了，所以只好抛锚在此。

我乘坐的船“浙江号”是一艘只有100吨的带有中国帆板 43
的非常可爱干净的船。船上有一个非常舒适的分成两小间的船舱。我的船长是一位矮小但脾气火爆的仇视普鲁士的丹麦人，开始的时候他很难接受为我这样一个普鲁士人服务，但是现在我们非常友好，他总是顺着我的意思。他有一条名叫沃尔夫（Rolf Krake）的狗，对我也没有敌意。除此以外，还有一位来自商会

(Customhouse)的官员陪同我一起,他是一个年轻、快活、热情、有一定能力而且随和的人。由于得到了海关的特殊授权,我们的船可以优先航行,所以船上的日子还是很惬意的。

当我第一眼看到河道两边的山丘时,就注意到它们是红褐色和亮灰色的。陡峭的山岩是亮灰色的,而平缓之处则是红褐色的,这也是河流入海口处岩石的特点。

我们在大雨大浪中离开了镇海。

(11月20日)在穿越一些小岛的时候,我看到两侧都是裸露的岩石,有很多是明显的柱状,有些应该是火山岩,颜色是红褐色的。陆地上绿色的山峰缓坡交错,面向大海的地方都用石头墙筑了堤坝,和日本的内海一样。堤坝内是绵延的平地,退潮的时候这里十分泥泞,涨潮的时候则被海水淹没。

泰罗山岛(音译:Tai ngŏ schan)的北端穿过这样的泥泞地,而南端路两侧的山脉一直延伸到海边。我们所见的景色还是非常怡人的:山谷里平坦的地方是大片的稻田,围着篱笆或石墙的村
44 庄,还有种上了粮食的山坡,在陡峭的地方则长满了灌木、竹子和针叶林,经常也能见到阔叶树。这里还种了很多橘子、茶叶和棉花。海盐在当地是一种商品,尽管如此,这里的山并没有得到充分的开发,没有形成完善的林牧业。只能看到白色的山羊、小绵羊和牛,根本见不到马匹和牲口。这里的路也都铺着石块。

(11月21日)我们七点钟离开泰罗山岛到达位于舟山主岛上定海(Ting hai)的锚地,并且在中午时分到达舟山群岛的主岛。在这座岛上,两座南向的山脉交汇在一起形成一个三角地带,城市就在这个地带上,离海岸1公里远。四周都是稻田。在海岸边上有一个更大的村子，一座庙宇建在另一座孤零零耸立的山峰上。此处港口的地理位置非常优越，我们的船长认为这是中国最好的港口。它四面环岛，大风大浪进不来。深度则有 4 英寻到 9 英寻，适合船只抛锚。这里停靠着很多中国帆船，但是没有外国船。虽然舟山群岛面积有 450 平方公里（译者注：根据现代实测，舟山群岛的面积是 468.7 平方公里，李希霍芬当时是如何得出这一数据的，实在令人费解，此数字亦可能是整理者后来加上的），是香港的 4 倍到 5 倍，但是这里的交通地位并不十分重要。这里有很多肥沃的土地，农作物一直种到半山腰。这里的山，最高达 500 米，但是没有太陡峭的，非常适合林牧业。如果单纯占领的话（译者注：李希霍芬此行除了地质考察外，还肩负为普鲁士政府探查合适地点作为殖民占领地的任务），这里比香港更有价值，因为所有的岛上都有居民而且农耕发达。人们种植稻米、茶叶、丝绸、棉花、橘子和很多其他作物，而且晾晒海盐。山丘和草地却还没有被充分利用，从这一点上看，中国人的商品经济远远落后于农业生产。

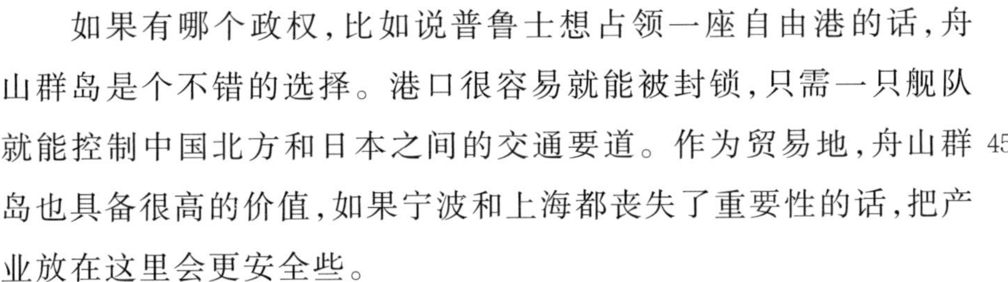

如果有哪个政权，比如说普鲁士想占领一座自由港的话，舟山群岛是个不错的选择。港口很容易就能被封锁，只需一只舰队就能控制中国北方和日本之间的交通要道。作为贸易地，舟山群 45
岛也具备很高的价值，如果宁波和上海都丧失了重要性的话，把产业放在这里会更安全些。

英国人占领舟山的时候绘制了一张海事地图，但是没有公开岛上的地理情况，所以我们对此的认识也有限。中国人根本没有认识到岛屿的重要价值，此时用不高的价钱就能买下来。

大雨使得我们无法远行，只得上岸看看山上那座庙。除了那些展示人死后因果报应的泥塑以外也没什么值得游览的。

（11 月 23 日）今天我们在舟山群岛做了一次较长的旅行：从定海往东北进入一个峡谷，爬上 250 米高的山口，从这里可以看到北部海岸边的美丽景色，然后登上了山口东南方一座高 375 米的山峰，最后从定海附近最大的一条峡谷回到了驻地。这里的地质结构很简单，但是山势陡峭，野草丛生，一些柱状的岩石特别显眼。

峡谷里的土地非常肥沃，农作物茂盛，居民众多。主要的作物是稻谷，现在已经播种完了，人们正在除草。这个地方人烟稠
46 密，土地物尽其用。田间是石头铺成的狭长小路。缓坡上也种了庄稼，当然最引人注意的是连山顶上都种满了红薯。山坡上却长满了野草，没有人在那里种地。数量很少的羊群显示了岛上还存在畜牧业。岛上的水源丰富，几乎每个峡谷中都有泉水，我们在快要接近最高峰的地方找到了源头。如此先进的灌溉体系源于这里发达的稻米种植技术。定海则是一个被城墙环抱的比较贫困的城市，大概有 12000 居民。这里的街道很狭窄，两侧都是低矮的房屋，充斥着难闻的味道。就连买卖街看起来也不怎么样。天气好的时候，山色还是非常美丽的。散落在海里的岛屿如同一幅摊开的地图，黄色的海水也增加了这里的美感，岛屿的边缘看起来规规整整。

我们离开定海的锚地，沿着海岸去往舟山东南端的沈家门（Schönn kia mönn）。在这里我们见到了很多中国的帆船，它们都是福建（Fokiën）境内一处岛屿上的渔民的。在这个季节来到这里捕鱼和晒盐，他们最害怕的就是遇到海盗。

（11 月 25 日）今天我到了普陀岛（Putóu），这里的特别之处在于，从很久以前就是佛家圣地。那些装饰着黄色琉璃瓦的庙宇是这个国家的神圣所在。这里禁止女性入内，连雌性动物也不允许。尽管如此，W. 夫人就曾在去年夏天在这里住了几周，还有其 47
他一些外国女性也曾参观过这里。选择在此地建造庙宇充分体现了决策者的良好品味。整个岛屿上都是花岗岩，间或有一小部分的石英岩。山势险峻，山坡上被风化的岩石看起来非常壮观。花岗岩石块铺就的小路若隐若现。这一切构成了中国建筑美学中最完美的背景。抛锚后我们首先去了一座小庙，欧洲人通常都会住在这里。它位于低矮的山脚下，被绿色的阔叶树木所环绕。一条三米宽的花岗岩铺就的小路从这里一直通往岛上。然后去了较远地方的一座庙宇——这里的庙堂众多，还有鱼塘——一座石孔桥和中国人美好想象中所有的园林建筑。我们在正殿遇到了几个和尚，庙里主要的收入是给人卜算。一个筒子里放着将近一百支签，人从里面抽出一支，然后交给一个和尚，从他手里再得到一张纸条，同时付给他一点儿小钱。我们也算了，而且得了个上上签，里面格外提到了捕鱼的事情。来这里卜算的多是渔民，所以这座庙也有点类似德尔菲神庙（Orakel von Delphi）的意思。签上说，我会捕到很多鱼。这里另外的收入就是卖庙里供奉神像的画儿和庙的环境图，还有一种类似玫瑰花冠的东西。

这座庙就建在巨大花岗岩堆挤在一起的山坡下，岩石缝隙中长出来很多杂草，往上看的话，山顶也杂草丛生。岩石上有条凿出来的狭窄小路，拾级而上很快就到了两块巨大岩石的缝隙处，人可以从此穿过，不久就看到一座佛像。小路的尽头是一处平台，四周 48

巨木参天，旁边的岩石上有很多书法石刻。

从平台我们去了一个山洞，每个参观的人都会被带到这里。通常情况下人们在进入山洞的时候会看到一个盘腿而坐的人，而后会被告知这个人已经保持这种坐姿很多年了，借此来说明他的神性。但是我们没有人带领，所以当我们毫无预期地走进山洞的时候，那个盘腿而坐的人并没有在他的位置上，而是和另外两个人站在外边。我们的到来无疑造成了尴尬，只见他赶忙坐到自己的位置上，摆出佛的坐姿。看来无论是佛教还是婆罗门教（brahminisch）的殉教者都有相似之处。另一方面这个人也不由让人想起天主教的所谓圣地，看来各种宗教中都有这样的例子。

从那里出来我们继续走在石头路上，不时会看到绿色的藩篱、寺庙、佛像和洞穴，然后就到了第三座庙宇，它位于岛上高大山岩的背面，这种独特而天然的地理位置和精美的建筑给我们留下了深刻的印象。

然后顺着一条宽一点儿的大路我们登上了山顶（350 米），又有一座寺院出现在眼前，掩映在高大的树木中。这些整齐排列的树木看起来也像是殉道者的样子，只不过长着硕大的树叶。据我们计算，这里一共有 23 个和尚，他们看来正在举行什么仪式，在
49 香火弥漫的殿堂里低声地吟唱。这些和尚过着非常简单的贫苦日子，他们和岛上其他庙里的和尚一样头发都剃光，带着黑色的帽子，穿着灰色的长衫。有年轻的也有上了年纪的，他们住的地方非常整洁。

普陀岛和其他的佛教圣地，比如暹罗的普巴特（Prabat）和斯里兰卡的康提（Kandy）不同，它是一座与世隔绝的小岛，具有与众

不同的神秘感，当然对我们来说，这种神秘感只体现在它的自然环境上。单这一点就足够使得普陀岛具有吸引力了。

岛上的岩石是花岗岩，竖纹居多。植物的种类繁多，随处可见茶花和杜鹃花，阔叶树木和常青树木也很多。尤其是藤本植物遍地可见，甚至生长在岩石缝隙。岛上水源不多，不像舟山岛。

（11 月 27 日）今天我们到达了舟山岛西边的岑港（Tsönn kiang Piont），然后登上了位于金塘岛（Kin tang）之前的外钓岛（Wa tóu）。岛上有很多大的采石场，非常值得一看。

以前金塘经常遭到海盗的袭击，今天还可以看到岛上矗立的高高的碉堡，虽然现在四周都种上了庄稼。这些堡垒还曾帮助汉人躲避满人的迫害。只是在几年前，当地的海盗团伙才被英国的舰船击溃。但是这里的人依然得有所提防，虽然现在海盗带来的危害已经微乎其微了。当地人大都在石料场谋生，一个石料场至少能养活一百个人，石料被运往沿海各地。当地人生性彪悍，对外 50
国人也比较反感，这还是我第一次在一群中国人面前感到危险。

舟山群岛给人的感觉就如同日本内海一样。岛上都是山，山丘之间有很多峡谷，岩石上凿有小路，直到山顶种上了庄稼。虽然景色不错，但是有些单调，如果再有些险峻的山峰，看起来会更诗意盎然的。从地理学的角度来看，这里的群岛也很有意思，尽管构造比较单一。

我们于 11 月 28 日在宁波结束这次的行程。

（11 月 29 日—12 月 1 日）宁波人生活在一个和谐的社会中，大部分人对他们的命运感到满意，尽管处于此种艰苦的年代。这种情况并不常见，这里仿佛与世隔绝，生活上自给自足。虽然确切

舟山群岛北部全景（从舟山群岛北部往北望去）

来说宁波实际是中国东部的中心地带，但是他们很少关心其他地方，更不用说其他国家的事情。当地人互相拜访，或者出游，用方言闲谈消磨时间。B. 先生在当地算得上是个人物，他组织了一个俱乐部，有时会举行一些讲座，此外还组织一些演出，间或还办场舞会。结婚在这里是件大事，来这里的外国年轻女孩通常很快就会订婚。日程表上写着今天有一场婚礼，而之前已经有两场举办过了。

宁波的贸易并不发达，1861—1863 年间太平天国的时候这里的贸易遭受了重创，只能慢慢恢复。

出口的商品主要是茶叶和丝绸，但是丝绸的产量很少，因为 51
起义的时候很多桑树都被砍掉了，大部分贸易权掌握在中国人手里。但是太平天国时欧洲人通过贩卖武器和弹药赚了很多钱。

从宁波(浙江)到镇江(江苏)

52 我在12月1日晚上离开宁波,经杭州(Hang-tschóu)前往镇江(Tschingkiang)。

(12月2日)这次我乘坐的船不如在宁波时的舒适,空间也不大。我沿着余姚(Yü yau)方向的支流往西北然后西的方向前进。

一直到余姚县河两边都是延绵的斑岩群山。如同之前一样,景色十分怡人。陆地上比岛上有更多的圆顶山峰。虽然山基本上是一座挨一座,但仍会突现一些断裂,只是很少见到特别陡峭的山峰。间或出现的长长峡谷延伸到远处。

这里到处都能看到草坪,只有在地势较高处散落着些许针叶林,偶尔也能看到一丛丛的阔叶树木,主要是在较低的山坡上,那里还有很多墓地,虽然植被称不上茂盛,但是中国人还是从中受益不少,而且也使得这里的风景如画一般。

在山与山之间,大概距离河床6公里到12公里的地方,一
53 块块的平地不时地出现在眼前,而从南方开始的山谷一直伸入到远处的山间。平地上主要种的是稻谷,一排排的房屋散落在山脚下,在它们中间时常可以看到一些庙宇。河边很少有大的村庄,余姚是一座分布比较散的县城,破败的城墙环绕的是现在没有多少人居住的位于河岸南边的老城。新城则在河北岸,有新城墙,和更

北边的郊外村落连在一起。以前这里无疑非常美丽，那众多雕刻着精美花纹的石门似乎在提醒人们记住这里的辉煌时期。在庙宇和桥梁上我们也经常看到如此美丽的雕刻。但是现在这些石门大都倒塌了，随处可见的都是不怎么美的景象，如同中国很多别的地方一样，满眼都是贫穷和脏乱。这里的人已经忘记什么是高贵了。

（12 月 3 日）群山渐渐退去，北岸多是平地，偶尔可见连绵的山峰和群岛，之后是一座大概只有 200 米高的圆顶山峰，山顶的庙倒是值得一看。南岸只有一些低矮的山峰，一会儿延伸到河岸边，一会儿又退到远处。远处仍然可见高高的山峰，除了斑岩看不出其他岩石类型。南岸的山脉离河岸越来越远，北岸也只能看到低矮的山包，最后就是一望无垠的平原，或许一直延伸到海边。

我们的船从无数的桥下穿过，大多是用方形石头造的，一部分是带柱子的拱形桥，造型精巧。它们都是古代建造的，寺庙的数量也很多。

（12 月 4 日）夜里我们的船就停靠在运河上，之后经历的事情两次极大地考验了我的忍耐力，因为我们必须过两道水坝，整个过程发生了很多莫名其妙的事情。程序非常复杂，人们不停地交 54
涉、吵闹，还有看热闹的，就是没人干点儿实事。后来我不得不鼓起勇气催促了一次，才有人把六头水牛拴在我们的船上，大概有 50 个苦力，他们有的拽绳子，有的推船，怕船翻了。他们开始喊号子，但是因为用力不均，没有成功。人们又开始吵嚷起来，我们的船摇摇晃晃地一下子陷到淤泥里。于是又从头开始，这么反反复复几次，船终于被推高起来。但是岸边的斜面非常的滑腻，缺乏摩擦力。苦力们拼尽了力气才把船推上去，半道上，拴绳子的柱子又歪了，我们的船几乎就要重新退回水里，万幸没发生事故。于是人们再次鼓起劲来，还好在如此危急的时刻，潮水帮了一把忙，终于成功了。

早上的时候我们已经离开绍兴(Schau hing) 50 里：沿着河道走了 10 里，然后进入一条岔道走了 40 里。此处人烟稠密，房屋拥挤，河道交错。运河南边 5—8 公里外就到了山脚下，连绵的山峦在绍兴这里渐渐消失。

绍兴府是一座非常大的城市，大概有一百万人口，但是太平天国起义也重创了这座城市。尽管如此，这个地方也比宁波更大
55 更重要，一条河道穿城而过，但是我选择了从另外一条城墙最外端的运河前进。我的目的是，攀登城北边那座上面有一座庙的山丘，然后从山顶上眺望城中。但是我发现，这座山被一圈围墙环绕着，而运河经过的这一边根本就没有门，所以我的计划并没有实现，除了围墙和城郊我什么都没有看到。围墙上长着很多蕨类和藤本植物，对一个植物学家来说倒是很有价值。和山上的庙宇一样，围墙也很破败，城郊在太平天国之后也变成了废墟。

绍兴人和宁波周围的人很不一样，他们的下巴向前突出，这个特点让这里的人看上去很丑陋。尤其是年轻人格外丑，但是上了年纪以后看来还顺眼一些。

运河上所看到景象堪称是生命的循环。正如坟墓很多一样，孩子也很多，不停地出现在眼前，看来这个地方是当地传统的一块墓区。大部分的墓是方形的，由五块石板构成。孩子的数量之多令人震惊，不由让人想起中国的人口在过去的几个世纪不断地翻

倍。现在看来这种情况还会继续。最后呢?现在中国人就被允许四处移居,不久他们就会遍布全世界,超过其他人种。

(12 月 5 日)整个晚上船都在前行,早上我在阳光中醒来,到达了一个村子。这里非常特别,因为所有房屋都是背面朝向运河。在宁波我没见到过这种情况。同时也能看得出,从这里开始进入了石灰岩地区。

用石块砌成的河岸和远处的稻田被一道比较宽的,上面有很
多墓地的堤岸隔开。岸边尽是古代的房子和宏伟的建筑。这些高 56
大的建筑物非常精美,尤其是布满雕刻的石门和屋顶,虽然现在很多屋顶都漏了——主要是因为这种材料不禁风雨,尤其是雕刻装饰风化严重——但是它们仍然显示出过去此处的繁华。

河道在又老旧又肮脏的西兴镇(Hsi hsing)终结。为了去杭州府,不得不渡过钱塘江(Tsiën tang)。这里的河水浅,南岸非常平。人们不得不前往 3 公里外的一个水坝,稍远的地方停着我们的交通工具——一艘帆船。为了能上船,我们坐上了一架两头水牛拉动的四轮车穿过浅滩靠近帆船。河面只有 1 公里半那么宽。人们通常在北岸登陆,穿过一条两侧都是房屋的小巷进入城中。

这段的交通十分拥挤。从西兴镇开始,河道中拥挤着很多货船和客船。大概有 20 多架水牛车在干拉船的活儿,每架车都得有大概 12 个苦力掌握。帆船大概只有 6 艘,但是那些水牛车也像船一样在水里行进。货物直接就被扛到船上,甚至包括在此地十分常见的轿子也用船驮运。我像一个精明的美国人一样,立刻就想到如果在如此繁忙之地开着一艘汽船做运输生意的话,肯定有利可图。但是当我得知,有位高尚的中国人为了公众的利益自己承

担了这段路程的费用，真真为我的想法感到羞愧。这种情况实在少见，在中国就加倍稀罕了。

从西兴靠近河岸，眼前的景色十分迷人。左侧是富阳（Fuyang）那边的山，右侧是一望无垠的平坦地，间或有一两个小
57 岛。在如此美景中穿梭而过，就来到了杭州府，此地庙宇众多。

在河道和山丘之间有很多白色的房屋，缓缓地一直延伸到岸边，这些房屋已经是杭州的地界了。远看这里十分祥和宁静。但是如果靠近岸边的这些屋子，就会发现所谓美景根本不存在，除了脏外还是脏，满眼破败。

我登岸穿过城门，但是从这里到城中心地带还得走上将近一个小时。我在那里拜访了美国传教士 G. 先生，我之前给他写过几封信。这条路的三分之二从城中穿过，两侧都是坍塌的房屋。从这些废墟看不出一丝它们之前的建筑美感。

我们在城中一座山上散步，山上建有很多庙宇，从山上可以俯瞰西湖。四周的景色非常美，据我看来，杭州城比柏林面积要大。群山围绕，周边还有很大的一些村庄。房屋都是白色的，灰色的屋顶，黑色的椽子，这一切让人感觉很舒服。但是这座城市在太平天国的时候也遭到了严重的破坏。

据说起义之前杭州大概有两百万人口，现在只有 20 万到 30 万。这种说法有些夸张，但是起义带来的损失确实巨大。只在很少的街道上可以看到买卖人。杭州的锻造行业很出名，尤其是剪刀。此外这里还盛产丝绸，织造业非常发达。

58 由于时间有限，从杭州前往西面山峰的旅行非常短暂。我决定立刻往北行进。我租了一条船，每天合 1.2 个银圆。凭着手中

的名帖,我敲开了已经关闭的城门,在夜色中向着西湖外流的河流前进。

(12月6日)早上我经过一个有很多墓地的地方,这条河的交通繁忙程度和大运河差不多,那些墓地就在河面以上两米高的地方。很多货船停靠在这里,等待过一个地方上的关口。昨天刚进城门后不久,我们就通过了一个类似的关口——就是用一条长长的横梁拦在河面上拦住船只。

距离西湖还有大概5公里,到达之后我乘坐一艘小船在湖上游览。马可·波罗将这里描绘得如天堂一般。此处曾经是皇帝的夏宫,据说康熙帝,还有他之后的另外一个皇帝都曾经在这里住过。虽然黄色的围墙和很多楼台依然矗立在那里,但这座几乎废置的夏宫已经看不出太多的雄伟之处。它的地理位置非常漂亮,位于一座小岛(译者注:孤山)之上,四周建有拱桥和湖岸连接,湖水被桥梁分割成几部分。

岛上是一座长满树木的山丘,很适合作避暑之地。山顶上处处可见楼台亭阁,整个岛屿看来如同一个大公园。这里不远处还有另外一座小岛,大小刚好容纳下一座亭子(译者注:湖心亭)。马可·波罗曾经高度赞美这座夏宫和庙宇,但是现在满目疮痍,只能看出原来的木质结构和那些华而不实的装饰物所残留的痕迹。
地面和台阶都铺着石块,还有石刻大狮子和坍塌的石柱。这一切 59
都掩藏在西湖边的杂草丛中。

这里还有很多坟墓,有些还很宏伟,看得出来有人经常清理和维护。即使是坟墓也使用了很多岩石,唯一残留的古代的装饰建筑就是三座佛塔。第一座看起来很粗笨,第二座顶儿非常尖,像个牙签一样，第三座的比例还算合适，但是也不具美感。

西湖是座人工湖，大概有 3 英尺到 4 英尺深。水质比较清，湖底生长着很多水生植物。东面开放，一部分被杭州城的城墙环绕。三面环山，西侧的山峰高达 300 米。

西湖的西南方可通往三道山谷，我往北边那道山谷攀登，拜访那里的一座有名的庙宇（译者注：灵隐寺）。此庙四周环绕峻峭的山壁，绿树成荫。上山的路大概有 7 公里，铺着石块。庙前有很多商铺和客栈，连和尚也做生意，卖些烧纸燃香（Joss）[①] 之类的东西。

此处的风景非常吸引人，所以当我不能再向西往山里走的时候，感到有些遗憾。但是再继续的话，不得不独自步行，这对像我这样的不会说中国话的外国人来说不太现实。

对现在来这里的人来说，恐怕很难附和马可·波罗对此处的
60 高度赞扬。虽然西湖岸边有些山岩比较险峻，但是这样的景象并不多。而且也没有过多的地方能够使人流连忘返。

下午我回到自己的船上，然后顺着较大的一条河道向北走，两岸除了起义军留下的废墟，别无景致可供欣赏。

（12 月 7 日）沿路没有太大的地方，散落着一些房子。丝织业非常发达，但凡地势高点儿的地方都种满了桑树。

（12 月 8 日）今天我经过湖州前往太湖（Tai hu）。这里河道交错，仿佛一个迷宫。给我开船的人不熟悉这里的水路，加上有些雾气，导致我们迷了路，下午的时候才到达太湖。由于他们害怕在

---

① Joss 这个词是欧洲人发明的，指的是中国人在寺庙里点的各种燃香。

如此复杂的地方行船，我们就把船停在一片芦苇荡中。

（12月9日）太湖呈椭圆形，东南端距西北端40公里，西南至东北25—30公里，深度大概不会超过1.5米。岸边地势平坦，长满了芦苇，尤其是东南边。湖上散落几座岛屿，岛上多山。看起来上面都有人住，即使是最小的岛上也建有房屋。除了渔业外，当地还有很多人从事丝织业。房屋都是石头的，屋顶铺着黑色的砖。也许在房子刚刚建成的时候曾经粉刷过白灰，但是由于年代久远根本就看不出来了。整个村子呈现灰暗的色调，如同废墟一般。这般情景不由让人想到了意大利。相似性不止如此，村外的景色也似曾相识，到处种满了桑树，形成一道道树墙，狭窄的小路就从树底下穿来穿去。树下还种着很多蔬菜和豆类植物。但是没有玉 61
米和葡萄，如果有的话，那么这里的景色和伦巴第（译者注：意大利伦巴第地区）很相似。

这里的气候和土质看起来应该非常适合种植葡萄。在上海的时候，我曾经在和一些传教士共进晚餐时，尝过一次苏州（Su tschóu）酿造的葡萄酒（因为他们害怕喝进口的），口味很像西班牙产的葡萄酒，有些甜，比加利福尼亚的葡萄酒好多了。在这里，我同样发现山丘没有得到充分利用。到处长满了野草，既没有树也没有葡萄，更没有羊。如果传教士们教会中国人如何利用山丘的话，将是他们一个不小的功绩。

中国的经济发达程度让人有些意外，但说到底不过是发达的农业体系，而所谓的发达完全取决于肥料和灌溉。

在水果种植方面，中国人也得从头学起。其实也没有什么水果，只是在这些岛上种着一些橘子和柿子，橘子的味道也很差。那些整日散播福音的传教士们如果帮着中国人在畜牧业、林牧业、葡萄和水果种植技术方面取得进步的话，说不定会取得更大的传教成绩。

（12 月 10 日）下午湖面上起了微风，我的船并不结实，所以急忙赶往西边洞庭岛（Tungting-Insel）找个安全的地方停靠。这里每个村子都有自己的码头，当湖面不那么平静的时候，船只都在这里暂避。太平天国军的残部看来有时还会出来骚扰附近的百姓。

（12 月 11 日）中国堪称是锻炼一个人忍耐力的一座学校，因为你每天都有这样的机会。早上我准备前往镇江，因为此地离那
62 里路途尚远。但是我催促和威胁别人的手段还远远不够好使。每天我的船工们都会在早上的时候借口有雾不愿意启程，而天还亮的时候，他们又以害怕找不到停靠的码头为理由要早早地停歇。但是今天我使尽了以往的招数，比如假装生气自己起锚等，都无济于事，因为湖面上有些浪头。直到中午的时候，船工们才出发，后来我们在湖的北岸抛锚。

（12 月 12 日）一道狭窄但颇为陡峭的山脉尽头是一个名叫木渎（Mu tóu）的镇子，标志建筑是一座塔。这里的山多是花岗岩，东北方还散落着几处类似小岛的巨大的花岗岩山。建筑物也都取材于花岗岩，只是偶尔能见到一两块砂岩。连河道上那些美丽的石桥都是花岗岩造的，石块被打磨得非常光滑，大概有三四米长，形成完美的弧度。

离苏州最后的一段路程，河两岸都是平地了。河道也宽了不少，岸边的村落也渐渐多了起来，形成了苏州的郊外。像杭州一样，苏州城也有一条围绕城墙的护城河。我在城外停留了一会

儿,然后往城墙靠近。我只看了一眼就明白了,这座以美丽著称的城市,如今也是破败不堪。虽然城外的房屋看起来零零星星的,但是比杭州城外的情况还好些。较宽的河道里挤着不少船只,有些看起来规模还挺大的。

(出自写给父母的一封信)中国美丽的自然景观是吸引我在此旅游的原因。现在我乘坐的船比较大,我甚至可以站在舱中,还把我学的那些简单的中国字写成片子挂了起来,就像老师教小学生那样,可以随时学习了。房间中间放一张桌子,周围是非常宽的大凳子,每张都足以当床来用。除此以外,船上还有两个房间,一个作为厨房,一个给那些中国人住。当然船上没有取暖的设备,风
可以穿堂而过。这个季节早上都上冻了,不是很舒服,但是冷比酷 63
热还好些。天不亮我就起床,晚上要工作到 10 点甚至 11 点,我的作息习惯让那些中国人很是烦恼。今天早上我还去打猎了,在田里抓到了一只野鸡,当了早饭。厨房里一应俱全,我的仆人虽然没学过厨艺,但是他非常干净整洁而且一教就会。我自诩在做饭方面还是有些才气的,于是我和他一起进行了很多尝试,而且很成功。很快他的本事就远远超过了我。我总是习惯准备各色各样的食物,所以我的日子过得非常不错,无论如何比在美国的饭店里舒服。我的船上挂着黑白红三色的船帆。

我还在学习中文,不光是说还有读和写,这简直是一种自我折磨。虽然中文不是很难,但是学起来很费时间。尤其是在生活和旅途中的用处不大,所以我常常感到学习中文是在浪费时间。要掌握几千个看起来模样长得差不多的方块字自然需要很长的时间。汉语中大概有四万字,其中四千字是必须掌握的。一个汉

字，看起来略有不同，意思就会完全不一样。

其实借助一些记忆技巧学汉字也不是很难，只要勤奋，并且在学习的过程中经常使用。但是我很清楚，在中国之外，汉语一点儿用处都没有。这就如中国学校里所教的那些东西一样，学生们必须通过的所谓考试，实则毫无用处。我学了几天后，大概学会了250个字，但是我不总能保持这样的进度，因为我缺乏足够的学习
64 热情。后来我让我的汉语老师走了，因为我这个人学东西不能靠老师，倒是自己慢慢琢磨更具成效。

我所经过的这段中国东部的大运河长度大概有200英里，整条运河加上派生的支流总长可达上千英里。运河曾经是一项耗费大量人力物力的工程，虽然它早在3000年前就开始被挖掘（译者注：大运河始建于公元前486年），但今天仍然是中国这个没落大国的交通主动脉。

（12月13日）接下来在运河上航行的100多里毫无意趣。这段路程再也看不到比较大的村落，与优越的自然环境形成鲜明对比的是当地人极度贫困的生活。看起来，生活在平原上的人们比生活在山区的要贫穷得多。

这里的人几乎赤身裸体，如果他们披在身上的皮毛还能叫衣服的话。他们住在几乎坍塌的屋子里，和先时留下的那些宏伟建筑物，比如桥梁等形成了刺眼的对比。

当然中国人还是有理由为他们的黄金时代，尤其是他们的哲学、建筑、书法、工业、艺术、庙宇、运河和桥梁而感到自豪的。但是自从那些留辫子的人进入后，败落就渐渐开始了。

汉字“生”既能表示“生活”也能表示“生产”的意思，这个

字也非常贴切地展现了中国人目前的精神状态：人口无限地膨
胀。与欧洲某些落后地方的农民相比，比如鲁塞尼亚人（译者注： 65
Ruthenen，斯拉夫人的一支）和瓦尔和人（Wallachen），中国人至少还拥有比较高的教育水平，这也是他们从先辈那里得到的唯一的遗产了。

（12月15日）无锡（Wu hsi）的地理位置十分重要，面积也大，在其他省都足够作为省城了。但是在当地方圆30公里以外的人恐怕都不知道还有这么个城市。

大运河无锡段非常规整，笔直的200里，方向是从东南向西北，沿河无山。

此处唯一的消遣就是我遇到了一些从上海过来打猎的欧洲人，他们还是自杭州以来我唯一见过的白色面孔。这里是打猎的好地方，吕城（Lü tschöng）附近长满了高高的芦苇，可惜我没有狗，所以只能自己艰难地在芦苇丛中穿来穿去。无数的猎人在这个季节过来打鸟。此地只有很少的田地种植了农作物，这点让人有些奇怪。也许这种情况只是因为太平天国造成的，因为可以看到大片荒废的农田。几乎所有的村落都完全或是半数被毁，在以往人口稠密的地方，现在只生活着很少的人。这也能够解释为什么农田都荒芜了。

这段河道被挖得很深，而且河底的泥沙还被推向两岸，形成了很多堤坝。堤坝的另一边有很多坟墓，也堆积着很多瓦砾和断垣。如今还长满了高高的芦苇，底下也是杂草丛生。

这座城市的形状像一个鸡蛋。城墙足够宽，与其说它的作用 66
是抵抗外来侵略，保卫城中百姓，还不如说是为衙役巡逻或者是夜

禁提供便利。城中密密麻麻都是房屋，狭窄的巷子从中穿过。现在他们大多都因为太平天国废弃了，可见城中老百姓、城防和守备的软弱，而他们本应该完全可以保护这座城市的。沿着运河延伸的是脏兮兮的郊外，处处都是人、孩子和狗，这也是每一个中国城市不可或缺的，这里自然也不例外。

（12 月 16 日）丹阳（Tau yang）附近农田的利用率比较高，人口也多，比起以南的地方看起来富有一些，生机勃勃一些。毁坏了房屋得到重建，瓦砾石块也被移走，甚至还重建了新的桥梁。之后我们到达了镇江城的城墙下，运河的支流在此处汇入长江。下午我到达外国人在镇江的驻地，并就此结束了为期 15 天的宁波附近的行程。

三天后我重新启程，搭乘一艘漂亮的大船，沿长江而上。我打算让汽船拖拽着我的船走 150 德国里到汉口（Han kóu）。然后顺流而下，途中在几处做停留。整个旅行大约耗时两个月，我的计划是如此完美，以至于我想想就非常兴奋。

南京及其周边

（12 月 19 日）今天我们前往南京城，神策门（Schin hsi mönn）67
熙熙攘攘，是通往城中商业区的重要的城门。街边建有很多房屋，几乎都是店铺，但是看起来并不富有。老百姓也是如此，看来和这里的建筑物并没有形成鲜明的对比。半裸的乞丐，多大年龄的都有，看起来身上还有可怕的疾病，让人产生恶心。

一旦离开那条商业街，人们很快就置身于废墟之中。到处破破烂烂，还有人在断壁残垣中生活，到处充斥着肮脏和恶臭。

我们到了一处山坡上，在这里人们打算盖一座庙。起义军的领袖在明皇宫的遗址上曾经建了一座宫殿，但是现在被推倒了，并且用所得的材料来建这座庙。这座庙有一组组高大的殿堂，用巨大的石块建成，里面地上铺着红色的琉璃砖。这是我所见过的此时代最宏伟的建筑物了。

在这样一座残破的城市中，不知道要投入多少人力和财力才能建成这座标志性的建筑。先前这座山是耶稣会的地盘，虽然双方的协商还在进行，但是庙已经开始建了。最终耶稣会不得不吃 68
下这个亏，接受了另外一块不是很好的地，还好也是在城内。他们在那里建了一座教堂，成为目前城里最漂亮的房子。

下午我们拜访了 M. 博士（Dr. M.），他管着这里的一个军火库。位置在城南的中部，在城墙以外。M. 博士在镇压起义时是个重要的角色，后来他开始在苏州生产军火，几年前才开始在南京建军火库。他的工厂没什么大不了的，只生产一些寻常武器。

前时非常著名的瓷塔就在去军火库的路上，现在只是一堆瓦砾。大部分的瓷砖都不见了，只能看到一些绿的、黄的或者红色的残片，要么就是红色或者黄色的装饰砖。但是塔尖上存放舍利的部分还在。很明显，塔身就是用老百姓建房子的灰黑色的砖建的。从眼前所见看不出这曾经是一座伟大的建筑，塔的四周尽是废墟，军火库就建在废墟之上。

（12 月 20 日）今天我们得到许可去拜见湖广（湖南和湖北）总督李[①]和两江（江南和江西）总督马（译者注：文中只出现了此人的姓，应为马新贻）。10 点钟有轿子接我们到一处房子，现在李住在这里。此处目前是审讯大堂（Examinationshalle），接待客人似乎显得不那么合适。

会客的大厅里铺着残破的红色地毯。两把高椅子是给李大人
69 和美国总领事 S. 先生准备的。其他人，包括马都坐在靠墙的椅子上。还有一些满清官员成两行站在两边。双方的最高长官一一接见了我们，不过是些客套的问话和介绍。S. 先生在接下来三个多小时的会谈中发挥了他控制场面的智慧，当然这和中国人的不聪明也有关系。

在中国，李大人现在可算是高官，他用自己的功绩获得了现在的位置。他是个高个儿，长得不错，42 岁（译者注：李鸿章出生

① 指李鸿章。（译者注：李鸿章被任命为湖广总督后，未到任，所以李希霍芬能在南京见到他。）

于 1823 年，时年应为 45 岁），留着小小的络腮胡子，眼睛炯炯有神，做事麻利。他身上颇有一些吸引人之处，个性非常自信，活力无限。马大人也是高个儿，比李大人还强壮，但是看起来脾气很温和。两人始终客客气气的。大厅的门开着，门外还站着一些听众，多数是清朝官员，还有一些是轿夫和侍者。

会谈的一个难题就是翻译，这点国外一方具有优势，因为中国人没有翻译。会谈在友善的气氛中开始，然后双方还谈了一些时政问题，最后落到煤矿开采上来。

结果不是很令人满意。李大人说，中国人应该自己开采煤矿，可以用外国人，但是不能全部交给外国人。主要还是因为风水，他提高声调说，好像是为了让门外那些人能够听到似的，中国政府很重视倾听并且遵从民众的意愿。老百姓害怕风水被破坏，
所以不同意开采煤矿。得由他们求助风水师来选择合适的地方 70
开采。

看来李大人并不准备接受外国人的任何建议。他多次让 S. 先生去总理衙门解决此事，但是众所周知最后还是会回到地方政府。

正确的办法应该是，先从低级的地方官开始，然后逐级上升，最后才到总理衙门。当然遇到个别不愿意合作的官员，尽可以用钱解决问题，风水也可以用钱解决。已经取得的成果会作为以后的范例，即使不用贿赂那些官员也得照办。李大人有几次提问很是无理，但是 S. 先生成功而有力地做出了机智的反驳。

从李大人那里出来我们又去了 M. 博士那里。在太平天国之时他非常活跃，拥有超常的记忆力，可以连续几小时不停地谈论记

忆中的事。当然有时候他无须说这么多。

此人看来官运不错,他经常与中国的某些高级官员往来,有时候他们还得请他出出主意, M. 博士对他们来说是必不可少的。我们刚到的时候,在运河河口就有一个官员要了我们的证件,据说就是交给 M. 博士,向他请教该如何处理牵扯到外国人的有关事宜。

看来他的薪俸不少,因为他教给中国人怎样制造武器,其中也包括火枪,当然这些武器也被用在外国人身上,并且建起了军火库。当然当地的老百姓并不怎么爱戴他。

他的生活也不怎么样,娶了个中国老婆,有几个孩子,几乎不
71 能回故乡去。他孤单地住在南京附近的一座房子里,房子就建在那些废墟之中,只能和中国人打交道。很难想象,一个如此有能力和思想的人会对当前的生活状态感到满意。

(12 月 21 日)今日我们前往城东的山地并且参观明陵。我们两次从城中穿行,南京城的面积很大,城墙内东西宽至少 7 公里半,北部多山,南部多平地。

目前老百姓都住在城东南角上,只有少数房屋散落在别处。其他地方几乎都是废墟,到处都是瓦砾,偶尔也能见到一些宏伟建筑的断墙。城中住着十万人,据说先前有两百万人口。

东南部的一块四方地,边长 500 米到 1000 米,被坚固的城墙所环绕,城墙上开了很多门,现在极其荒凉,但是看来以前应该是相当繁华的,这里曾经是明朝的皇宫。现在除了废墟还是废墟,看不到一点儿宏伟之处。

城墙明显建于两个不同的时期,第一段大概 10 米厚,年代

已久，外部都长满了野草。另一段大概 6 米厚，新很多，环绕的范围更大。这段城墙是用方形石灰石建成的，但是最顶端就只是黑砖。与之不同的是，苏州的城墙是花岗岩的，而宁波和绍兴的则是斑岩的。

明陵最有意思的地方是东南部山脚下的部分。巨大的柱子支
撑起高大的殿堂，殿内有一幢巨大的石碑，碑身和底座都是花岗 72
岩。整个陵寝四周有墙环绕，有很多陵墓。

从先前见到的建筑物起有一条道路通往第二组建筑，路边是巨大的石像生，有马匹、大象、骆驼和其他神秘的动物形象，大小有实际两倍大，全部是花岗岩刻成。每对相隔 30 米，头相对，中间就是道路。其中还有一些官员的形象，长长的胡子，和人们平常在寺庙里看到的差不多。这条路让人想起，在圣诞节的时候孩子们得到了一种礼物盒子，里面就是所谓的挪亚方舟（Arche Noah）中的各种动物的模型。

（12 月 22 日）我们坐船到了南京对面河左岸，这里地势平坦，河岸大概有两米宽，长满了茎秆类植物。过了这里就是高一点儿的地方，我们从此处乘坐小船走运河，在一个有一座高塔的小村子靠岸。这是一座十分古老荒凉的城市，城墙还残存，城门也还在，但是城内一片荒芜。山脚下和河边淤泥之间的土地荒草丛生，平坦很适合狩猎。我们分开行动，收获了不少野鸡和几只狍子。

夜里我们沿长江顺流而下，通过马掌渠（Horse-shoe-Channel），这条渠在南京下游 11 公里处和长江干流相连。早上我们的船陷入了泥沼中，费了很大的力气，花了几个小时才解脱出来。马掌渠以下出现了一道由西而来的山脉，江水一直冲击到

三五公里外的山脚下。

之后出现了大概有一公里半那么宽，朝南的一块平地，散落
73 着村庄和田地。平地的东边还能看到大概350米高的独树山或是栖霞山(Hsi hsia schan)。山顶呈圆形，顶上只有一棵树，山由此得名。中国人认为这里是个神圣所在。山顶本来还有一些石狮子，后来在太平天国时被大炮摧毁。

在长江下游的旅行

（1869年1月8日至2月21日，出自一份综合手稿和日记）

（准备工作）我下次出行的目标是考察长江下游汉口至上海 74
段。此段经过很多山，众所周知在这些山里有煤矿，虽然已被证明
质量不是特别优良，但是对于江上航行的汽船和上海的供给仍然
是极其重要的。尤其是肯斯米尔先生（Kingsmill）收藏的那些石
头，那是他一次出行时在决口后的江边捡到的，激起了我很大的热
情，因为我发现里面居然有化石。在英国海军出版过的一份颇为
详尽的长江下游流域图上可以看见两岸到处都标示着山脉，但是
看不出这些山脉的关联以及伸展方向。可见还没有任何人曾对航
行日久的下游沿岸做过研究。

我的计划是，先乘汽船上行到距上海600海里的汉口，这种汽
船每三周有一趟。然后从汉口租中国人的船一段一段地往下行。
坐这种船肯定不会很舒适，而且我恐怕还得付高价，因为还要再回 75
汉口，上行可能需要几个月的时间，这也不得不考虑在内。因此，
当上海汽船公司（Schanghai-Dampfschifffahrts-Gesellschaft）主
动提出可以用大船推拽“仙女号”时，我很乐意乘坐这艘上海最大
的私船。

在上海几乎每家都有船,这种上面覆一个棚子,只有一个舱的小船非常适合这里的水路。而耗资66000马克的“仙女号”就显得格外的堂皇和舒适。大舱中放张可容纳12人吃饭的桌子。门对面,桌子的尽头是一面大镜子,镜子两边是通往卧室的门。舱两侧是长凳子,上面也可以睡人。大舱前面的甲板上,天气好的时候人们可以站在那里看看风景。再之后就是佣人和船夫待的地方。船帆被安置在主桅杆和前桅杆上,这种中国式的方法更能保证船的速度和安全。

航程预计需要六周时间,因此我将船装备得尽量舒适些。在大舱中装一盏挂灯,这样即使晚上也能够工作,还配备了炉子等用具。我还雇了一个“船老大”,宁波当地人都这么称呼掌船的人,并且委托他找来其他的船工,每月我要付他270马克。他对这段非常熟悉,还找来了五个宁波老乡。此外我还找来两个干活的小孩儿。

76 我雇佣的人里面最重要的一个是翻译。他是比利时人,名叫保罗·施普林格特(译者注:Paul Splingaert,以下都翻译为保罗)。三年前他曾经跟随教皇传教使团前往蒙古,在那里待了两年。他原本的任务是为传教士们服务,但他却以不可思议的方式学会了汉语。他并没受过高等教育,只是掌握最基本的法语的读写,语法知识也不懂得多少。但是却用小孩子学语言的方式,没有系统只是通过实践,掌握了汉语。他不但学会了中国人的发音方式,还似乎具有特殊的能力,能够理解中国人的思维和情感方式,所以他是我所遇到过的最合适通过他和中国人交流的人。

当他离开蒙古传教团后,便跟随了德国使团来到北京。不久前负责从天津到北京运钱。不幸的是在途中他和一个俄国人发生

费迪南德·冯·李希霍芬和保罗·施普林格特

了冲突，后者看来是觊觎他押运的钱。因为俄国人有一把左轮手枪，所以当后来两人冲突起来的时候，保罗出于自卫用一把刀伤了那个俄国人。后来被带到了上海，那里有一个国际裁判法庭，还好所有证人的证言都有利于保罗，最终他的行为被认定为正当防卫。尽管如此，经过这事之后也没人再愿意雇佣他了。所以他很乐意接受我的建议，跟我同行。

很快我发现他身上的优点，并且此后长期雇佣他陪伴我在中国 77
游历。我很看重他的忠诚、随和、认真和甘于奉献的品质。我之所以能取得成功在很大程度上要感谢他的汉语知识、细致和勇气。

（逆流而上）1869年1月8日，“仙女号”上升起了北德意志（Norddeutsch）的旗帜。拖拽我们的大汽船叫作“莫云号”（音译），有时候我不得不站在这艘大船上照看“仙女号”，因为它相对较小，在以11节到12节的速度航行时，经常和其他大小相似的船堵在一起。好在航行还算顺利。

坐汽船往汉口的行程大约需三天，这段路程在中国堪称是最舒适的一段。两岸的景色变化万千，如山水画一般美丽。天气晴朗的时候航行让人享受。船上的豪华装修，让我们这些外国人都不禁慨叹。船上的物质供给也十分充足，所以这艘船被称为长江上的宫殿一点儿也不为过。在舒适和豪华上，欧洲的汽船也与之相去甚远。船的后部每一面都有大的玻璃窗，方便乘客观望风景。整个航程我们停靠过几次，首先是在镇江，因为要装卸货停靠了几个小时，然后在南京、芜湖（Wu hu）和大通（Ta tung）这三个
78 重要的当地乘客上下船的地方稍作了停留。九江作为开放口岸也是重要的一站，之后我们就一路不停地到了汉口。这次航程我们用了五天时间，1 月 12 日才最终在汉口抛锚停靠。

在内陆的商贸城市中汉口是最重要的一个。它地处长江和自北汇入长江的一条较大支流汉江（Han kiang）的交汇地。离此不远的上游，源自南边湖南洞庭湖的众多支流汇入长江。通往广东（Kwangtung）的重要商道自古从湖南穿过，现在洞庭湖周边的大贸易区已经获得极其重要的地位，因为自南边、西边以及另一条北边的贸易通道都由此经过，以此将南部和中部以及北方城市，包括北京都连接在一起。这条商贸之路沿长江顺流而下一直到上海。

此处作为中华帝国贸易重镇聚集了难以计数的商人。古伯察（Huc），第一位对此地做过描述的人，曾对这里繁荣的商业感到无比惊讶。他估计这里有八百万居民，当然这个数字有点儿夸张了。这里有三座城市：武昌府，湖北省城和湖广[1]总督府所在地；

① 湖北和湖南两地的名字源于它们分别位于洞庭湖之北和之南。

汉江入口右侧是汉阳府，一座重镇；左侧则是商贸聚集地汉口，虽 79
然它不是省城，但在重要性上处于三镇之首。汉口主要以贸易而武昌则以教育和工业闻名。

汉江在此处宽不及 100 米，上游则宽阔得多。这里是一座天然港口，无数船只排列在入江口处，并且一直延伸到远处。此地是研究各地船只特色的好地方，只有少数船只，尤其是大的中国帆船停靠在长江中，他们都是从宁波逆流而上的。远处停靠着来自湖南和四川（Sz' tschwan）的细长的、装饰华丽的船只，从制造上一眼就可以看出不同。它们大多会在这里被卖掉，回程因为是逆流所以很艰难，还有一些船主根本就不再回来处了。从下游，尤其是从宁波过来的帆船也不在少数，这些人凭借着对水路的熟悉几乎垄断了长江此段引领船只的生意。

中国的商贸重镇都是沿着汉江排列开来，与之相反，欧洲人的领地都在长江岸边。由于此处堤岸多破坏严重，所以首先就得加固堤坝以保证安全。这些堤岸都是用大石块加固，而且修有台阶供人上下。这项工作非常之重要，因为从岸边的江水留下的痕迹就可以看出长江水位在不同年份的变化居然可达 15 米之多。沿岸绵延森森的树木，长长的人行道，也就是中国人常说的滩。欧洲人的房子豪华如宫殿，英国人的领地一贯凭借品味和花费显得
格外扎眼。房子与房子之间是宽阔的石板路。这里有不同国家 80
的商会，包括德国的[1]。美国的地盘道路狭窄而且曲折，不是为了居住舒适，而是为了装卸货物方便。虽然法国也拿到了通商许可

① 自 1895 年德国也占领了汉口。

证，但是他们只是在这里建了领事馆。

在汉口外国人的地盘上，外表的富丽堂皇和内部的人烟稀少形成了鲜明的对比。街道上满眼都是中国人，很少看到欧洲人的身影。和中国其他的开放口岸一样，最初热烈的对生意繁荣的愿望使外国人不惜重金建起了这些房屋。他们的好日子是在 1860 年到 1864 年间，那时候中国人还没认识到和外国人做生意的奥秘。欧洲人带来他们的货物，贩卖出去，取得了贸易顺差。可惜好日子转瞬即逝。中国人太精明了，他们很快就发现外国人在上海和汉口做生意显然赚了大钱，不光能花费不菲建豪华的房屋，口袋里净赚的也肯定不少。于是他们开始搭外国人的船把自己的货物在长江上运上运下，他们要么在上海开起了商号，要么在汉口扎下根来，到下游城市卖东西，然后再带着买来的新鲜玩意到上游来卖。

渐渐的，进口生意从外国人手里都溜走了，只剩下做出口了，主要是茶叶。即使是这样，茶叶贸易业让中国人越来越集中到了上海，他们成立了自己的行业委员会，专门赚取贸易中间利润。当
81 我乘船来的时候，船上装满了棉花。冬天的时候，几乎所有在长江
上航行的船都装棉花，当然利润都被中国人赚走了。

几乎在所有的开放口岸外国人都有同样的遭遇。除了上海，其他地方外国人的贸易利润都渐渐地被中国人抓在手里了。如果继续如此，和中国的贸易会越来越萎缩到一个固定的地方，这地方很可能就是长江边上的某个口岸。果真如此，中国人到欧洲和美国开店做生意的日子也就为期不远了。那时候所有的生意都会转到中国人手里，而外国人就只好关门了。这种状况之所以出现，是因为外国人和中国人的生意头脑成熟度相当，但是中国人的需求

却极少,这就是他们的优势。

从另一方面考虑,外国人在中国贸易的变化伤害的应该仅仅只是那些进驻中国的外国商人的利益,而对外贸易本身并没有受到损害。欧洲的工业不断地在中国取得利润,相应地贸易额按理来说也是不断增长的。现在越来越多的内陆城市成为新的开放口岸,最初在这些新口岸落户的外国个人必然还能够攫取巨额利润。但是从长远来说,外国人的生意仍然处于劣势,这种现象早已被证实而广为人知了。尽管如此,开放口岸对于外国人来说从总体上是有利的,如此他们才能将欧洲工业产业的利润链延伸到中国。

生意的好坏影响参与者的至少是当下的心情。在汉口现在还 82
看不出大范围的颓败样子。很多人,他们虽然住着豪华的宫殿,但是赚得的钱却几乎难以支撑下去。也有一些人通过别的生意,比如成立汽船公司等,获取更多的财富。

来到这个中部城市,我的目光自然投向内陆。我打听很多货物都是从什么地方运来的以及会运往哪里,每天从湖南的煤矿都会有大量的优质煤被运到汉口。这些煤共分三种:(1)来自益阳县(I yang hsiën)的白煤,(2)来自祁阳县(Ki yang hsiën)的烟煤,(3)来自湘乡县(Hsiang hsiang hsiën)的煤(Ku-kwei[1])。其中前两种可以在汽船上使用,而第三种则不行。因为湖南当地人的抵抗,还从来没有外国人到过这些产煤的地方。不久之前曾经有几个英国人尝试靠近,但是被当地人驱赶了出来。乘坐一艘帆船或许能冒险到达洞庭湖的南岸,但是想驶入通往煤矿的河流则

① 此处应该是日记中出现的一个拼写错误,主要是因为并不清楚相对应的汉字是什么而无法改正。煤在汉语拼音中应为 mei。

不太可能。因为这些支流非常浅，只有在雨季的时候才能把煤运到汉口。这些产煤区毫无疑问非常重要，但外国人也是在洞庭湖开通汽船之后才意识到它们的价值。引人注意的是在这里外国人
83 的航船并不多，少数一些挂着外国旗的船，上面干活的也多是中国人。即使是这种情况恐怕都维持不了多少时间，如果中国人建立起自己的船舶公司的话。[①]

我自然十分乐意到内陆看看，尤其是到湖南的煤矿看看，但是在这样的江面上逆流航行是很无聊的。而且我很清楚地认识到，如果在江面上做较远的航行，最好还是选择顺流而下。

我只是在汉口周边转了转，并没有去武昌。汉口是一座大城市，两面靠山。太平天国的时候曾经多次被烧毁，但是现在又重新建好了。一排一排的粉刷一新的房屋看起来很是漂亮。和其他一些同样被毁但仍处在废墟中的城市，比如杭州、苏州和南京相比，这里强多了。城墙还算宽，但比不上南京城的一半。汉阳则是个小地方，背靠60米高的汉阳山。站在山上，可以俯瞰武汉三镇。汉阳山山体是砂岩，颇为陡峭。有意思的是，中国最古老的经书《禹贡》就曾提及这座山。(译者注:《禹贡》中并未提及汉阳山。)

签订条约开放汉口的时候，最初来的外国人建议各国将领地建在汉阳山脚下，一来因为那里地势高，二来可以同时控制长江和汉江。那里也曾建起两三座欧洲人的房子。不幸的是不久就冒出另外一种意见，尤其是当英国人把他们的领事馆建在江边的
84 时候，几乎所有国家都跟风跑到江边去了。当地人曾经警告过他

① 事实上已经建立起来了。

们，长江如果泛滥的话，那里是很不安全的。但是当时看来水面离堤岸远得很，人们很难想象这里会发大水，当然现在他们不得不为这一冒失的行为后悔。过去几年里，长江多次泛滥，殃及了整个占领区。江水漫过河滩，淹没了街道和花园并冲进了房子。外国人只好踩着一些木板活动，家具被放得越来越高，几乎放到了一层的天花板上。后来我发现几乎每所房子里都放着一艘小小的船，在发水的时候可以坐船串门。人们把船放在门厅，然后坐着船到另外一所房子。这是那些可怜的人们很多年里在 8 月到 10 月间唯一的户外活动了。

和花了大价钱建造的房屋遭受同样损失的还有他们的生意、利益和健康。如果起初听从中国人的建议，将领地建在汉阳山下的话，这些本来都可以避免。武汉三镇的居民大概不会超过八十万，其中武昌五十万，汉阳十万，其余的在汉口。虽然太平天国前人口可能还多些，但古伯察所说的八百万恐怕从未达到过，正如他说在这里看到过一万艘船一样不可能是事实。三镇的另一面是相当广阔的平原，夏天的时候都会淹没在水中。仅有的一点点 85
干爽的土地使得在汉口的停留变得有些让人难以忍受。

（汉口到九江，1 月 15—22 日）早上，朋友们从汉口来到我的“仙女号”上，我们一起享用了告别早餐。一点钟我的船升帆起锚。没有风，我们顺流而下，以每小时 1.5—2 海里的速度前行。长江在此段流经一个大平原，包括了湖北省和位于湖南的洞庭湖盆地的一部分。这片区域包括直到距汉口大约 360 海里的宜昌府（I tschang fu）。长江这一段十分曲折，流向多有变化。在岳州府（Yo tschóu），长江接近洞庭湖，并且通过洞庭湖接纳整个湖南省

的水系。在汉口附近湖北省的大部分水系汇入长江。

我预备航行的这段，现在还很少为人所知，这点十分令人不解。虽然此段也有地图，有很多经验丰富的领航员，每天都有无数的汽船来来往往。但是除了江水、河岸和航线，岸边的一切从没人研究过。人们对汉口之上的长江段已经有很多的描述，但是之下却几乎没有，似乎人们对它太熟悉了。

汉口下游长江继续转向，江面渐渐开阔。岸边的平地一部分蓄满了水，一部分在江水泛滥的时候也会被淹没。零星山峦散落在两岸，逐渐向江面靠拢，长江看起来就从群山中穿越而过，这些山都自西南延伸向东北。在北边和另外一些山脉汇合之后再分
86 开，并且以此将汉口和九江周边的平地分隔开来。此段开始的时候两岸比较陡峭。江水此时到了较低的位置，大概离河岸最高点得有 12 米，以至于人站在船上都看不到岸上的样子。目光所及之处都是江水的冲积区，水平沉淀的柔软的、褐色的、稍带沙子的肥沃土地。江面大概宽 1000 米，但很快就开阔到两倍左右了。北边的拐弯处江水汹涌，到杨逻村(Yang lo)那里又转向南，再次形成拐弯，向南直奔白虎山而去。无论弯大弯小，有一点不变的是，右岸堤十分陡峭，左岸堤则较为平坦，积满淤泥。

我的船老大已经充分表现出了他对此地的熟稔。开始我还拿着那张水系图给他指点，让他随时注意可能出现的危险，因为现在我们的船吃水只有大概三英尺左右，很容易会陷入淤泥中。但是船老大脑袋里的图比我手上的更靠谱，因为我的图上只是标注了绘制当时存在的淤泥段，但是现在多有变化。船老大几乎是凭着直觉就能断定水有多深。有些地方对汽船来说并非全无风险，尤

其是在冬天，当水位格外低的时候，汉口以下的航段几乎是不能通行的，所以较大的船只无能为力，只能靠小船。 87

我们在杨逻村上游一点儿的地方靠岸。本地的船只都有固定的抛锚点过夜。这些地点都是政府划定的，并且有炮船保护。在那里非常安全，所以即使是有紧急情况，他们也不敢在这些地方以外停靠，因为害怕江上的强盗。但是我们的船老大仗着我是外国人常常随便就停在一个地方。而当地的船只则因为上面所说的原因在航行的时候受到限制，尤其是往上游走的时候，他们必须随时注意风向的变化，如果天黑前不能到达下一个停靠点，那他们宁可就待在原地不动，有时候甚至耽搁几天或者几周。

到杨逻村后，两岸是大约高 50 米的山丘。山上都是砂岩，看起来非常松软，形状也很柔和。山顶上种着很多松树，有些看来得有二十年了，间或也有刚种下的。山谷里种满了稻子。整个山上凡是能种东西的地方都被利用殆尽。

接下来的几天，我希望过去的坏天气能有所转变。早上还阴云密布的天空，现在终于放晴了，刮起了东南风，正好逆着我们的方向。这时我们恰好航行在一条窄窄的、曲里拐弯的水道上。我们的视野很开阔，我的小伙计阿峰越来越会做饭了，恭恭敬敬地服 88
侍着他的主人。保罗会教阿峰很多做事情的办法，这些看来很有用。自从我雇佣保罗以后，他的勤快和乐于实践的个性越来越让我满意。可干的事情不少，这段的水系图绘制得和实际情况基本一致。

我们在白虎山登岸，在 125 米高的山的山脚下有一个小村子。那里的人看到我们豪华如宫殿一般的大船，都十分惊诧，他们高呼

“外国鬼”，只敢远远地盯着看。当然这些人并无恶意，但是独自在这里走走几乎是不可能的，因为走到哪儿都被当地人围观，他们充满好奇地看着我们干这干那。我们肩上扛着的枪显然最吸引他们，因为在他们看来外国人到这里理所当然是来打猎的。当然如果遇到个把不怀好意的中国人，枪同时也能保证我们的安全。当一只鸟被射中，即使只是只乌鸦，那些人也会像孩子一样高兴得不得了。他们会一拥而上去抢猎物，就算只是只鸟儿，在他们的餐桌上也是不常见的。连放枪的砰砰声对他们来说也是一种娱乐，听到后如同被电击一样兴奋。

从山顶上望下去都是平原，到处都是庄稼和村落。众多的小路蜿蜒其中。山体比较陡，长满了杂草。这里的人会把草割了，晒干后当柴火用。如果仔细看看，从残存的根部就会发现这里生长
89 过灌木。人们就是从杂草中把它们挑出来当柴火的。

第二天我本打算去梁子湖(Liang tszě hu)看看，因为那里是捕猎水鸟的好地方。但是风向实在太有利于航行了，所以在附近的一座小山上散了会步之后我决定立刻出发。河右岸的平原还是不连续的，实际上就是之前我提到的那种多级阶梯地形。看来在长江沿岸我们还会经常看到这种地形。有些河流的冲积区范围很广，甚至包括了多级阶梯。似乎应该是河水深深切入将原有物质冲击出很远，时间久了才堆积出新的比原来位置低些的梯地。但是当地的阶梯地形却似乎又不符合该种成因说，因为它们是由较软的砂岩构成的，而且呈倾斜分布，只是从平坦的阶梯面上还可以看出以前的层理曾经被深切过。这里的阶梯地形构成了这一带的主要地貌特征。大城市的塔往往修建在阶梯的边缘上。无论是农

作物的种类还是耕种方式以及人口数量，位于阶梯地形上的都和位于低地处的不同，尽管所谓的阶梯地形高度通常也就在 15—25 米之间。不时地出现一些小山，也是砂岩结构，但是构成梯地的砂岩要坚硬一些，具有完全不同的特性。它们的高度不一，有时是连绵的一段，构成一片山丘地形。

三小时后我们到了一个名叫黄石港(Hwang schi kiang)的集镇，在这里有一条小河汇入长江。黄石港同样是位于砂岩构成的梯地之上，在这里我进行了一次考察。众所周知，中国人习惯用船只运送煤炭，而肯斯米尔先生之前也已拜访过附近的煤矿。我打听到，现在只有离此以西 5 英里的一个地方还产煤。我们找了 90
一个见过些世面的小伙子带路，他十分乐意为我们介绍当地的情况。穿过地势略微起伏的丘陵地带我们到了桑虎山(音译：Sang hu)，大概只有 50 米高，西南边山坡中间位置上看得见黑色的煤堆。山脚下有一个湖，山的南边还有其他的山脉可见，据说再远些的山里也产煤。

此处唯一的煤层大概有 2 英尺那么厚，开采的难度很大。每个煤坑都有一道沿着煤层的走向倾斜着的竖井，厚度也就刚好 2 英尺，以方便下井。用竹子做的管子排水。我试图在煤层页岩中寻找植物的痕迹，按说应该可以找到，但是却徒劳无功。或许后来人会有此幸运，因为这里页岩的数量很多，只不过现在没人将它们收集起来，因此煤堆上的页岩片几乎都碎了。在回来的路上，我惊讶地发现，这里的煤矿面积还是不小的，有些位于比桑虎山还高的山上。先前我们只看到一些废弃的碎石堆，但实际上在那些地方当地人已经又开始挖煤了。

（1月18日）我们继续顺流而下到了3英里外的一个名叫石
灰窑（Schi hwui yau）的村子，这里的山与之前的已经很不相同
了。在一段长3英里边缘陡峭的横谷中有两处突起，在它们的脚
下就是上面说过的村子。从远处看还能看到第三处突起，但是是
在河中，被叫作“鸡头”，其实这也是这一带的总称。前些日子上
91 海汽船公司的一艘汽船在这里撞上水下的礁石搁浅了。在营救的
人员中有几个美国人，他们在当地待了一段时间后便凭借自己掌
握的一些粗浅的地质学知识颇为乐天地报告说，这里周边的山上
全是煤，而且煤层从河边就开始清晰可见，并且一直延伸到远处。
自此之后关于鸡头产煤的说法便散播开了，有关方甚至寄予了巨
大的希望，打算进一步考察这里，想着将来这里的煤能供应长江上
的汽船使用。

但除了石灰岩断层和一些烧炼石灰的作坊外，我什么都没有发现。烧石灰的煤是从黄石港运过来的，仅此一点便说明当地不产煤。我们进行考察，发现这里是一段自西南而来的山脉的东北端的终点处，还是石灰岩山，即使到了这里还有一处山峰的高度达到了500米。陡峭的山峰向河边延伸，有些陡降到先前提到的那三处突出岩石那样的高度。山谷景色优美，清澈的溪流奔流而出，山中的植物郁郁葱葱，即使被砍掉之后又拼命生长起来。尤其是一些攀缘植物，只要有空间就繁茂地生长着。山势陡峭，山上没有什么植被，但是站在高处眺望宽阔的河流和两边的山峦还是令人心旷神怡。

在分布广泛的石灰岩层中我们看到了一处煤层，这大概就是之前美国人报告中所提到的煤层。整个大概只有30米厚，而且大

部分是页岩。这里有很多矸石山，说明之前的确有大量煤矿存在过。但是现在只有一处煤矿还在采煤。看来要么是这里的煤开采 92
难度较大，当地人没有能力继续开采；要么就是中国人凭借简陋的工具将这里能采到的煤都采光了。在我看来这两种可能性都存在。我只简单观察了一下便可以断定，这些煤矿不会有多大的经济效益，因为这里的煤层厚度不大。

下午我返回船上，本打算继续前进，就在我们要起锚的时候，发现锚被卡在河底的岩石间拽不上来了。虽然船工们想尽了办法，但是都没有用，只能剪断绳子。这是件麻烦事，因为在当地并没有铸铁的作坊，想要再买个新的锚并不容易。

第二天我们前进了 23 海里到了蕲州(Ki tschóu)，在锚地下游 3 海里的地方我们经过了蕲头(Ki tau)，它是一处高 100 米的突出岩石，几乎完全垂直于河面，而突出的部分大概厚 50 米，使得整个山体看起来足有 150 米那么高。这里是长江下游最知名的地标之一。这段河道两边景色十分优美：左边是缓缓起伏的红色砂岩山丘；右边先是冲积区，之后出现了陡峭的石灰岩山，山势逐渐缓和，山间的平地越来越广阔，其间又出现了很多河流湖泊。

今天看来是无法出行的，昨天一夜都在下雪，今早儿改为下雨，一直持续到傍晚，群山都遮蔽在厚厚的云层中。好在后来我又乘坐汽船来过这里，才对此地的地形形成了比较完整的认识。天气太冷了，以至于我们在汉口逮到的两只金毛雉鸡都冻死了，本来还想把它们带到上海作为礼物送人的。我们就停靠在对面一个小湖泊的一条支流上。

(出自给父母的一封信)旅行中的一切都十分顺利，我既是船 93

长又是地理学家。唯一例外的是天气,本来在这个月份天气应该很好的。早上我六点起床,但是天色还很灰暗,然后我叫醒船上的中国人,尽管他们很不情愿起来。每次他们都要伸好几次懒腰才肯起来,然后点燃舱中的铁炉子煮咖啡。无论天气如何,我们都花半天的时间用来航行,半天在山中考察。晚上八点,其他人都睡了,而我会一直工作到11点。在我的桌子上放着一些我补充完整的地图,除此以外还有其他一些地图和书籍。

一路上我们能够得到所需要的一切。我就这样带着“舒适的窝儿”同行了六周到八周,然后回到上海。这次出行格外有意思。可以期待,我的那些地理发现是有价值的,就算我发现的长江边上的煤矿价值不似所期待的那么大,但这个结论同样具有其自身的价值,由此人们就可以放心地转向寻找其他地方的煤矿了。

(1月20日)整天我们都出去了。这里的石灰岩山离岸边很
94 近,有800米高,东南岸被江水冲刷着。我们沿着一条小路上山,围着山转了转。此行最艰难的一段就是从船上下来到山脚下。江边的土地由于下了雨变得格外泥泞。村与村之间的道路都铺了石板,但是这块却没有。所以我们时常陷入淤泥里,当我们的脚重新踩着结实的地面上时,那感觉真是舒服。

此处的石灰岩山看起来格外陡峭,山坡的斜度几乎赶得上倾斜的山坡,而山峰却傲然耸立。在荒野程度上几乎和蒂洛尔州(Tirol)和施蒂利亚州(Steiermark)境内的卡尔克阿尔卑斯山(Kalkalpen)一样。这里的石灰岩都是层状的,而且岩层都十分陡峭。甚至有些岩层几乎直接就从山坡上突出出来,比山坡还要高出2米到6米。如果没有那些石阶,攀爬上去几乎没有可能,但是庄稼却一直被种到大约200米高的地方。

在这里我才真正见识到中国人是何等的勤劳。山上几乎每块稍微平坦一点儿的地儿都种上了庄稼。每一块石灰岩平台都被用来当作一面保护庄稼的墙。无论是种子还是浇灌用的水都是靠人的肩膀驮上去的。石灰岩平台由于风化的破坏而出现的一个个缺口都被人工修补好。一层层的田地就这样形成了,有的只有几平
方米那么大。如果是站在山下,只看得见石灰岩峭壁,从山顶上才 95
看得见片片生机勃勃的庄稼。冬天种的是麦子,夏天则是稻子。

庄稼的秸秆会被用来制作成粗糙的、黄颜色的烧纸。造纸的作坊就建在山坳里,规模都不大,很多就是在造纸者自己家里。这里的水质不好,但是源头很多,造纸用正好。当地人对我们非常友善。欧洲人还从没在这里出现过,保罗和他们聊了几句后就成了好朋友。我们受到邀请去他们家里喝茶。作为回报我给他们一些香港造的5分钱银币,他们高兴得不得了,好像得了皇帝的赏赐一般,妇人和孩子们穿起这些硬币当项链戴。

这次考察收获颇丰,因为我发现了很多可以断定年代的化石。到目前为止,虽然在不少地方见过化石,但它们都不太一样,我既不能断定它们的年代也不能断定它们之间的关系。这还是第一次出现了断代的可能性。尤其难得的是这些化石上有很多动植物的残留,这种化石在俄国被发现了很多。我发现的化石的数量虽然很多,但是完整的却不多。

此处距离九江并不远,但我们却整整花了两天时间,因为是
逆风而行,所以要不断改变方向。此段算得是长江下游最美的一 96
段。两岸都是石灰岩山,到处都看得见陡峭的山峰构成的美丽剪

影。山与山之间会突然就出现大片的平原，让人不至于感到审美疲倦。尤其是半壁山(Pa piën schan)，一座独立的，直直地向河边倾斜而来的成为地标的山峰。这里也有一些采煤矿，同样是用石板搭起一个窄小的通道通向矿里。虽然在这里或那里还能挖上来一点儿质量不好的煤来，大部分的矿都废弃掉了。

我在武穴村(Wu süĕ tswun)过的夜。在这里遇到了一位来自欧洲的海关人员，他一个人住在中国人住的地方。他带我看了那座炼铁厂，就是它吸引了上海方面的注意，并且认为此处定是一个产煤产铁的地方。但是我发现，这些铁是在小作坊里熔炼出来的，也不过是做些水壶、锅、庙里用的香炉和犁而已。而且为了炼铁还要从湖南进口生铁，就连煤和焦炭也要从湖南运来。

武穴对面的马头山(Ma tsu schan)值得一访。但是第二天开始下大雨，浓雾中几乎什么都看不清。我决定直接前往距此 30 英里的九江。这一段没什么意思，南边的山离江面越来越远，北边虽
97 然也有一星半点儿的山峰，但主要是大片的平原。只有九江附近在江边才又出现了一些山峦。它们越往南越高，直到我第一次见到真面目的高达 1500 米的庐山(Lu Schan)。一层层的云围绕山体，只看得到隐隐约约的一点儿山尖。或许这样的情境比看到整个山更让人觉得庐山的雄伟。庐山的构成与我之前所见的山都不同，看起来山上的岩石来自远古时代。

(九江，1 月 22—23 日)我在 1 月 22 号的下午到达九江。九江也是据 1860 年所签条约被开放的口岸之一。从地图上看，它控制着整个江西省的贸易。赣江(Kankiang)和数量众多的河流构成了一个大的流域，而它们的唯一出口就是九江附近的鄱阳

湖。由于九江独特的地理位置，所以外国人认为没有比驻扎于此更好的选择了。和前面说过的汉口一样，当初在选择开放口岸地点的时候，外国人太热切和草率了。九江是又一个失败的例子，虽然此地并不直接位于鄱阳湖的出口，但是却离长江很近，这也就注定了它在位置上的不利。中国船只在湖上航行所依靠的风力，在湖入口处几乎没有了，这就阻碍了通往九江的船只。这些船有时候不得不等上几天甚至几周才能走完短短的这段路程。冬天则更是无处停靠，这对中国的小船来说是很危险的，所以船工们根本就不愿意到这里，如果有可能，他们宁可把货物在别的地方卖掉。

要是当初多考虑考虑，就会发现湖口(Hu kóu)的地理位置作 98
为开放口岸更为合适，这座小城风景优美，以拥有一所巨大的庙宇而著称，且位于鄱阳湖的出口处。这里住着数量众多的商人，仅此一点就足够吸引外国人来此。当初的决定是多么欠考虑啊。来自香港和上海的外国大公司都在九江建起了分部，筑造了昂贵的房屋。那时候外国人购买一亩地要花 3700 马克(中国的一亩相当于六分之一英亩)，现在只值 200 马克了。今天这些漂亮房子即使再便宜都没人买。外国公司的数量也跟着骤减，到 1868 年只剩七家了，现在估计都不到这个数儿了。

江西是中国一个中等大小的行省，名字的意思是长江以西。实际上除了一点儿面积外，整个省明明位于长江以南。中国人为什么会叫“江西”，我也不清楚。[①] 江西的总面积大概有 3600 平方

① 解释如下：江南地区，即长江以南地区在宋朝的时候又被分为东、西两部分，即东路和西路。江西或许就是由当时的江南西路而来，但在地理标示上这个名字并没有任何意义。

英里,据 1812 年记录有人口 3700 万。如上所述,中国人习惯按照自然地理状况,尤其是水系的情况来划分各省之间的界限。江西就拥有众多的河流,主流是赣江,大部分支流比较平均地分散在
99 主流的东西两侧。江西多山,不穷,但也不属于中国最具生产力的省份。中国南部的山多是西南往东北走向的,这里也不例外。这种山脉走向较有利于交通,除了那些有江水能行船穿山的地方。比起和北边的行省,江西和位于其东南的广东和福建交流甚多,受到西方影响的广州和汕头(Swatau)比起九江来和江西在贸易关系上更密切。

当地人都觉得这里很穷,因为人口太多了,为了获得更好的生活,他们四处迁徙。挣了钱然后带回老家。中国各地人的特性不一样,做的营生也千差万别,比如有的偏向于文化产业,有的做小买卖,有的经营大企业,有的安心种地,有的当兵,等等。江西人则都是小商人,后来我在很多地方,比如四川、湖北甚至西北的一些地方都遇到过江西商人,他们到处拿着丝绸、白蜡、油和其他小东西叫卖。

虽然在中国还没有开放的时候,欧洲人就到过江西,但是对这个行省的地理状况了解得并不多。戈比(Père Gaubil)曾描述
100 过他从广州经梅岭和赣江直到南昌府(Nan tschang fu)的旅行。之后又有很多传教士和使团,比如十九世纪初的马戛尔尼(Lord Macartney)使团和阿美士德勋爵使团(Lord Amherst),甚至荷兰纽霍夫(Nieuhof)使团都走过同样的道路。到南昌之后,他们要么经广信府(Kwang sin fu)穿浙江到达大运河的南端,要么经鄱阳湖和长江到镇江。除此之外的其他路尚无人走过,主要是因为

中国人并不十分欢迎外国人。比如在南昌和江西的一些地方外国人都受到过敌视。

最近很多人开始研究中国人交易货物的产地，并认为这对进一步认识中国很有必要。这些地方先是得益于所产的东西而为人所知，然后人们开始对产地的情况感兴趣，最后是把它们当作考察或旅游地目的地。江西就是这样出名的，虽然对此地最新的研究还没有形成任何的用处。对外国人来说，江西最重要的出产物就是茶叶。不同地方产的茶叶在质量上千差万别，就如同我们的葡萄酒一样。就算是一个地域的茶叶，也会因为生长的位置不同而出现某一地的茶叶格外优良的情况。茶叶销售的情况也很不相同，这点又和葡萄酒的情况颇为相似。总体上说，中国产两种茶叶，红茶和绿茶。但是它们的区分界限并不十分严格，有很多过渡品种。最纯的红茶和最纯的绿茶之间有众多品种的茶叶，而它们在质量上也很不相同。

中国人一般喝绿茶。但是外国人却偏爱红茶，对此的需求逐 101
年增长，因此红茶的种植面积在中国越来越大，有的产茶地甚至就专供出口，当然更多的茶叶还是供本国人消费。江西两种茶叶都出产。红茶主要来自西边，在贸易中被称为宁州茶（Ning tschóu-Tee）。主要是宁州的义宁（Yi ning）和武宁（Wu ning）两地种植最多，通过修河（Siu hŏ）用船运到下游。这两个地方在一座山的南面，此山的北面已属湖北，所产的红茶主要供给汉口，质量好的则供给俄国。位于武夷山北坡的广信府也种植了很多红茶，主要供应福州市场。这里的茶叶通过船运到鄱阳湖后再转运其他地方。绿茶在江西种得很少，只有乐平（Lo ping）和浮梁（Fóu liang）两

地。早已属于安徽(Ngan hwéi)的婺源(Wu yuën)和祁门(Ki mönn)两地也在鄱阳湖流域内,但是它们那里产的茶看来都被运到了九江。

九江的出口贸易物主要就是茶叶。单单红茶在1866年就出口了高达1650万磅,这一年也是九江贸易的黄金年。最初产自东部行省的茶叶多是直接往东运到海边出口,但是1862年因为太平天国,这条茶路被阻断了。到1866年为止,茶叶贸易越来越集中到了九江。当太平天国被镇压以后,东部的茶路重新开放,商
102 人们又开始走老路了。茶叶被沿钱塘江运到宁波,然后在此装到外国人的船上运到上海。由于茶叶贸易越来越重要,同时宁州也开始把它的茶叶运到汉口,此外还有另外一条茶路被开辟出来,也就是中国的茶商把他们的茶叶运到鄱阳湖,然后通过他们在上海的办事处把茶叶从那里直接卖给外国人,九江在茶叶贸易上的地位越来越萎缩。

除了茶叶,大麻和纸也是重要的出口货物。这两种货物通常顺流而下被运到长江边上的大口岸进行贸易。纸制造业是中国的主要工业产业,虽然各处都能造纸,但是由于产地和用途的不同,各地的纸区别很大。有各种各样用于书写的纸、印刷用纸,还有一种另外的专门用在药店里包药的纸,或者是在庙里烧的纸,还有办丧事时的烧纸以及供奉先人的烧纸。纸贸易量如此之大,几乎让人觉得不可信。这个国家生产的其他货物,在九江的对外贸易中几乎不值一提。当然在国内的交易中还有一些其他的商品比较重要,但是这些都没有资格被纳入对外贸易的统计表上。九江以北的地区,几乎没有可出口的产品。说到进口,这些地方也毫无重要

性可言。

九江作为出口贸易集散地的前景十分灰暗。从日渐萎缩的进口和出口[①]贸易额上,本地商人与外国商人相比越来越多,只有很 103 小份额的贸易还掌握在外国人手中。因为输入江西的货物几乎都通过长江往上游城市运送,所以在九江进口额比出口额多得多,江西只有一小部分地方的贸易依赖九江。因此如前面所说过的,整个东南边的贸易都依赖广州和汕头,还有一些地方由宁波供给。九江在之前几年还与长江北边有贸易来往,但现在完全没有了,北边更多的依赖汉口和镇江。

傍晚我到达的时候,在九江的外国人大部分都得知了消息。大家纷纷谈论在南康府(Nan kang fu)、南昌府(Nan tschang fu)、饶州府(Yau tschóu fu)和景德镇(King tö tschönn)游历的危险,因为这些地方都有欧洲人受到过暴力对待。自从几个欧洲人在那里受到当地人袭击之后,景德镇实际上几近封闭。H. 先生说,自各国使团之后,还没有任何一个欧洲人重走梅岭这条路。

值得一提的是,梅岭的海拔高度显然被高估了。假设长江九江下段的落差和多瑙河维也纳下段一样的话(大概 17 公里 1 米),那么九江的海拔高度大概是 45 米。这还是往高了说。从九江到梅岭距离大概 450 公里,如果假设第一个 150 公里的落差和上面所说的一样,第二个 150 公里的落差是其两倍,第三个 150 公里的落差是 3 倍的话,那么梅岭北麓的南安府(Nan ngan fu)海拔也就只有 105 米而已,而非巴容(Barrow)所说的 2100 米。就算

① 1905 年据海关统计,进口额为 2180 两,而出口仅为 5 两。(一两当时约值 3 个马克)

梅岭再高300米，当然这一假设值得怀疑，那也只抬升了1个德国里，梅岭的海拔也就应该是405米。如果以位于梅岭南边的北江(Pé kiang)为基准来计算梅岭的高度，那么上述结果似乎也不
104 太正确，显然太低了。广州以北到60公里处还能航行大的帆船，证明此处河段的落差不是很大。再往上25公里到南阳府(Nan yang fu)(译者注：此处或许应该是南安府)则只能行小船，说明落差已经增大。但是戈比(Gaubil)所说的南安府只有大概2个德国里则显然太少了。[1]

接下来的几天我打算攀登庐山。本来很容易就能到达位于一道山谷中的一座外国人建的夏季消夏住处。但是因为整天都在下雨，我的计划泡了汤，只得另外想办法。早就听说鄱阳湖东边的乐平产煤，这些煤被运到九江卖掉，在本地却没什么用处。这里的煤在质量上远比我在长江流域其他地方见到的上乘，数量看来也不少，所以我决定去那里看看。我们花钱买了新的通行证、一个新的锚，还雇了一个新的在鄱阳湖上的领航的伙计。

(在鄱阳湖上，1月24—28日)1月24日9点我们迎着强烈的东风启程。天空多云，看来天气要变。北边距此30海里外的山峰看得很清楚，所见一切都预示着恶劣的天气即将来临。庐山只露出低矮的部分。三点钟我们到了鄱阳湖的入口处，此处距离
105 九江大约12海里。从这里开始，风速变得有利于航行，我们的船开始飞快地前进。入口的东边靠山，可见一些粉刷得雪白的房屋和一座相当雄伟的殿宇，标志着这里是湖口。入口的右边则是一

---

① 李希霍芬在此更正了一个前人未经观察和测量而得出的错误结论，梅岭的海拔高度，实际上正如今天所有权威地图所标示的，只有300—400米。

座在湖和江面之间延伸着的半岛，它的尽头是一座中国人设的关卡。入口处非常狭窄，人们期待着进入宽阔的湖面。

鄱阳湖在我们的地图上是一片长16德国里（1德国里约7.5公里），宽6德国里的水面，相当于石勒苏益格（Schlesien an Areal）的三分之一大。尽管水面在通过入口后开阔了不少，但是并没有什么可看的景色。我们所在的河床两边都是淤泥，一直延伸到真正的河岸所在的地方，情况和地图上标示的一模一样。很快在湖的西边出现了一些山峰，河中的淤泥甚至一直延伸到山峰之间去了。即使有水的地方看起来也绝不可能足够深到可以行船。我们的船不得不停在了一条河道里，远处名叫大孤山的小岛上的一座庙权当了航标。我的那个领航员把船带到了淤泥里。所有人都使出了吃奶的力气才把船弄了出来。多亏我那帮在宁波雇佣的伙计，是他们使船重获自由。不然我们可就惨了，因为强烈的北风会把我们结结实实地吹进淤泥，但凡有一刻的迟疑，一切就无可挽回了。当我们的船能自由行驶后，我们走上了正确的航线。

毫无疑问，往下的一段看起来像一个湖，但其实只是一条河
道而已，两边的浅岸大部分都被水淹没了。河道大概宽200米，河 106
床却很深。现在两岸的淤泥清晰可见。湖水在其他季节肯定会涨高，这不单单从河岸边的痕迹，从停靠在这里大大小小的船只也能看出来。如果湖水总是这样的高度，稍大一些的船肯定过不去，会遇到我们刚刚遇到的遭遇。几年前曾经有一艘炮船就陷在这里，那时正值深秋时节水面下降。这艘船不得不等待了八个月，直到湖水再次上涨才脱身。

大孤山只有60米高，但是景色很美。此山由砂岩构成，山

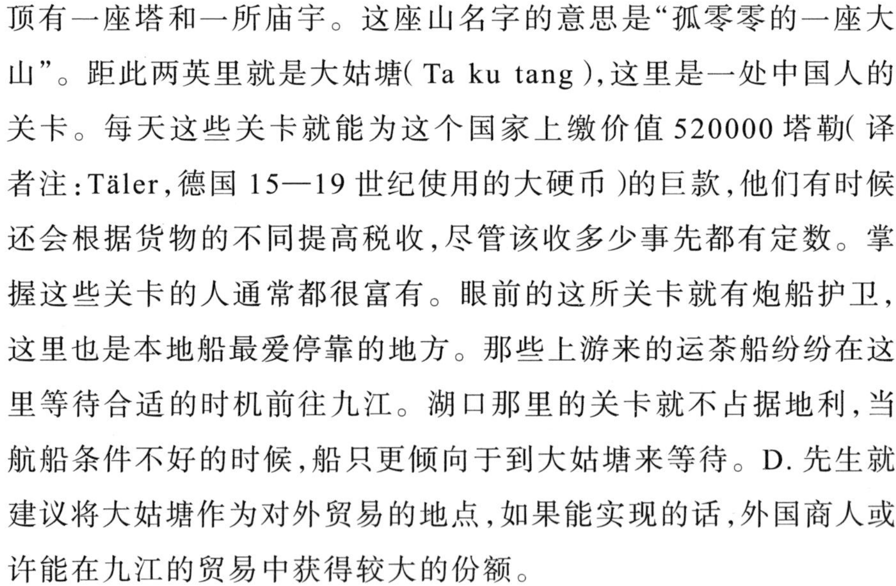

鄱阳湖大孤山

顶有一座塔和一所庙宇。这座山名字的意思是“孤零零的一座大山”。距此两英里就是大姑塘(Ta ku tang),这里是一处中国人的关卡。每天这些关卡就能为这个国家上缴价值 520000 塔勒(译者注:Täler,德国 15—19 世纪使用的大硬币)的巨款,他们有时候还会根据货物的不同提高税收,尽管该收多少事先都有定数。掌握这些关卡的人通常都很富有。眼前的这所关卡就有炮船护卫,这里也是本地船最爱停靠的地方。那些上游来的运茶船纷纷在这里等待合适的时机前往九江。湖口那里的关卡就不占据地利,当航船条件不好的时候,船只更倾向于到大姑塘来等待。D. 先生就建议将大姑塘作为对外贸易的地点,如果能实现的话,外国商人或许能在九江的贸易中获得较大的份额。

此处东面是一座山,我们的船凭借强大的北风停靠在山脚下。这里还停靠着很多炮船和中国帆船。

虽然水面不是很宽，但是风力强大，湖水汹涌。晚上我们这 107
些人还在津津乐道白天的事情。我们第一次来到这里，但是看来
比当地的领路人还有本事。

一晚上风声雨声都很紧，早上天才放晴，但是北风还是很强劲。由于我一直期待能进入真正的湖中，所以希望能在今天到达饶州府(Yau tschóu fu)，明天到乐平(Lo ping)。但是看来我的希望很难实现。此时我对鄱阳湖的认识还不完整。看来“河面”大概两三百米宽，我们以每小时两英里的速度前进。顺着河道我们很快就到了湖的西面，南康府的一座塔出现在我们眼中。南康府和九江府一样都位于红色的砂岩之上，这座城市背靠着200米到500米高的群山，群山后面高耸的就是庐山陡峭的山壁。

庐山在中国被誉为圣地，此处盛传很多来自远古的传说。据称山上的洞穴里住着很多道家的隐士。这些神话被后人口口相传，十分形象。很快我们就看到从此处起始的两座小山，湖的北面，也就是我们现在要离开的一面，和南面之间通过一条细细的大约只有一海里宽的河道分开。虽然岸边的淤泥仍然向远处延伸，也还能看到几座突起的小岛，但是真正的湖面已经看不到了。

饶江(Yau)和赣江(Kan)在此处交汇。领船人带着我们沿着
赣江向上要去吴城(Wu tschöng)，据说是一座人口众多非常重要
的集镇，位于一座孤零零的砂岩岛上。那里有很多宏伟的庙宇， 108
景色十分壮观，停靠着数不清的大大小小的船只，我们的船也在
其中。领船人说，我们现在所乘的船太大了，无法前行，得换乘小
船。在九江，当我问他能否领我们去乐平时，他就开口要了高价
钱，所以现在他停下来，我也不是很吃惊。很清楚，我必须把“仙

女号”留在吴城，找条小些的中国船前行，还好很快就有另外一个领船的只要很便宜的价钱就肯带我们去乐平。

他的船很小，只能容我和我的两个仆人睡下。船顶搭着一块席子，前后都没有遮挡的东西，风穿堂而过。要如此经风经雨地在寒冷中航行必然不会很愉快，尤其是跟之前几周的舒适相比。但是还好，这次旅程在我看来并不需要很长时间。到饶州大概 180 里，从那里再到乐平也不过 200 里。假设我们 12 小时航行 100 里的话，只需一天一夜就能到了。但是我的计算和中国人的行动永远都达不成一致。他们很强硬地推翻了我的计划，说是夜里没法前进，因为有很多浅滩、礁石而且河道非常曲折。当我听到这个信息的时候不免吃惊，因为我们毕竟是在湖面上航行啊。无论如何，中国人认为到饶州需要 5 天到 6 天时间，到乐平还需要 4 天。这么算下来来回得 18 天。我只好放弃了计划决定立刻踏上回程。还好后来我得到了一个机会，在更优越的条件下去探访乐平，所以现在没能成行我也不是很遗憾。

109 吴城是很重要的贸易地，但是和中国那些最重要的贸易地相比，并不是重大工业和机构的所在地。像吴城这样的地方没有坚固的城墙，因此也不会出现按时开关城门的情况。在这里从西边来的潦河（Liu hŏ）汇入赣江。所以这里是两条河上运输货物的大仓库。此处下游能航行吃水更深的船只，上游则不行，因此货物都在这里转运。而对于那些顺饶江而下到达这里的货物，此地就不那么重要了，因为它们通常在饶州府就已经被搬到更大的船上去了。但是从宁波来的茶叶，江西省大部分的纸张还有湖北来的棉花，甚至外国人进口的武器都把这里当成是仓库，因此吴城有很多商号。我们并没有离船上岸，这里并不适合观光。

我们踏上了回程，逆着很强的风，航行缓慢，途中两次还陷入泥沼。到达南康府后立刻就开始动身去攀登庐山。层峦叠嶂的山上布满了红色的岩石，细看之下这些石头有着细胞一样的结构，十分坚硬也非常特别。我在印度(Indien)曾经见过类似的石头，被称作砖红壤，因为颜色像砖头一样。在锡兰(Ceylon)、印度、缅甸(Birma)和暹罗(Siam)等一些热带雨林国家都有广泛的分布，我还见过有关的记录，据称这样的石头在热带地区也很多见。这里是我曾见过有此类石头的地方的最北点。后来我在湖南的洞庭湖 110
和广东省也见到过，可见此类石头在中国的分布面积虽然没有像在热带那样广泛，但是堪称是南部中国典型的石头类型。在北方我几乎没有见到过类似的，即使有，面积也不会太大。这种石头的形成应该和气候以及温度有关，或者和远古时代的气候变化有关。

我们到达了位于著名的庐山瀑布下的一座非常有名气的寺庙，有很多中国人非常虔诚地来这里参拜。就地理研究来说，这里毫无价值，尤其在这个季节不过尔尔。这一天接下来的时间我们都用作攀登庐山。只是又一次下起雨来，北风还是很强劲，云层低低地覆盖着整座山。之后我们又一次到了大姑塘。一个戴着大大眼镜的中国官员登上了我们的船索要通行证并且查看船上的东西。当他走进我那设备完善的船舱时，仿佛发现了新大陆一样。尤其是当他在镜子里看到自己的形象时，非常吃惊，显示出难以掩饰的尴尬。因为中国人只有一些质量很差，很小的拿在手上的镜子，看来他应该是第一次在大镜子中看到自己。我知道，如果这时候殷勤地向他解释什么的话，会被认为是傲慢的表现，常常会给自

在鄱阳湖上所见的庐山东峰

已惹来麻烦，所以最好不要开口。从大姑塘我们继续考察当地的山，并且攀登了马头山，此山对我的地质学研究意义重大，并且在我的专业术语汇编中占据了一席之地。

大姑塘之行乐趣颇多，使得我决定再去一次，并且再次攀登庐山。

111 第二天风息了，但是云层还是很低，想要登上峰顶还是不乐观，尽管我十分想从山顶俯瞰。我们沿着大姑塘的泥地走，很快就登上了200英尺高的山地。处处可见瓦砾和砖红壤。一块块围绕着村庄的稻田用矮矮的墙头隔开。离开湖4英里地势明显升高不少，大概有150米。在这里我们发现了一处无名山泉，于是顺势而上，到达了离湖面60米高的地方。

此处有无数依靠水流转动的水磨，一头是用绿色的砂岩削出的一块石锤，利用水能一下一下打在底下的石槽中来研磨东西。

让我吃惊的是,正在研磨的看来是一些干枯的植物,现在是冬天,我也认不出到底是什么东西。在另一个石槽中放着的却是皂石。据说这两样东西磨碎后被混在一起用来做一种祭祀时用的燃香。每个中国人去庙里的时候,都会带着这样的燃香。在佛前点燃,然后投到一个大大的香炉中,里面有大量的香灰。因此这种燃香也是一种重要的商品。

这里的山都是厚厚的层叠的砂岩,山间常见陡峭的峡谷。我们现在所在的这道峡谷大概在湖面400米的高度。这里的植被非常丰富,岩壁上覆盖着野草,谷底堆满了石块,杂草丛生。比较特 112
别的是,岩壁看起来颇似一把锯的形状,从谷底看,一层层排列的岩石像锯齿一样,且都朝向高处。

当地人并不友好,他们远远地看见我们,就大叫"洋鬼子"。个别的人靠近我们,或是我们走近他们,这些人就会一哄而散,走了几步却又停下来扎堆。这里有一个采石场,干活的人都停下来,尾随着我们走来走去。要是他们觉得我们离得太近了,就会朝我们扔些大石块,当然并打不着我们,因为其实我们离得还很远。我们生气了,也朝他们扔了一块石头作为威胁,然后这些人就蔫了。所有以前来过的欧洲人都有类似的遭遇,尤其是在曾有外国人去过的地方。只有在那些僻静封闭的山谷里,还有一些原始的、能够以礼待人的居民。

当天晚上我们借助一股微弱的东南风踏上了有点儿危险的湖中航行。的确是危险的,因为我们陷到了泥里,不过还好,最后还是平安地到达了湖口(Hu kóu)。

(从鄱阳湖到南京, 1 月 29 日—2 月 10 日)天亮时分,雨又下了起来,东北风凛冽。风雨阻止了我们的进程。我本想到岸上走走,但是没能成行。今天是我到此为止遇到的最恶劣的天气。我们不得不把船转来转去,非常缓慢地前行,在晚上才艰难地到了金子山村(King tszě schan)。这里堪称长江边最美丽的地方之
113 一。北面是广阔的平原,南岸则是连绵的陡峭山峰。从湖口到此我们只看到一些山势缓和的砂岩峰,现在终于又看到石灰岩了,景色如画。本来我们想在金子山村抛锚,但是整条锚绳都放完了还是不见底,水深居然达到了 30 米。不得已我们只好在对岸的一座山峰小孤山(Siau ku schan)[①]下停靠。这里也很美丽,有众多的庙宇,是拍照和绘画的好地方。

第二天我终于意识到在长江上航行的艰难了。早上东北风依然强劲。我本想到对岸去考察山上的石灰岩,但是几乎没有可能找到一艘船肯在这种天气下渡江。我们自己的船因为找不到合适的抛锚点也过不去,所以我只好放弃了原计划,让船继续向前方行进。我们必须不停地转向,以应付强风。江面波浪越来越大,我们的船被掀起很高,几乎就要翻了。一只气压计被用作摆钟以便时刻观察船体的倾斜度。船舱里所有的东西都被牢牢固定。江浪越来越大,但是我们找不到合适的抛锚地。白天没有下雨,甚至蓝蓝的天还露过几次头,但是晚上又开始下暴雨。终于在凌晨五点我们到了位于华阳镇(Hwang yuën tschönn)附近的一个河口,此时大概在九江下游 50 英里处。

114 连绵的陡峭山峰直直地向河面逼过来,一个一个的山头争先

① 参见第 105—106 页。

恐后地探出头来，群山仿佛搭成了旖旎的背景，使得此处成为长江上景色最美的地方之一。远处还可见更高的山峰，实际上，东南走向的山峰并没有在这里停止，而是一直延伸到浙江和福建。但是当人们看到此处的断裂带时，的确会十分惊讶，山峦几乎以直角的方式转向北方，而断裂的地方则形成万丈深渊，仿佛在远古时候被劈开一般。

我们耽搁在此处整整两天。1 月 31 号暴雨如注。另外我们也不得不修整前些日子在大风浪中航行时被破坏了的船帆。我们买来了帆布，雇了工匠，但是中国工匠干活向来磨磨蹭蹭，直到第二天才完成。雨一直下得很紧，华阳镇是一个小地方，但是修船业十分发达，还可以买到食品和任何船上用的东西，因此河道里挤满了大大小小的船只。

2 月 2 号天气终于好转了。如果不考察一下这里，我怎么能够就此离开？一早我们的船就驶到河右岸，那里有一条小河汇入。和长江的其他小支流一样，在这个季节这条小河里的水还很丰沛。这次考察是我在长江上所做的最重要最具成效的一次。天空很晴朗，远处山峦的轮廓都十分清晰。它们与长江平行延伸 115
着，顶峰大概 600 米到 1000 米，山脊则有 300 米高。尽管实际并不是很高，但是山形却颇具高山的样子，尤其是山顶那隐约可见的昨天或是前天的积雪，更使山形拔高。近处的低矮山峦也与长江平行，大概只有 60 米到 200 米那么高。

当地人把高一些的山称为大花山(Ta hau schan)，矮的叫小花山(Siau hau schan)。两山之间是一块平地，多雨时节会完全被淹没，现在到处可见大大小小的积水池塘。这片地十分丰饶，散落着几处村落。有些是永久性的,因为房子都建在地势较高的地方,而且用砖垒成。有些则是只有在冬季枯水时候才存在,这些房屋就用竹子绑一些席子搭建。这样的临时落脚处在长江和中国其他河流周边十分常见,尤其是在船舶经常停靠的地方,一来可以当作货物仓库,二来还可供船上的人停歇。

大花山中峡谷很多,清澈的山泉从陡峭的山谷中流出,当地人就在这些山谷中种上茶叶和玉米,利用泉水灌溉。山上长满了各种各样的树木和野草。杜鹃花等野花到处可见,除了竹子、玫瑰、灌木还有很多常青植物,攀到顶峰俯瞰山下广袤的土地对我来
116 说简直是一种享受。远处望得见连绵不断的平原和山峰以及散落其间的湖泊、河流和田地。看到如此景色,再想到生活在其中的人们,不禁令人慨叹。这片土地本应是深受上帝眷顾的。

如果只是在船上,是看不到如此美景的。所以我常常会想,虽然很多人都到中国游历过,但他们并没有看到什么。必须离开船只到岸上,尤其是到山中去才行。而且从当地人对待外国人的态度,就能明确知道这个地方以前有没有外国人来过。除了庐山以外,我的经验是,凡是离开水路的地方几乎都没有外国人去过。而在长江下游,把外国人叫作“洋鬼子”已经很平常了。再往南走,还会碰到一些“原始”人,他们在这片土地上生活了几千年,从没有见过其他的面孔,当外国人出现的时候,他们往往会看呆了。我们就曾经被当作是幽灵。有一次我们从深山中出来,就碰到了这样的事。那些人惊得目瞪口呆,其中一个说我们是山神,因为他们刚好看见我们从山中出来。这时候,如果客气地向他们解释解释,误会很快就会消除了。

太阳落山的时候,我们回到江边。因为江浪太大,“仙女号”
并没有靠岸,离岸边还有相当一段距离。正在我们发愁找不到船
载我们过去的时候,从一艘中国炮舰上跳下来五个当兵的,他们架
着一艘小舢板,冒着生命危险才把我们送到了船上。我们十分感 117
激,拿出酒和银币来给他们,和他们成了朋友。

第二天我不得不待着不动,因为一早儿就风雨交加。直到4号才启程,虽然雨还在下,但是风小了些。当天我们航行了34英里,到达安庆(Nganking)。群山被浓浓的雾气包围,偶尔能看到它们的一角,形状根本就看不清。直到此处,长江左岸是布满了大大小小的湖泊的冲积区,从中国人绘制的地图上可以看出,这个地方水系发达,穿过一个个的湖泊就可以到达安庆。早在大花山我就看到北边,大概离长江15英里的地方有些高山。在安庆这些山已经就在江边了。南岸的群山也在延绵,在这里又重新靠近了长江。山脉并不是延续的,在某些地方断开了,尤其是在东流(Tung liu)附近,在那里还有一条来自产茶名地建德县(Kiën tö hsiën)的支流汇入了长江。在安庆这里又有一条相当宽的支流汇入。

安庆城很大,由于位于长江的西南方,能够挡住东北、西北和西南风,船只乐意在这里停靠。从水面的肮脏可以想见城里也一定干净不到什么地方去。我没有进城,即使是初到中国的人很快也会发现,这里的城市看起来都是一个样子。去过一个,就不用再去其他的了。尤其是中国人那毫无礼貌地瞪着眼睛看甚至尾随使得外国人并不高兴到城里去参观。

河岸边是阶梯形状的用石头加固的堤岸,其上就是城墙。虽 118
然当初堤岸建造得美观且结实,但是这些年经过河水的冲刷,且没

有得到维护,已经十分破败,河水甚至有冲毁城墙的可能。

第二天早上又下起雨来,所有的山峰被云层包裹得严严实实。我还是上路了,但不是到河南岸的山上,虽然那里让我有点儿魂牵梦绕,而是到安庆城下游的自北边而来的枞阳(Tsung yang)。江面大概有200米宽,我本想逆流而上,但是江浪太大,与之搏斗了将近两个小时才前进了半英里。这是我遇到的最恶劣的天气,使我备受打击。晚上我在日记中写道:到现在为止,我的长江之行很是失败。每一天,我既没有在岸上考察,也没有在江中航行深入研究,三分之二的时间用来对付可恶的强风,剩下的三分之一时间里有一半还在下雨。我只能拿那一星半点儿的研究成果来安慰自己。

希望还是有的,四周之后,坏天气终于结束了。2月6号是个大晴天。西南风,虽然南边有些雾气,但是很快就消散了,天空湛蓝。我一早儿就以3海里的速度向上游的枞阳河进发。宽阔的水面发源于一个很大的湖泊,并且吸纳了左边的一条小河,其实这条小河才叫枞阳河。我驶入了这条小河并且一看到山峰就停船靠岸
119 了。在山中我们进行考察,直到天黑了才回来。我们发现了一处多山多湖的地方,被一片水面与远处的山脉隔开。但是并不是连续的,我们刚才所在的河就是从群山中穿流而过。当地人管这些山叫龙家卫山(音译:Lung kia kwéi),我们进到了山谷中,但是没有时间攀爬到还覆盖着积雪的顶峰。西南峰最高,我估计有1100米,但是后来证明比我估计的还高。旁边是低矮的山峰,根据我的观察,山体是花岗岩构成。那些巨大的方尖形的岩石看来十分宏伟。在庐山我也曾见到过花岗石,但是另外一种。

山脚下到处可以看见由石灰岩断裂后演变成的分层的岩石。其中有的是大理石,虽然质量不是很好,但是很多被用在当地的建筑上。在以前的庙宇中就有大理石,但是现在都成了废墟一片。湖周围的建筑中也随处可见大理石的残块,甚至山谷中也堆满了。这些石头应该很早就在那里,所以可以想见,这里曾经发生过地陷。我们在回去的路上遇到了大量的野鸭和野鹅,使得这次考察获得了额外收获。虽然长江边也有很多水鸟,但是通常要靠近它们不太容易,要打到就更难了。

在回去的途中,我们从枞阳镇(Tung yang tschönn)穿过,这
里也是一处集镇,人口颇多。在那里我们第一次遇到了人数不少 120
的尾随者。其中的一个还壮起胆儿喊了一声,其他人也跟着大叫起来。他们的情绪被激起来了,喊声越来越大,还有一个人准备朝我们扔石头。如果我们容忍了他,其他人肯定会学样子,中国人经常这样对待外国人。就在他要扔的时候,保罗上前控制住了他,而且拿着枪驱赶了他,其他人也跟着一哄而散。后来还有几个一直远远地跟着我们,当我们到船上的时候,他们已经追到了河边,而且手里还拿着长棍子。

长江沿岸,我们现在所在的这个地方外国人的处境很不好。外国的汽船取代了中国的帆船,当地人随之失去了生计,他们经营的旅店和商铺原来都依靠船运,因此当地人对外国人很是仇恨。他们中的一些人见过外国人,发现外国人也不过是普通人而已,没什么神力,于是就开始煽动那些无知的百姓闹事。

我们起锚沿长江往下游航行了大约 6 英里, 2 月 7 号上午就到达商贸大城大通(Ta tung)。汽船纷纷也在此停靠,以便搭载中

国的乘客。此处的重要性在于，一条源自东南方产茶区的支流在这里和长江汇合，以此将那里的城市和长江连接起来。地图上这里的山被称作 Wildboar-Range，中国人则叫它铜官山（Tung kwo schan）。

我们立刻出去考察，因为从这里开始长江边的山会越来越少。大通地处一座岛上，对岸有一处大概高 50 米，长满野草、灌
121 木和小型针叶植物的高地。其间的凹处种植了稻谷。人在河面上就能清晰地看到岩层的结构，尤其是一座建在突出岩石上的庙宇吸引了人们的眼球，所以自此之后我将这里称为大通结构层。在长江上游有很多这样的梯地[①]。它们稍有倾斜，和附近的山并不相连，顶端像刀削过一样平坦。河流从它们中间穿过，久而久之形成了山谷和峡谷。在长江下游我们还会进一步了解和认识这种地形。不同的是在下游这样的坡地多和旁边的山通过一些裂开的岩石连在一起。坡地的坡度大概有 10 度，朝向北。

我们决定在此处考察的铜官山，自西南朝东北走向，顶峰看起来有点儿类似金字塔的形状。我们登上了最高峰，大概有 500 米。再往南一些，可以看见另外一座山，和这座山并无连接，比它还要高 50 米左右。再往远处，还可以看到更多相同走向的山脉。我们现在所在的铜官山是砂岩山，南边的那座则是石灰岩，其他的应该是石板岩。不同的岩石构成也决定了它们不同的形状和外观。总的来说，这里的景色非常迷人，很值得一游。

与昨天看到的光秃秃的花岗岩山脉不同的是，这座山上覆盖

---

① 参见第 89 页。

着很多植被。当然这些不能称为森林,虽然从那些数不清的残留 122
的松树根可以看出,这里曾经有一片林子。现在北坡上长着深深的草丛,南坡上更是杂草丛生,要想从中辟出一条小路来都很难,那些攀缘植物到处生长。格外引人注意的是,在村落四周生长着很多高高的树木,这里的人不缺木头,要用的话都不必走出村子。除此以外,还有很多竹子。

因为水多草深,这里成了鸟类钟爱的栖息地,它们在树丛中尽情地穿梭觅食。我们甚至还看到了松鼠,这在中国南方是很少见的,因为通常没有它们藏身的地方。据说山上多的是山鸡、兔子、鹿和野猪,但是我们只看到过鹿和野猪的痕迹。热衷打猎的保罗兴致高昂地出去了,回来时却一副沮丧的样子。此处不由让人想到宁波,两地都是一样的情况,如此丰美的草木资源没有得到充分的利用。当地人只把它们当成是烧火的材料,一点儿都不觉得可惜,光是地上干枯的草就有三四英尺厚。

中国单一的经济模式在此地表现得尤为突出。他们只知道种稻子,而放着肥沃的土地不加利用。要是在德国,除了稻田,肯定会发展畜牧业,而在这里只能零零星星地看到一些水牛。尽管如此,当地看来还是比较富裕的,连绵的山峦之间可见众多峡谷,清澈的山泉流过一个个村庄。东南方可见更高的山峦,景色秀美, 123
吸引我们前往。我决定未来几天先往南边走,以便能考察这些山峦。尤其是九华山(Kiu hwa shan)十分吸引人,据说是一座圣山,山上的寺庙都建在陡峭的山崖边上。这座山就位于在大通附近汇入长江的那条河流上游不远的地方,前往十分方便。

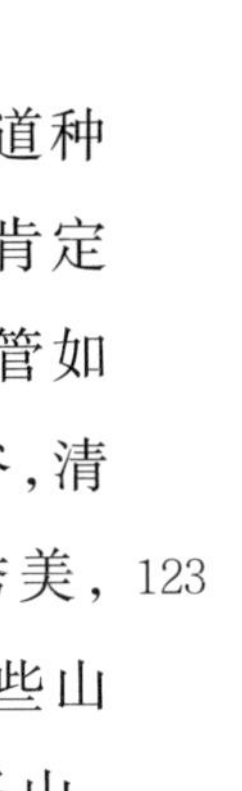

第二天,一股南风带着我们从大通快速前行。河水在此处向

北方急转，并且汇入一处密集的河网，内部有很多条人工挖掘的运河。地势很是平坦，河岸左边能看见我们在安庆曾探访过的那座山的影子，右岸的野猪山(Wildschwein-Gebirge)延绵向远方。晚上我们就在大花山的一座突入河面的山峰下停靠。此处北边不远的一处山峰上矗立着名气很大的寺庙。我们在此处抛锚，在岸边散了一会儿步，我决定第二天做一次较大的探查。

今天天气晴朗，一如过去的几天。大花山峰峦层叠，最高处大概有 600 米。一条弯弯曲曲的小路从山顶一直延伸到我们停靠的岸边。我们就沿着这条铺着石头的小路上山，四周景色优美。一大早就看到当地人三三两两地往集市靠拢，准备卖自家产的东西。他们肩上挑着扁担，迈着颇有节奏的步伐前进。一旦相遇，他
124 们就把扁担放下，好奇地盯着我们看，但是都很友善。扁担里装着一些劈柴、蔬菜或是粮食，卖了以后从城里带回些家用品。

我对中国的地质研究在不断地深入，开始我只是收集了一些不完整的片段，要想获得结论还需要进一步的考察，需要将众多零散的观察结果汇总整理。现在我对大花山和大通附近的山已经有比较完整的认识，且得出了令人满意的结论。令我感到遗憾的是，我受到一些限制，不能更深入地进入内地，对于地质考察来说，必须亲眼去看，去感受才行。

人们常常会有这样的感受，那就是眼前的东西，或是你正在从事研究的东西，对你来说是如此微小和转瞬即逝，但是当你再次回忆起来的时候却发现，那些东西是如此的重要。这点尤其适用于搞地质研究的人。我们必须认真观察每一块石头，每一处的地层，如果不是这样，就会觉得意犹未尽，十分不满足。 所以在我

的记忆中，只有那些获得了重大发现和认识的考察之旅才是让人顺心如意的。大花山就是这样一个让我感到无比满足和喜欢的地方。我在这里发现了石板岩，并且越来越弄清了它们的分布情况。石板岩山通常植被茂盛，大花山也不例外，生长着茂密的灌木和阔叶植物。山上还种着很多茶树，一部分种植在石板岩上，一部分在砂岩上，这些砂岩和石板岩连接在一起，但是年岁要长得多。茶农的房屋也建在高高的山上。当然在山下种田收成会更好，但是在高山上我们也发现了几处农舍。我下一个目的地是芜湖县 125
（Wu hu hsiën），此处是长江沿岸一个重要的贸易集散地。曾经被建议作为对外开放口岸。[①] 它的地理位置十分优越，来自浙江那边的两条河流在此处汇入长江，这里土地肥沃，通过运河和东部下游的水系连接起来。可以证明的是，以前长江除了现在的支流以外还有第二部分支流并且与之构成了一个面积巨大的三角洲地带。在芜湖，长江的一条支流向东汇入太湖（Tai hu），由此又有一条分支流向杭州，还有两到三条继续向东汇入大海。（译者注：从该段描述可以看出，李希霍芬明显受到了《水经注》的误导，实际上郦道元对江南水系的叙述是错误的。）随着时间的推移，芜湖周边的一些支流被泥沙淤塞，逐渐形成了一个湖泊，至今湖中还有一片沙洲使得湖水分走两边。现在住在其中一边的人还需要坐一小段摆渡船才能到另外一边去乘船。

芜湖县离河岸还有一段距离，但是岸边有无数的房屋，居民也很多。现在这里是汽船的停靠点，很多中国人也在此处上下

① 已经被开放了。

船。作为对外贸易的开放口岸，这里也不似期待的那样成功。镇江作为长江下游的开放口岸其实已经足够，开放一个新的口岸对中国人来说是一种重大的许可，会促使商人们花大本钱建立新的分号，而当中国生意人的买卖逐渐走向正轨的时候，外国人所掌握的贸易会逐步转入中国人手中，正如在九江，外国人获利已经很少
126 了。当然开放芜湖口岸也有可取之处，太平天国之后这里的土地几乎荒芜了，人口也越来越少，成为开放口岸之后，相信这一状况会有所改变。[1]

这个地方没有什么值得游玩的，目光所及之处是大片的梯地，并且随着山势向上延伸。风力非常适合航行，这种好运气我们还没怎么遇到过。我的随从们希望能够到一个大点儿的城市中过年，所以我决定在10号顺江而下前往南京(Nanking)。旅途中唯一值得一提的是两座陡峭的山峰，巨大的岩石直逼江面而来。在英国人绘制的地图上它们被称作East-Pillar和West-Pillar，中国人则把它们叫作东梁山(Tung liang schan)和西梁山(Si liang schan)。两座山大概有75米高，其中一座的顶上建有一处瞭望塔，另一座山上有一座庙。

长江江面在此处变窄，在宽阔的江湾处冲积区伸入到两边的梯地中，这些梯地最高可达200米，有时候地势也很陡，经常会有一些巨大的岩石逼向江面，其上通常会建造一些庙宇。据称它们能够为当地的人带来福运，所以看到一座庙的话就说明附近会有一个城市。我们途径的第一座城市在太平府(Tai ping fu)附近，

① 这一论断之后也被证明是正确的，芜湖作为开放口岸的重要性并不大，不及九江，当然二者都不及镇江。

以前凭借控制着向东的运河网这样的特殊位置，也曾经是重要的
贸易集散地，但是现在随着长江上的贸易向芜湖倾斜，这里已经丧
失了重要性。越往前行，两岸边田地离河道就越近，被河水淹没的 127
地方也就越少，但是河面却又变宽了些。

（南京，2 月 10—12 日）傍晚我们在航行了 55 英里后到达了南京。这里热闹异常，人们正在为明天即将到来的除夕做准备。岸边、街道上甚至是船上都挂上了彩色的灯笼，焰火和爆竹的声音此起彼伏，震耳欲聋。我的中国随从们的一些好朋友从宁波赶来看望他们。我也兴致勃勃地加入了他们，还拿出了活鸡和烧酒。他们把鸡砍掉脑袋，还把血洒在船上，说是能够辟邪。

11 号就是春节了，春节是所有中国人共同的节日。中国人没有礼拜天和圣日的说法，虽然这些日子其实足够神圣，可以让他们放下手头的活儿。但是春节的时候几乎所有的店铺都放三天长假，就连各地的关卡也会关闭。人们尽情地欢闹，燃放各种各样的焰火和爆竹。穿上过节的好衣服，四万万人同时休息。唯一让他们感到扫兴的是，天公不作美，今天从早到晚都在下雨，虽然昨天天气晴朗，一点儿变天的征兆都没有。本来我以为人们会连续 14 天庆祝节日，所以也没着急为接下来的路程做准备。但是我发现其实庆祝只持续了三天而已。过节要做的一件要事就是要还清债务。要是谁没这么做，那么就相当难办了，将来很难再举债，甚至
别人都不会请他做事了。春节这天也是祥和的日子：所有争执和
异议都放在一边，人们不能吵架，整个国家的人都和和气气的。现 128
在这个规矩在很大程度上仍被保留着。即使下着雨，我还是利用
这一天去了明陵，虽然以前也曾经去过，但是很匆忙。

（从南京到上海，2 月 13—21 日）2 月份的 13 号、14 号和 15 号我在从南京去镇江的路上。穿过一道山岭后，我们到达了独树山(Single tree hill)。这座山的东边和南边都是低洼的地方，山上茂盛的草都不加利用而任其干枯掉了，大片的良田也荒芜了，但是长江边冲积层上每一个关卡都在运行。

独树山的景色格外美丽，由于独特的地理位置，四周都是平地，只它独独挺立。从山上可以俯瞰镇江至南京一线的山峦起势和这两座城市。开阔的平原看来犹如一幅巨大的平面地图，长江和众多运河纵横其中。北边南京附近的圆顶山峰兀然突起，一条宽宽的铺着石子的路从山下延伸上来，山上随处可见一些寺庙和亭台楼阁，只是大多都破败不堪，成为废墟了。只有那些砂岩雕刻的佛像还矗立在那里，鸟儿在树丛中栖息，很多佛像的头都不见

在长江上北望南京和镇江之间的火山群

（左侧是方山，右侧是双屿山 [Schwang yu schan]）

了，对于现在的人们来说它们毫无用处。

我本来决定今天去探访离此处大概40里到50里的煤矿，但是由于要离开船这么远我不得不小心一些，我们现在停船的地方，据说有很多强盗。就在不久前已经有两个欧洲人被害。我的随从们担心在夜间被打劫。

这样的说法并非空穴来风，单单是昨天晚上我们找不到带 129
路的人就很能说明问题。他们恐吓说这里有老虎出现，还说有五只。虽然没有带路的，我们也能自己去，但是我们不能就把船扔在河里，在前一天晚上，船上的人就因为担心抢劫自发站起夜岗来了。于是我们起锚驶入一条宽阔的运河，它从左岸汇入长江，通向方山(Fang schan)。这条运河可以行驶较大的船，我们就在离入口大约1里以上的地方停靠。

我考察了河北岸的一个地方，这里和南岸完全不同。在我第一次来到长江边的时候，发现这里的人们对火山活动一点儿也不了解，这让我十分吃惊。河北面可以清晰地看到一座巨大的火山，远处还有很多这样的火山，它们的外形暴露出了火山的特征。

此处最美丽的一座山就是方山，人们乘船可以从多条运河上靠近它。我的"仙女号"就停靠在其中一条运河汇入长江的入口处，然后乘坐一条小舢板上岸。不久就有一个年轻的小伙子自告奋勇当我们的导游，于是我们开始攀登。此山上部呈圆形，大概高200米。直径大概有750米，圆环的北侧已经不完整了，山上遍覆火山岩，看起来它们不是同一次火山爆发时被喷射出来的，因为这些石头的大小、形状都不尽相同。有些地方的火山岩已经被涌出 130
的蒸汽破坏了，但是我们仍然可以看出先前硫气孔(Solfatare)的痕迹。从山上的岩石、残存的火山熔岩和山体的形状可以断定这是一座火山无疑。

方山顶上视野开阔，尤其是往北边望去，跟我拿的地图上所标示的平地不同，冲积层之上是层层叠叠的梯地，远处散落无数的火山。除了方山以外，我还能确认其中的另外七座山，而且它们看起来还在向北延伸，似乎一直到洪泽湖（Hung tszĕ hu）。此处周围全是黄土[①]。普博理对这一地带做过详细的描述，现在我还能辨认出他所提到的两处断层。但是因为太过坚硬，很难在断层处钻出一个空间来。而且这里没有任何的小石子或者砾石，岩石也没有分层的痕迹。底层剖面几乎没有任何层理，是一些块状结构，有些直径可达几英尺。它们的颜色比较浅，比黄土坚硬，但是重量并不大。

普博理认为黄土是淡水形成物，而肯斯米尔则认为是海水形成物，当然他的理由仅仅局限于黄土的面积十分辽阔时。我们在黄土中发现了一些生物残迹和很多已经变白了的生物的壳儿（斜纹状）。但是这些是在地面以下20—25米处发现的，至于它们原
131 来在什么位置并不明确。黄土在这里形成了高30米的高原地形，其中沟壑纵横。但是最高处并没有人居住和耕作，最多只是在黄土形成的斜坡状梯地上开垦了田地。大多数村落都位于黄土沟中。

14日到达镇江的时候，我去拜访了一些老朋友。那时候这所

---

① 这是日记中最初（出自1869年2月20日的日记）出现对黄土的论述。后来李希霍芬创立了著名的黄土风成理论，在之后的日记中（1870年4—5月的日记中）还对河南和山西黄土的特点进行了描述。（译者注：此时李希霍芬身处长江南岸，这里的黄土与黄土高原应无关系，可能是整理者将二者混淆了。）

城市在贸易上还没有多少重要性可言。因此虽然这座城市的前景广大，外国投机商们的触角还没伸到这里。这些投机商就是这样，放在眼前的肥肉他们不吃，却伸手向其他地方抓挠。由于每个人都认为我是个专家，所以各种各样的秘密飞进了我的耳朵，其中出现最多的就是在这附近发现了石墨的事。每个人都觉得只有自己才知道这个秘密，所以都神秘兮兮地向我炫耀着，好像不久的将来一笔巨大的财富就会到手了。其实我早就熟知这种东西，毫无价值可言。我的权威性随着我敢于说出石墨其实没什么价值的论断很快就丧失了。但是不久之后他们都不得不承认我是对的。在把大量的石墨运到英国之后，才被正式告知，这些东西毫无用处。

关于煤矿的事情也有很多朋友从中国人那里得到了消息，据说就是在早些时候开采矿石的地方发现的，但是现在那里的开采被那些阻止一切进步的满大人们禁止了。虽然我坚信即使这里有煤矿，价值也不会很大，尽管如此，无论是石墨还是煤矿，或是铁矿以及石英矿，对我的地质研究必定会有帮助，所以我很乐意利用这次机会，和美国公使一起去考察考察。

我在这里只是稍微提一提我的地质研究，其实我最大的兴趣 132
就在于此。我们探访了高资（Kau tszĕ）以南的很多老矿，让我高兴的是，我在那里找到了不少化石，它们让我得出了明确的结论，那就是中国的矿藏，至少是其中一部分矿藏的年代和美洲以及欧洲的属于同一时期。在中国地理探寻方面，我唯一的前辈就是普博理，但是他认为，中国的矿藏整体上来说属于三叠系（Trias），所以与在欧洲和美国发现的那些巨大且价值很高的矿藏相比要年轻得多。现在至少可以从一定程度上推翻他的这种论断了，而且这一发现为我在将来的旅行中进行断代提供了可贵的依据。

这次考察当然也是打猎,且成果颇丰。长江在镇江以上一段有很多运河环绕的岛,夏秋时分,岛上长满了三四米高的芦苇。年初,人们会砍下这些芦苇,然后运到上游或是下游,用来当柴火或是盖房子的时候盖屋顶。岛上还有很多体型很小的鹿,它们长着尖尖的牙齿,可以翻动土层,挖芦苇的根来吃。最近人们才开始注意到这种动物,它们其实并不属于鹿的一种,而和麝类更接近,是麇鹿的一种。这种动物在欧洲早就绝迹了,只能在化石中见到它们的痕迹。它们长着小角,体型很小。当芦苇被砍掉以后,它们就
133 在岛上窜来窜去,是绝好的猎取物。这次狩猎十分激动人心,是我在中国经历的最有趣的一次。因为岛上没有什么遮挡,要靠近这些麇鹿就变得非常困难,需要格外小心。我们利用岛上遍布的一些小坟头做掩护。过程相当刺激,我们飞快地从岛的一头窜到另一头,刚刚被砍掉的芦苇的根部锋利得和刀子一样,我们的靴子很快就被割成了一堆废皮子了。这个小岛上一共有五只麇鹿,我们捉住了四只,还有一只情急之下跳到了江里游到了对岸。

从镇江回来以后,我邀请一些人乘坐“仙女号”到银山岛野餐。这个小岛景色秀美,其上建有多处庙宇和楼阁。主要由石灰岩构成,所以看来十分雄伟壮观,中国人同样欣赏这里的美景。同行的人中有两个耶稣会的神父,其中一个来中国一年了,另一个才刚一个月。教会分配给不同修会传教点,其中江苏和安徽两个行省被分给了耶稣会。早些时候他们可以不受任何限制地在整个中国传教,但是现在只能在分配的地盘上活动,影响力也大不如前。每年在耶稣会的总传教站上海的聚会是他们最重要的活动。除此

以外，依据自身修会的原则，他们的注意力更多地集中在一些大城市上。尤其是南京，是两省主教所在地。和以往一样，传教士们致力于融入中国的文化阶层，此外他们也进行一些科学研究以便掌
握这个国家的情况。比如现在，他们正打算建一所自然历史博物 134
馆和一座观象台，这两位神父正是为此目的来到中国的。

邀请他们两个是个不错的决定，其中一个既热情又充满活力，自从他来到中国，已经进行了好几次小型考察，而且收集了不少的东西。他主要研究的是禽类学，但是也收集了很多植物、石头和四足动物。1872 年秋天，在我启程来中国之前曾经和英国领事郇和(Swinhoe)一起观赏过这位神父的收集品，领事本人也是知名的中国禽类研究家，可以说那时就足够建立一所博物馆了。由于神父的长上们很是羡慕郇和以及戴维(Père David)所属的巴黎外方传教会(Mission étrangère)所取得的成功，所以任命我们这位神父，尽可能地将他的研究成果予以发表，尤其是展示那些他新发现的东西。其实单就收集品来说，神父完全应该对他现在所取得成果感到满意了。后来我还多次和他同行，并且一直保持着友好的关系。另外一位神父也是个活力四射的年轻人，他是个天文学家。在启程之前他拜访了欧洲几座著名的天文观象台，为的是能很好地完成他的任务，即在南京建一座观象台。虽然来中国才一个月，但手里已经有了一本厚厚的小册子，上面记录的都是建台所需要的设备名称。遗憾的是后来他并没有如他的另一位修会兄弟那样取得成功，因为中国人激烈地反对建观象台，在我离开中国的时候，他也没能取得任何进展。

和这些可爱的人在一起，时间过得飞快，这其中还包括美国

公使和他的妹妹，她是唯一一位在此地的外国女士，是个可人
135 儿，因此我才答应她搭乘我的“仙女号”。而不久前遭过一场火灾的“莫云号”汽船此时也正好要顺江而下，负责带领“仙女号”回上海。

此处的江面变化很大。镇江是海浪所能冲积到的长江沿岸的最远处，借助海浪的力量中国人的帆船可以很容易地到达这里，这就是此处最重要的商业价值。在这里，长江江面开阔了很多，形成了众多的支流，几乎每一面都有运河延伸出去。这里的地势十分平坦，到处可见人口众多的城市和村庄。尽管如此，在南边还可以看到一片大概 300 米高的山峦，山上光秃秃的，主要是砂岩。过了镇江之后，这些零散的小山又汇集到一起，形成了颇为壮观的一道山峦，尽头处则是一座塔。

继续往下游就到了江阴(Kiang yin)，此处最明显的标记就是一座小山峰，山上还有一处废弃的建筑。后来我有机会和一些耶稣会的传教士们同行到此，他们告诉我，在 17 世纪初的时候，这曾经是一座天主教堂。山脚下还有一座更大的教堂，也很破败。几百名中国信徒的后代至今还生活在这里。当然此时在这里的传教士也取得了不小的成就，教徒和新受洗的大概有几千名之多。神父们十分虔诚和严肃地告诉我，中国人其实是被魔鬼迷惑了，他们要尽可能地进行救赎。他们描述的救赎场景相当诡异，如同病情发作一般，通过祷告立时就能让在场的几百名中国听众们摆脱
136 魔爪，接受主的洗礼。听起来很不可思议，但是神父们严肃的神情和口气又令我难以反驳。或许是对宗教的狂热和坚信使这些神父们具有了类似招魂师的能力吧。他们当中的一个负责画一些宗教

图画,加上文字印好后会发到中国人的手里。他的画十分精美,题材都是基督教中的神和天使。我注意到,他画的天使可都是白种人。或许他觉得,中国人必须学会承认,没有斜眼儿的天使。

江阴以下江面骤然开阔,几乎有两德国海里。这里的沙洲变幻多端使得航行异常危险。最复杂的一段是狼山(Lang schan)附近,狼山的名字来源于山上的一座塔,这里是最重要的航行指示标记。出于安全考虑,只有在白天才能通过那些隐藏在沙洲中间的河道。汽船如果在夜间到达这里,则不得不等待天亮。此处已处于长江入海口的区域,河面越来越宽,当中却有一个长 9 德国海里宽 2 德国海里的小岛,叫作崇明岛(Tsung ming),岛上还住着不少人,房屋林立。当地的县志记载了这个小岛在早些时候是怎样形成的。原来这里始终在不断变化:上层土地不断受到河水的冲刷,而下层则因为河水携带的泥沙不断堆积,所以和崇明岛同名的县城开始还是在水面之下的,随着时间的推移,下层不断向上层堆 137
积才形成了岛屿。

(上海,回顾) 2 月 21 号中午时分,在阔别了 45 天之后,我们又回到了上海。虽然天气很恶劣,使我的行动很是受限,但是通过考察我还是获得了巨大的收获,形成了对中国地质问题的清晰认识。有些结果,我在途中就寄回了我的家乡,它们当中的一部分已经出版,这些结论的正确性颇高,后来我几乎都不需要做任何改动。

在此处回望,我们就会发现,长江沿岸没有任何一个地方像这里一样拥有如此延绵的山峦。虽然它们大多散落各处,有的小有的大,看起来毫无关联,就那么直直地矗立在那里。但是从地理学的视角观察就会发现这些山脉其实都属于一体，它们的走向是那么一致，可以轻松地划出两条平行的山脉群，一条是西南向西方向，另一条则是东北向北方向。每一座山峰都不是孤立的，而是构成了一个巨大的山系，它的骨架穿过庐山延伸到鄱阳湖。在江边可以看到北边的山峦，汉口和九江段这些山脉几乎是呈直角状被割断，因此才形成了那里狭窄河道边如画的景色。

138 九江以下长江开始靠近两条平行山脉之中的另外一条，其支流从群山万岭中穿过。到南京附近，该山系开始转变走向，呈自西向东方向，同时北面出现了前面说到的火山群。除了山脉和平原外，这里梯地的构成格外引人感兴趣，事实上这也是长江流域的一个鲜明特点，在其他河流所在地很少见到这样的情形。需要指出的是，这里的梯地并不像通常所见到的与河面处于水平状态，而是由不同的倾斜层面组成的。更值得注意的是，每一层的种植面却是水平的，而且几乎所有层都是这样。的确很难想象出，这么大面积的倾斜梯地是什么样子。

至于实用的发现成果则没有多少。那些所谓的大煤矿在我看来真正的价值并不大。我自己在汉口也看到过从湖南运来的煤，还有从乐平运到九江贩卖的煤，质量都不是很好，不值得到它们的产地勘探。

现在长江流域的地理状况我已经很熟悉了，但是在那里生活着的人对我来说仍然是陌生的。好在不久之后我终于有了一个机会，长时间地深入到中国人中间去。

（上海，新计划）我在上海待到 3 月 14 号。在此期间我多次改动了我的旅行计划。开始我想找艘船去台湾（Formosa）最北端的鸡笼(Kilung,译者注:光绪元年改鸡笼为基隆),海外来的煤炭都在那里卸载。要去鸡笼只能坐帆船,但找到船的可能性不大。于是我打算先去福州(Fu tschóu),然后在那里租一艘当地的帆船 139
前往。但是最后我还是放弃了这个冒险的计划。后来又有一个机会,可以去朝鲜以北俄国的新港口城市彼谢德(Possjet)。我早就有一个打算,在合适的时候从牛庄(Niu tschwang)穿过蒙古去彼谢德。所以当这个机会出现的时候,看来没有拒绝的理由。打算一起去的为数不多的几个人里面还有我认识的来自芝罘的 J. 公使,他们和北边的国家有很多贸易往来,主要是用船运海带,现在这种东西已经成为中国人最重要的食品之一。但是我和船上其他的人有点儿格格不入,所以这个计划最后也被放弃了。后来听说这趟航行并不顺利。

但是很快第三个选择就出现了。当时上海的商会想组织一次长江自上海至四川省心脏重庆府(Tschung king fu)的考察,主要是考察汉口以上段的通航能力以及宜昌府以上段的水文状况,同时也要到那些开放口岸去监督复查中国和英国所签订的条约的执行情况。英国海军上将卡佩尔(Kappel)亲自率领考察团的第一部分队伍,军舰“萨拉米斯号”(Salamis)将运送考察团到宜昌。从那里将由另外一艘名叫拳头(Faust)的汽船将这些人继续送往上游。如果风浪太大,不能成行的话,就会在当地租中国人的船。整个航程预计两到三个月。

我也被邀请加入。但是我想,如果他们行进不顺利的话,我
一定会失望而归的。如果他们很顺利,那航行很快就会结束。在 140
这么短的时间里走这么长的一段路,恐怕对我的计划和目标不会

有太大的裨益。虽然长江沿岸地方对于贸易是十分重要的，但对于我的地理学研究就远远不如另外一个地方了。这个地方就是山东，于是我最终决定去山东。

（上海，1869 年 3 月 1 日，出自给父母的一封信）要是有人也像我这样，一刻不停地考察，同时几乎每天都有新的问题出现，而要解决它们就不得不随时开始做另外一件事情。这时候一定也会担心，没有思考和观察的时间，而使得一些辛苦得来的成果丢失。所以就必须保持思想的集中，还要立刻记录下所有有用的信息。如果不及时记入我的日记或是绘制地图草图的话，很可能造成无可挽回的损失。所以我的记忆里面总是被塞满，让人很累。除此以外，在连续的旅行中，恐怕也只能对眼前所见进行记录，其实我还看到了很多有意思的事情，值得深究，但是现在也只能大概说说。

但是有一件事情是我一直以来的愿望，那就是回家。[1] 我觉得，我之所以离开了这么久，我的政府、我的那些同事们还有我自己都有一定的责任。我知道，我所提到的那些在太平洋另一端的人们和我此时的进展不顺并没有多少关系。因为在这里，我就犹如被绑了双手一样，像是困在笼子里的野兽。所以我不得不花费
141 双倍的精力，挽回所错过的，花尽可能少的时间做尽可能多的事情。只有当我完成了在中国东部的考察之后，我才能心安理得地踏上回程。

我的这种观点看来很自私，也的确可以这样说，但并不完全

① 此时李希霍芬离开欧洲已经九年了。

是。首先我现在根本就没有回去的资金，当然如果我提出要求的话，我应该可以得到这笔钱。但那样的话，我在家乡就会成为一个被人抱怨的角色。在加利福尼亚那些赚钱的生意跟我没什么关系以后，我就失去了任何从事贸易的自由，而不得不为我自己的未来考虑另外一条道路了。假设我现在就回去，那么对于目前和将来我恐怕只能期望自己能当个等待退休的教授而已。所以我现在所进行的考察和有可能获得的对中国的认识对我来说是一种资本，能够保证我将来能有好的前程。当然了，虽然我考察的出发点是获取科学成果，但是也有其实用价值，尤其是对普鲁士来说。我甚至能够拥有直接给宰相俾斯麦(Bismarck)写信汇报考察结果的自由。我的汇报即使当下或许不会引起他的注意，但是以后也许就会，那么我自然就能继续做下去了。

我听说，N. 根本就不能想象，我怎么会到一个异教徒的国度去。这点请他大可放心，在中国至少有一万个欧洲人，这个数字比加利福尼亚全部基督徒的数量还多，这还没有算上那些传教士们。说到异教徒的问题，恐怕对任何一个理性的人来说都是一种苛求，如果他想在四万万人那里施展他作为基督信徒的影响力的话。当然也不能把中华民族完全看成是堕落的和原罪的民族。中 142
国人其实比任何欧洲民族更善良和友好，否则我怎么可能安然无恙地在这里考察呢，尤其是在那些欧洲人还从未涉足的地方。唯一的问题是，他们的迷信想法常常把我看成是魔怪。比如有一次我在深山里考察，那里的人就以为我是山鬼。想想看，如果住在阿尔卑斯山上的欧洲人突然在山上看到一个中国人的话，恐怕也得这么想。有一次我就遇到了这样的事情，那是在弗拉尔堡(译者

注：Vorarlberg，奥地利西部），一个村子的人都拿棍子追打我，因为有个老太太跟他们说，她在山上看到一个魔鬼在那里到处敲石头，其实那是我在找化石呢。

中国人的一些品性，比如对父母的敬爱、对孩子的关心和教育以及谦虚的品质甚至可以作为某些欧洲人的楷模。在中国我没看到过醉汉。尽管中国人有这样那样的优良品质，在他们的经书里也有一些高尚的道德理论，但是我对中国人还是不太看得起。我认为他们比其他民族的人要低等一些。他们缺乏基督教的活力、温暖和神圣。两千年来，他们的政府、教育甚至是思维方式一直受到他们的大圣人孔子的那些思想的束缚。这些思想仍然还是最初的样子，没有任何的改动或是改进，一代一代传下去。当然伴随相传的还有那些迷信思想，和这个民族一起繁衍生息。这些思想是如此根深蒂固，以至于传教在中国几乎就是不可能完成的任务。

143 那些传教士们叫苦连连，因为他们的努力都是白费。新教的传教士们，那些英国人和美国人，他们自认在开放口岸取得了很多成绩。他们建立医院，让那些堕落的孩子受教育。他们当中更急切的一部分人，跑到其他城市去分发《圣经》和教义册子，却都无功而返。这些人当中有一部分是非常优秀的，但是很大一部分，可以说是绝大部分，在我看来并不是合格的传教者。有一些既无才能又缺热情，别看他们嘴上也念叨着《圣经》里的段落，但是其实那都是因为如果不做传教士，他们就找不到任何可以养家的营生。一旦出现更好的机会，他们立刻就会去干另一行了。当然就是他们当中最优秀的那些也很难让中国人皈依。虽然很多中国人

都受了洗，但那是因为他们想在外国人身边找活儿干。这些人先学会的往往是外国人身上的恶习，变得比那些没受洗的还可恶，他们不能被称为基督的信徒，这是不争的事实。我所说的并不全是来自我自己的经验，而是也有听自中国的外国人，尤其是传教士们说的。

相比之下，天主教的传教士们要好得多。他们受到中国人更多的尊重。这是因为修会当初选择的是最有能力和最热切的教士来中国的。他们必须宣誓将毕生奉献给这里，没有特殊的许可是不能再回欧洲的。他们留起辫子，穿上大褂，拒绝生活中所有舒适 144
和享受。或是深入到内地，住在指派给他们的地方。或是在城市里建起宏伟的教堂、修道院和天主教学校。在农村他们和当地人住一样的地方，那种简陋和艰苦的程度我们是很难想象的。

两百年前，那是在中国传教的黄金时期，大约有几万人皈依。那些是真正的基督徒，并且他们的家庭一直保留了宗教信仰。在最黑暗的受迫害时期，传教士们依然不放弃寻找他们的信徒，那时受洗的人很少，只有 300 多。如果人们问他们，传教最大的成功是什么，他们会说，他们的信徒是真正的基督徒，比那些没有皈依的人优秀很多。但是现在这些受洗的人很少会真正地皈依，他们只能算是假基督徒。

如今的传教就是这样让人悲哀。为什么再也达不到几百年前的高度了，原因很难回答。应该和这个民族的衰败有关，和血腥的太平天国导致的冷漠有关。但是却不能说是因为中国人对我们来说是陌生的，没有人能理解他们。欧洲人和中国人之间的冷漠是一种很有意思的现象。我还从没有见过任何一种人和人之间的依附关系会像狗和主人那样。

如果想一想，中国人的数量占到全世界的三分之一，那么这
145 种现象难道不值得引起严肃的思考吗？我认为，中国人长时间地固守他们的宗教，处于落后的地位。只有改变他们的信仰为基督教才能改变他们的状态。但是在一些地方，比如上海和香港，中国人已经和外国人共同生活了将近三十年却没有任何的改变。可见改变力量必须来自他们内部，而不是外部。但是如何才能改变，没人知道。我预测，铁路的修建和汽船的通航会对破除迷信产生一定的作用，这也许就是改变的第一步。虽然那些最精英的传教士们认为，这依然不是进步。

这种落后对我们来说或许不是坏事。假使中国人的教育水平和精神力量一下子达到与他们的智力相匹配的高度，那么黄种人必定会向世界其他地方进军。还好现在他们只有为我们产茶叶和丝线的能力。

去往山东和在山东的旅行 146

（1869年3月13日—4月30日）

（镇江，3月13—16日）在上海待了三个星期，终于把去山东考察的所有准备工作都完成了，我乘坐S. S. N.公司的汽船前往镇江。这艘汽船的系泊地仍然是河中间的一艘小驳船。因为这条航道上的河水非常深，甚至南边岸边的河水都很深，而且有很多的旋涡，所以先前想要修建的造船厂一直没有选到合适的地址，这对镇江的发展无疑极为不利。驳船的两侧都被大船占据，看起来好像要把它挤扁一样。整个晚上又是风又是雨，直到白天也没有减弱。由于河面上的风浪太大，所以我不得不乘坐救生船上岸。

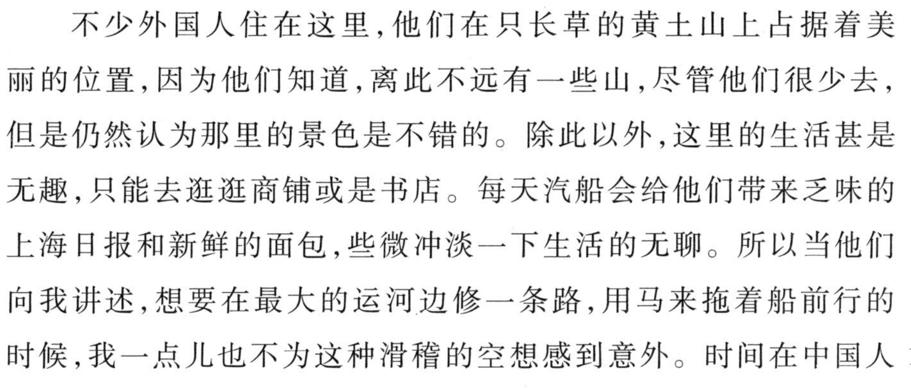

不少外国人住在这里，他们在只长草的黄土山上占据着美丽的位置，因为他们知道，离此不远有一些山，尽管他们很少去，但是仍然认为那里的景色是不错的。除此以外，这里的生活甚是无趣，只能去逛逛商铺或是书店。每天汽船会给他们带来乏味的上海日报和新鲜的面包，些微冲淡一下生活的无聊。所以当他们向我讲述，想要在最大的运河边修一条路，用马来拖着船前行的
时候，我一点儿也不为这种滑稽的空想感到意外。时间在中国人 147
看来是最不值钱的玩意儿，如果你不给那些拖船的人额外小费的

话，他们就会让你白白等着。当然用马来拖船，雇马的钱和你浪费掉的时间的价值或许能够相抵。

我的朋友们为我找来了一条小船前往清江浦(Tsing kiang pu)。后来我以每天 1.3 个银圆的便宜价格雇到了一艘大船，并且附带 10 个船工。不久我就发现，其实能干活儿的只有 5 个，其中还算上了那个羸弱的大烟鬼船老大。当初约定的价钱很低，所以他们拼命讨好我，希望我能先支付 10 个银圆，其实航行只需三天时间。我只肯付他们 3 个银圆，被他们不太高兴地拒绝了。而且我还不得不同意带上船老大的老婆和四个孩子，这样倒真是凑足了 10 个人的数。

这次旅程虽短，但极不顺利。比如今天我们就走不了，因为船上的人说风浪太大。除了中国帆船以外，这里的船总体分为两种：一种又深又窄的帆船，只是简单地搭着一个船舱，这种船不惧怕任何天气。如果再大点儿，它们就能到大的运河里去了(至少是在这样的季节)；还有一种平宽的船，吃水很浅，但是船上为乘客所准备的装备却不少，由于头重脚轻所以很容易翻船，只能逆风借助一种小帆船拖进。我现在乘的船就是第二种。船上依次是几个
148 不同用途的舱，两边还装上了玻璃窗户，睡觉的地方、桌子、椅子都很精致，隔断还装饰了花色玻璃，非常舒适豪华，住在其中的人应该感到满意。

还有就是船上相当干净。虽然中国人的屋子、街道和衣服通常都脏兮兮的，但是他们的船一般都很干净。船上的物件都上了漆，从里到外被擦拭得一尘不染。其中的原因大概是木料的难得和难保养，为了延长船的寿命，所以他们才勤于保养。其中很多船

看来已经有年头了。

（3 月 17 日，大运河）早上七点半，借助一股东风我们终于起航了。天空灰蒙蒙的，还下着小雨。两艘小帆船拖拽着我所在的大船前进，九点半我终于到了大运河汇入长江的北口。在这里帆船被卸下来，他们继续往北驶入运河中。在汇入口已经有很多船了，其中也不乏大的帆船。在扬州府（Yang tschóu fu）数量更多，到那里运河河道变得规整。帆船只能再往北行驶一段，因为水太浅了。

运河经过的扬州府，自古以来是个重要的地方。城墙仿佛一眼看不到头，都是青砖建成的，而且保护得很好。在城外也有一些房屋散落，但是并不像其他城市那样，看来这些屋子里并没有住人。我不得不在扬州过夜，虽然之前在这里发生的事件[①]使我并不怎么喜欢这个地方。如果传教士从一开始就做一些不甚明智的 149
事情，比如在一个对外国人开放的地方穿起中国人的衣服，按照中国人的习惯生活，甚至要求他们的妻子和女儿也这样，还得梳和中国人一样的发型，那么他们如果受到一些中国人的侮辱，公平地说，似乎自身也得承担一些责任。引起事端的人总要不可避免地受到些伤害。

现在因为个别无关紧要而且可以说是咎由自取的人惹得一个大国大动干戈，甚至差点儿引起一场战争，而且因为这些琐事让中国政府感觉受到了屈辱，结果是事情的起因、过程和目的严重不符。这样就算是解决了问题，代价未免也太大了。无论如何，总可

① 类似于“扬州十日”的事情在以后还发生了很多。

以先要求对方道歉，到了事态发展到不得不采取进一步行动的时候，再动干戈也来得及。所以我宁可整晚待在船上，也没有兴趣去结识那些所谓的“当代烈士们”。

（3 月 18 日）河道看来很长。我们的船很笨重，缺人手，再加上逆风，这一切都凑到一起了。三个人用皮带拖船，另外两个拿长竹竿撑船，慢慢向前蠕动。昨天至少还顺水向前行进了一小段。在扬州府河水是向南流的，还可以看出河水的起落。在邵伯
150 （Schau po），运河拐弯的地方，浪头明显大多了。浪头拍打在拐弯处朝外的一面上——一段几公里长的由石灰岩块和砖建成的坝墙后减弱了很多。这段大坝延伸很长，设计得也很壮观，有点儿模仿北京的城墙，也有突出的排水管子。这座坝看起来有点儿像一座防御工事，当然本来它也承担着保护城市的作用。石头垒的墙十分坚固，建在水面四米高的地方，看来完好无损。我在很多地方见到过这种上面建有排水管和墙的大坝，从它们保留的完整程度，可以看出人们投入了多少劳力和物力。此处的石墙几乎都是新垒的，还在不断被延长。当代人花这么大力气维护古时候建起的坝体，这是我在中国比较少见的。可见这座位于运河南面的大坝对其后方的城市是何等重要。

浪头太大，看来必须还得雇些人手。今天下午我们才走了不到 1.5 公里，加上前面总共也才走了 25 里。

（3 月 19 日）在持续的北风中我们到了高邮州（Kau yu tschóu）以南 5 公里（距镇江 140 里）的地方，但是逆风逆流阻止了我们继续前进的步伐。东边的大坝还在延伸，上部大约宽 9 米，下部则有 30 米宽。坝体肯定在挖掘运河的时候就已经设计好了，但

是现在因为挖掘草地而使地面下降，显得大坝更高了。这里有一片草地，通过很多狭窄的支流河道连接成一片。两边则是人烟稠
密的肥沃的田地。地里泛着新绿，树木也开始吐出嫩芽，鸟儿们穿 151
梭其中，有黑脖儿和白脖儿的乌鸦、硕大的喜鹊，还有高声歌唱的云雀，这还是我离开欧洲之后第一次听到云雀的叫声。绿绿的田地之间散落无数小村庄，但是看起来很穷，屋子都是泥垒的。

当地人穿得相当破烂，但是都很友善。在这样一片每年可以收三季庄稼的肥沃土地上，人们的生活为什么如此穷困呢？这里没有占据大片肥沃土地的地主，也没有什么节日，从来也没有礼拜天，整年都是工作日。更没有酒馆饭店，老百姓也不喝酒。但是我知道，他们大部分的劳动果实都要上缴。大运河就从这些村庄中穿过，为他们提供了便宜便利的交通，还有一些小的支流就从他们家门口穿过。这种贫穷从何而来呢？人口过多一定不是唯一的原因，也不能完全归咎于鸦片。在恒河流域和爪哇（Java）人们也过着贫苦的生活，虽然那里的气候非常利于种植，而且也有些大的地主。还有就是巴纳特（Banat，欧洲东南部少数德国人聚居地）和罗马尼亚，主要是因为气候寒冷很多庄稼都不生长。要找到这些现象下隐藏的原因并不容易。土地的分配过于平等，虽然人们觉得这样好，可能也是造成这种贫困的原因。如果不是那么公平，人们也许肯在种植上花费更大的精力。现在他们都习惯过这种穷日子了，反正大家都穷，只要收成还能维持生计，他们就会感到满足了。还有就是这里缺少足够的灌溉用水，不知道这是否也是造成
贫困的原因之一。可以肯定的是，这里的庄稼和山区的相比质量 152
差了不少，也许是因为山上有含矿物质丰富的泉水。

运河的西面是一个相当大的湖盆地，南北延伸长至10公里到15公里。很显然，湖的面积以前肯定更大，将整个东部地方全部覆盖，因为现在东边那些田地的高度要低于湖水的最低水位。建造大坝的目的就是拦截湖水以使坝东边的土地不受淹。而运河则不断地接受湖水，因为它和湖之间靠一道较低的坝体连接。邵伯附近的河流是湖水天然的输出点，此地下游河流都是向东流的，或许直接就流入大海。和大海连通的河道完全是人工挖出的，因为它在扬州府以北介入了黄土地带，但是并不是冲积区，只是一些腐殖质构成的表层。而这一黄土带的北边和南边则是面积巨大的黄土层。

（3月20日）一整天都刮着清新的北风，在高邮附近浪比较大，之后减弱了不少，但是由于船上的几个人不卖力气，我们也只往前走了一点儿。高邮看来不是重要的地方，虽然城墙还算完好，但不是很厚。这一线上的城市看不出受到太平天国的任何破坏，和镇江到杭州段很不一样。但是特别刺眼的是无处不在的穷困。有些地方的堤坝上建有水闸，这样就可以将运河的水引入旁边田地里用来灌溉。这些地方可以明显看出，运河东边的田地地势比运河要低。

今天我们一直在湖上行进，我发现我昨天关于运河西边的这
153 个大湖的解释看来是错误的。东边堤坝的作用看来是为了形成一个西边湖盆地和运河的阻隔。这样当运河水位较低的时候，堤坝就充当一个稳压器的作用。高邮湖并不是一个整体，它的南面被高邮州的一片土地至少隔成两部分，这片分隔湖水的土地上甚至还建有一些村庄，而且看来被隔断的湖面水位也不一样。以前湖

水和运河是通过水闸来控制的，但是现在堤坝上很多处已经被破坏了，那些地方的湖水也就和运河连在了一起。过去可以根据水面的情况，要么将湖水放入运河，要么将运河中的水分流入东边的田地里。现在运河和田地之间的控制装置还很完整，但是湖水和运河之间的已经不完整了。运河中很多地方的水都满满的，可能是因为天长日久沉积物变多使运河变浅了，另外湖水也很浑浊，看来湖里也有不少沉积物，所以东边的堤坝才会被不断地加高。当我们向当地朋友们赞美这里的田地看起来绿绿的十分养眼的时候，他们说这都是表面现象，因为湖水一旦越过堤坝，所有的地都会被淹，有时候甚至死很多人。

（3 月 21 日）但是现在这里的景色还是很美丽的，一片片绿色的庄稼正在茁壮地生长，紧挨着东边的堤坝看得到无数的房屋和村庄。我们今天看到了一幕壮观的景象，几千人在劳作，他们有的在加高湖水和运河之间的堤坝，有的在清挖运河的河道。加高堤坝的土一部分用的就是从运河中挖出的，另一部分则从湖中的一些小岛上挖来。

这么多人同时干活确实是难得的场景。我想打听得更详细一 154
些，因为我只是听别人说，这项工程是一个湖南的大官自己出钱实施的。他还承诺完工后会负责维护，这样做或许能使得皇帝拨些款项。这些劳力都是受迫而来的，其中一些是士兵，另一些则是当地人，他们必须服徭役。工程的目的是为了保护堤坝东边的田地，湖水涨的时候时常会发生被淹没的情况。现在西边的湖，目前有三个，它们的水主要来自黄河，湖被一圈堤坝围绕，湖水上涨后会在邵伯被泻入运河河道中。

其实如果不利用水闸控制，就算把三个湖都围起来也没什么实际意义，因为此事关键在于控制湖水的高度。现在把堤坝加高加固，一方面就是让原来的水闸重新发挥作用，另一方面则是保护田地不被淹。如果水位上涨很多，冲开堤坝的话，就必须放掉一部分运河里的水，这样湖水才能退回去。如果这位大官做的这件大事真能造福一方的话，一方面他会受到极大的褒奖，另一方面也极具讽刺意味。为什么这么长时间政府不这么做呢？虽然政府完全有能力解救这些时刻受到洪灾威胁的百姓。在这样一个国家，号召老百姓干什么都不会太难。

（3月23日）今天的风力十分适合航行，中午我们路过了淮安府（Hwai ngan fu），一个看起来并不像府的地方。在运河上就能看到城外的房屋，多是泥巴垒的。这里的人也穿得很是破烂，和我们一路看到的没什么两样。

我第一次看到了货车，以往只看到些马匹或是驴子拉东西。
155 从扬州府到这里只看到些小船，在此处还有一些大的帆船。此外我们还看到有人在贩卖撑船的长杆子，这说明在城市内部也有水路，因为只有小船才用得上这样的杆子。上午我们到了清江浦，一个比较重要的城市，外城建有一道泥墙，内城则是砖墙围绕。

这个地方作为贸易集散地我听很多人说过，但是对于它为什么如此重要我却搞不明白。以前可能是因为它正好位于从南来的大运河第一次靠近黄河边的地方，所以这里自然就成了黄河流域和山东东南部的商船下水的地方。但是山东西部的贸易显然更依赖大运河的北段。城里的店铺里都是些不值钱的华丽玩意儿，城外则像匈牙利的小城一样又脏又穷。只是这里的街道至少在中间铺了长长的石板，虽然比匈牙利的街道窄点儿。

显然没有太多的外国人来过这里，所以当地人对待我们十分礼貌。当我在运河边一些村子里散步的时候，遇到了一些人，他们虽然好奇，但是并没有像在长江边的人那样大叫“洋鬼子”，只是安安静静地看着。此处的人也是这样，看来来过这里的外国人没给他们留下恶劣的印象。到此为止，水路就结束了。

（3 月 24 日，走陆路）我派保罗到王家营（Wang kia ying）去雇车。昨天两辆车要价高达 60 两，让我吃了一惊，我可不想把自
己和那么多行李交到那些勒索金钱的人手里。谈妥价钱以后，我 156
们离开待了四天的那条船登岸。让人不舒服的还有一点就是，中国人老是要赏钱（Kumschan）[1]，而且每一个船工都要。如果你给了一次，那么他们会更频繁地索要。要让他们满足，基本上是不可能的。如果我把今天给他们的钱给我那些贫穷的同乡们，他们肯定会为我唱赞歌的，但是在中国这个穷困的国度里，人们不知感谢，只知道一次一次伸手索要。

我们雇了五辆手推车装行李，他们借口下雨要到了如意的价钱。从这里到古黄河大概有 5 公里的路程。我们走的是一条铺着大块石板的路，很显然这条路是专为手推车而建的，但是有时候也看得到两轮车。这条路一直通到黄河边的堤坝上，以前这些堤坝是紧靠河床的。

黄河的河床大概有 1200 米宽，比较平整，只是和两边的堤岸几乎持平，有的地方甚至高出堤岸。1200 米应该是夏天水大时候

① Kumschan 一词是洋泾浜英文（Pidgin-English），不是中文拼音。

河面的宽度,因为其内可见另外一条大概比之深4米宽200米的河道,那应该是冬季的河道。还可见两条更窄些的河道,现在干涸了,应该是夏天雨大时排水用的。看得出来现在的黄河几乎完全偏离了以往的河床,如果河水再次注入古河道,那么极有可能会被运河切断,那样的话,黄河水早就会被引入西边或是南边的湖泊中去了。我被告知1851年就发过大水。黄河的冲积层几乎都是沙土构成的,这和长江不同。当然河床本身的沙土更多,甚至黄河周围地区都是沙土质地的。

157 我们所走的道路经过一道堤坝,之后就开始沿着对岸的河堤前进,可以直接到王家营。我们住进了一个大店,而且住在一个大屋子里。和长江沿岸相比,这里已经显露出北方或者说中部中国的特点来了。客店、街道、推车和拉车的牲口都颇具北方特点。而且这里的方言也是北方特色。这家店的掌柜是个满洲人,非常热情和健谈,他为我准备了午饭,而且很乐意回答我提出的很多问题。当然,谈到赚钱的买卖时,他的精神头儿就更足了,他还充当马车行的掮客。最后我们商定,花30两雇两辆车去济南府。行程预计有11天,修整的日子每天付1200文,如果不走大路的话,每天还要多付2000文。这个价钱是在芝罘的两倍,但是没有办法,这里的车行很少。

从此处往西每天走100里的话11天能到开封府(Kai föng fu),26天可以到西安府(Si ngan fu)。去这两个地方花的钱和去济南差不多。这个地方产大米、豆子和麦子等。自从最重要的通路黄河改道以后,这个地方的土地因为不是很肥沃所以变得没多少价值。要是有条铁路该有多好啊!如果清朝政府能认识到铁路的重要性并不亚于河堤的话，那么就可以让很多人服徭役修建铁路了。光是看看我住的这家大客店就知道它曾经有过的繁华光景，就现在这种入住率来说，客店建得太大太豪华了。

（3月25日）掌柜的确是个好人，10点钟我们要的车还没
来，于是不得不费劲把他从床上揪起来。看来他很厉害，开始店 158
里没人敢告诉我们他住哪所房子，因为他们不知道我们到底要干什么。后来我们还是找到了掌柜住的地方，当我穿过后门进到里面的时候，引起了巨大的骚动，女人们纷纷躲避，乱作一团，人们使劲拦着我这种冒进的脚步。还好骚动终于惊醒了还在睡觉的掌柜，很快他就穿戴好出来了。像昨天一样，他还是那么矜持和威严，但倒也和蔼亲切。

我们昨天雇好的推车、牲口和轿子还没来，这真是件难事。

中国的苦力们

掌柜一次次地催促，甚至亲自穿过泥地多次去催，因为昨天晚上下了一整夜的雨，所以地面很泥泞。还是他亲自出马起了作用，3点钟的时候，在我们不懈的努力之下，该来的车马终于来了。

在中国要启程远行是件相当麻烦的事儿，还好一旦出发了，一切就正常了。通常旅客会和所雇的这些人签订一份书面的合同，当然在签合同的时候难免还要讨价还价。要驾驭这些中国伙计是件难事，好在他们中间有一个年纪稍大的领头人，要是没他指挥恐怕我们都无法前进。

在我们出发之前，我拜访了当地的一所私塾。那里的先生是
个高大且沉静的中国人，还带着些读书人的傲气。一共有八个8
岁到14岁的孩子在这里学写字和读书。他们坐在一间大屋子里，
159 每人有一张凳子和一张桌子，屋里还放着几张床。还有一间屋子
里也放着几张床，同时兼做吃饭的地方，再就是一个长5米宽4米
的院子。这里的孩子显然来自家境较好的家庭，他们看起来很聪
明，也不怕生人，还给我们写书法字看。据他们的老师说，这些孩
子会在这里学习一年，在此期间他们整天都要上学，没有任何玩耍
或是活动的时间。他们就睡在私塾里，唯一能见到阳光的地方就
是那方小院子，房间里的窗户也都开向院子。其中一个男孩子长
着漂亮的生气勃勃的脸蛋儿，他偷偷拽我的燕尾服，向我使眼色要
一根雪茄。拿到手之后，其他的孩子很快挡在他前面，防止被老师
发现，然后我看见他悄悄地把手伸到了桌子里放好雪茄。在中国
内陆，远离欧洲和那些抽雪茄的地方，人们对雪茄很感兴趣。这件
小事让我想起了我的有趣的学生时代，所以我很乐意满足这个男
孩子的小小愿望。

3点钟我们终于出发了。18件行李被周全地放在两辆车上。这是件费脑子的事儿，尤其是在地方小行李多的情况下。不光要按照大小和重量来安排，而且要考虑到坐车人是否舒适，还有路上如果下雨怎么办。而且有些行李还要保证用的时候顺手就能拿出来，以免晚上不得不重新打包。我自己坐一辆车，保罗和阿峰两人一辆。

走没多远就到了一片沙地，我们还是沿着黄河前进。很快就
有一条可以航船的小河出现了，于是我们都上了船。大概走了20
里以后沙地变成了又软又黑的土地。到处种满了庄稼。这就是我 160
们路上投宿的第一个镇子，名叫渔沟(Yü kóu)。

(3月26日)一夜大雾之后，我们迎来了一个大晴天。由于晚上下雨了，道路很是泥泞，因此车走得很慢也颠簸。四周都是平坦的土地，没有任何起伏。一路除了泥沙就是沙泥，往下挖10英尺深，估计挖出来的还是沙子。只是地上有一层薄薄的表土。庄稼长势一般，萝卜正开花，但是又小又细。零零散散可见一些房屋，有时也往一堆儿聚拢，但是没有形成村落。路上我们还遇到了一个集镇，虽然被泥墙围绕，但是其中只见一些破败的肮脏的屋子。

就在这样的地方我们还是能遇到集市，在路上的这五天几乎天天都能看到。种子、肉、鱼、馒头、盐、牛肉和猪肉是最常见的商品。街上有一堆堆的人，这让我立刻就回想起了匈牙利的年市，也是开在两边都是小屋的肮脏街道上。只是这里少了匈牙利妇女们五颜六色的衣服和各种打扫用具，比如花里胡哨的各种毛巾，还有男人们遒劲的脸。其实正是这里男人们的面颊勾起了我的回忆，因为他们和黄河以南地方的人长得已经很不一样了。开始有点儿

像蒙古人:经常见到络腮胡子,而且脸色也深了很多。至于中国人和蒙古人的脸到底有什么差别很难说清楚,但是只要看到你立刻就能认出他们。

接下来我们中午停歇的地方有一个很好的客栈,但是给我们留下的印象却有点儿苍凉。所有的房间,如同这个地区其他的房屋一样,都没有窗户。门是用编织起来的芦苇做成的,泥或是苇子
161 掺着泥巴,要么就是瓦,这些就是当地主要的建筑材料。引人注意的是,当地人很多对昆虫学研究很感兴趣,但是他们的知识范围也仅仅限于知道一些寄生虫类而已。破烂的衣服和肮脏在这里并不单单是穷人的特权,无论穷富都是这样。但是他们的举止行为还是应该得到认可的。

这里的道路沿着原来运河的东岸前进,很多时候道路就在这条古河道里。这段运河已经干枯,只剩下几个水坑,到济南府的水路就此结束。大运河的堤岸上方大概宽 20 米到 30 米,非常适合建造一条铁路。这里的田地在夏天的时候看来会被水淹没,也许是因为缺少泄洪的支流。河道里有很多破碎的蜗牛壳。一座堤岸对于建一条铁路来说是必要的,还有一点也是不可缺少的,而且在中国可以不花钱就能得到,那就是那些站在堤岸上穿着破烂衣服随时准备贱卖劳动力的人。当然此时我并没有看到有人在挖掘。

(3 月 27 日)一个暖和的大晴天。我们又走了 50 里到了原来大运河的最后一站宿迁县(Su tsiën hsiën)。这个地方看起来更穷,因为土地更加沙化。尽管如此人们还是在耕地、播种和施肥。(播种之后立刻施肥。)冬天这里可种的东西很少,但是在清江浦以南的地方我们看到的都是嫩嫩的新绿。地里的农民很勤奋:母

亲在前面挖出一个个放种子的小坑，儿子把种子扔进坑里，父亲
则抓一把篮子里的肥很小心地施在地里，孩子们都坐在旁边，还
有一位父亲扶着牛拉的犁耕地，他的儿子们则在一边帮忙。在农 162
舍里，人们用驴子拉磨把肥料碾碎，堆成一堆一堆的，保证每一粒
种子都能有肥料。我们在集镇和城里看到的都是些无所事事的闲
人：他们只知道围着我们好奇地看来看去，要么就追着我们进到客
栈里。在这里我们也被一群穿着破烂的老人围着，他们还围着我
们的车瞧看，虽然车就放在院子里无人看管，但是什么东西都没有
丢！宿迁是个比较大的城镇，从外边看来相当不错，但是里面很
穷困。

离开宿迁一英里后道路终于从无尽的平地过渡成沙土的河床，现在还有一些水。这里我们看到一座大桥的废墟。它几乎被完全冲离了原来的位置，只残留着 32 根巨大的桥柱，都是用大块的砖垒成，外边包了深色条状的石灰岩石，看起来很是壮观。每根柱子大概有 12 英尺高， 8 英尺厚， 16 英尺长，相隔 3 米。很显然河水来自西南方，因为这些柱子西南朝向的面是钝的，而西北方向的面则是尖的。桥面应该用的是大块的石灰岩石，以前这座桥应该至少有 60 根柱子。在很难见到遗迹的地方出现这样的废墟让人印象深刻。

（3 月 28 日，进入山东）今天我们在两条河之间行进。西面是
平地，就连落日看起来也平平的，没有任何起伏，好像幻影一般。
东面有散落的房屋，但是没有太大的城镇。西面倒是有些村庄，但
是很少能看到有城墙的了。满目可见的仍然是贫困的生活。当看
到我们的车辆后，从那些相隔很远的屋子里跑出一些孩子，他们想 163

乞讨小钱儿，还唱一种讨钱的歌儿。我们扔了几个钱过去，那些稍大点儿的孩子还能抢到手，小的就只能哭着空手而回。这些孩子几乎赤身裸体，只是披着一些破布，大人们的衣服也好不到什么地方去。

今天我们继续前进到了山东的地界。眼前的景色突然发生了变化。从地图上看，边界应该在饮马庄(Lin ma tschwang)以南，但是我们看到了一根刻着字儿的柱子，上面写着这里是边界，但这个地方却在饮马庄北边 8 里。我们正好赶上这里五天一次的大集，这和前人的描述是多么不同啊！这里的街上也有很多人，商贩们就举着他们的货物叫卖。但是这里的人穿着好一些而且行为举止更加文明。我们之前总听到的“洋鬼子”那个词再也没有人喊了。之前见过的街道大都很破败，现在却既宽又干净，铺着大石条，甚至路两边还栽上了树，这在江苏省从来没见到过。

村子和集镇的房子也还多是泥垒的，但是至少我们看到它们有了窗户。几乎每个地方都有庙，庙里都种了高大的树木，建筑也都雕梁画栋的。这里到处都种着树木，大多是松树，这种树长个 10 年到 12 年就能砍伐了。一些房屋前面还有院子，通常用一道长刺的攀缘植物分隔，收拾得很整洁，有的还种着一些果树，桃树
164 正在开花。这里也有很多乞丐，虽然穿着褴褛，但是至少看得出是缝纫过的衣服，而不是披块破布。一切都显示这里的文化程度要高出很多。

为什么位于同一文化线上的两个相邻行省的差异会如此之大？以至于一旦越过地界就能明显感觉出来。尤其是两地的外在环境几乎一样，确切地说山东的条件比江苏还要差些。江苏的土

地丰饶，但是生活贫苦。山东的土地更不利于生产，但是生活相对要好一些。在十里铺一亩地（大概 8 公亩）大概值 1000 文，能产出 120 磅粮食。

坐车旅行，尤其是要通过一个个集镇的时候，是相当不舒适的。昨天晚上我们 12 点钟才睡觉，今天一早儿 4 点就起床，做早餐，收拾行李，6 点钟出发。下午 1 点到 3 点赶路，才能在 9 点之前赶到投宿的地方，然后又是 12 点睡觉，早上又必须在 4 点起床。如果走在沙土地上还好些，轿子不是那么颠簸，多少可以补补觉。但这么多行李，又是床又是锅碗瓢盆的，都是些累赘。还好有保罗和阿峰两个好帮手。阿峰很勤快也很整洁，从来不抱怨。保罗能力超群，善于和中国人周旋，而且随时准备为我服务。几乎每天我们都能吃到他打来的野味。不管我们到哪里，他很快就能赢得中国人的喜爱。

（3 月 29 日）沂河（I hŏ）的水很清，流速大概在 1.5 公里 / 小时，是条小河。现在河面大概只有 50 米到 100 米宽，水深 1 米到 2 米，但是从以前的最高水位标记可以看出，当年这条河要宽好几倍，水位高达 5.5 米。这种变化或许是因为水流太急，将大块沙石击碎，大量泥沙沉积在河床中所致。其中细小的泥沙就被堆积在 165
河两岸，被两边的堤岸围起来。这里停着很多船，听说它们现在没什么用，只有水位高的时候才能往下游航行 30 里到 40 里，往上游也不行。沂河两岸种着很多树，还有很多果园，河面上有很多鸭子。

我们在晚上 8 点到达沂州府（I tschóu fu）外，住在一家破败的客店里。作为一个地方首府这里实在太穷了。虽然城墙很高大结实，维护得也还行。但是城里只是些矮小的房屋和商铺。路况还可以，建在坝堤上的路看来是新翻修过的，路面比两边的泥沼地高出 4 英尺，两边还挖出深 6 英尺的壕沟，并且种上了柳树。看来这条路耗费了不少当地人的劳力。

（3 月 30 日）今天我去考察了威廉森提到过的附近的一处煤矿。我们盲目地走了大概 80 里路，地面非常坚硬，我们的脚很是受苦，回来时整个人都累瘫了。这里地势平坦，几乎看不到任何起伏，只是在北边隐约看见一些山峰，一直向西边延伸。

煤矿位于一条著名的山谷之中，地形看来和长江边独特的梯形地貌很是相似。在沂州府城外地势就开始因为煤层的原因有所起伏。在走了 15 里后，我们遇到了无数拉着煤块和焦炭的车子。
166 通过那许多的漏斗状矿坑（Püngen）[①]我们立刻就辨别出煤层的位置，这些矿坑里都注满了水，有些早就废置很长时间了。在这里我们看到很多不同年代的矿坑，它们标示出之前煤层的位置。现在主要有两处地方正在挖煤。很多竖井下沉大概 10 米到 12 米深。水和煤都被放在驴皮做的桶里被一个完全木制的绞车拉上来。拉这样一个小小的桶需要五个人。挖煤的人就住在一个个用泥巴和草木搭成的棚子里。他们当中大概有 500 多人一下子好奇地围上我们，使得我们都无法好好看看这里的情况。我们看到了一堆堆的煤，按照大小分类。小块的被烧成焦炭，就在一个直径 1.5 米，深 1.5 米的坑里，里面填着些泥土和湿的煤灰。烟气通过六个孔排出。据说，这两个矿每天卖掉 300 两银子的煤，但是需求高达

① 通常作 Pinge 或 Binge，矿业专用语，指矿井下塌后形成的漏斗状矿坑。

100 担。这里的煤只卖给沂州府以东的地区，因为南边、西边和北边还各有产煤的地方。

综合我的观察所得，这片地方储煤量不小，但是现在没有得到很好的勘探。我只看见个别地方有钻孔，而且很浅。总体来说没有遭到较大的破坏，个别地方坍塌的角度也不大，也没有被覆
盖。这个地方现在就差外国挖掘队的介入和建一条铁路，如果二 167
者齐备，必定取得巨大的成果。而这现成的铁矿石也十分适合用来建铁路。

（3 月 31 日）今天我们终于进入了山东的山地。

（4 月 1 日）当我站在高处俯瞰脚下的景色时，恍惚间还以为自己是在美国大盆地（Great Basin）①。日光照射的角度、山体的倾斜度和颜色以及位置，甚至向远处延伸的部分，还有大片的位于两条山脉之间的平地，以及那已经干涸了河床，这一切都像极了美国大盆地。只是其中散落的村庄提醒人们，住在这里的是完全另外的一个民族，不是游荡的印第安人。还有位于山谷间的不是沙质的冲积层，而是一块块的巨石，这一点两地也很不一样。要是在另外一个季节，如果山谷里长满了绿色的植物，那么人们或许不会将两地搞混，但是现在光秃秃的颜色，使得两处的相似性更加明显。

中国人采伐植物的方式让人窒息。他们的先人已经把林子里的树都伐光了，就连低矮的灌木也不放过。我经常看到一些中国人很仔细地挖地上的树根，为的是当柴火烧。在山东，从芝罘到现在我们所在的西部，这种采伐更加极致，因为连灌木都没有了，就

① 美国内华达山（Sierra Nevada）东部区域，李希霍芬在美国加利福尼亚时曾经去过。

168 连草都快被挖光了。在山上经常可以看到三三两两的人辛苦地拿着一种特制的工具在打草。一片地方只用一天的时间就能挖得干干净净。打草这种事应该由来已久了，因为我在中国东部和西部都见过他们使用的工具，而且有一部分还是在南方铸造的。但是众所周知，如果山上还有绿色植被的话，对于气候和土壤都是有好处的。

打柴火几乎是中国人对山林的唯一利用。我经常问一个问题，他们为什么不养些羊。得到的回答是，没有人买得起一头羊。而且所有人也没有从事新营生以便改善生活的愿望和动力。他们只知道在祖先划定的路上前进，半寸都不敢偏离。每个人只是想挣口饭吃，任何前进的热情和冒险都没有。但是所谓的静止状态是不存在的，所以这个民族才在他们祖先曾经占过先机的那条路上不断地倒退着。

（4月2日）我们脚下这条古老的路在一条峡谷中向西北方向延伸。这里曾经是一条官道，即从北京设置的通往全国各地的道路。以前的皇上寻访也走这些路，所以每隔一段距离就设置一处更换马匹和住宿用的驿站。沿途如遇河流或是湖泊则架桥，所以这种路往往修建得十分平整。现在还可以看得见几处桥梁的废墟，虽然驿站已经不复存在了，但是还能看得出原来的样子，房屋大概高4米，房顶还有瞭望的平台。用大块的石灰岩石砌成，虽然
169 废弃了，但并没有完全破败。以前，当皇帝要到来的时候，还要放炮迎驾。据说曾经有六次皇帝出访都是走的这条路。

今天的行程简直就是受刑。车子在石灰岩石的路面上跌跌撞撞。如果不是造得还算结实，恐怕坚持不了半小时就散架了。推

车的人都累得上气不接下气，大汗淋漓的。每辆行李车载重足有200磅到300磅，路面又崎岖不平。所以每辆车至少得两个人才推得动，还好我们是顺风走，每辆车上都撑起了一面帆。有时候我也很可怜这些穷人，他们干艰苦的活儿，只能得到很少的报酬。但是别的他们也不会干，而且看来也没什么不满意的。

（4月3日）蒙阴县（Mong yin hsiën）这个地方很奇怪，它位于一条车道上，但是城门却小得很，以至于只能允许手推车通过。从此处通往潍县（Wéi hsiën）的道路也窄得不能过车。这里的地势比较起伏，四周都是小山丘，最高的超过河床100米。新泰（Sin tai）附近的山上都是砾岩而且很荒芜，之后却出现了黏土，而且景色也十分宜人，是我在山东至今为止见到的最富裕最丰饶的地方。

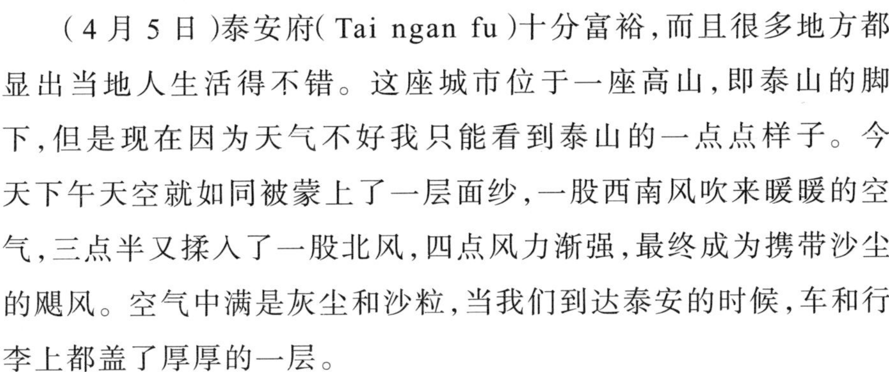

（4月5日）泰安府（Tai ngan fu）十分富裕，而且很多地方都显出当地人生活得不错。这座城市位于一座高山，即泰山的脚下，但是现在因为天气不好我只能看到泰山的一点点样子。今天下午天空就如同被蒙上了一层面纱，一股西南风吹来暖暖的空气，三点半又揉入了一股北风，四点风力渐强，最终成为携带沙尘的飓风。空气中满是灰尘和沙粒，当我们到达泰安的时候，车和行李上都盖了厚厚的一层。

（4月6日）今天泰山终于露出了真面目。它仿佛从泰安南边 170
平地拔起，是一座结晶岩山，尤其是峰顶格外具有此类山体的特点。最高处大概高出泰安1300米，而泰安本身海拔200米左右。山上岩石陡峭，山谷环绕，两条登山路蜿蜒而去，山脚下是一些巨大的球形岩石。

我们走的山脚下的这条路先是向西然后又向北最后仍然朝向

西。从这里可以看到山谷中郁郁葱葱的景色，山谷的另一面则是杨柳山脉（音译：Yang liu）。往南望去看不到什么山，只有一条很是荒芜的小路。倒是有些村落，但是看来十分破败，大概是在太平天国的时候被洗劫了，连这样贫苦的地方也没能幸免于发生在前年的那场劫难。

乞讨在这里是家常便饭。否则那些可怜的人们能怎样呢？上了年纪的女人和孩子们都有自己固定的乞讨的地方，仅仅靠堆起来的几块石头避风，不停地向路过的人伸出手。这样的讨饭人一路都是。尽管如此，从我这一路的经验来看，这些人实在是因为受灾不得已才干这种营生的，而不像意大利人是因为懒惰。

我们这一路来因为路况不好吃了不少苦头，在泰安附近道路变得更不好走了。现在简直就别提多艰难了，或许有人会认为我夸大其词，但是我们真的是从一块块大石头上爬上又爬下地前进。中国人根本就不会拿碎石头铺路，否则他们怎么能忍受这么难走的道路呢！在一些根本就无法通行的地方，当地人就搭上一些柱状的片麻岩，走在上面有点像在木排路（圆木铺成的路）上
171 走，要费尽力气保持平衡，当回到真正能叫作道路的路段时，所有人都深深吐了一口气。还有一些地方地面坡度很大，要在这样的斜坡爬上爬下很不容易，人们垫了一些石头作为帮助，但是走的人太多了，石头表面都磨滑了。经常看见驴子一下子摔倒，蹲在自己的后腿上。车夫牢牢地抓住车辕，使出吃奶的力气才能拉住车子，这样的路足有 15 米长。

我想寻找冰川的痕迹，但是却没能找到。山谷小路旁的溪流开始向南边流，之后道路通向了一片水域，海拔大概比泰安高出

40 米。在我们快离开片麻岩区域的时候，山谷变得开阔了很多，土地也变得肥沃了，沿途的村子数量也逐渐多了起来，而且多是些较大的村落，再也看不到乞讨的人。山谷现在向北延伸，左边的山主要还是结晶岩，右边的则是沉积层，两种不同岩石的界限十分明显。在泰山北边出现了一段城墙形状的最高 250 米的山体。这段山脉的高度逐渐下降，中间还有间断的区域，现在位于我们所经过的这条山谷的东侧。在张夏(Tschang hsia)附近这条山谷还不足 300 里宽。这里的景色十分优美，如果我是一位水彩画家的话，就能借助我的画笔尽情地描绘这如诗般的美景了。

(济南府，4 月 8 日)到达济南府(Tsi nan fu)后，我们住在一个带院子的房子里，得以阻隔开围观的人群。让人不解的是，这里的街道非常窄。虽然济南是重要的贸易中心，来往的马车、骡车、
手推车和轿椅[①]非常多。昨天我们来的时候，在路上经常要避让 172
对面的人流车流。因为道路根本容不得双向通行，其中一方必须躲避等待对方过去。因为交通不畅，所有人都不得不慢腾腾地前进，反倒使街上热闹非常，看起来熙熙攘攘的。街边有很多店铺，卖各种各样的商品。饭馆、小菜馆、茶馆和各种作坊打出的招牌迎风飘扬。街道铺着大石块，两边的房屋很低矮，和大多数中国的城市一样。和北京一样，济南府也有很多高大的树木，让这个城市从外面看起来还不错。内外城都有城墙，尤其是内城城墙非常坚固。1867 年捻匪(译者注：原文即 Niën féi，此处李希霍芬显然是采用了清政府的叫法)曾经攻打过这座城市，但没能得手。

① 参见第 28 页。

很长时间了，我遇到的都是北方人，在济南府我发现了一些南方面孔。那些做买卖的生意人和干活的苦力以及当地居民在外貌上有明显的差别。北方人和蒙古或者满洲人的相貌相似：男性的面庞刚毅，眼睛是狭长的，经常留着下巴胡子或是络腮胡子。而南方人的面部轮廓要柔和一些，脸很平，眼睑下垂，眼睛有点儿肿的样子。

在济南府我住在方济各传教会(Franziskaner-Mission)的旁边。一早儿就有传教士来拜访，我送给他们自己绘制的地图并且作了回访。他们的主教穿着中国人的服装，戴着项链和十字架，看起来人很不错。他是一个意大利人，留着花白的下巴胡子，在中
173 国已经 20 年了。虽然在性情上还是意大利人，但是外表上已经完全中国化。他坐轿子来的，也送给我一张中国地图，见面的寒暄和道别都像极了中国人。下午我去回访他们，他们的教会在几年前才重新回到这里。虽然这块地早在 1651 年就被赐给方济各会建教堂了。但是后来中国人又收回去了，一直被一位官员住着。在《中法条约》签订后才又被拿回来了，在此之前他们一直躲在一个偏僻的地方小心翼翼地传教。三年前他们建起了这座虽然不大，但是非常漂亮的教堂，使用石灰岩建造，还有一座钟楼。一位年轻的神父绘制了教堂内部的壁画，这是他的处女作。而主教先生准备亲自动手做风琴。

虽然教会的房子建得很欧式很壮观，但是三位传教士的房间却很中式很简单，形成了鲜明的对比。屋里既没有书也没有地图，他们对中国的地理位置几乎连最肤浅的认识都没有。也不知道报纸是什么东西，对外面的世界毫无概念。主教先生在 20 年里

只有两次离开这里，一次去了北京，另一次去了芝罘。因为生活方式都中国化了，所以需求也中国化了。主教先生的形象也再次印证了我的一个观点，那就是长期在中国人当中生活的欧洲人，脸部都变得越来越像中国人了。猛一看还以为主教先生就是一位中国上流社会的人士呢。

如果想一想，这里的三位传教士只会说些支离破碎的汉语，根本就不会写汉字，只模糊地知道本省的一些地方和其他传教点
所在的大概位置，认为泰山是中国最高的山（因为他们听中国人说 174
泰山高 20 里，到山顶的路有 40 里），对中国的事物几乎没什么认识。只是穿中国的服装，并不了解中国文化，那么无论如何也不能指望他们的传教取得多么大的成就。这里的传教士们还办了一所孤儿院，并且开设了一门宗教课程（Priester-Seminar），但是却总是抱怨，听课的人觉得拉丁语如同哲学和宗教学一样艰难。在山东，目前有 11000 名教徒和 3000 名初级信徒（Katechumenen），大部分是当地之前就已皈依的基督教徒的后代。经常听到一些抱怨说是新近皈依的教徒很多都不是好人，大部分人受洗是为了得到外国教会的庇护。

尽管如此，传教士们的单纯和奉献还是值得赞赏的。令人遗憾的是他们在精神上没有更高的追求和进步，远不如外方传教会士们（die Protestantischen Missionare），甚至都赶不上耶稣会士那么智慧和博学。而且如果有人在方济各会传教士们面前提起耶稣会士，前者就会流露出忌妒的神情。这一点让人不解，因为耶稣会在中国曾经受过灾难性的打击，按理说没什么可忌妒的。但是我一提起耶稣会，这三位立刻就忌妒起来。或许是因为方济各会

自己认为他们传教不成功是因为不如耶稣会那么富有，或许是因为耶稣会通过展示才干在中国获得了更多的权利吧。

（4 月 9 日）今天一早我动身去黄河，新的河床离济南府有 6 公里。泺口村（Lŏ kóu）就在黄河边上，在那里乘船。这个村子看起来像个城市，高大坚固的房屋，很多富有的商人都住在这里。
175 和这里相比济南府甚至都有些逊色了。此地的黄河大概宽 250 米，河水呈黄色，有很多沉积物。水流速度大概 1.5 节，目前堤岸高出水面 7 米左右，一旦发水的话，河水很容易就达到堤岸的高度甚至发生决口。最严重的一次洪灾发生在十多年前，三年前还发生过一次较小的。我在附近看到一个新建的村子，在一处高地上，离河边 3 公里远，听说是发大水时逃到这里的人建的。岸边有很多船，但是没有帆船。这些船将向下游行驶 500 里到一个叫铁门关（Tiĕ mönn kwan）的地方，在那里可以换海船。听说泺口附近的河段水很深，而且一直到铁门关都很深，所以本来并不适合行船的。黄河和自北向南的大运河有连接点，从那里可以坐船一直到天津。

关于黄河改道我听到了自相矛盾的说法。在王家营（Wang kia ying）[①] 的时候，人们告诉我，黄河古河道的干涸是发生在 19 年前，而改道是在 12 年前发生的。因为当时的朝廷派出的平叛将军为了追杀大概 300 名叛军，下令挖开黄河灌水将叛军淹死。

济南府附近的土地异常肥沃，都是干燥松软而且黑油油发光的泥土。如果说中国还有像花园的地方，那这里就是：庄稼茂盛，

① 参见第 156 页。

蔬菜和果树也正在开花。

干枯的古河道大概宽120米，河边的小路可以一直通到河底。非常干燥，尽是尘沙，看得出底部很坚硬。带路的人警告我们不要踏上去，否则很容易就陷进去。听起来像是在胡说，但是他的话音 176
未落，就看见站在我身边的保罗身体已经开始下沉了，我们赶紧把他拉上来。这里的地面和西里西亚流沙的情况有些类似。干燥的时候像石头一样坚硬，但是遇水没有渗透性，形成黏稠的粥状泥滩。当水分蒸发，最上层又变得非常坚硬，但是底下还是泥潭，上层形成一些裂纹。但是我们必须得从这里过去，还好之前当地人想到了办法。他们在上层地面干燥之前，就开始不停地挖掉干了的部分，最后这一段就一直保持是湿泥，然后用一艘平底船非常慢地从一端往另一端拉拽以通过。有些孩子因为重量轻就直接走干了的地方，但是得非常小心。在一些危险的地方他们干脆躺在地上打着滚过去，或者是两手抓两只大筐作为支撑。据说掉进去的人根本就出不来，因为掉下去的速度非常快。

（4月10日）本打算今天就出发，但是没能成行。傍晚两位神父到我这里喝茶。主教先生外出了，我得知他的名字叫作考斯（Eligio Cosi）。这两位神父，一位已经有些年纪了，另一位很年轻，来自那不勒斯（Neapel），是去年才到中国的。对他来说，在这里能和欧洲人聊天，吃一顿欧洲饭食已经是一种享受了。我们谈了很多传教的事情。我们对新教传教士兜售《圣经》的做法都颇有微词。在泰安府我就发觉，当地人对来自英国的传教士甚是轻蔑，把他们看成是卖书的商人。当然传教士们不可能免费派发《圣经》，他们只象征性地收一点儿钱，还不够纸张的价钱。这种

做法一方面促成了中国人买他们的书,但是是用来做鞋底子,因为
177 这些纸张非常结实。而另一方面,传教的目的完全被遮盖了。尽管价格极其便宜,但是中国人觉得传教士们还是有钱赚。位于天津的新教传教士们取得的最大成功就是,他们带着各自的夫人住到了一个有着很多天主教徒的大村子里,但是后来因为没能使多少人皈依新教,他们又不得不撤了出来。

那么山东是什么情况呢?这里的传教士们认为,主动去劝人归信是没用的,应该等待想归信的人找来。传教士们应该重点向这样的人宣讲创世和赎罪,并给他们分发福音书,之后等待他们自愿受洗。而在我看来,这里的传教士更像是当地的牧师,并没起到传教的作用。

据我的经验只有一条路行得通。那就是应该在当地建立一所教会学校,教当地人养成卫生习惯并且逐步推行欧洲人的风俗。连种田收割等农活也按照欧洲模式进行,以此获得更好的收成,在地里种上蔬菜和果树,开辟新的途径赚钱。同时加强公共设施的建设,修建道路、教堂和学校。形成这样的村落之后,再在其中传播基督教的信仰,很快就能吸引众多的信徒。这样一所示范学校因其成功的模式必然使得更多人归信,虽然走的是间接路线,也需要更多的时间,但是结果必然是成功的。

神父们说,中国话是基督信仰最大的障碍。其实我认为中国的风俗习惯才是归信的最大障碍。但无论语言还是风俗都无法改
178 变,所以我们只能通过向中国人展示我们宗教的高明之处才行。神父们虽然赞同我的上述想法,但是却觉得实现不了。因为根本就没有传教士掌握那些实用知识。其实这一点并不难,教会可以

买一块肥沃的土地作为尝试，找些农活干得好的中国人让他们耕种，同时传教士们要制定规矩，并监督他们严格遵守。过不了多久，或许也就需要几年时间就能初见成效的。

（4月11日）从济南府到芝罘有一条人们常走的大路，但是我还是决定从山区绕行。因为骡车只能在比较宽的路上行走，所以我打算租一匹马或是一乘轿椅。但是骑马并不怎么舒服，而且马的租价贵得吓人，我的银子不够，不得不还用骡车，至少开始的一段路可以用骡车。

马奇（Marchi）神父在早弥撒之后就来了，他要送我们一段路，直到教会的孤儿院。孤儿院在济南府东边10里外的一个村子里，位于景色优美的一片土地上，建有一些小房子。一位中国的神父，在之前我们已经认识了，虽然以一种并不怎么愉快的方式，在等候我们。共有24名孤儿，他们演奏音乐对我们表示欢迎。说实话那音乐实在太嘈杂，用的是中国的乐器。如果能用西方的方式来培养这些孩子，他们一定比其他中国孩子要出色。但是现在孤儿院从里到外都是中式的，根本没有一丝欧洲的影子，让人觉得不伦不类。如果是德国传教士在这里，那么至少屋子会比较干净，院 179
子里也会种些花草。但是现在这里什么也没有。

（4月12日）我绕道去蒲台（Pu tsüen）的煤矿考察，济南府的方济各会在那里也有一个矿井。最大的矿井在西边3里外。但是我的打算完全落空了，根据以往的经验，越是人多的地方，外国人越是待不下去。我们一到那里就有大批干活儿的人围了上来，比之前我们到过的任何一个地方遇到的围观的人都多。当我们出现在矿井附近的时候，更是密密麻麻地围了大概有1000人。他

们伸长了脖子，踮着脚尖拥挤着向前。我们只能艰难地挪到管事的人所在的屋子里，希望从那里能得到些资料。聚集的人越来越多，他们用力挤开大门冲到屋里来。为了避免发生冲突，我们不得不赶紧离开。我们就在人群的包围中缓慢前进，我看到地上有些植物对于我的考察非常有价值，但是却不能伸手去摘，这种感觉非常不好。有两三个好心人不断地提醒我们快走，不然会有危险，因为哪怕一分钟的犹豫都可能导致暴力冲突。我们赶紧跟着好心人走，直到到了下一个村子，那些人还跟着我们。后来我们被带进了一处大户人家，虽然有一群人还想趁机挤进来，但是结实的大门及时关闭了，把他们隔在外面。他们甚至还想砸门，但是没有成功，
180 过了很长时间才逐渐散去。这是一位矿主的家，非常富有，为我们提供了热情的接待。

客厅墙上挂着各式各样的枪支，或许是为了对付抢劫的。主人也有一把坏了的左轮手枪，保罗很快就帮他修好了。这位矿主对欧洲煤矿的排水系统很是赞赏，抱怨中国的排水太费钱也很不实用。我们终于得到了近距离看看矿井的机会，而且不受人群的干扰。矿井口是圆形的，垒了一圈儿墙加固，直径大概 15 英尺，上面还建了一个棚子遮住井口。旁边 60 米远的地方还有一个棚子，里面盘着往上拉煤用的绳子。井口上有一个轮子，上面挂着绳子，绳子的两头吊着两个用牛皮做的大桶。还有一个轮子安置在旁边的棚子里，通过 8 匹马拉动，使得轮子转动，两个大桶交错上下。据主人说，这里有 32 匹马轮班 24 小时不停地挖煤。

蒲台的煤矿规模很大，而且煤层几乎是水平分布的，十分容易开采，所执行的轮班制度也非常高效。遗憾的是我们没能到其

他矿井看看，因为离开这家以后，我们很快又被人群包围，只好赶快逃走。虽然这些人并无恶意，但是我很讨厌被人围观。我们回到了客栈，之后走官道到了章丘(Tschang kiu)。还没到这个镇子之前，又出现了几乎是水平层理的灰色砂岩层，或许这一地区整个都有巨大的煤层。

（4 月 13 日）今天我的旅行方式发生了小小的变化。昨天晚上，镇里的官员派人来问候我们，并且邀请我们住到他家里，声称 181
要为我们接下来的旅程提供武力保护。这无疑意味着今后我们的一举一动会受到更多的限制。我们明确拒绝这一提议后，那位官员亲自带着 20 个差人来了，要求看我们的通行帖。当看到上面盖着的“总理衙门”几个字后，他们都睁大了眼睛，后来还复制了一张。今天一早就有一位官差来了，说是奉命送我们到下一个镇子，到目的地之后他就回去。我们并不希望得到这样的保护。当地官员之所以这么做或许是因为在芝罘的那些外国淘金客引起了麻烦，是为了避免类似情况出现。但是有官差在，会让人感到不舒服，尤其是在博山(Po schan)，那里还没有外国人到过，官差会造成我们和当地百姓的隔阂。

到长山(Tschang schan)之前我们一直沿着去芝罘的路前进，到了以后我们转向南，打算经过孝妇河谷(Siau fu-Tal)去博山。开始的一段路很有意思，长山镇东边出现了一片山脉，最高峰能有 600 米，这座山被叫作长山，山上怪石嶙峋，有些地方十分陡峭。

道路开始沿着长山东麓延伸，之后进入了另一片广阔的平地，出现了好多县城。可以看得出这一地区人口非常多，一派热闹的生产场景。有很多大镇子，但即使是小村子也建有城墙，从泰安

府开始我就发现了这一特点。这些城墙大部分是在上一次叛乱的时候,大概两年前才建起来的。使得这些地方看起来雄赳赳的,但
182 是原本那种平静的田园感觉却没有了。这同时也是国家软弱无能的体现,这些村镇要靠自己的力量修建城墙来抵抗叛乱,而国家的部队却无能为力。叛军并非多么强大,其实只要薄薄的城墙就能阻挡他们。大部分城墙都是泥墙,城门高大,夜里都要关闭。

这片土地的生产能力极强,非常肥沃,被划分成一块一块的田地。地里的庄稼生长茂盛,现在一部分作物已经种上了,冬麦占了大部分面积。每垄之间有 50 厘米距离的空地,在 6 月份的时候会被种上豆子。这里盛产棉花和蚕丝,平原地区产的多是桑蚕丝,山区则是柞蚕丝。济南府的田地现在都是用井水灌溉,因为已经四个星期没有下雨了,只能人工浇水。晚上就能看到很多人站在绞车边从 2 米到 6 米的井里担水上来浇地。刚浇过水的田地暂时呈现出绿色,但实际上干旱已经开始造成不小的后果了。几周前刚刚发芽的麦子因为缺水叶子已经开始变成黄绿色了,还有其他一些树木的叶子也跟着开始变黄了。果树正开花,在一些地方还能看到树上有红色的花朵和绿色的叶子。这个山谷中树木格外的多,连路边都种满了高 15 米的柳树,还有很多桑树。只有一点:要是山上的树木没有被砍伐光,甚至连草根都不剩的话,这里的景色该是多么令人心旷神怡啊!

183 周村(Tschóu tsun)是这个山谷中一个很大的贸易点。我们遇到很多装载货物的车辆(都是两轮车)。路边有很多小商铺,也有很多大铺子。看来除了威廉森外还没有其他外国人到过这里,所以我常常被人误作是威廉森。

（4 月 14 日）今天天气很不好。几天来我们一直深受尘沙之苦，因为空气太干燥了。今天刮起来大南风（能到 7 级），我们刚好往南走，风带起的沙粒打得我们的脸生疼，尤其是眼睛受不了，几乎睁不开。远处的山也笼罩在黄沙中，连轮廓都看不清楚，太阳就像一片发光的东西挂在天上。从早上 7 点到夜里 6 点一直都是这样，这就是砍伐树木，水土流失造成的恶果，而本来这里到处都生长着茂盛的植物。

一小时后我们离开了周村所在的山谷，沿着孝妇河谷北边的平地，道路经过一段呈波浪起伏的地段，开始出现了玄武岩（Basalt）。我在山东西边还是第一次见到，是一种黑色、很厚、多孔的柱状玄武岩，其间有一点橄榄石。在周村我就发现当地人用玄武岩做建筑材料，在山后很多村子的房屋是使用玄武岩造的。在中国人休息和聊天的地方，有很多矮的玄武岩柱子被当作座位，可以看到表面都磨得光溜溜的。这些玄武岩柱形成的圆顶山峰呈波浪状起伏，但是最高不过 100 米。

周村 20 里外，我们所走的道路通过一座石桥，渡过了一条河。
周围很多村落在太平天国时期被破坏了，至今还是一片废墟。逃 184
出去的人只回来一部分，他们建起城墙保卫家园。

现在我们又进入了砂岩丘陵中，看来所走的这条路连接起很多地方，因此并不一直沿着河谷前进。如果一直沿河的话会更好走些，而砂岩层因为起伏不平对于推车来说走起来很艰难。常常看到很多推车的人（每辆车得装大概 700 斤货物）累得气喘吁吁，汗流浃背，很让人可怜。其实修一条平坦点儿的道路都不需费这许多力气。今天我就从车上摔下来一次。

两边的山越来越靠近，在它们即将合拢在一起的时候，我们到了博山县(Po schan hsiën)，或者说烟囱镇(Yen schöng tschönn)，这是我在中国见过的最大的工业城镇。在路上的时候就遇到了长长的推车队伍，装载着煤、焦炭、铁器、陶器、烟草、谷物和一些包裹严实的货物(看来是玻璃)。我数了数，一小时内就有 65 辆装烟煤的车经过。现在道路已经离开砂岩地区，进入了孝妇河谷。这是一条清澈的山溪，河床很宽。离博山还有 20 里就看到村子里的人都在从事工业生产，房屋都是用石头垒成的，还有高高的石墙围绕，那是一些有钱的工场主家的屋子。

在博山很难找到住宿的地方。其实昨天我们就遇到了类似的困难，我们被围观的人群挤进了一家客栈，老板开始并不欢迎我们。但是很快我们就成了好朋友，我相信以后再有欧洲人到这里，老板一定会张开双臂欢迎的。在博山我们询问了几家客栈，都被拒绝了。虽然有很多人围着我们，但是他们都很安静也很友
185 好。我根本就没听见有人叫“洋鬼子”，或者说其他污蔑的话。最后我只好派保罗拿着帖子去见当地的官员。我等了很长时间，这期间一直有很多人围着我，他们并没有做任何让我感到不舒服的事情。保罗终于回来了，而且还带来一个官差，他帮助我们在一家大客栈里找到了住处，围观的人也逐渐散去。

(4 月 15 日)这里的生活和中国其他地方完全不同。所有人都在干活，不停运转。整个城镇看起来就像一座黑色的工厂，浓烟升起的地方是一些作坊所在地。虽然这里原本拥有非常优美的地理位置。北边地势开阔，除了几座低矮的山丘略微遮挡了视线，再往远处看就是长山。山谷两侧可以看得到很多村落。博山南边有

一条小河，穿过自东北向西南延伸的石灰岩山脉，山上岩峰峭立，景致怡人。这就是今天我观察到的博山的基本情况，我将煤矿考察推迟到明天。

今天我看到这里有提取绿矾和氧化铁的作坊。人们先把煤层中出现的黄铁矿石在空气中氧化，之后进行浸析，将液体在坩埚中蒸发掉水分。然后将黄铁矿石放在巨大的容器中让其在太阳底下晶化，再制成氧化铁。氧化铁可以用作颜料或是用在油漆中。虽然提取就在露天进行，而且方式很原始也很肮脏，但是不得不佩服中国人对这项技术掌握的熟练程度，能够保持恒定的温度。在这些作坊中间居然还有一些店铺，中国人的嗅觉神经看来非常迟 186
钝，可能尤其对酸味不敏感吧，城里也有制陶作坊。

（4 月 16 日）博山的煤矿现在名气很大。我估计每年能出 150000 吨煤，对于中国的煤矿来说这一产量的确已经很高了。主要是因为博山煤矿位置优越，不怎么需要排水，所以才能有如此产量。但是这里的煤矿未来必然将落后于沂州府和蒲台的煤矿，虽然现在后两者还不行。因为博山的煤层分布并不广泛，而后两者却不同，尤其是沂州府煤层分布极广，当然蒲台只是目前情况不明，或许煤层之厚会远远超过沂州府，至少比博山的要厚。目前这两个地方的煤矿只是因为产量还很小，煤的价格太高才不被人重视。今后它们主要需要解决透水问题，蒲台的地理位置原本十分优越：离官道只有 70 里，离济南只有 110 里，而且更靠近黄河。

（4 月 17 日）今天我们花了一整天时间到博山以西的山中考察。博山西边是一段南北走向的山脉。因为不同岩层的硬度不一样，导致这段山脉的山脊线呈阶梯状。尤其是东边的山坡因为山麓几乎呈一条直线，再加上那里的山坡看起来没什么区别，所以山形更像一个大斜面。我发现那里的山中沟谷纵横，看起来地形十分复杂多样。最高峰名叫原山(Yuën schan)，山顶有一座林木环绕的古寺，所在位置高出博山 570 米，是这一带的最高点，站在此处可以眺望四周。

187 山上光秃秃的，有些供人烧香的地方[1]，四周种着些阔叶树木。山谷中遍布村落，梯地状的庄稼地一直延伸到高 600 米的地方。山谷中一派生机勃勃的景象，梯地边缘种着很多果树，满是红色或是白色花朵的枝丫和光秃秃的灰色山坡形成了鲜明的对比。山上高处因为温度较低，农民们刚刚开始准备播种。这里的梯地全部位于沉积岩层上，在结晶岩层上则没有田地。那里倒是有一层草坪，牛羊都在上面吃草。但是每年草坪的面积都在缩小，现在已所剩不多。在山势陡峭的地方经常看到滑坡的痕迹，那些地方自然寸草不生。让人不能理解的是，为什么中国人一边浪费着大自然赐予的宝贵森林资源，而另一边却又辛苦费力地开发出人造的梯地种庄稼，而且不止这里，在整个中国都是如此。

(4 月 18 日)下午当地的一些商人来拜访我，大多数是出于好奇。但是我从他们那里并没有得到有价值的信息。无论是生产还是贸易数据他们从来都没想过，只知道博山产煤、铁、玻璃、陶器和红色颜料等等，而且他们可以以此赚钱。他们也从未想过自己能为改善这里的交通状况做些什么，对于依靠外力，比如欧洲人和欧洲公司来建造铁路等事情，他们却表示反对。当地人非常善

① 参见第 59 页。

良，昨天我们被将近 1000 人围住，他们原本正在看戏，我们出现 188
以后，所有人的注意力都从戏台转移到我们身上了。他们一直跟着我们走到客栈，进去后我们只好闩上门。但是他们就是好奇，并没有任何恶意。在长江沿岸的一些城市，同样情况下就有人对我们说些污言秽语，那时我们会感觉身处险地。如果一个人或是几个人遇到欧洲人，他们会感到非常害怕，因为中国人一直认为欧洲人会打人的。但是这么多中国人在一起，他们就不会感到害怕了。

当地规模最大的产业是玻璃制造和石料开采，大概有 500 人干活。每人每天赚 200 文(1200 文 =1 个银圆)。负责运送的苦力赚得更多些，两个人推一辆车，能装 400 斤，每 10 里共赚 200 文。每天能走 30 里到 40 里，也就是每人能赚 300 文到 400 文。也有更大的车辆，最大的能装载 2000 斤，得用 5 匹马来拉，每天能走 2 英里到 3 英里路。

(4 月 19 日)我们从博山往北走，道路的第二段经过的都是肥沃的平原地带。因为长时间干旱，沙尘更加严重。当我们到客栈的时候，行李和身上都覆盖了厚厚的一层。现在我们又开始走济南府到芝罘的官道，沿途的客栈比之前偏僻地区的舒适很多。

(4 月 20 日)一连几天我们要么沿着河要么沿着山前进，道路很平坦。在中国，一开始使用一种交通工具，比如现在我租的推车，就很难再更换其他的。因为偏远地方的人对欧洲人还是心存
惧怕，所以很难租到其他的工具。其实从博山出来往东南方的山 189
中走最好是骑马。但是一来是因为我的时间很紧，必须在最热的季节到来之前到达北方的行省考察。而且中国的地图非常不完整，在这种情况下偏离官道走小路会遇到更多的困难，所以还是放

弃骑马了。

这片平原异常肥沃，村子一个挨着一个，大部分都建有城墙。今天大部分时候我们在黄土中前进，就连临朐(Lin tschi)附近的一条河流也从黄土中穿过，河床大概有 120 米宽。现在这条河已经不再是一条小溪流了，它和山东境内所有河流一样拥有宽阔的沙质河床。离开张店(Tschang tiën)不远我们经过了一个村子，村里人靠把彩色的石灰岩打磨成球形来赚钱。

(4 月 21 日)今天走的第一段路没什么值得一提的。我们在青州府(Tsing tschóu fu)附近渡过一条河，这条河的河道很宽，但是水量很小。往南边望去，则呈现出和西边地区非常不同的景象。河谷大概 80 里宽，往南继续向山中延伸。山脉的西坡和济南府附近的山一样都是水平层理的石灰岩山，如同在河谷边形成一道高 300 米的墙，最高峰能达到 500 米。后面或深或浅的岩石层沿着山势水平绵延。而南边几乎看不到山的影子，除了一座结晶岩山。东边则出现了其他结构的山，在高 50 米的坡地上我们看到的是一排圆顶的火山岩山，有一些很小但是山形很尖耸，还有一些很宽但是山顶并不尖，它们的高度从 100 米到 150 米不等。山坡
190 的突出部分一直伸入到山谷中来。在河床中还有一些磨成鹅卵石样子的火山岩。

潍县(Wéi hsiën)是山东最大也是最富有的贸易城市之一。芝罘来的大部分货物首先到达这里，然后再经商人们分销到各地。这座城市的富裕从围绕着的坚固的城墙就能看出来，城墙是用大块的火山岩垒成的，城门高大，使用的是石灰岩，因为石灰岩更加适合进行装饰，当地的能工巧匠们把城门装饰得十分繁复。

在街边可以看到很多牌坊，有些还加了很多装饰物。据说这些牌坊是为年轻寡妇们立的，她们在丈夫死后选择终身守寡，并不改嫁，以此表明自己的忠贞。而夫家则在她们还活着的时候就立一块这样的牌坊表达赞扬之情。

在中国有一个现象很奇怪，那就是在一个富有的贸易地附近很少看到有钱人的庄园。他们习惯在城里盖房子，按照他们想象中豪华的样子建造，但是对于田庄生活的快乐这些有钱人并不怎么看重。马可·波罗曾经醉心于杭州城里的那些庄园，但是即使在杭州也不存在田园生活的乐趣。和欧洲的庄园生活没有任何的相似之处。在中国即使最小的村子看起来也像城里一样，房屋都拥挤地建在一起，通过狭窄的小巷子连接。到处都有小铺子、烧饼铺、菜馆等，使得村子看起来和城里没什么大区别。尽管住得非常拥挤，人们还要养大量的猪、鸡、狗。而且常常就让这些家畜住在人住的屋子里，并不单独给它们搭棚子。

（4 月 22 日）今天我往南走了走，去看看潍县的煤矿。天气很 191
好，空气清新。潍县和博山一样由两个城区组成，之间有一条小河穿过。满洲人居住的地方不允许进马车，高大的城墙上还有瞭望塔，看起来很雄壮威武的样子。商人和老百姓住的城区则远不如前者，里面有很多人居住，但是什么看起来都小小的，就连大商号的分号和仓库也是些低矮的小房子。

从南边出城后，看到一片肥沃的土地，其间有很多建有城墙的村子，房屋看起来还算结实，而且刷了白，还有高大的树木环绕，给人富裕的印象。大片的果园，果树正在开花，平添了此地的美景。西边还看得见火山群，一直向西南方延伸而去。而南边则是呈波浪状起伏的大片平地，直到极远处地势才开始逐渐抬升，但是也不过是几座圆顶山峰，这个方向上并没有其他山峰。可以想见南边不会有太大规模的煤层分布，也不会有特别值得考察的独特地形。当然了我没有去那里，所以也不敢断然下结论，也许那里很有意思也说不定。我们已经从冲积区不知不觉地过渡到了黄土地带，和其他黄土地带一样，这里也出现了很多沟壑。离开潍县20里后在道路的右侧开始出现一些煤矿。但多是些已经废置的煤矿，一些穷人在矸石堆里搜寻煤块。从地面上只看得见黄土层，或许是当地人在打井的时候偶然发现了煤层。

虽然潍县煤矿的名气不如博山大，但是我认为潍县的煤矿更值得关注。这里煤层广阔，储量丰富，目前只有一部分被发现，而
192 且它们当中只有较厚煤层的最上层被开采。当然具体情况还需要试钻才知道。无论如何，但是附近有金家港（Kin kia-Hafen）这一项，就足以说明潍县煤矿的价值了。据我打听得知，从潍县去往平度（Ping tu）的道路很平坦，就算不以芝罘为起点，而以金家港为起点建造铁路的话，也将足以把以潍县为中心的山东内部巨大的贸易市场连接起来。从煤量蕴藏和煤层分布来看，我认为潍县的煤矿可以和沂州府的煤矿媲美，而且潍县所处的地理位置更为优越，更适合外国资本投入。[①]

（4月23日）现在我终于明白了，山东的山地被中间一块平坦

① 在金家港李希霍芬经过细致考察之后第一次指出了胶州湾（Kiautschóu-Bucht）的重要性。后来他又到潍县的煤矿进行了考察，更加确定了胶州湾的重要地位。为了纪念李希霍芬的贡献，第一辆从胶州湾开出的火车的名字就叫“李希霍芬号”。

地带分成两部分了。西边山地的边界是青州府和青州与潍县之间的火山,东边山地开始于莱州府(Lai tschóu fu)和平度之间。今天这片山地已经出现在我的面前。两处山地之间的平地地势并不低洼,而是一种带有缓坡的高台,比北边平原高出50米到100米,我最初就是从北边穿行过来的,其间还有几座更高些的圆顶山峰和其他复杂的地质构造值得考察。

潍河河谷大概有1.5公里宽,河底是沙子,河床还算宽阔,堤岸高4米,水量不少,可以通行小船。实际上有一点也颇令人感到奇怪,那就是我从宽广的火山岩高地来到这里,虽然地表的结构 193
还和先前一样,但是当我登上右岸后,却发现几乎全是花岗岩和页岩,再也见不到火山断层的痕迹。这里的很多村子房屋都是用褐色的石灰岩建造的,在山东东部石灰岩几乎随处可见。

坡地的高度在缓慢地下降,人几乎注意不到。原来的土地是沙质的,现在变成了泥土。现在我们到了胶河(Kiau hŏ)河谷,胶河和潍河的水量差不多,但是几乎没有落差。宽宽的河面上有一座石桥,上面铺着大块的方形花岗岩,但是天长日久磨损已经十分严重了。晚上一帮看起来还算诚实的人作为当地代表来到我住的地方,希望我能为重修这座桥捐献一些钱。一位出家人拿给我一本很大开本的书和一些红色的纸条看,纸条上写着一些捐过钱的人的名字。他说将来会把这些名字都写入书中作为纪念。他们希望我能捐助几两银子,但是我觉得数量太多,于是就失去了在这个地方留名青史的机会。今天雷电交加,还好我们没有淋雨,这是40天来第一次下雨。

(4月24日)莱州府以西30里的地方出产皂石,并且发展为一种特殊的皂石雕刻行业。沿途我发现这里有很多人都在剪纸，在莱州府我看到很多卖各种各样剪纸的店铺，但是这里的剪纸做工比较粗糙，没有多少艺术含量。中国人十分喜欢这里出产的用皂石雕刻的带有鸟儿或是花朵的石板，把它当成画买回去挂在家里。

在莱州府这里又出现了一些结晶岩山群，最高的可达750米。其中一座山在海军部的地图上标示的名字是埃里亚斯(Elias)山，
194 在中国人的地图上叫作黄山(Hwang schan)。这里就是去年那些人淘金的主要地方，开始我就对淘金的事情表示反对。现在这里变成了一片贫瘠的地带，地面之下就是结晶岩，地势较平坦的地方则覆盖着一层很厚的沙子。几乎看不到任何大块的岩石，都被削平了[①]，整个地方都是呈波浪状起伏的地带。这里被破坏得十分严重，几乎都不能再耕种了。

过去的几天里我们和当地人相处得很好。他们性格温和，而且非常勤劳。虽然这片土地十分贫瘠，但是当地人靠着艰苦的劳作还是为自己盖起了漂亮的房子。我们到了一些外国人从未到过的地方，那里的人们虽然很好奇，但表现得彬彬有礼。以至于我都不好意思把他们请出房间了。我们遇到很多看起来非常智慧和精明的男人，也见到一些年纪很大的人。有些甚至90多岁了，被儿孙推着来看看外国人长什么样。在这里我们从没有被偷过，虽然如果有小偷，他会有很多机会下手。尽管如此这里的人和其他地

---

① 在此地(还有第33页)和之后在辽东和辽西(参见5月30日和7月6、9日的日记)的观察为今后海蚀理论的发展奠定了基础，海蚀地形是因为受到海浪的冲击而造成的特殊的地形。

方的人一样都不怎么讲究卫生。他们用来招待客人的茶点几乎都是灰色的，看起来有些恶心。但是他们的穿着比其他地方的人还是要整洁和干净些。有些欧洲人有一种观点，认为中国人的不卫生反而使得他们很少生病。这里的很多老人也这么认为，所谓不干不净不生病。但是我并不同意这种看法，倘若让我在一个普通中国人家待上一个月的话，那么我恐怕会饿死，因为嫌脏吃不下他 195
们的饭食。

（4 月 25 日）在一个陌生的地方，又没有多少指示和说明的情况下始终能保持正确的旅行路线并不是件容易的事情。好在我十分幸运，总是能找到对于地理考察来说十分有价值的道路。过去的四天里我本期待会从一片冲积平原上经过，但是却意外地发现了一处地貌十分复杂的地方。根据地图，从莱州府开始我又有机会到山中进行考察了，之前我一直处于单调的地势平坦的地带，偶尔会出现陡峭的高耸山峦。分布最广，高度最高的山位于莱州和平度之间，还有一些规模较小的山群继续向东和东北方绵延，但是这些山并不十分集中，而且高度也低些，还被海拔更低的波浪起伏的高地分割开来。还有一些零散山峰向东和东南延伸，天气好的话，肉眼能望出很远。尽管如此目光所及之地最远也不会超过 50 公里，这片波浪状地带一直向大海边推进，被宽阔的沙质盆地分割，其中还有很多溪流流向大海。这里的地面上有很多沙子，不很肥沃。沿途经过的地方看起来很荒凉，都没有几个村子，能看到的只是道路右边的山峦和左边的大海。

（4 月 26 日）今天天气非常炎热。干旱已经持续了很长时间，人们开始求雨，期待这段艰辛的时光快点过去。我们也参加了求

雨的仪式,但是当地人并不用牛肉祭祀,所以不用杀牛。我发觉,没有信仰的中国人在此类仪式上表现得比有信仰的基督徒还虔
196 诚。我们遇到很多身穿白色衣服[1]的妇人,她们坐着马车去庙里,男人还有孩子们也去。这里的人命运很苦,两年前的叛乱几乎使得他们失去了家园。去年因为干旱庄稼歉收,而今年的情况更加糟糕。毫无疑问,他们已经处在生死边缘了。这些人是我至今遇到的最优秀的一群中国人,上了年纪的男人们举止有度,令人尊敬;年轻人看来很聪明懂事,他们的后代一定也将会十分优秀,但是现在他们必须渡过眼前的难关。

令人感到惊讶的是,莱州府以东和以西的相比,田里庄稼的耕种情况差很多。西边的麦子早就长了一截高,呈现出绿油油的颜色了。而以东地区的农民才刚刚开始下种。而且东边几乎再也见不到桑树和棉花了。

(4 月 27 日)此地的山上有很多巨大的长石,非常适合建造高大房屋使用(比如做柱子等),而且分布十分广泛。沿着连绵的山峦,这段山脉转了个小弯儿。高 300 米的巨山(Kü schan)就在此地的北边,而风景如画的艾山(Ai schan)则位于南边。沿途的山势越来越陡峭,艾山也是这样,但是更加嶙峋陡峭,有很多近乎垂直矗立的大柱子,还有一些像方尖碑状的山石。艾山是这里最有名的山,在芝罘也有很多人知道这座山,尤其是山脚下的温泉格外出名。

(4 月 28 日)今天我在雨中前往芝罘。这一段路我曾经走过

① 中国人认为白色是代表悲伤的颜色。

一回，但是这一次给我的印象和以往完全不同：那时候树木刚刚 197
发芽，而现在果树正在开花，光秃秃的山峦被雾气笼罩，显得朦朦胧胧，反倒平添了一份意趣。

芝罘淘金[①]的事情也有了一个悲惨的了局，恰恰被我说中了。那些淘金客在冬天的时候做了很多对当地人十分不利的事情，以至于最后双方冲突起来，他们靠着手枪才逃出来，还得时刻担心会遭到袭击。后来他们不得不抢劫了一艘俄罗斯的船只，以弥补自己在淘金投机中的损失，闹剧最终以丑闻结束。而现在F.先生又开始没完没了地吹嘘芝罘的铅矿多么能赚钱了，实际上他只是为了抬高地价而已。

（芝罘，1869年5月10日，出自给父母的信）现在我想向你们介绍一下之前这次旅行的情况。奇怪的是，虽然发生在不久前，但在我感觉像是很久以前的事情了，或许是因为我一直身处异乡的缘故吧。一连七周我都在路上，直到旅行结束的第一个晚上才在英国公使馆好好地和朋友们享受了一顿美食，开始回忆和总结这次旅行的情况。

3月14号我离开上海向北走了九天水路，到了大运河和黄河故道的交汇处。黄河在中国的历史上是一条“忧患之河”。它气势磅礴，既穿越人口密集的平原，也穿越山东地界的山地，山东省大
概有石勒苏益格（Schlesien）两倍大。在过去的四千年间，黄河多 198
次改道，一会儿向南，一会儿向北。沿岸不断筑高河堤，一年年过去，现在的河床甚至比两岸还高。要是一旦决口，立刻就会淹没

① 参见第30、34页。

大片良田，几十万的老百姓命丧黄泉，田地变沙泥，黄河也就此改道。我手上的地图明明标着黄河在山东南边，但是现在南边的河床早已干涸，因为在本世纪 50 年代黄河刚刚改道。现在黄河向北流，经过济南府。沿途我听说了很多黄河决口的惨事。

我们越过了黄河，开始继续在陆路考察。如果你们有中国地图的话，就可以看出我的足迹是经沂州府、济南府、莱州府到芝罘的。我们走的这条路是以前的官道，大概有 200 年历史了。但我们其实是一会儿走在 10 米到 15 米的深壕中，狭窄到容不下两辆车并行；一会又走在丘陵地区，满是厚厚的沙土和泥沼；当然有时候也会遇到一段很好走的路。比如到济南府（大约 80 英里）有段路就曾经是马可·波罗时代的官道，是距今大概 600 年以前从北京通往全国各处的道路。当年这些道路堪比任何一条欧洲的道路，建有宏伟的石桥和驿站，每隔 2 英里到 3 英里就有更换马匹的地方。但是现在已经完全破败了：以前供皇帝歇息的驿站早就不见踪迹，那些桥梁也只剩下光秃秃的柱子，我曾经见到过一座有 60 根桥柱的大桥。现在人们只能走在满是沙土的河床上。

我们乘坐一种两轮的车子，靠两匹牲口拉着。这种马车在整个中国都有，而且统一规格。这是非常便利的事情，尤其是对我这样带着很多行李的人来说，每到一地雇来新的马车，可以毫不费劲
199 地把行李安放好。这种车靠一根很粗的梁连接两个巨大的车轮，梁上再搭一块平板儿，再加一个长 1 米、宽 70 厘米的棚子，平板后面可延伸用于放行李，前面则延伸出驾车人的座位，他可以身子略斜坐着，两只脚垂在身体左边。乘客既可以坐在棚子里，也可以将双脚垂在右边，身子则像蜗牛缩在壳里一样缩在棚子里。

如同这个世界上一切事物都有其规律一样，坐这样的车也有规矩。人们往往把行李放在后面好倚靠，再在前面放些被褥，好能舒舒服服地躺着或是坐着。但是别高兴得太早，虽然你搭好了窝儿，但是保不齐什么时候，就听车把式大叫一声“吁！”多半是硌了石头，你的脑袋这时难免就会重重地磕在棚子两边，也许你还没缓过劲儿来，想看看自己的胳膊儿腿儿是不是还在，但是马车早就走出老远了。只有走在沙土地上的时候，你才能安心地想想心事。到了晚上歇脚的时候，有好几次我都不解为什么整天被颠来颠去四肢还很周全呢，而且骨头也都还好好的。渐渐地我也习惯这种方式了，再大的颠簸也没使车散了架，我甚至怀疑，这种车从来就没被颠坏过。包括人的身体也还是能承受一定力道的。

前面说的是这种车的坏处，现在该说说好处了：第一，前面说过，坐这种车你可以像蜗牛一样，要么躲在壳里，要么伸出头来，很是自由；第二，这车走得慢，像我这种“洋鬼子”（现在还有人这么叫我）可以舒服地观赏沿途的美景，还可以收集石头和打猎，而收集石头对我来说是有大用处的；第三，这种车可以装很多行李。 200

我雇了两辆车，第一辆我坐，第二辆给保罗和我的仆人。如果你还记得，保罗是我在长江旅行时雇来的，后来我发现他实在难得，所以就长期雇他做我的翻译。他总是神采奕奕的，并且极其忠诚、严谨和热情，而且本性擅长与人打交道，还是个优秀的猎手和登山者。他为我提供很多帮助，甚至帮我收集一些化石。（现在他对化石已经很了解了。）当然还为我当翻译、询问各种事情、和当地人交朋友并且负责管理日常的花费。他能说一种法国方言，但是说的不怎么样，德语也很一般，中文却出奇的好。我还从没见过第二个可以在那么短时间内(三年)掌握汉语的人。可能是因为专心于汉语的原因,他其他方面的知识都不怎么样。对于地理学更是毫无概念和经验,和一个六岁孩子差不多一样。所以我不得不教他并给他看一些东西,他都学得很快,只需一次就能记住。

你们可以想象得出,在一个完全陌生的国度,我恐怕再也找不到另外一个如他般可心的帮手了。如果没有他,我恐怕不能安然无恙地去一些地方。很多事情如果他不解释,我永远都不会知
201 道答案。无论我们去哪里,他都很快就能赢得当地人的信任并且成为他们的朋友。

中国人对外国人的成见颇深,主要是他们认为欧洲人很傲慢。这点其实也对,因为有些欧洲人对待即使是友好的中国人也相当无礼。或许正是因为怯懦所以才粗暴,才拿着鞭子对待中国人。我们也曾经经历过危险,一些中国人受到几个坏家伙的挑拨攻击我们,当我们劝解无效,就必须表现得强硬一些才行。只要抓住为首挑事的送官,其他人也就老实了,开始尊重我们。当然如果能和当地人搞好关系是最好的,这里我必须感谢保罗,因为我自己几乎忙得没有时间去学习说汉语。

四点就得起床,穿衣服、吃早餐、收拾和往车上捆绑行李就得花两个小时。然后就上路,11 点到 1 点得吃中饭,牲口也得喂饱。然后继续走,一直到 6 点,中间还要搞定晚饭。当其他人都睡了以后,我便开始写作和绘图。经常要干到半夜,第二天还要 4 点就起床。如果路况较好,并且沿途并无可看的话,我还能在车上补一补觉。每天我都写详尽的日记,一天不差,因为有些东西如果不立刻记下来的话,很快就忘了。期间我一直在绘制地图草图,每到一处

都要绘制并且按照地理学排列。收集化石是我的第三项工作，但 202
是我不很精于此道。

我们每天大概走6德国里，有些地方，比如产煤的地儿，或者是地貌特别有趣的地儿，还要耽误一两天，为的是可以徒步或是骑马考察。有时上午我会走路，下午才坐车。我们的住宿通常不错，很多靠近大路的村子里都有客店，穿过门进入院子，两边都是些小屋子。我们一般都住最好的房间，通常是一间，有时是两间。往往会有一群人围着我们看热闹，在把屋子彻底打扫一遍之后，我们就在这些人好奇的目光中卸下行李安置好一切用品。客店的窗户上糊着纸，进屋后，很快他们就从外面用手指戳破窗户纸观察我们。屋子里有铺着毯子的大炕，通常都可以烧热，因为中国人喜欢睡热炕头。当然我们并不用他们的毯子，而用自己带的。

屋子中间有一张摇摇晃晃的桌子，布满灰尘。有时候店家会拿烧开的水擦桌子（当然很少见），然后我会把一面在长江航行时悬挂的北德意志旗子铺在桌子上，再摆上一些瓶瓶罐罐，这样屋子看来就可以住了。如果待很多天的话，我会把屋子收拾得更舒适。做饭的炉子就是泥垒的灶，烧木头。我的仆人阿峰会把一切准备妥当开始做饭。在中国旅行的人大都部分或是全部接受中国
的饮食，但是我只在不得已的情况下才吃中国菜。因为我在旅行 203
的时候需要吃得好而且饱，中国的餐饮并不符合这些要求。其实我也不是特别挑嘴的人，所谓“好”不过是尽可能简单并且保证卫生。

咖啡、茶和可可等饮料也没有断过。因为我在年轻的时候就习惯喝这些东西，所以在旅行中也尽量买一些。在港口可以买

到，但是质量一般。奶粉的质量很不错，几乎比新鲜的还要好，至少不会冲淡咖啡的味道。至于其他的吃食则时有时无，经常并不能如愿得到。我的阿峰原来不会做饭，但是学得很快。保罗对此一窍不通，现在他刚刚学会怎么把蛋清和蛋黄分开。

在做饭这方面我们是边学边实践。要是我以前好好学学，或许现在就能指挥他们做这做那了。但是我仅有的经验也是来自父母那里，我的父母做饭非常棒。可能是嘴巴吃得刁了，那些所谓的英国大餐对我一点儿吸引力都没有。当然我们其实没多少时间可以做饭，所以速度快才行。烧烤基本上不可能。我们经常能得到些鸡、鸡蛋、面粉、糖还有蔬菜（但没有土豆）、大米，有时候还有鱼或者是面包。还有一次我们买到了一块牛肉，但是硬得跟皮鞋似

204 的。所以不得不另雇了一个中国人晚上替我们看锅烧肉。现在我住在一家德国人开的旅馆中，我还学会了用醋烧牛肉，这样可以长时间保存。在中国我真的学了很多东西，让我受益匪浅。现在我正在学习怎么做点利比喜肉粥（Liebig），对于旅行的人来说太有用了。

说了这么多吃的问题，看来有点儿啰唆了，但是吃确实是非常重要的。如果你只是旅行 14 天，那么随便吃点儿什么都可以。但是像我这样，成年累月地在一个完全陌生的地方旅行，吃得好就显得格外重要了。只有这样才能获得好的体力和好的心情。我虽然并不害怕艰难和清苦日子，但是还是尽可能让自己过得舒服。如果不是这样，那么至少旅行会少很多快乐和成功。

我们住在中国客店里的时候，尤其是吃饭的时候，总会有一群看热闹的中国人围上来。我会给他们指定一条界线，只要他们

不越过，我会尽可能满足他们的好奇心，因为他们并无恶意。我想，如果是一个中国人在德国旅行的话，或许会遭遇到不友好的对待。我通常还会允许他们到我的屋里坐坐，在中国上了年纪的人会受到尊重，而实际上他们也往往确实是些德高望重的人。有些甚至走路都不太利索了，被家里人扶着过来，他们一辈子都没见过
外国人，这次看到我们必然会给剩下的日子增加更多的谈资。我 205
发现在中国父辈对子辈的影响是很大的，但愿我们给这些老人留下的是良好的印象。

我对山东人的印象不错，当然这来自我接触过的不多的山东人，他们比长江流域的人要好。这些人性格大多比较温和，人又聪明能干，当然他们也有缺点，那就是比较听话和羸弱。这大概是长期受到异族统治者的驯化导致的吧。就如同在重压下长大的孩子，往往缺少男性气概，其实这个问题在整个中华民族都存在。除了上述原因，我想应该还有其他原因。看起来或许是因为，这个民族在不断地退步中，他们的力气已经耗尽，就像中国的土地一样，被世世代代攫取，现在已经贫瘠不堪，只能通过人工的手段和精心的照顾才能产出果实一样。

这里的人口太多，他们很早便结婚，村子里的孩子像蚂蚁一样一群一群的。由于过早就要承担养家的责任，所以年轻人到老都过着同样的日子。他们的宗教信仰和政治取向也差不多，当然我所接触的都是些庄稼人。我在书上曾读到过，在中国，人人都会读书写字，但实际情况却相去甚远。大多数人只知劳作，生活在肮脏的环境中，甚至赶不上某些斯拉夫民族。这里的人通常会聚居在土地略微肥沃的地方。卫生、制度还有工业都还有待发展，而他

们自身的进步也只能是同时进行。

在济南府我拜访了几位天主教传教士，他们是来自意大利的方济各会士，其中几个分布在山东各处，一个就在济南。现在他们
206 大概有12000名信徒，几乎全部来自农村，很多还是当年济南府作为方济各会传教主教驻地时发展的信徒的后代。现在的这位主教在这里已经20多年了，所以说他是半个中国人，一点儿也不令人奇怪。除了他，还有两个神父和几个中国教士。这几个中国教士和没有受洗的中国人唯一的区别就是他们会一些拉丁语。教会的工作主要是为信徒祈祷、传授教义、管理一所孤儿院，里面住的都是中国孩子，还有就是为死去的孩子受洗。他们没有发展任何新信徒，少数几个常来这里的中国人，据他们自己说，只是出于兴趣。

我不知道这些神父来中国传教是出于自愿还是受到强迫，虽然我对他们这一决定给予充分的尊重，但是说实话，他们所取得的成果和我想象中的传教相去甚远。无论如何，他们比耶稣会士要差很多。举个小小的例子：如果我进入一个耶稣会办的孤儿院，听到的是优美的纯粹欧洲乐曲，甚至是带有和声的圣歌；而在这里我看到一些男孩子用中国乐器吹吹打打，和庙里的和尚吹奏的差不多。这个孤儿院就设在一所肮脏的中国人的住房中，前面也没有院落，所属的几亩地里还种着麦子。在这里，孩子们受到的教育和在中国人那里没什么两样。如果这样的话，又怎能让中国人看到基督宗教的光辉伟大之处呢？我认为，只有向他们展示基督教的神圣，才能使他们关注到圣教的本质。更令我不悦的是，方济各会
207 士们对耶稣会士的排挤和污蔑仍然存在。出于个人经验，我是完

全站在耶稣会士这边的，在这里和这几个意大利神父的碰面也没能改变我的立场。

现在要说说我此次旅行的目的了，这次我取得了令人满意的结果。我几乎只在山区和丘陵地带考察。在中国，山都是光秃秃的，树木和草坪早就被砍伐殆尽，甚至连树根和野草也被用来当作柴火烧掉了，连田地和道路两边也不例外。当一个民族把上帝给的恩赐都消耗完了，那么可能会遭受严重的报复。对于环境的影响现在已经逐步显现了。但是对搞地理研究的人来说，没有植被倒是件好事，可以清晰地看到地层的结构。

在旅行中曾经连续6周都是好天气。我离船上岸的时候天在下雨，当我到芝罘的时候又赶上另外一个雨季的开始。在内陆考察时遇到的都是晴天，在上海和中国南部的时候则是阴雨绵绵。天气情况是我此次取得成功的首要因素。天气好得使我不得不不停地考察，有时候我甚至都盼望下次雨，那样我就可以休息休息了。我的考察结果你们不会太感兴趣，我通常会把它们寄给几个地理学家。据我观察，在中国有几处煤矿的利用价值很大，这在以前从没人发现过，我是第一个在这个广阔国度考察的地理学家，我的发现引起了同行们很大的兴趣。

我亲爱的母亲，现在请允许我在说了这么多旅行的事之后，
说几句关于达尔文主义（Darwinismus）的事，因为您有一次在信
中提到了这个人。[①] 达尔文是一位严谨的学者，一位逻辑性很强 208
的思想者和自然研究者：其研究出于最纯洁的目的，只是为了追求

① 虽然信中这段内容和旅行不太有关联，但是出版人还是决定不把它删掉。

事实真相。他是我们这个时代站在最前沿的科学家之一。凭借富有的家世,他得以在众多领域进行观察研究,数量之多无人能够超越。在严谨的钻研之后,他得出了一个又一个与前人相左的结论。如果你读过他的书,就会发现,他是一个多么谦虚和羞涩的人。就是这样一个伟大的人物向我们揭示世界到底是什么样的。即使他的发现受到上层阶级的反对,他仍然坚持。我认为,达尔文并不是一个信口胡言的人,相反他是一个极其认真严谨地向我们揭示真相的人。

年轻一代的自然学者热情洋溢地全盘接受了达尔文的思想,因为它们揭示了世界上未知事物的真相。在德国,一部分年轻的物质主义者(Materialismus),当时此学说正处于鼎盛时期,也接受了达尔文的全新的理论,因此他们成为德国达尔文主义的主要支持者。但正是这些人将歪曲了的达尔文思想介绍给了公众。反对者主要是上一代的科学家,其中包括几位伟大的思想家。他们当中有一些人在经过了艰苦的斗争之后接受了达尔文的思想,而
209 相当一部分人仍然站在他的对立面上。他们并不认识达尔文本人,只是通过读他的书而得出了反对的结论。我担心,你读过这些神学论战者的书之后,会对达尔文形成歪曲的认识。其中无论是否读过达尔文的著作,或者读过却没能理解的那些人很容易赞同物质主义者的那些论调,因为它们比真正的达尔文的思想要简单得多,容易理解得多。他们把“达尔文主义”简单归纳为“人由猴子进化而来”,从开始就使读者产生一种错觉,即达尔文的思想和现在占主导地位的关于人类起源的学说相比有些可笑和荒诞不经。其实他们根本就没有真正地搞懂达尔文的学说,因为达尔文

在他最新出版的书中根本就没有得出这样的结论。他只是在纯科学领域进行研究。要澄清事实还需要时间。

也有一些著名人物试图靠事实来反对达尔文的学说,但是并没有取得成功。这其实揭示了新理论为人接受的过程,开始总是会引起争论的。但是在没有更进一步证据的时候,我们不应该草率地全盘将新鲜事物予以否定。一旦事实被摆在眼前,我们就应该实事求是地接受,即使这种理论和我们以前的认识相违背。比如地球围绕太阳旋转的学说就是这样。当然到目前为止,达尔文提出的进化理论是不是正确,在没有确定证据前谁也不敢说。

我更是没有能力来对达尔文的学说正确与否进行判断。对 210
于你来说,亲爱的母亲,你不可能知道那些学说的研究基础,而达尔文的学说一定与你个人的信仰是相违背的。我只是想请求你,不要盲目地相信那些反对者的话,而把达尔文的学说想得过于简单。达尔文是位伟大而谦逊的科学家,几乎无人能比。我敢说,他的反对者很少有人在宗教信仰上会比达尔文更加虔诚,这是他的书留给我的最深刻的印象。我是在1861年在“海洋女神号”(Thetis)上与和我同住一舱的人一起读这部书的,自此之后我只是远远地作为一个观众关注这两种学说之间的论战。

现在我该从谈论欧洲的精神生活(其实我是没有资格谈论这些的)回来说说我在芝罘的旅行了。这次我还住在上次住过的那间面朝大海和散落在岛屿的房间里,沙滩一直延伸到屋子门口。我很乐意在这里停留,有种与世隔绝的感觉。天气很好,地里的庄稼和蔬菜正在春天努力地生长。几天后我就要重新出发了:先乘中国的帆船到辽东(Liautung)半岛的最南端,然后至朝鲜的边界，沿此去满洲（Mandschurei）的沈阳，从那里到永平府（Yung ping fu）附近的海岸，之后在蒙古绕一个大弯后预计在6月底回到北京。下一个目的地是彼谢德（Possiett），此地位于朝鲜边境，
211 北纬43度，被俄国占领。由于夏天那里非常炎热，所以我打算往北走，从北京经恰克图（Kiachta）去伊尔库茨克（Irkutsk）。然后再由此前往尼布楚（Nertschinsk），沿黑龙江向南，再沿乌苏里江（Ussuri）——黑龙江南部的一条支流向北。当然我并不是走马观花地走这么多的地方，在彼谢德附近的海岸我就会停留一段时间，到10月份才会经宁古塔（Ninguta）、吉林（Kirin）、沈阳，穿过整个满洲到牛庄（Niutschwang），然后由此回到芝罘。

这么长时间的旅行我需要像一个优秀的战略家一样做好详尽的准备：必须取得各种许可证，根据当地的气候和风俗习惯准备好衣服和旅费，然后把相关的东西事先寄往北京和彼谢德，以避免可能产生的阻碍和耽误。你们一定会惊讶于我身上现在所具有的杰出的主妇才能。只有这样，在旅程中，才能如愿地想用什么就拿出来什么，不至于总是缺东少西的。不光是茶叶、黄油、咖啡和灯，还包括最不起眼的东西，比如盐、肥皂和鞋油。要是把它们完全交给我的仆人，那么不到8天他准会把肥皂全用光，但是这个东西在路上是不可缺少的。凭借我的规划，我从没有陷入窘境，但也没有过多地携带这些东西。我非常清楚每样东西我每周会用掉多少，这样就能做好长时间的准备了。

从满洲南部去往北京 212

（1869 年 5 月 18 日至 7 月 18 日）

（从芝罘出发，5 月 18 日）在芝罘停留的时间因为为接下来的长途旅行做准备而超过了预期。本来我打算，从这里租一艘帆船前往小坪头（Siau ping tóu），它是大连湾（Ta liën wan）的一处贸易港口，由此直接去岫岩（Siu yen），并不经过牛庄。在这里有很多去小坪头的帆船，它们从辽东往山东运粮食。昨天我看了一艘这样的船后，就再也没有利用这种工具的兴趣了。虽然我可以坐在船老大的舱里，舱长宽大概各 4 英尺，高 3 英尺，但是船上所有的人都挤在里面，没有光线和新鲜空气。里面拥挤得很，臭气热气扑鼻，我差点呕吐。只有风平浪静的时候可以待在甲板上，没有保护的栏杆，离海面有 1 英尺到 1.5 英尺。两天能到是最理想的，如果情况不好恐怕得 4 天到 5 天，在这样的船上待这么久对我来说如同在地狱。所以我更乐意乘坐英国人的战舰，只是不能沿着辽东南岸走而已。

（5 月 19—21 日）在风雨中我到了牛庄，本来以为这里的贸易
应该很活跃，但并非如此。牛庄建在一片泥泞地上，房屋看来很 213
脏，用砖垒的，顶是凸出的。

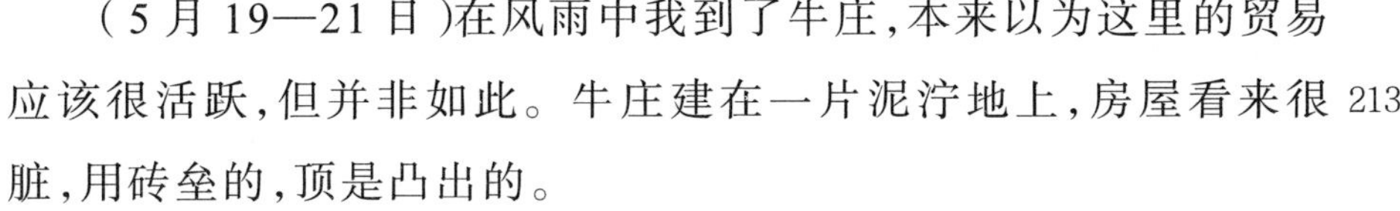

(5 月 22 日)今天我开始了漫长的旅行。上午我还去看了榨油和做豆腐的工厂。下午正式出发,雇了两辆车,每辆每天还是 960 文。

我们走在盐碱地上,其间散落着一些房屋和院落。在这里种庄稼是不可能的,但是草地上看到很多马匹,此处的植物也都是些只有在盐碱地里才生的。人们挖掘沟渠将海水引入内地,然后晒盐。这里的景色和山东还有江苏的完全不同,尤其是我见到很多大个儿的狗,和在山东见过的很不一样。

(5 月 23 日)昨天晚上的暴风雨结束了几天来的炎热天气,今天相当凉爽,上午还一直在下雨。这里的街道非常肮脏,而且沟沟坎坎的不是很平整。两边则是稀稀落落的房屋,土里的含盐量太大,庄稼无法生长,地里除了猪毛菜还有其他一些植物,甚至还有芦苇。

这里和山东完全不同,如果不是看到人们头上的辫子,还以为自己不是在中国呢。这里的房屋只是多少保留了内地的样子,屋脊像帐篷顶似的扣下来。虽然略有不同,但是大概一致。在江苏北部,即使是泥垒的屋子也会在屋檐上面搁上三块砖,作为一种装饰。虽然屋顶建得很简单,但是装饰着不少花纹。在这里也偶
214 尔会见到这样的房子,但是不多。一些庙宇、衙门或是大户人家才造得起这样的屋子。一般人家的房屋都很低矮,窗户上虽然只是糊着纸,但是长度够大,有些还有木制的花纹。农庄一般都有院墙围绕,院墙几乎和房子一般高,从外面只能看到屋顶。或许这种建筑格局是源于满洲或是蒙古部落。房屋聚集的地方通常种着些高大的柳树,乍一看还以为是在埃及的法老村,只是这里没有棕

梱树。

客店里熙熙攘攘很是热闹,街边上一溜牲口槽子,还有一张摆在一根柱子下的桌子就是客店的招牌。这家客店的客房一字排开,门口竖着的柱子漆得花花绿绿的,每间屋子都用纸糊了窗户。入口就在中间位置,门楣和门框上写着各种文字。在堂屋的旁边就是进入院子的通道,院子很大。我们住的这一晚上大概有一百来头马匹和牲口在院子里,它们虽然没被拴住,但是各自相安无事地在自己的槽子前吃草。这家客店主要由两部分组成,厨房和一般客人睡觉的地方在一块,地位稍好一点儿的客人睡在另外一个地方。屋里砌着长炕[①],两人位置之间还摆着炕桌。长炕的对面则是一些很小的房间,专供贵客使用,住这样屋子的人往往都有钱。因为我们是外国人,被认为是有钱人,所以当我租下一间普通客人住的屋子时,引起了一阵惊奇。其实这样的屋子也没 215
什么不好,让我感到不便的只是屋里没有桌子和椅子,因为在中国人看来,它们并不是必需品,有张床就够了。没办法我只能用一种很别扭的姿势写日记和画地图。我们到达了在营子口(Ying tszĕ kóu)时就看到的那片连绵的山脉的脚下,这片山脉也勾画出了辽河(Liau hŏ)东南部平原的边界。在穿越了两座小山之后我们到了一处河谷,这里有条路,走向东南,通向盖平县(Kai ping hsiën),之后向西然后再向西南方向。河谷中尽是些沙子,所以没什么可出产的,这里每一处可种庄稼的地方都物尽其用。盖平的贸易往来看来很频繁,因为这里的街道很是宽阔,但是房屋稀少。

① 一种可以加温的睡觉的土炕。

（5 月 24 日）当地的计量单位“里”比山东的“里”要长很多。大概 4 山东里 =1 英里，280 山东里 = 赤道上的 1 度。在辽东（Liautung）1 里要长很多。在芝罘的时候，一个中国人给我解释过，1 山东里：1 辽东里 =7：10，那么 196 辽东里 = 赤道上的 1 度。3 辽东里应该是 1 英里多点儿，这么计算应该是对的。在中国，天文学上所说的“里”，大概是 200 里 = 赤道上的 1 度。对于这些计量单位我也知之不多，比如人们常说 1 山东里 =500 步，那么 1 步又是多少呢？

今天我们穿越了一处荒凉的人烟稀少的地区。这里的山上大多是结晶状的花岗岩石，山谷中多是沙子，山上覆盖的多是寸草不生的黏土。这里主要出产谷子和稻子，盖州河（Kai tschóu hŏ）的河谷呈沙浪状，主要是因为它是由被剥蚀的花岗岩构成的。

（5 月 25 日）李王村（音译：Li kwan tschun）是一个只有 12 座到 20 座房屋的小村子，羊蹄店（音译：Yang ti tiën）是唯一的一所客店。村子和客店相距大约 35 公里，其间只看到一些散落的农庄，只是在一些类似山谷的平坦地能看到三两处农庄聚集在一
216 起。除此以外，这里一片荒凉。山上的草木比山东要繁茂一些，山谷中和干涸的湖底还看得见柳树和其他一些一丛丛的草木。此处是我至今为止走过的人口最稀少的地方。

（5 月 26 日）在这里我们通常在叫作“店”的地方歇脚，从这种称呼也可以看出这里人口的稀少程度，凡是叫作“店”的地方以前曾经是大的村庄或是城市。在“店”的附近要是也还有几间房屋的话，那么“店”是它们当中最好的。这些客店相距往往很远，而它们之间的距离决定了我们的行程。我们住的上一个店就相当不错，主要是那里的人好。他们都非常友好善良，不是那么好奇也不怎么害怕外国人。在山东的时候，客店掌柜们对于我出的房价（一晚上给 250 文 ，中午歇脚给 150 文 ）总是不满足，虽然这个价钱已经比其他人高了。但是在这里他们总是很爽快地答应。还有拉车的，以前总是不厌其烦地朝我要钱，但是在这里拉车人还从来没向我要过，我一天一辆车只给他们 960 文，在山东的时候，开始给 2400 文，后来是 1600 文。

今天我们到的这个地方，景色看来和昨天差不多。只是地势低处那一片一片的落叶灌木很是赏心悦目。它们已是新绿颜色，但地里的庄稼还没什么绿色，这里种不了越冬的秧苗，夏天的苗儿才刚刚抽芽。高粱很多，一直种到地势很高的地方。离开客店 12 里后我们到了一个名叫马场（ 音译：Ma tschang ）的村子。这里有一些大农庄，房屋建得很高大，漂亮而且比较干净，还连着很大的院子，用郁郁葱葱的树篱笆隔起来。最好的屋子都是半中式的，也
就是说屋顶是传统中式的，此外则是当地风格的。特点就是，房屋 217
的正面被分成上下两部分，上部分又被平均分隔成很多正方形，有些正方形处是实实在在的墙体，有些则是一扇窗户。窗户也是上下两扇的，其中一扇整天都开着。看来这里的人对空气和阳光还有需求！这和江苏北部那些破烂的黏土砖垒的房屋是多么不同，后者连一个透气孔或是透光洞都没有。房屋的下半部分则和中国内地的毫无二致，中式的屋顶看来很是壮美。

马场是我见过的最美的中国村庄之一。我还拜访了那里的学校，有 12 个年轻人在那里学习。他们的老师是被我从睡梦中叫醒的。又走了 20 里我们到了位于一片山谷中的复州（ Fu tschóu ），

此处满眼绿色，十分赏心悦目。一座不高的山峰上还有一座破败的佛塔。城外几乎没有人居住，城里的街道很宽阔，但是房屋很低矮，商号看起来也破破烂烂的，在人口如此稀少的地方也是可想而知的。今天路况非常糟糕，我们走得很慢，但正因为如此，我倒可以舒服地走路，并且到附近的山中考察。

（5 月 27、28 日）在五河水村（音译：Wu ho schui）我遇到了一位非常好的店掌柜，他因为在麦都斯（Meadows）那里待过十天，所以深知欧洲人需要什么，让我能够舒舒服服地住在他的一间小屋子里。当地人非常友善，也乐于帮助别人，虽然他们总想和我做买卖赚点儿小钱，甚至是连小孩子也这样。这里产煤，但是只有得到北京那边有关衙门许可的很少几个人才有权利开采。掌柜一家就拥有开采权快 100 年了。这就叫作“先到先得”，掌柜说：“地

218 面以上的事儿按规矩，地面以下的没规矩。”但是这些人只能在自己的煤矿挖煤，通常是谁占这块地，谁就占有地下的煤矿。这位掌柜就是通过占地得到开采其下煤矿的权利的。煤矿透水很严重，所以他雇了整整 400 个人，这些人分成两班，除了挖煤，还要用桶往上排水，所有的活儿都靠人力。这行当既劳苦又危险，所以得到的报酬也相对高些。

当我询问矿山的归属问题时，得到的回答是“属于皇帝”[①]，如此简单。在这里，谁发现可耕种的土地，那么同时可以占有这块地周边的地，可以进行耕种。如果你肯种树，那么即使在你的领地之外，你也可以把种上树的地面归入自己囊中。土地按照“亩”[②]缴

① 中国人称最高君主为“皇帝”。

② 一亩大约是 667 平方米。

纳税款。一块地如果你不再耕种,那么也无须纳税。但是如果你在地底下挖煤,仍然要交税。权利和义务是一致的。

(5 月 30 日)羊蹄店陡峭山脉的东南方是大片广阔的、格外平坦且肥沃的山谷。向北、向东和东南望去,看到的是平坦的土地,没有任何吸引人眼球的地方。只是在北边更远的地方(大概 30 公里)可见连绵的结晶岩山脉,呈波浪状起伏的高地一直延伸到这些山脉的脚下。山谷中的地面都是有层理的,每条水流都将其层理 219
冲刷暴露出来,因为道路就沿着水流前进,所以我们一路便能观察到不同的岩石层理。有些岩石上覆盖着沼泽,多是黏土和腐殖质构成,有的地方还生长着之前我们见过的一种不开花的树木。波浪状起伏的平地表层比较荒凉,但是山谷中有很多散落的村子,还有很多灌木丛,看起来景色不错。

这里的农业产业相当发达,至此我明白了辽东东南岸的港口对此地粮食出口所起到的重要作用。来自芝罘的帆船在这里卸下携带的货物,然后装满粮食回去。玉米和豆子是主要的货物,这里人口稀少,根本吃不了这么多粮食,所以用来出口。而他们只需要鸦片和一些戏耍之物。这也是这个地方为什么明明天然条件这么好,却如此贫穷的主要原因。粮食出口主要通过三个地方:大连湾西边的小坪头、貔子窝(Pi tszĕ wo)和紧邻中朝边界鸭绿江口的大孤山。

(5 月 31 日)昨天,因为轻信中国人,我犯了一个愚蠢的错误。我对现在的车辆不是很满意,因为拉车的牲口不是很好,走得慢而且走不远,所以想另外再雇。昨天晚上我让保罗出去打听雇车的事儿,回来说是有很多可雇的车,而且价钱很便宜,只是时间太晚了，来不及详谈。于是我找了一个掌柜，说好今天一早一定叫来两辆车。因为原来的车夫一个劲儿地索要报酬，他已经找好了回去的客人。我经不住他的缠磨，只好付给他了。结果就是，今天，原
220 来的车夫在他的新客人的催促之下走了，而新雇的车却迟迟不来。

于是我被耽搁在这里，试了很多办法都没用。我只能派保罗拿着名帖去找当地衙门里的大人，这个人倒是很爽快，立刻就指派了两辆车过来。但是我们的行李太多，这两辆车放不下，还需要一辆，一时却找不来第三辆。连派出去找第三辆车的第一辆车也没回来。看来今天能上路的希望不大，好在对于我这样一个地理学家来说倒是不缺事儿干。

到此为止，我一直在寻找此处曾经被海水淹没过和冰川的痕迹，但却徒劳无功。我认为，这里的海拔高度比以前下降了一点儿，不会超过 15 米，而在山东可以肯定能够找到地面上升的证据。这里地面下降的过程是持续且缓慢发生的，因为我并没有发现任何急速下降留下的痕迹。尤其是此处大范围的沙质河谷盆地就是明证，在山东和辽东都见得到这样的河谷盆地。如果地面上升超过 30 米，那么尤其是在海边就会出现沙堆被海水冲散的情况，如果不是，则会出现当下我们看到的情景。

貔子窝附近的海岸遍布低矮的、刀削状的结晶状岩石，其间则是满是沙子的海湾，海岸线上也都是沙子。这里的港口自然条件不好，海底很平，退潮时有将近 1 公里的海岸完全暴露出来。沙子上面覆盖的全是淤泥，如果海面上升发生在短时间内，那么这些
221 淤泥中应该有有机物存在，现在的情况刚好相反。岸边的岩石一直向海中延伸，有些突出海面，还有一些聚在一起形成岛屿。这里

岛屿的数量可观，在地图上只标示了其中一些。它们在一定程度上保护着这座海港，对于中国的帆船来说，这样的港口很合适，它们在涨潮的时候被冲到沙滩上的淤泥里，在落潮时就能停靠在这里。在淤泥之上被挖出了很多小路，这样就能把卸下的货物直接拖运到岸上。

（6 月 1 日）今天的时光我还是不得不在貔子窝度过，直到中午的时候，那位大人才找来了 3 辆车，每辆每天 960 文，这个价钱算是高的，尽管如此刚开始那位大人居然索要 10 吊，后来才降到 6 吊。就是这样，他还从中得到了好处。没有保罗，恐怕我很难处理这样尴尬的事情。（当然这次没有他我也不会陷入如此境地。）

貔子窝是一处重要的贸易地，这里有很多富有的商人。看起来，辽东东南部沿海岸线有长长的一片土地，农业产量很高。虽然这里的土地并不很肥沃，只能少量种些麦子，大部分种的是玉米和豆子、高粱和鸦片等。这里的渔业很发达，但是令人遗憾的是，这里的人并不怎么懂行。海岸边生产蟹类和贝壳类，这里简直堪称牡蛎爱好者的天堂。我们花 30 分就买了满满一筐带壳的牡蛎，去壳的一磅才卖 30 分。

这里没什么可收集的东西，几乎就见不到鸟类，可能是地面太贫瘠了。五河水村附近的礁岩上只有少量个头不大的贝壳类动 222
物，昆虫也很少见，在没有森林和花朵的情况下，又怎能期待见到多样的昆虫呢。对于昆虫学家来说这是一片贫瘠的土地，但是对于动物学家来说就不同了，因为这里有众多的海洋类动物。

（6 月 2 日）这里有些高点儿的山上长着草，可以看到绵羊、山羊、牛、马、骡子和驴，但是数量不多。但和这里不多的人口相比,牲口的数量算是多的。主要的交通工具就是马车,交错纵横的道路看起来比山东还多。几乎见不到手推车,拉车用四到六头牲口,常见形式如下:

其中单独的一竖代表绑在车子上的马匹。拉车的主要是马和骡子。牛通常用来耕地,女人会坐牛车,两轮车地方很大,可以坐下整个一家人。富人家的车也大概是这种样子,只不过多些装饰物而已。

中午时分我们到了一个非常美丽的村子,在远处就能看到村中高大的树木。这里有一家客栈,连绵不断的房屋和围绕在四周的院墙以及大大的花园让我想到了家乡。在一棵大树下,有一个18岁年纪的男孩子,戴着一副过大的眼镜。他是这里老板的儿子,跟着我们进了屋子。他身上穿着一件白色的新衬衫,上面配着
223 银质的扣子,使他看来很有精气神儿。我问他,这里的人靠什么赚钱盖起这么漂亮的房子。回答是:他们是富人,所以有权利不用干活。我又问他:那你们平时都干什么消磨时光呢?回答:吃饭、睡觉和干坐着。不会打猎骑马也不会玩耍或是进行社交活动。问:你们去学校吗?回答:这里没有学校,在牛庄和省城都没有学校。这个男孩子从小就待在家里,没上过学,但是他身上穿的衣服和那种优越的神气使得他和一般人的孩子看来不一样。问题:你为什么戴眼镜? 回答:这样看起来好看啊!他的眼镜是用窗户玻璃做的,这个孩子的视力很好。他的那副大眼镜直径得有一寸(一寸约

等于 2.7—3 厘米），黄铜做的架子，把一张脸完全遮盖住了。连富有人家的孩子都是这样长大的，那么穷人的麻木不仁就没什么值得惊讶的了。

我在马场就见过的高大的房屋，多属于一些大的地主，在这里随处可见。和中国其他地方尤其是中原不同的是，这里的房屋都是平行排列开去。当然很大的地主也没有。上面我们说的那个孩子家里有 160 亩，也就是大概 300 普鲁士摩根土地，在当地已经算是非常富有了。另外一个不同的地方是这里的人不太给土地施肥。在山东，当一匹马排便的时候，总是有几十只眼睛盯着，他们手里提着小篮子等着捡粪。尤其是在客店门口，总能看到这些人，因为根据经验，旅人总是在出发前给马喂料。看来除了牲口的粪便他们似乎没有更好的肥料。但是在此处没人那么在乎这些粪便。

路边的房屋又渐渐多了起来。在貔子窝的时候房屋还多是中 224
式的，只是略带满洲特色。离开那里越远，房屋的样子变化就越大，越来越多游牧民族的风格。满人和汉人的面孔也各具特点，但是对于我这样一个外国人来说要区分还是很困难的。

（6 月 3 日）这里的海岸大概宽 30 公里，起伏连绵，远处则是高山。这些山脉看来好似平地拔起一般，向着海岸直逼过来。山上只有石板岩，只是今天才看到一些有层理的岩石。有些山十分狂野和陡峭。这段地形发生了一些变化，先前起伏的沙滩一直延伸到高山脚下，现在这里出现了一座座的山聚集在一起的现象，连地面也不再是沙质，而是坚硬的破碎了的花岗岩。在这样的地面上可生长的植物很少，比沙滩看来还要贫瘠得多。尽管如此，有些地方还是种着豆子和玉米。逐渐地，地面又出现了沙子，尤其是西边，看来还种上了庄稼，一派生机。我们的眼中开始呈现出绿色：山上覆盖着草，树木森森，甚至在一些陡峭的山峰上都看得见针叶树木。我今天要投宿在一个比较大的地方，可以说是自貔子窝以来见到的最大的村子，当然也不过是有些高大的房屋使得这个村庄看来格外显眼罢了。

（6月4日）由于下雨，今天就权作休息日了。乌云覆盖着天空，什么都看不到。还好我住的客栈不错，供应可口的饮食（鱼、
225 虾、蟹还有蔬菜）。雨后的第一天，太阳暖洋洋的，可惜它很快就又消失了。尽管如此天空变得异常清澈，北边的山峦看起来格外清晰美丽，每一道山谷都看得清清楚楚。通常情况下，天气好的时候人眼可以看到50公里以外，下雨之前可以达到65公里，下起雨来则什么都看不到了。接下来的三天阴雨绵绵，每天早上都电闪雷鸣，甚至连续36个小时没有停雨。

今天我们投宿的地方，住着一位新教的传教士和他的夫人。他在这里建了一座教堂还有一座学校。当地人对他印象不错，这个地方实在很适合传教，我倒是很惊讶，为什么没有天主教传教士来此。当地人性情温和，不是那么迷信，这里的土地肥沃，生活成本不高。有道路通往牛庄，至少在夏天的时候，并不完全与世隔绝。只是冬天不太方便，这里的冬天从11月份开始，有时积雪可达1米。

（6月5日）今天我们路过的地方景色格外怡人，尤其是那些圆圆的花岗岩丛，上面生长着绿色的草丛和树木。其间的土地也很肥沃，就连野草也长势汹汹。果树下围绕着绿色的草坪，我还发现了一些不认识的树木。柳树一排排，野生蚕赖以生存的桑树也

很多。这些桑树的叶子都嫩绿嫩绿的，而且看来十分厚实。

在青堆子(Tsching tai tszě)我们不太受欢迎，和上一个地方一样，我们想把银子换成铜钱，但是被断然拒绝了。后来我问他们原因，说是去年有一个名叫“宁”的欧洲人，大大的脑袋，络腮胡子，高高的个子，穿着中国人的衣服在这里到处转着卖草药，后来
人们才发现他是个骗子。他在这个地方待了三天，很多人都被骗 226
了。现在说起这个人，当地人还很激动，对同为欧洲人的我们也不怎么相信了。至于换钱的事情，他们则遮遮掩掩地说他们不信任我们。这些人说得有理，我担心，那位“宁”先生带来的后果还要持续很长时间。

（6 月 7 日)今天我看到太阳从朝鲜那边升起。一大早我就登上了大孤山，此山虽然不是很高(大概只有 300 米高)，但是得益于四周没有其他山峰而拥有极好的视野。山上都是石英石，十分粗糙，看不出层次。岩壁很是陡峭，间或是长满桑树的山谷，其间还有几座庙宇，使得景色更加秀美。绿草茵茵，岩缝间甚至都长出了植物。我只花了一个小时就攀到了山顶。

在山顶望去，南边是大海，在大孤山附近形成一个海湾，从东北边蜿蜒而来的大洋河(Ta yang hŏ)在此处汇入海湾中。大孤山就位于海边，只有一些吃水 2 英尺到 3 英尺的小帆船才能驶入海湾，因为这里非常泥泞。人们还设了一条栏杆，以防止大船误入。东南边的海岸很平坦，其间有几座散落的小岛。再远一点儿还能看见更高些的山峰，它们可能位于鸭绿江入海口的东边。此后可见(就是从东北往东南东方向环视)如同大孤山以西辽东地区那样起伏的山地，一直延伸到很远的地方，其间有几处圆顶的高

100米到200米的山峰。后来我通过望远镜看到东北到东南和东
227 方地平线那边还有更多的山峰,也是圆顶山峰,和辽东的山脉有所区别,它们已经在朝鲜境内,鸭绿江的彼岸了。东北方50公里到60公里远处也有很高的山峰,北边则是一连串儿的山脉,其中西北向西方向的一处山峰格外突出。我从西边来,在西南方100公里远的地方可见一些岛屿。

我非常幸运,早上天气晴朗,山上的视野十分开阔。一切都清新怡人。再晚一些,太阳升起后就太热了,也很危险。山上的寺庙没有可看之处,一座位于一处险峰的半腰,从那里可以看到南方的景色。另一座位于山脚下,还有一座在北边的山谷中。我们进入了绿色的山谷,这里连陡峭岩壁上都爬满了郁郁葱葱的植物。野草茂盛,树木还有灌木聚集在一起生长,在山东我们也见过类似的景色,一切都春意盎然。

(6月8日)我们越往内陆走,越觉得这个地方十分吸引人。这里的人把他们能用来烧火的树木都砍掉了,但是内陆离海越远的地方,无法把树木运出去,因此还侥幸保留了一些森林:满眼都是新鲜的绿色阔叶树木和茂盛的植被,和山东境内山上光秃秃的样子完全不同。我们进入多处山谷,它们都位于大洋河的支流旁,通过纷繁交错的河床相连。每一个山谷中的土地都异常肥
228 沃,被绿色的山峰围绕,越过这些山峰望去则是更高的山峦。落叶和草的厚度让人吃惊,不好好享受这样的景色简直对不起自己的眼睛。这里的植物群让我想起了伊斯特拉半岛(译者注:Istrien,今克罗地亚境内)上的。当地人的住房就散落在阔叶树下,沿着山脚一直延伸到山谷这里。如果你对当地人多少有些宽容的话,

那么你就能好好享受美景了。你的心情好了，自然景色也更加诱人。

这里的人口不多，除了岫岩、大孤山、凤凰(Föng hwang)这几个辽东东南边的城市，其他地方只有一些小村落。但是当地人很善良，他们也不是那么好奇，不会尾随我们，当我们和他们打招呼的时候，也都给予回应。他们都很能干，虽然受教育不多。在这里能写会读的男人非常少见，但是他们也并非一无所知。大部分人从来没有离开过出生地和居住地。他们一般十八九岁就结婚，然后就生孩子。很多人都吸鸦片，人数甚至比内地任何行省都多。除此以外，这里的人应该称得上优秀。当然卫生状况很差，最令人不可忍受的是肮脏的气味和有些人张口呆视的面部表情。在这里我们看到很多长寿老人，在这样的生活条件下不得不让人相信，可能长寿是先天的。他们习惯睡“热炕”，甚至在炎热的夏天他们都烧炕。昨天我第一次睡在这样的炕上很不习惯，一夜没合眼。

现在我处的地方已经是东北虎的领地了，我们在山中时曾听
到过它的吼叫声，但不是很经常。这里也有狼，保罗曾经追逐过两 229
只。奇怪的是当地人并不太知道熊这种动物，与之相反，鹿的数量很多。鸟儿不太多，昆虫也不太多，蜗牛之类的东西我根本就没见过。山上的林子完全是野生的状态，大片的树木和灌木都还在，只有一些很高的树被砍伐掉了。

(6 月 9 日)今天我们所经过的地方景色十分优美：绿色山峰中幽深的峡谷，两边是高耸的树木。一道山岭位于羊河和鸭绿江之间的水域，从这里经过，所见均是样子差不多的峡谷，还有高500 米的山脉延绵相伴。不久在峡谷当中出现了巨大的花岗岩峰，在它的西边角上有两条路，一条朝向东北通往凤凰城，另一条朝向东南，通向著名的“高丽门”。我选择了第二条，这里的景色秀美，左边是巨大的花岗岩山，虽然不高，只有600米的样子，但是看来十分宏伟，上端受到风化形成了方尖状和金字塔状，使得它们看来像巨大的钻石，但实际上具有这样的山形的地方很适合做边界。在大孤山上我就注意到这片山峰巨大的突起。右边则是柔缓的山坡，绿草茵茵，到顶也只有400米高。左右之间的峡谷大概宽2公里，一条小溪流向西北方。看得见那里的村落和田地。走了大概20里后，就到了一个村子，这里有客栈。再走3里就能到“高丽门”。

自从和朝鲜签订了条约，这里就成为朝鲜人和中国人唯一可
230 以接触的地方了。每年三次：3月、5月和9月他们被允许带着货物来这里和中国人交易，但是不能带任何武器。既然叫作“高丽门”，又是交易地，在我的想象中这里自然得有防御工事，至少也应该是比较宏伟的建筑。但情况完全不同，这里只有一间很小的屋子，道路也窄得只能通过一辆车。“高丽门”以西还有几十间客栈，为了方便做买卖的人歇脚，东边朝鲜人的货物都那么露天放着，一点儿遮挡物都没有。过了这道门，峡谷一直延伸，样子也没什么变化。但是朝鲜那边的土地都荒着，看不到一处住房，只有一条小路在杂草中蜿蜒。紧挨着“高丽门”被挖出一条很浅的壕沟，以此区分两国。西边是田地和村庄，东边则是荒野。

如果我记的不错，两国间经过很长时间的龃龉才签订了条约。在谈判过程中双方都没有占据主导权。但是最终他们决定停止摩擦，在边界设置一处方圆100里到200里的真空地带，任何人都不能在那里居住，没有允许也不能跨越。只有信使可以通过，任何人就算有证照也不行。两边的人可以从双方向里推进大约 20 里，砍柴或是打草，但是不能盖屋子，更不能在里面居住。任何情况下都不能渡过鸭绿江，江面则属于朝鲜。“高丽门”由中国官员和朝鲜官员共同看守，只有在交易时间才会有大约 300 朝鲜人带着货物进入，当然不能带武器。

幸运的是我来的时候正赶上交易日，所以经历了不同寻常 231
的一天。我们穿过边界的时候，就有一个高大英俊的男人走了过来。他留着小胡子，穿着白色的衣服，还带着一个奇怪的帽子，一看就是个朝鲜人。很快又有几个人来到我们身边，在他们的陪伴下我们度过了一天。朝鲜人和中国人其实是完全不同的，只是他们身上都有蒙古人的外貌特点。朝鲜人看来比中国北方人更英俊，有点儿像广东人。他们更像日本人，但是比日本人更高、更强壮也更英俊。鼻梁不像中国人那样低，有点儿像欧洲人。下巴更加前倾，眼睛像一条线儿。他们不剃胡子，但是很多人的胡子长得很好看，像欧洲人那样的络腮胡子并不太常见，因为大多数人的胡子都很稀疏。

他们的头发又黑又长。没结婚的男人就从中间分开然后在脑袋后面扎起来，但是位置比中国人的低很多。结婚后，则从中间分一道，把头发统统在脑袋上面挽成一个缵，然后用一条黑色的带子从前额开始绑到脑后，在缵上再插一个栅栏形状的卡子固定头发。这样就没有一丝乱发垂下来了。在卡子之上还有一个大帽子，大帽子之上还叠加一个小帽子，编织得很精致。乍看有点儿怪，可能是他们的传统装饰，但是看习惯了以后，就觉得这样的装

束使人显得很精神。这种帽子很轻，像羽毛一样。他们穿一身白
232 色的麻质衣服，白色的袜子、白色的中式靴子，裤子和中国人穿的
那种也很像，膝盖以上绑在腿上。一件白色的上衣，外面再罩上一件长及膝盖的像睡衣一样的白色大褂，在身体右侧系扣。有些人还带着一个烟袋子，在我看来这种东西破坏了这套衣服整体的美感。一般人不穿白色的外衣，而是浅黄色的，还有一些看来衣着鲜明的人穿一种质量极好的浅褐色的外衣。

除了外貌和服饰上的不同外，朝鲜人和中国人最大的区别是他们非常干净。我觉得，他们是这个世界上最整洁的民族，以前我曾经认为日本人是最干净的。但是和朝鲜人穿白色衣服不同的是，日本人习惯穿深颜色的衣服。不光衣服，他们自身和他们的住所也很干净。这一点甚至连欧洲都比不上。他们的皮肤比中国人颜色浅一些，像他们的衣服一样干净，我们知道白色衣服要保持整洁是很费力气的事儿。当然一般老百姓和孩子并不总是干干净净的，但是至少他们身上没有让人不舒服的气味。这点在中国就不同了，即使是上层人士身上的味道也很难闻。

和朝鲜人的初次交往给我留下了很好的印象，甚至可以说我被他们吸引了。他们在此之前都没有见过我这样的外国人，虽然
好奇但是显得比较矜持，也知道在什么时候该干什么，不让人厌
233 烦。而中国人则不同，他们只注重自己的好奇心而不理会被围观
的人是否愿意，而且他们并不敢和我们说话，总是自己人叽叽喳喳的，他们最愿意看我们吃什么东西，因为食物对他们最有吸引力。但是这些朝鲜人不一样，在我们吃饭的时候，他们离开了房间，等我们吃完才又进来。在交谈中，可以感到他们很想知道我们的想

法,并且很好学。他们问我们德语的数字怎么说,而且很快就学会了,至今还没有一个中国人问过这些。他们的国家虽然很闭塞,但是和中国内陆城市的人相比他们好像掌握更多的知识,能举出欧洲国家的名字,甚至连普鲁士都知道。

我们很快就发现,朝鲜人不光有很好的理解力和矜持的个性,他们也重视现实和物质,像中国人一样,这点和我们依然存在差距。从他们的话语和行动中可以看出他们的生活条件要优越一些,而且具备让人喜欢的特质。这一点他们甚至比日本人更强些,比中国人则好很多。但是我也不知道,他们为何会有如此表现,难道是仅仅因为他们来自鸭绿江的另一面吗?所有和我们交谈过的朝鲜人都表现得非常谨慎,不卑不亢。我们询问能否拜访他们的国家,得到的回答是,我们的脑袋会被砍掉。和他们在一起,虽然比和中国人在一起令人舒服,但是也危险得多。因为,假设我经过这么短暂的接触对朝鲜人有所理解的话,他们比中国人更加自知自觉,更加勇敢,从另一方面说,他们更加“动物性”一些。

中国人恰恰缺乏这样的特质,所有人都一样,根本就没有任
何民族意识,和外人交往很谦卑,所以我们在中国旅行时很安全 234
的,但这种谦卑主要是出于胆怯。在我们充分见识过中国人对欧洲人的胆怯和卑微之后,在这里我们又看到了他们对朝鲜人的态度,这能很好地表现中国人的本质特性。现在他们在自己的国家,且人多势众,而朝鲜人是不允许带武器的。结果就是他们高傲并且粗暴地对待朝鲜人。当我们探访朝鲜人存货的地方时,有一个 12 岁的中国男孩子踩在了一块很昂贵的皮子上,皮子的主人用手势让他拿开脚。这个男孩子却立刻抓住那个朝鲜大人,并且招

呼同伴帮忙。很快又有几个中国人进来帮他,后来还是一个官样儿的商人进来平息了争端。

我还参观了朝鲜人的住房,同样干净整洁,还有他们的床、器具和厨房。朝鲜人来这里主要是卖牛皮。在欧洲的一些展销会上也能看到朝鲜出产的牛皮。在朝鲜没有车,都靠驴子、骡子、马和牛运送货物。他们的马个头很小,但是牛却格外高大强壮。它们被用来运东西,我们看到很多驮着货物的牛。和中国人不同,朝鲜人吃牛肉。除了牛皮,他们还卖狐狸皮、獾皮和野猫皮,野猫的数量非常多。由此可以看出,朝鲜森林很多。我们也听说,那里森林覆盖面积很大。朝鲜和辽东大概处于同一海拔高度。但是皮子的价格我们无从知道,因为他们给我们的价格显然要高很多,可能是中国人禁止他们把皮毛卖给我们,以便独霸这里的生意。

除此以外,他们还卖一种质量很好的纸张,很厚,大小有 5.5
235 英尺 ×4.5 英尺,还有铅、海参和丝绸。然后买中国人生产的货物带回本国,但是不买欧洲人的东西。朝鲜人靠自己的生产应该能满足本国人生活的需求,因为他们只能在“高丽门”购买中国人产的东西,和其他国家都没有交易。朝鲜整个国家的人都以米饭为主食。他们的丝绸都是野蚕产的,但是比辽东出产的质量要好。被一捆捆扎好带到这里,以每斤 120 塔勒硬币的价格卖出。朝鲜还产金(1T 金换 10T 银,可见他们的金纯度不是很高)、银和铅,但是不出产铜。据他们说,整个国家都没有煤。[①] 这里的贸易在 9 月份的时候算总账, 3 月份和 5 月份都是暂时借贷。

① 但是后来的考察证实,那里有丰富的煤炭矿藏。

这个地方并不是两国之间天然的边界，因为山脉和河流并没有把两国人隔开，只是人为划定的边界。两国人民生活在一个地方，但是交通不通，没有任何接触。一片广阔肥沃的土地被硬生生地当作真空地段，这片宽100里到200里的地方分开了两个国家，一旦跨越有可能被处死。中国人对朝鲜人几乎一无所知，朝鲜人看来对中国人的了解稍多些。除了一年三次的交易时期会使两国少数人产生交往，每年朝鲜会两次派使团跨越“高丽门”到北京，给中国的皇帝带去纸张和牛作为礼物。牛的数量可达800头，它们会被交给在凤凰城的中国官员，之后则被驻扎在那里的中国军队吃掉。中国方面定期也会派使团前往朝鲜，带去黄历和钱。虽然两国是礼尚往来，但朝鲜被视为中国的属国。①

我没见到朝鲜的妇女，因为她们不允许到边界来。我从男人 236
们的面貌猜测，她们一定比中国妇女漂亮些。应该身材高大，像他们的男人一样擅长骑马，也不会像中国妇女那样缠脚。大部分朝鲜男子在18岁或19岁结婚，但实际上我看到很多年龄更小的男孩子已经系上了头带。

和朝鲜人很短时间的交往给我留下了很好的印象。他们在体格和面貌上更像日本人，在性情上体现出很多可贵之处，比中国人更优秀。和日本人一样，他们天生头脑冷静，适合做生意。具备更高尚的品质而且更加富有生活热情。比如中国人从来不醉酒（通常来说），他们也不喜欢喝鸡尾酒。但是朝鲜人则不一样，在我见到的这区区几个朝鲜人中就有一个人喝醉了。日本人也经常喝

① 朝鲜对中国的藩属关系在1895年结束。

酒。朝鲜人应该并不怎么吸食大烟。

还有一点需要说明，早在第一批进到我所在房间的朝鲜人当中，就能明显看出两种不同的类型。最先见到的那个应该是个商人，他的脑门很大而且有点儿内凹，脖子也很长。而另外一种人，看来应该是拉车的或者是负责装货的，他们长得有点儿像印第安人，也许更像土耳其人。圆脸，鼻子塌着，额头也很窄，两眉之间的距离比上一种人更宽。这些人个头较矮，比较粗壮，而另外一种人则身材细长，看来更加精神。还有就是第二种人的个性应该
237 非常耿直并且好斗，从他们站立时脚的位置就能看出来。两种人的区别是我第一眼就看出来的，近一步的观察更加证明了我的看法。后来我还见到一种中间类型，他们综合第一种人和第二种人的特点。难道这里也和日本一样，有土耳其人的后裔，而且受到其他更高阶层的驱使吗？

朝鲜人的语言发音非常清晰，使我想起了另外一些我所知道的语言，有点儿像匈牙利语，尤其是经常会发出一连串儿的 rrr 音。

（6 月 10 日）今天一早我告别了朝鲜人，和他们一起是旅行中很有意思的一段时光。然后沿着凤凰山周边的路前往凤凰城。山岩的形状让我想起了美国优胜美地（Yosemite）地区，如果能拍些照片，将它们相比较应该是很有意思的一件事。这里的景色如画一般，新绿的阔叶更加诱人，幽深的山谷一直攀升到山顶。此处的山离中国的边界还有一些距离，但是它们的样子都差不多，都是花岗岩。凤凰城是一处重要的贸易地，从那里有一条大路通往营子口，还有一条通往沈阳，一条通往新阳（音译：Sin yang），我们取道第四条，就是通往大孤山的路。此处的重要性来自它所处的

地理位置，正好在凤凰山脚下的山坳中，在这里众多支流汇入鸭绿江。最重要的商品是麦子，整个地区的供应都靠这里转运。另外就是丝绸，主要是野生蚕丝，数量虽然不是我们见过的最大宗的，但是至少小宗贸易的数量很多。

从这里我们朝北向沈阳（480 里）走。在两条河流间的山隘，238
视野可以越过龙王谷很清晰地看到东边和东南边，一直到与朝鲜的边界。目光所及，除了花岗岩没有别的，因为这种岩石很好辨认。在凤凰山和高度可达 400 米的龙王山（Lung wang schan）之间是平坦的风化了的花岗岩地带，间或会有山峰突起，是些连绵不断的大概高 250 米的山脉。这个地区看来非常荒凉，因为花岗岩上基本什么都长不出来。岩石风化得十分严重，一些溪流从中流出，道路切入山间较软的土层。

（6 月 11 日）今天我们所走过的这段路就沿路风景来说堪称我在中国所见过的最美的一段路。此路沿着龙王河向上游大概 8 里，然后转向另外一条支流八道河（Pa tau hŏ）。山谷很狭窄，但是景色不断转变，一会儿是陡峭的山岩，一会儿是茂密的峡谷。突兀的岩石随时出现在头顶上，山势稍缓的地方则长满了郁郁葱葱的阔叶树木。这样的景色让我想起了哈尔茨（Harz）和阿尔卑斯山地区，这里缺少的只是雄伟的阿尔卑斯山和湖泊作背景。山谷中被开垦出了田地，茂密的树丛掩映下可见散落的低矮农舍一直延伸到山脚下。这里的居民大多是从山东迁移过来的，还有些原籍山东的人走得更远，定居在中朝边境附近。此地是打猎的好地方，很多老虎出没。但是这里山上却看不到打猎的人。要是在德国，这个地方肯定会有猎人居住，他们的猎犬也会四处探寻的。但

是这里连鸟儿都很少见，辽东东边的河流比西边要多。八道河宽
239 30 米，大概有 1.5 米深，河面上船倒不少，大多是吃水只有 2 英尺的小船。

（6 月 12 日）今天我们到附近的山上猎鹿，遗憾的是一无所获。浓密的灌木一直生长到山顶。对植物学家来说这是一块福地！植物的种类如此之多，其中肯定能发现新物种。我住的客栈是三个男人经营的，在他们身上我终于发现了山区居民那种诚实和善良的个性。在这个地方生活其实很不错。他们拥有肥沃的土地、茂密的森林、鱼类众多的河流（鳗鱼非常棒，还有小的鲇鱼和多达十几种的其他鱼类，我把它们放在酒精中保存）、品质很好的水源和清新的空气，完全可以过一种与世隔绝的神仙日子！

（6 月 15 日）现在我们位于中国的深山老林中，这里十分浪漫美丽而且颇具田园气息。如果是在欧洲，这样的地方肯定会成为游客的目的地，但是从没有白人来过这个地方（凤凰山一带）。幽深的山谷中长满了各种植物，清澈的山泉缓缓流淌，不多的人住在这里，虽然贫穷但是善良可爱，比那些富人拥有的更多。这里堪称世外桃源。我们又走了 6 里到了西土岭（音译：Si su ling）的山隘，这里位于鸭绿江和辽河分水岭。汤河（Tang hŏ）的主要源头，就是我们现在经过的这个湖，湖水是从西边而来，然后蜿蜒流入山谷中。汤河是主流，在此处很多小溪流汇入其中，所以河水上涨很快，成为一处大湖泊，尤其是前几天还下了雨。现在我们绕着湖走，车轮越陷越深，水流的速度越来越快，河床中石头也越来越多。但是河两边的景色还是相当秀美的，目光几乎都舍不得离开那些嶙峋的山石和茂盛的植物。

从南往北峡谷延伸很长一段后终于消失了。河流从北向南蜿 240
蜒,穿过陡峭的或是柱状的岩石堆。水位低的时候,我们可以直接踏过去。但是现在几乎不可能了。所以我们必须在大太阳底下,花几个小时的时间,为的是让行李、车还有马越过一座高只有120米的挡在路上的小山峰。这样的山峰一个接一个,彼此距离大概只有1000步。而且有时还不得不渡过湍急的河流。我的那些驴子们显然是想罢工了,其中一个车轮还卡在了石头缝里。这下可好了,车、人还有行李都困在水里了,更糟糕的是我的日记、地图还有一些东西在行李包里。保罗忙着救出行李,而我的车把式们则费尽力气拖出一头快要溺水的驴子。如果不是我们意志坚强,估计一切都得泡汤。还好最后化险为夷,我们也到了下一个落脚的地方。

(6月16日)今天一上午我们都在忙着收拾昨天落水造成的后果。收集的化石都被水湿透了,不得不重新包裹,其他的东西也要重新整理。很可惜昨天刚刚收集到的一些斑岩石弄丢了,还好其他东西都救了回来。所以我们两点钟才出发。河道今天转了个弯,通过一处很窄的山隘。道路经常被河水淹没,还好浪头不是很大了。今天我看着三辆车吱吱扭扭地走在石板路上,心情不像昨天那样担忧了。我们沿着一条长1.5公里的南北走向的山谷走,两边有很多看来比较大的村落,房子也建得很漂亮。在花岗岩路尽头的地方从西向东有几条大的峡谷,我们所走的这条路越来越宽。这里的居民也越来越多,大多是从山东或是山西迁移过来的。他们种了很多棉花,还砍伐木材贩卖。巨大的树干被放到河里顺流而下运出大山。在我们早上住的地方还能看到很多高大的

树木，但是很快就消失不见了。这里只有很少的树木，只是到山顶还覆盖着树林。

241 有一个很有意思的现象，在中朝边界我们居然被当成是朝鲜人。因为现在正是两国互通贸易的时期。这说明两国之间是多么的陌生！边界的限制是多么严格！另外我们发现，中国人对朝鲜人好像有些敬畏，因为他们认为朝鲜人和欧洲人一样也拥有坚船利炮。在“高丽门”和朝鲜人交谈的时候就发现朝鲜人其实默许了这种误解，他们也会吹嘘自己比中国人厉害。当我拿出里福瑟手枪（译者注：1836年法国人卡西米尔·里福瑟研制成膛尾闭气效果好的双管霰弹枪）展示时，并没有引起好奇，但是他们要我们拿走这玩意儿，还说他们其实有和这个一样厉害的武器。真是很可笑，当他们发现我们在嘲笑时，就又说他们的武器比这个还厉害。很显然这是说给在场的中国人听的，因为他们也看得出来，我们并不相信他们的说法。

（6月19日）太子河（Tai tszĕ）转了一个弯后，视野开阔起来，可以看到本溪湖（Pönn si hu）的峡谷。我们走了一条长长的弯路才到了右侧的岸边。再走2里，就到达对中国人和欧洲人来说同样闻名的采矿区。本溪湖是一个大村落，位于一条狭窄的山谷中，有很多商号和客栈。街道和这个行省的其他地方一样很宽阔，但是非常肮脏。煤矿的数量不少，从挖掘洞口和它们延伸的长度就能看出。但是想获得准确数据不太可能。这里的煤一部分被卖到周边地方，一直到营子口，还有一大部分被烧成焦炭用来炼铁。煤的质量不高。在本溪湖还有一些制陶作坊，但无论是挖煤还是制陶的技术都很简陋。我们被警告说，这里的人对欧洲人很

敌视。但实际情况并不是那样，也可能是因为有一位官员陪同的原因吧。尽管如此，他们对欧洲人还是有些害怕和反感，因为有几 242
个欧洲无赖曾经到过这里并且鞭打他们，留下了坏名声。开始的时候只有少数几个人敢走到我们身边，但是消息很快就传播开，我们并不打人，于是更多的人围过来。在这种情况下，我只能选择在夜晚来临之前离开那里。

（6 月 20 日）我们本来应该在今天到达沈阳，但是尽管从下午三点到晚上八点都在赶路，最后还是没到达目的地。路面实在是太差了，不得不走很多弯路。走了 66 里之后原先一直往北的河流转往西流淌，我们走的道路就顺着河边，此时也转向西，穿过一处丘陵地带，看来很类似南边的海岸。到处都是风化了的石板岩和花岗岩。越走波浪形的地势变得越平。西北方可以看到沈阳的山谷，远处城墙上的塔楼甚至都隐约可见了。东北方的山大概有 120 米到 200 米高，再远一点儿，北边偏东北的地方还有一座延绵很长的山峰，很多山都是圆顶的，这就是威廉森所说的辽河山谷的特点。这里的景物不像南边那样让人赏心悦目，老百姓看来很穷，住在很小的村子里。除了几棵树以外，一切都光秃秃的。玉米、麦子、豆子和高粱是最主要的农作物。土地并非不肥沃，只是这里很干旱，所以收成不好，看来很悲惨的样子。

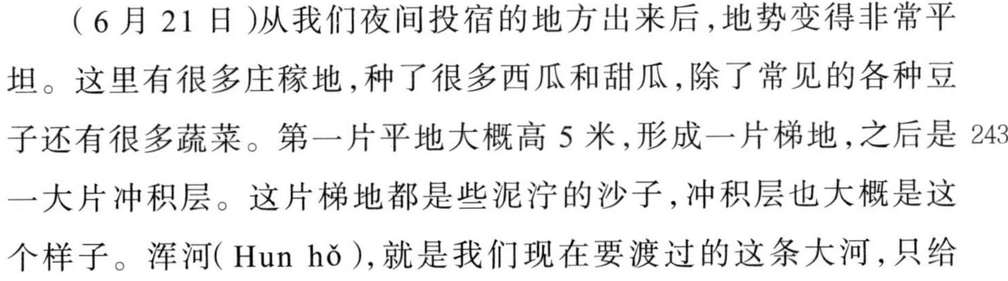

（6 月 21 日）从我们夜间投宿的地方出来后，地势变得非常平坦。这里有很多庄稼地，种了很多西瓜和甜瓜，除了常见的各种豆子还有很多蔬菜。第一片平地大概高 5 米，形成一片梯地，之后是 243
一大片冲积层。这片梯地都是些泥泞的沙子，冲积层也大概是这个样子。浑河（Hun hŏ），就是我们现在要渡过的这条大河，只给

这里带来了这些沙子。这片梯地的地势很低，但却是一个很好的例子，说明即使在靠近海边的地方也还会出现梯地。在八道河和汤河河谷中有很多碎石。

我们在沈阳周围转了大概有四星期的时间，现在终于到达这里。在从东边进入这座城市的时候，给我的印象还很不错，看来很宏伟的样子。通过外城门之后是一条宽宽的街道，两边都是商号。这是近期我们见到的最好的街道了。房屋都是用黑色的砖建造的，看来格外整洁。我们遇到很多当官的，他们都坐着马车。街道很长，经过一座高大结实的城门之后就进入内城，但是内城的街道看起来倒不如外城的。这条两边都是小房子的街道连接了东门和西门。当我们四处游荡的时候，也经过了几条看来很脏的路，而且曲曲折折的。这里要举行一次很大的考试，所以大概有2000多候考人从各个地方聚集到这里，以致所有的客店都住满了。我们只在大新店找到一间很小的屋子，这还是把原来住的人赶走才腾出来的。

这里的人看来不那么好奇，因为以前也有欧洲人来过，好在也没留下恶劣的名声。像别的地方的人一样，这里人的性格比较平和。所以面对如此之多的人聚集在一起我们也没觉得害怕。甚至还有几个候考人来客店看望我，他们对欧洲人一点儿都不敌视。但是对于地理学和一些常识问题表现得很愚昧，对欧洲和异
244 族一无所知。贝克豪斯(Berghaus)的世界地图在他们眼中和中国的地图没什么两样。但是这些人并不是空想主义者！如果在德国，2000人在一起参加一次考试会是什么样的场景呢！他们总是那样安静，穿着丝绸衣服，留着长长的指甲，害怕折断，所以雇

人驾车。他们甚至很是自豪,因为他们熟悉孔子的学说和中国的文字,并且愿意充当这个巨大帝国的保卫者。他们不喝啤酒,喝热水,除了烟草还吸食鸦片,他们就靠田里的粮食生活。有一些看来很猥琐,并不那么让人喜欢。

沈阳现在几乎完全是一个中国的城市,有点儿像北京。我不知道,从哪里能找到些满洲的特点。这里的居民和汉族人有一点不同之处就是,女人们是大脚。当我在西边和南边海岸的时候,还有这种裹脚的风俗,越往东和从南越往北裹脚的女人就越少,现在我在这里待了几天了,裹脚的女人反而是特例。另外她们的服饰也有很大变化,穿一种类似睡衣的长袍,长度一直到脚踝,宽大的袖子,没有腰身。女人们在田里辛苦劳作,庄稼主要是她们在照顾。她们也去市场,经常看到有人把孩子抱在怀里在街上走,这在内陆是不太被允许的。引人注意的是,女人们一般都收拾得干干净净的,尤其是和男人们相比,她们头上戴一种饰品,上面总是装饰着新鲜的花朵。当然她们也有恶习,抽烟抽得比男人还凶,有些还吸鸦片。她们不像汉族妇女那样害羞,甚至拉帮结伙地来围观我们,还和我们说话,这在江南是不可想象的。 245

(6 月 22 日)在辽东 30 天的行程就此结束,至少是在地理旅行上来说。辽河构成辽东和辽西的界限。虽然我们一直马不停蹄,但旅行时间远远超过了我的预计。我们走过的地方在地图上看很小,应该不会用这么长的时间,但却是一片至今不为人所知的地带,所以我对结果还是相当满意的。除了几次外出,我们总计走了 1573 里路,大概只有 100 德国里多点儿,坐火车的话只需一天!但是从头到尾路况都很差,我还算幸运,既没遇到沙尘也没经

历特别脏的情况。一天我们也就能走 30 里到 50 里路。早上通常 4 点就起床，6 点或 7 点钟离开客栈，晚上 6 点到 8 点的时候才能到下一处投宿的地方。行动缓慢，几乎和步行的速度差不多，当然我们还带着很多行李。艰辛倒谈不上，对我来说最困难的是总睡不够，晚上我得写日记，所以很晚才能入睡。三四点钟客店里就有动静了，要想睡个好觉几乎不可能。路面坑坑洼洼的，在车上也睡不着。只有我的仆人例外，因为后来他坐了一种很特别的车子。

辽东的山脉是源自朝鲜境内，是自西南和西向东北和东边绵亘的巨大的长白山(Tschang pai schan)山脉的支脉。辽东半岛西边的山脉走向都是西南和西向东北和东，和东南海岸线平行，绵

246 延至朝鲜境内。如果想了解花岗岩的构造，那么这里是极好的地方，越是接近朝鲜边界越是出现了大量的花岗岩和花岗斑岩。这里的山脉仅仅在面向辽河平原的山坡还能看得出有第二种走向，即从日本北部到鞑靼海岸(tartarische Küste)方向。

整个辽东均为山地，最宽处从大孤山到沈阳，横亘山脉走向线大概有 3 德国里。最长处从老铁山(Lau tiĕ schan)余脉到朝鲜边界，大概 45 英里。但是东部的自然边界其实还更远，应该直至朝鲜的东北部。辽东的面积和瑞士差不多，而长白山的长度应该和欧洲的阿尔卑斯山相近。此地的山岳形态十分有意思，半岛的西北边和东南边的山脉走向线平行，山势越靠近半岛边缘越放缓。半岛内部没有很长的山谷，我到过的所有河流几乎都是横穿山脉的，和走向线横着交叉。半岛西边的山脉形状极不规则，西边的河流都很短。

无论是从山岳形态学还是从地理学上来看，辽东半岛上几乎

没有一条或者数条主体山脉。从宽度上看，大概三分之二分布的是些高 500—800 米的山峦，有一部分是礁石状的山峰。西北边的地势逐渐平缓，而东南边山地和海岸线之间则有一条十分明显的分界线。在西南方向还有一道山脉和走向线平行的山脉，但多是岛屿。这种地形特点，也就是所有山脉都不长也不宽，使得人们在半岛上行走格外方便。道路就从这些山脉中交错穿行而过，只需攀越低矮的山口，就能轻松穿越整个半岛。

（6 月 23 日）满洲的老首府住的人并不多，但是仍然看得出作 247
为国家重地的气派。内城围绕坚固的城墙，共有八个城门，呈四方形，方圆 3 平方公里。街道宽阔且维护得不错，连接彼此相对的城门，将城内面积分隔成 9 个正方形。城中心是皇帝的宫殿，倒没有特别的守卫。就是很多建筑，和北京的很相似，用黄色的琉璃瓦装饰，看来很是宏伟。一般的老百姓是不允许进入的。最主要的街道两旁有很多店铺，有些看来还相当大。路面情况比北京的好，只是没有那么多庙宇和衙门口，也没有很恢宏的装饰，当然周边也不似北京那样被群山环绕。外城延伸很广，除了那种野生蚕丝和动物毛皮以外，市场上交易的东西也没什么地方特色。皮子的种类很多，有老虎皮、黑豹皮（从朝鲜过来的）、狐狸皮、獾皮、紫貂皮、银鼬皮等。所有皮子都被很精致地扎成小方块。除此之外，恐怕很难让人感到，这里是只位于穆克登（Mukden）以北不远的地方。穆克登是满文名字，汉人称这座城市为沈阳，或者是奉天府，但是当地人几乎都不这么说。（译者注：均译为沈阳。）

（6 月 24 日）如果我有古伯察（Abbé Huc）的渲染本事，那么我们在沈阳的经历简直可以写一部满洲喜剧，这样至少可以和他

所描述的在成都府[1]发生的事儿交相辉映。先是客店的人要赶我们走，这些人虽然本质很善良，但是不知为什么他们那么急切地要赶走我们，一点儿尊重都没有，要知道每一个旅行的人都希望能
248 得到那么点尊重。然后是我的车夫们闹事，开始他们只是大声嚷嚷，说要么不再跟我们走，要么我们就得付高价。围观的人越来越多，他们的气焰就更嚣张了，在院子里大喊大叫。因为我还有他们三分之一的工钱攥在手里，所以并不担心他们会走掉，只是无奈地看着这场闹剧。为了多要钱，他们甚至使出了浑身解数，阻挠我们找新的车夫。后来来了几个当差的索要我们的证件。因为保罗跟中国人介绍我的时候，总说我是大人[2]，所以我也要求他们管事的人来这里，才会给他们看我的证件。很快就有一队仪仗到来，一位看来面相还算和善的白发官员来了。我们交谈几句后，我就把总理衙门发给我的证件给他看，我想这张凭证应该有点儿用处。我们给他倒的鸡尾酒他几乎没动，给他的雪茄他犹豫了一下就递给了手下人。我们看来并没有让他称心，因为他走后车夫们闹得更凶了，我们到银号换钱也被拒绝了，连客店掌柜的也不知羞耻地多算我们的钱。昨天和今天的情况让我真的有点儿怒不可遏了。

今天因为要往牛庄寄两箱石样和一些信件，我们不得不去衙门一趟，以保证我们的东西能安全到达。我把那些石头包装得很结实，我怕有人认为是很值钱的东西而动坏心思，拿琉璃瓦之类
249 的东西换掉。我们被告知，他们的长官没在，于是我们要求见他的副手，当然都是保罗和中国人在交涉。他们又说副手也不在，于是

① 中国西部四川省的省城。

② 一种对高级官员的称呼。

我们只好命令一名当兵的去叫并且告诉他，我在客店的房间中静候。我们刚刚回到客店，就吃惊地发现我们的老朋友，也就是昨天那位当官的来了。今天他表现得很从容，拿起我们的箱子看来看去，大口喝鸡尾酒，不停地吸烟。我们带的新鲜玩意儿，像猎枪、手枪还有带画儿的报纸他一样都不放过地看，还很热情地邀请我们从彼谢德回沈阳的时候再来拜访他。这下一切都变了，车夫们被绑起来了，向我乞求，还是以原来的价钱运送我们，并且为这几天的行为恳请我们的原谅。店老板也再三讨好我们，收的房钱远远低于之前说好的，还嘱咐我们再来。当我们走出城门的时候，所有人都恭恭敬敬地给我们鞠躬。可以说这次我们通过自己的坚持和不卑不亢的态度赢得了外交上的胜利。

下午三点钟，我们从西北边的城门离开这座城市。外城延绵大概 3 公里，比我们来的时候走的路要多很多。有这么大的外城，沈阳才得以成为重要的城市。穿过一个大门之后，我们就彻底离开了这里。之后是大片广阔的田地，还有两座庙宇。左边是老庙，一座佛教寺院，右边稍远一点儿是座喇嘛庙。虽然叫老庙，但是这座庙的建筑很时兴，前面是一座戏台，人从很多门进入一个类似茶馆的地方，面积很大，远可以满足唱戏的需求。茶馆里面非常干净，装饰得也很漂亮，而且提供非常可口的饮品。原本的庙宇保存得也很好，建筑结构和任何一座普通庙宇没什么区别。喇嘛庙
里据说有 300 名喇嘛，他们按照级别住在不同的屋子里，庙里还 250
有一个大院子，种满了高大的树木。

我们今天走的路，应该是以前部队行军用的，有 50 米到 100 米宽，两旁都是古老的柳树。下雨的时候这条路几乎就不能通

行，每辆车的车轮都深深地陷入泥泞，整个路面都会布满这样的深沟。现在没有下雨，几乎所有车都沿着一道车印前进。从这里开始是广袤的平原，几乎看不到头。地面有些沙土，但是看来承重力还可以。玉米是主要的作物，此外还有小麦、豆子、大麦、谷子、高粱、蓖麻和大麻。

（6 月 25 日）我们在辽河距沈阳 93 里的地方渡过辽河。因为所坐的渡船不是很好，过河几乎花了我们整整一个小时，这还是其他等过河的车辆让了我们。河面宽大概 60 米，河水颜色很深，很泥泞，渡船吃水大概有两到三英尺。我们在沈阳东边渡过的浑河宽有 150 米，深 2.5 英尺，河水不像这里这般混浊。两条河水流的速度几乎一致。浑河在和辽河交汇之前，太子河先汇入浑河，使其水量增加了至少一倍，此外还有其他一些河流也陆续汇入其中。但是辽河看来就没有什么太大的河流汇入。辽河左岸是大片的沙地，右岸地势较高，但也是沙地。之后才能看见第一层起伏，只有 40 米高，应该是风化的石头，因为其中的村落里房子都是用黏土盖成的。我们现在往西南方前进，离之前见过的山脉越来越远，眼中所及都是大片平原。

251 傍晚时分我们到了新民屯（Sin min tun），这里虽然只是一个集镇，但却是一个相当大的贸易地。两边紧挨着的商铺延绵 3 公里长，其中还有一些非常大的货仓，从开着的大门望进去，可以看到两到三个大院子，用来存放货物。大概一共有 300 多个大商号。锦州府（Kin tschóu fu）和营子口的商品汇集到这里之后再发往蒙古部落——这里距蒙古部落边界处只有 50 里，或者是发向东北部。商铺中间分布着很多客栈，院子里满满当当地停着些车辆和

马匹，还不断有新的客人进来。

这个地方与我在中国见过的其他贸易地都不太一样。街道非常宽，容得下四辆车同时通过。商铺很干净整洁，所有的房屋，除了庙宇和个别看来格外奢侈豪华的房屋以外，都是平平的圆形屋顶。我在辽东西海岸见过这样的房顶，一直到南边海岸还看得到。但是在大庄河（Ta tschwang hŏ）之后就几乎没有了。只有那种尖的三角形屋顶。在进入沈阳之前又出现了很少的圆顶房屋，但是在沈阳几乎都是中国内地那样的尖房顶。现在圆形顶越来越多，使得这个地方看起来有点儿像中亚的伊斯兰国家的城市。

我们在西边尽头的一家小客店里投宿，因为这里人比较稀少，可以从容地进出。在四年前曾经有欧洲人到过这个地方，并且杀死了一个中国人，现在这件事很多人还记忆犹新。这条街道是我见过的最宽的路。客栈的数量非常多，而且条件比任何地方的都好。我们中午到达付家子村（音译：Fu kia tszĕ）的一家大客栈，
这家客栈非常漂亮，还有个大院子，整洁干净，掌柜带着他的两个 252
儿子招呼我们，他们大概 25 岁到 30 岁的样子，看起来精明强干，而且穿戴也很讲究，态度非常谦和。这里的人和辽东山区的完全不同。在沈阳我们其实已经可以分辨出几种不同的人群了。对于人类学家来说，要区分不同的种族真是一项相当复杂和困难的任务。

（6 月 26 日）平坦的街道，泥泞的沙地，这里的人虽然也在耕种田地，但是土地却非常的贫瘠。房屋都是用石头和黏土垒成的，也有用石头和砖瓦盖的装饰豪华的房屋。平顶房（泥房）占大多数，尖顶房（瓦房）很少见。所以这里的房屋看起来非常单调。

泥房的窗户大都用纸糊，而且整天都开着。这个习惯使得泥房比瓦房的通风情况要好很多。我虽然还不知道是什么样的人住这样的泥房，但是无论如何能够看出住在里面的人更加热爱阳光和空气，因为即使在炎热的地方中国人也总是关着窗户，而这里虽然寒冷人们却喜欢开窗。更让人觉得和谐的是，这里的房屋大都有一个大院子。两边的房屋围绕着院子，形成一个长廊。内地的中国人喜欢把家里分成一个一个的小空间，通常有很多小院子而没有大院子。这里的隔壁邻居蒙古人应该都是住在这样的房屋中。

边界处离这里还有 50 里，在那里蒙古人和中国人混居，再往西去，则只有少数中国人生活了。所谓的边界就是用泥、草和木头垒的墙，但是很多地方已经被雨水冲毁了，还有一大段干脆就消失

253 没影儿了（译者注：指柳条边）。我们早上渡过一条自东北向西南流的河流，昨天提到的辽河右岸的山峰还在远处时隐时现，现在地势基本平坦了，只有几处小的山丘出现。之后我们到了一处贫瘠的地带，比辽河高出大概 25 米。下午在西边和西北边又看到一些山峰，250—300 米那么高，始终没有高山。这一带的山峰对于地理学家来说或许没有特别高的研究价值。辽河流域主要是火山区域，地势有些下沉，只在个别地方出现一些圆顶山峰。

（6 月 27 日）路边有很多大大小小的村庄和集镇，到处都是客栈。小黑山（Siau héi schan）附近一座凝灰岩山上有一座非常漂亮的寺庙。中安堡（Tung ngan pu）有很多建得很好的有钱人的房屋，都是泥房风格的，多是就地取材使用火山岩石建造，一般还有黑色砖墙围绕庭院。晚上我更喜欢在小村子里的客栈过夜，因为不会有好奇的人群围观。这几天不时可以见到葡萄藤，但是这里

还并不是水果产区。我们明天才会到达真正的盛产水果的地方，因为在前往沈阳的路上我们已经遇到了无数运送水果的车辆，主要是杏子。

今天我们终于又看到了山，大概距离最近的前峰还有 10 公里的样子，这一连串的山最高能达到 800 米，山势从西南向北方延伸。但是这里的山脉并不是像墙体一样的山脉，而是有多道山脊，大致沿着南和西南向北和东北延伸，纵横交错的样子，山谷四 254
处伸展，将山峦分成很多部分。

（6 月 28、29 日）今天我们经过的地带非常荒凉，只是山谷中还有些稍显肥沃的土地。闾山（Lü schan）和山东境内的山一样都光秃秃的，因此山上岩石的构造很好辨认。这一周都在刮南风或是西南风。天空中经常布满乌云，微风带来了凉爽，但是自从在沈阳下了那场大雨后就一直没再下雨，虽然每天都好像要下雨的样子。昨天晚上终于开始下雨了，夜里下得更大了，今天一整天还没停。

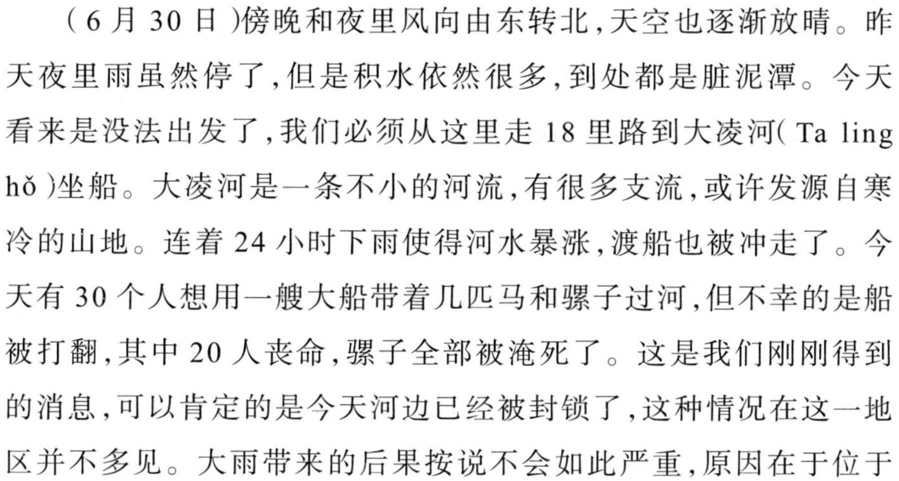

（6 月 30 日）傍晚和夜里风向由东转北，天空也逐渐放晴。昨天夜里雨虽然停了，但是积水依然很多，到处都是脏泥潭。今天看来是没法出发了，我们必须从这里走 18 里路到大凌河（Ta ling hŏ）坐船。大凌河是一条不小的河流，有很多支流，或许发源自寒冷的山地。连着 24 小时下雨使得河水暴涨，渡船也被冲走了。今天有 30 个人想用一艘大船带着几匹马和骡子过河，但不幸的是船被打翻，其中 20 人丧命，骡子全部被淹死了。这是我们刚刚得到的消息，可以肯定的是今天河边已经被封锁了，这种情况在这一地区并不多见。大雨带来的后果按说不会如此严重，原因在于位于

高处的山谷中也下了暴雨，并且冲下来大量的泥沙，使得河道更加阻塞，河水暴涨。这就是林木过度砍伐带来的严重后果，当雨水较大的时候，就会发生泥石流。

（7 月 1 日）今天早上七点我们终于能够继续前进了，经过起伏的沙地大概走了 18 里路后到了大凌河边上。现在河水汹涌，呈
255 褐色，含有很多泥沙。有两艘渡船：一艘停在一处开阔地，水流也较为缓慢，但是离岸较远，车辆必须下到水较深的地方才能上船。另一艘在一急流边，车子可以从岸上直接上船。我选择了第二艘渡船。船工们先将我们对岸的人、车和牲口运过来。渡河的过程十分艰难。船上载了六辆车子，骡子们被捆在一起，几个一组被人带着就从湍急的河水中走过去。几个光身子的汉子负责带骡子，很快他们走到了河水较深的地方，骡子和人的头就在水面上时隐时现，浪头常常把他们吞没。赶骡子的人费了千辛万苦才把骡子带到对岸，并不是每次都成功。第一组幸运地过去了，第二组却被一个浪头冲翻了，第三组也因为河水太大，没有办法只好回到原处，再等待时机。还好最后全部过了河。现在轮到渡船了，一开始船就被河水冲得直往下游跑去，最后在一处沙洲停住，只好重新拖回来。两个小时后，对岸所有的车子、人和牲口终于都过了河。现在渡船又需要顺流再回到我们所在的这边，把这边要过河的人载过去。

终于轮到我们了，但是北边天空中却出现了大片乌云，眼看就要下大雨。船工们都吓跑了，我们只好把车子和轿子都遮上雨布。很快雨点落下，非常密集，还有些冰雹。但是时间不长，也就 25 分钟就过去了。船工们重新开始干活。当然了，之前一定会有

一番讨价还价的。他们每辆车要 15 吊(大概价值 3 个塔勒硬币),其实本来他们根本就没理由要钱,因为渡船是免费供人使用的。而且他们还要求我们先付账,不然就不允许我们过河。尽管我们到当官的那里去抱怨并加以威胁,但是无济于事。最后只好妥协了,还好我们渡河的过程很顺利,但是加上等待总共耗费了将近 5 个小时的时间。因为所有的行李都完好无损,我最后给了他们 6 吊(而不是 45 吊)赏钱,尽管他们还试图再索要更多,但是显然这些钱他们已经比较满意了。最后还请求我们,回来的时候再找他们渡河。

大凌河右岸就是皇家牧场:一片单调贫瘠的,只被杂草覆盖 256
的丘陵地带,听说是为皇家部队的战马储备的。任何人都不允许迁到此地居住,也不能在上面耕种,但是可以放牧,让自家的牛和马到这里吃草。过路人也可以从牧场上穿过,尤其当原本的道路遇到恶劣天气变得难走的时候。大部分人都喜欢走牧场,因此这里有很多车辙印。这片牧场整体来说是结晶岩体,大部分是片麻岩和花岗岩。土地很肥沃,如果在平坦的地方种上庄稼,收成一定不错,只是现在不被允许。

我们晚上 6 点到了一个有数家客栈的村子,但是我决定不停留,继续往前走。之前向几个当地人打听下一个能投宿的地方离这里有多远,得到的答案不尽相同。但是以我的经验,这种情况下距离最短的说法往往最可信,故意把距离说得很远的当地人是受了我的车夫们的唆使,因为他们想早些休息。但这次我失算了,路况太糟糕了,我们绕了很大的弯路,而到离先前那个小村子直线 20 里、曲线 30 里外的锦州府之前,路上果然没有客栈。到处都是

泥潭,我们的车子有时陷得很深,有时却不得不攀越岩石。太阳已经西沉,天色暗下来了。锦州还遥遥无期,我们只好一点一点往前挪。

我们去往锦州走的这条路,到处都是大坑,下雨积满了水。牲口们一天都没有吃东西,因为我们一早儿 5 点就出发了。到现在人和牲口都撑不住了,最先倒下的是我的仆人骑着的那头骡
257 子,它就躺在泥地上,怎么也起不来了。天色已经漆黑一片,骡子们太累再也拉不动车了。我们只好派车夫们带着牲口先走,找一处客栈住下,车子就停在路当中。我们拿水冲了点利比喜肉粥,又加上了些生李子和糖,权当一顿晚饭。凌晨 3 点,勤劳的中国人就到田里干活了,他们看到我们的狼狈样子,仿佛看戏一般。4 点钟,派出的人带着骡子又回来了,把我们带到一处很干净的客栈,吃了一顿丰盛的早餐。

(7 月 2 日)锦州府不大,而且看起来很脏,外城倒是很宽阔,也有些贸易。城里一条自西向东的道路,和另外一条自南向北的道路,刚好从城门到城门穿过,两条路交叉的城中心是一座高高的、十分坚固的瞭望塔。如此布局显示出这座城市的戒备状态,看来清王朝还是有不安全的感觉。但试问这样的路障能否抵御坚船利炮呢?

离开锦州的时候,我们所走的道路经过了一条河流,叫作小凌河(Siau ling hǒ)。之后继续在平坦地带上前进,又经过了这条河的另一支,一条非常汹涌的河流。渡河的过程多少有些危险,我和骡子还有车子都差点儿被冲走。还好虽然可怕,但是没有发生不幸,只是身上和行李都湿了。之后我们又进入了皇家的牧场,走

在荒芜的，有无数道路、岔路和车辙印记的牧场上。

（7 月 3 日）今天我们只赶了很短的路，一半是因为路况太差，
一半是因为雷雨，天空开始慢慢地堆积云层，到下午的时候终于下
起雨来。看来我不得不再耽误几天了。我原本计划得很好：在 7
月 1 日到北京，那时正好赶上雨水多的时候，空气中的灰尘不会太
多。但是途经牛庄和沿着辽东半岛的西岸向中国和朝鲜边境去的
旅程打乱了我的计划。路上耽误的时间太多了，我的恰克图—黑 258
龙江—彼谢德一线的计划前途渺茫了。但是没有办法，有时候事
情就是如此不遂人意。

这个地方对旅行的人来说确实没什么意思。现在我理解了可怜的佛莱名（Fleming）为什么在他的那本厚厚的《骑在马背上穿越满洲—鞑靼》（*Travels on horseback through Manchu-Tartary*）的书中对这里没做出有趣儿的描述了。肥沃或贫瘠的土地、茂盛或枯萎的庄稼、大或小的牧场，还有各式各样的客栈，就是旅行者在这里唯一能见到的景色。山上和丘陵都是光秃秃的，单调又无聊。只有研究地理的人才会发现其中细微的变化，当然这种变化并不多。各种不同的岩层，包括一些来自远古时代的岩层混杂在一起。客观地说，对此进行研究是件无趣的事情，而且越是深入越容易迷失方向。但是我希望能以吸引人的语言来呈现我的地质学研究结果，因此我始终带着极大的兴趣进行研究。虽然有些时候也遇到很多困境，但越是涉及难题才越容易引起他人的关注。今天我像一只野狗一样四处搜寻石头，可是实际上这样做对于弄清核心问题并没有太多帮助。

（7 月 4 日）因为下雨我不得不待在宁远（Ning yuën）。这座

城的城墙上有很多瞭望塔楼。我在城外的一家小客栈里住下,那里人还少点儿。有时候真的很厌恶中国人,总是问同样的问题,总是那么好奇,虽然并没有多少恶意,但是被人盯着看的感觉也不
259 好。虽然很容易就能将他们赶走,但是他们就像苍蝇一样,一会儿又飞回来,尤其是当发现我们并不会将他们怎样的时候。虽然大部分人都很羞涩也很安静,但是总有几个坏家伙混在其中。所有人都贪婪地盯着我们的行李,尤其是杯子和盘子之类的,他们很想得到,只要有一个人先带头伸手来拿,其他人就会学样儿。有人喊声"洋鬼子",其他人就会跟着起哄做鬼脸。虽然还没有实际的侵犯行为,但是对待这样一群人我们还是需要加倍小心。

尽管如此,他们对有文化的人还是非常尊敬的。经常听到有人提出疑问,这个外国人是从哪儿来的,他怎么敢走这么远的路到我们这里呢?他们自己除了抽烟和鸦片,绝没有勇气进行这样的旅行。而且他们对知识也没有渴求,对外面的世界也不感兴趣,除了科举考试那些学问,其他一概不知。中国人虽然自视很高,但是我们还没听他们问出一个有水平的问题,他们所提的都是些肤浅的问题。例如勺子是银还是铜的啊,书里那些字母是不是我们的文字之类的。每天这些问题会被提出很多次,但从没人问过"怎么样"或是"为什么",从没有人问过外国的风俗和习惯,问过我们的语言是什么样子的。凡是看不见或是摸不到的他们就不会感兴趣。

中国人的物质主义非常严重。哪怕有人只是说了句"一两银子",那么立刻就有一帮人竖起耳朵听着。我们所说的话,对他们最有吸引力的就是关于我们带着多少行李,揣着多少银子。而

朝鲜人就完全不同！虽然我们的交谈只有几个小时，但是他们提 260
出了很多颇有深度的问题，甚至比之前我遇到的所有中国人加在一起提出的还多。在中国，很小的孩子就开始对金钱和生意感兴趣，他们和大人们一样熟悉每天村子里银钱的兑换价格。“买卖”，也就是购入和卖出，是中国人最大的生活乐趣。如果偷听一下他们之间的对话，那么十有八九围绕这一话题。有时候一桩小生意也要耗费很多时间。双方总是先扯东扯西，而不谈正题。然后才会出价，而且双方出价一定会相去甚远。前些日子我们需要更换一头骡子，于是我派一个脚夫去办这事。开始卖方提出的价格是200 吊，再加上原来那头不太好的骡子。他们讨价还价了一整天，最后脚夫出价 30 吊，卖方索价 50 吊，而他们两个都清楚，最后会以 40 吊成交，但就是不干脆些，干耗着到第二天一早才成交。

要是所有人都具备做生意的潜质和能力，那么每个个人的利润就不会很大，能赚到钱的就更少了。在中国大多数人都很贫穷，除了这一原因以外还有其他原因：首先是做事拖沓，其次是游手好闲和吸食鸦片。鸦片这种东西，一旦上了瘾就无药可救，最终结果就是倾家荡产。而在北方，那里的有钱人更加喜欢炫耀他们的财富。他们娶几个老婆，吃昂贵的饭菜，虽然并不怎么干净。但是却不怎么重视穿着。对于房子投钱很多，虽然他们的大房子住着并不怎么舒服，而且也不怎么干净。有钱人常常佩戴一些奢侈品：比如玉石戒指[①]、一条银链子，上面再挂把剔牙或是剔耳朵的
小勺、一块也就值 5 两到 6 两银子的欧洲怀表。他们几乎从不佩 261

① 中国人认为玉石非常贵重。

戴金饰。车辆和马匹也不被用来显示财富，有钱人的车辆和最差的车辆是同一模式的，只是选用的木头好些，轮子不那么粗笨，车篷新些，有时候篷里面用蓝色的丝绸装饰而已。中国的牲口耐性很差，不堪使用。中国人几乎从不玩耍游历（游船除外），对欧洲人的各种享受毫不了解，他们最大的生活享受就是看戏。而且富人经常邀请朋友们到家里看租来的戏班演的戏。

中国的年轻人和外国年轻人的区别最大：没有游戏，没有游历，没有生活乐趣！上学的那几年整日对着书本直到太阳落山，然后要么帮着干地里的活儿，要么做买卖，要么在各种作坊里干活，要么无所事事。无论干什么，一干就是一辈子。年轻人甚至都不会有懵懂的青春时期。中国16岁男孩子在体力和智力上也就比得上德国13岁或美国11岁的男孩子，而且独立性很差。在中国，19岁就该结婚了，结了婚就完全是个成人了。其实无论是哪国的孩子本质并没有多大的区别，只是在中国这样的环境下很难发展。我们经常也遇到一些机智的年轻人，眼睛闪闪发光，当站在旁边的父辈们还没搞明白我们的问题时，他们就能够又快又准确地回答我们的问题。如果说在年轻人那里还觅得到一丝对知识的渴望，那么当他们成年以后，就连这一丝渴望也消失不见了。这让人感到非常遗憾，用不了几年这些孩子也会开始吸食大烟，开始像他们的父辈一样除了买卖和银子以外别的一概不加关注了。

尽管如此，并不能否认中国人的总体文化水平并不低，就连
262 社会底层的人，比如种地的农民，也比欧洲大部分地区同等阶层的人文化水平要高些。斯拉夫人和瓦尔和人不值一提，单拿出一个波墨人（译者注：Pommerschen，生活在德国东北和波兰西北部）

或者蒂洛尔人和一个中国人相比，恐怕后者也能占据优势。和世界上大多数（也许是全部）国家的情况相比，中国各个阶层间的差别要小得多。住在小村子里的人和住在大城市里的人之间的差别并不大，或者说根本就没有差别。几乎所有人都处于中间阶层。虽然满洲人身份贵重，但那是因为他们手里掌握着权力，而且常常滥用权力。所以一旦没有了权力，他们也不过是一般人而已。

如果拿欧洲的标准来衡量，那么这个中间阶层的修养和学识却很低。在中国，一个人所拥有的学问和金钱决定了他处于哪一社会阶层，但是在我们眼中，金钱并不能带来较高的社会地位。而学识的高低虽然直接决定一个人有什么样的社会地位，但是很多情况下还和这个人的天赋才能有关。凭借中国人与生俱来的智慧，如果他们当初学习的不是孔子的学说和中国的汉字，那么一定会拥有比现在更高的修养和学识。但是如何能改变这一现状呢？毕竟中国人在很多方面并不亚于欧洲人。更何况中国人眼界狭窄，向来认为中国的文化才是真正的文化，蔑视其他国家的文化，在这种傲慢自大的情绪下要想改变中国人何其难！而傲慢自大其实正是阻碍中国人获取其他知识的罪魁祸首。原则上，中国人认为自己什么都好，国外没有任何值得学习的。在这一点上受过教育的欧洲人和受过教育的中国人大相径庭。受过教育的中国人若是见到一块手表、一台照相机或是一台蒸汽机，尽管中国并没有这些东西，但他们也不会好奇，更不会想去搞明白到底是什么原理，只是轻蔑地看看而已，好像多打听打听会损害他的面子似的。而受过教育的欧洲人对于一些中国人所掌握的超越欧洲的技艺，哪 263
怕稍好一些的技艺（比如景泰蓝和瓷器制作）都会充满好奇和惊

叹，往往会一探究竟才肯罢休。

那么中国人到底有没有绝对超越欧洲人的方面呢？目前我还没有发现，或许在某些方面他们比欧洲人先行一步，但是前进的脚步很快就停滞下来，目前唯一值得称道的就是中国人耕种的技术还算先进，其他几乎可以说一无是处。比如印刷术，虽然中国人很早就发明了印刷技术，但远不如古登堡（Gutenberg）发明的金属活字印刷术先进；再比如中国人发明了火药，但他们的枪炮当前却极其落后；虽然中国的教育史可以追溯到德国人还在茹毛饮血的时代，但中国人对当代自然科学文化一无所知；他们的天文学历史何其悠久，却远超不过托勒密（Ptolemäus）所达到的高度；中国人在马可·波罗时代就开始开采煤矿，但至今找不到一丝矿物学、采矿学和地理学的痕迹；中国人发明了指南针，但他们只在自家的海面上航行，靠的是笨拙的船只；在建筑（主要是寺庙）和雕塑上中国曾达到相当的高度，但是很快就跌落下来；在音乐方面他们向来无知；在医药学上至今中国人还在使用所谓“龙牙”；虽然几千年来中国经历了很多战争，但时至今日没有一支纪律严明的军队，更谈不上战略和防守技术；道路和交通工具一直处于落后状态，尽管这个庞大的帝国亟待解决的就是交通问题；在宗教方面，中国人已经陷入迷信的泥潭难以自拔；在哲学上，当代的中国人再也无法达
264 到孔子的高度。无论哪方面，中国都处于要么停滞，要么从低水平向更低水平退步。只有一点中国人可以引以为傲，那就是在人口繁衍方面，中国人堪称全世界的榜样。除了种稻子和高粱，他们就生孩子拿手！

其实落后并不可怕，可怕的是还傲慢自大不知改进。在这一

点上德国人比中国人优秀得多,德国人大多积极进取,尤其是对于自己所未掌握的知识和技能有着无尽的渴望和学习的劲头。在东亚也有和德意志民族一样好学的民族,那就是日本人和朝鲜人。要论算计和经商的才能,中国人远超过日本人和朝鲜人,但是越是小民族越具备无限的力量和生存能力。虽然中国很早就和欧洲有接触,但是为自大所害,他们压根儿就没想过跟欧洲人学习点儿什么,更别说派人到欧洲取经。①而日本人就不同,一旦发现欧洲的确有先进之处,立刻燃起强烈的学习欲望,他们派人到欧洲学习。朝鲜人如果有此机会,我相信也一定会像日本人那样孜孜以求的。

(7月5日)今天走得十分艰难,主要是路况太差。从北京到沈阳的官道,虽然是这个国家最重要的道路,但却只有大概80步宽,到处都是泥坑。中午的瓢泼大雨只下了一小时就把路上这些大坑都填满了,形成一个个小湖泊。经常看到车辆一下儿陷在坑
里,或是牲口一个不稳,连人带行李都摔到坑里。我们这样跌跌撞 265
撞地走了一小段路。宁远位于一处开阔肥沃的山谷中,宁远河从城里穿过,虽然比较宽,但是河水很浅。这里的景色有点类似白河(Pai hǒ)。几乎所有空地都种了高粱,因为雨水充沛,长势很是茂盛。

(7月6日)黄海沿岸侵蚀地貌和海湾的形成应该有一个共同的原因。虽然我试图找出这一原因,但却没有成功。为什么这里的海岸被侵蚀得如此规则呢?除了一些火山岩外,几乎没有任何

① 目前这一批评显然已经不符合实际情况了。

的覆盖物，而这一侵蚀地貌的形成却一定是在火山运动之前就发生了。这一地区尽是些高耸的结晶岩山，离海岸线很近，几乎是沿着海岸线形成一个长条形的地带。而且山上的岩石，比如花岗岩、片麻岩和页岩，都被剥蚀得十分厉害。事实上很多地方都看得见矿脉的分布，和山东南部沂州北边的地形十分相似，看来那里很久之前也应该是位于海岸边才对。另外在长江流域镇江和南京之间我也见过类似的地貌。河谷，除了几条较大河流的河谷外，看起来像是沙丘上的沟纹一样，下沉得很浅，而且是垂直于海岸线的。

晚上在客栈门口演皮影戏。其实我们经常能遇到皮影戏班子，但是听说今天讲的是一出英明断案的故事，所以才引起了我的兴趣。演出的时候在一个底座上搭一块能透影子的幕布，大概宽 3 英尺长 5 英尺大小，幕后面点一盏灯。操纵皮影儿的人手法
266 非常娴熟，在幕布上显示出剧中人的身影。皮影儿的关节是可以活动的，看上去非常伶俐。剧情多少有些老套，通常都有打斗的戏份。虽然我至今没看到和爱情有关的情节，但很多皮影儿戏中都有结婚的场景。剧中人发生争执后，会到一位官员有时甚至是皇帝面前告状，接下来就是长长的审问时间。通常有一个男声，一个女声，或许是同一个人装出的两个声音，来表演剧中的对话，用一种单一的、有些刺耳的、略带鼻音的声音，也并非全无韵律。一般都有乐器伴奏，表演的主要部分就是审案的过程。比如今天说的是两位妇人想和同一个男人结婚，因此出现很多激烈的对话和争斗，最后官司打到一位官员那里，其中一个妇人抱了一个孩子来，宣称是这个男子的孩子。而另一位妇人却说孩子是她生的，于是官员就让两个妇人一人拽孩子的一只脚，把孩子撕开，谁得到的部

分多，孩子和男人就归谁。最后亲生母亲自然不舍得孩子死，宁愿放弃。而当官的也由此得知，谁才是孩子的亲生母亲，那个撒谎的妇人则要挨打受惩罚。不知道中国人从哪里得来这样的故事题材。

（7月7日）又是糟糕的一天！昨天白天虽然有很多雷雨，但多发生在山里，我们并没有遇上。从昨天夜里到今天早上一直在下雨。9点钟雨停了，天空出现了鳞状云，我决定上路。但是在我们快要到达前卫（Tsiën wéi）的时候，西南方的天空又乌云密布，很快就落下雨来，电闪雷鸣，直到下午4点才结束。这是至今为止最大的一场雨，村里的道路简直成了河，数千条小支流从各个方向汇入。天色太暗，看书的话太费眼睛。下午4点我打算再上路的
时候，有人告诉我们离此15里外一条原本干枯的河床现在涨水，267
没法通过，于是我不得不就待在原地。

在我们之后从北京来的一辆车子还有三位客人也住进了这家客栈，我立刻发现其中一个人是个朝鲜人。我通过保罗询问他在中国旅行多长时间了。看来之前从未有人如此“切中要害”地提出这样的问题。这个可怜的人装着听不懂，嗫嚅了几声赶紧回到房间中去了，看来他会把自己身份暴露的事情告诉陪同他的中国朋友。我这才发现，他穿的是中国僧人的衣服，当然他必须隐瞒自己的身份。此后他再也不敢同我们说话，应该是和中国人有约在先。我发现这一秘密也是因为他不小心摘下帽子，而他的发型是朝鲜人的发型。

这个村子非常穷，客栈又简单又肮脏。也没什么可吃的，不然我们感觉或许会稍好些。在大一点儿的地方我们能吃到羊肉、鸡、鸡蛋、新鲜蔬菜，尤其是绿色的豆子和黄瓜，价格便宜得惊人

（豆子每斤 3 个芬尼，黄瓜每根 1.5 芬尼），还有非常可口的杏子（1 芬尼能买 2 个到 3 个）。

从锦州开始，路上每隔一段距离就有一个瞭望塔，建在路边的山丘上。用砖垒成的，样子有点儿像炼铁的高炉。有一些已经废置，这些瞭望塔让人想起了先前这条道路是一条兵家要道，满洲人正是通过这条道路打到了山海关（Schan hai kwan），夺取了明朝的江山。

（7 月 8 日）今天夜里和早上又在下雨，我很晚才出发。这种天气带来了恶劣的后果：地里本来长势旺盛的高粱都被冲倒了，路
268 上到处都是泥坑，举步维艰，走起来有些危险，有时会摔跤。山海关是长城上重要的关口之一，在城门口，守关人向我们索要证件，借此我和驻扎在这里的官员聊了聊。通常情况下，朝廷的官员们都很傲慢自大，但是这位官员是个例外。他还为我们找了一处非常好的客栈，并且派官兵护送我们。

已经有足够多的文字和图片可以让人了解中国的长城了。在这里我看到的长城是一段宏伟厚实的有很多敌楼的城墙，左侧一直向大海延伸而去，右侧在角山（Kiau schan）上绵延，这是一座高度在 800 米到 1000 米的山。长城的有些部分看来不久前刚被修缮过，可能是中国人又意识到长城的护卫价值了。当我们到达长城东边最近的山边时，这座山的形状正如一座壁垒一样，可以想象当时满洲人是用多么热切渴望的眼神遥望关内广袤土地的。到山海关为止，以外尽是贫瘠的连绵山峦，以内却是广阔的肥沃平原，大片吐着新绿的庄稼地，左边是海，右边是山，对此地形成完美无缺的守护。看起来这应该是一座花岗岩山，但是山海关

却使用了大量的石英斑岩，没能和山色融为一体。至此我在辽东（Liautung，长城以东）和辽西（Liausi）的考察结束了，现在即将进入直隶境内。

（7月9日）我们沿着官道继续走了15里路以后，道路开始一会儿向北，一会儿向西曲折前进，沿途尽是解体了的花岗岩，路上到处都是大坑，下雨后积满了水，走起来十分艰难。当我们走到一 269
段片麻岩和石板岩地带时，情况变得更加糟糕，这段路从一大片果园中经过。道路几乎就中断了，一会儿要经过一片湖泊，一会儿要攀越一块大石头，一会儿又要从陡峭的高处往下爬。就在我们举步维艰的时候，天公不作美又开始下大雨了。没过多久又窄又深深切入地面的道路就变成了一道河床了。本来就难走，再加上下雨，情况真是糟透了。8小时跋涉之后我们终于到了临榆（Ling tszĕ），在那里我们需要渡过石河（Schi hŏ）的一条小支流。雨停了，但是原本的小河现在变成了汹涌的大河。我们只好等了一个小时，在此期间眼看着这条河的宽度减少了一半，水位下降了2英尺！

（7月10、11日）今天我们还在和糟糕的路况作斗争，实际上这简直不能称之为一条路了。我们走得跌跌撞撞，我还连人带车一起摔到了水坑里。我们在深夜到达深河堡（Schönn hŏ pu），一个非常贫穷的地方，连城墙都快坍塌了。虽然这里就位于去往北京的官道上，离山海关60里，离永平府110里。看来这一带的状况向来如此，没有桥，没有任何人工构筑物。一条狭窄的，深深切入解体花岗岩的道路，开始还沿着河道前进，后来又离开河道了。唯一能显示出这条道路往昔重要性的就是那些每隔一段距离就出现的传信塔，样子有点像风车，上面有一个小屋子，底下有五处可

270 以点火的地方，还有废置的住房。据说以前是通过燃起狼烟报警的，像加利福尼亚的印第安人那样。

这片土地非常肥沃，但是几乎就只种了高粱，因为过去几天雨水充沛，高粱疯长起来，几乎快遮挡人的视线了。14 天以后如果走在田里，两边的高粱会长到墙那么高了。除了高粱还种了很多棉花，沿着田埂种了些蓖麻，豆子要么单独种在一块地里，要么种在高粱中间。经过这里以后，道路又开始进入一片丘陵地带，大概走了 40 里，其间较为平坦的地方也有很多村落和树林，其中最多的是松树，松树是北方最常见的树木。在抚宁(Fu ning)我们到了洋河(Yang hŏ)河谷，这里的城墙是新修的，镇子里人不多。洋河很宽，但不深，发源于离此较远的东北方。

这里的景色十分雄伟，洋河河谷的西边是一连串险峻的山峰，当在长城的时候，这些山峰便阻断了我们向西的视野。有两座山峰高达 600 米，一座稍南，一座稍北。这是两座姊妹山，北边的那座叫“妹妹山”，另外一座的名字听起来好像也是“妹妹山”。从外形上看，两座山应该是同样的构造。从远处看，我认为姊妹山应该和角山以及清殊山(音译：Tsching schu schan)一样都是斑岩结构。在东北边清殊山的剪影还依稀可见，北边偏西那边的山更加向北缩进一些，但山体并没有形成中断。正北方向的山(不是斑岩山)距我们所在的地方大概有 25 公里的距离，山高大概 750 米，看起来和姊妹山相连。洋河河谷就位于这样一个群山环绕的美丽
271 地方，气候和梅拉诺(Meran)[1] 有些类似，和那里一样这里的山丘

---

① 只是在夏天气候类似。

上也生长着各种各样的果树，尤其是葡萄。

（7 月 12 日）双望（Schwan wang）是一座有城墙的集镇，同时也是贸易地，只是非常贫穷。虽然这里的土地肥沃，但是交通状况如此之差，生产的东西卖不出去，又怎么能积累起财富呢？永平府的城墙虽然很高大，但却是我见过的最穷的府。城里死气沉沉的，总体贸易甚至赶不上其他一些集镇。房屋几乎都是泥房[①]，又小又脏，城外南边有一些客栈。

我们 5 点就出发了，下一个目的地是滦州（Lwan tschóu）（40 里外），今天的目标则是到 20 里外的一处客栈。但是我失算了，虽然无论是中国印制的还是其他国家印制的地图上都显示我们只需经过一条河，但实际上我们必须渡过两条河。从北和东北方向来的青龙河（Tsching lung hŏ）不是在永平府上段，而是在很远的下段才汇入滦河（Lwan hŏ）。我们过青龙河用了两个小时，因为船在河流中间的时候搁浅在一处沙洲上了。另一条船每次只能运两辆车过河。当我们的一辆车已经在河右岸，而另两辆还在左岸的时候，船工们很机灵地决定利用这一机会多榨我们些钱。本来用渡船过河并不需要花钱，但是我通常会给一些赏钱，他们这次要的数儿太高了，我也不肯让步。正在僵持的时候，负责的官员突然派一个人过来询问发生了什么事情，要求船工们快点把我们的车子运过河。这下想敲诈的人没辙了，只好赶快干活。最后我只给了他们 1 吊钱，他们反而千恩万谢。虽然我并没有向当官的求助，
但是他们主动提供帮助的情况我已经遇到多回了。 272

① 参见第 252 页。

我们在夜色中经过了一片肥沃的土地到了滦河，这条来自蒙古流经承德府(Dschehol)的河流，是两条河流中较大的一条。我们所在的地方，沙洲和礁石将滦河分成两条汹涌的急流，差不多午夜时分，我们才渡过了这两条河。在对岸的一座高80英尺的山上有一座寺庙，为来往的旅客提供住所。我们带着三辆车子过去敲门，庙里的主持正在吸鸦片烟，当看到我们是欧洲人的时候，惊吓得不轻。尽管如此他还是很快给我们安排了一间小屋子。

(7月13日)今天早上天气很好，庙里环境清幽，我们住的屋子也比较偏，真想就这么安安静静地享受一整天的闲暇时光。要是我早先放弃了从永平府经承德府去北京的计划就好了！站在庙里四望，景致十分怡人。山下就是滦河，从陡峭的岩石中穿过，另一岸则是永平府平坦的土地。远处，东南和东边被山峦环抱，姊妹山和更远处的清殊山还清晰可见；西北边也是连绵的红色砂岩山丘；北边稍远的地方还有一座高山，最高峰大概可达2000米。但是山形简单，线条明朗，不像东边的山那样怪石林立。

如果这些山上生长着茂密的树林的话，那么永平府所在的山谷景色将更加美丽。可惜现实并非如此，连寺庙所在的这座小山上都没多少植被，只是在寺庙的周围种了些树木而已。这种情况
273 在中国很常见，人们总是把山上的树砍光烧柴，但却不知道再种上，使得水土流失严重，同时也是雨水不足的原因之一。地里的庄稼长势茂盛，高粱足有3米高，走在高粱地里像是走在一堵堵墙中间似的。当地人还种了一排排高大的栗子树，也有桑树，因为这里也产丝绸，还种了一些烟草。我们一路走来，有时庄稼树木的品种繁多，像个大花园，有时品种又非常单一。到永平府以后就再也见

不到泥房了，而从沈阳到此地之前几乎都是泥房。在沿途的一个村子里，我们几乎只看到泥房，但是今天见到的泥房就少了很多，出现了其他形式的房子。要想得到煤矿的确切信息很难，因为当地老百姓一般都烧高粱秆，很少有人知道附近还有煤。

滦州虽然是一个“州”，但是如果不是有城墙，倒更像一个不起眼的小城市：肮脏又穷困。这里的客栈是我们这一路上遇到的最差的。当我们进第一家的时候甚至都被吓了出来，但之后的几家和第一家没什么区别。当地人对我们也很好奇，但是非常安静而且有规矩。

（7 月 14—16 日）传说中的煤矿——之所以这样说是因为关于它的具体位置我们听到了不同的版本，实际是在滦州和开平（Kaiping）之间。从煤层的数量和厚度来说，开平附近的煤蕴藏量更大些。而且开平附近还产铁，如果那里的交通条件好些的话，将来还是极具竞争力的。但是目前只在开平以西 100 里的芦
台（Lu tai）有一条可以行船的河流。从那里可以将煤运往大沽 274
（Taku），这一地区据说将修建中国的第一条铁路。那时外国资本必将注入开平的煤矿。[①]

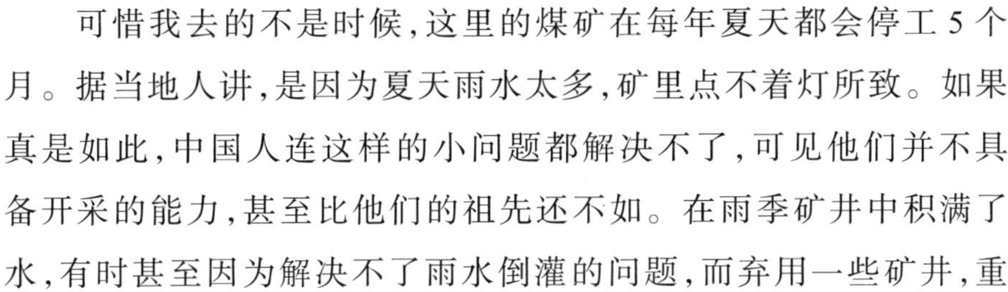

可惜我去的不是时候，这里的煤矿在每年夏天都会停工 5 个月。据当地人讲，是因为夏天雨水太多，矿里点不着灯所致。如果真是如此，中国人连这样的小问题都解决不了，可见他们并不具备开采的能力，甚至比他们的祖先还不如。在雨季矿井中积满了水，有时甚至因为解决不了雨水倒灌的问题，而弃用一些矿井，重

① 这里的煤矿后来成为中国最初采用欧洲模式采煤的煤矿，并且修建了铁路，年产煤量达到了 700000 吨。

新开挖其他矿井。

今天我们经过了一片被厚约1米的泥层覆盖的十分肥沃的沙质地带,目的地是丰润县(Föng yun hsiën),一个和这一地区其他城市一样贫穷的县城。道路变得宽了些,而且出现了石桥和一些塔,据说当皇帝出游的时候,会在这些塔上放炮以示欢迎。(开始我还以为这些塔和之前见到的塔一样,是用来传信的。)总的来说,只有北京和沈阳周边的官道维护得还算可以,其他地方的所谓官道连德国最差的道路都不如。中国人对此情况也很坦白,因为那些大城市里的人根本就不会走远,更没有人会沿着官道做长途旅行,所以没必要把每处的官道修得那么好。

在北京周边的旅行 275

(1869年8月7日至14日)

（8月7日）今天我和保罗还有阿峰乘两辆车出京：先走了10
里到西直门，然后又走了10里到了大钟寺。离开北京城不远道
路就不太好走了，城内的则比较平坦。很难看出这里也是黄土的
地质结构，因为到处都是废墟和瓦砾，甚至连田地里都是砖块和
一些琉璃瓦碎片。大钟寺是北京的一处名胜，对中国人来说此处
是一个世界奇迹。因为当代人已经不知道如何才能浇铸这么大一
口钟，所以他们认为，这口钟过去是自己来到这座寺庙的。至少
这里的师父们是这么告诉我的！这口大钟是用青铜铸成的，可以
发出清脆的响声，内外都雕刻着花纹汉字，内容应该是孔子书中
的话。还有一些藏文，听说记录的是这口钟铸造的历史。不光这
口大钟，还有门口的石狮子都显示出当时的铸造技术远远超过现
在。包括运输和吊挂这样大的钟都需要极高的机械水平。当我们
出来的时候，在庙门口看到一辆装饰得极其豪华的马车，拉车的马
匹也与众不同。听说是皇帝的兄弟来这里还愿。因为北京在这个 276
季节很干旱，前几天皇帝曾经祈雨。为了避免和我这样的外国人
照面，他进入师父的房中。

（8月8日）此处距圆明园15里，可经一条方形石板铺成的路前往。这样的路对车辆和坐车的人来说很是受罪，如果可能，尽量不要走这条路。由于路面上的车辙很深，所以所有的车只好一辆接一辆地前行。接近圆明园的时候就看到其围墙内郁郁葱葱的树木，自东至西分别是：圆明园、万寿山和玉泉山。后两座山也被围墙围在其中，是分别独立的山峰，景色秀美。因为不能进入参观，所以我只是匆匆看了看就赶往大悲院（Ta pai örrh），今天晚上我打算住在那里。下午我去了玉泉山。一处山隘连接着相连的两座山峰，在南边峰顶建有一座七层高的中式风格的佛塔，北边山顶则是一座完全佛教风格的塔，和人们在缅甸和孟买见的一模一样。除此以外，这里还有很多大大小小的佛塔，嶙峋的山石和一处山泉，还有荷花池，这样的景色在中国内陆是很少见的。阴历九月的第九天是中国的一个节日，一群群的人涌入寺庙中参加宗教仪式，或许是有什么节日。这里的景色十分秀美，我仿佛置身于200里以外的盘山（Pan schan）。

（8月9日）今天我们前往大觉寺（Ta kiau sz'），这座寺庙很大，很长时间以来李福斯（Herr von Rehfues）夏天就住在这里。比西山东麓的山谷高出50米，位于其山麓碎石坡的上端。远看
277 西山像一片墙似的，峰顶高750米，走到近处才发现山上有多条山谷。山谷中建有很多庙宇，有的甚至一直延伸到山脊上。山谷中生长着很多果树、栗子树还有其他一些观赏树木。山上光秃秃的，几乎没有什么植被。远处可以看见一道倾斜突起的山峰，从半山腰的位置开始，向前方延展。看起来像是斑岩，但实际是花岗岩。人的视野由于层层山峦的遮挡无法继续向远方延伸。

（8 月 10 日）今天我步行去探访了位于寨口（Tschai to-Pass）的煤矿。煤矿的入口和运煤的通道都十分低矮。干活儿的人在膝盖上绑着一块皮子跪行。我第一次在中国见到了矿灯，被藏在头上戴着的小皮帽里。新鲜空气通过一个人工的鼓风设备吹进矿里。因为通道过于低矮和狭窄，所以只能由一些半大的男孩子下去运煤上来。当他们肩上背着一个装煤的小筐，手脚并用从出口爬出来的时候，那样子简直如同一个魔鬼。他们浑身赤裸，被煤灰弄得几乎全身都黑了。开采出来的都是些很碎的煤块，之后用驴子或是骆驼运往北京。

（8 月 11 日）早上我走了 22 里到了南口（Nan kóu）。这段路实际上就是从大觉寺延伸过来的，沿着满是碎石的山麓前进。旁边的山无一例外均是结晶岩和变质岩，形成的锥形碎石堆格外庞大。从亭子庄（Ting tsze tschwang）到南口海拔高度至少升高了大概 50 米，这条道路的路面上有很多很小的鹅卵石。

南口是个很小的地方，几乎没有任何名气，只是它位于一条 278
重要通道的出口处而已。在客栈一个房间的墙上，写满了到过此地的外国人的名字，其中不乏一些知名人士的名字。所有到北京的外国人几乎都会到南口来，那是因为从这里只需再走 40 里就能看到一段长城。那条有名的古道的入口已经很不明显了，只剩下两座堡垒。我步行到了离南口大概 12 公里的居庸关。因为路上到处都是些花岗岩石块，使得行车几乎不可能。一路上看到很多小车都是被脚力们扛着过去的，乘客下来走着，行李则另由人提着。只有那种结实的大车才能经得起如此颠簸，小车早就会散架的。显然以前的路并不是这样的，应该铺着方形石块的，只是山

间的溪流可能过大，把原来的路面都冲毁了。这条路曾经是条重要通道，即使现在也不时看到成群的牲口，驴子、马匹还有骆驼经过。还有一些衣着鲜亮的人骑着马经过，甚至还有些看起来十分高贵的妇人坐着小轿经过。

居庸关比南口高出大概 120 米，山谷在此处变得狭窄。居庸关因为它独特的建筑风格、保存完整的装饰和多种文字的题词而
279 知名。共有六种文字的题词：汉文、蒙古文、满文、藏文[①]。居庸关是忽必烈[②]所建造，关城上的雕塑保存得很好。

（8 月 12 日）从南口回来的路上我让马车先回昌平州（Tschang ping tschóu），自己骑驴去了距南口 30 里的明十三陵。道路沿着南口山脉的走向，先是向东，然后往北，之后又向东。经过一些险峻的山峰和延绵的山谷。

明十三陵是北京最受欢迎的古迹之一。进入的时候先是经过几道大门，其建筑风格和居庸关的风格有些类似。之后就是一座庞大的牌坊还有石碑。中国人的建筑技术十分高超，在北方很少使用石头柱子，这多少有些不可思议。无论是大门、牌坊还是寺庙里更常见的是木头柱子，用石头做墩子。四棱形的墩子有各种各样的形式，往往装饰着很多浮雕。而在南方就经常见到巨大的石头立柱，宁波的孔庙就是其中很典型的代表。

牌坊之后是人形或是动物形状的石像生：老虎、传说中的狮子、坐着的或是站着的马匹、骆驼、大象，还有官员模样的人像。看起来和南京明陵的石像生差不多。每个动物雕像下面都有一块

① 日记中原本就缺少另外两种语言。

② 参见第 19 页。

大理石做的基座。之后沿着一条石板路过几座小桥进入东北方
向的一座山谷中，所有的陵寝就散落在这道山谷中。我只是探访 280
了其中规模最大的一座陵寝，这座陵寝的主人是明十三陵的建造者，其他皇帝的陵寝也依照他的陵寝的规制建造。这座陵寝位于一座山的脚下，周围林木繁多。墓冢长300米，宽200米，四周被高墙围绕。其中柏树居多，还有一些祭祀的建筑群。

最主要的建筑物是一座大殿，非常高，屋顶覆盖黄色的琉璃瓦，由直径达4英尺的巨大立柱支撑，共有24根之多。大殿中间位置上摆放着红色的牌位，上面有一些汉字，除此以外殿内空空如也。大殿之后是墓冢，大概有15米高，上面遍植树木。这座坟冢之下就是地宫，里面放着皇帝的遗体。据说地宫内由石人看守，里面还有一个水池，池中放着一艘小船，供死去的皇帝使用。所有这些都被密闭在地宫中。在地宫的入口处另建有一座高大的，有点儿类似金字塔的建筑，也是琉璃瓦覆顶，由两个立柱支撑。里面是一块巨大的石碑，上面刻着埋葬在这里的皇帝的名号。

这是一个人死后所能享受到的最高待遇。几百年来，明帝国的每位统治者都安葬在这样的陵寝当中，象征着皇权的巨大尊严。现在的清朝也有两处陵寝，一处在北京东边，另一处在南口关隘的西北边。死去的皇帝会交错地被埋葬在这两处陵地。没有人被允许进入参观，据一些登上邻近山脉的人描述，清朝的皇陵和明朝的一样宏伟壮观。

（8月13日）我走了20里（译者注：此处的20里的起点原文中并未说明）回到了玉泉山，此处也是我这次探索之旅的起点。从
玉泉山又向西去了被两条山脉包围住的碧云寺（Pi yün sz’），这 281

里的山峦海拔颇高。此处背靠的山峰上有一座非常宏伟的庙宇。旁边曾经是皇帝的猎场,里面有狍子和野猪。以前皇帝们经常在这里狩猎,听说打猎之前野猪都被灌醉。

八大处(Pa ta tschu)或者四平台是对一组庙宇的总称,最低处的一座庙在谷底,最高的则有100米高,其他的零落分布在它们中间。除了山谷中树木丛生,山上则光秃秃的,只有那些庙宇显露出来。这里是欧洲人相当喜欢的避暑胜地。

(8月14日回北京,之后经芝罘前往上海)

在江西、安徽和浙江的旅行 282

（1869 年 9 月 24 日至 10 月 31 日）

（上海，1869 年 9 月 20 日，出自给父母的信）我在中国获得了不错的名声，因为人们看到我认真地进行考察，并且在较短的时间内走了很多地方。在我之前还没有任何一个外国人做到这一点。唯一遗憾的是，如果我能年轻十岁并且以前就来过中国，那么就能为这项我十分感兴趣的工作投入更多的精力。虽然现在随着考察的深入，我的兴趣日增，但是却不能全身心地投入。因为我不能太长时间离开自己的国家，而且想回去的念头也越来越迫切。如果在中国待更长的时间，那么我认为，我的所作所为不单单会对科学的发展有所贡献，更加会对中国，这个尚未开放之地的发展产生影响。我在如此之短的时间内就完成了众多的任务，假设有人为我提供更好的条件，我再投入更多的精力，那么能够取得的成就也就更多。

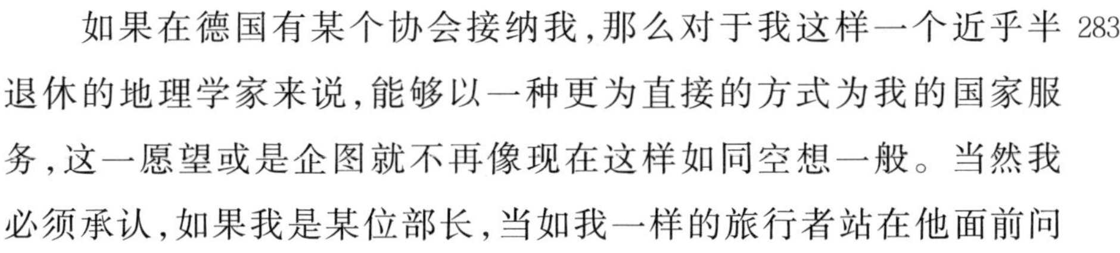

如果在德国有某个协会接纳我，那么对于我这样一个近乎半 283
退休的地理学家来说，能够以一种更为直接的方式为我的国家服务，这一愿望或是企图就不再像现在这样如同空想一般。当然我必须承认，如果我是某位部长，当如我一样的旅行者站在他面前问

他怎么安置自己的时候,那我也必定会十分尴尬,也许会说:“看看,我们能怎么安排您呢。”正是由于我目前的地位不稳固,所以必须为自己争取到更多的资源和支持,以便我回到国内后能至少不用担心经济情况安稳地生活一年。当然情况或许并不会如我现在担心的那么糟糕,或许稍作等待我就会得到一个职位,并且能发挥作用。现在我有时候会羡慕那些安于平淡,每天干些琐事等待退休的人们。他们并不惋惜时光的流逝,不像我似的恨不得将每时每刻都利用起来,使自己更有用处,根本就没有任何休闲享受。我总是不甘心平淡,总是心急火燎地想取得成就。当然除却一切弊端,这种动荡的生活也有自身的好处:能够促使人做出成绩,能够使人的思想保持新鲜。前提当然是你的所作所为不是杂乱无章和毫无目的的。

前段时间的旅途中有很多趣事。我考察了整个辽东半岛,然后从南到北穿越中国和朝鲜边境,去了满洲的省城沈阳,之后又沿和蒙古部落的边界线回到北京。更大的计划,即从北京经黑龙江前往外满洲(russische Mandschurei)然后从此穿越回到沈阳,因为气候原因未能成行。在这次旅行中我看到了众多美景,尤其是
284 在深山老林人迹罕至的地方和朝鲜边境。如果我是个画家或者哪怕我有更多的时间,那么我会描绘最美好的图片带回来。但是现在我只能写写日记,画画地图,收集些石头和化石。在我的记忆中,结交那些朝鲜人是此行最美好的经历。

(9 月 24、25 日)我在 9 月 24 日和保罗及另外一个男孩子登上了一艘往长江上游去的汽船。在午夜时分到达镇江,早上六点半到南京。眼前一片荒凉,城外低矮的地方全部被洪水淹没,难

民们不得不离开自己的房子，很多人就在南京城的城墙上住了下来，形成了一些临时村落。

西边可见一些山峦，它们随着南京城内长江的走势向西延伸。目光所及都遭了洪灾。从那些芦苇还能看出河岸的大概位置，而河岸的另一边是无数的房屋和村落。这里再往南又可看见连绵的山峦。

（9月26—28日）周日中午我们在雨中到达九江。周一天气放晴，有微微的西北风。周二风势更强些，庐山第一次露出了真面目，北边的山峰看起来孤立于其他部分，像是花岗石。两个半月前这里通通淹没在洪水中。1850年那次的洪水据说比这次还厉害。在九江，最高和最低水位差高达11米，在汉口更是达到了15米。这次洪水的最低水位都比以往高出很多，水量也比以往大得多。水位在九江达到14米，在汉口则达到18米。外国人的地盘 285
也半淹在水中。就在不久前水位比现在还要高一米多，大部分楼房的底层都遭了水。汉口的情况更糟，埃利亚斯（Ney Elias）先生打算近期考察这次水灾的起因，看看是否真的如一些中国人所宣称的，是因为将黄河（开封上段）水引入长江所致。[①]

我住在一艘由S.S.N.公司派到此处的名叫“快车”的三桅船上。目前装货的船只承担了很重要的任务，江西最富有经济价值的茶叶和大麻正被大批量地运往这里。一些S.S.N.公司的汽船装载重达1000吨的价值100000两银子的茶叶运往上海。相对于以前经钱塘江过杭州的运茶线路，目前这条路要直接得多。九

① 后来证明的确有关系。

江出现的另外一个变化是，大批乐平的煤现在被运到这里来。我第一次来这里时，外国人还没这么做。现在 S.S.N. 公司的蒸汽机几乎完全使用乐平的煤，此外它们还用台湾鸡笼（Kilung）的煤和一部分汉口的煤。每月大概烧掉 2000 吨煤。

（9 月 29 日）要找到一艘合适的去乐平的船并不是一件容易的事。船夫们一来还是对外国人有些害怕，二来宁愿这个季节在长江上干干运茶的买卖，那样更加有利可图。保罗找来一个独眼儿的船老大，愿意把船租给我们，每天要 1400 文，而且要预付五天的租金。这是一艘三桅船，船舱还算大，还有单独的睡觉的仓，大概能装载 100 吨，但是只有一副帆。除了船老大，还有四个年

286 轻人和一个八十多岁的老头，他是船老大的父亲，剩下的就是些女人和孩子，但他们都很勤快地干活。

（9 月 30 日，从九江出发）昨天因为刮起强烈的逆风我们没走成。今天风力更强了，但是无论如何我们还是在中午的时候出发了。这艘船只有一面帆，在强劲的逆风中被吹得摇摇晃晃。而且每次要转变航向的时候，都不得不先把帆收下来，而不能自动转向。我们只走了大概 21 里路，到了下一个停靠的地方，刚好是到湖口的半程。

因为发大水的原因，我们就将船停在南岸的浅滩中。结果就是，第二天早上我们不得不花了 3 个小时才把船逆着风推进河里。风向稍转向东，但很快又直逆我们而来，因此船行得很慢。当我们到达鄱阳湖的时候，风终于停了。鄱阳湖和我第一次来的时候已经完全不同——那时候水系发达，像一张网一样。但是现在这些都被淹在水下，湖水甚至一直达到附近的山脚下。尤其是北边

鄱阳湖流入长江

的群山。即使在入口的地方河道也都有大概 7 米宽，我们可以直接坐船到山脚下，有些载货的船只便利用这一机会逃避湖口的税官。之前大孤山矗立在一块淤泥地上，根本无法靠近，但现在看起来就像湖中的一座岛屿一样。我们在西岸抛锚。

今天我们到了大姑塘，这里有很多运送茶叶的帆船在等待合适的风向。我们的船和他们的一样都停靠在岛屿间的一条通道上，以前这里都是庄稼地，我还曾经登上过。

那时候这里的官道经过一些集镇和山地一直通往很远的地 287
方，而且行人先得跨越一座当时已经干枯了的河沟上的石桥。但是现在湖水把石桥完全淹没了，有很多载重 150 吨的船只都能从石桥上方的位置通过。

（10 月 1 日）我们早上六点出发，天气暗沉，时不时下点儿雨。云雾缭绕的庐山只有一次露出了真面目。我们沿着庐山西边前进,没有去南康府。洪水之大都冲入了内陆河道中,坐船几乎可以到庐山脚下。先前因为河道被大水冲坏,且河水浑浊,船进去危险很大。但是现在比较安全了,因为一眼就能看出哪里水深哪里水浅。浅处水清是绿色的,水深超过 3 米就看不到底了。先前我不得不在泥泞中前进,但是现在就能安稳坐船了。

我们在老爷庙(Lau yĕ miau)经过一个税关,这是自九江以来的第三个。按说我船上的旗帜可以保证我通行无误的。但是那些人还是吆喝着靠近我们的船。并且给我们盖了一个白色的章,说是这样的话下一个税关就不会找我们麻烦了。位于高处的掩映在树丛中的老爷庙看起来如同一处世外桃源。

从这里我进入一片新领域。现在湖中没有什么障碍,经过老爷庙就可以进入通往东边城市的岔道,继续前进就能到南昌府。经过运河的入口后,我们的船就沿着大矶山岛(Ta ki shan)和内陆河道前进。沿路还有几处散落的岛屿,然后就是连绵的山脉,和大矶山一样大都是砂岩结构。山峦间时而也会出现一片片红色的梯地。

288 风停了,我们也不得不停下来,傍晚才又出发去都昌县(Tu tschang hsiën)。我们在一条宽约 800 米的河道中前行,穿山越岭。河道越来越窄,近乎看不到出路,但是经过一个转弯后我们却意外地到达了目的地城市。

(10 月 2 日)都昌县是一座美丽的,宜居的城市。这里的地势较高,高处可见一座宏伟的庙宇,雕梁画栋,气势庞大。这里的口岸也很宽大,即使在冬天(冬天水位通常较低)也可以进入。来自鄱阳湖的几条水道在这里汇集。西、北、东面都是红土带梯地,北边大概 10 公里外远的地方才又看得见起伏的山峦。此外近处都是高 15 米到 25 米的梯地。南面口岸处是一段山峦,守卫着这座城市的入口。右边是大矶山,左边则是内陆延伸出来的一片土地。山上草木丛生,个别地方也有一些耕地,高处就是先前所说的庙宇。南面则是望不到边际的湖面。西南方是一座名叫悟空山(音译:Wu kung schan)的岛屿,应该是砂岩构造,该岛东面向外突出的部分大概有 50 米高,看起来是坚实的砂岩。

在都昌县和黄金嘴(Gold-Point)之间,通过一处开口可以望见更宽阔的鄱阳湖的许多分支,再往后又出现了红土带。今天我们所经过的一些悬崖峭壁证实了去年我的一些观察是正确的,那就是这一带是表层覆盖泥土的砂岩和页岩向红土带过渡的区域。

在黄金嘴和老山(Lau schan)之间,湖水深深地切入红土坡地向四处纵横的沟壑中伸延,构成了在远处山丘和丘陵状岛屿的中 289
间地带,这些岛屿已经属于三山(San schan)了。在我停船的最北边的一座岛屿就已经出现了红土带。

冬天人们一般走南面,但是现在那里是看不到头的湖面。这次我们是从北面,穿过那些岛屿和红土带进入运河水系。

这里的景色美不可言。河道时宽时窄,两岸或是高耸的树林,或是低矮的草地,或是茂盛的田地。茂密的树林中时而会出现一些宏伟的庙宇,装饰繁复,颇有巴洛克之风,时而出现如画般的小村落。尤其是当夕阳西下,这一切都笼罩在金红色的余晖下。再加上近处的丘陵和远处高耸的庐山,无法想象怎样的画笔才能描绘出如此罕见的人间美景!

现在我们停靠在一个小村落的附近,这里的河道很窄。今年

傍晚在鄱阳湖上

水位远远高于以往，因为很多树木都半掩在水中，甚至只露出树干。我目测水深可以达到6米到7米，而以往冬天这里几乎完全是干涸的（或者是沼泽）。人们若想欣赏鄱阳湖北边的美景，或是对那里进行科学考察，最好在这个季节来，因为水位高不但适合行船，也方便靠岸。

（10月3日）我们很早就出发了。微风拂面，温度也让人十分
290 舒服。我们先是在一段开阔的湖面上前进，之后经过长山。长山大概高80米，主要是红色的砂岩。这是此行经过的最后一处数量较多、规模较大的岛屿。再之后又是开阔的湖面，其间无数河道向北和东北方延伸而去。红土带岛屿有其自身的特点，它们的突出部分往往非常笔直，船只可以紧靠着通过。这些岛屿之间往往是平坦的土地，我估计高处与低处只相差6米到7米。现在我目光所及之处就十分平坦，南面是一座略高于水平面的岛屿，其上还有

一座塔。转眼又是连绵的平地，只是偶尔出现低矮的砂岩丘陵，现在我们经过的这个村子非常适合停泊。至于饶河(Yau hŏ)，因为大水完全破坏了它原来的河道，所以现在根本就看不到了，连它的源头也淹入了湖中。

下午我们到了饶州府(Yau tschóu fu)，这座城市有五六公里长，和那些坚固的满洲人的房子形成鲜明对比的是一片片矮破的小房子。在湖边还经常看到结实的砖瓦结构的房子，但这里的房子大都是木头构造的。当然我看到的只是城外的情景，至于城里什么样就不知道了，因为都被淹了。旁边还有一座在太平天国时期被毁掉的城池，城墙还在，城里除了一座塔外，其他地方都荒废了，被种上了庄稼。现在很多船都在这里停靠，当中格外显眼的是来自赣州府(Kan tschóu fu)的船，因为它们建造得相当豪华，还有来自景德镇的小船，因为它们的形状很特别，能够被拖拽着通过河面上的一些礁石。饶州府是个大贸易地，经济地位很重要。因
为景德镇的瓷器、婺源的茶叶和乐平的煤都经过此地运输。聚集 291
在这里从事运输营生的人都有些彪悍，通常也是这样，很明显他们对我们并不欢迎。

之前的河道只能通过仍淹在水中的两侧的房屋和树木辨认出来，这里南面和东面都被淹了。因此我们直接斜着行船到了停靠的地方。这些水都来自长江，本来长江就位于饶州府30里外，现在这里一片汪洋，根本感觉不出河流的方向，没风的时候我们的船就像在湖中行驶一样。

今天我看到了和在鄱阳湖北部非常不同的一些植物，有很多树种我以前都没见过，只认出有些是棕榈树(也有可能是矮棕榈)

和竹子。竹子在北部也见到过，但不是大片种植的，棕榈树在这里大片地种在一些山坡上。还有乌桕树（Stillingia sebifera）[1]，种的也很多。田里种植的多是谷子和荞麦、棉花和烟草。我第一次在远处看到大片种植的甘蔗，但显然不是用来制糖的，而是用来吃的。

晚上我们就在河中停歇，我们被警告说，这个地方非常危险，因为有水贼，他们会抢劫那些没有护卫的船只。官府的船在这里不停地巡逻，以防有些运货船借着发大水的机会逃脱饶州府的收
292 税。很晚了，就有这样一艘官船靠近我们的船，那个官员见到我们就这样停在河里很吃惊，非要给我们找个更安全的地方。但是我们其实更愿意就待在原地。按规矩我们放了几枪，让贼人知道我们手里有武器。然后就把上了膛的枪放在身边准备休息。船上的人轮班值夜，曾经有一艘很可疑的小船试图靠近我们，但是在放了一枪之后就被驱赶走了。伴随我旅程的主要是一把亨利盒子枪（Henry-Buchse），众所周知，这种枪可以装17颗子弹，遇到情况够顶一阵儿的。此外我们还有三把猎枪和两把左轮，应付水贼足够了。但是后来也没有人再来骚扰我们。

（10月4日）轻柔的西北风带着我们前行，下午到了鸣山（Ming Schan）（距乐平16里）。河流明显转向了，现在我们位于一条宽约60米到100米的河道上，几乎没有浪头。下游两岸被大水摧毁了，因为仍可看到一些房屋的屋顶露出水面，虽然此时洪水已经下落了近一米。

我们到达的第一片陆地是高15米到25米的一片砂岩，继续

---

① 中国的一种树木，和樱桃树很像的一种木本油料树种。

延伸是一片低矮的，但是有很多村落和很多树木的地方。这里种
了很多甘蔗，也有棕榈、竹子、葡萄柚和香蕉，让人联想到热带雨
林。但是坡上本身却没种什么东西。只是间或，尤其是在一座小
庙的周围种了些东西，但这些东西恐怕都沾了仙气儿，不能随便摘
取。在整个中国的南方，由于气候条件十分优越，加上物种丰富，
人们只会在山谷中和容易攀登的峡谷边上以及自己房子周围种些 293
庄稼，地势较高的地方本来也少，往往生长着繁茂的野草，人们通
常就任其自生自灭，并不加以利用。

不久东边出现了一座较高的，大概高500米的山，前面坡上可见新生的树木，看起来都是砂岩。河流现在转向东，向山群中流去。这就是鸣山山群，在它们的东边尽头就是灵山，一个小地方，在这里有一条很宽的支流汇入。灵山最高，在群山中鹤立鸡群，山顶的小庙宇看起来像灵山上的一顶皇冠。这里有很多煤矿，18个行[①]都做煤炭生意，每家都有自己的煤仓。

这里的房子建造得独具一格。其实在中国不同地区之间房屋的建造风格差别很大，不亚于欧洲不同国家之间，比如芝罘地区那种坚固的、设计精巧，装饰很有品位的房屋，江苏的那种没有窗户的泥房子，还有满洲人的适合通风通气的泥房，都和现在我看到的饶州府的房屋完全不同。这里的房子很大，通常有宽大的山墙和突出的房檐，看起来有点儿像瑞士的房子。山墙是用较轻的材质规则地垒起，中间的缝隙填充芦席或是泥，涂成白色，房梁要么涂成褐色要么黑色。房屋的前部往往是木质结构，有时也像山墙那

① 行就是商铺（译者注：以下均译作商行）。

294 样是砖垒的。很多房屋都是两层，上面一层在突出的屋檐下常常建一条回廊，但是通常只有房屋正面才有。

单看我的描述，这样的房屋似乎在欧洲也很常见，并不能让人感受到异域风格。但实际上这些房子的一个特点就让人马上辨别出这是典型的中国风格。那就是这些房屋的屋脊两端都向上弯曲，庙宇、宫殿和平常人的住房，甚至是最简陋的茅草房都是如此。之所以这样做来自一个远古时期的传说。屋脊如果是弯曲的话，那么房顶的四个角儿也要向上弯。当然越是富贵人家的房屋就越遵守这样的规矩，越是平常百姓家就越不明显。从最简单的形式到最复杂的，以及中间各种各样的过渡形式在这一带都能看得到。

一些船只超过我们并在前方散播了我们到来的消息。一个上了年纪的消瘦的中国人礼貌又热情地接待了我们，上了我们的船，还把我称作是“来自九江的罗斯(Rose)”。并且开始伺机打听我们到这里来的目的。保罗竭力应付着他，尽管他对于卖煤的事情和当地的情况知道得并不多。这样做的结果就是，让他益发感觉我们此行的目的一定是隐秘且重大的，而我自称的目的，即买煤在他看来不过是个幌子。

如果我记得不错，乐平产煤的事情是英国人第一次考察长江
295 时发现的，具体时间我忘记了。今年一、二月间我到长江时，产自乐平的煤才首次被运往九江。我决定去考察乐平矿藏的具体情况，但是没能成功。[①] 2月份，罗斯去看了那里的煤矿，但是因为

① 参见第144—145页。

在当地干活的人对他的态度十分恶劣，所以他立刻离开，然后派了两个广东人作为特使前往灵山，从那里为 S.S.N. 的汽船买煤。由此他们占据了这个地方，并且将大量的煤运往九江。现在他们来这里是为了签订一份 100000 筐（大概 9000 吨）的新订单。

我在这里受到了热情的接待。看来欧洲人在这里大方地花钱获得了很多友情。不断有人来拜访我。姓黄的、姓沈的、姓刘的，管他是谁，我都拿樱桃酒（Sherry Cordial）招待他们，这些东西本来就是为此目的带来的。黄昏时分，我会散散步，顺便考察煤矿。那个老孙（Tsun，就是之前来打探情况的人）一直跟着我们，先是把我们带到一个商铺里，和几个商人喝了一会儿茶，然后又送我们到船上，如同一贴膏药似的粘着我们，还说明天为我们安排了一次外出，连马都准备好了。很快我就发现，他是被雇来监视我们行踪的。后来我设法把他从船上支开。但是很快又来了一位络腮胡子，名叫石奎（Schikwei）的人。他开始和我们谈买卖的事儿，也是一直待着不走，直到我不得不告诉他，我们得睡觉了。这些“间谍”的目的就是阻止我们和矿主直接取得联系。好在他们越是这样，越显得我们像真是来买煤的。那些担心我们别有所图的人倒少了。

（10 月 5 日）一大早儿天还没亮，我从门缝里伸出头去，就看到我们那位胖胖的朋友石奎坐在大开着门的隔壁屋里探头探脑。在他之后我们的瘦子朋友老孙也来了，都说要陪我们。我们装好 296
了猎枪，不是往煤矿，而是往我昨天在山丘南麓看到的一片高耸的树林走去，这让老孙有些失望。这里的树（大多是槭树）高 25—40 米，树干很细，但是树冠很大，因此树下的植被非常茂密。我们猎

获颇丰,然后绕过山的西路,向那些稍远处的煤矿前进。老孙对此有些不满,因他原本想带我们去一个他的商行占有股份的煤窑看看。

这里的景象和我在中国其他类似地方所见的不同。河边看来是不错的抛锚地,从各地来装煤的船只都停靠在这里。成百的推车装着满满的煤直接从煤窑运到河边,人声嘈杂,热闹非凡。单从挖煤人的数量就可以断定这里的矿藏一定是大规模的。现在共有六个煤窑在生产,其中五个产量不小。

我去的那个煤窑名叫峰明窑(音译:Fung ming tau),有两个矿井,每个深 37 丈。每个矿井口都有一台带转筒的绞车,绞车上的把手非常特别,呈下垂 70 度角。绳子很细,一头拴着一个筐,大概可装 300 斤煤。[①] 每台绞车边上站六个男人,12 小时或者
297 24 小时轮班。12 台绞车需要 144 个人。每个白班每人赚 100 文,每个夜班 150 文,人力就需这点花费,另外每人每天有半斤肉。目前只有一个竖井在往上抽水,大概一天 24 小时能抽 100 皮桶。往地下运人比往上运煤的负重要轻些。但是这样简单的装备对人来说是很危险的。挖煤的人必须蜷缩四肢坐在筐里才能下去,一点儿安全保证都没有。我还想靠近看看到底怎么回事,却被人推到一边去了。

虽然没能成功靠近,但是我对这里的煤窑已形成相对清晰的认识。在中国收集信息的时候不得不小心行事。中国人不爱回答问题,当你问什么,他总是要思考良久。或者是害怕说出真相,或

① 丈,中国的长度单位,1 丈 =3.3 米。斤,中国的磅,1 斤为 500 克。但是中国的计量单位存在地区差异。参见第 215 页关于中国的"里"的介绍。

者干脆告诉你不实的数字。在这种情况下，你得想办法和他单独聊聊，取得他的信任，然后才能得到真话。你得多次尝试，相互印证，才能得出真实的数字。但是这次不同，我从一开始就得到了相对准确的信息。

当我靠近煤窑的时候，正在挖煤的人们对我并不友善。但是与之相反，煤矿的老板们却很是热情地接待了我们。不仅给我们泡了茶，还拿出精美的中国点心供我们品尝，虽然我吃了以后有些恶心。其实我心里清楚，那些工人们没有恶意，只是他们正在干活儿，不愿意有人打扰。我们还参观了东边的一个煤窑。自然又 298
是一番招待，这个矿是这里最重要的一个。人们还想拉着我们看其他的煤窑，热情之盛以至于我不得不费力才得以挣脱。回到船上，又是数不尽的拜访者到来，后来我不得不把船靠到村子的另一边躲避这些人。在那里我轻松多了，可以在河里洗洗澡，或是在林子里打打鸟儿。

（10月6日）今天一整天我都在收集化石。我们现在停靠的这个地方有很多化石，这里有一座小山丘，在它下方都是石头堆。单从保存程度来说，这里的化石是我在中国收集到的最好的。中国人对化石几乎一无所知。他们更擅长的是背个筐捡运煤车上掉下来的煤块。有时候他们也给我送过来一些好东西，我会给他们很高的报酬，为的是鼓励他们。但是单靠他们自己，根本就找不到任何有价值的石头。在日本这种情况则不同。

（10月7、8日）这里产煤的地方大概有10亩到25亩。[①] 很

① 参见第218页。

少有地方得到完全开采，受到水、塌方等等的限制往往需要在一个地方连续挖掘10年到20年。这里的人很清楚，水下面的煤的质量通常要好些。因此他们和灵山脚下的水系做了多年的斗争，但是没有取得任何成效。这里的土地，地上和地下属于不同的人。他们只是把特定的区域卖给别人挖煤，地面还是自己的。挖煤的人当然先要试挖，确定能出煤后才会从多点入手挖煤。我询问灵
299 山产煤是怎么被发现的，得到的回答却让我满头雾水：有几个懂行的人在这里发现了化石，于是就认为能因此找到煤矿。按照他们的理论，如果在页岩中出现化石就是有煤矿的兆头，简直不知所云！山西人在中国被当成是找煤和挖煤的专家，就像康沃尔郡人（Cornishmen）在英国一样。在太平天国之前有些山西人曾经在这里挖煤，但是因为没法解决透水问题而放弃了。当地人说这里的煤矿能挖一百年，但是中国人嘴里的话没什么谱儿，一万年也敢说。

到目前为止，我觉得当地人还是比较热情和温和的。但是今天却有人朝保罗扔了一块石头。他悬赏捉拿“凶手”，围观的人都凑上来，甚至连那个扔石头的人也混在其中，想洗清自己。

（10月9日）今天我又去了煤矿那里，得到一些新的信息。我还是没能进入煤矿中。工人们因为挖穿了两个矿坑打起来了。他们拿着长矛和火枪，看起来十分危险。进入这样一群情绪激动、身带武器的人中间不是明智之举。这里的人还是号称性格温和、脾性很好的。但是就在几个月前，在乐平因为林地的边界问题发生了争斗，最后死了440人。我决定明天等等再说。

国外抽水和运煤的方法是否能应用在这个地方是值得关注

的。但目前看来，时机尚未成熟。有一点无可置疑，那就是这里的
煤矿还是颇具改进余地的。比如用蒸汽机带动两个竖井就能比现 300
在运送更多的煤出来，也能保证工作的延续性。而现在单纯依靠人力，一个矿雇佣的人越多产量就越多。很多工人才刚刚开始干这边的矿，就又被另外的矿雇走了。还有就是单靠独轮车运煤效率也太低了，至少可以铺设一些轨道。中国人自己也急于改变现状，但见效不大。只能由外国公司接手，进行根本性的改制才会有明显的进步。当然不可否认的是，中国人将所拥有的这些简单的工具也用到了极致，在这种情况下能产出这样数量的煤来也是值得肯定的。

（10 月 11 日）今天我坐滑竿出行，我坐在一把竹椅上，椅子固定在两条竹竿上，两个人抬着，整副滑竿也就几斤重。除此以外，还雇了三辆推车，一辆我的仆人坐着，另外两辆装行李。我买了一些竹编的很结实的筐，每对儿才 180 文。推车在中国很常见，它制作简单，结构精巧。利用机械学原理使人能够少出力多负重。秘密在于将重量分散到大轮子的轴上了。而欧洲的车承重点在后面。正是这种力量分配使得中国人可以用推车推四大担子的东
西在平坦的路上走很长时间。甚至能坐整整一家子人，几周几周 301
地在路上。每个轮子的旁边都可以坐人，当地人常常做一个软垫子，这样坐着非常舒服。还有些在车上装个篷子，用来遮风挡雨。中国人常常根据行李的多少来判断旅途中的人有没有钱。这样看来，在他们眼中我一定是个富翁。因为我带着大概 300 斤的行李，其中很大一部分是酒（红酒和啤酒等），这些东西很快就会被消耗完。别人在中国旅行消耗的是金钱，我消耗的最多的是酒。

我在灵山的时候，有个姓黄的人经常来拜访我，他说他家在当地的很多煤矿都有股份，在景德镇还有一个商行。他自告奋勇要陪同我们，并且号称这样我们能得到很多方便。因为我对这个陌生的地方还是有些担忧的，所以就接受了他的好意。但是很快我就开始后悔了。黄是个面相敦厚的胖子，我们一上路，他就开始以这样那样的借口朝我要钱，花了钱也不记账。有时候他要的价儿很高，自己从中落下好处。之前有3000文因为太重没法放在我的车里，当时他很殷勤地把这些钱放到自己的车里保管。今天晚上我问这些钱在哪里，他只能拿出1000文来，号称其他的都付了账，而这是不可能的。他太贪心而且仗着我们的势力胡作非
302 为，有时候我们只是从村子里经过，并不需要停留，而他见到人多就会刻意让队伍停下来，吆五喝六，把自己装成是一个跟外国人关系很铁的大人物。

（10月12日）今天不得不打开天窗说亮话了，我告诉黄：他可以回去了，我给他的回程付路费，他私吞的那些钱我也不要了，就当作给他的报酬。我付给脚力们今天的费用，黄连昨天的钱都没付给这些人。现在他们和黄吵起来了。其中一些人拒绝再往前走。我警告黄，如果不好好解决这件事，我就去告官。听到这里，他的脸色都变了，求告我允许他继续跟着，因为只有这样脚力们才听话。无奈我只好同意，我们继续前进。

一小时后，我们在一处林子里休息，等待推行李的车赶上来。他们来的时候，我发现少了四个人，问了才知道，这些人去抽鸦片了。我忍无可忍了！保罗找到他们的时候，他们正吞云吐雾呢。保罗砸烂了他们的烟枪，用猎枪像押犯人一样把他们押了回来。

从此虽然再没出什么麻烦，但是我们明白了这帮人不是什么好东西。

我们继续在谷底行进，经过很多村庄，看见很多高大的树木（尤其是乌桕树）。攀越石灰岩山的低矮山脊，我们通过了婺河（Wu hŏ）和景德镇那边一条河流之间的一处地势低缓的山口，眼前出现了更高的山峦。我们在饶州时就注意到了这段山峦西边的山峰。这一带山的山顶看起来像金字塔的形状，斜坡处很陡。但是并不荒凉，山上长满了树木和杂草。山口的另一面，溪流形成众
多向山间延伸的支流，由此而形成了一处分叉的山谷，名叫大园 303
堤（Ta yuën ti）。事实上这里美丽得简直如同一个大花园，景色宜人，草木葱郁。我们所经过的这条可以通行手推车的道路两旁全是生机勃勃的篱笆墙、美丽的村庄和高大的楼宇。

下午5点，离景德镇还有30里路，看来今天想坐滑竿到那里是没什么希望了。另外如果我们这么一队人浩浩荡荡地进入镇子，恐怕也太过显眼，会带来麻烦。所以我付了轿夫的钱和黄回去的路费，然后租了一条很小的船。在月色之中乘船而行，在夜里两点的时候到景德镇附近停靠。

（10月13日）景德镇在昌江的左岸。昌江在此地下游20里长的河段和一段高大概800米的山脉平行前进，形成了重要的地貌特点。在一处突出的岩石那里，昌江突然转向（往上游方向），景德镇就位于转向的这一段上。这里有两座高耸的塔楼，上面有很多炮眼，像筛子一样。此处昌江宽120米，右岸是高50米的山丘，石板岩和砂岩形成了陡峭的山形，上端覆盖着砾石和泥土。我们就在这里停靠，当地人在这里用砖垒了很多烧制瓷器的窑，有些

靠着山，有些更接近河边。站在这座山丘上可以俯瞰全城。这是一个大地方，沿岸延伸大概 5 公里到 6 公里，有很多黑色的烟囱矗立的地方就是瓷窑。

我们在早上向景德镇靠近，这里的堤岸将近 10 米高，大部分是由瓦砾和碎瓷片垒成的。岸边不远就有很多垂直或是平行于河
304 流的胡同，有无数更窄的胡同在其间纵横交错。这些胡同两边都是高高的红色砖墙，墙内堆着很多瓷器的碎片。不时出现一道可以进入瓷器作坊的门，我们进了一个又一个作坊。在作坊里，人们先揉泥，然后塑形，放在长条木板上自然风干，之后放到窑里去烧。这里生产的都是些普通瓷器，在烧制之前只上一层白釉，这种白瓷釉是用祁门（Ki mönn）产的瓷土[①]加水稀释而成的，将加工好的坯在釉里浸一下就拿出来，然后烧制。这里大概有 150 座瓷窑，现在都还在用，规模并不大，制作过程也比较简单，和欧洲的制瓷工厂没法比。

巷子里出现了一些人，很快就像蜘蛛网一样，成百成百的人从各个角落里涌出来，一会儿工夫街上就人满为患了。这些人逼着我们退到一个窑炉边上，窑口有个小门，他们看起来情绪激动，大喊大叫。我被吓坏了，虽然我们能进入这个小门，但是怎么出来呢？如果他们也涌进来，后果不堪设想。于是我们朝停船的地方逃去，但是离得还很远。人群越聚越多，我们不得不沿着陡峭的堤岸前进，不远处就是咆哮的人群，更可恶的是他们还朝我们扔石块。万幸的是我们还是逃到了船上，但是我们的船夫上岸买东西

---

① 白瓷土，之后对于如何开采白瓷土还有详细介绍。

还没回来。而现在这里堵塞的船只也越来越多，所以我们不得不离开岸边驶到河里。后来河里也不容我们久留，于是我们逆流而 305
上，到了这座城市商贸集中的区域。

在灵山的时候我给一个商行写过一封信，到达后派我的仆人前去接洽，但他至今还没回来。人潮还在涌动，而且登上了我们旁边的船，朝我们逼过来。我们不得不继续前进，将船驶到对岸。我的仆人和商行的一个年轻人终于出现了，我们朝他们过去，想接他们上船。但是人群开始攻击那个年轻人和我们的船老大，威胁他们说如果跟我们走就打死他们。无数石块从我们耳边呼啸而过，很多也击中了我们的船。那个年轻人大声呼喊，我们不得不舍下他再次把船驶到对岸，期盼着能安静一会儿。可惜很快就发现一队小船朝我们冲过来，岸边还有更多的船跃跃欲试。我们只能再逃，因为这些人就是想赶跑我们，不让我们上岸。如果我们强行上岸，肯定会引起暴乱，冲突会升级。于是我们开始了较量，我们往前走，他们在后面紧追，还弄来了很多长竹竿，离我们越来越近了。

现在我们船后跟着六七艘船，就在第一批船要追上我们的时候，岸边有个男人冲我们大喊，其实他已经沿岸跟着我们很长时间了。他说他是一个官兵，是来保护我们的。我们把他和同他一起赶来的那家商行来的一个上了年纪的人都接到船上。这两个人看来确实有些权威，他们制止了跟着我们的船只。于是我们跟随着他们到了商行里，还有很多人聚着不散。那个官兵和老商人不管这些，冒着危险带我们穿过人群朝商行走去。我们进入商行后就关上了所有的门。他们邀请我们就住在这里，还给我们提供了卧 306

房。那个官兵很抱歉地说，他们的大人刚好出门了，要明天才能回来，不然也一定会邀请我们去的。

外面人头攒动，我们却安坐屋中喝茶聊天。其间这里外出的几个女人尖叫着回了家。他们说希望我们能在此地多停留几天，而且不时地出去走走，人们就会见怪不怪了。但是我不得不告诉那个老商人，我们不是来做买卖的，他显然很是失望。我也不得不告诉那个官兵，他的大人回来后，我很乐意向他出示我的证件，如果能在衙门里住我会觉得更安全些。我的话打击了他们两个的热情，于是我们和他们商定了一个新的计划，那就是让我们走人，回到船上去。之前我很担心行李的安全，多次提出想让他们把船上的行李也抬到这里来。此时我的担心成了他们让我们走人的理由了，他们说街上的人还这么多，实在没法去取行李，而且行李还是由我们自己看管为好。于是我们不得不在他们的保护下，再次穿过咆哮的人群回到了船上。这时岸边已经在很多小船上搭起了长木板，这样我们可以踏着这些木板直接走到我们的船上。还好行李还在，也没什么损失，目前这种状况下，说实在话，我宁可待在船上也不愿意住在城里。

到中午了，我们和那个官兵还有老商人一起回到对岸，期间得知今天是个特别的日子，人们不需要工作，所以很多人喝醉了，
307 因此比往常更容易激动些。很多人好奇地靠近我们，想看看我们到底长什么样，我们只能待在船上，什么也干不成。

我决定不在景德镇停留了。如果要了解当地的情况，至少需要 14 天的时间。蜻蜓点水似的考察得不到任何有用的信息。于是我决定雇滑竿和挑夫去高岭村(Kau ling)和祁门。老商人进城后很快又折回，很高兴地给我带回来一个消息，那就是我可以雇一艘船去祁门。

太阳快下山的时候我们再次试图靠近几座窑口，一场新的追逐又开始了。几艘大些的船冲我们驶来，上面是嘈杂的人群。我新雇的船夫说这些人很危险，因为他们在傍晚来。我们逆流而上，他们紧随于后。我们停他们就停，我们走他们就走。很快天就黑了下来，我们的船被困在一些小船中间，在我们能够阻止之前，几个人跳到我们的船上来了。那是几个醉汉，我们把他们赶走了。他们的人又开始扔石头，我们只是躲避。就这样追来追去，我们尽量避免使用武力。晚上八点，终于找到一块儿安静的地方，停泊在一些来自祁门的船中间。这里的风气很差，八点后街上几乎就没有什么人了，大概有 20 多个士兵在维持秩序。

景德镇地方很大，但是没有城墙，倒是有几个坚固的城门。
其实这里不是一座城，只是一座市镇而已。[1] 没有人知道这里有 308
多少居民，与它以往的繁华和兴盛相比，现在已经难掩衰败之势了。太平军从四面冲进城里，杀死了这里 2/3 的居民，还带走了漂亮的女人和 15 岁到 16 岁的年轻人。从此这个地方衰落下去，以前据说有一百万人口，现在只有二十万，其中八千是有劳动能力的（男人、女人、孩子都算上）。以前中国的瓷器主要产自这里，被运往广东、镇江和汉口。但是现在广东那里自己建了瓷窑，不再需要这里的瓷器。绍兴和其他一些地方也开始产瓷，成为这里的对手。因此当地人对外来人，包括广东人和其他行省的人十分敌

① “镇”指的是德文中的集镇（Marktflecken）。

视，认为他们是来偷取烧瓷秘密的。

景德镇作为瓷都的历史可以追溯到公元前800年，得名于景德皇帝（大约公元前1000年）。（译者注：宋真宗景德年间，景德镇的名称得以确立，此处应是李希霍芬之误。）其悠久的历史和巨大规模可以从这里大片的碎瓷片看出来，河边的路基延伸30里，有一半都是碎瓷片铺成的。

但是烧制瓷器的原料并不产自本地，而是从四面八方运来的。这里停靠着成千的小船，天天繁忙地卸货：主要是各种各样的用来烧瓷的土，还有砖石和食品等。格外引人注目的是那些运载燃料的船只，这里只烧乐平的煤，但在制瓷的过程中煤不是主要的燃料。主要燃料是一种蕨类干草和另外一两种类似植物的干
309 草，每天都有很多船只运来。登彻莱斯（Dentrecolles）和莫理循（Morrison）所持的这里用干草灰做釉面的说法看来是对的。当地看得见很多黑色的粗粗的烟囱。利特德尔（Littledale）因为没有看到烟，就说这里烧的是无烟煤，这种说法应该不对。

这些原料很大一部分是经饶州府运来的，多是些烧普通瓷器的土。一种白色的格外珍贵的用来上釉的土来自马村窑（Ma tsun yau），距此以北100里，通过水路和陆路运过来。莫理循认为，马村窑在公元1000年时就已经被开采，以前产出的是最好的烧瓷的土，但是现在已经没那么好了。现在最好的土来自祁门，还有颜料等原料也是经饶州运来。我本想预定一套标有中文名字和产地的当地各种瓷土、颜料还有釉料的标本，但是被告知，必须得到一位官员的许可才行，而他现在不在，要五天后才回来。这里的人对颜料的问题讳莫如深。据我所知，其他人也没能搞到这样的标本，所

有的努力都是徒劳。后来倒是在维也纳的世界博览会上有人拿到了完整的景德镇瓷器颜料的资料。尽管如此,我还是得到了五种土样,大部分由祁门经水路而来。祁门我以后还会去的。至于著名的高岭村,这里有好几座山都叫高岭,最有名的一座在此处东北90里外,但是现在变得盛名之下其实难副了,虽然还有那里的土被运来,但是质量远远赶不上祁门的土。

(10月14日)我在景德镇的考察到此为止,今天我们坐船逆
江而上。两岸多山,沿着昌江的走向绵延,偶尔可见植被茂盛的山 310
丘,有时在河道弯曲的内侧还看得见高30米的碎石坡地。离开景德镇后,我们经过了一处破旧的军事阵地和几处新的城堡,都是太平天国时留下的。朝廷的据点坐落在风景如画的地方,形成环形的城堡,被城墙或是自然屏障包围。

走了30里路后到了一座八层的宝塔,再走几里就到了位于河右岸的浮梁。这座城市还有城墙,但是人不多,只有一些小贸易。一些人跑来看我们。在此处东昌河(Tung tschang hŏ)由东面汇入昌江,这条河发源于高岭村,距此地陆路有60里,水路有70里。那里高耸着几座山,山上不同位置开采的土用来供给景德镇烧瓷。这条小河非常危险,因为再往前河道很野。每天早上都有很多船到这里来运土到景德镇。

因为高岭村的名声很大,我本来想去看看的,但是需要三天时间,而且现在高岭的价值早就被祁门超越了。所以我决定继续往前走。离开浮梁15里我们到了一处水力捣碎设备那里。余干县(Yü kan hsiën)(离此以东20里)的石头被用船运到这里来捣碎,因为这里可以利用水力。河水被一座高一米的堤坝拦住,水力

带动四个用竹子和木头制成的轮子形状的水车，每个水车转动一根大约七米半长的轮辊，再由此带动18个锤子上上下下。轮辊每分钟转五转，带动的锤子每分钟从一米高处落下20次。锤子是木质的，每个下面都有一个臼，石头做底儿，四周有的是石头有的是
311 木头做的。要加以粉碎的石头事先被碎成坚果大小。粉碎后的石粉，先是按照杜赫德（Du Halde）所描述的办法被弄成石浆。这些石浆被堆在一起，用砖头吸出其中的水分，再塑形成厚1寸、边长3寸的（每寸约2.7—3厘米）正方形石块，然后在空气中风干。这里制作的原料是专供皇家用来做瓷器的，每块上面都加盖一个证明身份的印章。还有一个皇家派来的官员在这里守卫着，防止这些石块落入别人手里。我试图拿钱贿赂他，好得到其中一块儿，但被他拒绝了。后来他只是把石块上的印章刮掉，就让我如愿以偿了。

（10月15日）这次旅行我最满意的是天气，天空总是湛蓝，温度也很舒适，早上和傍晚甚至还有些冷（今早14度）。我们航行得很慢，河水不深但是水流湍急。两岸尽是悬崖峭壁，如刀削斧砍一般整齐。我的船工们干活儿很卖力气，因为他们的工钱不是按天计算，而是旅程结束时一次性支付。他们时不时需要拖拉船或是扛着行李。我们租的这种船很适合这里的弯曲但是平坦的河道，能够十分贴近河底。用来撑船的弯竹竿也十分好使，头上是一个铁尖儿。船工们几乎都赤身裸体，因为他们随时都要跳入水中。这里的河水清澈透明，河底的卵石和水中的鱼儿都清晰可见。两岸没有多少居民，今天我们只大概经过了三个到四个村子，村中有些参天大树。山坡上植被很是茂盛，虽然攀爬困难，但是连刚刚长

出的枝丫也被砍掉了，用来运到景德镇做燃料。这些蕨类植物在 312
这里被收集起来，一船一船地被运到景德镇。这条河上做此类生意的船只穿梭不息。

这里的人用鸬鹚来捕鱼，江面上经常可以看到 30 艘到 40 艘竹筏子。把 5 根六米长的竹竿绑在一起，前头像雪靴似的向上弯起，就做成一个竹筏。头儿向上弯的目的不是为了撞到岩石的时候减少冲击力，而是为了能从水中露出的岩石上越过。竹筏上面放一个筐，一个人拿一把小浆划船，他身后是鸬鹚。当水面比较安静的时候，鸬鹚就会跃入水中，有时候是自愿有时候是受渔人驱赶。它们在水下待一会儿，然后跃出，通常这时鸬鹚的嘴巴就抓着鱼了。渔夫会用网抓住鸬鹚，然后让它把鱼吐出来。如果它们把鱼吃了，渔夫就会轻轻地打一下鸬鹚作为警告。通常一排竹筏平行作业，把整个水域的鱼都捕得干干净净。这种捕鱼的方式在中国的一些地方经常可以看到，这说明中国人多么会驯养动物为自己服务。但是当地动物的种类很少，连野鸡都没有。只是偶尔能看到一些漂亮的鸟儿飞过，以鸳鸯居多，它们喜欢在小山沟中停歇。

（10 月 16 日）两岸的景色一成不变，山势不高，也就 250 米到 300 米的样子，没有悬崖峭壁，山上的植被丰富，有些山呈金字塔状。我所期待的场景，即山谷中绿树下坐落着两三栋房屋，也始终 313
没有出现。自从景德镇开始沿岸的山石都是同一种。

今天我们到达江西和江南边界处的村子倒湖（Tau hu）。在江西只是偶尔看得到茶叶，而在江南茶叶则被大面积种植，这个季节正是旺季。这里不种稻谷，冬天（12 月和 1 月）也下雪也结冰，尽管如此那些船工们还下水推船，我还看到了在北方常见的高粱。

（10 月 17 日）越走地势越平坦，我本来想这里会有高山出现，但是现在山地逐渐变成丘陵。今天岸边比之前明显人气旺盛了，这里的房子都是两层结构，看起来很坚固，说明这里的生活很富足。茶叶是这里最重要的产品，从事大买卖的商行都在大峰村（音译：Ta fong）。当地人用油桐树的果实榨油，这种树的果实和巴西果有点儿像。这里种了很多玉米，引人注意的是人们在很陡峭的山坡上种玉米，而且长势很好。油桐树常常生长在山坡的阳面，高三米到三米半的样子，形态庞大。此处的土地很贫瘠，有些类似于岩石地面，所以自从离开鄱阳湖后，人工种植的就只有一种麻类植物（或许是苎麻），但是长势很旺盛。

今天我们打了一些鸳鸯，它们通常成对成双，喜欢待在安静的水面上或是岩石的陡峭处。没中弹的那些很快就逃到林子里躲

314 在树丛下了。它们也在那里觅食，我发现在一只鸳鸯的食道里除了栎果没别的食物。这种鸟儿在翅膀中弹之后，也不叫也不咬，只是待着不动，黑色的大眼睛显得很聪明的样子，和其他的鸭类不一样。

夜里我们到了离祁门 20 里外的地方，再往上游船行不通了。只有在涨水的时候，大概 4 月底到 6 月底才能从此乘船去往祁门，现在只能坐竹筏子。于是我解散了原来的船夫们，这些人给我留下了很深的印象，不光是因为他们很勤快，更因为他们在极其困难的情况下所表现出的韧性和耐力。像昌江（Tschang）这样的河流在欧洲几乎不可能行船的，只有在中国和日本，人们才能在行船极端艰难的河道中来来回回。这样的经验来自几辈人，他们将船只建造得十分适合这种河道，而且掌握了最好的手段克服困难。

往上游走的这段路是我在中国经历的最为舒适的航行之一。中国人的船很小，但是可以遮风挡雨，而且十分方便。装行李的箱子柜子用来作为桌子和椅子，我雇的厨子手艺很好，而且随时为我提供服务。他用一个花一点儿小钱买来的铁皮炉子给我做饭，烧的是木炭。在船上物质条件很是丰富，几乎我想要什么就有什么。我们在新鲜的空气中前进，满眼赏心悦目的景色。当船逆流 315
的时候，我经常下来在岸边走走，有时我走得比船行得还快。

（10 月 18 日）所谓竹筏子是用数根竹子绑在一起制成的，每个上面有一块高一英尺的平面，可以放行李。我放心地把行李放在上面，自己步行去祁门。河道弯弯曲曲的，两岸的山不高，大概 250 米的样子，大部分山都倾斜地伸入水面。沿途有很多村落，有些坐落在支流边上，有些则在河道拐弯处。这里的山上植物茂盛，几乎每个斜坡上都密密实实地长满了杂草，还有很多攀缘植物在这些草和树上肆意生长。品种也多得惊人，如果要寻找某一种类的话，立刻就能不费力气地找到很多品种。很多植物都长着大大的多肉的叶子，看起来像皮子似的，非常适合作为庭院中的观赏植物。这里生长着大量的各种各样的具有热带雨林特点的低矮树木，比如杜鹃和山茶等。难怪此地在中国有“花国”之称。①

我在中午到达祁门，这座城市位于昌江干流的右岸，市郊则位于干流和一条支流的中间地带。我们在这条支流旁的一个商行落脚。我本想立刻雇滑竿和挑夫前往离此大概 180 里外的黄山。

① 参见第 22 页。

316 但是在这个偏远的山区我遇到了一群比平原地区的城里人更难缠的人。他们毫无羞耻地要高价,而且还信誓旦旦地宣称,每个挑夫每天只能走30里路。如果这样我得花六天时间才能到黄山。

我猜测他们的话可信度很低,这些人可能就是些中间商。为了给后来的外国人铺路,我决定去找这里当官儿的求助。在一群人的围观下,我去了衙门。一个年轻的相貌英俊的官员既热情又矜持地接待了我们。寒暄之后我道出了我的诉求。他建议我走山路,说大路不安全,并且说他可以让附近另外一个城市的人帮忙,因为在这里他也不能派遣人员陪同我们。我感觉到他的影响力不是很大,可能是因为他今年才来这里做官。他是坐汽船来的,因此见过并且和欧洲人交谈过,尽管如此他对一些事情还是缺乏了解。比如看来他不知道这里的茶叶大批地卖给广东人,但

谒见一位官员

真正的买主实际是在上海的欧洲人。他对加罗拉银元(Carolus-Dollars)没有怀疑,此地很久前就使用这种货币了,但实际上中国产茶区的这些钱大都来自欧洲商人。

那位官员把我们送出二道门、三道门,一直到大门。通常只有在正式拜访时才会这么做,送出去越远说明对客人越重视。

他把我们送到大门外这一举动的确有点儿作用,那些围观的 317
人也开始不敢小视我们了,这确实提高了我们的威信。我们在众人的注目下回到了居所,只是我们的要求没有得到满足。事情没有进展,我们搬进了商行的二层,得到了两个干净的房间。但是围观的人总不肯离去,这让我们很不舒服。

(10 月 19 日)傍晚时分还发生了一次火灾。我们旁边的房子着火了,很快就看到了明火。我们赶快把行李转移到隔壁的房屋中。但看起来我们过于小心了,因为除了着火房屋的主人和住在那里的人外,其他人根本就不紧张,也不帮忙,任房子被烧毁。邻居们只往自己屋顶上泼水,或者干脆把临街的木头门脸推倒,以防火烧到自身。而我住的地方其实毫发无损。

不久又发生了另外一场闹剧。一个自称是那位官员派来的男人来客栈对我们说,那位官员很抱歉,这里的挑夫一天的确得要 1 吊(1000 文)工钱,一天也只能走 30 里路,而且今天的确没法找到滑竿和挑夫了。我立刻派保罗到衙门里去求证,结果那位官员见到我们还在这里很是吃惊,他得到报告说我们昨天就走了。看来是有人想要计谋阻止我们和他再次见面。终于他给我们派了兵, 318
每人每天只需 400 文,而且可以走 60 里路。但是这些人很是懒散,如果不催促,今天就得在这个地方再无所事事地待着了。为了能尽快成行，我改变了整个计划。下午两点我终于以每人500文的价钱找来了10个人，他们带我们去60里外，钱塘江(Tsiën tang)一条支流东边的鱼亭(Yü ting)。我明白想要乘滑竿用挑夫驮行李走山路不太可能。我原本想经过黄山和天目山(Tiën mu schan)的完美计划也泡汤了，因为可以预见路上会遇到很多类似今天和昨天的情况。

到祁门昌江就不能行船了。由于两条支流的汇聚，使得这个地方的水位比汇入的河流高出不少。所以从这里就只能走陆路，虽然也可以到长江边的铜陵(Tung liu)和大通(Ta tung)，但是最大的一条道路是通往鱼亭的。祁门其实也就比鄱阳湖海拔高出120米。

我们走的这条路，两边是高250米的山峰，沿途有很多村落。超过一半的房屋在太平天国时期被毁了，也没有重建。幸存的房屋看起来还比较好。我不知道这里除了茶叶以外还产什么。这条路是官道，最高等级的道路，宽两米，铺着石条，路很平，两侧有很多茶馆。我们在其中一个茶馆过夜。

(10月20日)中国的旅店，客人和主人住的地方通常在一起，一般都有一个沿街的门脸，会在里面做饭。后面是一个稍高些的平台，上面摆放桌椅，用来接待贵客。两边则是没有窗户的窝棚，里面搭着木板床作为睡觉的地方。在门脸旁边也有一样的窝棚，
319 所以住在里面的人仿佛都住在同一个房间里一样，互相都听得清楚。吸鸦片的声音、孩子的哭声、女人们的鼾声、鸡鸣狗叫声扰得人无法入睡。尤其是狗叫声，在中国，狗是用来看家护院的，这里的狗格外警醒，外面有一点儿动静就狂吠不止。当然还有牛和猪

都和人住在一起。

除了这样的旅店外，这里还有很多茶馆。茶馆的门脸要简单些，有的后面是比较大的厅堂。里面放着桌椅等物。在角落的炉子上有一个大水壶。伙计们会给坐在桌边的客人每人一个杯子，然后在里面放些茶叶，冲上滚烫的开水。他们很会察言观色，给看起来有钱的客人冲的是好一些的茶叶。看起来寒酸的客人则是一般的茶叶，有时候就是些茶叶末子。每个杯子都有盖子，用来保温。人们会让茶叶泡一会儿，然后趁热品尝。之后伙计会再给添水，茶叶并不换，热水是不收钱的，只收茶叶的钱。茶水钱很便宜，但是如果像我这样，每隔五里就喝上一次的话，一天下来的茶钱对于那些做苦力的人来说也不是个小数目。

今天我很早起床，去探访祁门的采石场，这里产的就是所谓的最好的瓷土，主要供应景德镇。此处昌江自南边穿山而来，道
路沿着江岸蜿蜒，直伸入一条陡峭的峡谷当中。几条支流蔓延进 320
入附近的山谷中。山势陡峭，植被茂盛。山谷中种着稻子，山坡上种着玉米。山的南面是板岩，其中有很多岩层。山坡上生长着很多树木，其中就有油桐树，还有很多低矮的树木，这种树的叶子很大，像皮子一样，开的花儿是白色的，很像茶花，但是比茶花大些。果实很像巴西果，硬壳里包裹三粒到五粒果实，可以用来榨油，也能直接食用。值得注意的是，树上同时看得到果实和花朵。

下午两点我回来后就启程前往鱼亭了。经过一道不高的山隘后，就离开了鄱阳湖和长江的支流水域，进入浙江最主要的河流钱塘江的支流区域了。这里的道路虽然不似先前那样宽阔，但总体上还比较平坦。沿途路过很多村子和客栈。我们的出现再次引起了尾随和围观，尤其是在人口较多的鱼亭，但当地人都比较和善。

（10月21日）今天我最终放弃了原先打算走山路的计划，改行水路去杭州，因为缺乏长途跋涉所需的足够的勇气。鱼亭就在一条河的边上，这条河源自山中的溪流，到这里已经变得很宽了，可以行船。但是水流湍急只适合小船，这些小船把盐、糖、鱼和大米等运到这里，再经鱼亭走陆路继续运往各地。我租了一艘小
321 船，带两个船工。价格高得惊人，虽然有很多人在干这生意，但低于2000文没人肯干。

鱼亭下游河右岸是高约400米的群山，景色秀美。山势缓慢地向河边推进，但是离河边较远的地方却尽是陡峭的山峰，而且形状十分奇特，圆的尖的方的都有。因为山势陡峭，而且岩石都是红色的，所以格外显眼，山谷中和峭壁上长满了各种各样的植物。高处可见散落的庙宇，还有一座很大的庙，白色的院墙就坐落在岩石之上。

我们到了休宁（Siu ning）的标志一座塔边之后，山势变得缓和很多。此地北边可见500米到600米高的山群，山上岩石的形状和颜色让人联想起长江边南京的花岗岩山，但不能确定这里的山到底是花岗岩还是石灰岩。此处的山比来时的更高些，多是孤山。此外西南方还有两座我目测大概高800米的山，东边也能看到高耸的群山。

休宁产的墨在中国非常有名气。虽然很多地方都产墨，但是最好最贵的墨产自这里。制作的过程也对外保密，据说用很多油，当然还有其他的各种配料。这里产各种规格和样式的墨，在欧洲通常只见得到其中最平常最粗糙的。质量好的稀有的墨被包装

得十分精美，外表还被涂上蓝色、红色和金色作为装饰，而一般的则就是原色黑色。后来我见到过一种这里产的最好的墨，12 块
儿装在一个非常精美的漆盒中，价格高达 75 个塔勒硬币，这样的 322
礼物很受文人士大夫们的欢迎。

（10 月 22 日）我们早上 7 点到达屯溪镇（Tun ki tschönn），这里是绿茶的交易中心。每年产自婺源的三四千筐茶叶被运到这里来，每筐重 60 斤，由这里贩卖给大的茶商。种茶的农民常常把三斤或五斤一包的茶叶带来，茶商们以每斤 300 文的价格买进，之后分类再包装。茶叶生意的竞争也很激烈。这里的茶叶经河道运往宁波，所以此地停泊着很多船，每艘可以装 70 筐到 120 筐茶叶。能装多少茶叶取决于船的大小和水深，水位低的时候不能装太多。这里的茶叶贸易都用加罗拉银元结算，其实加罗拉银元是唯一的通行货币。我不得不先把我的银子换成加罗拉银元，而墨西哥银元在这里没法使用。根据水位的高低以及船只的多少，运送 2—5 筐茶叶的价格是一个银元。回程时这些船就装些盐、糖或是咸鱼，有时也从上游带回很多木头。也顺便带客人，所有的大点儿的船都在船的两边设有三张到四张床位。从屯溪到杭州，中国人一位要支付 1200 文。丰大业（Rob. Fortune）就坐过这样的船，不知道他是如何忍受船上封闭空间里令人窒息的混杂着鸦片和烟草的气味的。我得到一个机会，花 5 个银元坐一艘运茶叶的船，船主答应只带我们三个人，不载其他人了。现在我有两个选择，要么就像一筐茶叶一样，跟船走九天被带到杭州。要么就自己单租一
条船。我当然更倾向于第二种，于是花了 18 个银元雇了一艘能装 323
80 筐茶叶的船去杭州。

我们在中午离开屯溪。河水湍急，我们的船在奋力前进。两岸的景色虽然不再如前几天那样赏心悦目，但也不是特别无聊。这里的村落看起来规模很大，房子都刷白，房顶和窗檐上还有很多装饰物。眼前的景色不断地变换，山上的岩石嶙峋怪异，中国人感到非常新奇。山上时不时地会出现一座庙宇，掩映在高耸的树木之下。在这里我第一次看到了杉树，还有一种深色的柏树也很吸引人的眼球。这个地方的样子和日本很相似，现在我确信，日本人很多地方都学习自中国，他们曾经到过浙江，并且自此去过徽州府（Hwi tschóu fu）。不得不承认，日本人的模仿能力值得称道。

这里有很多水车，直径都在七米半左右，都是由下面的水流冲击而转动的，用来碾米，力道并不大。前天我还看到过瓷土水磨，有些是上冲的，这是我在中国见到的唯一的上冲水磨，力道也不大。

这里的人在穿着上比中国大多数地方的人要好些。他们的房子也建得很是坚固漂亮，粉刷成白色，远远儿就看得见，但是几乎都没有窗户，屋子里面也不干净，不适合居住。和北方一些行省的居民相比，这里的人吃得也较好，但是也不怎么干净。有时看得见
324 很可怕的皮肤病人。城里和城外的道路都铺着石块，行走比较舒适。整个地方看得出经过细心维护。但是这里的居民却不怎么文明，尤其是江西人，他们自认素质很高，总是以讥讽长江那边的人为乐。但我觉得他们之间的区别不大，这里其实更加不开放。尤其是妇人们流产的方法让人厌恶至极，江西人在这方面还要进步些。当地人干活舍得花力气，但是如果他们觉得报酬不多，宁可什么也不干。经常看到高高挽起裤脚的年轻女人和祖母年纪的女人

站在水里做拉纤这样的活儿。她们拖着绳子,像男人一样在逆流的时候帮忙拖拽船只。在我的船上也有这样一位干男人活儿的妇人,只有在这里能见到女人干这种活计。其他方面这个地方和邻近的地区没有什么区别。

我们凌晨3点在皎洁的月光下出发,但是很快起了浓雾,直到8点才散去。船走得很快,水流有时很湍急,非常危险。尤其是在过那些又窄又弯曲的河道时,我们的船就在那些突出的岩石间穿梭,稍有差池就偏离正确的航道而被撞得粉碎。这里经常发生这样的悲剧,一旦发生,人们能救出点儿什么就救什么,损失由船主和茶商共同承担。为了阻止碰撞发生,船上有一样很实用的工具,在船的前部垂直竖立着一根木桩子,可以通过一个孔道直接穿透船底插入河道里。它替代锚的作用,在紧急时刻制动。在祁门 325
的时候,船工们用一根带铁头的长竹竿来控制船,这里则用结实的木头做成木桩子。

岸边的景色不再是先前那样红色的砂岩,两岸的山势变得高峻且陡峭。山上还有树木,山岩往往自河边直接升至300米到400米高,其后是那些圆顶山峰,大概能高达600米或者更高,再远就看不见了。

比较特别的是,在这一地区所有能耕种的土地都得到了极致的利用。因为这里几乎没有平地,也几乎没有能开垦成梯地的坡地,所以即使在非常陡峭的山上都种植了农作物。在山上经常可以看到玉米或是谷子,甚至还种茶叶,更远的地方还种了大片的树木。街口(Kiai kóu)位于安徽和浙江的边界,这里驻扎着安徽的一位官员,不远处还有一位浙江的官员。进入浙江没发生任何变化，因为浙江人沿河把他们的文化也散播到这里，自然环境也没有任何不同。

（10月24日）今天船行处的景色比昨天变化多。陡峭的山峰间可以看见窄窄的山谷，两条不小的河流在此处汇入新安江（Sin ngan hŏ）。淳安县（Schun ngan hsiën）下游汇入的这条河使得河水变得湍急，之后一直很急。河水依然清澈，我们的船以每小时6
326 节到8节的速度前进。船工们熟悉这里的地形，我们很安全。有的地方水深也就2英尺到3英尺，河底的石头清晰可见。我们的船快速地在河面上穿梭，这种感觉很舒适。天气晴朗，早上还有些冷（7度），太阳升起来后就暖和了。淳安县在太平天国时期受到重创，这是我见过的唯一一座没有城墙的县城，尽管如此，四个方位上还各有一个城门，似乎在护卫这座城市的尊严。

（10月25日）严州（Yen tschóu）是一个很贫穷的地方，只有低矮的石头垒的城墙。这个地方很小也没什么贸易，但是此地正好位于新安江和钱塘江的汇流处，汇合后的河流仍然被叫作钱塘江，虽然新安江的水势更大，而且决定了汇合后河流的走向。通过钱塘江，茶叶和大米被运往下游，盐、鱼等物品被运往上游。尽管如此，钱塘江以前作为北京和广东之间重要通道的作用已经不存在了。当年马戛尔尼（Lord Macartney）[①] 率领的使团就是经过这条水路进京的。如果他们的舰船大炮再来到这里，一定会发现此时这里变得荒凉了。一到严州就发现新安江两岸的居民少多了，50里外尽管土地平坦但是只有零散的几个村落，70里外则几乎

① 1793年英国觐见乾隆皇帝使团的领队，其在中国内地（从北京到广州）的旅行为中国研究开创了一个新的时代。

没有人住了。这里的生活太依靠这条河了，现在船只的数量增加不少，人们更加依赖上游的钱塘江而不是这条支流。

汇合后的河流很快就流经一片斑岩区，然后进入一条窄窄的山谷，两岸是黑色的高200米到250米像自河水中突出的墙一样的岩石。它们阻挡了其他河流的汇入，也阻挡了人们的视野，完全 327
看不到这两堵墙后面的地方。在严州时河水流动很快，到这里后变得很深很安静，几乎看不到流动的迹象。

在这条河上顺流而下船行得很快，两岸的景色优美但比较单一，如果是逆流而上船速度慢的话，人或许会感到有些无聊。岸边也没有值得深入研究的地方，其实大多数时候我只是走马观花，也只能这样，因为想要在岸边步行跟上船行速度几乎是不可能的。我要到岸上，就只能让船等我。除了几只鸳鸯外，我没打到其他鸟类。这里的人见多了欧洲人，并不感到新奇，只是还管我们叫“洋鬼子”。我的船工们比较听话，他们经常举行一种宗教仪式。他们供奉一个小小的牌位，上面写着他们信奉的神的名字，每天都要烧纸钱和纸元宝（Mock-Sycee）[①]，晚上还为这位神单独点上一盏灯。早上还要再烧一遍供奉，并且向神鞠躬。还要给神供奉米饭、点心和菜肴。但是奇怪的是早上这些吃的东西都会消失！他们说，我们能安全通过这么危险的地方多亏菩萨保佑。他们称这位神为“菩萨”。我观察后发现，这里每艘船上都供奉菩萨，晚上船工们在做饭的地方都要烧纸点灯。虽然我知道在中国有一些信奉神灵的人，但是这里信神的人格外多。

① 这里指的是形状类似鞋子的银元宝，而祭祀焚烧的是用银纸叠成的纸元宝。

328 （10 月 26 日）今天天气也很好，只是逆风，水面几乎没有流动，所以我们走得很慢。对于逆流而上的船只来说，渌渚门（Lu tszě mönn）就在进入斑岩区的入口处，这里还矗立着一座渌渚庙（Lu tszě miau），往上游去的船只都到这里祭拜，求神灵保佑安全渡过危险的河段。这么做有其道理，因为此处以下河水就十分平静了。只有在严州府，船只会遇到急流，因为这段河道直接位于山谷的上端，而且水面比较浅，不适合船只停靠，所以看来钱塘江只在它的河口和渌渚谷（Lu tszě Schlucht）之间的河段可以航行汽船，最远能到武旺（Wu wang），大概离杭州 205 公里。

这里的一个独特现象就是，河道在坚硬的岩石间穿流而过。当船只从这样的山谷中出来时，眼前却又出现了另外一条西南至东北向的山谷，往东北走大概 80 里，两座山形成一个关口，穿过这个关口可以看到很远的地方。如果沿着这条山谷往西南方走则最少能走 100 里，甚至是 180 里。但是河道没有沿着这条山谷前进，如果继续穿山越岭得在岩石间行进。这条山谷中郁郁葱葱，有很多庄稼，还有桑树，这是此次旅行中第一次见到桑树。还有很多柿子树，柿子个头硕大，几乎没有核儿，也有橘子，但是不太好吃。

能做劈柴用的树木都被人砍得干干净净了。上游运来的茶叶到达离此处 5 里、离杭州 30 里的泥角村（音译：Ni kiau）后，经过一些商行被分装到小船上再运往宁波。涨水的时候从屯溪顺流大
329 概需要 5 天，如果逆流 10 个船工则至少需要 20 天。而现在即使顺流满载的船也至少需要 9 天甚至更多。100 艘船里就有 3 艘到 4 艘船撞上岩石而翻掉。每艘船上都有商行的一个人随行，如果不幸翻船了，这个人就会带着救回来的货物回到屯溪。在那里所

受损失会得到评估，损失由茶商承担，计入运输成本。

如果以钱塘江流域的人口情况来推测整个浙江的话，那么浙江的人口数量恐怕没有前人估计的那么多。尽管湖州、杭州、绍兴和宁波府人口众多，但是山里几乎没人住。这个地方的市镇据我观察也没有特别重要的。谈到中国人口的时候，常常以亿计。但实际上无论中国实际的人口数量是多于还是少于 10 亿，对于中国人来说无关紧要。如果单就出口的茶叶和丝绸的数量之多，甚至让人误认为所有中国人都在种茶叶织丝绸呢，但实际上种茶叶的地方就这么大。如果进一步了解就会发现，这里的人对于其他作物的上心程度比对茶叶要多得多。按他们的话说就是，茶叶经常会遇到收成不好的年份，而其他作物，比如谷子、玉米和高粱等受年成的影响不那么大，所以他们更愿意在这些上面多花些心思。至于在这种心态下为什么还能产出如此多茶叶，原因有很多。中国人喜欢自给自足而不愿意依赖进口，凡是生活必需品，他们都喜欢自己解决。但如果有人能教给他们一些国民经济常识的话，茶叶的产量将得到巨大的提高，赚来的钱能买来更多的谷子和玉米。还能种植些更具经济价值的东西，比如在山坡上完全可以种植橄榄，当然种葡萄更好。

（10 月 27 日）武旺这里的山谷很是多产，尤其是桑树，到处 330
都是，还有玉米也种了很多。我经过的地方河流上游和下游沿岸的山谷中大都种了玉米，只是中游地方没有种。这些河流的落差虽然并不大，但还是能明显分出不同的河段。比如钱塘江下段是很宽阔的河流，但是在严州的时候它还是两条河汇聚成的宽只有 120 米的河流，在铜陵县（译者注：原文为铜陵县，但应为严子陵）

那里，由于洪水的作用，水面形成了半英尺的落差，宽大概300米，而在此地（杭州上游6里的地方）河面宽1.5—2.5公里，在入海口处河面则更宽。下游河段航行的船只很多，两岸的山势也比上游的高，但是越来越不连绵在一起，形成一处处的山群。在这里就能看到西北边30公里外的天目山，南边也还有一些山。

我让船继续往杭州行驶，自己则到西湖西边的山中考察。河流在这里穿山而过，向东和东北方汇入大海。这里的山多是砂岩，景色优美，尤其是钱塘江河谷到富阳县（Fu yang hsiën）以及杭州这一线，到处都看得见成片的粉刷成白色的房屋。倒是西湖，因为湖中生长的植物太多，遮挡了原来的湖面，看起来更像一个大些的湖泊，而不似马可·波罗所描述的那样如画般的美丽。山上有各种各样的树木，尤其是很多杜鹃花科的植物（正在开花）和
331 攀缘植物。这里种植很多茶叶，尤其是在西湖对岸的山坡上。除了精心种植的茶树外，还有很多野生的茶树，它们往往杂乱地生长在一些高大的树木之下，和杂草混生在一起。在那些精心修剪的茶树下面也生着很多杂草。就如有些女人唇下也生胡子，但并不像男人那样修剪一样。这里的茶树正处在盛花期，而山上的茶花已经快谢了。山坡上大部分的茶田都成梯地状，直到山下峡谷中，在有溪流出现的地方则被种上了水稻。即使稻田里也有些杂草，很多地方甚至因为杂草太盛而导致人无法通过。我们走了一会儿才看到一条石子铺成的古老道路，还有些牌坊和建有神路[1]的大墓，以及用石块垒成的墓冢，但是现在这些都被掩藏在丛林

① 参见第72、279页。

中。马可·波罗认为，这些建筑表明此处的人曾拥有高度发达的文明。最后，在远离西湖的地方，我们找到了一条通往河道的路。那里还有几处破旧的房屋，建造风格看起来像是以前清朝的皇室建筑。

我回到河边，沿着河岸有一个长长的村子，在村子和山坡之
间是居民的耕地和田园。看得出来以前被耕种的地方现在大部分 332
都荒废了，杂草丛生，甚至延伸到村落中。村子里大部分房屋都成了废墟。尽管如此却有几座新建的庙宇。

究其原因，除了在太平天国时期遭到破坏外，此地人口众多，但大部分肥沃的土地却就这样白白地荒着，可能由于这里的人只被允许开垦指定的土地，不能自由耕种土地。另外还可能在于受到工具和耕作方式落后影响而导致的劳动力低下。当然缺少肥料也是重要的原因。情况常常是这样的，人口因为战争或是疾病减少后，需要人工施肥的那些作物自然跟着减少，相应的耕地的数量也减少。如果当地减少一半的人口，那么耕地的面积也跟着减少一半。南北方相比较，南方出现上述情况的可能性更大。虽然没有确凿的证据，但是我印象中北方人均耕地要比南方的多些。而且北方人经常利用马匹和牲口来耕作，效率高很多。至于耕牛，在南方和北方利用的频率几乎是一样的。那么就有一个问题值得深究，为什么在平原或是丘陵地带，也是人口众多的地方，人均耕地很少，但却只在非常极端的情况下才会想到开垦山上的资源呢？

天目山上没有特别多的动物种类，几乎看不到野生动物，猎物也只限于鸟类，这里野鸡的数量比北方少得多。山中的湖泊中倒是有很多种类的飞禽，在严州上游时我们几乎就只看得到鸳

鸯。这里鸟类众多，郇和（译者注：英国领事）在宁波时曾说过，在此处繁多的鸟类中一定有完全不为人认识的种类。

333 我收集了很多鸟类的羽毛，其中不乏大型鸟类的。这里最常见的一种鸟是鸬鹚，在河边的岛礁上经常能够看到它们，也能领略它们是如何的聪明。这些鸟儿常常成群结队地在河面上捕鱼，它们横排在河面上，自下而上地捕捉河里的鱼儿。这种聪明的做法有些超越鸟类的本能。我猎捕了几只，发现它们吃得很多。在一只鸟儿的胃里，竟然发现了 14 条小鱼。对于我的船工们来说这是不小的收获，他们用这些鱼烹制了一餐饭，当然那只鸬鹚最后也成了我们的盘中餐！打猎此时对我们来说很重要，因为这里几乎得不到什么吃食。即使在城中，既没有牛羊肉，也没有鸡或是鸡蛋。我们常常靠打猎添补食物，甚至在其他地方常见的红薯在这里也不容易得到。

其实中国并不像很多人所说的人口过剩。只是在中国，人们稍事耕作就能不依靠外部力量吃饭和穿衣了。这首先取决于中国人在生活上没有那么多的需求，另外则在于他们能够充分利用拥有的耕地。如果欧洲人能在这个被自然宠幸的地方占有一席之地
334 的话，他们不仅能更好地开发现有的土地，还会充分利用那些仍被荒废的山岭和草原发展畜牧业，得到的产品将成倍地增加。比如可以种植水果、葡萄、橄榄等。如果再发展工业和矿业的话，就有更多的中国人可以找到活儿干了。

我带着行李前往杭州，登上城内一座石灰岩山峰（译者注：即吴山），上面有一座塔和几处寺庙，眼前的景色让人称奇。无边无际的房屋，从杭州城内一直延伸到市郊。杭州的大小看来和柏林

差不多，被破坏之前大概有两百万人口，现在恐怕也就有原来的十分之一多点儿。那些粉刷成白色的房屋多是蓝灰色的房顶，黑色的墙围，看起来赏心悦目。在城里还有一座被墙围起来的所谓的鞑靼之城（译者注：即满洲驻防城），现在完全被毁了，还有一座古老的皇宫，在西边城墙内。西湖四面环山，城中的道路有些又被重建了，在这里又聚集起众多的商贾。这些店铺都面朝街道开门，挂着五颜六色的招牌，卖的东西五花八门，丝绸衣服、草鞋、雨伞、绣品、绢花、香料等。

在这些花花绿绿的商铺中间不时就出现一家药店，辨识的标志就是那一排排的锡罐或是瓷罐，上面贴着标签说明里面盛着什么神秘物件。我进入一家大些的药店买了几颗牙骨化石和几根骨头，在中国这些东西被当作药物使用。像在欧洲的药店一样，店家 335
将我买的东西精心包装起来。这些东西的价格在所有的药店都一样，店家对于讨价还价的人总是很不屑。这一点我在很多药店都发现了。药店的伙计总是面色严肃地按着方子认真地抓药称量。药方上的东西常常让人震惊。干的蜈蚣、蛇皮、磨成粉儿的老虎爪子、动物骨头化石被掺和在一起当成治病的药剂，很像中世纪那些唬人的玩意儿。据说老虎爪子能给人力量，而老虎心则给人勇气，这些道理几乎每个孩子都知道，相似的原理构成了中医将近一半的施药原理。

药店旁边是一家刀具店，锻制工具尤其是剪刀是杭州的特产。这里的刀子多是生铁的，剪刀很大很粗糙。尽管如此索林根（译者：Solingen，德国杜塞尔多夫行政范围内的一个直辖市）和杭州根本无法竞争。因为中国人虽然也认可我们生产的刀子比他们

的好，还常常购买作为礼物送人。但是如果花两个铜板能买到一把刀，他们就绝不会花五个铜板，就算花五个铜板买的那把更好用十倍，能用更长的时间。如果哪个欧洲的工厂能够占领中国的刮胡刀市场，那将是多么巨大的成就啊，这里有几亿人口，哪怕每个人一周只刮一次胡子也是笔巨大的生意。欧洲的东西在这里不受欢迎，一是因为太贵，二是因为中国人觉得不实用，他们更喜欢自
336 己造的工具。我们就这样进一家出一家地逛，不自觉地把本地的物产和自己家乡的物产做出对比。

我本来想租船去上海，但是很快就发现这里的船老大对欧洲人很是排斥，看来他们和欧洲人曾有过不愉快地交易。无论大船小船，统统都说已经被预订了。有一艘大船明明没人定，可船主就是不承认，还找了一个小官儿来，说就是他定下了这条船。我想寻求教会的帮助，过去几年他们总是能想出办法，但是这次连他们都束手无策。我只好派保罗去拜访一位更大一点儿的官员，结果他指派了一个很聪明的年轻人过来，轻易地就揭穿了船主和那个小官儿的谎言，并且为我们预定了一艘船。

在很多大的地方，不管是水路还是陆路，人员和货物的运输都要得到许可，并且有指定的商家运营。在杭州这地方，这些商家被称为“行”（英国人把“行”翻译成 hong），管理这些“行”也是当地官员的重要工作之一。比如杭州，所有到这里的船都接受船行的管理。只要他们在这里做生意就得听指挥，久而久之就越依赖于这些船行。如果有人想租船，就要先去找船行的人商定价格。如果是船主的老顾客，或者当时的生意特别少，船行也就从中得不到太多的好处。但如果是欧洲人，各个船行的人往往都狮子大开

口要高价。但凡某个船行在一个地方形成垄断，那么价格往往就 337
定死了。经常出现的情况是，船行要的价钱是船主实际得到报酬的三倍到四倍，这个时候船主往往也不会表示抗议，多是不说什么，默然接受。因为他们得依靠着船行提供生意，如果不听话，下一次船行就会把生意分给其他的船主。也有不愿意依靠船行的船主会给出较低的价钱，但是大多数船主都依靠船行做生意。

虽然船行想尽办法争取中间费，但是同时也保证了船运的秩序和安全。由于通信手段有限，加上言语不通，把自己和财产交给陌生人要冒很大的风险。尤其是人们常常会租船走上几周甚至几个月的路，一旦遇人不淑，就会出现诸多问题。尤其是走水路，甚至会被抢劫。而通过船行则不一样，他们会承担相应的责任，会给乘客或是货主一张合同作为证明。这张合同是印刷出来的，根据双方的商讨，上面有些条款会被划掉，而有时候还要手写增加一些条款。船行的签字和印章就是担保，签订合同之前双方常常会谈
论很长时间，以确保各自的利益得到保证。但凡合同签好后就不 338
必再担心什么了。

（上海，11 月 19 日，出自给父母的信）我是绕道美国给你们邮寄的这封信和包裹。包裹中是我上次考察时收集的大约 55 种植物的种子。我很幸运，能够在这时候去旅行，因为可以收集到成熟的种子。当然没有十全十美的事儿，见得到种子就见不到树木开花的样子。我到了中国植物最繁茂的地区，这里生长着诸如杜鹃、山茶花等，还有很多我们家乡没有的物种。尤其是很多灌木和攀缘植物，它们的叶子又大又漂亮，很适合用来观赏和装饰，它们的花儿反而很一般。这些种子大部分来自中国产茶的行省，主要

是相邻的浙江、安徽和江西省。夏天这里又热又潮湿，冬天也下雪结冰，但是时间很短。尤其是杭州的植物看起来都很娇弱，因为这里的冬天也不怎么寒冷。

这些植物生长的地方多是些不怎么肥沃的沙质土地，有些甚至就长在砂岩上面的土里，对土质几乎没有任何要求。反而是那些通常只能长到 3 米高的阔叶植物和杂草需要肥沃的土地。乌桕树[1]对土质的要求也很高，这种树非常漂亮，有硕大的树冠，在这里被种植了很多。中国人拿它们包裹种子的白色部分制作灯具，而种子则用来榨油。柏树是一种很易生长的树木，尤其适合用来
339 装饰墓园，如果我们那里还没有柏树，很应该从中国引入。还有很多很漂亮的树木，它们的种子因为时间尚早我没能收集到。有些种子很快就变质长虫了，所以我不得不扔掉了一些。我在阴凉地儿把种子风干然后挑选好的给你们寄回去。之所以选择经过美国而不是苏伊士运河(Suez)是因为种子耐凉不耐热，走这条路不容易坏。在欧洲之所以不太看得到中国来的种子，原因就是路程太长容易生虫。所以我在包裹里放了些杀虫粉，希望能够起作用。我做了防水的包装，为的就是它们能完好地到达目的地。

有些种子看起来很相似，但实际来自不同的植物。有一种种子我这次没能寄回去，它的样子像个小盒子，里面有两到三颗果实。我收集了很多，但后来发现它们其实都没有成熟，因为果实还都紧紧地长在一起没有分开。这种树有宽大的叶片，开的花儿是白色的。我在鄱阳湖东边的山上发现了它们，据说这些种子榨

① 参见第 291 页。

出的油很珍贵。我就在那个地方见到过这种树，其他地方都没见过。我猜想在我们国家也没有这种高不过三米半的树。这种树在秋天开花，它的果实需要一年时间才能完全成熟，此时正是它的花期。[①]

如果像我这样在某个国家穿行考察，那么很难在种子收集上 340
取得多大的成果。比如现在在北方正是花期，我在中国和朝鲜的边界看到很多漂亮的植物，它们是那么可爱，我很想带回家乡，而且它们中的很多一定是我们那里没有的，因为至今还没有一个植物学家到过那些地方。但是我却拿不到它们的种子。现在我到了中国的产茶区收集到很多种子，但我不知道这些树的花儿是什么样子的。我是多么喜欢北方的那些树木啊，甚至都打算再去一趟收集它们的种子寄回家中。

最近一次的旅程又轻松又舒适，我穿越的地方或许是中国最可爱的地区。夏天处处繁花似锦，如同梦幻一般，即使没有这些漂亮的鲜花，有些地方的景色同样优美。我在地理和地质上的兴趣也得到了极大的满足。

如果我愿意，只需稍稍麻烦一下我的熟人们，就能在中国的某些港口城市过上如同天堂般的日子。很多人对我的考察十分感兴趣，他们甚至表示愿意为我接下来的行程提供资金，不单单为我在中国完成考察，甚至愿意为我提供回国的费用。我已经把回程的资金准备好了，并且已经寄回了欧洲。我希望回国的时候能取得一个好的职位，而不必作为一个申请者或是求职者出现。我

① 参见第 320 页。

希望能得到足够的资金，让我无忧地独立生活一段时间。时间太短，想要取得更多的成绩不太可能，对目前的成就我已十分满意。
341 当然前面所说的这些都是旁骛，我的主要任务仍然是收集那些资料，希望能起到重要的作用。

现在我有一个更大的计划，如果可能我打算穿越中国南方和西部的行省进入西藏。我在长江以南考察时已经对中国的山脉有些了解，但是要想认识全貌，还需要由东南向西北考察一次。作为一个地理学家我自然明白，不能只是和山脉平行而行，还需要横穿它们才能观察到其内部岩石的构造。

从南至北穿越中国:广州——北京 342

(1870年1月1日至5月30日)

从广州到汉口

(1月1日至2月26日)

(广州, 12月26日,出自一封信)在香港我准备旅程所需的用品:各种通行证和一切有可能用到的东西。在这里只要有钱什么都能买到,有些东西的价格和欧洲一样便宜。只有一样儿买不到,那就是考察用具。多么奢侈的要求都能满足,但甚至都买不到一只可用的温度计。在香港的商会(Handelskammer)主席给我写了一封信,对我的考察表示了极大的兴趣,同时提出让我携带一位以商业考察为目的的同行者。这人是个英国人,一直以来就希望能与我同行,非常热情而且还事先做了一些研究。他并不令人讨厌,充满活力而且乐观向上。但尽管如此我还是拒绝了这一提议,并且取得了他本人的谅解。所以保罗依旧是我唯一的随行者,比他更好的我还从来没发现过。他什么事情都能办得游刃有余,只有一点不行,对地理学一窍不通,对此我经常扼腕叹息。如果我的考察能取得成就,那与他是密不可分的。当然对他来说,随

我考察也是很有好处的。离开我后，他可以凭借掌握的中国的情
343 况从事任何跟商业有关的行业，并获得可观的报酬。我们两个相处得非常好，虽然这么长时间近距离地在一起，但从来没有争吵过，甚至连一句重点儿的话都没有对彼此说过。只是在他三番五次搞错方向的时候，我会忍不住抱怨几句。

我在24号离开香港前往广州，如果可能的话，明天或者后天会从广州出发逆流而上去往广东、广西和云南。第一段行程我不得不倍加小心，因为我所经过的地方还有起义和暴乱在发生。尤其是在云南西部，如果起义的范围进一步扩大波及我要去的地方，那我就不得不返回广州重新更改我的计划了。我的考察计划非常庞大，有些时候不能固执地坚持原有方案，重要的是尽可能考察更多的地区。如果我不能去云南，那么我会去湖南，对我来说并没有损失，因为中国西部地区对我来说都是未知的。在广西几乎就没有天主教教会，少了他们的协助，这次旅程可能会比较艰辛：单单是为了能够在六周内走水路到广西境内郁江（Yü kiang）上游的西林（Si lin），我就不得不申请了小山似的一摞儿许可证，前途应该还有不少困难在等着我。

距我上次来这里，广州已经发生了很大的变化。外国人在这里已经扎根安家了，他们盖了大房子，还开辟了花园。当然最大的变化还在天主教会，明稽章（Msgr. Guillemin）主教，一位严肃但平易近人的神父，昨天我刚刚拜访过他，他在这里建起了一座大教堂。这座教堂完全是哥特式建筑，长300英尺，至房顶高68英尺，
344 还有两座塔楼，完全是大理石打造，风格独特。这座教堂占据了城中心的一大片地方，本来这片地皮被两广总督署占据，战后又被法

国人拿了回来。教堂在城里显得鹤立鸡群，教会除了热情和奉献还很聪明，巧妙地以此显示了他们在中国取得了多么大的成就。

现在我还需要在广州找一个仆人，我会带着他到西林，然后派他带回我的信件和其他东西。找到一个好仆人是件非常重要的事。像我以前那个仆人那样忠诚的人现在很难找到。我们听不懂南方的方言，所以得找一个当地人，在很多事情上才方便沟通，但寻找的过程很是艰难。

（1870 年 1 月 1 日，从广州出发）早在几天前，我的船就已经整装待发了。这艘船是清朝官员们出行使用的一种船，长 20 米，宽 5 米，船舱被分隔成几个房间。最前面的长 4 米半，是给仆人和船工们使用的。之后就是我的起居室，也有 4 米半长，5 米宽，高度也足够人站立。然后是卧室，有两处睡觉的地方，长度也足够我躺下后还有点儿富裕。再往后是船工们供奉神仙[①]的地方和厨房。本来只有一张圆桌和几把椅子，我又购置了一张书桌和一把舒服的藤椅。还有油灯、扳手和其他东西是我从原先的船上拿过来的。只要用心，不用花太多钱，就能把船舱布置得非常舒适了。

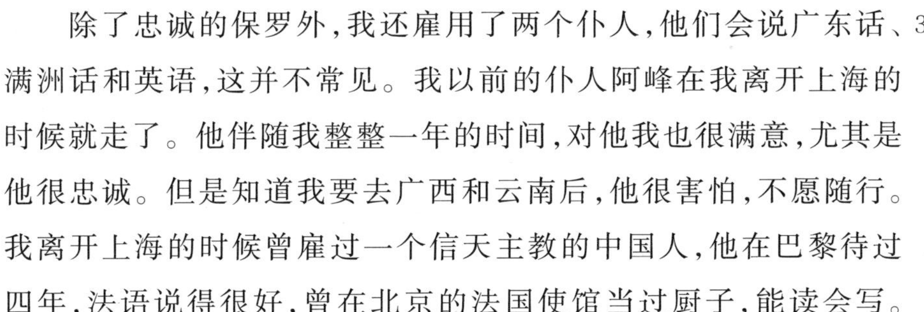

除了忠诚的保罗外，我还雇用了两个仆人，他们会说广东话、 345
满洲话和英语，这并不常见。我以前的仆人阿峰在我离开上海的时候就走了。他伴随我整整一年的时间，对他我也很满意，尤其是他很忠诚。但是知道我要去广西和云南后，他很害怕，不愿随行。我离开上海的时候曾雇过一个信天主教的中国人，他在巴黎待过四年，法语说得很好，曾在北京的法国使馆当过厨子，能读会写。

① 船上的人供奉神像的地方，参见第 59、327 页。

本来我对他的期望很高,但是当我第一次看到他干活儿的时候,就毫不犹豫地解雇了他。我无法忍受他的慢慢腾腾的无知样子,也不想在旅途中因此频繁恼火。

我就这样没带仆人去了香港,路上一直在想,在下次启程前找到一个好仆人是重中之重。因为这直接关系到旅程是否舒适,是否有好心情,甚至关系到安全问题和能否取得考察成功。会说满洲话的仆人在广州几乎没有,唯一找到的一个每个月要 100 两银子,而且还提出他也得有个人服侍,因为他除了会说满洲话什么都不会。幸运的是我居然遇到了一个老熟人,他是个 16 岁的小伙子,在我乘坐“满洲号”去天津的时候曾经服侍过我。他立刻就认出我来并且表示愿意再跟着我。这个孩子很能干而且手快,应该能很好地为我服务。为了完成我原来去广西和云南的计划,我还需要再找两个人,以便遇到紧急情况可以派他们带着我的信件和收集到的石头先行回到这里。商会的鲁博瑞(Rubery)先生给我介绍了一个人。后来我虽然改了计划,但也没有让他走人,因为他
346 干活儿我也很满意,尤其是在一些家务事儿上,并且也能读写。我可以派他带着行李前行开路,还可以派他去交涉一些事情。我很不愿意因为一些琐事亲自去找当地的官员,尤其是在那些人口众多,而外国人很少到的地方。有了这个人我便可以躲避这些事情了。

我花 45 个银元雇船送我们到乐昌县(Lo tschang hsiën),仆人们每月给 10 个银元。我为去云南原本做了周到细致的准备,花费了很多钱。计划更改了,很多东西现在也就不需要了。比如那些枪支弹药,还有原本给当地人准备的礼物,包括一些金属纽扣、刀具、彩色布料和一些针等。当然我还缺少一些东西。在香港连

温度计都买不到，我的锤子也都用坏了，需要新的。广州产的皮箱质量特别好，而且很便宜。

我离开上海时是这样计划的：沿西江(Si kiang)逆流而上到广西，然后往南去南宁府(Nan ning fu)、百色厅(Pe se ting)和云南，之后去四川，在那里待两到三个月的时间，然后回到上海。下半年去北方的行省河南、山西和直隶，湖南并不在计划之内。我在上海的时候几乎得不到任何与该计划有关的信息。欧洲人卜维(Pere Gennevoise)是唯一一个曾经坐船去过广西西边的人，他告诉了我一些百色厅下游地区的情况。在香港，这种状况依然没有改善，我几乎没有得到任何相关信息。那里的欧洲人对于内陆的情况一无所知。他们最远到过梧州(Wu tschóu)，还自认为已经 347
很了不起了。在广州的时候我才最终从几个云南人那里了解了一些情况。而广州和云南之间的贸易在一年前就停止了。根据路途远近我计算出了大概的天数：

走水路自广州到梧州……………………………8 天

走水路自梧州到南宁……………………………22 天

走水路自南宁到百色厅…………………………15 天

骑马自百色厅到蒙自(Möng tszě)……………8 天

骑马自蒙自到云南府……………………………12 天

骑马自云南府到叙州府(四川)………………25 天

总计 90 天

三天前我推翻了之前的计划。我原本打算在 12 月中旬从广州出发，2 月底到叙州府。但是现在看来路上大概需要耽误 30

天时间，也就是我很可能在4月底才能到叙州府。那么我就会在雨季时在四川，而到北京时又恰恰赶上最热的月份（8月—9月）。此外这次考察我是带着任务的[①]，为的是公众的福利，所以必须得有实用的效果。而到叙州府的这段旅程由于起义和暴乱，变数太多。一旦暴乱继续蔓延到西边的其他行省，那么我就不得不从百
348 色厅折回。鉴于此，我还不如走另外一条更加保险的道路。既不需要将原来的计划全盘推翻，还能保证三个月后能取得相对大的成果。

现在我的计划是：经梅岭前往湖南，考察当地的几处煤矿。然后沿湘江顺流而下经沙市到汉江，再去施南府（Singan fu）、山西和北京。我将沿着本初子午线112度（格林尼治）走将近17个纬度。湖南、汉江、施南府尤其是山西是我考察的重点。我预计如此我将在最舒适的季节到达北京，而后在那里舒服地过上几个月，之后穿过整个鄂尔多斯地区，即甘肃、四川、云南和广西。在这些地方我的考察受气候的影响较少。如果整个计划可以圆满完成，那将是不小的成就，甚至对来年产生积极的影响。

今天路上没什么新鲜的，我们经过花棣（Fa ti）的市郊，这里看起来不过是一个很小的商贸地，被叫作"花都"。之后我们经过了一些很窄的运河，七拐八拐地到了花山（Fa tschan）。这个地方大得多，成千的船舶停靠在这里。其中很多船只看起来相当豪华，这个地方在1854年的起义中遭到了破坏，但现在看起来已经

① 李希霍芬接下来的旅行获得了在上海的商会（Chamber of Commerce）的资助，因此有义务向商会汇报考察的结果。其1870—1872年写给商会的七封"中国来信"，后来在上海得以出版，并成为了解中国地质情况的基础书籍。

恢复了往日的活力。

(1月2日)这里的地形没什么特别之处,能看到一些或大或小的村落,岸边有时还会出现一些庙宇。河道两边是冲积层,南边 349
有几座低矮的山丘,再远处则看不太清了。

三水县(San shui hsiën)有一个税关,但是我们凭借着悬挂的德国旗子没做任何停留就通关了。我的船老大早就料到会这样,因为昨天我在船上惊奇地发现了40担[①]的私盐。我只能强烈要求他们以后不能再这样做了,虽然我是第一次遇到此类事情,但是却要装作早就见怪不怪的样子,因为他们在外国人搭乘的船上做走私买卖也算是司空见惯的事情。

(1月3日)北江(Pe kiang)和西江(Si kiang)看起来好像在三水县汇合成了一条河。但是在广州时,辛普森先生(Mr. Sampson)就告诉过我,实际上这是错误的看法,因为这两条河是独立的,只是它们的河床在三水县非常贴近而已。他对这个地方很是了解,西江一直到入海口都是一条单独的河流,北江则构成了广州附近的三角洲。两条河在此处呈)(形状,它们中间有一条沙洲,只是现在西江水位上涨越过了沙洲混入了北江而已。西江经三水后通往梧州,而北江则是由北向东流,它的两岸都是山,部分地方河和山之间被冲积区隔开。

(1月4日)下午天空透亮了些,我看清了两岸的山形。河面上熙熙攘攘,这是一条较大的水路,上行和下行的船只穿梭不停,无数做熟食生意的小船给来来往往的旅客提供吃食。还有一些乞

① Pikul,中国的“担”,一担当时当地约为60公斤。

丐,他们用一根长杆子挑着一个口袋乞讨,好像很肯定能得到施舍似的。看来这里经常有抢劫的暴徒,因为没有船敢在夜里航行,它
350 们常常停靠在炮船附近。我们的船紧随着一只船队前进,船队的主人是一位要去南昌上任的官员,他带着六艘炮船。我们的船老大乐得跟着人家的队伍,而那位官员似乎对挂着德国国旗的船也不甚讨厌。河道大概宽 1 公里,其间也有些岛屿和沙洲,河水不过 7 英尺到 8 英尺深,但在雨季水流还是很急,破坏力也大。河两岸是堆砌的堤坝,上面还生长着一些竹子和其他高大的树木,有些地方还用石块进一步加固,整体看起来很保险的样子。但是在一些地段我还是看到河水冲毁堤岸的迹象。这里种植着很多稻子、山药、甘蔗、桑树和棉花。房屋都是砖垒的,看起来比较富裕。当地人的穿着打扮也比之前在江南平原看到的要好些。房屋边上常常看得到精心培育的蔬菜园子。奇怪的是,昨天还经常出现在眼前的香蕉、橘子和荔枝[1]今天都消失了。和北方行省相比,这里鸟类的数量众多:仅仅三天我就收集到了 20 种鸟类的 26 种翅膀。这里的鸣禽尤其多,相比之下鸷鸟倒是少见些。

(1 月 5 日)此地红薯的数量远远超过山药,甘蔗也被大量种植。小麦在这时候还没长高,但正在开花。清远县(Tsing yuën hsiën)就在河边延伸,但是除了作为贸易地的郊区外,真正的镇子我们在河中根本就看不到。这里的人口一定非常多,而且也不像其他地方的人那样胆小,他们看起来对外国人非常友善。很少听到他们叫"洋鬼子",即使有人这么叫,很快也会被旁边的人制止。

---

① 荔枝树,一种常绿乔木,果实称为荔枝。

（1月6日）今天一直逆风，我们的船走得很慢。虽然这10个 351
船工从早上6点到晚上6点半一直在忙活，但我们也仅仅前进了2.5英里。河中到处都是浅滩和沙洲，所以船只不得不绕来绕去，这也耽误了很多时间。船工们竭尽全力，并没有磨洋工，因为我是一次性付费的。我们一直随行的那位官员的船也没走多快。如果此地的地理形态很有意思，那么我倒乐得在岸边走走，但偏偏这里没什么可看的。北江的白庙汛（Pa miao-Durchbruch）一段和钱塘江严州[1]下游的斑岩地貌很相似，一条非常平坦的山间小路，沿着河道蜿蜒。河流在一道长8公里弯曲的山谷中穿过一座高500米的山峰。在那里河水变得非常深，船工们在右岸拖拽着船前进。途经的岩石群年代非常久远，从那些深深的切入坚硬的花岗岩中的裂纹就能看得出来。

一旦离开飞来峡，视野变得开阔。右岸（东边）是连绵的高50米到100米的山脉，左边开始还是飞来峡的延伸，之后则是山丘，间或出现一片平地。山上多是花岗岩，平地处则是沙质的。山上的石头风化得厉害，形成了红土带样的地面。山岭上种着些低矮的松树，几年后它们都会被砍伐烧掉。山谷中植被茂盛，在这个季节，很多野生的草木已经被砍掉了，捆成大捆沿着河运往别处。装
载这些的船只看起来像一个个运动着的谷仓一样。地势较平的地 352
方有时候也能看到竹子，但更多的是一种榕树，间或还能看到特别大的榕树。

（1月7日）这个地方看起来比较贫困，种植的东西几乎都不

① 参见第328页。

能满足当地人的需求。山上的草、柴禾、木炭、石灰和竹子等是唯一可以卖钱的东西，被运到河下游地区。人口也极少，但是房屋看起来倒不错，都是砖垒的，而且非常整齐。道路四通八达，每条小河上都砌有一座虽然很窄但很结实的石头拱桥。

官话[①]在这里基本能听懂，而且大部分当地人或多或少还能说。即使他们用方言来回答问题我们也基本听得懂。河左岸的黄土坑（Hwang hu tang）是个小地方，大概有100多座房屋，但看起来是来往船只习惯停靠的一个地方。这里还驻有一个盐官，专门负责监督盐的买卖和收税。市场上的房子大多用木头建造，而且远离农民的房舍。

（1月8日）现在河流又变窄了，横穿过一道高500米的险峻山脉（译者注：浈阳峡），在此之前，也就是在黄土坑对面，有一条自西而来的河流（译者注：洭水）汇入北江，很多船只就停靠在河流交汇处。北江的水量比之前减少不少，在刚刚提到的较窄的地方不过60米宽，但是水位很深。而现在水面宽了很多，到处都是沙洲，深点儿的地方很窄，所以船只不得不花费很多时间小心翼翼地避开沙洲。河岸堤坝高7.5米，水位却大概就有6米，左岸明
353 显可见被冲毁过的痕迹。这里的冲积区多是沙样的泥滩，并不肥沃。地里只看得到麦子，再也没见到甘蔗，已经大概有五天的时间没见过桑树。这里几乎没有什么农耕，只是种些必要的东西罢了。尽管如此当地人穿得还算好，只是房屋不再是砖砌的，取而代之的是茅草屋。

① “官话”，也就是本文经常提到的“满洲话”，或者说“普通话”，官话是有文化的人交流的语言。

曾有人建议沿着北江修建一条广州和湖南之间的铁路，这个想法不太实际，除非有更大的经济利益或是除此以外再无其他更好路线的情况下还值得考虑。在我沿江而上的时候，遇到了比目前为止更多的困难，所以这条路线肯定不是最佳选择。除非修好的铁路是用来运湖南的煤炭，可是看来湖南的煤并没有很多，运煤产生的效益还不够抵偿在这么难走的地方修建铁路的费用。[①]

（1月9日）英德（Ying tö）是一个又小又穷的镇子，人口很少，城墙低矮破烂甚至赶不上我在山东见过的村里的城墙。悬崖峭壁间的空隙被冲积层占据，虽然面积很大，但是没人居住。昨天我看到了一个小村子，今天看到两个。每个大约只有20户人家，此外就是些更加零散的房子了。冲积层下面暴露出石灰岩地貌，哪里有石灰岩哪里就有如画的景致。不知道哪位画家能用画笔描绘出
今天日落前后我看到的美景。岩石的颜色和形状变化多端，带给 354
我们难以描述的美丽景色。

（1月10日）今天沿岸的景色发生了一些变化。开始河两岸还是石灰岩礁，它们冷峻陡峭的山形在晨光中显得格外变化多端。弹子矶（Tan tsz' ki）是当地的地标，这是一座高100米左右的方尖形石灰岩，在其周围还散落着另外一些岩礁。经过此地之后，北边一排矮山下出现了一片平坦地方。在经过这些岩礁时，村落的数量就渐渐多起来了。这里的土地被人耕种得很好，房屋也建造得很结实。我们看到了很多水牛，我还是第一次看到一群水牛在田里劳作。山上尽是些长得很高的草木，看来当地人不怎么

① 假设上述情况都不是根本原因的话，那么美国人修建的广州到汉口的铁路就不会出现了。

用这些草木烧火，很多都被运到下游的烧砖和炼铁的作坊中了。山坡上看得到很多松树，在村子里也还能看到很多高大的树木。

今天我遇到了一件好玩儿又奇特的事情。在路上我看到了一个高 1.5 英尺的神像，面前摆着一个小香炉，看来香火还很旺盛。几只野狗在附近，我一靠近它们便狂吠起来。奇怪的是这位神像看起来像个欧洲人，确切地说是个英国高级海军将领，戴着一顶黑色的水手帽，穿着一件红色的装饰着很多零碎儿的制服上衣，裤子看起来是条纹的。这个神像是用木头雕刻成的，做工还不错，只是现在很破旧了。我问一个过路人这是个什么神。他神秘兮兮地回
355 答说：这个神专门掌管田里和林子里的收成。显然他根本就不知道，这个神实际是一个欧洲人的形象。

(1 月 11 日)乌石(Wu schi)是个小地方，盛产大米。但是这里的土地面积不大，且并不十分肥沃，人口也不多，当地停靠着很多运大米的船只。

(1 月 12 日)两条河在韶州府(Schau tschóu fu)汇合成一条，还叫北江。东边的那条，虽然水量比西边的少，但是保留了北江的名号，而西边这条被叫作武水(Wu schui)。东边北江经南雄州(Nan siung tschóu)到大梅岭(大梅关)[1]；西边武水经乐昌和宜章(I tschang)到小梅关。去南雄需要七天时间，在韶州府可以乘小船前往。大炮船可以走武水到乐昌(水路 100 里，陆路 140 里)。现在在韶州府停靠着数量众多的船舶，说明这条道路依然重要。只是在汉口和上海开放之后，尤其是长江上的汽船开始运营之

① 参见第 103—104 页。

后，经过大小梅岭运送货物的船只减少了。曾经穿越过梅岭的外国人，据我所知有以下几位：

1655 年，纽霍夫（Nieuhof）的使团自南至北

1693 年，布维（Père Bouvet）自北至南

1722 年，戈比（Père Gaubil）自南至北

1793 年，马戛尔尼（Lord Macartney）[1]（和 Stauntono 及 Barrow 一起）自北至南

1794 年，范博阿姆舍（Van Braamsche）的使团和戴斯贵那斯（Desguines）自南至北

1816 年，阿美士德（Lord Amherst）使团（和 Clarke Abel、Ellis 等人）自南至北

1847 年，米尔纳（Rev. Mr. Milne）自北至南

1869 年，巴伯（Barbour）和他的随行者自南至北

这些人当中，戈比（Gaubil）和我是在同一季节旅行的。他同 356
样在 1 月 1 号离开广州，但是在 16 号就到了南雄，应该比我早 3 天到达韶州府，或许当时风向较好。虽然他是在 148 年前走这一路线的，但是就装备来说，尤其是来自中国的装备，和我现在拥有的几乎一样。当然那时他或许得到了更多的敬意，但是如果他还活着，就会发现我拥有一些他缺少的现代化设备。我多么希望能通过阅读前人的游记获得更多的情况，但是没有时间。

我越来越觉得大梅岭不过是一道低矮的关隘[2]。在九江的时候，我根据长江和汉江的长度推测梅岭的高度最高应该在 450 米。

① 参见第 103—104 页。

② 参见第 103 页。

但是现在我发现，我显然高估了。韶州府海拔大概 20 米到 25 米，从这里到南雄 120 公里，据此南雄的高度应该不会高于 110 米。从梅岭脚下到最高处只需要不到一个小时的时间，因此梅岭的高度最多也就 400 米。令人不解的是巴容(Barrow)居然认为梅岭高 2500 米，而瑞特(Karl Ritter)竟然没有发现这一错误。因此长期以来小梅岭一直不受外国人重视。据我所知，伯尼(Rev. Bonny)是唯一一个到过小梅岭的欧洲人，他在 1860 年穿着中国人的服装穿过小梅岭。

韶州府被一座城墙围绕，城墙长 1.25 公里。当地人交易的东西不过是些吃食和衣服。虽然这座城市就在河边上，但是却没什么
357 人做来往船只的生意。河右岸有一溜儿破败的房屋，这或许说明，曾经有这样的买卖存在，但后来由于过路的船只减少而衰败了。

(1 月 13 日)今天是个冷冷的下雨天，所有的山脉都笼罩在雨帘中。这样的天气什么也看不到，因此当我们一早儿就遇到阻碍时，我也没有觉得很生气。韶州府这里的河道被封锁起来了，一天只开放一次。10 点的时候我派人送我的名帖给当地的道台，请求他让我们的船通过。但是没有得到回复，因为这位大官儿还在睡觉呢。11 点河面上的锁链被拉走，一些小船被放行。后来那位道台到了我们船上，受到了我们的热情接待。之后我们被放行，船工们的盐就此通过了第三道也是最严格的一道关卡。在广州时，盐一担一个银元，到这里已经翻倍了。我们走了不多远就不得不再次停下，因为前面有急流。

(1 月 14 日)夜里下雪了，地上结了冰，一派冬天的景色。白天天气依旧没有转好，甚至刮起了北风，后来转为西北风。南方人

看到雪就已经起了一身的鸡皮疙瘩。我不停地催促船工们，但是没人听我的。后来我威胁他们说，晚半个小时启程就扣他们一个银元的工钱，再晚半个小时就再扣。这样他们才行动起来。这些人往船上泼热水除雪，凡是需要他们动手去拿的东西，比如船桨，他们也都细心地拿热水先泼过，反正他们是不会想到通过活动来取暖。

今天我们终于到了一个地方，在这里老虎已经不再是传说了，而真实地存在了。开始我的向导说这里有老虎的时候，我还以为他在说大话，因为我经常听到有人这么说，觉得很可笑。本想逗 358
逗他，问他这里的老虎是不是吃草的。但话还没出口，他就指给我们看地上的爪子印儿。这是一只成年虎留下的，在曼谷和孟买我曾经见到过虎爪印儿。我们跟着这些爪印儿走了两公里。看来是因为天气太冷，把老虎逼下山来到草地上猎捕马匹，到村子里捕当地人养的猪和狗来吃，有时还吃掉个把天朝的儿孙[①]。如果不是天气太差，夜色太黑，我们差点儿就在一座竹子搭成的破房子里抓到一只老虎了。当地人非常胆小，夜里都不敢出来。

这里的人和北方的人有很大的不同。他们看起来不那么充满好奇心，也不怎么害怕外国人。问他们问题都能得到回答，不像北方人那样，在回答问题前总是习惯先反问一大堆问题，诸如“你哪里来？你要去哪里？”[②]之类。而且这里的人也不怎么贪心，给他们当中一个人小礼物，比如一张带插图的报纸，其他人也不会立刻伸手来要。

---

① 这种说法即便是中国人也不熟悉，可能是李希霍芬开的玩笑而已。

② “哪里来？”和“哪里去？”

还没有欧洲人到过这个叫作煤炭厂(Méi tan tschwang)的煤窑,所以我们受到了很好的接待。工人们继续做工,没有上来围观我们。这里的人和韶州府下游的人又有些不同。尤其是在语言上,他们几乎都听得懂官话,他们的话我们也能听懂。这里的情况格外让我有种感觉,那就是中国到底还有多少土地没有被好好利用啊!大片的可耕种土地却只有一小块被利用,而且只单单种了稻子。这里的土地相对平坦,但恰恰是平坦的地方什么都没
359 种。倒是山坡上,因为有泉水灌溉,种植了相当大面积的庄稼。大部分土地就这样杂草丛生,而这些草也没有被好好地利用,就那样白白地烂掉。山坡上本来地势陡峭不适宜耕作,反而被充分利用起来,种上了一点儿茶树和另外一种树。去年10月我在景德镇南边也见过这种树[①],它的果实可以榨一种油,被女人们当作头油使。当地人还种植些稻子、甘蔗、麦子、棉花、烟草以及油菜(正在开花)。这里的人穿着破烂,吃得也很差,房子也破旧不堪。

(1月16日)今天早上天气晴朗,西边和北边看得见高耸的还落着雪的山脉。这点儿雪带给山峦与往日完全不同的感觉。一会儿呈现出来的是绵长的山脊,一会儿却又变成高耸的山峰,有些山脊本身就是锯齿状的。我估计北边山高600—900米。但不知道这道山脉叫什么名字,我问了很多人,他们都不知道。在中国如果一座山的形状奇特,或者山上有个洞,或者山上有座庙,这样的山常常还有个名字。而那些延绵的山脉,则往往没有名字。问了也是白问,他们要么把这样的山脉叫作"大山",在北边则叫"北山",

---

① 参见第320页。

南边就叫“南山”，到处都一样。我现在所在的武水，在中国地图上标着武水，其实当地人就管它叫“大江”，因为和它的支流相比，这条江比较大而已。而船工们则习惯将一条河分成各段称呼，比如到了杨溪(Yang ki)就把这条河叫杨溪河，到了乐昌则叫乐河。

乐昌虽然是个小镇子，但是景致不错。这里的人并不怎么害羞，好奇心也不重，看起来很是友好，几乎算得上是我见过的最 360
优秀的中国人了，跟我原来想象的完全两样。在这里我不得不换船。炮船就只能开到这里，再往北就只能乘平底儿的小船了。我花 10 个银元租船去上游 180 里外的坪石(Ping schi)，带着所有的行李，明天出发。在当地的石灰岩山中我看到了很多蓝色的翠鸟，但是没有击中一只。

(1 月 17 日)今天我的朋友陈突然从宁远府(Ning yuën fu)(四川境内)来到这里，这对我来说是个不小的惊喜。我们的友谊在香港到广州的汽船上开始，在广州继续延续。我就是从他和他的一个朋友那里了解到广西和云南的情况，也是在他的建议下，最终放弃了原来的计划。他的突然到来对我来说虽然有些惊讶，但是我的船工们倒好像早就知道似的。后来我明白了，为什么来的时候我想慢点儿走，而船工们却不高兴的原因了，看来他们是事先约好要在这里见面的。陈提出想跟我一起走，并且表示在一些危险的地方或许能帮我的忙。对于他这样一位忠诚且见多识广的朋友，我没有任何拒绝的理由。他要去四川，计划 45 天后到达，为的是购买麝獐，再带回广州去。从他那里我还了解了一些四川的情况。

(1 月 18 日)今天又是一个好天儿。我很早就出发，在此之前

361 我还让一个多余的仆人先回了广州。我对他很满意，只是现在船太小，没他的地儿了。我留下了一个16岁的姓李的孩子，主要是觉得他还年轻，除了仆人那些事儿，还可以让他学习些别的东西。

现在我们进入两山的夹角内，河流穿过一道自西向东的山脉后便进入了一条狭窄的山谷中，河面只有大概30米宽。急流一个接着一个，其间却是安静的深不可测的水面。两岸的岩石直逼河面而来，犹如两道石墙将河流夹在中间，两边的堤岸坡度很大。这条峡谷比孔特维克(Kunterweg)峡谷[①]还要窄，但是不似后者那般险峻。在山上高30米到150米的地方还有一条小路，在那里散散步将是不错的选择。这里的植被茂盛，半山腰上长满了针叶树木，还有很多高大的雪松和阔叶的南洋杉。看来此地的林牧业比较发达，而且发展颇有规律：20年以上的树木被砍伐后，去皮的树干被成捆地运到广州去。残留的树根会被清理烧掉，在原来的位置再栽种新的树木。新种的树木一排排地十分整齐。在这些树木中间还生长着茂盛的野草和一些攀缘植物，种类繁多。对于一个植物学家来说此地堪称乐园。

这条峡谷的另外一个景致便是那些散落在山中不同高度的房
362 屋，让人感觉仿佛置身阿尔卑斯山里，尽管在那里人们很少在如此险峻的峭壁上生活。还是经常可以看到坍塌的痕迹，如果不是山上的植被茂密，不是人工种植了这么多的树木，坍塌的情况恐怕还要严重得多。

(1月19日)昨天的急流和今天的相比简直就是儿戏。今天

① 位于蒂洛尔州安萨克河(Eisack)山谷的下段。

河道被两边的高山夹在中间了，开始出现大的急流。此处的景色十分险峻，河流就从层层的砂岩中穿过，两边的岩石一会儿平坦得几乎平行于河面，一会儿又几乎垂直于河面。河道弯弯曲曲，顺着山势而行。到处杂草丛生，攀缘植物几乎一直伸到25米高的地方，有些甚至直接越过山顶。很多野生香蕉，还有榕树，使人产生置身于热带雨林的感觉。但是那些针叶林又与之形成鲜明的对比。最低的山峰距离河面也有1000米。

在四周险峻且变化多端的环境中，曲折的河道和不时出现的急流使得来往的船只饱受折磨。那些自上游高处而来的船常常如离弦之箭般冲下来，一不小心便撞到岸边突出的岩石上。而自下而上的船只则要费很大力气拉拽才能如蜗牛般前进。今天这条河上很繁忙，大概有50艘船从上游经过，在此处危险的河段上，每天都有船撞上岩石。这里的急流不像景德镇的急流那样，是因为暗礁形成的，更多是因为河中大的岩礁，它们几乎将河道封堵起来。上游水面是极其安静而且深邃的。来往的船上也没有什么特别的方法对付这里的急流，每天船工们都花费极大的力气前进。我们的船和另外十几艘船排成一队前进，每天需要将近100个劳力，但实际上这些船一共才装了7吨到8吨的重量。

河流的落差很大，大概每前进100米就能形成1—2米的落 363
差，因而造成了一段大约长150—200米的急流段。有两次落差甚至达到了3米，最后两米大概是经过250米的长度形成，而第一米却只分摊到大概60米的长度上。落差如此之大，单艘船很难通过，只能大家通力合作。今天我们前进了14海里，大概升高了30米。剩下的河段我估计落差还在15米左右。大概是每海里

升高 3 米，几近达到最大落差，没有船闸的话，船只几乎根本无法通过。经过最高处的急流后我们看到一座庙，船上的人都过去烧香。那个地方从远处看起来还很漂亮，但是到了近处就发现实际很脏，像个猪圈一样。船工们往往杀猪祭祀，所以到处都是猪毛和猪血，还有鸡血、香灰、烧纸等。庙前面和庙里面都堆满了这些东西。每个船工都拿一碗鸡血到处泼。然后跟庙里的和尚买红色的蜡烛、炮仗、纸钱和香，在供奉的神像前点着这些东西。最后还会抽签占卜凶吉。我的仆人花 100 文也抽了一支签，看来他很是相信上面的所谓预言。

晚上陈的队伍和几个来自宜章的商人来了。从他们那里我得知，只有南雄通道在这里叫梅岭（在我的地图上标示的是梅岭关）。另外还有一条海拔更高的通道叫作大庾岭（Ta yü ling），并以此在欧洲地图上标注了山脉的名字。小梅岭却没人这么叫。宜章和郴州（Tschönn tschóu）之间的通道叫作峤岭（Tschö ling）（褶皱通道）。为了保持常用的命名习惯，我们刚刚穿越的山被称为铜锣山，在乐昌的北边。

364 （1 月 20 日）铜锣岭是当地人常走的一条隐秘道路，虽然它既没有沿着主要水域又不是省与省之间的边界。在陡峭的山峰下出现了大片肥沃的、富有变化的丘陵地带。从武水再走 50 里就到了位于河东岸（译者注：应在河西岸）的一个名叫坪石的村子。因为这段没有大的急流，所以我们在中午就到了。一群充满好奇的看起来像乞丐的人围住了我们，很显然这些人不怀好意。虽然此地还在广东境内，但这里的人多来自湖南的山区。在这里我们开始听到中原地区的方言。

我们又要换船了，虽然我很不愿意离开现在的船，因为船上的人太好了，其中还有一对夫妻，年纪只有十三四岁！这里只能坐小船，一种长 4 英尺载重 1 吨的小船。我花 4 个银元雇了两艘去宜章。我们先是沿着曲折的武水走了一小段，然后转向一条自北边汇入的宽约 15 米到 30 米的支流。这里治安很差，常常遇到劫匪，所以船都不敢随意停靠，只在固定的地方靠岸。我们在夜里 10 点才到，已经停着很多类似的船只，其中就有陈乘坐的船，他比我们早到。这个地方是坪石和宜章的中间站。这一段极其难行，几乎就是靠船工的两条手臂推着船走。

此处周边的岩石多有垂直分裂的倾向，这对地貌的形成起了重要的作用。这里看起来很像是豪斯绍尔（译者注：Heuscheuer，地名，原在德国海德堡境内）和阿德斯巴赫（译者：Adersbach，位于德国巴登符腾堡州境内）附近的样子。山峰顶端多是平的，而四周陡峭，看起来像一块厚厚的板子。边上有些裂缝，有些甚至纵贯整座山，形成单独的类似碉堡和塔的山峰，也给这一带地貌带来了很多的变化。山峰之间的地形多很平缓，土地也非常肥沃，但是只 365
在坡地上和山谷下沉的地方才有人耕种。这里的植物种类繁多，长势茂盛，还有很多高大的树木，使得景致十分怡人。而且当地人一般让松树长到 50—60 年才砍伐，加工成木板，这在中国并不多见。从山顶到山脚的海拔高度也就 300—400 米，但要想到达山顶要走至少是直线距离 3 倍的曲折山路。

（1 月 21 日）我在下午两点到达宜章。湖南的边界就在这座城市边上。过界的时候有人朝我要证件，被我拒绝了。不久我们看到一座建造精美的房屋，这里是皇家的盐仓。城里的房屋很是宏伟，大多两到三层，灰蓝色的砖建成，向上弯曲的房顶装饰豪华。靠近河边有几处商铺。我们登岸的时候，已经聚集了一些围观的人。我和陈去一个他熟识的店老板那里准备住宿，而保罗则负责把行李运到店里。过了很久保罗才来，而且头上还带着伤，不知被谁扔的石头击中了，还挨了别人的打。很快可怕的人群聚集到我们下榻的店里，气氛已经十分紧张。我赶快派人带着我的名帖去找当地的官员。在那位官员到来之前，他的父亲却带着他的几个孩子先过来了，我给了孩子们一些礼物。我们的房间就在一层，如果强硬地阻挡围观的人，他们还不知会做出怎样可怕的事情。所以我们必须不时地让几个人进来看看我们，满足他们的好奇心。房间的窗户正对着城墙，现在墙头上已经站满了人，我们一关上窗子，就有人扔石头。后来索性就开着让他们看个够。

366 满足了这些人的好奇心，让他们知道外国人并不像他们的文学作品中描述的那样是洪水猛兽，我们就在一定意义上赢得了胜利。周围慢慢安静下来，一场骚动避免了。只是我们还是不得不开着房门，让他们随时观看。但是我很担心，当我们离开这里的时候还会不会遭遇危险。好在先前的一切担心和忧虑以及厌烦随着当地那位官员的到访都烟消云散了。他身穿精美的官服，长着一张胖胖的，但很健康的脸，眉眼开阔，样子很友善。我们为他准备的雪茄和樱桃酒他很是喜欢，一待就是两个小时。其间主要是保罗和他交谈，他邀请我们到他的衙门里住上两天，并且表示愿意为我们提供保护。但是我们隐隐感觉到，他希望从我们这里得到一杆枪或是一只狗。在他第二次来拜访的时候，我们送给了他一杆枪作为礼物。后来他送给我们他的名帖和两只鸡。这还是我第一次从一位官员那里得到回礼。我又送给他一瓶科涅克白兰地（Kognac）、一包火柴、一磅蜡、一块肥皂、一把小刀、一份带插图的报纸和一包缝纫针。在中国人们格外讲究礼尚往来。

（1月22、23日）接下来的两天麻烦不断。在此之前我一直 367
把陈当成好朋友，但现在我发现他是个骗子。他俨然成了我的买办和经纪，并且开始不断地撒谎，还自认为不会被识破。他身材颀长，声音浑厚，样貌端庄，这些外在的特征很容易让人觉得应该听他的话，而且他又往往表现得很智慧。现在我的仆人也被他的智慧和能力折服，和他结成了联盟。他的另外一个同盟者就是我刚到宜章时住的客栈的老板。

我一向谨慎，但这次也被他骗了。我想先把行李通过陆路运到郴州（两天路程），于是让陈去谈价钱。闹剧由此开始，本来每斤只要6文，每把轿椅只要1600文，通常还可以再还价雇主才肯签订书面的合同。他告诉我行李总共重1621斤，实际重量大概只有一半，而他谈好的价钱却是每斤12文，每把轿椅3000文，加上杂七杂八的东西一共居然要19两银子。当他回来后，我立刻表示不同意，但是却被告知，行李已经在路上了。而我手头就只有43两，因为我有海关银[①]。而且如果我不付现钱的话，就不让我们离开这里。虽然我要是再找那位官员的话，就能让撒谎的人受到惩罚。但是在这样一个陌生而且充满敌意的地方，这样做并不明智，再加上行李已经上路了，我只好暂时作罢。明明知道被骗了，却毫无办法，这让人很是恼火。我给了陈一部分钱，后来我得知我

① 海关银，清政府海关指定的支付手段。

花的钱比苦力们拿到的钱多了 11 两。

中午我们才得以出发，而行李还放在城里不同的地方，直到晚上才被运到我们投宿的良田（Liang tiën）。路上我故意让陈明白，他的谎言已经被我看穿了。这使得他很生气，却把火撒在苦力们的头上。他的脸变得通红而且丑陋，额上青筋暴起，他狠狠地跺
368 脚，仿佛疯子一样朝着苦力们咆哮，与之前判若两人。现在我终于明白，我是和多么危险的一个人在一起了。不定什么时候他的利益得不到满足就会煽动当地人来对付我了。到了晚上，他又变回了原来温文尔雅的样子。

今天早上再次出现了麻烦。苦力们向我要晚上住宿的费用，我当然不会给他们。但奇怪的是，陈居然让那位店老板给了他们 4 个银元。转头店老板就朝我索要 4 个银元，连我的仆人也成了同伙。我向良田的地方官求助，但毫无用处。这是我唯一一次向一个地方上的小官儿寻求庇护。他大概只有八品，但是排场却比北京那些大衙门里的官儿还大。我们先是把名帖递进去，被告知要在外面等，门口的守卫谁也不让进。后来又传出话儿来，只让保罗一个人进去，我们当然不答应。之后我们被带到前厅，也没个座位可坐下。里面的人看来在做接见我们的准备。终于让我们进去了，伴随着一阵敲鼓的声音。那位老爷很是威严地坐在房子正中唯一的一把椅子上，他的面前是一张脏乎乎的桌子，两边站着几个穿着破烂的衙役。他傲慢地斜眼看着我们，也不站起身。我立刻跟他要求要一把椅子，因为我已经站了很长时间了。然后从头诉说了我的遭遇，最后掏出来总理衙门签发的通行证。这个通行证还是起了作用的，结果是我被判只需支付一两银子。这位“高官”

觉得自己身份高贵不能送我们出门，他的屁股好像被粘在椅子上
了。[①] 虽然这次见官没有取得立竿见影的效果，但是我决定还要 369
继续和骗子们斗争。

到了郴州他们开始故技重施。我们这两天都是步行，单凭自己的腿走到郴州的。当我们终于达到客栈的时候，已经聚集了一群咆哮着的人，一进入客栈我们就把门关上，但是这些人很快就冲开大门，把屋子都挤满了。在宜章的一幕又重新上演。我立刻决定去拜访这里的地方官儿。在郴州驻有一位道台，每个省管辖两到三个府，官员被称作道台，是巡抚之下最大的官儿，级别比较高。我打算在此次拜访中主要诉说我是如何被骗多付了 43 两，这些钱本来是我付给苦力们的，但是陈克扣了大部分，只给了苦力们不到 1/3，多余的被他和宜章的店老板还有我的仆人私分了。我决定向地方官儿说明，我会按照说好的数目付钱，但要求找一个证人，在他的监督下把钱分给苦力们。

去衙门的路很长，我们就在人群的推搡中前进。看起来这些人仿佛知道我为什么去衙门，他们跟着就是想看看事态到底会怎么发展。这里的衙门坐落在一个小山包上，我们到门口时身后已经聚集了上千人，人头攒动。递上了名帖后被带到一个房间等候，还好那里有桌椅。一群人跟着进来，他们就坐在桌子和椅子上，但是挤得人太多了，有些桌椅都被压断了。那位老爷派了一
个人过来询问我们求见的事由。我回答说，我是途径这里的外国 370
人，出于礼貌来拜访当地的官员。没等多久我们就被迎进了大厅。

---

① 参见第 316—317 页。

这位道台李大人，居然站在门口迎接我们。他穿戴整齐，还从头到脚披着一件非常值钱的貂皮大衣。他的脸保养得很好，看上去也很聪明，但一看就知道是个抽大烟的。他的行动举止都很有贵族气质。外面的人还想挤进来，但是衙役们可不答应，手里拿着木棍和鞭子驱赶那些人，拼命抵住了门。落座后我们互致问候，有人倒了茶来，我们接着夸了夸当地的优势，问了问相互的年纪、姓名、官职和其他一些事情，出于礼貌还互相询问了各自孩子们的情况，这些作为谈正事的前奏。之后我才跟他描述我是如何被骗的，并且表达了我的担心，如果骗子煽动当地人对付我们，我们很可能会束手无策。我还强调，如果我的事情不解决，那么他们还会骗更多的外国人，事情必定会有闹大的一天。并且表示相信他有能力调查清楚事情的真相，让骗子得到惩处。谈话进行得很顺利，最后李道台把我们送到了衙门大门口。我们又在人群的推挤下回到了客栈。期间不断有人喊着要打我们，甚至打死我们。但也只是喊喊而已，这些人并没有特别过激的行为。有几个人试图朝我们扔石头，吹口哨起哄，我们统统装作没看见，以免进一步激怒这些人。

371 晚上李道台派了两个人过来，一个六品一个八品，一个姓牟一个姓杨，他们都穿戴着整洁的官服。我们热情地接待了他们，事情终于朝着我们所希望的方向发展了。他们立刻派衙役到宜章捉拿那个店老板。苦力们也得到了应得的工钱。我最终放过了陈，但是他必须保证晚我们两天出发，并且不再跟着我们。虽然想让他受到惩罚很简单，但是我决定不再追究了。主要考虑到宁远府是他的老家，我们过几天就要去那里，我担心他挑唆当地人报复我们。而且他和我的仆人都不是简单的人，他们还能使什么坏是不可知的。我想让他们明白，他们从我这里得不到好处就行了，也并不想把他们怎么样。我希望后来人能吸取我的教训，整件事情让人愤怒的是，虽然看穿了他们的骗局但却毫无办法，因为当地人站在他们一边。当然最让人恼火的，是这件事情浪费了我很多的时间。

从北江山谷到宜章和郴州之间的湘江的山谷是一段长 90 里、宽 2.5 米到 3 米的铺了大块石头的路。自从长江上开始有汽船后，这里的交通量下降了不少，但仍然不可小觑。来来往往都是行人和运送货物的苦力们，货物多是些从广州运来的盐（在这里每斤要 50 文，在广州只要 10 文）、欧洲来的货物、广东工厂里产的货物。反向的，从湖南往广州运的是大量的大麻、油和茶叶。衡州府（Höng tschóu fu）以南的茶叶都运往广州，以北的则多运往汉口。郴州附近每斤炒制过的茶叶卖 100 文，新鲜茶叶则卖 10 文。还有大量的药材从四川经郴州运往广东。它们被装在大包或是大的 372
箱子里长途运输。湖南的物产虽然很丰富，但是没多少工厂和工业，这些原料大多运到别处。

道路还算平坦，略有起伏，从宜章开始就是这样。峤岭通路最高处不过 300 米，景色略显苍凉。第二天我很晚才启程，因此不得不紧赶慢赶，我担心有人会先赶到郴州做些对我们不利的事情。此处的道路铺着石灰岩石板，随处可见很多化石。但是只要有人在这里敲敲任何一块石头，立刻就会有一群人围上来，这些人看来很危险。因为马上就是中国的新年了，所以几乎不可能找到进山的向导了。还有三天就是小年，那时我不想在城里待着。这里的宝藏只能等待后来人去发现了。对于一个地理学家来说，他

完全可以几个小时地在这里搜集研究。

峤岭沿路都是小村落，人口很密。但是这里的房子都是红色的泥砖[①]建的，而且鲜有粉刷成白色的，看起来不怎么吸引人。当地人看来很勤劳，但是比较粗野。郴州有一条沿河的狭长的商业街道，这里原本是它的市郊，相比之下原来的城里倒显得死寂很
373 多。这座城市的人口看来比一般中国城镇的人要少，而且其间有一部分人看起来很粗野，很危险。当地人都好奇心极重。

（1 月 24 日）从一次郊游回到城里的时候，我见到了李道台派来的使者。李道台托他们转告我，他很担心如果我长时间待在这里会遇到连他都无法解决的麻烦。他们告诉我，一群人今天一整天都耗在衙门里，这些人认为我还会再到衙门去，并试图对我不利。我告诉来使，我不会在此地久留，第二天就会离开。因为我听说这个地方的官员在处理暴民的时候比较软弱，如果跟这群人来硬的，很可能自己都会被暴打甚至杀害。因此湖南南部的官职并不怎么有吸引力，很多官员只是把这里当作升职的跳板。在这样的地方考察我也不怎么寄希望能得到多少庇护。

当地客栈的规模都很大，接待的也都是大人物。我住的这间客栈有三层，但房间却像小监牢一样，只有两张铺和一张肮脏的桌子。有两个人负责服侍我们，但极不专业，根本称不上是真正的仆人。现在这里住着很多客人，我发现这家店的店老板除了开店还干别的，另有来钱的路子，类似当地一些事端的裁决者。他总是穿一件长袍，手里掌握着很大的权力，这家店就是他办事的裁判庭。

① 参见第 15 页。

有当地人偷了客人要运往峤岭的货物而受到惩罚，简短的审问之 374
后，小偷们被判用竹竿打 50 下。有几个受罚的大声哀号求饶，恳求施刑的人改用比较软的藤条打。但非但没得到宽饶，反而被人直直地架起来，两脚几乎离地，结结实实地挨够了打。小偷们的惨叫很是刺耳，他们一个接一个挨打。很多人就围在那里眼睁睁地看着，很是冷血。我听说，这样的场景几乎天天都上演。

（1 月 25 日）今天我终于见识到这个店老板的权力有多大了。李道台之前就跟我说过，他委托店老板照顾我后面的行程。但跟店老板，我始终保持着距离，因为他要的价儿明显太高。在出发的前一天早上我让保罗租船去瓦窑坪（Hwang yau ping），客店背面就临河，等待拉客的船都停靠在那里。在那里他打听到租一次船只要 2.5 吊，从这里到湘潭（Siang tan）要 20 吊或者 30 吊，装备最好的船也只要 40 吊，一吊是 1000 文。当他谈好价钱准备租的时候，船老大听说我们是大新店的客人，就立刻断然拒绝了我们。说是那里的客人只能通过店老板才能租船，因为船老大害怕私自和我们做生意会得罪店老板，以后就再也接不到生意了。于是我们不得不回头找店老板，虽然明知他从中获利不少。

即使是地方官儿也管不了这些事，这个我在杭州租船时早就 375
知道了。在那些繁忙的贸易和交通要道总有那么一些人控制着来往的交通。[1] 他们为获得这样的特权要给地方官儿一些好处，没有他们做中间人，客人和船老大是无法签订合约的。这位店老板就掌握着此类特权，负责分配当地的生意。这些人一般在某位地

---

① 参见第 366—368 页。

方官还没上任之前便送了贿赂，一旦那位官员到任了，自然要以此作为回报，对这些操纵价格的人一般不再过问。所以李道台派来的人也只能帮助我们把价钱压到60吊而已。对方让我们当时就付清，被我断然拒绝，只支付了其中的一半。

在中国签订这样的合约时需要格外注意的就是，不要一次把钱都给他们，剩下的钱要看他们是不是依照合同办事才决定给不给。我后来知道，店老板从中得到了一半的钱，所以那些船工们一开始便求我再给点儿钱去干这干那。和中间人签订合同以后就不需要再支付任何额外的费用了，而且也是有很大保证的。当然如
376 果发生意外情况，诸如遇到劫匪那就不好说了。但在临近新年的时候我能租到船已属不易，因为再耽误几天就更难签订租船合约了，肯定会因为年节而耽误不少时间。

经常在中国旅行的人，比如传教士们，很是知道春节会给在路上的人带来什么样的麻烦。所以很多人宁愿将计划推迟几周甚至几个月的时间，以避免撞上春节。我很庆幸能尽快成行，因为我害怕陈，那样一个执拗又贪婪的人会不惜代价赶到我前头去，安排好他的人来报复我。办理各种手续花了整整一个上午的时间，12点我们终于带着行李上了船。

离开税卡屯（音译：Schui ka tung）村后，景色发生了巨大的变化，又一次出现了红色砂岩。此处的地貌和先前在宜章见过的几乎一样，类似一种丘陵高原，到处都是圆顶山峰，不高，大概100米到200米的样子。景色十分浪漫，但是不宜居住，因此这里人口不多。经常可以看到一个村子就位于山顶上，三面都是陡峭的山壁，上下非常不容易。河流就在狭窄的砂岩壁间穿行。天黑的

时候，我们才到达东江河(Tung kiang hŏ)汇入耒河(Lui hŏ)的入
口，又走了 5 里到了瓦窑坪。这一整天都在下雨，现在还没停。这
种晦暗的天气阻挡了我的视线，远处是什么样根本无法看清。从 377
宜章开始持续的阴天已经给我的地图绘制工作带来了麻烦。我只能借助罗盘标示出我行进的路线，至于远处和附近山势的情况则没法记录。在这里我换了一艘之前就租好的更大的船。至今旅途还算舒适，这艘船很大，装备也齐全，有低矮的船篷，只是不太好点灯，因为没有挡风的东西。

(1 月 26 日)河中不时出现急流，但并不太危险，因为河道里没有岩石。两岸景致怡人：延绵的红色砂岩壁，间或出现傲立的山峰和草木茂盛的山谷。这些巨大的砂岩有一个独特之处，就是有时会达到 20 米到 30 米的厚度，而且很完整，根本看不出层次。这些岩石下方较为软些的部分天长日久被河水冲刷没了，于是上面的岩石就形成一个穹隆状的覆盖，下面的空地就被一些穷人利用，在那里搭起简陋的窝棚居住，因为上面岩石的遮挡，可以避雨避风。虽然红色的砂岩带来强烈的视觉冲击，对于旅行的人是件好事，但对于住在这里的人来说却未必。可耕种的土地太少了，山谷中只看得见一些古老的植被，几乎每个坡口都矗立着巨大的岩石阻碍人们进入。除了竹子以外，没有种植别的。

(1 月 27 日)今天我们进入了湖南产煤的地区，看来这一地区的范围不小。这里多山，山上有野生的也有人们种植的植物。道
路沿着一条向上的山谷前进，两边是坡状的稻田，一直通往山上的 378
煤矿。从山谷入口算起，煤矿已经高出河流 75 米了。很多驮煤的人走这条小路，尽管上下山的人很多，居然都没想到把这条路拓宽

一下，现在窄得都容不下两个背筐的人并行。

位于河右岸的煤矿比到目前为止我见过的任何一地的煤矿规模都大。这个狭长分布的村落几乎就是黑色的，有很多煤行。大量的各种大小的煤块都堆积在这里，大概有 80 艘船等待装煤，大部分船去往汉口。今天我们意外地受到了友好的对待：这里的人虽然对我们也充满好奇，但是并没有骚动，反而比较安静。尽管如此要想在这里从事地质考察还是有难度的，只能找到不多的有价值的东西。当然最大的阻碍还是围观的人太多了，我们的到来一定造成今天产煤量的减少，因为人们都来看我们了。通常这种情况下他们先是感到非常好奇，之后就会怀疑我们来这里到底要干什么，然后就会一直跟着我们，直到我们离开才算罢休。

（1 月 28 日）今天我们遇到了一群非常糟糕的人，他们几次三番挑衅我们，而且对于我们提出的问题，总是给出虚假的答案。这里的矿井有 1—3 里深（500—1500 米）。因此煤的质量并不好，至于储量大不大我也无从估计。我们试着下到一处矿井中进行考察，但是无功而返。我发现了一处蓝色和灰色的泥土层中有很多贝壳和蜗牛的化石——一些海里的生物化石。在拥挤的人群中我们很难进行考察，甚至有人认为我们发现了宝贝。我们只好一会
379 儿上山，一会儿下山才甩开了尾随的人群。但是很快又有一批人聚拢过来，一直跟着我们直到离开。尽管如此我还是收集了大概 100 来块化石，虽然大部分都几乎破碎了。我们回船上的过程很让人恼火，因为要对付这些人不断的挑衅，我们用尽浑身解数。每次我们到达一个陌生地方的时候会有人群尾随，但是通常情况下过几天他们就会习惯我们并且和我们成为朋友。但是这个地方我

不敢期望太高，因为人群中有太多恶劣的人。

（1 月 29 日）这一段的河道格外曲折，如果是直线距离，今天从起点到终点我们走了大概 25 公里，但实际行驶了大概 2.5 倍的路程。耒阳以上的河段也非常曲折，但还比不上这里。在中国的地图上，这一段重要的地方标示得基本正确，但是缺乏细节。比如离开长江的这段水路，虽然来往船只众多，水道曲折，但在地图上几乎就用一条直线标示。现在我们经过的地方地势越来越平坦。

我们停留了大概一个小时，我之前一直担心的事情还是发生了。我们的船本来跟在很多运煤船后面，但是我非常想去看看这里的煤矿是什么样子的，所以就让船工们超过运煤船靠岸。我们上了岸，也没遇到阻拦。甚至还和那里的煤贩子交谈了几句，问了他一些具体的情况，他回答了其中的一些问题，之后我们就上船了。我们在岸上大概待了一刻钟，船工们正打算起锚，岸边突然出现了一群粗暴的人，领头的那几个面目可憎，他们手持长杆和刀子朝我们冲过来。船上的人都吓呆了。还好就在那些人要跳上我们 380
船的那一刻，船离开了岸边。领头的人跺着脚儿咒骂我们。船上的人都惊魂未定。在我们登岸去看煤矿的时候就听到“打死洋鬼子”这样的话了。但是我们并没有在意，以为他们不过说说而已，并不会真这么做。现在看来如果不是我们逃得及时，恐怕一场灾难在所难免。船工们害怕那些人不会轻易罢休，我却不这么想，因为他们应该知道，我们肯定也会有所准备的。

就在袭击发生的瞬间，我突然明白了事情的原委。很多旅行的人当前都聚集在这里，我猜陈一定也在其中。我询问那个仆人是否见过陈。他回答说“是”，而且还和他说过话。我早就料到陈

会煽动当地人向我发起报复。我们继续前进直到夜深，要去的村子叫小江口（音译：Siau tschang kóu），我的船工们想在那里过春节，恳请我给他们放两天的假。在答应他们之前我提出，我们最好能在一个产煤的地方停下，这样他们可以过节，我则能够考察煤矿，因为节下工人们应该都回家了，我就能不受打扰地考察了。船工们也同意了，他们告诉我在小江口不远的地方就有一个大煤矿，但显然他们没说实话。之所以选择在这里停下，是因为他们的
381 老家就在这里，他们想和家里人一起过春节而已。所谓的煤矿根本就不值得一看，尽管如此能找到一个地方安安静静地待上两天我已经很满意了，更何况因为船工们，这里的人对我们多少了解了些，并不会像其他地方的人那样敌视我们。

（1月30、31日）我们在1月30号，也就是阴历今年的最后一天到了小江口。而31号则被看作新年的第一天。除了新年烟火之外，这里的节日气氛却是安静祥和的。我们去打了两次猎，和当地人相处得很好。有上百条船在这里过节，因为船工们多来自附近的小村子。这几天的天气格外好，中午的温度可达19度，太阳暖暖地照着大地，可惜我不得不耽搁在这里。

对于古生物学研究来说，湖南的南部简直就是一个天堂。我的后来者们将获得巨大的成果，而我却无法采集这些标本，只能遗憾万分了。如果一个人在柏林的菩提树下大道（Unter den Linden）上来个倒立，引来围观的人都未必比一个地理学家在从宜章到郴州的路上拿着小锤子收集化石时引来的人多，而且如果围观的人群中一旦有个把不法之徒，那么对那位地理学家来说将是很大的侮辱和危险。就是因为知道可能面对的情况，当然再加

上马上就要过春节了，所以我没能在这里完成收集化石的任务。在此也只能为后来者抛砖引玉了。

我早就知道春节在中国是一个盛大的节日，中国人早早地就开始期盼着这一天的到来，正如小孩子们盼望圣诞节一样。所有 382
人都打算好好享受几天悠闲时光。[①]今年难得春节这几天有这样好的天气，但是我发现这里的人几乎整天都待在家里，顶多在村子或是到城里转转。很少有人出去郊游或是野餐，如果是日本人，肯定不会放过如此好的天气。中国人最热衷的活动是放鞭炮，当地人都穿上最好的衣服，没有好衣服的也要租一件来穿。在除夕前一天男人们要刮胡子，女人们要盘头发。过年这几天大家很和气，因为新年忌讳争吵。人们还会给要饭的乞丐一个铜板或是一把大米。晚上会彻夜点灯，有多少点多少，放鞭炮，烧纸钱，点香并且在午夜时分全家高高兴兴地吃一顿丰盛的年夜饭。

我的船工们也不例外，他们买上几斤猪肉、两只鸡、一条咸鱼、一些蔬菜和烧酒，还要准备一些烤过的豆子、各种瓜果和麦子。这些东西先要放在供奉的菩萨像[②]前面作为祭祀品，然后被一家人吃掉。中国人认为，谁在新年的第一天梦到一窝刚刚出生的小猪，在新的一年里就能发财，生活富裕。而且新年里被邀请到别人家里吃饭的话，一定得吃得多多的才好。船上的人大部分都在自己家里过年，他们当中的一些人已经有一年时间没跟家里人 383
在一起了，所以很不愿意马上就再次离开家。有些人还到较远的村子里拜访亲戚并在那里过夜，导致我们根本无法按时出发。可

① 参见第127页。
② 参见第327页。

以看得出来，正如很多人描述过的那样，中国人的家庭观念很强。在过年这几天我请船工们吃了一顿晚饭，总共花了大概3个塔勒硬币的钱。他们都非常高兴也很满意，过了一个好年。

当我在中国人身上看到乐天、知足、害羞、勤劳和其他只有欧洲优等人种才具有的品质时，我就不能解释，为什么他们还会撒谎。尤其是旅行的外国人，在路上几乎就听不到一句实话。中国人的每一句话都跟钱有关系，解决吃和喝是他们的头等大事。所以人们最乐意说的新年祝福就是“发财”。想要和中国人交朋友的话，用这句话作为开始是最受欢迎的。

虽然湖南在地貌上如此变化多端，但却实在不是一个富裕的行省。人口密度相对而言也很低。最重要的产出就是烟煤，凭借穿行而过的河道与其他人口更多的地方连接起来。除此以外这里
384 产油量也很大，一种是桐油，一种是当地人所说的茶油，因为这种树无论从花、果实还是叶子都和茶树很相似。① 但到底是怎样一种油我并不清楚，在韶州的时候我就见过这种树木，从郴州开始到这里漫山遍野都是，多和茶树种在一起。看来这种树格外喜欢在红色的沙质和泥质的土地上生长。相比之下桐树的数量倒不是很多。这里的冲积区域不是很大，人们还在山谷里种植稻子。但是大片的山丘、成百上千亩的地方什么都没有种植，杂草丛生。如果在这里修建铁路或是建造工厂，那么大部分人都会有营生可做，单单这些白白浪费的土地利用起来就够当地人生活得很好了。

耒河上来往的船只很多，在下游的一个地方就停靠着将近

① 这种灌木其实是茶梅花(Camellia sassanqua)。

150 艘船。昨天我见到的船只不会少于 1500 艘，主要有两种不同的船，可以载重 300 担和 600 担的。这些船几乎都是去往湘潭方向的。煤被运到下游地区，茶叶和油则运往广州。但是大宗运往湘潭的货物却不走这一地区。这些船只回程携带的多是来自四川的草药。这一地区几乎没有工业，除了几家炼铁作坊外，我没见到任何工厂。

（2 月 1 日）为了让船工们尽快回来我费了很多周折。因为他们提出还要多待一天。在约定的时间只有几个人回来了，而且还半醉着。我们在耒河上走得很慢，因为到处都是沙洲和浅滩，我们的船搁浅了好几次，好在把船弄出来也很容易。在耒河的出口有
一个小村子和一处税卡，在这里它偏向右汇入更大的湘江，上游左 385
岸两公里外就是衡州府，它的标志性建筑就是一座塔。这几天刮的都是南风，但是在耒河上因为太多的浅滩船只并不升帆，所以刮什么风也没用。只是在 12 点我们进入湘江后才用上帆。

迪克森（Dickson）博士先前（1861 年）在此地考察之后认为洞庭湖上游 500 公里外的河流，水深多在 3 米到 4 米，并以此得出结论，认为可以航行汽船。我虽然不知道他从衡州出发是沿哪条河流往北走的，但是耒河是绝不可能航驶汽船的。今天我发现湘江的水深也多在 2.5 米到 3.5 米，甚至有的地方只有 1.5 米。迪克森是在 5 月份来到这里的，那时候或许确实不同：5、6、7 月是水位最高的月份，船工们说，那时河水常常越过堤岸，耒河的水深能到 7.5 米，湘江更是达到 9 米深。但是在另外五个月水位却很浅，甚至比现在还浅。湘江的河道也是弯弯曲曲的，和耒河下游一样被红色砂岩的山丘和冲积平原包围。

(2月3日)我很快地穿越这片地区,因为就地貌和地理情况而言这里并没有引起我太多的兴趣。河岸边尽是山丘,只在西边和东边稍远的地方看得见高350米到450米的连绵山峦,其中只有衡山高750多米。在中国的地图上,这座山的顶峰看起来高耸云霄,或许是因为这座山是中国人眼中的一座圣山吧。在古老的文献中就有关于这座山的记载,那时在四个方位上分别有一座圣
386 山,后来在中原地区的嵩山也加入其中。公元前两千多年前,帝王们在固定的时间会到这四座圣山祭祀。但实际上帝王的这一举动还有其政治目的,为的是笼络各地的诸侯,因为祭祀的时候他们也要从四面八方聚集到一起。诸侯们要把各自珍贵的印信上呈给帝王,当然之后帝王会再赐还给他们。衡山是南岳,但传说中的南方圣山是不是在湖南还值得商榷。因为没有迹象表明,那时帝王的统治范围已经延伸到洞庭湖以南地区。当时这里应该还很荒蛮,很久之后才有汉人迁移来此。似乎是因为衡山今天的名气太大,所以才被附会到传说中的南方圣山上。从地形上来看,衡山在周围低矮的山群中的确显得鹤立鸡群。

从河中只能看到衡山县(Höng schan hsiën)沿河的一溜房屋,很多都是两端向上弯曲的房顶。看来此地应该不是贸易场所,因为只有很少的船只停靠。但是此地却出过很多知名的学者。就连船工们都说,很久以前还曾有一位皇帝死在这里。河道的情况非常恶劣,很多地方的河床多岩石。人们把长长的竹竿插在河里,用来标示出可以行船的路线。浅滩很多,水深只有3—4英尺。汽船无论如何是不可能在这段河道上航行的。

387 在朱亭(Kü tsiën)的一座石灰岩山上有一座书院,学子们在

这里准备参加长沙府的考试。靠近河边的地方尽是些被红土覆盖的石灰岩。书院位于山丘上，墙院内是一排排的房屋，前面是两扇紧闭着的大门。曾经有上百的学生在这里苦读，但现在一个人都看不到。这座书院据说是二十年前建成的，院里几乎没有树木，只在较高的地方看得见两株大柏树。站在高处俯瞰弯曲的河道和汹涌的河水，以及远处高耸的衡山，让人心旷神怡。在这里我看到了最美最绚烂的日落，大自然创造的这一奇美景观是希德伯兰特（译者注：Hildebrant，德国画家）的画笔永远都无法描绘的。

（2月4、5日）天气突然变得十分恶劣：3号的时候天空晴朗，中午的温度高达23度。但是接下来的两天刮起了北风，气温骤降，行船变得缓慢。昨天晚上的风力高达8级，我们不得不在快到湘潭的地方提前抛锚。今天居然结冰了，寒冷的北风依然持续，阻挡了我们前进的步伐。当初没有选择湖南的运煤船现在看来太明智了。狂风呼啸而过，寒冷刺骨。船工们用篷布把船遮盖起来，现在是上午11点，我在一盏随时可能被吹灭的油灯下写日记。吃用的东西几乎都没了，因为我原本打算到湘潭后再买，现在我们只能节衣缩食了。岸上也没什么可看之处，所以我们的船就停在河道中。

这里多丘陵和冲积平原，山上植被茂盛。平坦的地方土地肥
沃，和更南边的地方相比也不再那么沙化了。还没到种稻子的时 388
候，山药刚刚出芽，棉花和烟草也还是去年的，人们还没有开始在土地上耕种。这里的人口很多，靠近河边有很多大村落，间或就会出现有钱人的大宅院。这一地方的特点是，房屋不再零零散散地分布，而是聚集在一起。有钱人的房屋一般不在村子里，而是分布

在山丘上，比如在山谷的出口处，类似别墅。[①]他们还在屋子周边种植大量的树木，柏树或是竹子，形成自然的屏障。这里的房子很漂亮，建造精美，都有高大的门脸，但并不怎么种花，也没有什么其他的园林装饰。几乎没有高山，只是些高不超过 150 米到 200 米的山，有些甚至只有 30 米到 50 米。除了种地，当地人还烧石灰。烧出来的大量石灰被运到下游地区，主要用作地里的肥料。看来他们以此获利不少，不然不会有这么好的房子。烧石灰的主要燃料就是柴火和浏阳来的煤。

（2 月 6 日）风小了些，下午我们前进了一点儿到了湘潭。在此之前河左岸汇入了一条名叫易水（I schui）的小河，这条河长 60 里到 70 里，能通行小船，还有一条湘乡河（Siang siang hǒ）比较大，再往北也能行船。现在河左岸出现了湘潭的密密麻麻的房
389 屋。为了不引起注意，我们把船就靠在这里。尽管如此，有人早就潜伏在这里等候我们出现了。陈还是赶到了我们前面，在前天到了这里。我担心他会煽动当地的暴民袭击我们，他的报复心很强，绝不会善罢甘休。他找了一家熟识的四川的商行，让那里的人来找我们，想诱使我们上岸，并且表示要给我们提供住宿的地方。可惜他们做事不够机密，被我发现了。他们安排了很多人坐小船从四面向我们的船靠近，试图登上我们的船。我让船工们把船靠在城镇繁华部分的下游，尽管如此汇聚的暴民还是太多了。我派人去找镇里的官员请求保护。但是他不在当地，到长沙给抚台[②]

① 参见第 190 页。

② 抚台，一个行省的主管官员，居二品。关于清朝官员的品级制度李希霍芬在《山东》（1898 年在柏林出版）一书中有详细阐述。

拜年去了。我们又把船驶到对岸，情况还是没有好转。终于来了四位官员，他们手里掌握着400名衙役，至此我们可以稍稍放心了。

（2月7、8日）在湘潭的停留到目前为止还是非常顺利的，当然要撇开陈的阴谋不谈。昨天一早儿来了一位六品的官员亲自保护我们。他是个非常好的人，我还没见过比他更好的中国人呢。他身上完全没有中国人的恶习，诸如好奇、贪婪和虚伪。他竭力为我们处理方方面面的关系，现在我们成了好朋友，他带来的炮船为我们提供了安全保护。

昨天我们设法另外租了一艘船，因为现在这艘不能抵挡如此的严寒和暴风。我们找到了一艘大船，到汉口要100个银元，在 390
我们那位好朋友的帮助下把价格压到了43个银元。此外我还又购买了一些装备，好让自己在旅途中更舒适些。船上最大的房间长15英尺，宽12英尺，大概7英尺高。还有三个房间分别是厨房和船老大以及他的家人住的地方。先前船上的人居然还厚颜无耻地要我再付给他们一些钱，我的朋友从中协调，给了一个折中的价钱，我马上表示同意。但是那些人还赖着不想走，还想得到更多。我的朋友干脆揪着他们的辫子吓唬他们说要带他们去衙门见官，后来还是我拦住了他。那群人总算是走了。这位好朋友还帮助我们干换钱、买东西等杂事。他买的东西又便宜又好，我发现他为人非常忠实而且绝不贪财。我们的船就一直停在他的炮船旁边，没受到任何打扰。我只接待那些我想见的人，他也曾建议我换上中式衣服到城里看看。但我想城里除了商铺也没什么我感兴趣的，另外难免再次引起围观，如果走马观花地看肯定也没什么用处，所以就没有去。在船上我也可以通过来访者得到很多信息。夜里我们的这位朋友和他的一个随从——一个非常能干又忠诚的小伙子，就住在船上。我发现他在此地的威信很高，有他在身边免去很多麻烦。更令我感动的是，这么一个人居然愿意为我们做些换钱之类的琐事，而且亲自扛着钱袋子给我们送来，通常中国的官员是不屑这样做的。今天他把他的孩子们带来了，他们都穿着我送的衣服。他就这样一直陪着我们走到了长沙(Tschang scha)。在我
391 们启程之前，我派人给他的一位上司，驻湘潭最高级别的一位武官递上了我的名帖。今天晚上这位武官的儿子，一位二十来岁的候补官员穿戴整齐地来到我们的船上：他的父亲派一艘炮船送他过来，现在我的屋子里满满的都是衙役和官差。在此之前我从没想过在湖南这样一个蛮荒之地会受到如此高的待遇。

湘潭是个大地方，这里的民房一直延伸到离河边五六公里的地方。人们告诉我，这座城市长 20 里，宽 5 里。镇子四周有城墙，城墙上有几个大门。贸易主要集中在城南郊外，那里停靠着成千的船只。城里没什么商铺，据说城里住着 100 万人，这个数字应该不假，不像之前我得到的汉口、汉阳以及武昌的人口数字都是被夸大的。顺流而下的航程中没什么有意思的事情发生。河左岸非常平坦，右岸则有起伏，大概 25 米到 30 米高，多是红色的砂岩。城外还有一座孔庙，在中国孔子被认为是纸的发明者(译者注：原文如此)。

(2 月 9 日)湘江在此处变成了一条又宽又大的河流，但是水面还较为平静。堤岸大概有 10 米高，沿岸尽是淤泥和碎石。靠近岸边的地方河水浅些，河道中间要深些。但是也有一些河段，整体水位都比较浅。在这个季节是不可能行驶汽船的。同时河中那些

沉积的淤泥也说明洞庭湖在发水的时候其支流甚至能一直延伸到这里。正如鄱阳湖发水时能冲到乐平一样。[①] 湘潭或许恰恰得益于它所处的位置，水面的落差非常小，大概每海里才 3 英寸，这个数字应该不会离真实的情况太远。

（2 月 10 日）我的船就停靠河左岸，正对着长沙城正门。这一 392
天都在处理一些琐事。我的朋友曲一直陪同我们到了这里。他身上具备中国人通常没有的忠诚和良善，我们相处得很好。我希望他能够继续陪着我们直到汉口，他也有此愿望。当然最终还是取决于抚台，不过我觉得，抚台会答应的。没有了他的陪同，我们难免还会被讹诈，还会引起骚动，尤其是在城里的时候，到时候恐怕还要去找他。有了炮船的保护一切都变得简单多了。从我这方面来讲，我和这两位武官相处得很好，他们在写给抚台的报告中肯定也为我们说了很多好话。由于他们的存在，我的船上来了很多拜访者，多是武官。还有一位皇帝禁军的统领，他是管辖着 3000 人的高官，在我这里待了很长的时间。

之前我就计划去探访岳麓山（Yolu schan），但是因为访客太多而一再推迟。当我说明我的计划后，就不断有官员劝我不要去那里。此处距离我想去参观的岳麓山还比较远，而且有些地方是关闭的，根本进不去，或许是因为有危险，尤其是山里的人性情可能更加暴烈。当地人却认为那里之所以危险是因为有书院，学生在他们眼中是一群令人讨厌的和危险的人，连官员们都不尊重学生，老百姓也认为进山很危险。所以不断有人劝我放弃。但是曲

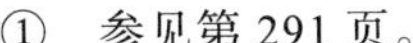

① 参见第 291 页。

表示愿意陪我们去,一切责任由他负担。发大水时冲积而成的一
393 座大岛将河流分成两支,西边那支已基本干涸。顺着两山间的峡谷,我们逆流而上,穿过一片稻田来到了岳麓山脚下。门上的匾额写着岳麓山或是岳麓书院,山上林木茂盛。

往高处走,有几处庙宇和道观掩映在树林中。在距离最高峰200英尺的地方,有一座依山而建的房子。其下方是一块长宽各6英尺的大理石碑,上面刻着禹字。这就是在别处都十分有名的禹王碑,但因为时间过久,风吹雨打导致很多字迹都看不太清楚了,而有些笔画看上去像是重新刻过。但是碑文到底是什么意思并没人知道。有人根据碑文的文字顺序断定这块石碑来自远古时代,但显然这种说法并不真实。现在的石碑应该也是一块复制品,至于原来的石碑到底是什么时候出现的没人知道,据说是很久很久以前。

下山的时候,我们决定去看看书院到底是什么样子。四周有围墙,两扇大门通向内部,院子里有很多房屋。学生们就住在一间挨一间的小房子里,中间还有厅堂隔开。在中央通道两侧的房屋较为高大,看来是学堂。院里非常干净整洁,年轻的学子们穿着打扮得也比较好。

394 听说这里有一千多学生,年纪都在22岁到24岁之间,很多人本身就有较低的官衔。我们进来的时候,他们像是从蜂巢中出动一样从四面围拢过来。尽管如此,我们还是继续往里走。这时候有几个人开始敲锣,锣声召集了更多的人过来,人群开始骚动不安起来。刚开始他们是感到震惊,后来就有人情绪激动地叫喊起来,还有人带头大笑起来。我们非常礼貌地向他们询问问题,一个

问题耐心地说了五遍，但他们除了惊愕之外并没有给出答案。随着人越来越多，学生们的情绪也越来越激动。突然不知谁喊了一句：“快把门关上！”我们赶紧往回撤，趁着围观的人还没明白过来，我们抓紧往门的方向走，还不能跑，一跑局面肯定更加失控。还好就在门要被关上的刹那，我们逃了出来。脱身后才开始感觉到后怕，他们紧随着而来，我们不得不继续敷衍着说些客套话，心里却急切盼望着能来个当官儿的带我们离开这里。他们就站在那里看着我们走远，还好，由于开始太震惊所以才没反应过来如何对付我们。当我们终于自由了以后，他们看到我们手里有武器，才不敢再上前来。

天已经黑了，我们继续走了一段就遇到了前来保护我们的炮船的头领刘(Liu)，他和几个士兵打着灯笼来找我们。在船上得知我们要进山的消息后，他们就立刻出发来接应我们。他们还以为我们会被学生们扯掉胡子或是扒光衣服呢。我们越靠近船只，就遇到越来越多的士兵打着灯笼找我们。原来我们的行踪被报告给城里的官员们。每个知道信儿的官儿都派出一队人马来保护我们的安全。

我发现了一个现象，那就是有些中国人当人多的时候就变得大胆，而一个人的时候则非常胆怯。学生们也是这样，在我们上山的时候就遇到了一个学生，当时他和两个当地人走在一起。看见我们之后，那个学生赶快跑开躲到一块岩石后面。倒是那两个当地人还站在路上，好奇地打量我们。后来我们在书院里又看到了这个学生，他站在人群中做出一副勇敢好斗的样子。在书院里我还发现了三个熟悉的面孔，他们曾经在湘潭拜会过我。听到锣声

后，他们也从房间中冲出来，但看到我们之后很快就又缩了回去，好像害怕让其他人知道他们和我们曾经有过交往似的。

岳麓书院是中国现存的四大书院之一，而且是最重要的一座，和北京的翰林院联系紧密。能进入其中的大多是 22 岁到 24
396 岁的年轻人，他们之前已经通过了一些低等的考试。奇怪的是，这么多学生却只有一位教师，就是书院的山长。[①] 每个学生自主地学习，只是当他有不解之处的时候才去问他的师长。他们两个一起住在小格子间里，每十个人有一个厨子负责饮食。还可以带着年幼的兄弟一起，但是他们的兄弟并不在册。每个人每天的费用是 60 文，个人负担。

现在的山长是一位专门负责地方学务的官员，大概是七品顶戴。但是据说他实际比抚台的地位还高。原因是这位官员之前曾被授一品顶戴，但是他谢绝了，宁愿在这里当山长。虽然现在顶着七品的头衔，但是如果将来去了别处他还是一品。

湖南的官员们觉得把儿子们送到岳麓书院读书是件光宗耀祖的事情。今天来我这里做客的年轻人姓罗（Lo），他和保罗成了朋友，很快就要去书院学习。他 20 岁，已经结婚。据他说，进入书院后他每五个月可以回家一次看望他的夫人。她现在和婆婆生活在一起，不被允许出门，也不让任何男人进家门。这里的传统就是如此，如果男方家里没人照管，那么他可以带着夫人去书院。罗从来没想过他的夫人会不忠。除了家里人严格地看管，对于妇女还有残酷的律法来防止她们不忠。如果一个女人做了对丈夫不忠的

① 已经撤销。

丑事,她会被拖到地方官儿那里,当着丈夫的面接受刑罚。先是刺
双眼,然后刺两乳,然后刺双臂,再是刺肋骨,最后插进脖子,失血 397
而死。虽然这种刑罚异常残暴,但据说经常动用。如果在欧洲也实施这样的刑罚,那失节女人的鲜血估计得流成河了!

后来我有机会和很多曾经在岳麓书院学习过的官员交谈,他们一致认为,他们仇视外国人的思想是在书院里被培养起来的。在中国,因为外国人的到来,官员阶层的特权和威望都受到了前所未有的损害。可以想象得出,那些年轻人是如何被教唆成对外国人怀揣巨大仇恨的,他们成了想尽办法要将敌人消灭的激进分子。他们还设计了一些教材,用来激起学生们对外国的蔑视和仇恨。比如那张很多人都知道的地图,在上面中国的领土占据了几乎整张纸,周围是海洋,而英国、法国和美国等国家只是角落里的几个小点。这张地图广为传播,得有几千万份,而对外国人最为仇视的那本书(*Deathblow to corrupt doctrines*)[①] 也是在书院里完成的。在这本书里,作者凭空编造外国人的风俗习惯,捏造了很多令人毛骨悚然的故事。

湖南的老百姓根本就没有和外国人接触的机会,而且书院给出的信息很容易得到普通人的认可,所以在此地对外国人的仇恨
格外强烈。岳麓书院的学生会到武昌(Wu tschang)参加考试, 398
武昌是江西和湖南两省的考点,也是总督府所在地。每当这个时候,官府就事先发布公告,禁止住在汉口的外国人在考试期间到武昌来。有些外国人仗着自己位高权重违反这一规定,结果在武昌

① 英文译名。

遭到了学生们的辱骂和围攻。今天当我回到船上的时候才终于松了一口气，虽然我摸了老虎尾巴，但还好跑得快，毫发无损地回来了。

今天是个寒冷潮湿的大风天。前进了5公里后我们不得不再次抛锚，因为风太大了，几乎把我们顶在原地。我们只能看着对向成百的船只飞驰而过。还好我有事情要做，地图上还有些地方需要标明，湖南省的地图还要进一步完成，这个行省激起了我极大的兴趣。在炮船的护卫之下，一些冒昧的访客被拒在外，在火盆旁边，我可以安安静静地工作。我发现刘是个非同凡响的人，他受过良好的教育，曾经在湖南游历过，而且完全不像其他中国人那样充满好奇心。他跟着保罗学习我们的数字和字母，学得非常快。他总是那样安静平和。船老大老潘[①]也是个好人，他来自湖南西面和贵州交界处的麻阳县(Ma yang hsiën)，那里是苗族的聚居地，因为造船而出名，在长江上常常可以看到他们造的船，非常漂亮也
399 非常舒适。这种船就叫“麻阳船”，如果有人想从汉口到洞庭湖，或是到湖南的其他地方，或是沿着汉江而上，舒适的“麻阳船”当是不二之选。老潘虽然是所谓的山里人，但是非常忠诚老实。在中国，平原地区的人认为山里人不开化，很是蔑视。就比如刘对于老潘的老婆和女儿都是大脚这件事就非常不屑，认为她们颇为粗野。当我第一次见到中国贵妇们的小脚儿时感到非常震惊，不能理解为什么要人为地把脚弄得变形和骨折。

这几天我们都在聊湖南，老潘讲他的家乡苗族的事情，刘则

① 在某些地方用“老大”来指代。

跟我描述了瑶人的故事。瑶族人住的地方叫作窑洞，在新田县(Sin tiën hsiën)北边，郴州以西125里的地方。在那里还有一处兵站，名字就叫理瑶厅(Li yau ting)，专门为了维护当地的秩序而设。瑶族和苗族有很大的不同。虽然在中国有将近四百个不同的民族，但是湖南南部的瑶族独具特点：他们到处游走贩卖药物。因为“药”在汉语里和“瑶”的发音很像，或许他们的名字“瑶”就是由此而来，还有一种说法是因为他们住的是“窑洞”，当然他们当中也有人住的是房屋。没人去过他们住的地方，但是当他们需要一些东西的时候，会经常跑到汉人的地盘上。他们穿得有点儿像和尚，男人们从来不刮胡子，也不剪头发，但头发并不梳成辫子，还带着头巾。还有人曾告诉我，瑶人的头发是金黄色或是红色的，只 400
有少数人是黑色头发。他们很少有人长络腮胡子。到底有多少瑶人没人知道。他们种植棉花、桑树、水稻、玉米，也养家禽，基本能够自给自足，甚至还卖给汉人货物。但是现在再也买不到他们制造的任何东西了。瑶人住在地势险要的山中，往往易守难攻。从一条狭窄的山道进入，两侧都是悬崖，进入之后还有很多条岔路，让人晕头转向。朝廷曾经七次试图闯入他们的地盘，最后一次发生在几年之前，但都没有成功。刘就参加过最后一次进攻，当时调集了一万人马。当我说想去瑶人的地盘看看时，他如惊弓之鸟般断然表示不行。他说当有人入侵时，瑶人会站在悬崖上往下扔石头，还在通往内部的窄巷里布下暗器——一种削尖的竹竿。

在听了这么多关于瑶人的事情后，我几乎可以肯定，瑶人居住地的地貌和郴州以南地区的地貌很相似。悬崖峭壁林立，形成天然的屏障，山体间有窄道连通，人就住在山上的窑洞或是依山而建的房子里。这些地方的植被物种丰富,坐船从迷宫般的峭壁间穿行,观赏着沿岸嶙峋的山石,令人十分心旷神怡,这也是湖南地貌的一大特色。假设没有这条从中穿过的河流,不需花费多大心思,就能想象得到瑶人居住的地方是什么样,外人根本无法占领他们的领地,而且他们还拥有肥沃多产的土地。

401 值得注意的是,几乎所有的少数民族,尤其是苗族,都居住在山里,而且是高度很高,地势险要一般无法到达的山中。但是苗族人也种地,也饲养牲畜。在湖南有一支苗人是自贵州而来的,他们就住在麻阳县以南离沅州府(Yuën tschóu fu)不远的山里。还有些住在湖南和贵州的边界处,他们和当地的汉人相安无事,甚至还有苗人去当兵。他们属于黑苗,男人穿黑色,女人则穿红白条纹的衣服。他们把田里产的东西卖给汉人,如果实在缺钱,他们甚至会把自家的闺女以 2000 个到 3000 个铜板的价钱卖给汉人。但是汉人从不会把自己的女儿嫁给一个苗人。

(2 月 13 日)我的观点——这条河到长沙之前实际是洞庭湖的一条支流,看来是对的。1869 年这条河在长沙有 30 天时间实际并不流动,而是一个湖。在 7 年或者 8 年前,作为湖的形态出现的时间则多达 60 天。另外几年则确实是一条河。只有水位高涨的时候洞庭湖水才会冲到这里,形成泛滥。而在湖南,水位受降雨或是河水暴涨的影响并不大,受四川的湖泊影响较大。这里的河水水位在降雨丰富的时节会很快地升高 3 米到 6 米,旋即可能又
402 会回到之前的水位,即使在夏天也时升时降。河中浅滩多,急流也多。所以从湘潭到长沙的汽船从来就没能有规律地航行过。最高水位比现在要高出 10 米半。

（2月14日）北风还在呼啸，昨天我们一整天没挪窝。今天一早起锚后不久就到了一个集镇，又待了几个小时，直到下午才又出发，但5点就又停下来了。天气很冷，夜里还结了冰，还好我的舱里生了火。除了几次短暂的散步外，我一直待在船上。

关于湖南人的性格，我认为首先他们非常好斗，另外思想落后，不能接受先进的工业生产，缺乏商业头脑，也不怎么老实。而且整个地方的人都十分信仰宗教，也很迷信，家庭生活则是专制的和重男轻女的。我还从未见过任何一个地方的人像湖南人这样虔诚礼佛。在钱塘江上时，我的船工们也拜菩萨，但并不像这里的人几乎天天都要供奉菩萨，还要烧纸钱，敲锣，行礼。甚至他们还有一本印刷的祈祷书，每天都要查看。当地人认为，天气好坏、河水涨落、风向南北都是神决定的。过年的时候，这些风俗被更加严格地遵守。每天我都能看见舞龙的队伍，他们敲锣打鼓、吹吹打打地走街串巷：其中一个人扛着龙头，另一个人扛龙尾巴，中间是五六 403
节像蛇一样的龙身，里面填充的应该是棉花，龙身连接着龙头和龙尾。舞龙者很有技巧地来回翻动，让这条假龙看起来活灵活现。舞龙的目的据说是为了驱赶田里吃庄稼的害虫。田地的主人会穿上最好的衣服，燃放炮仗欢迎舞龙队伍，但是不需要交钱。在当地除了风水盛行外，人们还认为风有风神、水有水神，而且这些神灵统统法力无边，可以掌握他们的收成。当地还有一种说法，就是死人的尸身是万万不能挪动的，所以无论给多少钱，无论多么缺钱，田地的主人都不会卖掉带墓穴的地，据说那样就会暴死无疑。

父母对孩子的专制在中国自古有之，但在中国的大部分地方都不似在此地这般严酷。一旦儿子到了娶亲的年纪，父亲就会

为他挑选一个女子。如果儿子不愿意，那么父亲甚至有权利在儿子脖子上绑块石头把他沉入河底。我的这位年轻朋友罗石浦（音译：Lo schi pu），当他在我们船上做客时，我问他在娶亲时是否对他的妻子很满意。他甚至有点儿生气，因为他从来就没想过这个问题。在他眼里，父亲给他定了哪位女子，他就应该娶她。当我又问他，在娶亲前是否见过他未来的妻子时，他居然一下从椅子上跳
404 了起来，他觉得这个问题本身就侮辱了他。因为如果他见过，那就说明这位女子已经不忠贞了，那他绝不会娶她。湖南的女孩子只在六岁之前被允许出门，再大之后则不能出门，或者只能坐在遮盖得严严实实的轿子里出门。被人看到过的女孩子会被认为是不忠贞的，任何一位正直的男性都耻于娶这样的女人。而小脚则被看成是一种象征，说明这个女子从不出门，非常谦卑忠贞。如果一旦有女子触犯了这些规矩，那么她们的父亲有权利把她们活埋，或者通过另外的手段让她们从这个世界上消失。对于这个家族——包括已经死去的先人，中国人总爱算上他们的祖先——来说为了维护尊严让个把人去死并不是什么大事，否则耻辱就会一直存在。如果儿子殴打了父亲或是母亲，那么按律应被斩首。一点儿小罪过在这里都会受到严酷的惩罚，所以当地犯罪比较少。在其他行省也有类似的规定，但执行并不如此严格。

当地人不吃牛肉，因为孔子认为，牛是干活的牲畜，是来帮助人的而不是用来让人吃的。如果有人杀牛，就会受到蔑视，更谈不上吃牛肉了。我的朋友刘说，吃牛肉，人会生病的。为了试一试他，我邀请他吃饭，并且准备了不同的肉类，其中就有炖牛肉，但炖得很烂已经看不太出来是牛肉了。没想到他只吃了一口，就跑

出去剧烈地呕吐起来。可能他早有察觉，这恐怕也是一种心理作用导致他呕吐。就像基督徒被食人族邀请去吃饭，当得知吃的是 405
人肉的时候，也会呕吐一样。很显然这些都是迷信的说法，比如当地人认为，如果谁污秽了寺庙，那么必须全身被打肿才能消灾，这实际上是一种变相的惩罚。在湖南，文字被认为是神圣的，如果有人用写了字的纸来做低贱的事儿，那么就会受到嘲讽。如果有人把他送官，甚至有可能被判死罪。但数字却不似文字那样被珍视，数字在当地人眼里和欧洲的字母一样并非神圣之物。

研究民众心理应该是件十分有趣的事情，由此就能发现为什么那些古老传说甚至是迷信思想能如此深刻地影响当地人的行为习惯。当然事物都有两面性，一方面通过严苛的刑罚维持家庭生活的秩序，另一方面这种家庭秩序使得家庭成员之间的彼此依赖扶持成为自然之事。严格的家庭秩序包括子女对父母的服从、未婚女孩子的贞洁、已婚女子的谦卑和忠诚等等。在当地的农村，经常可以看到一个家庭里曾祖父和他的30个、40个甚至是50个晚辈生活在一起，在其他地方则很少见到。他们或是住在同一所房子里，或是住在相邻的房子里。我曾经询问过在田里干活的人和我的船工们他们家里有多少人，他们的回答和上面提到的数字都差不多。

中华民族的特性对欧洲人来说不是很容易理解，如果谁想从 406
哲学角度研究这些特性，那首先就要以家庭为基本载体。自古而然，并且通过严苛刑罚保障的儿女对父母意志的服从也导致了中国人墨守成规的特点。另外他们的成长环境，比如一直要担心会缺衣少食、那种认为生来就应该劳作的思想和中国人善于投机和

算计的特点也不无关系。在婚姻方面更是要绝对服从父母的意志，与爱情没有任何关系。男女双方在婚前根本就不会见面。有如此生活经历的中国人根本就不理解什么是温柔，什么是生活的乐趣，什么是浪漫。

几百甚至几千年来中国人一直过着这样的生活，渐渐地他们追求自由和更高生活品质的本能被磨灭了。这和人种没有任何的关系，中国人从人的本性上来说和我们没有任何区别。当然这种家庭伦理秩序也造就了中国人一些优良的特性。比如他们的服从执行能力较强，能够冷静地思考，比较谦虚，能够自觉维护公共秩序。在中国，家族观念对每个人都产生了深刻的影响，而家族观念的形成或许和自古已有的传统和习俗有很大的关系。

尽管如此，在将上述结论用在湖南这个地方的时候还要多加小心。如果我们把家庭生活延伸到社会生活领域，如果把皇帝看成是臣民的父亲，而官员们则是他维持统治的工具，通过官员来行使皇帝的意志。那么在这种意义上，臣民对官员的服从就是家
407 庭中子女对父母的服从的延续。那么就能得出这样的结论，即家庭中的权威力量越大，那么臣民对于官员的服从就越彻底。但湖南的实际情况却和这一结论背道而驰。在这里父权得到充分的认可，但官员的权威却比其他地方要低很多。所以当地的官员日子不太好过。通过刑罚维持古老的传统无可厚非，但绝不可滥用。如果官员违背了民众的意志，那只能自食恶果。

天主教的传教士们外表严肃，常常留着大胡子，并且严格遵守教规，在其他地方不但赢得了中国人的尊重，也在很大程度上赢得了其他基督教传教士的尊敬。但是在湖南他们却并未取得多大

成就。只在江西勉强维持之前的成果，那里有一个主教，传教士多来自方济各会，基本都是意大利人。对于被派往湖南的传教士来说，他们的活动范围十分有限，不能任意走动，只能非常小心地为一些教徒传教，而这些人都是之前传教环境还好的时候发展的。传教士们经常受到袭击，他们的住所几次遭到破坏。几乎无法想象他们是如何忍受如此恶劣的环境。对外国人的敌视情绪在此地 408
尤甚，而传教士作为外国文化的传播者则首当其冲。

改善当地的居民对我们的态度，虽然还需要漫长的过程，但并非绝无可能，或许有一天局面会发生逆转。为了能够展现此地家庭和乡村生活的全貌，我还不得不提到这里的公共福利，在这一点上湖南似乎又比其他地方要优越一些。这里有孤儿院、寡妇院，还有专门的穷人院，由村子进行维持。有儿子的寡妇，她的生活由儿子们承担。没有儿子并且没有再嫁人的，由村子拿钱照顾。这里不得不再次提到中国人的家庭观念，前面已经说过，一个家庭的人口是非常多的。每个大家庭都有自己的祠堂，用来供奉家族先辈的灵位，家庭成员死后也会进入。这使得家庭成员的联系更加紧密，家族观念也日渐深刻。

冬天的洞庭湖看上去根本就不像是个湖泊，比冬天的鄱阳湖还不像。虽然从湘阴(Siang yin)开始两岸都是洪泛区，一开始能够堆积高出河床 12 米，后来上面长满杂草，高度渐渐地下降。现在只比河床高 2.5 米，而比水面不过高出 1.5 米。河面不断变窄，现在只有 300 米到 900 米宽。水流速度不会超过 1 节到 2 节，岳州上游的急流可以达到 3 节到 4 节。河水很浅，河底是非常细的流沙。如果有船驶到上面立刻就陷进去了，必须立刻用绳索拖拽出

409 来。我看到两艘船遭遇了这样的事故，人们正从船上抢救货物。

洞庭湖边有很多鸟儿和鸭子，还有很多类似海鸥的鸟类。但是我一无所获，因为水面太平，鸟儿很容易就逃脱。据说这里有18种不同的鸭子。老到的猎手载着满船的猎物，难免引起我的羡慕和嫉妒。他们使用一种很笨拙的枪，枪筒很粗，还带着一个木框。枪里装着火药和几磅重的小铁弹。两个男人一起，从远处朝着鸟群发射，很容易就能射中。我们的枪支虽然精良，但并不适合这里。洞庭湖里有多少鱼类我并不清楚，但是有一种类似海豚，中国人叫“水猪”的鱼类（译者注：应该是指中华鲟）非常多，它们多聚集在湖中的浅滩处。

这里的河流只在一年中的几个月份适宜航行。一艘吃水2英尺的船是断然不敢在只有2.5英尺深的河里行驶的。所以大型的湖南船从这里前往汉口的时候只载重一半。在这个季节，岳州上游几海里外就汇入湘江的沅江（Yuën）的情况更糟糕，只有吃水16英寸的船才可能通过那里的浅滩。河水上涨，船只则装载更多的货物，这也意味着一旦出事，损失更大。在如此曲折和浅滩遍布的河道上行驶，地标又十分不明显，发生事故也在所难免。在我看来，在洞庭湖上行驶汽船要比在鄱阳湖上难得多，冬季只有在湘江和长江汇流后才有可能。

410 岳州是通往湖南的要塞。和江西一样，湖南境内也有完整的水路网络，它的边境几乎包含着这一水系的全部，只在个别地方没有包含。省内的河流都注入洞庭湖，在冬季则经过洞庭湖流入运河，在岳州附近再汇集在一起。除了湘江外还有一条重要的河流就是沅江，自西汇入洞庭湖，重要的贸易城市常德府（Tschang tö

fu)就位于沅江的下游。沅江连接起湖南省的西南部，由于它的很多支流都可以行船，所以自沅江还可以去往湖南西边邻近的各个行省。虽然越往西，那里的人越不像洞庭湖周边的人那么开化，但也称不上野蛮。所以看来到那里去考察是可行的，并没有不可逾越的困难。

虽然岳州的位置十分重要，但是令人奇怪的是，岳州并不是湖南省的商贸重镇，更南边的湘潭才是。主要是因为广东的货物大都运往湘潭，然后再经运河运往常德府，之后再往西运往四川。或者是经洞庭湖以西的水域通过太平口(Tai ping)运往湖北沙市。这两条路线都绕过了岳州，因为在运河航行不像在其他的河流上那样，不怎么依赖风向。但是如果引入了汽船，就不存在这一问题了。如果哪个国家希望在湖南寻找一处落脚地，以打通整个
湖南的贸易，那么岳州[①]将是首选。在河流水量大的时候汽船可 411
以连通洞庭湖周边河流，即使在冬天也能以岳州为起点，将货物运往各个方向。和往常一样，中国人在选择新的开放口岸的时候总是斟酌再斟酌，最大限度地考虑自己的利益，置外国的利益于不顾。

岳州没有特别之处，虽然山上的景色很漂亮。但是耶稣会士们所记述的大片柠檬、橘子树和松树森林恐怕更多是来自他们的想象。现在市镇和湖被一片空地隔开，对面的景象，和湘江下游的很多地方类似，是所谓的冬季的临时村子，即一些木头或是竹子房屋，在发洪水的时候被冲毁又被水流带到这里堆积在一起。[②]岳

---

① 岳州1899年成为开放口岸。

② 参见第115页。

州曾达到的最高水位比现在的水位要高出 14 米。

虽然我们在中午就已经到了,但因为强烈的北风不得不在岳州待了整整一天。我们那位可爱的、但有些儿迷信的朋友刘就只能陪我们到这里,取代他的是另外一位沈(Sen)先生,他已经开始行使自己的职责,成功地把一些想要靠近我们的船隔开。他虽然比不上刘的随和,但更加有活力,还见过汽船和欧洲产的枪支,知道我们送给他的白兰地值多少钱,之前也曾和欧洲人打过交道。岳州的百姓在欧洲人那里名声不好,因为 1869 年这里曾发生过针对“萨拉米斯号”的暴动。当地人朝外国人投掷石块的时候,中国的炮船毫无作为,未作任何阻拦。当地人甚至也不把官员们放在眼里,当官儿的在这里和在湖南西部的一些地方一样都不太受

412 到居民的尊重,甚至在某些地方一些不受爱戴的官员会被当地百姓赶走。在这样的情况下,官员们很难维护自己的权威,即使他自身比较强悍,手下的兵也不行。他们都是欺软怕硬的一群人,一旦遇到反抗就变成胆小鬼了。所谓的中国士兵只知前进,不知后退的说法根本就是无稽之谈。同样荒谬的说法还有,只有在战场上负过伤的士兵才能领取养老钱。试想,连瑶人都攻不下来的兵,如何还能干成其他的事儿。

关于岳州府居民为什么会有如此强硬个性的解释,甚至可以追溯到《书经》[1]。书中两次提到的彪悍的三苗一族,就居住在今日岳州和鄱阳湖之间的区域,尤其是盛产红茶的地区。

这个地方的人自古便以野蛮彪悍著称。《书经》中第一次出现

---

① 记录了公元前 2357—前 720 年历史的书籍,据说是孔子编纂的。

三苗是在公元前2254年到公元前2204年，舜统治中国的时候，据说三苗最早制订了对各种犯罪行为的惩罚制度，后来他们因为作乱被流放到荒蛮之地。还有另外一个作乱的共工被流放到一个岛上，三苗则被流放到了三危，三危据说在极西北边。在所谓的“四罪”或“四凶”被惩罚之后，所有人都臣服于舜的统治。另外
一处提到三苗的地方是舜和禹的一次对话。舜要在死后让位于 413
禹，禹后来在太祖庙里接受禅让，成为国家的统治者。舜对禹说：“禹，现在只有三苗还不遵守教命，我要你去讨伐三苗。”（译者注：帝曰：“咨，禹！惟时有苗弗率，汝徂征。”）之后禹率领部队征讨三苗，在出发之前他对部下说道：“你们这群人必须听从我的命令。三苗是多么的愚蠢，认为自己比别人聪明，率部反叛我们，破坏了美德。让好人受到不公，让坏人得逞。他将被推翻，不再受到庇护。上天会降下灾难。所以我才集合了你们这些勇士们讨伐三苗。你们要勇敢向前，胜利一定会到来。”（译者注：“济济有众，咸听朕命。蠢兹有苗，昏迷不恭，侮慢自贤，反道败德，君子在野，小人在位，民弃不保，天降之咎，肆予以尔众士，奉辞伐罪。尔尚一乃心力，其克有勋。”）但是禹和三苗的战争持续了几十年都没有结束，后来羿来帮助禹并且宣称：“只有美德能够感天动地，无论多远的人都会前来归附。傲慢导致失败，只有谦卑带来胜利。在远古时候，当舜帝还住在历山之时，每天都向仁慈的上天号啕大哭，愿意将父母所有的罪恶和责任揽在自己身上。武力不能让人臣服，只有高尚的道德才能使人归顺。”（译者注：“惟德动天，无远弗届。满招损，谦受益，时乃天道。帝初于历山，往于田，日号泣于旻天，于父母，负罪引慝。……至诚感神，矧兹有苗。”）禹为这

414 些话语所震动，率领他的部队回去了。70 天后，三苗终于臣服。三苗野蛮强悍的名声自古有之，并没有随着时间的推移有所改善。在中国不乏类似的例子，某个地方人的性格特点和他们所居住的区域有极大的关系，和远古的传说也有极大的关系。中国人认为湖南在历史上曾多次被蛮荒民族占据，所以当地的教化是慢慢才形成的。

我在 2 月 21 号离开岳州。走了没多久我们便到了洞庭湖汇入长江的河流入口，不了解的人或许会认为湘江才是干流，因为它不但决定了河流的流向，而且在此处比长江要宽得多，水量要大得多，大量船只自湘江而来，据说在其他季节也是如此。汇流后的河岸现在高 15 米，据说去年发洪水时水位比现在还要高。现在看来河边的土地十分肥沃。

由此前往汉口的航程受到强烈北风的影响花了足足 6 天时间。根据本特(Farmers Bend)绘制的河流图，这一地区的一些河流形成循环体系，也就是说一些河流最后几乎都汇入了自身。风向不定，顺风时船可以航行一段，逆风时则只能停下等待风向再次发生变化。航行的过程没什么意思，岸边不过是冲积平原，间或出现一些山峦，多是些孤立的山群，只在东南边看得见更高的山脉，
415 我估计大概高 1200 米到 1500 米。我并没有去那些山里，但是我想在汉口的外国人一定没少去那里，因为坐船非常方便。另外山里盛产各种优质的茶叶。但是几乎每个去过那里的欧洲人回来后都对当地人满腹抱怨，我估计这些欧洲人自身的行为举止也不那么讨人喜欢。据说这些山里还有煤，但是没听说这些煤被运到汉口，由此就说明煤的数量很少，要么则是开采难度很大。附近还

出产一种带有动物遗壳的石灰板，中国人喜欢用这种材料做装饰品。他们把这种石灰板磨成薄薄的一片，再镶上一个木框，中国人觉得这是一种很有意思的装饰物。当他们发现，很多外国人以前没见过这样的化石，并且愿意出大价钱购买，就开始大量做假的。他们在黑色的板儿上用白颜色画上动物壳的样子，足够以假乱真。现在到处都看得到这类东西。

当地人只种植麦子，收割后就任由田里长满杂草，反正之后田地也会被洪水淹没。因为每年都发水所以没法种稻子，大米都是从洞庭湖那边运来的。离汉口还有 3 海里外的地方有些不足 150 米高的山群，相对着耸立在河的两岸。值得一提的是大军山（Ta kin schan），欧洲人曾在山脚下勘探到了煤，但是没有进一步
开采。汉江汇入长江处的三座城市已经近在眼前了。我们把船很 416
是修饰了一番，因为可能会有尊贵的客人到访。大家也换上了好些的衣服，在上海汽船公司一艘大汽船的保护之下，我们在 2 月 26 日下午到达汉口。

在汉口的逗留
(2 月 27 日到 3 月 12 日）

（出自给父母的信，回顾和展望）中国湖南对于旅行者来说是最为危险的一个行省。这么说并非毫无道理，因为湖南当地人比较野蛮，而且比其他地方的中国人更执拗。所以不得不随时保持警惕，应付意外袭击，而且要一直表现得很勇敢，当然最好不要使用暴力。在中国最让人不舒服的就是，你永远都被围观的人群包

围着、推挤着，总有人朝你吼叫，只是这些围着你的人大部分并无恶意，而在湖南，有时围观的人的确非常凶恶。但就算这样，我恰恰是在湖南认识了几位非常好的人。那几位官员彬彬有礼，令人喜爱。从湘潭到汉口的19天，我们的船一直受到炮船的保护。这对我来说十分有利，能够躲避围观的人群。陪同我们的炮船一站一站地更换，沿途不断有当地的官员穿着官服来拜访，之后再委派最优秀的官员陪同我们前进。他们当中很多人后来都和我成了好朋友。

417 接下来我准备前往北京，当然首先我要搭炮船赴襄阳府（Siang yang fu），之后可能会乘两轮车，这在之前的日记中曾经提过。路上可能需要三个月的时间，因为我还打算在河南和山西的一些十分有趣的地方逗留。

让人感到无比遗憾的是我没什么绘画的才能。否则在前段时间的旅途中我肯定能够完成整整一册子的画作。虽然我也能画两笔，但因为没有时间所以多是些简单的线条。我还没有见过任何一幅能完整再现中国人特点的画儿。单单是画上狭长的眼睛和辫子还不够，还得逼真地描画出他们的面部表情。除了外貌，中国人的个性也如同谜一样从未被真正地认知。

和我一起旅行的还是保罗和一个仆人。之前的那个仆人早就被我赶走了。当然还不能忘了我的两条狗。一条是意大利灰狗，从9月份开始就跟我们在一起，那时候它才两个月大，现在已经长大了。另外一条是猎狗，血统很纯正，我离开上海的时候它只有一个月大。我之所以带着它是因为它非常活泼，很聪明，惹人喜爱。现在它已经四个月大了，长得越来越好看。

（出自日记）在这里停留的时间远超过了我的预期。一来是因为我觉得在船上我能够有更多的时间写写东西，所以拒绝了很多朋友的邀请；二来我要为接下来的旅程做充分的准备。我的计划：暂定走河南、山西、北京、陕西、甘肃、四川和云南，这里是我唯
一能够做准备的线路。我托人给在四川叙州府（Sü tschóu fu）[1] 418
的一位名叫安格勒斯（Père del Angeols）的传教士送去了四大箱东西，以期望当我经过长途跋涉到达四川的时候能方便一些。在上海和香港我预定了所有我从北京出发到达叙州府所需要的东西。所以我不得不整整一年为此做准备，不能有任何遗漏，同时也不能携带没用的物品。别的还好说，只是搞不到考察用的工具。

我在汉口没几个认识的人，一方面是因为我人在旅途，从一开始就为自己设立了一个原则，那就是除了老朋友外不拜访任何人。另外一方面则是因为我和在此地的欧洲人也没多少共同的话题，他们对我的旅程也不甚感兴趣。他们的兴趣不过是骑骑马，晚上吃饭的时候聊聊天，饭后再来点儿小赌博而已。外国人在汉口建起很多漂亮的房子，这座城市的格局也非常好，甚至还有美丽宽阔的外滩。目前在汉口的贸易只有一小部分还在外国人的手里。有些商人在这里只是作为代理商，越来越多的贸易都转到中国人手上。因为内地的居民愿意买带有外国名字的物品，所以这些代理商们便开始卖商标权，从中抽取2%的费用，甚至有些只要1.5%就满足了。当然在汉口也还有很正直的商户，也有上海大商行的代理。无论如何，外国人在这里的败落已经昭然若揭了。原本漂

[1] 通常简称叙府，之后的日记中也多以简称出现。

419 亮的街道变得空旷荒凉。同样败落的还有这些人的社会生活，整天骑马聚餐，喝喝香槟，回味过去的美好日子。

汉口有很多好玩儿的地方，比如说俱乐部，实际也是一个酒馆，欧洲人几乎天天都来这里聊天或是找乐子。这里可以玩板球、足球、门球、保龄球和台球等。还有一个非常好的阅览室和图书馆，虽然大部分书籍都是小说，但是这些完善的设施可以成为其他的外国聚居点的榜样。

在汉口如果要出游，唯一的交通工具就是船。中国人可以一家子坐一辆手推车出行，但对欧洲人来说，这种交通工具慢得让人无法忍受。我试图雇一辆马车或是牛车，但都没有成功。就连滑竿也只能一段一段地雇，而且很难找到。那些在北方常见的交通工具据说得到了樊城（Fan tschöng）才会出现。樊城是汉江上的大贸易地，距汉口1200里（译者注：原文如此），大概60德国里。来自麻阳的老潘，从湘潭到汉口的路上一直为我们尽心尽力地服务，提出愿意继续送我们，尽管他那艘又好又舒服的船并不能行驶得很快，但我还是欣然同意了。

从汉口到北京

（1870年3月13日到3月30日）

420 3月13日我离开汉口，我的朋友们来到船上并且送了我一程。如果知道汉江本是长江最大的支流，那么当看到汉江的汇入口是如此不起眼时，人们一定会倍感讶异。汉江在这里是一条窄小曲折的河流，穿过人口密集的街区汇入长江。因为长江目前的水位很低，所以汉江水在汇入时形成了一道急流。如果长江水位上涨，那么支流的水位也跟着上涨，汉江的水位也会越来越高。长江水位最高时能超过目前水位 15 米，那时候汉江的水位也跟着提升，只是没有长江那么高。那时在长江下游航船是很容易的。但是现在却非常艰难，一群纤夫通过一根长长的绳子拖着船逆流前进。河道曲折，岸边景色一成不变，只是偶尔会出现一座岛，上面有人住，看起来和汉阳府差不多。几天航行之后我对长江的兴趣渐渐降低，现在我正忙着绘制完整精确的流向图，令人奇怪的是，这么重要的一条河流在中国的地图上竟然找不到完整的流向图。

当然，更为重要的，是得确定汽船到底能在长江上航行多远
的距离。尽管外国人早就想通过长江打通和内陆地区的贸易通 421
道。但是我不得不给他们泼一盆冷水。在夏天考察过中国河流的人往往会给出一份积极的报告，认为这里的水量完全足以航行汽船。但是在冬天来的人却往往得出相反的结论。还在鄱阳湖的时候我就已经发现了高水位和低水位时情况是多么的不同。关于湖南的湘江，我也不得不全盘否定迪克森教授认为可以长期航行汽船的结论。现在对于汉江，我也只能依据目前的低水位情况得出并不乐观的结论。

越往上游河床越宽。在汉口时河面只有 60 米宽，占据了整个河床的宽度。在岳口（Yo kóu）——此地大概离汇入口 116 海里，我记录的河面的宽度是 100 米到 250 米，而河床的宽度则是 100 米到 400 米。宜城（I tschöng）距汇入口 288 海里外，河面宽 100 米到 450 米宽，河床则有 600 米到 3000 米宽了。但水流的速度却越来越慢，越往上游，发洪水时的最高刻度也越来越低。在汉口

曾达到 15 米，在岳口是 7.5 米，到了宜城时就只有 5.5 米了。河水的深度也越来越浅，在上游部分河道形成了一个河网，运河中的水很浅而且经常出现沙洲。大部分船只吃水只有 2 英尺，那些吃水超过 4 英尺的船只能艰难前行，经常搁浅在沙洲上。

航行七天后我们到达的第一个重要点儿的地方是岳口，也叫
422 岳家口。它就位于河道拐弯的内角处，一道红色砂岩垒砌 10 米的高墙将这座城市和汹涌的河水分隔开来，否则洪水很容易就能将整个地区淹没殆尽，这里的居民一定是花费了巨大的力气才建起这样的高墙。在到达此地之前几乎所有的村子和市镇离河边都很近。而从这里开始，修建了堤坝，村落也迁到离堤坝较远的位置。几间泥土和莎草盖成的简陋房屋为在冬天经过此地的旅客提供停留的地方，它们的旁边就是几艘炮船，这些炮船在这里保护来往船只的安全。与长江和湘江情况不同，汉江边的村落一般离河道比较远。岳家口占据了有利的地理位置，到天门县(Tien mönn hsiën)的船只都停靠在这里，此地成为汉江流域棉花加工作坊的所在地。

棉花是这一区域最主要的产品，被大量运往其他行省，尤其是湖南和四川。但多是未加工的棉花，虽然这里种植棉花的农户也会纺织，他们基本都是为了满足自己家庭的需要。城镇中的作坊也兼营买卖，产出大量的棉织品，对来自国外的棉布形成了巨大的竞争。因为自产的棉布虽然和进口的价格上没差别，但是要耐用得多，而进口的洋布好看得多。后来我还遇到过很多满载棉织品的船舶，在山西北边还见到过成队的骆驼从天门县往蒙古部落运送棉织品。

在此地之前，汉江是由西向东流的，我们又走了一段之后，汉江转为由北向南流淌。转弯处有一个市镇叫作沙洋（Scha yang），423
是汉口和樊城之间最大的贸易地。这里停靠着500多艘船，平均每艘装载了2000公斤的货物。此地的重要性还体现在，它联通了汉江流域和长江上较大的贸易城市沙市（Scha sz'）。来自四川的和运往四川的货船都在沙市[1]停靠，而它的对面就是太平运河[2]，此运河流往洞庭湖流域并且以此联通起湖南，尤其是湘潭地区。

在长江和汉江之间有无数的运河，有些被湖盆地隔断。在上游区域有些运河并不与这两条河连通，因为上次发洪水的时候人们建起了很多堤坝。大量货物经长江和汉江运来，在这一地区卸下来再搬运到较小的船上，被运到周围各地。在沙洋以南2海里外就有一个这样的转运地，长1.5公里。车马和苦力们将货物运到汉江边，在那里早就有船在等候了。夏天则不需如此麻烦，因为那时可以通过大泽口（Ta tsö kóu）附近的一条运河直接把货物运到荆州府（King tschóu fu）。现在这条河里没有水。

沙洋是个大地方，有很多高大的房屋，但是河边没人居住，只有一排简陋的军营。从此地开始汉江上开始忙碌起来，经常可以同时看到将近100艘船。其中很多是湖南的船只，从湖南一直行
驶到这里。岸边的土地变得越来越肥沃起来，之前只是沙质的冲 424
积区，现在虽然在河道和堤坝之间还都是沙子，但堤坝之外已经满眼都是耕地了。地里种了很多麦子、山药和甜豆。甜豆和山药正在花期，而麦子刚刚有6英寸高，牧场上到处都是盛开的鲜花。

① 通常写作"Schaschi"，目前已是开放口岸。

② 参见第410页。

这一地区的居民很多,跟江苏的一些地方一样,到处都是村落。我们一整天都在那边散步,也和当地人多有攀谈。他们显得格外温和善良,根本不像某些旅行者描述的那样,他们说湖北的居民都野蛮好斗。可能那些人所说的湖北人主要是指汉口人,因为曾有外国人在汉口因为自身的不端行为激怒过他们,当他们再见到外国人的时候难免产生报复的心理。按说这里遍地都是庄稼,当地人应该比较富裕。但事实恰恰相反,当地人很穷困。他们几乎是战战兢兢地看着地里的庄稼发芽开花,时刻都害怕汉江冲毁堤坝将这一切都淹没。在新沟镇(Sin kóu),距离汉口大约 27 海里,河边的田地只比最低水位高 1 米,要是水位上涨 9 米的话,竟然能比田地高出 8 米去。而在仙桃镇(Siën tau tschönn),距离汉口 76 英里,地面更是只比最低水位高 1 英尺,而河水曾上涨到 8 米高过。其他地方也大致如此,夏天到了,水位上涨,一切都淹没了。

要保护这些庄稼,只能建造结实的堤坝。而且堤坝还要离河
425 有一定的距离,要不断地加固才能不被冲毁。但是这么多年来,洪水冲毁堤坝的事情却并不少见。当地人讲起几年前那次洪水至今还心有余悸。我们去打猎,除了几只野鸡和兔子外一无所获。被冲毁的堤坝就在仙桃镇附近,那里现在正聚集着成千人在重修堤坝。这是政府派出的劳力,每人每天 50 文或者 2 个银角子。就算河流流量本身不足以形成破坏,如果雨量太大,河水也会泛滥,形成一个湖泊,过很长时间才会逐渐干枯消失。这里的房子大部分都建在黏土丘陵上。

在安陆府(Ngan lu fu)对面,河岸左侧终于出现了一道山脉,最高峰 400 米,紧贴着河岸,景色总算出现了一些变化。在河右

岸则是红色砂岩形成的丘陵，至此汉江流域出现了南北的分隔。这里的砂岩被大量地开采运往汉口。汉江下游和长江交汇的地方至此结束。

3月25日，我们到了一个名叫李集店（音译：Li ki tiën）的小村子。几天来一直刮南风，我们的船行驶得很慢。温差很大，早上6点只有15度，到了下午2点能升到30度。尽管如此，天气还是很冷，也没有下雨。地里已经干旱得厉害。几年前发洪水，现在又即将遭遇旱灾。当地居民面露愁容。如果不是刮南风，我们或许只会在这里待一天就继续前进。但是第二天早上忽然刮起了北 426
风，把我们阻止在这里整整五天。开始还算暖和，气温在14度到21度之间。但是夜里忽然狂风骤起，电闪雷鸣，气温下降。到29号和30号更是降至冰点之下。而且这两天夜里还下了一场不小的雪，气温更低了。虽然地里的庄稼终于盼来了甘霖，但是有些早就完全枯死了，加上下雪的同时还出现了冰雹和浓雾，情况并不乐观。整个北方地区都下了雪，甚至到洞庭湖地区，大片的地域被雪覆盖。在这个季节下雪并不常见。

待在这里的五天虽然单调但并非很无聊。李集店村居民的房屋散落在各处，我们在散步的时候顺路拜访。这里的地形很奇特，平地上升起一处高12米的高台，因为高台上面非常平坦，站在平地上还以为面前出现的是一座大坝呢。河道里有很多砾石，从里面能够淘出黄金。每天淘金者只是翻动最上层的砾石，就能有不小的收获。看来是因为，每年夏天那些混合着细细黄金颗粒的沙子都集中在砾石粗糙的最表面上，来年只需翻动最上层就可以了。

7到8个人是一组,每个人的位置都用石头做了标记。他们使用的工具就是一种编得不是很密实的很浅的篮子,有两条腿儿支起,下面用一个旋转轴连接着这两条腿儿。和旋转轴垂直角度安装了一个把手,先在篮子里装满砾石,然后淘金人用右手往篮子
427 里舀水,用左手握住把手,将篮子来回用力晃两下,再重复几遍,晃动的方向很随意。之后用右手握住另一个把手把砾石从左边扔出去,然后继续晃动。这种工具非常简单实用,晃动之后剩下的细小沙粒和着黄金经过篮子的网眼,流到一块倾斜放置的上面开槽磨毛的木板上。

各项工作有条不紊地进行,7个人一组,每人干15分钟换另外一个用上述方法晃动淘金用的篮子。还有5个人负责运送砾石,每次运10斤左右。他们只取最上面一层,大概6英寸深,每个人自己到河中取石,然后走到淘金的那套设备前面等着,轮到的时候就把砾石倒在篮子里。每分钟大概一共能淘8担,也就是80斤砾石,那么1小时大概能淘4800斤。再除去洗那些木板和吃饭的时间,大概7个人10小时可以淘40000斤砾石。

这些淘金者干活很熟练并且很专注,令人惊奇。当我们第一次出现的时候,根本就没人注意到。他们很乐意回答我们提出的问题,告诉我们木板上最后会留下一些黑色的物质,黄金就藏在里面。之后把它们收集在一口锅中,然后还有一群人负责将金子提炼出来。我们来的时候正好有人在提炼黄金,所应用的技艺十分
428 精巧,足以引起加利福尼亚那些淘金者的羡慕。这里使用的提炼锅和其他地方的有些不一样,样子有点儿像一个平底儿的浅浅的圆柱体的一段。提炼出的金子最后是薄薄的一片儿,我估计其额

度大概为22—30格罗森小银币（Silbergroschen），相当于每吨的成分含量为1—1$\frac{1}{3}$个小银币。淘金人每人每天的赢利为50文到150文，因此上面我估计的结果看起来与平均值相符。

接下来的一天天气晴好，有微微的北风。我们经过了一些小地方，河道在这里发生了转向，河左岸出现了一座300米到400米高的山峦。再往上游航行，依然看得见有人在淘金。由于一直是北风，我们花了两天半时间才到达樊城。在之前有一条自东而来的河流白河汇入汉江。在汇入口唐河口停靠着2000多艘船只，其中大部分是湖南的。河左岸是一座较大的市镇襄阳府，河右岸樊城也近在眼前了。（译者注：原文如此，实际上襄阳府应在河右岸，而樊城在左岸。）

虽然在汉口的时候，我多次听人说起过樊城，但是离我想象的景象甚远。这个城市还没有湘潭的二十分之一大，沿河的区域还没有一海里长，和其他类似的贸易地一样，这里的房屋都背向河道而建，虽然也有些船只在这里停靠，但数量并不多，与它作为重要贸易地的名气并不相符。我们没任何犹豫就上了岸，因为此处的河道里散发一种恶臭让人无法忍受。让我们感到惊讶的是，虽然多次在街上闲逛，并没有引起当地人的骚动。他们看来很有礼貌，只有几个人曾尾随过我们。或许我应该感谢之前来过这里的
一些法国商人，我听说，最初他们遭到了当地人的羞辱，后来这些 429
人找来了地方官员陪同，可能自此以后这里的人就不敢再对外国人放肆了。

街道有5米宽，铺了石板，整个城市看起来还算干净。像其他市镇一样，街道两侧都是商铺，所卖之物均为日用品，并没有奢侈

品。在这些商品中有大量的英国作坊的产品，还有很多产自俄罗斯的头巾。这些织布作坊就在街边加工他们的产品，干活的都是男人或是男孩子。织好的布料一般都是黑色底子再加上各色的丝线，非常漂亮而且极具中国风情，连丝线都是当地产的，因为当地有一些桑树。湖南来的金线被大量地使用，丝线梭子也在当街的这些作坊里进行加工，原材料来自苏州。除了上面已经提到的，还有镀金的扣子和火柴是来自外国的。这条街上并没有很多人居住，很少看到苦力，也根本没有大的仓库。

樊城之所以成为有名的贸易地其实是得益于它所处的位置。在这里汉江转变了流向，直接向北方各省流去（译者注：汉江在此处流向南，而非向北）。货物只能在这里进行转运：船只来到这里后，将所载货物卸下，有些装到小船上继续沿白河走水路，有些则
430 用车走陆路运往北方。此地只是中转站而已，也没多少中间商，倒是有很多做租船运货生意的人。大部分货物压根儿就到不了这里，而是从唐河口直接装运到小船上去。单单这一点樊城就比不上湘潭。在湘潭有很多商人，他们负责把各地来的货物进行贩卖。到湘潭后货物会易主，而到樊城后更换的只是运输工具。也有一些船只从樊城经过，但并不停靠。他们的终点是位于上游不远处的老河口，那里河道交错：一条沿着汉江继续北上，另一条则连接陕西省的北部地区。走此路线的货物先是沿丹江（Tan kiang）往上到荆紫关（King tszě kwan），再由那里走陆路，花五天时间到达西安府。从樊城到荆紫关通常需要 20 天。因此老河口的位置也十分重要，运往汉江上游的货物通常要在那里转运，而在那之前河道行船比较容易，之后急流较多。

尽管如此，樊城依然是位于交通要道上的一座城市，位于西
北的陕西和甘肃向东进入汉江流域的便捷通道上。在远古时候，
当汉江和渭河（Wei）流域还是荒蛮之地的时候，或许这条连接汉
江和北方的道路就已经被发现了。因为最初的中国人是住在陕西
的，后来才迁徙到汉江和长江流域。同样重要的还有此地将来的
价值，如果在人口聚集地修建铁路的话，这里仍然将是重要的连接 431
点，从这里去往汉口、宜昌、河南和其他北方各省——陕西和西北
地区以及中亚，甚至通往四川的铁路也要经过这里。由此看来，此
地的重要性非同一般。

在继续前行之前，我们去了周围很多地方，为的是选择一条
合适的路线。从地图上可以看到，汉江发源于汉中府西边，而南边
是雄伟的群山，在这些山脉南边是四川的属地。汉江在流经平原
和穿过山脉之后在襄阳府转向南。在此之前并没有特别大的支流
汇入汉江，地图上唯一可以看到的是丹江，这条河一直通往西安。
在樊城这里，有几条自北而来的河流汇入汉江。其中最重要的是
中间那条，名叫唐河（Tang hŏ），虽然只能航行小船，但是水路无
论如何比陆路便宜得多。唐河的发源地位于裕州（Yü tschóu）附
近，距此不远处就是中国北方非常知名的一座贸易城市 Schi dja
djörr，听起来不像是汉语发音。在记录地名的时候我遇到了很
大的困难，虽然我多次请求中国人说得慢一点儿，发音清楚一点
儿，但他们总是说得特别快，我只能连蒙带猜地记下近似的发音。432
后来我找到了一位有学问的人一问才明白，这个地方叫赊旗镇
（Schö ki tschönn）。

此地一边连着广州、湖南尤其是湘潭和四川，一边连着东北

边的河南、山西、直隶和山东。来自南边的货物经水路至此，经汉江某一支流或是唐河运往上游，在赊旗镇换走陆路继续往北。这里聚集着各个地方来的商人和各种运输工具。牲口、车辆和马匹扎堆儿，甚至还有骆驼。唐河上游的水系值得一看，因为那个地方的山脉对我们来说很陌生。但是在《禹贡》[①]中就已经出现过，中国地图上标着这里的一条河连接起了唐河和淮河(Hwai hŏ)。这条连接河是什么样子的，是人造的还是天然的，群山之间是否有平地，这条河上能否行船，对这些我都一无所知。

我决定不去那些沿途的市镇，而是沿着北边的两条河之一白河(Pai hŏ)进入河南。前途如何我无从知道，因为我只能从地图上看出，此行将经过一些山脉，这正是我所期待的。通常进京并不选择这条路，而是从南阳府经禹州(Yü tschóu)前往河南的首府开封，在那里渡过黄河继续往北进入北京。但这条路线所经之地多为平原，对此我毫无兴趣。

433 我们刚到樊城，就有一个当地商行的老板找上门来谈生意。很快我们就了解到，租赁船只和车马或是签订合同都要通过他们。这里有个不成文的规矩，谁先上门谈，生意一般就归谁，其他的商行不能抢生意。还好这位老板一开始就给我们开出了实价，省却了很多麻烦。不得不感谢一些先行者，比如罗淑亚伯爵(译者注：Rochechouart，法国代办)为如我这样的后来人踏平了道路，他曾经从这里雇车走上面那条寻常路线去北京，现在的问题是，我并不想走老路。

① 《禹贡》是《书经》(参见第412页)的第六篇，李希霍芬在《中国》一书中详细介绍了这本书，并认为该书是中国最古老的地理书籍。

这些商行习惯于根据旅客的委托，就要到哪里去、乘坐什么样的交通工具等来拟定一份合同。一般情况下，如果要去北京，旅客付给他们费用，之后就会如同一个行李箱一样被装上车，由他们安排路线、住宿的场所，往往根本就不理会旅途是否舒适、客人是否满意等。他们通常在吃完早饭后就把客人叫醒，然后出发，一直走到深夜才找地方住下。如此的赶路方法对我这样一个想考察地理的人来说是极不合适的。最后我们商定，我在樊城租三辆车去北京，每辆车大概合算为 60 个塔勒硬币的价钱，预计 24 天到达。如果是因为我的原因导致超过 24 天则我每天为每辆车另外支付 1 个塔勒硬币的钱。如果不是由于我的原因造成的延误，则我不 434
需要多付钱。而且如果我要额外去哪里，脚力们必须答应，除非那里实在无路可走。如此一来，我就可以不受限制地到处走走，而只需为多出的天数付账即可。对于这种方案，脚力们没有过多考虑就答应了，因为每辆车花 60 个塔勒硬币的价钱已属不低，他们或许只需付给商行里一半的保证金，剩下的都归自己。上述所有条款都被写在一张印制好的表格里作为合同，双方还约定了付款的方式。通常情况下旅客会被要求付全款，但如果这样做了，就完全失去了主动权。所以可以选择先付一部分，在路上再分阶段分几次支付，当行程结束时付清最后一笔款子。

接下来的事情就是挑选车辆。和以前一样，在这时候中国人就会竭尽全力试探我的忍耐力。开始他们给我看了三辆车，又老又破烂，拉车的牲口瘦得皮包骨头，被我断然拒绝。当他们看到我不是那么好糊弄后，又给我看了三两稍好点的车，也被我退了回去。最后终于找了三辆看起来相当不错的车，我才同意了。后来

他们还试图在一些小事儿上敲诈勒索，但被我一一戳破。结果是他们越来越不自信了，自此再也不敢小瞧我们。

为旅程做准备，签订合同，并且把合同寄往汉口花了整整三天时间。这段时间我一直住在船上，老潘他们自始至终表现得很
435 好，作为奖赏我把一些不再需要的物件送给了他们，包括我的桌子、那把来自广州的藤椅、油灯、一个原本装枪的箱子、一些葡萄酒和啤酒以及其他一些对他们来说还算值钱的东西。当然了在钱上我也很慷慨，并且表示要把老潘推荐给我的欧洲朋友们，介绍他们租他的船。我不得不放弃携带一些东西，在船上我可以把自己的房间尽量安排得舒适些，有个家的样子，尤其是每餐都能来上点儿葡萄酒。但是现在要坐车就不大可能了，想想本来旅途就十分艰辛，正需要喝点酒儿解解劳累，如果没有，真真让人恼火，所以我还是带了几瓶白兰地酒以备不时之需。

至于我那位16岁大的仆人，我在广州雇了他，但很快就发现他手脚不太干净，而且多次作案。

偷点儿小东西似乎给他带来很多的乐趣。香烟、镀银的勺子之类的东西在他面前就难保不丢，有时候他自己并不贪图这些东西，而是拿它们来送人。但是我从来没抓到过他，更让人气愤的是，他还挑唆其他人偷东西。还好老潘他们并不是这样的人。尽管他有这样的缺陷，但因为他非常机智而且手脚麻利，而且我对他的心理活动也颇感兴趣，所以决定还是带着他。另外他真的没什
436 么太多的需求，一个小角落就够他安身的。他能像个蜗牛一样，缩着身子在角落里睡得很香甜，好像睡在自己的床上似的。而且他饭做得很好，如果他心情好，便能在那几张干净的菜板上做出各种

好吃的蔬菜和肉食。我跟他学了很多做饭的招儿，甚至以后还在使用。

我到汉口后就想过解雇这个有点儿危险、让我时刻不得不监视他的家伙，但是要在汉口找到另外一个合适的仆人几乎不可能。另外我想他是广州人，在北方不见得就像在南方那样敢挑唆其他人干出点儿坏事来，所以最终还是决定继续用他。我让他自己坐一辆车，尽量避免让他和别人有特别多的接触机会。更重要的是，尽量不在他面前付大笔的钱，也不让他知道我把钱放在哪个箱子里。一些零散的支付我就用口袋里的钱，口袋里绝不多放钱，够一天用的就行了。他一直都没搞明白我的秘密，其实我把钱平均放在所有的箱子里。带着这样一个人实在是万不得已，当我跟一些有文化的中国人交往的时候，他们看到这个仆人猥琐的样子总是流露出蔑视的眼神儿，好像在说："你怎么敢带这么一个人旅行啊？"

4 月 5 号我弃船登车出发了。沿途风景十分单调，只在樊城的南方和西南方、汉江的彼岸有几处高山，应该就是《禹贡》中曾
出现过的。但是自西经北向东和东南，目光所及之处都非常平 437
坦，看不到山峦，一片坡地升高到 25 米，很多条宽阔的山谷从中穿过，这片坡地还是我不太了解的黄土结构。高一些的西南边的山峰也渐渐地淡出了视线，眼前尽是平原，这里的土地非常肥沃，但是干旱得厉害，前两天那场雨的作用有限。

当地人和其他地方的人一样住在散落的村子里，房屋大都是泥垒的，树木并不多，现在还没发芽。很少看得到大的村落，我们经过的第一个市镇，也就是定期会有集市的地方叫作吕堰（Lü yen)，离樊城60里，当晚就在那里投宿。

第二天中午，我们在申江浦(音译：Schönn kiang pu)歇脚，在一家客栈的墙上我看到了一些曾经到过这里的欧洲人的名字，其中有一个新教的传教士、一个俄罗斯名字，还有一个德文名字，但几乎被刮掉了一半，反正是我的一位先行者吧。白河从这里经过，有桥连接左右两岸。白河里只有一些小船，吃水不超过40担，河道曲折，多浅滩。在申江浦白河只有100步宽，尽管如此，有时也会发大水，变成一条汹涌的大河。

离开樊城85里后，我们达到湖北和河南的边界。虽然从地貌上来看并没有什么区别，还是一望无际的平原，但是两省的人却非
438 常不同。原因或许在于自古两省居民便不是来自同一祖先。河南人好奇心非常重，爱凑热闹，这一特点适用于河南各地。中午的时候，很多人跑到这里来看我们，跟着我们走了很远。还有些人站在地里，连活儿也不干了，不断有人从四面赶来看我们。在湖北的时候不是这样，我们可以自由地在街上散步，遇到当地人还能攀谈几句。河南人有些胆怯，但并无恶意。尽管如此，人群中还是有些令人讨厌的家伙，他们身上脏乎乎的，散发出臭气，尤其是大蒜的味道。有些河南人却很不同，他们守规矩，有担当，穿着整洁，让人乐于结交。另外靠近河南边界处，坟墓的数量明显增多。

河南是一个拥有悠久历史的行省，自古就是皇城的所在地，位于中国的中心位置，即使在今天，也只是稍稍偏离了帝国的中心而已。“中华”之称，即“位于中间的花朵”，可能就是得名于此地，后来代指整个中国。从那些数量众多的家族墓地也可以看得出这里的久远历史和宗族文化。这些墓地常常成堆出现，而且被古老

的柏树环绕。河南省有很多大的村落，不像湖北那样居民都住在散落的小村子里。差不多每十个村子就有一个是比较大的，建有城墙，城门通常用烧制的砖建成。居民的房屋也是砖垒的，只是房顶多用空心砖，屋顶上常见龙纹或是其他图腾的装饰。

这里的人口众多，几乎都在种地。麦子和棉花是最主要的产
品。棉花几乎自产自销，并不输出到外省。尽管人口多，但是人力 439
的价钱却不低：每人要 70 文，相比湖北多 20 文，比湖南更是多 20 文到 30 文。大概是因为这里人种地的产出比较多吧。在河南，我第一次见到大面积种植的罂粟，产出的大烟也基本只在河南就被消耗掉了。那种印度大烟（也叫广州烟）因为价格太高不好卖，几乎无人种植。四川产的烟草要比本地烟便宜得多，但是质量要低一等。水果在这里也被大量种植。当地没有常绿植物，看来汉口以北就不适合常绿植物生长了。这里的耕牛的品种特别好，体型壮硕，角很短，和在其他地方见过的品种不同。让人不解的是，这里几乎没有草地，路边的野草早早儿地就被妇人们砍掉烧火用了，幸存的也被牛和驴子啃光了。这里的马品种也很优良，不是那种矮马。不时还能见到水牛，而在汉江下游我几乎就没见到过。

第二晚我们在离樊城 130 里的新野县（Sin ye hsiën）投宿，这是个穷地方，连城墙都是泥垒的，还好我们找到了一间还算干净的客栈。第三晚在离新野 60 里路的瓦店（Wa tiën）过夜。这天我们只走了很短的路程，大概也就是平时的一半，在如此平坦的道路上耽误时间让我很是恼火。一半是因为我的那些脚力们使坏，一
半是因为那几头牲口累了不听话。几乎过个三两天脚力们就会闹 440
点别扭。现在他们又开始了，因为他们已经习惯这样对待中国旅

客了，让人听他们的摆布。而我要做的则是让他们明白自己的身份，听从我的指挥。经常出现这样的场景，脚力们半路突然不走了，要么提出一些要求，要么不按我说的路线走，他们就蹲在路边抽烟袋，摆出一副雷打不动的样子，好像除非得到满足才会重新上路似的。之后通常就是激烈的争吵，保罗以此表明他的强硬。最后他会拿烟袋杆敲脚力们的头或者把他们的烟袋夺下来扔到远处，要么我们就自顾自地先走，威胁他们如果再不跟上来，下次就不付钱了。只有这样，这帮人才会嘟嘟囔囔地继续赶路，有时候他们不久还会卷土重来，但屡次失败。

4 月 8 号我们到达南阳府(Nan yang fu)。前几天的闷热过后刮起了大北风，今天又变成了清新的东风。气温不超过 14 度，但是风天带来了空气中大量的沙尘，视线虽然不是很清晰，我依然能辨别出这一地区的全貌。现在必须要搞清楚的一个问题是，地图上自西向此地延伸的雄伟山脉，即昆仑山的东段，到底是和东南方的山脉相连呢，还是两道山峦之间有巨大的空隙。对此各种勘
441 探报告中看法不一，我更倾向于后一种看法。因为那些曾经在这条官道上旅行过的人对我说过，他们并没有经过任何的关口，也没看到更高的山脉。地势略有起伏，除了构成坡地的黄土外，还有些低矮的白色山陵，多是干燥的白色沙土，这些山旁边通常有一些水坑，是猎鸭的好去处。

南阳府很大，在白河的右岸。我们经过了一座为冬天枯水季节建造的桥梁——它也是船只航行终点的一个标志。内城外是一圈坚固的城墙，而外城的城墙则是泥垒的。我们自南门进，东门出。街道很窄，几乎只能容一辆车通行。房屋也很低矮，店铺很

小，街道多朝右转向。我们本想到城郊的一座客栈歇脚，但是围观的人群实在太多，不得不尽快上路。令我感到遗憾的是，没能去参观位于十八里铺的教会，那个地方可能在南阳西边 18 里外，因为实在太远所以我们只得放弃了。

我并没有走去北京的大路，而是绕道河南府。走了 25 里之后到了一个小村子，那里的人热情地把我们迎进了一家看起来不怎么样的客栈。很快我就意识到，我们走的这条路恐怕平时少人问津，因为这里的客栈实在是简陋，如果客人多的话，肯定不会是这样简陋的。这个地方叫槐树营（音译：Hwéi schu örr），离村子不远有一座圆顶山峰，这是这么长时间以来第一次看到山。第二天我们赶了 83 里路，途经五个败落的村庄。这些村子是六年前太平天国时期被摧毁的，当时村子里的人据说都逃到了山上，借助地势向来犯的起义军扔石头才得以活命。后来当他们回到村子里后，干的第一件事情就是加固城墙，以防止再有起义的队伍来破坏。离我们晚上投宿地不远有一座孤零零的山——蒲山（Pu schan），这 442
是一座大理石山，村里的人靠山吃山，专做大理石的杯皿和手镯。

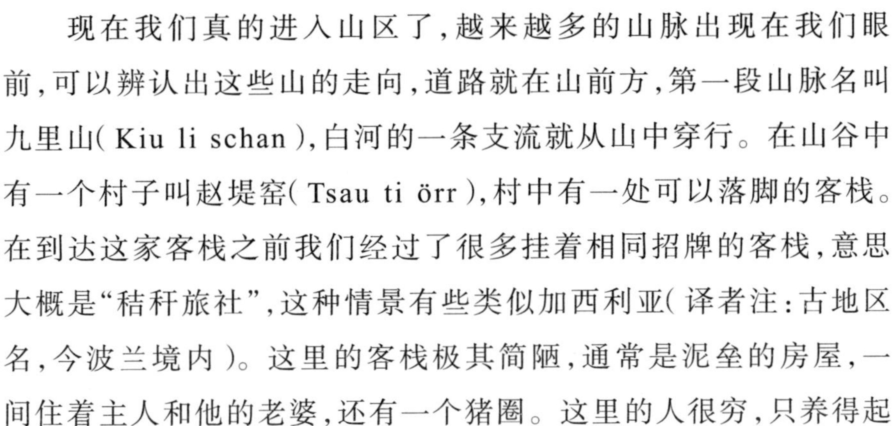

现在我们真的进入山区了，越来越多的山脉出现在我们眼前，可以辨认出这些山的走向，道路就在山前方，第一段山脉名叫九里山（Kiu li schan），白河的一条支流就从山中穿行。在山谷中有一个村子叫赵堤窑（Tsau ti örr），村中有一处可以落脚的客栈。在到达这家客栈之前我们经过了很多挂着相同招牌的客栈，意思大概是“秸秆旅社”，这种情景有些类似加西利亚（译者注：古地区名，今波兰境内）。这里的客栈极其简陋，通常是泥垒的房屋，一间住着主人和他的老婆，还有一个猪圈。这里的人很穷，只养得起

猪，养不起牛。大门上覆着秸秆，几条长木板搭在砖上做板凳，中间是一张桌子，放些茶碗。门口挂个幌子，说明这里是间客栈。主人很是热情，很快就按照我们的要求重新布置了房间，看起来还算舒服。

我以前就听说九里山上有煤，这几天更是看到很多运煤的小推车往南边走。在我发现整个汉江流域的煤被顺江而上运往位于北边的樊城甚至直到南阳府，而并没有煤从北运往南方的情况后，就猜测大概是因为北边这些地方并不产煤。但现在听说这里
443 产煤，就不得不去看看。煤矿离村子不远，看起来孤零零的。高700米的巨大煤层出现在页岩之上，最底下是两层无烟煤层，但是数量不多，这些煤的价值不高。为什么南阳府不用离它不足100里的此地的煤，反而要从湖南运煤来？湖南离南阳至少是这里到南阳距离的25倍。舍近求远的原因在于在中国水路运输的费用比陆路低得多得多。设若两处的煤都卖5文一斤的价格，那么湖南仍然有利可图，而这里的人则会穷死。

山上没植被，只在高处看得见几处房屋。山脚下的土地都被当地人耕种了，但看来产出不多。最重要的产品是野生蚕丝。当地人为了养蚕种了两种柞树，区别在于，一种在6月份采叶子，一种在8月份。人们在家里用这两种树的叶子喂养幼蚕，稍大些就把蚕直接放到树上。这些蚕就在野外恶劣的环境下继续生长，和通常家养的蚕不一样，这种野生的蚕面临太多的危险，比如被鸟儿吃掉，下大雨被冲掉，天气干旱等。前两年，这里就因为天气干旱导致很多野生蚕病死，剩下的也都长不大。这对于依赖它们生存
444 的当地人来说是巨大的打击，一场饥荒开始蔓延。后来又发生了

霜灾，连地里的庄稼也所剩无几，情况更加糟糕了。接下来的两天里我看到很多惨不忍睹的场面。在山上的一座房子边，我们和几个人攀谈了几句。这是个年轻的农人，饿得瘦骨嶙峋，还有他的母亲、老婆和几个孩子。当我们要离开的时候说了句“发财”，这在中国通常很受欢迎。但是那位母亲却说“怎么发财？这里很快就要饿死人了，看看我儿子吧！”实际上他的儿子已经相当虚弱，脸色发绿。我问他：“你得了什么病吗？”他回答说：“饿的。”后来我又看到很多面色发绿的人。

下午我们结束了在煤矿的考察继续出发。走了 20 里之后到达南召（Nan tschau），一段山峦在这里和九里山相连，之后又是一连串看来甚是荒蛮的自西北和西向东南和东边延绵的山峦。山脚下有一座市镇，我们到来的消息早就传开了，城门前已是人山人海。听说城里的所有街道也都挤满了人，都在盼着我们会在此地投宿。我们发现了一条绕城的小路，顺着它很快就逃开了尾随的人群。但是不久他们又追了上来，当地还从来没有欧洲人来过，连传教士都没有过，所以每个人都希望能看看我们到底长什么样。虽然偶尔有人冒出一两句怪话，或是开我们的玩笑，但我能感觉到他们绝无恶意。

如何才能穿越过横亘在我们面前的这座山是个棘手的问题，
因为不但山势险峻，而且几乎就无路可走。在这样的地方设若有 445
路也必定是老天的鬼斧神工，人力是万万做不到的。再伟大的工程师也无法建造一条穿山的铁路。两边的山高达 1000 米到 1200 米，西边的更是高达 2000 米到 3000 米。白河的源头就来自这里的山谷中。山谷中的一个关口高度不高，另一边有很多条溪流经过山中的裂缝向北边流去,流向淮河的一条支流。这座山名叫“伏牛山”,这个名字由来已久。伏牛山延绵800里,是昆仑山在东部的一段。在这里我第一次确认了“山”这个词在汉语中指的的确是山峦。向东延伸几英里后伏牛山突然就结束了,山脚下的大路通往北京。伏牛山周围有几道平行排列的山脉。最靠近南召的这座山是大理石山。硕大的岩石几乎把狭窄的通道填满,走起来非常困难。但是两边山的高度并不高,所以在现在自然形成的这条道路上修建从汉江流域到河南府的铁路并非全无可能。

这些山都非常荒芜,除了草什么都不长。但是中国人的勤奋
是无所不能的,他们在每一处稍稍平缓一点儿的山坡上开垦出一
片一片的地种上庄稼。甚至是山间的通道也被清理干净碎石并
446 利用起来。土壤并不肥沃,没法种庄稼,于是他们便栽上柞树养
蚕。离开南召90里后,我们沿着一条山谷走出了大山,鲁山县(Lu
schan hsiën)就在眼前。这里的河不愧叫作“沙河”,山谷有10公
里宽,河床大概占了2公里,而水面宽度却只有15米,其他地方
尽是些沙子和砾石。

鲁山县在河的北岸,虽然我们只是略作停歇,却引来了前所未有的围观的人群。不单单是沿街的客栈里挤满了人,几乎所有的街道上都是人。站在前面的人受到推挤,甚至都冲进了我们的屋子,很多人还站在客栈的后墙头上,后面不断有人想站上去观看,以至于原来站在那里的人被一个一个挤了下来。我们不断地驱赶,但是毫无用处。即使面前的这些人感到害怕想退出去都不可能了,因为后边的人还在不断地往前推。后来甚至有人爬上了房顶,还把客栈的围墙踩坏了。越来越多的人被推挤着摔进了屋子。

为了不引起更大的麻烦和冲突，我们逃一般地赶快离开了这里。

鲁山这里盛产柞蚕丝织造的茧绸，是全中国重要的贸易地，欧洲人近年来十分喜爱这种纺织品。当地虽然生产各种品质的茧绸，但看来并没有占据欧洲太大的市场份额，因为作坊里织造的都是比较优质的茧绸，这种茧绸将来只会卖给中国人，中国人识货不容易糊弄。相比之下，欧洲人则好骗得多，商人们很快就发现欧洲 447
商人愿意购买便宜花哨的丝织品，于是便往丝里掺棉，织成后卖给外国人。这种现象在山东尤为突出，当然对于出口的昂贵织品他们还不敢这么做。除了精细茧绸外，这里还大量地生产一种坚韧耐用的粗制品。人们并不把蚕茧抽丝，而是直接像织亚麻一样织成厚厚的看起来像是帆布的一种粗布。当地的农民格外偏爱这种布料做的衣服，因为非常结实。我也买了一块这样的布，大概 32 英尺长，花了大概价值 7 个塔勒硬币的钱。

我原本以为，去河南府的路上多山，不过关于这一地区的情况我没有在任何书籍中找到介绍，对欧洲人来说这是一片处女地。因此路上总是惊喜不断，和原本想象的不同。鲁山县有一条平坦的道路可以前往开封府，还有一条道路向北通往河南府。我选择了后者，这是一条山路，在沙河和汝河（Ju hŏ）之间。这两条河最后汇成了一条。

我越是向前行进，对黄土的认识就越多。黄土在南阳府时就已经出现，只是厚度不大。鲁山县的山谷两侧都是黄土。这条山谷被夹在一段完全垂直的高 100—150 米的石灰岩层中。山谷随着山势向高处延伸，站在山顶能俯瞰伏牛山的全貌。在中国，我之 448
前虽然也见到过很多山，但是单凭肉眼很难判断那些山的脉络，必须经过地理学的考察才能得出结论。这还是第一次单凭肉眼就看出了伏牛山的走向和脉络。和南方以及东部地区不同的还有，那里的山脉通常只有较高的山峰才会有名字，而在这里整个山脉有一个共同的名字。伏牛山气势宏伟，构成一道巨大的屏障。格外引起我注意的是，在中国，黄土地带似乎只出现在北方，只有汉江上游山谷中的黄土层向南方延伸了一点儿。我们到了一些煤矿，但是大多数都废弃了。只有两个矿还在采煤，出产一种黑色的烟煤，都是小块儿的。

我们原本想在万店(Twan tiën)投宿，但是围观的人太多了。我的脚力们尝试了很多办法驱赶他们，甚至用上了鞭子，但是不一会儿人群就又凑了上来。后来他们绝望地使出了最后一招，那就是让其中一个上了些年纪的脚力在前面给这些人叩头，他跪在地上不停地磕头请求这些人走开。开始这招还真起了点儿作用，但过了一会儿这些人又来了。最后我们无计可施，只好继续往前去另外一个村子郎店(音译:Lang tiën)。我本来还想休息一天，以便在这么有趣的地方四处看看。

郎店是个小村子，但却生产一种特殊的东西——玻璃。制成项链、手镯、小烧酒杯、瓶子等器具，虽然比较粗糙，但是颜色很丰富。这里几乎没有大点儿的作坊，当地人就在自己屋子里烧制玻
449 璃。窗玻璃他们做不来，在中国，山东的博山[①]是唯一能生产窗玻璃的地方。村里每家门口都摆着一张桌子，放着他们生产出来的产品卖。很早之前这里还有很多炼铁作坊，而且规模还不小，持续

① 参见第187页。

的时间也较长。附近还能看到大量成堆的黑色玄武岩含铁矿渣。我听说,这里自明代起就炼铁,后来因为王朝的更替导致这一营生被荒废了。当地人说他们现在根本就不知道怎么炼铁,也懒得去学。矿床据说也荒废了。现在这一地区只有鲁山县还在炼铁,但并不产生铁,而是从山西运进,然后将生铁和熟铁一起熔炼。我们已经逐渐进入了一个在日常生活中经常使用铁制品的区域,在其他任何地方都没有这样的先例。

在中国各地使用的一些生活用具常常几乎都是一样的,最引人注意的就是车辆。有一种车,我在鲁山县第一次见到,之后直到山西,人们都还在使用。这种车有四个铁铸小轮子,车轴和轮子离地几乎连一英尺都不到。这是我在中国见过的唯一一种被使用的四轮车。

从郎店出发,我对周围区域进行了考察,特别是当地的煤矿,
它的名字在方言中很是拗口。我发现,这里煤的储藏量不可小 450
视。煤层的分布很广泛,但是因为其他石层破坏了煤层的延续,还有很多各种岩石混杂其中,所以很难判断出主要煤层的确切位置。此处位于一段高 250 米的很长的山脊脚下,从远处就能看到这里升起的浓烟。还有各种岩石煤矿大概在村子上方 120 米处。我尝试着靠近一些,但几乎不可能。因为有将近 1000 人正在那四个运行的煤窑前炼制焦炭。还有一些闻讯赶来的人千方百计阻止我们靠近。挖出来的煤被卖给烧焦炭的老板,他们先把煤进行分拣,然后在数以千计的一个个小坑里烧炼。每个坑大概四英尺长,四英尺宽,有个管子作为通气口。通过一种特殊的设计使得空气经过管子汇聚到坑的中心位置,产出质量很好的焦炭。

我们沿途所经之地，总是聚集着很多围观的人群，以至于找合适的投宿地成了我们整天担心的问题。这次也差不多，我们到了人口繁密的大营镇(Ta ying kai)。也不知道他们是如何得知的消息，反正我们到的时候已经有上千人在等着看了。以前遇到这样的情况我们多是落荒而逃，但现在我们使用了新招数，那就是干
451 脆主动穿大街过小巷，让他们看个够。人群都欢呼起来，他们甚至要求我们站到桌子上去，好让他们看个清楚，这我无论如何不会答应的。在我们转了几圈并且和当地的几个有学问的人聊了聊之后，大部分人带着满意的表情离开了。于是我们回到客栈把门关起来得到了片刻的安静。后来我们不得不再"示众"一次，因为又有大概两千人跑来抱怨他们还没能见到我们。如果我不答应，恐怕难免引起骚乱。这个方法很好，因为当地人不过想看看热闹，在知道我们没有恶意之后，他们也就散了，而我们才能在晚上好好休息休息。

我们允许一些看起来有点儿文化的人进屋闲谈，因为我想从他们那里打听附近煤矿的消息。收获果然不小，我由此得出结论，这个地方将来可能会变得十分重要。从南边开始这一带有一道延绵很长的烟煤层，这对于将来的铁路建设无疑至关重要。另外这里的铁矿对于此地未来的振兴也将起到重要作用。

我们沿着上面提到的第二条山谷前进，汝河从这条山谷中穿过。虽然两条山谷离得很近，但是完全不同。从大营镇开始有一条 15 米宽的满是石块的走廊，有些石块有人头那么大。这一地带非常荒凉，寸草不生，人烟稀少。卵石谷里多溪涧，在汝河山谷中从 30 米高处落下。另一条山谷比沙河的山谷要宽得多，而且渐

渐有人居住。山谷中土地肥沃，河流清澈，支流众多，足以灌溉这
里的土地。河的另一面是鸠山(Siung schan)，由一些顶端平坦的 452
圆顶山峰组成。这条山谷中比较大的地方就是汝州(Ju tschóu)，我们放下车篷，在无人关注的情况下悄然前进。往西走了大概 7 里后才到了一处客栈，还好并没有人过来围观。这家客栈的条件一般，我们只好自己安置所需的物件，比如桌子、椅子、床，还有炉子。很快就把房间布置好了，颜色花花绿绿的看来很舒适。今天下午和明天上午我希望能在这里安安静静地工作一会儿。

这一地区无论从地理、地质、历史还是经济上都颇具研究价值。地形复杂多样：除了连绵的群山外，还有各种其他地形出现。值得一提的是，这里的山峦有名字。或许是和这里的自然地形有关吧。在中国东部的一些行省，人们口中的“山”指的往往是一座孤立的山峰，而不是一道山峦。而在这里山指的是一道山峦，这更符合地质学的理念。

从南召开始，当地的居民都比较贫穷。直到这里状况才稍稍好转。主要的产品是棉花，但是质量比北边的要差很多。在南召有另外一条自赊旗镇而来的道路汇入我所选择的这条道路，现在我走的是一条比较大的贸易之路。每天我们都能遇到很多装满了河南府产的棉花的车子前往樊城和老河口进行交易。往北边运送的主要是烟草、纸张、菌类[①]、胶和其他一些小东西。虽然往来的
车辆众多，但是我几乎没看到任何的外国货。在香港和上海，来自 453
欧洲的货物几乎遍地都是，如果因此就认为，外国货已经占据了中

① 蘑菇。

国的市场那就大错特错了。广大的内陆地区几乎还不怎么能见到欧洲的货物,潜在的市场还很大。

这一地区十分多产,尤其是人口。在这条山谷中居住的人数量之多令人吃惊,以至于虽然具有如此丰富的物产但当地人过得还是很穷。到处都是孩子,每个男人 20 岁的时候就结婚。棉花是最主要的作物,大概在农历七月,也就是阳历的 8 月中旬开始种植,在 10 月份收割。大部分都运往赊旗镇,用来运输的工具都是驴子拉的两轮车、牛拉的四轮车,还有人推的独轮车。如果对中国的计重单位不熟悉的话,很可能会产生误解,因为账面上看起来这些棉花压根就不赚钱。在汝州一斤棉花卖 380 文,而在离汝州 360 里远的赊旗一斤却只卖 300 文。秘密在于,在汝州一斤是 22 两,而在其他地方只有 16 两。“两”[1]是另外一种计量单位,在中国不同的地区会略微有差别,因此各地的“斤”也不一样了。秋天 4/5 的地都用来种棉花,其间的空地上就种上豆子,再有地方则种
454 些玉米、稻子和高粱。所有这些作物都在阴历的六月到八月间播种,秋天收获。冬天地里会种些小麦、烟草、豆子、山药或是红薯。烟草也是十分重要的作物,但是质量比陕西产的要差些。无论在什么地方,榨油作坊都不可或缺,油被用来炒菜、点灯或是梳头。在这一地区主要是用山药籽儿、棉花籽儿 、芝麻和花生榨油,有时候也用一些豆类。

接下来前往河南府的路途让我非常失望。本来我想着去现在位于北边,并且继续向西延伸的高山中看看。因为在鸠山后面还

① 两,即欧洲语言中的 Taël,大约为 38 克。(译者注:现在 1 两 =50 克)对外贸易中常见的计量单位(如 taël, cash, catty, pikul 等)都来自马来语。

有一段更加雄伟的山峦，名字叫作玉寨山(Yü tsai shan)，其中有一座海拔 2500 米到 3000 米的山峰，就是前面提到过的传说中的另外一座名山“嵩山”[1]。据说嵩山山势险峻，山上有数量众多的庙宇。没能去成嵩山我感到十分遗憾，强烈推荐我之后的旅行者一定不要错过。嵩山脚下有一座城市，很容易找到住处，也有很多办法可以上山。我并没有去嵩山，而是选择沿着汝河继续往北走，从嵩山的西边经过，沿途景色比较单一。

尽管如此，我所走的这条路也有自己的优点。从这里我可以眺望远处的群山，那是我在中国见过的最美丽的山峦之一。山势
雄伟，全景恢宏，尤其是在暮色之中，此处的景色一点儿不比地中 455
海沿岸的差。景色最美的是离这条道路南边不远的一座山峰，名字叫作“弯指山”。我目测山高 750 米，当然或许更低矮些。汝河部分就发源于这座山的深处，河水从山上冲带下有斑状色块的石块。据说从中可以提取出铅。听说山里还蕴藏着红铅和铅白，提炼后被运往山西和陕西。还有锌，但是我没真正见到过。

从汝州到河南府的这条路沿途住着很多居民。这条路经过黄土层，几乎每天我们都要从那些沟壑中穿行。对于如此庞大的黄土层我感到十分震撼。有些土层能达到 70 米厚，应该是由于巨大的力量形成的。这一带黄土的特点是含有很多碳酸钙的沉积物(Kalkkonkretion)，堆积在一起构成一种胶结的砾岩，常常在造房子的时候被当地人使用。黄土中还有很多陆生软体动物的化石，保存完好，甚至有一圈化石的颜色还是黄色的。我并没有发现其

---

① 参见第 385—386 页。

他的夹杂物质，深深切入黄土层的道路、恶劣的路况、到处都是尘土、肥沃的土地还有窑洞都是黄土地带的典型特征。之前我就见过一些村子，大概一半的村民都住在黄土窑洞里。当地的村子看起来都是黄颜色的，他们还在窑洞外边垒起一圈院墙，为的是对付起义军。但是当年起义军来的时候，村子里的人都逃到山上去了。起义军拿走了所有能找到的东西，粮食、牲畜等，并且放火焚烧了村子。

456 此处的地理特征还有一点不得不提的，就是在汝河和洛河（Lŏ hŏ）之间的通道，正好也将淮河和黄河水域分开。有一个地方叫泰南（音译：Tai ngan），那里有一座火山，就矗立在黄土层中。这一现象可以说明，这里的地质特征应该是在火山爆发之前便形成了。这一点事实应该是毫无争议的，只是这座火山为什么会孤零零地矗立在黄土层中是个谜题。

我越来越为嵩山的雄伟所吸引，一路上我都能远眺其深深的峡谷和高耸的山峰。直到我到达河南府的前一天，嵩山才从我的视线中消失。傍晚刮起了大北风，几分钟之内天空被乌云遮蔽，空气中遍布黄沙。湿度计显示，空气非常干燥。第二天天气炎热，但是能见度依然不高，对于地理学家来说能见度的高低是十分重要的。我几乎看不到半英里外的事物，而前几天因为天气晴好我可以看得很远，因此绘制地图的工作也进展顺利。我必须承认，我的考察结果和天气的关系极端密切，当然天气只是众多决定因素之一。

一道由坚硬的岩石堆积而成的高 100—120 米，宽大概一千步的大堤将我们现在所在的山谷盆地和那片古老的有着悠久历史的土地分隔开。这道大堤实际上是东边山脉的一段延伸，这片山脉还继续向西边绵亘，形成隆起更高的山峰。伊河（I hŏ）也流入这片盆地，经过一道很窄的关隘穿过大堤，名叫龙门。从这里数量极大的居民就能看出此地在中国的重要位置。两边的山上被以前建都在洛阳的皇帝建成了石窟，用来保佑王朝的统治永久不衰。457
在中国很难见到来自远古时代的雕像，刻在岩石上的文字也多是不久之前的，因此龙门石窟引起了我极大的兴趣。山上多是深色的鱼卵状的石灰岩，这种岩石我在山东曾见到过，在那里也被用来雕塑。它比较容易雕刻，而且龙门石窟的这些雕塑也证明，这种岩石受天气和湿度的影响也较小。

石窟中的雕像个头都很大，单单是门口的这两座守卫雕像的个头看起来比当下的中国人可高大多了。来游览的很多人站在其中一座雕像的脚上，用胳膊搂搂测一下雕像到底有多大，天长日久，被人搂抱的位置都磨得很光亮了。我试了试，两条胳膊正好可以完整地抱住这座雕像，恐怕很少有中国人能和我一样高。

龙门石窟据说建成于大概在公元618年至907年间统治中国的唐朝（译者注：龙门石窟始建于北魏）。唐朝是中国历史上一个辉煌的朝代，我们到西安的时候还会再次提起这个朝代。那时的统治者十分重视科学和艺术的发展，开始时建都在洛阳。威廉姆斯（Well Williams）曾这样评价过唐朝的皇帝李世民：他是中国历史上最著名的统治者，和哈伦·拉希德（译者注：Harun al Raschid，阿拉伯阿拔斯王朝第五任哈里发，786—809年在位）一样，天生睿智，在位期间征服了很多地方，而且统治清明。李世民品格高雅，在他统治期间科学和文化得到了长足的发展。当他还是唐王

458 子的时候就为振兴前朝——也就是隋朝——衰落的文化和帝国向中亚的扩张做出了巨大的贡献。后来627年他的儿子太宗(应为高宗)继承大统,继续东征西讨将国土面积扩大了很多。他还建立了学校,极大地促进了帝国的文化发展。天主教传教士认为他是中国历史上最伟大的皇帝[①],当然那时唐帝国已经定都在西安,但是仍然保留了此地作为国都。或许龙门的那座寺庙就是由唐朝的前两位皇帝之一建造的(译者注:此段错误颇多,为了尊重原文,译者按照原文译出,可见李希霍芬对中国历史知之不多)。

门上雕刻着许多浮雕和文字,尽管就暴露于空气中,但保留得还算相当完整。最引人注意的雕刻是一座小小的石头庙,和尚们告诉我,这座雕塑来自魏朝,这个朝代多不被史学家们计入官方的编年史中,当时的统治区域在北方。据说是皇帝的母亲下令建造了这座石庙,为的是敬奉观音菩萨,这个形象类似于我们宗教中的圣母玛利亚。中间是一座巨大的菩萨像,她的身旁是无数小菩萨像,都围拢在大菩萨像的四周,好像朝圣的样子。值得注意的是,这些雕像的面孔多是长脸的,而我在中国看到的大部分比较新的雕像,甚至包括来自唐朝的雕像都是圆圆的胖胖的脸盘。这些雕像的神态优雅,浮雕的结构匀称,布局精致,变化多端。中间的菩萨像更是精工细作,只有背部依靠在后面的岩石上。面部表情
459 非常柔和。拱顶上也全是浅浮雕,围绕着菩萨的头部,而且题材并不单一:有一圈莲花花朵和叶子,每片叶子上都坐着一尊佛;还有一圈护法神,身段表情十分生动。这些浮雕都向拱顶上端围拢,其

① 这位皇帝在历史上被称为太宗皇帝,在他统治期间,中国的领土获得了极大扩张,文化得到了极大繁荣。

他地方则雕的是云彩。这一题材我之前还见过其他的版本。我发现，菩萨像和门口的一只狮子是用砂浆做的，而另外一只位于右侧的蹲着的狮子和庙里其他的雕像则是石刻的，显然菩萨像和狮子的年代要晚一些，而其他的都是来自龙门石窟开凿的年代。还有就是凡是人能够够到的雕像的头都被斧子砍掉了，而位置高些的雕像的头得以保留。和尚们告诉我，这些雕像是在宋代被破坏的。

庙里的墙上有很多浮雕和铭文。我让和尚们不必陪同，自己慢慢地观看。有一些铭文被和尚们拿来赚钱，他们做成拓片卖给到这里参观的人。有的铭文前还摆着架子，因为太高了需要人攀登架子才能完整地拓下来。总共有十幅不同的拓片，不久前，一位北京的高官派人运来了一块石碑，现在也能做拓片了。我花了一两银子买了一幅拓片，付账时和尚们有些喜形于色。看来再有人来买的时候他们也会要这么高的价儿了。后来我把拓片给威廉姆斯看，他说应该是来自497—520年的，因为并不久远所以没多大价值。和尚们没有准备好完整的浮雕的描画，所以我只买到部分 460
描画。通常情况下中国人只会购买完整的描画。除了上面说到的两座大雕塑外，还有数不清的小雕像，大部分都是菩萨的形象，还有石碑，包括一些功德碑。

从龙门出来后我进入了洛河流域。洛河是条小河，在地图上几乎看不清。但是在四千年前却是中国九大河流之一，远古时候就有国王在此建都（译者注：此处李希霍芬显然是将《禹贡》中的“九河”误作是大禹时代的了）。在三千年间，洛河的河道在陕西、山西和河南境内的一小片范围里改道。有时河道一直推进到开封府（译者注：洛河和山西并无关系，洛河陕西段上游也无改道，洛

河也从未改道到开封府，此处可能是李希霍芬将陕西的另外一条洛河和这里的洛河混淆了)，有时流经的区域就限制在附近的山中。我们在一处浅滩渡过洛河。

河的北岸已经看得见河南府的外围，离原来老洛阳的所在地不远。现在河南府下辖的一个县的名字还叫洛阳，而且河南府的府衙就位于洛阳。我们住进了一间专为官员们准备的驿站，共有两进院落，虽然不大，但很安静，设施也齐全。依然有一群人跟随我们不肯离去，因为我只想在此地略作停歇，所以很想能安静一会儿，于是派人带着我的名帖去找地方官，请求他派两个衙役来站岗。但是没想到这位小官儿非常不礼貌地拒绝了我的请求，还让我们带上通关帖去见他。于是我立刻派保罗去拜见当地最高一级

461 的官员，那位官员倒是立刻指示他的下级为我们提供一切所需。很快就出现了一些衙役，将围观的人阻止在驿站之外，我们短暂地休息了一会儿。第二天是4月17号，我差点儿忘记了这天是复活节。

河南府和其他的中国城市一样，没什么值得一提的。街上商铺林立，人头攒动。只是我在人群中看到为数不少的回族人，他们在外表上和汉人有些区别。在这样一个远离东部的内陆城市见到回族人让人稍感意外。之前天主教传教士们就发现在河南府有回族聚居地，最近得到证实。人们在一座庙里发现了一块石碑，上面的文字是希伯来文。虽然字迹残破，但是内容似乎是讲述了远古时期一群伊斯兰教徒从遥远的西方来到中国的传说。这群人在很长时间里保持了血统的纯正，只是后来才和汉族人融合，并且接受了汉族的风俗习惯。相关的研究还显示，《圣经·旧约》中对这一迁徙也有所记载，由此可以推定，迁徙应该发生在有文字历史之

前，至今有关研究还并不完善。我在此地看到的回族人在外貌上和汉族人的区别已经很小了，也留着辫子，可见这些穆罕默德的子孙在漫长的岁月中已经和汉族人充分地融合了。据说河南各地都有回族人居住。

此处的地理位置十分重要，我很有必要认真地考察一番。河南府和黄河之间隔着一段低矮的山丘，黄河伸入西北方黄土层的 462
盆地构成了通往中亚的通道，而东边则直到中部的平原和大海。从地图上看，这里就是东部通往中亚的天然入口，昆仑山和我们即将前往的山西的丘陵地带在此处形成了一个空档。虽然四周都无路可走，但是这条两侧都是崇山峻岭的道路构成了自东至西的唯一通道。而河南府正好位于各条大路的节点之上，因此地理位置十分重要。

我走的是河南府南边的一条交通繁忙的道路，这条路一直通往赊旗，河南南部的商品多在那里进行贸易。在汝州时，这条大路分叉出另一条同样重要的道路去往位于陈州府（Tchönn tschóu fu）附近淮河流域的周家口（Tschóu kia kóu），从浙江和上海走大运河来的船都停靠在那里，运来的货物也需要在那里进行转运。因为淮河不适合行船，最大的障碍就是河里有很多岩石。因此所有的货物都会在这里卸船，然后走 8 里陆路。再往北的河段情况依然不理想，但是到周家口还是可以行船的。只有在发洪水的时候，北边的河段上才可以行驶小船。因此这里始终被看作是水路和陆路的交接点。

出河南府的东门还有一条路通往开封府，进入大平原。但是很少有人选择这条路，因为要翻过一座山，更多的人选择经怀庆府

(Hwai king fu),走这条路的话则需要两次过黄河。从怀庆府可
463 以去往山东和其他东部行省。这里的道路四通八达,长江北边所有地方都可以租到去河南府的车。

如果从河南府的北门出去,越过一段小山丘在孟津县(Möng tsin hsiën)附近可以渡过黄河。孟津虽小但在历史上名气很大。《禹贡》中就提到在孟津可以渡过黄河。一千年以后,大概在公元前12世纪,周伐商,周朝的王带领他的部队在这里渡过黄河,在孟津开辟了战场。这个地方西边是山峦,中间是平原,北边是黄河。如果从南边经西边的山道就可以直接进入平原地区。因此自古这里便具有十分重要的战略意义。通往孟津的这条道路可以去往怀庆府和卫辉府(Wéi hwéi fu),并且之后和樊城过来的商贸大路汇合在一起,继续沿着群山延伸的方向成为最重要的通往北京的道路之一。这条路对于河南府的贸易起到了重要的作用,因为卫辉府东北70里外就是卫河边的高堤镇(Kau ti tschönn),从那里可以直接坐船到天津,而海外的商品也经过这条道路被运进来。内陆三大贸易地,即赊旗、周家口和道口(Tau kóu)[1]距离河南府分别只有640里、700里和500里,这三座城市和河南府在贸易上形成竞争。

由于一些政治上的原因其中一条路不通了,或是政府想控制
464 其中某条路,就可以提高税收迫使商人们转走其他的路。为了促进天津的贸易,上述两种办法曾长期共同实施过。但是如果认真想想就不难发现,天津港的货物来自上海,在其他条件都一样的情

① 位于卫河(Wéi)流域高堤镇下段。(译者注:道口在高堤上游,而非下游。)

况下，如果直接打通和上海或是长江的通道岂不是更好？所以在不久之前这里的贸易开始转向赊旗，新近更多地则转向周家口，而镇江在竞争中败下阵来。如果仅仅关乎河南府的供给和周边情况，那么上述问题对外国贸易来说没有多大意义。但是，货物到达河南府之后会被运往其他更多的地方，贸易范围包括邻近的山西、陕西和整个人口众多的河南境内，那么对外国贸易来说意义就不同凡响了。

经上述四条道路汇集到河南府的货物将通过一条运河运往西部，因为还有第五条道路出城，那就是走西门，然后沿黄河南岸前进 700 里，到达黄河大拐弯处的要塞潼关(Tung kwan)，由那里再转运到西安府、兰州府和中亚地区。河南自己出产的货物主要是棉花，卖掉棉花的钱再购买其他所需。在河南府，全年平均每天棉花的交易额高达约合两万塔勒硬币，其中最大一部分卖给陕西和甘肃，还有一小部分卖给山西和湖北。因此整个黄土地上都在种植棉花，我到的时候他们刚刚下种。

在这座城市的逗留还是相当舒适的，一些有学问的人来拜访 465
我，为我提供了有用的信息。同住一家客栈的旅客也有来拜访我的，其中有一个人正要去陕西的战场[①]，他受皇帝的指派作为特别观察员前往。这是一位非常博学的人，我正好得到一个机会给他帮了一个小忙。他儿子的手指被砸碎了，我给了他一些山金车花消炎，而这位官员认为是非常有效的。在临别的时候他送给我一匣子孔子的书并且邀请我将来到陕西拜访他。我经常为来访的贵

① 之后还有相关情况的详细介绍。

客准备樱桃酒，这种酒口味极好，而且红颜色极易获得中国客人的喜爱。我的那三位护卫一直尽忠职守，把看热闹的人群阻挡住。

现在我的旅行队伍里增加了一个人。在我刚离开上海的时候就曾在日记中写道，我试图找一位会写字的“先生”[①]，但这种尝试因为那些个人的冷漠而未果。后来我也常常需要这样一个人，能够帮助我记录下各地的地名和山名，并且能为我提供一些必要的知识，比如在数据上或是历史以及宗教方面。曾经有几个候选的人，但是他们要么本身达不到我的要求，能达到要求的则往往在薪酬上狮子大开口，所以虽然我很需要这样一个人，但却始终没找到。传教士们在这方面具有极大的优势，因为他们常年在一个地方逗留，有机会结识当地的读书人，并且和他们保持良好的关系，

466 使得这些人愿意为其效劳。有些读书人虽然自己平常有条件坐车或是乘轿，但却愿意和传教士们一起穿山越岭徒步旅行，除了在书写方面提供帮助，甚至还撰写评述，正是凭借他们的帮助一些传教士的游记才得以成形。

现在我得到了一个合适的人选，可以了却这么长时间以来的遗憾了。在客栈里住着一位自称是五品官的人，从北京来的，因为他任性的儿子在不久前离家出走了，所以他到处寻找了几个月。现在回去的钱花光了，他想把自己的马卖给我赚些路费回家。于是我问他愿不愿意做我的“先生”，他的路费由我来出。他并不要求额外的报酬，只是希望在结束旅程后能得到一点儿奖金，这一点我觉得可以接受。于是便毫不犹豫地答应了，让他仍然骑自己的

① 参见第63页。

马，想来有这样一位官员和我们一起肯定是件不错的事情。他手里有鞭子，可以驱赶挡路的人，他的名字叫作童。

我们出城东门，沿着洛河河谷前进。南边是美丽的玉寨山，
很可惜我没能前去参观。如果长时间走在黄土沟壑中，眼前突然
出现一座山峰，是十分让人惊喜的。可以分辨出这是两段相邻的
山峦，一段是玉寨山，一段是嵩山。玉寨山本身看起来像一座城
堡，或许没办法攀登，因为四面都十分陡峭。西北和西面尤其陡 467
峭，山势几乎直上直下。玉寨山至少高 2000 米，嵩山差不多也这
么高。面对如此秀美险峻的山峰却没有机会攀登无疑是一件憾
事。对于旅行者来说，错失了机会让人感到惋惜。或许只有将时
间花费在那些不怎么有意思的地方之后，才能意识到哪里才是正
确的选择。好在洛河河谷还算有意思。如果是一位历史学家，到
了此地肯定会去探访北边 25 里外的皇帝陵寝。据说那里埋葬了
72 位皇帝，对于我来说却宁可深入地研究研究这里的黄土层。

河边是一处广阔的冲积区，现在看起来像个大花园，地表 4 米之下就有水。每一片地里都挖了一口水井，通过一条链子把水提上来。这条链子绕在一个垂直放置的轮子上，轮子上装一个水平放置的齿轮，由一头驴子拉动。这一装备设计极其巧妙，堪称完美，是我在中国见过的最棒的机械装置。一大片地只需一头驴子就能完成灌溉，齿轮全凭驴子来拉。地里现在种的是小麦，长势繁盛，在尼罗河边（Nil）也能看到这样的景象。和尼罗河边地区一样，这一大片地每年也会被洪水淹没，洪水退去后留下新的冲积层，这样的土地格外肥沃。洪水退去后紧接着就会种上长得很快的高粱，然后种小麦和大麦。在这片土地的边上种着成排的果

树，杏树和梨树最多。在河边有很多高大的白杨树，还有很多桑
468 树，枝叶繁茂，但是并不能出产很多的蚕丝。如果单看此地如此广袤的耕地面积，一定会发现一个问题，那就是当地的人究竟住在哪儿。四处看不到一所房子，即使在农闲时节街上也没有多少人。因为这片耕地在发洪水的时候会被淹没，所以并没人居住。这片冲积层边上就是黄土形成的高墙，那里也看不到房子。但是当走近这些黄土梁的时候，就会发现秘密所在。那里简直就像黄蜂的巢穴一样，无数直接从黄土中掏出的窑洞密密麻麻地排列在一起。这些窑洞里面并不狭窄，有门有窗。有些人家的门前还另外垒一堵泥墙，为自家隔出一个小小的院落。院子里放些农具，养些家畜。黄土坡一层层向高处延伸，每一层上都有这样的窑洞。当地人还在居住的一些窑洞外修建一层加一层的土墙作为防护，并且把垂直分裂地块形成的空穴作为避难所，叛民来的时候他们会通过地下通道逃到那里躲着。有些黄土坡地很高，我从河边沿着西侧的一条斜坡往上爬，先是沿着沟底一条深 15—30 米的狭窄道路往上走，直到高出谷底 100 米还没到坡地的最高点。坡地一层一层抬高，每一层平台都有庄稼地，现在种着棉花和罂粟。如果从高处往下看，则只看得到田地。如果从低处往上看，则只看得到一层层矗立的黄土梁。黄土没有明显分层，有很多软体动物的壳，多孔，除了人挖出的窑洞，还有些杂草的根从土里伸出来，最
469 底部充满矿物质的凝结。我开始不断地思考，到底是什么原因导致了这种罕见的黄土结构的形成。

路边有两座城镇，偃师县（Yen schi hsiën）和巩县（Kung hsiën），二十里铺位于巩县 20 里开外，在那里道路从河的左岸转

到右岸。我们开始进入山谷中地势较低的一带。比较少见的是，河上居然架起一座底下可以过船的桥，是专门为抚台途经这里而建的，他巡察各地回到衙署要经过此地。为了迎接抚台，这里的道路被新修整过，沿途的碉堡也重新用灰浆涂抹过。那些标示距离的小房子上的文字也被新漆过。还有驿站，以前用来接待官员和为他们提供补给的地方，通常都很破烂，但是现在也焕然一新，墙上重新画上了马匹和士兵的图案。我们遇到很多骑马的士兵，但是他们和抚台此次巡查没有关系，是去对付两个月前在河南府西南边的嵩县（Sung hsiën）和宜阳县（I yang hsiën）出现的一伙大概100来人的土匪。如果不是这样，我们走的这条路上通常没这么热闹。二十里铺位于一条又深又窄的黄土沟中，是个不见一所房子的村落。道路两旁都是窑洞，其中也有客栈。较大的窑洞可以放置马匹和车辆，旁边较小的供客人住宿。我们就在这里投宿，租了两头驴子准备去30里外巩县的煤矿考察。道路还在黄土沟壑中延伸，到了洛河上游300米外的地方还没走出黄土地带，但是那些深深切入的沟壑和小溪的河床已经侵入了黄土层下的石头层中，石层是黄土层的基座，也是蕴含煤炭的地方。

我有幸到这些黄土沟壑中进行考察，它们是那么奇妙和壮
观。这里虽然并不十分美丽，但却极其有趣，可以为画家们提供很 470
好的素材。道路一会儿在黄土沟底，一会儿又攀缘到黄土坡上。我们经过一些村子，它们就在纵横交错的黄土沟的沟底，除了少数几所房子外都是窑洞。村庄的标志就是围绕四周种着的树木，每家的田地就在窑洞上方的黄土坡上。也有些村子在黄土坡高些的地方，那里有很多庄稼人，他们靠自家地里的产出生活，住在地旁

边的窑洞里。这里就像一个巨大的迷宫一般，沟壑纵横，坡地边缘曲曲弯弯，当地人通过一条条曲折的小路爬到高处自家的地里劳作。如果没有这些小路的指示，我们就完全搞不清方向了，因为总是撞见挡路的黄土梁。常常出现巨大的裂缝，有时从上到下能深达 30 米，而且宽度也上下一致，有时能达到 6 米，延伸出很远。在裂缝上部，紧邻着边缘就是道路，要是泥土、黏土或是沙质结构就极有滑坡的可能性，但是黄土上就不会出现这种情况。即使上面的溪水灌入裂缝，只能导致裂缝的宽度加大，而不会导致两侧的黄土滑坡。

（出自日记[①]，4 月 19 日）黄土像海绵一样吸水，水流通过细小的孔道向下渗透。但是如果黄土本身的结构并未被破坏，比如像路面上的黄土层被碾压得像细沙一样，那么黄土通常在吸水后也不会成为粥状，并不会丧失原来的结构。因此才依然存在那么多
471 年代久远的垂直矗立的黄土梁。在显微镜下，能够看到很细小的颗粒状结构，呈松散聚集状，黄褐色，除此以外看不出还有别的，我并没有发现任何云母片。除了细小的颗粒结构外，还有很多更大些的向四处分叉的空洞结构，以及无数小的圆形孔隙，各个方向都有，但大部分都向下延伸。因为在表面 60 米以下还能发现这些孔隙，所以可以认定上层的孔隙是源头。这些孔隙通常有一种石灰质的圆形外皮，有些还含有一种白色松散的石灰颗粒状物质。在黄土中还可以看到一些黄土结核延连过渡，它们与源头根渠的形状和位置相符，只是在边缘变厚。因此形成分枝杈的“小黄土

---

① 日记中此段可称为李希霍芬传统黄土学说的雏形，参见第 130 页。完整的黄土理论参见李希霍芬《中国》一书的第一卷第二章。

球”，在有些地方紧密地聚集在一起。

之前我认为黄土中没有水平状结构，看来这种观点是错误的。因为虽然不总是出现，但还是经常可以看到，并不是完全水平的，而是拱形的。当地人正是利用这一特性开发了梯状的田地。如果拿手搓黄土的话，那么很多细小颗粒能够沾到人皮肤的毛孔中，剩下的则是一些细沙状的物质。

软体动物的壳到处都看得到。虽然我并没有考察过任何一个黄土坡，但是我可以肯定任何黄土坡中都可以发现无数的软体动物的壳。但是我从未发现过任何骨头的残迹。黄土中的树木将自己的根系深深地纵向扎入土层中，一方面是为了获取底下的水分，另一方面也是因为黄土本身的纵向结构导致。如果最初黄土并不是纵向结构的，那么一定是经历了某种剧烈的机械作用导致的。

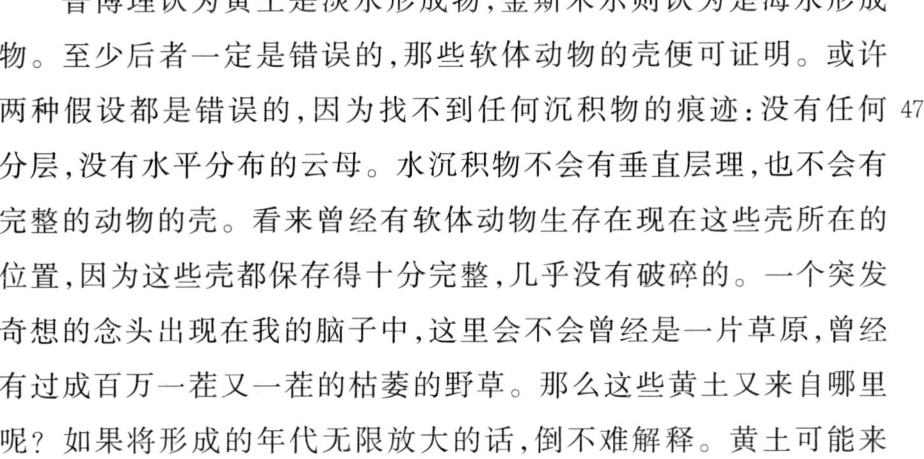

普博理认为黄土是淡水形成物，金斯米尔则认为是海水形成物。至少后者一定是错误的，那些软体动物的壳便可证明。或许
两种假设都是错误的，因为找不到任何沉积物的痕迹：没有任何 472
分层，没有水平分布的云母。水沉积物不会有垂直层理，也不会有完整的动物的壳。看来曾经有软体动物生存在现在这些壳所在的位置，因为这些壳都保存得十分完整，几乎没有破碎的。一个突发奇想的念头出现在我的脑子中，这里会不会曾经是一片草原，曾经有过成百万一茬又一茬的枯萎的野草。那么这些黄土又来自哪里呢？如果将形成的年代无限放大的话，倒不难解释。黄土可能来自两方面，一是地面因为水量饱和而形成分解，二是散落的岩石因为风化形成细小的颗粒落到了地面上，再加上草原上的无机物

共同作用使得地面上升,如此说来黄土的形成过程并没有水的作用。但是那些细沙又是从哪里来的呢?或许是这里曾经经历过沙尘暴,这样一来细沙的来源也可以解释了。上千上万年的作用导致了目前的景象,那些曾经存在的植物起到固定粉尘的作用,天长日久地面渐渐抬升,如果没有它们,风吹来的细沙可能不能留存下来。

是否可以大胆地假设,黄土层最原始的厚度就是现在黄土坡的高度。在山谷平坦处也有黄土,毋庸置疑在地面之下的可以忽略不计。那么洛河流域山谷中的黄土厚度应该曾经达到300—400米那么厚。而且极有可能,这些黄土层的表面并不是平的,而是从山坡上逐渐下沉而来,像高地草原那样,是波形的。这就说
473 明,之前我所认为的黄土也有水平层理是错误的,没有水平层理,而是层状的,以很小的角度从山上滑塌下来。洛河和黄河之间的黄土坡高度在120—150米之间,那么很有可能其原始厚度也不会比目前高度超出太多。

巩县的煤矿位置很高,有些煤层在黄土层下面,有些则在上面。这里有很多煤田正在采煤,成队的驴子和骡子拉的车装满了煤从山上往山下运。这里的煤和别处的有些不同,虽然是无烟煤,而且煤层比较厚,能达到2—3.5米,但是开采难度很大。和黄河北边的煤矿相比,重要性并不大。

考察回来我又到了位于洛河汇入黄河入口处的巩县。但是这里并没有渡河的渡口,所以道路转向汜水(Sz' schui)方向。沿途得走60里路翻越一座高山,因为黄土梯地逐渐向黄河边推进。梯地的下部长时间受到河水的冲蚀,有些部分都冲走了,有些地方的

黄土坡直接就充当了黄河的堤岸。尤其是右岸这种情况很常见，有时能延绵几百里长。黄土沟壑纵横，我们不可能翻越过这些沟壑，所以只好不停地绕路，道路一会儿通向高坡，一会儿又下到沟底。

这些高耸的黄土坡最高可高出巩县95米，高出黄河305米，被当成天然的堡垒，抵御从东边来的侵犯。这里还有两座关隘，凤至关（音译：Föng tschi kwan）和巩关（Kung kwan）。站在这两处关隘上眺望远处，景色十分壮观。北边是山西连绵起伏的高原，脚下是大片的平原。厚厚的携带黄沙的云层高悬在天边，但是下部视野却还十分清晰。黄河在这里有众多的支流汇入，河道非常宽，彼岸是宽广的平原。黄河就在黄土沟壑中继续向汜水县蜿蜒而去。一会儿工夫沙尘已经从东边向我们逼近，空气中满是沙土。到了中午，太阳都被沙尘遮蔽起来，就像一个扁平的圆盘一样挂在天边，下午干脆就不见踪影了。

今天我们准备渡过黄河。第一个渡口就在孟津下游，虽然不 474
是最重要的渡口，但是依然非常繁忙。要说服苦力们渡黄河不是件容易的事儿，他们每个人都害怕黄河。当时在樊城签订的合约上还特别加了一个条款，那就是如果在渡河的时候发生了危险，后果自负。因为在当地过黄河时丧命被看作是老天的安排，倒霉的人只能认命。我被告知风太大了，但是在我看来正好可以利用风力快速渡过，我坚信我没有搞错。最终我的三辆车、那些牲口还有人都被运到一艘小船上，挤得满满当当地出发了。开始时顺流，经过了一处沙洲。之后沿着对岸开始逆流前往汜水口，那里是通常的停靠地。这里的河道宽大概3公里，水非常浑浊，速度很快（2—

3节),被沙洲分流成很多支。虽然我们是逆流,但是借着东风的推动只用了一个小时就过河了。如果是西风的话,经常需要整整
475 一天的时间。而这里经常刮西风,有时候要等待好几天才会碰上合适的风向。直到全部的人员和行李都到达北岸后,我才深深地松了一口气。在渡河的过程中,我也觉得非常焦虑,因为在这么大的浪头里很容易出事。

在北岸边上有几处房舍,但真正的村落离这里还很远。岸边很平坦,全是细沙。如果河水上涨,那么这里都会被淹没,渡河就更加危险了,那时船只就得在下游很远的另外一个地方停靠。河两岸堆放着很多等待运送的货物,主要是来自太行山的无烟煤。欧洲人并不怎么认得这种煤。埃利亚斯先生在考察黄河的时候,曾经乘船前往下游更远的地方。他得到了这样一块煤块,给我看的时候告诉我是产自太行山的。这种煤的质量非常好,这一个小小的煤块在很大程度上决定了我的旅行路线!除此以外,等待渡河的货物还有山西的铁制品(基本是生铁制品)、湖北的烟草、各地的草药、铜制品、大麻和其他各种货物。我们经过一处沙地,继续往北走了25里后在晚上到达一个名叫赵堡镇(Tschau pau tschönn)的镇子。

除了汜水口外,继续往西至少到孟津以上似乎都有渡河的可能。南岸基本上是高耸的黄土沟壑,而北岸则是平坦的沙地。两岸之间黄河水被沙洲分成数支,一些船只就在这样的河道里来往穿梭。但都是小船,行驶得非常慢,因为十分危险。大部分船吃水只有1英尺,超过3英尺的几乎没有。到处都是沙洲,河水流得非常快,只能凭借船帆小心跋涉,而且很容易搁浅。在这样的地方要

想再把船拖出来谈何容易。孟津以上河段河床里多岩石，水流更急。即使这样，还有船只行驶在黄河上。下游最远能够到龙门口 476
（Lung mönn kóu），大概位于开封府东北 90 里的地方，正是在那里，黄河偏离了原来的河道。埃利亚斯的考察也就到那里结束。而往上游可以到孟津，从孟津到黄河转弯处的潼关，这段河道中更加遍布岩石，水流更加湍急。按理来说根本不具备行船的条件，但是还是有一些极小的船只冒险行驶。他们真的是在玩命，因为船只完全依靠风力，通常只能载很少的货物，有时要行驶很长的时间。虽然黄河流域的气候条件很优越，但是因为自身的原因却几乎不能被利用。只有当水位上涨到一定程度，在某些季节才有可能在黄河上行驶汽船，因为只有汽船才能对抗如此大的浪头，而一般的小船根本就不行。但是黄河的水位却很少能大幅度上涨，可能是因为水流太急，河床太宽而且北岸又过于平坦。至少在我渡河的地方看来是这样的，水位如果上涨 1.5 米，那么流量至少要增加 10 倍到 15 倍才有可能。

现在我们到了历史上黄河多次改道泛滥的地方，虽然看起来好像黄河的河床一直没变似的。在东北边第一次出现了导流河，而据说这条导流河才是黄河最古老的河道。但似乎不止在左边有另外一条河道，在右边曾经还有一条河道。1868 年在郑州 477
（Tschöng tschóu）和荥泽县（Yung tsö hsiën）河段发生了可怕的泛滥。一直到开封府上游 150 里，黄河右岸的河堤全部被冲毁，更具有毁坏性的是冲上来的泥沙。原本长 200 里、宽也差不多 200 里的一片肥沃富庶的土地被黄河水淹没。水很浅，并没有死多少人，但是对这片土地的破坏却是长时间的。河水带着泥沙淹没了

土地，使得这里再也无法进行农耕，甚至途经开封府的道路交通也一度中断。

埃利亚斯1868年在黄河下段考察时，曾吃惊地发现，一些淮河流域的船只居然直接行驶到了黄河。因为黄河泛滥，河水甚至都冲进了附近淮河的一些支流，居然使得长江水系通过大运河和淮河和黄河河段连接起来了！此后直到1869年都没有再次出现过这样的情况。22年前，在龙门口对面的兰仪县(Lan yi hsiën)，黄河曾经改道。上面提到的两个地方，再加上开封府上游80里的地方自古就被认为是受黄河之灾最严重的地区。现在朝廷筹集了1.2亿马克修复被冲毁的堤岸。虽然很多地方的堤坝被重新堆了起来，但是比原来的也好不了多少。一些官员告诉我，黄河频繁泛滥的原因在于很多堤坝都是用沙子修成的。

478 在离开荥阳(Yung yang)一带的沼泽之前，非常有必要简单作个说明。这一地带早在《禹贡》中就曾出现，那个时候黄河自此处流向东北。《禹贡》中描述的济水(Tsi)，它的下游构成了现在的黄河的河床，书中重点追溯了这条河的源头。相关段落如下："导沇(Yen)水，东流为济，入于河，溢为荥(Yung)，东出于陶丘(Tau kiu)北，又东至于菏(Ko)，又东北会于汶(Wönn)，又北东入于海。"如果不是书中还有其他段落可以说明，这一段就非常难看明白了。沇水是黄河北边平原上一条支脉众多的河流，汇入黄河。但是在今天的地图上已经看不到这条河的影子了。古代中国人把它和黄河是分成两条河看待的，因为他们发现，沇水泛滥时常常越过黄河斜着冲到黄河的南岸，当他们继续追踪沇水的流向，就到了荥这一带的沼泽。而在这一沼泽地带因为水量丰富，又形成了一条向东流的河。所以古人认为，这条向东流的河其实就是黄河北边的沇水。只不过不再叫沇水，而被称为济水，最后向东入海。我们听说，荥的沼泽在4000年前就存在了。现在这个地方被叫作荥阳县和荥泽县。如果黄河现在不是修建了堤坝，阻止了河水的泛滥，那么今天这一带一定还如古时候那样泥泞。

在中国的地图上，这一地区地名的标示非常混乱，想据此制 479
定一个合适的旅行计划几乎是不可能的。无论如何我首先要去太行山看看。数量众多的煤和铁都来自那里，现在我对太行山还一无所知。我们继续往北走，经过很多河流，这些河流的堤岸被堆得非常高，有些河段是名副其实的地上河。这片土地极其肥沃，土地是细沙和黏土，被种上了密密麻麻的庄稼。因为河床比耕地还高，所以被引出很多灌溉的小溪，即使在这样干旱的天气里庄稼也有足够的水。人们只在较湿的地方种了些稻子。在冬天，麦子是主要的作物。这里也有桑树。我们走的这条路非常繁忙，有很多运煤、铁器和瓷器的小推车经过。那些推车的人挣钱非常不容易，推车是个累人的力气活儿，但挣的并不多。

中午我们到了清化镇（Tsing hwa tschönn），发现这里是个人口众多的贸易城市。上千人跑到客栈来看我们。童在此之前一直尽忠职守，今天他同样穿着自己的官服，但是费了很大的力气才把围观的人挡在门外。我在这里看到很多很大的商行，他们经营铁和煤的买卖。我得知，这里的生铁多来自山西，在此地熔炼。所需的无烟煤一部分就来自本省，还有一部分来自邻省。而煤矿应该在此地的东北方。

出了城，谁都不认识路。于是我们问当地人，但是有一个问

480 题我早就发现了，中国人在指路的时候常常不那么诚实。有时候他们指的路要么得经过很窄的巷子，要么得从他们自己家的门口走过，要么就是偏偏让我们走人多的地方，目的只有一个，就是制造些障碍让我们停下来供他们围观。比如这次他们又称意了，在当地人的指引之下我们偏离了大路，走进了一片泥沼。苦力们不得不扛着车子前进，而我坐的车子还被摔坏了。我只好扔下坏了的车子，只带着另外两辆继续前进。到处都是水坑，我们大概花了两个小时才脱身。

他们的目的达到了，在此期间已经聚集了很多人，我估计至少得有5000人过来围观，还好并没有什么不好的事情发生。他们都表现得很温和，只是好奇而已。我必须承认，围观的人之所以是如此态度和童的存在有很大的关系，他对我们来说太重要了。而这个人对我来说却像个谜一样，他总是安详地骑着自己的马，一点儿也不张扬，默默地做事情。他处理事情很有经验，有条不紊，好奇心不重，从来都不私自动我的东西。甚至还帮我省钱，凡事他都先打听清楚，以供我选择。他还负责拜访途经地方的官员，告知他们我到了当地。一句话，至此，他看起来是个非常有用的人，完全符合我对一个“先生”的要求。随行的几乎每个人都向我要求过只住在大点儿的城市，住大点儿的客栈，为的是保存我们的体面，同时也过得舒服些。但是童先生不一样，他更愿意按照我的计划行事，即使是住在小地方小客栈也没关系。而且有他在，再简陋的地方，也能很快布置得非常舒服。

481 他和我的仆人形成了鲜明的对比。那个讨厌的人总是做些让我头疼的事情。前几天他几次试图引诱脚力们偷我的东西，还好

那些人比较胆小没敢那么干。我一直想当场抓住他一次，但没有成功。现在我非常担心，他会引诱童做些下作的事情。夜里我就睡在清化以东运煤大道旁的一家小客栈里，整晚都有运煤的推车来来往往。

想完整地了解煤矿的情况几乎是不可能的，因为当我们到主 482
要地带的时候，立刻被几千人围住，他们有些是浑身黑乎乎的挖煤工，有些就是附近村子里的居民。我们只能很慢地往前挪步，但是这些人是我在所有矿区附近见过的最和善的一群人。没听到任何人说粗话，我们问站在身边的人一些问题，他们回答得很干脆很直接，我没有任何理由怀疑他们所说的不是真的。人们告诉我，并不是每个季节这里都这么繁忙，干活儿的人数也是浮动的。我
估计这里年产煤应该在20万吨到30万吨。尽管开采技术十分落 483
后，交通状况非常糟糕，但是煤产量的高低还取决于销售区域的大小。这里的煤大部分被运往清化，在那里再经大煤商贩卖至各地。一部分被运往周边各地，还有一部分被运到黄河流域以及更南边。这里产的煤质量非常好，有一种无烟煤是我第一次见到，是最好的无烟煤之一。李封村(Li föng)的无烟煤是从太行山上运下来的，都没有这里的好。虽然相比之下距离较远，但是这里的煤和李封村的煤相比还是颇具竞争力的，因为比较耐烧，块儿也比较大，在通过手推车或是牲口拉车运输的过程中损失较小。另外，这里的煤价格较低，即使加上运费也不比清化那里卖的煤价格高多少。李封村周边的地方自然更多地使用那里的煤，而这边山里产的煤则被运到更远的地方贩卖。

恶劣的交通条件对煤的输出影响巨大。在矿区，一般的煤每

吨要 6 马克，几立方英尺的大块儿的煤要 9 马克。在离李封村 28 里的清化，价格已经上涨到 15 马克。而在 100 里外的黄河流域，更是能卖到 30 马克。在卫河边的修武县(Siu wu hsiën)也是 30 马克，在那里这些煤被装船运到天津去。如果能在煤矿运用蒸汽动力，再在煤矿和修武县以及黄河之间建造铁路的话，李封村的无烟煤就可以大量输出了，尤其是在天津，一定能在汽船上大量地使
484 用。我之所以说得如此详细是因为可以预见清化煤矿将来一定具有十分重要的价值。在大中部平原西侧边界处，很显然这里的煤矿和其他地方的相比是最重要的。而且它的地理位置也很优越，位于从北京到汉江流域的道路和从中国东部经河南前往西部和中亚通路的十字路口。即使不具备如此优越的位置，单单是怀庆府庞大的人口所形成的劳动力也足够让此地成为新修铁路线的终点之一。

童对我的地理考察不怎么感兴趣，更愿意去探访当地的一些名胜古迹，比如位于太行山脚下的月山寺。月山寺因为位于一处半月形的山丘上而得名，据说是唐朝的寺庙。我们沿着一条小路攀登，发现在山上翠柏下还有其他一些庙宇。除此以外月山寺本身没什么特别的。童对这座寺庙的历史非常感兴趣。这座山丘是石灰岩结构，中间有一些黏土层，适合制作陶器。山上的景色还算可以，只是树木并不多。我们下山后，日头已经西沉，后来走了 20 里路才到了投宿的地方。

我们要到来的消息早已被传播开来，四里八乡将近一千人都赶来围观。之前想走的路被挤得水泄不通，只好另辟蹊径，那些人
485 居然追着我们跑，边跑边喊，喊叫声又引来了周围村子里原本没得

到消息的人。我们就在人海中穿行,说实话情绪还好,因为这些人并无恶意,他们只是好奇而已。我们还跟他们说几句玩笑话,把他们高兴坏了。虽然这一路来总是被围观的人群包围,但是还从来没有像今天这样被这么多人围着,很多人是第一次有幸见到“洋鬼子”,我估计得有五万人。

这里的田地肥沃,人们用山泉水灌溉庄稼。小麦长势很好,正在开花。人们种了很多竹子,并且用竹子编筐、席子或是其他用具。在墓地周边有很多低矮的松柏,田边还种着成排的柿子树,让此地看起来像个花园似的。当地人还种植了很多鸦片,虽然官员们并不鼓励这么做。

我原本打算花五天的时间仔细考察这里的地貌。我的初衷是,从怀庆府去平阳府,因为地图上显示两座城市之间是有通路的,所以我一直理所当然地认为这么走没有问题。今天我才知道,这条路是不通的。我们只能返回河南府,然后去潼关,在黄河
的拐弯处过河,然后再往东北方向走。绕这么大的一个弯子,以我 486
的经验来说并不是最佳方案,但是这样一来,我却有机会了解更多的情况。

脚力们原本打算从这里直接前往北京。这样的话大概还需要20天到30天时间,他们拒绝跟我继续走下去,而之前他们的头领已经拿到了原计划到北京的所有的钱。我无计可施,所以不得不重新找牲口和雇车。这不是件容易的事。我投宿在清化附近的一个村子里,让童到城里去谈租牲口的事儿。清化大概3公里长,人口非常密,像蚂蚁窝一样。街上做买卖的很多,热闹程度有点像中等大小的德国城市的集市。 经常有20辆到30辆的车队经过,

我们不得不让路。太行山产的煤以及泽州(Tsö tschóu)产的煤和铁几乎都在清化进行交易。我们出西门,沿着去往怀庆府的大道前进,在 15 分钟之内遇到了 62 辆装载铸铁、生铁、无烟煤和陶器的推车。童带着我的名帖去见当地的官员,也带回了那位官员的帖子。他两次去打听路,商谈租赁牲口的事情。但是让我失望的是,他报给我的价格是那些人索要价格的两倍。另外我还私下打听到,童在为我购买物品的时候还顺带给他自己家买了很多东西,当然这些账都算在我头上。我决定立刻让他走,之前我是多么看重他诚实可信的品质啊!第二天早上,保罗单独找他,将我的决定告诉他,我不再需要他为我干活儿了,为了避免麻烦,我找了个借口派他回清化处理一点儿事情,之后就不用再跟着我了。他就
487 沉默地听着,面色羞愧,因为尽管他欺骗了我,但是我还是给了他一大块儿银子作为工钱。他也看出我的决绝,没说什么就走了。后来我告诉我的仆人,童已经被赶走了,他非常惊讶。我几乎可以断定,肯定是他唆使童做出这样可恶的事情。而我的这位讨厌的仆人总是想要小聪明,赚小便宜。我感到非常遗憾,本来和童相处得多么融洽,他也确实为我做了不少事情。从今往后我再也不会找这样的人跟着我了。

我不得不放弃了在清化租牲口的想法,因为也不可能找到合适的了。我决定去怀庆府,它是这一带的一座大城市。从那里可以走大路去北京。密密麻麻耸立的炮楼是这座城市的一大特点。昨天下了一场大雨,空气中的尘埃被冲干净,周围的景色非常美丽,一派新鲜的春绿色。但是道路却异常泥泞,我们花了 6 小时才走了 2 德国里的路。在南边的城外,我们发现了一处回族人开得

还算干净的客栈。在此地要想得到安宁更加不容易；虽然围观的人看起来比较善良，但是他们的人数实在太多。我们在这里的两天，住在附近的每一个人都想来看看我们是什么样的。每天都有一群人冲进客栈原本锁着的大门，甚至进到我们的房间来。我派保罗去找地方官，后来来了两个差役把门，但是人太多的时候，他们也毫无办法。我到达后不久，当地守军将领 15 岁大的儿子便来 488
拜访我。这个年轻人穿着讲究，还带了很多随从，看来应该是他父亲的手下。他显然受过良好的教育，非常知书达理，也懂得和人保持距离的道理。我们的交谈很愉快，后来我还送了很多小礼物给他。

在城里没什么可看的，只是有不少回族人。在河南府，回族人占总人口的一半，但是此地 20000 户中大概有 4000 户到 5000 户回族。他们的一位长者也来拜访我，他学识渊博，向我讲述了博卡尼（音译：Bokani），在那里他的同胞们可以自由地生活，还知道莎车（Yarkand）、喀什（ Kaschgar），甚至是遥远的土耳其、穆罕默德居住的地方。因为回族人吃牛羊肉，所以对我们来说准备餐食变得比较容易。看来当地的回族人对发生在陕西和甘肃的回民骚乱很是担心，因为他们对朝廷的部队几乎没任何信任可言。一个最近刚从甘肃西边的肃州（Su tschóu）回来的人告诉我，朝廷的队伍有十万人，却一无所获。随队的还有两个欧洲人作为枪械教习。但因为缺乏军费和补给，连士兵都要挨饿，所以也指望不上他们。最近八年来，陕西和甘肃不断受到这群人的侵害，朝廷对他们的镇压也十分不力。现在大家都在担心，暴乱会向东蔓延。陕西是个富庶的行省，我还在考虑夏天的时候要不要去那里。兰州已

然是去不了了,如果去西安府的道路也中断了的话,那么我的整个计划都会泡汤。

除此以外,在河南府西南边的宜阳县和嵩县也有强盗团伙,这里的人对此也感到忧虑。之前我曾经提到过,曾在路上遇到前
489 去镇压的官军队伍。传言说,强盗一共有900人,他们的头目姓张(Tschang)。他们生活在山中易守难攻的地方,根据描述我猜测强盗应该躲藏在黄土沟壑中。先前来拜访我的那位少年的父亲,手下据说有一万人,就是来剿匪的。目前已经取得了很大的成功。在中国这种小撮儿暴民被大部队镇压的情况并不多见,通常是由小发展到大,到了不得不管的时候朝廷才会派兵。这次之所以在这么早就镇压或许是因为这些暴民阻断了交通要道,因为从怀庆往西的道路十分重要。

怀庆府虽然很大,但并不是一座贸易城市,在这一点上远不如清化。它有两种特有的产物。一种是钢制品,尤其是刀子、刮胡刀、剪刀和其他一些工具。这些钢来自山西,当地人将它们和来自芜湖以及汉口的进口英国钢混合熔炼,制作成上述工具。因为外国来的钢太脆而本地的太软,混合以后正合适。这样的作坊很多,产量很大,名气也不小。第二种产物就是在中药中常用到的地黄[1]。这是一种植物的根,大概在4月份播种,8月份收割。这种根的大小和土豆差不多,表面皱皱巴巴的,通常晒干后买卖。割开后里面是黑褐色的,像罂粟壳一样,里面还有些种子,尝起来有点儿甜。据说每年这里的地黄会被卖到各个地方,交易额高达两

① 地黄,是熟地的根部。Rhabarber是大黄。

百万塔勒硬币。地黄生长在肥沃的土地上，而且必须保持潮湿。大黄（Rhabarber）每斤卖500文，而地黄则要850文。当地很多 490 人抽鸦片，每天都有人问我们要不要抽。被拒绝后，他们认为，欧洲人不知道享受。

我们在这里继续商谈租牲口的事儿，尤其是在这样的地方，在没有垄断商行的情况下，谈好条件需要花费很长时间。他们所要的价钱是先前初步谈定的三倍那么高。费了很大的劲儿才找到了六头比较好的牲口。我还没见过这么健壮的牲口，所以毫不犹豫地开始和他们谈价钱。邻近村子里的两兄弟，都是孔武有力的年轻人，再加上另外雇来的一共三个人帮我赶牲口。其中四头牲口用来拉行李物品，另外两头我和保罗各骑一头。我的仆人只能坐在行李上。在此之前我还需要和先前的那帮人算清楚价钱并解除合同。

如果不是被解雇了的童又回来了的话，和那帮人的谈判或许不会那么麻烦。童回来找到我们，请求再次收下他。被我拒绝后，他开始凭借自己当官所掌握的本事挑唆那些脚力们控告我，要求我多付给他们钱，理由是他们付出了很多合同上没有规定的劳动。保罗代替我到衙门应诉，好在审判的官员非常明是非。因为合同中早就约定，这些人得听我的安排，让他们去哪儿，他们就得去哪儿。我本来要让他们去潼关的，但是他们害怕那里的回民 491 暴动不敢去，所以违约在先。因此判定他们不但要归还我一部分已付的酬金，而且还要另外罚他们一笔钱。当然我并没有按此追究，只想尽快了结罢了。后来这群人还向我下跪表示感谢，同时请求我原谅他们。童早就消失得无影无踪了。趁着当官的在场，我

和新找来的人签订了合同，规定了彼此的责任。

4月27号下午三点我们终于要出发了。我还特意买了新的马鞍和马镫。我们从城北门出去，过沁河（Tsin hŏ）之后沿着河左岸去往离怀庆府15里外的一个村子。我雇的三个赶车人的家都在那里，他们请求在离家之前再和家里人见一面，我答应了。当我们再次聚齐要出发的时候，我发现这几个人居然悄悄地把原来我挑好的四头牲口换了。给我牵来了另外四头，而且其中两头还是瘸的，另两头很瘦弱。他们认为，单纯的欧洲人是不会发现牲口被调包的。那些好牲口他们让熟人养着，再有人租的时候牵出来做做样子。这让我很恼火，决定和他们斗争一下。虽然他们又找了其他的牲口来，但我就是不答应，直到最初那四头牲口被牵来才罢休。这些人也不敢太惹火我，因为到了衙门他们是理亏的。

晚上我们骑马经过一片花草繁盛的地方，之后前往山脚下的邘台（Yü tai）。至此能走车的路就结束了，接下来进入山西，要
492 走山间的小路了。但是这一地区的贸易节点并不是这里，而是清化。我很少在中国见到像怀庆府平原那样的花草繁盛的地方。黄河北岸的沙带和山脚下之间地带宛如一个巨大的花园。无数的树木和各种植物，一丛丛的竹子，还有深绿的柏树丛，让人仿佛在一片绿色王国之中。如画般的太行山则构成了这幅美图的背景。这里的土地异常肥沃，是黄土的精华部分，发洪水的时候堆积而成。五谷杂粮生长得十分繁盛，使得当地看起来很像是欧洲的小镇。这里的水源丰富，有很多小溪流，每个季节都不缺水。

当地人口多得惊人，可以说比我到过的任何一个中国城市都多。因此尽管土地肥沃但是产出的粮食绝大部分用来养活这么多的人，只有很少一部分被运出去卖。当地人看上去还是很穷。小麦和大麦是主要的作物，都在 11 月份播种，来年 1 月收割，还有就是粟米。既不种棉花也不种大烟，只少量地种些烟草。其他物品，比如煤炭、铸铁、铁艺制品、生铁、陶器、竹子制品和水果倒是被大宗地进行交易，很多人都靠着运送这些物品赚钱过日子。

4 月 28 号我离开了既有意思又很舒适的河南，踏上了山西的
土地。从邢台我们走的那条小路开始沿着布满碎石的坡地缓慢 493
向上延伸，大概过了半个小时我们到了太行山脚下。这里山壁陡峭，几乎垂直于地面。山间众多溪流奔涌而出，山谷非常深邃，两侧尽是悬崖峭壁，几乎没有进入的通路。一座观音庙，位于高出邢台 60 米的地方，是河南和山西的分界点。之后道路继续向更高的山峰延伸，在小口村(Siau kou)俯瞰山下的景色十分壮观。

这里视野十分开阔。黄河的彼岸，黄土高原地势逐渐抬高，甚至可以看到远处嵩山的轮廓。群山深处是绿色的山谷，那里有无数的村落和市镇，成百万人聚居。山上流下多条溪流，曲折蜿蜒，最终流向黄河。旁边是群山山脊的剪影，高耸的太行山也投下了阴影。往北望去，则是无际的沟壑纵横的高原，其间或有山峦出现，但都不太高。河道纵横，支流盘根错节。道路就在山脊上或隐或现。往山下望去，是半圆形的梯地，即使在这样的高度，地上还覆盖着黄土。路上经过一些村落，房屋都建得颇为讲究，居民的数量也不少。在山上高处，当地人还种植高粱、小麦、谷子和黑豆。

空气变得凉爽，到中午只有 16 度，已经颇为寒冷了。开始起 494
风了，天空中布满了乌云。先前透彻明亮的天空已经消失了，空气中满是黄土尘沙。如果从地理考察角度来说，我们途经的地区

很值得研究。这里的高原有非常规则的岩层序列，大体上说是水平分布的。从山坡到广阔的平坦地带延伸下来的较为坚固的呈水平分布的岩层，除了质地较软的中间地带以外，并没有受到多少侵蚀。高处还有先前更高岩层的残留，多为梯地或是堡垒状，和济南南部几乎水平分布的岩层山地相近。山脉向平地下降处形成的壁垒多是石灰岩质的，侵蚀破坏严重，主要是水流的侵蚀。但是上端仍然保持了明显的层次。很快我就发现了一些化石，毫无疑问这里应该有煤层存在。事实上我在此处到过一个煤田，堪称世界最大煤田。就开采的条件而言，这处煤田甚至可以说是最完美和最便利的。

我们在这里遇到了一个地理学上的问题，但是并不难解释。这里的水平岩层高达600—900米，甚至有些还超过了900米。这么庞大的岩层分布只是在个别地方出现了褶皱和地势的抬升。那么向南和向东的情况如何呢？从一开始我们就不能将它看作
495 是断层的一侧，因为果真如此，那么这种情况还应该继续延伸，直到这两个方向上远处耸起的山脉，甚至可以延伸到河南的嵩山和山东的泰山。但是我们并没有发现延伸的痕迹，那里只有冲积平原，而且平原的地面依然比此处的高原下沉了600—900米，有些地方甚至下沉得更多，继续向东和向南地势更加低沉。那么如何解释这么庞大的一片沉积岩层为什么突然就消失了呢？如果是受到水流的冲蚀，那么至少我们在平原地带还应该可以发现岩层的残存，但是没有。而且水流冲蚀会造成山体四分五裂，但是这里的情况是直线断裂。

因此只能认定，从广阔大平原的北部开始，沿着太行山一线，

地势发生了沉降，这也是此处断层出现的最好证据。连续的水平岩层在这里出现了断裂，而沉降下去的那部分岩层消失在了平原的下面。正是由于这种地质现象导致了煤层的出现和怀庆府东北部的丘陵地带。

道路路况非常好，全部铺着大石条，并且维护得很好。大概5米宽，来来往往的很是繁忙。我粗略计算了一下，在中午时分，20分钟内有102辆骡车、108个背货的苦力经过。每辆骡车能装载266磅，每个苦力挑一公担（译者注：在德国1公担为50公斤），合计在这么短时间内就有25吨或2000磅（译者注：原文数字如此），形象点儿说5节火车车皮的货物经过。我估计，这一天我在路上遇到的货物总量可以达到150吨。大多是些铁制品，比如铁丝、钉子、铁锅、铁炉子、铁犁、车轮子和各种工具的配件。这 496
些铁制品大概占到3/5，大块儿的无烟煤占30%，剩下的10%包括内蒙古的骆驼毛、高粱酒、一种非常结实的陶罐、一些中草药和其他东西。清化产的面粉和粮食，汉江下游天门（Tiën mönn）产的棉织品、竹编筐子和很多其他东西都被运往北方。

上千的人和骡子在这条路的双方向上来往。因此路边的小饭馆非常多，提供一些烤的东西，看起来很诱人的点心、年糕和煮熟的鸡蛋等食品，吸引那些苦力们来买。当地人很好，这一整天我都在步行，还常常一个人走在我的队伍前面。不时有人邀请我喝杯茶。尽管如此，自从踏上山西的土地，我就感受到了明显的变化。在这里我好几次听到有人喊“洋鬼子”，这个称呼我在河南的时候几乎就要忘了。虽然这些人看起来很友善，但透着不信任。晚上只有几个人跑到客栈来，被我们稍稍吓唬一下就跑开了。

和中国其他道路相比，这条路的繁忙是突出的，在有铁路之前，很少有几个国家拥有此类的道路，尤其是那些只有羊肠小路的地区。实际上，从远古时代开始，这条路就已经是一条十分重要的道路了。山西自来就是中国产铁的地方。先前隶属于此地的潞安府（Lu ngan fu）很早在山西就颇具名气，前面几个朝代就开始
497 从那里开采铁矿用来制造兵器和其他的铁制用具。那时就走现在这条路，这是从山上铁矿到平原地区最近的道路，之后再经水路向其他地方运送。现在这条路甚至都赶不上以前的繁忙程度，因为英国产的铁已经对本地铁构成了巨大的竞争。并不是因为质量好——本地产的质量更好——而是因为价格便宜，因为英国铁以海港为出发点向内陆输入。当地人都在抱怨，他们的铁卖不出去了，也赚不了钱了。从小村落里建造得精美的房屋来看，当地人的确曾经富有过，但是现在这些房屋里面都破烂不堪，因为他们的主人已经没钱了。无论如何，在制铁业和煤炭业繁荣的时期，这一地区曾经积累起巨大的财富。

我在一个名叫天井关（Tiën tsing kwan）的村子里过夜。一位天主教徒来拜访我，我还是第一次遇到此类来访者。但是他并不能说服我信仰他的宗教，成为他的弟兄。第二天我去考察这里的煤矿。走了没多久，我们就偏离了去潞安府的道路，到了一个名叫泽州府（Tsö tschóu fu）的地方。这里产的铁在交易中还按以前的叫法叫作潞铁，但实际上真正的产地是泽州。我们越走越接近一些河流的河源，这些河流从高原边缘穿流而来。这片区域地势平坦，只有几道隆起的山脊，一些溪流就从中穿流而过。

498 单单从路上遇到的载着无烟煤的无数骡子和苦力来看，还以

为这里的煤矿规模一定很大。但其实在中国，无论是挖煤还是炼铁都和现代工业不靠边：设备极其简陋，规模很小。我听很多人说过这里的煤矿，但真正到了这里，发现规模比我想象的小上百倍，和欧洲炼铁业高耸的熔炉根本没法比。炼铁的地点是一块稍有坡度的平地，大概长 2.5 米，宽 1.2 米。在两个长边垒着高 1.25 米的土墙，第三条边，也就是位于地势稍高处的那条是敞开的，第四条边上是一间低矮的小篷子，里面有两个人负责拉木制的风箱。平地上铺着一层拳头大小的无烟煤，上面放着大概 150 个耐火的黏土制的坩埚，每个大概高 5 英寸，宽 6 英寸，里面是小块儿碎铁，所有空隙都被仔细地填满了无烟煤。第一批完成后还会放上第二批 150 个坩埚，重新加上无烟煤。煤堆被点燃后，那两个人便往里吹风。当所有煤都开始燃烧，温度达到很高的时候，就停止送风，烧着的煤可以保持一定的温度。如果是炼生铁，过一会儿后就把坩埚拿开，把里面的铁水倒在模具里，冷却后得到一种白色的很纯的铁。如果是熟铁，那么首先得退火，然后用四天时间冷却，之后再把坩埚拿出来砸碎。得到一种半球形的熟铁。 499

这两种铁用途不同，当然进一步的加工方法在这里是保密的。当地产的铁壶和铁犁以及其他一些用具都非常有名气。还有另外一种生铁，就是把熔化的铁水一滴滴注入水中，这种生铁产量不多，也有其特殊的用途。这里的熟铁质量非常好，远远超过欧洲的熟铁，具有很大的延展性。可以做成很薄的铁制品，比如铁锅，质量非常之好。虽然这种工艺其他地方也会，但是发源地在山西。在当地转转很有意思，几乎每个地方都还在使用这种古老但是简单的方式炼铁。所需的原料就来自将近 100 英尺厚的铁矿石

层，只选取最纯最易熔炼的矿石。除此以外黏土和其他耐火材料也很多，当然最重要的还是无烟煤。

这一带有很多小煤矿，我遇到的一处是在清蒲山（Tsching pu schan）。在山谷中分布着一些煤窑，每一个旁边都有个小屋，煤窑老板和干活儿的人都住在里面，老板本身也干一样的活儿。隧道的入口就在屋子附近，隧道直通煤层，并且沿着煤层蜿蜒。我得以进入比较大的一个煤窑中，隧道像蛇一样弯曲，有些地方非
500 常矮，只能爬着过去。往山里走了 120 米到 150 米以后出现了煤层，大概有 9 米的厚度。挖出来的煤被放在橇上，一些小男孩熟练地拉着穿过低矮的隧道。用一种很小的黄铜灯来照明。通过一个矿井运送空气，但是尽管如此，煤窑里的温度非常高。大部分煤是 1—2 立方英尺那么大，在窑上每吨卖 2—2.5 马克。那些碎煤就留给当地的百姓，他们肩挑两个筐子来装煤，只需 3 个芬尼就能装一担。在地下更深处可能还有更多的煤层，但是因为最厚的煤层挖起来最容易，所以那些还没人挖。事实上这里产的无烟煤价值不高，单单一点就足以说明：谁想挖就能挖，想在哪儿挖、挖多少都没人管。

各个煤窑之间并没有严格的界限，谁先来就是谁的。任谁挖开一个口，他就成为所有人，他的隧道可以任意延伸。这里的无烟煤比清化产的还好些，至少像石头一样坚硬。可以烧得很旺，留下一堆白灰，尽管如此也有些不能完全烧尽的地方，在燃烧时形成炉渣。之后我还考察了其他的煤窑，在这里到处都是一种所谓的三丈（Drei-tschang）煤层，每一丈大概 3 米或者更多。有的不足
501 3 米，有得则超过 3 米。煤的价格取决于和煤窑的距离，后来我发

现，那些零散煤窑的煤相对来说卖的价还算高的。因为这里的煤一方面要供给清化的市场，一方面距离南村（Nan tsun）又很近，而那里有很多炼铁作坊，缺不得煤。所以在中国，煤的价格要看煤窑离用煤的地方有多远，离得近的就能卖上好价钱。

不时就能遇到一些较大的矿井，通常 10 人一组，他们共同负担开采的费用。而所谓费用除了他们自己的劳力外，就只有购买开采工具和照明工具需要花的钱。每人每天能开采 1000 斤到 2000 斤，而每吨煤价格低得令人咋舌，只有 50 芬尼。尽管如此，完全足够维持开销还有赚头。如果隧道挖得够远，打进了巨大的煤层，那么在这里采煤几乎和采石头一样简单，只需挖就行了。别的地方还要为排水的问题花钱，还要买木头用来支撑煤层，防止坍塌。但是在这里都不需要，这里的煤层并不是完全水平的，有一定的坡度，形成自然排水系统。而且煤层上的石层是非常坚硬的砂岩层，根本无须担心会坍塌。

当地的炼铁业主要分布在两个地方，我们去的那一处叫作南村，位于一片低矮山丘之间的平地上，是附近较大村落中的一个。这里的山谷里有很多炼铁作坊，一派热闹景象，有上百个铸造作坊、炼铁炉、精炼作坊、铸钉作坊和造铁丝作坊。我得知，这里并不产生铁，是从一个名叫太阳（Tai yang）的村子运来。形状是半球状，直径大概 6 英寸，或者是薄薄的铁块。最大一部分被用来铸造熟铁制品。生铁和含铁的矿渣，尤其是所有新熔渣被放入熔炉
中混合。在当地，每家作坊都有自己专门生产的器具。各家都生 502
产一种直径 3 英尺到 4 英尺、深 1 英尺的大容器，因其铁皮非常薄而著称。价格也是固定的，按重量每斤 20 文或 9 芬尼。价格通过

印在容器上的红色章子就能看出来，每个章代表60文，所以数数章子的数量就能算出价格。此外这里还生产各种家用器具和农具以及其他用途的东西。炼铁的过程非常系统化，又快又好。一些作坊专门搅炼，另一些专门制作器具。过程虽然很简单，工具也比较粗糙，但是产品质量并不低。至于南村炼铁的历史，可以从延绵将近几里的熔渣堆看出来，它们都属于附近的这些作坊。

我考察了为南村供煤的矿井中的一个矿井。一条竖井大概深100米，已经进入厚将近9米的煤层。通过一台绞车采煤，用一个能装226磅煤的大筐装煤。每天能采320筐或者说40吨煤。这一数字应该并无夸张，因为有大概80辆牛车正在等待运煤，每辆大概能装500磅。采上来的煤直接从筐子里被倒在牛车上。来的路上我遇到了很多这样的拉煤车。这座矿井大概有100个人干活，每个人每天100文，但没有饭。劳力的价格比其他地方还要便宜些。这里几乎只开采大块儿的煤。

为了能得到完整的信息，我决定去南村65里外的太阳看看。
503 开始我们还是沿着泽州附近的宽阔山谷前进，但是因为空气中满是沙尘，泽州到底是什么样我并没有看到。高原明显向东北方延伸，只有一些起伏的丘陵将这片开阔的地方分隔。盆地中都是黄土，泽州附近的盆地西侧被一座石灰岩高山隔断，因此我们必须沿着这座山绕路才能到达目的地。一条很深的峡谷从坚硬的山石中穿过，一条溪流从对面流出。在其源头处还有另外一片黄土覆盖的盆地。在这里我想对一种现象做些说明，因为在黄土地带这种现象十分常见，而且对于说明黄土的地理演变过程很有用处。

如果像我一样置身于一条宽阔的山谷中，人们或许会认为，山谷中各处的水流应该聚集在一起后，形成一条统一的河流出，尤其是当山谷中本身就有一条穿越石灰岩山的深沟时。但是这里的情况恰恰不是这样，水流没有利用这条现成的深沟，反而将盆地上的黄土分割成几部分，每一片区域都有各自的穿越石灰岩山的流出通道。黄土地的高处似乎应该有过很多淡水湖泊，它们的数量和现在山脉的数量相近。由于气候的变化，每一个湖都蓄满了水，而且每一个湖泊都各自在山脉的低矮处有一条泄水的通道，随着时间的推移，受到水流的冲刷，便形成了一条河道，而且越来越深地切入黄土中。每一片覆盖黄土的盆地都有了各自穿过坚硬的石灰岩高山的泄水河道，直到湖泊中的水被完全排出。空气对于黄土的影响并不大，黄土只让路于流动的水，因此黄土中才会出现
了现在的这些沟壑。水的冲蚀作用即使是坚硬的石灰岩也阻挡不 504
了。还有一点需要解释，那就是我们常常认为石灰岩山中的深沟是底层断裂形成的，但是此处的深沟却是由于流水冲蚀形成的。

穿过岩石峡谷的这条路景色优美，就地理学研究而言也很有价值。我们沿路去往黄土中的一处分水岭，之后进入附近另一块盆地。在这里我们发现了一座大寺庙碧落寺（Pi lo sz'），寺保存非常完整，有很多佛教题材的壁画。这是一座建自唐朝的寺庙，位于切入石灰岩山的另外一条山谷中。寺规模很庞大，里面种了很多高大的针叶松，我还发现了一些在北京周边庙宇中才会见到的白皮松树。很明显，早前这座庙里僧侣众多，因为这里有很多供僧人住的房屋。但是现在只有一个和尚和一个负责打扫的仆人。他为我们提供了一间宽敞明亮的屋子，用具齐全，甚至还有专门的牲口棚。我们在这里过夜。当我告诉他，外国使团在北京周边租住

寺庙要付多少钱时，他惊讶地瞪大了眼睛。他自然期待能从我这里多得些钱，所以格外殷勤。最后我们给了他一整块儿银子，虽然没有完全满足他的期望，但比起中国客人来说，我们已经付的多得多。他已然将我们看作是最好的朋友了。

我们在这里有整个下午的空闲，于是决定去打猎。到目前为止，每次打猎我们都能收获很多野鸽子，在黄土河谷里野鸽子数量
505 更多，因为它们喜欢在黄土里挖洞做巢。第二天早上我们往太阳方向走了 30 里。道路已然沿着石灰岩山脊的西坡前进，我们很快就看到很多铁矿。这是个小地方，但是人口很多，主要出产生铁。我们在这里发现曾经有欧洲人到过的痕迹。当地人告诉我们，曾经有个外国人来这里卖书，待了几天，给他们留下了不错的印象，很多人都买了他的书。他们认为，书上说的都是好话。后来我知道，那位来访者就是新教的传教士威尔曼(Wellmann)，他是瑞典人，曾经是位船长，很快我就有幸在北京结识了他。只有很少的旅行者和传教士能幸运地得到当地人良好的对待。威尔曼懂得怎么和这些人相处，并赢得他们的信任。山西是他预先选定的传教地，他已经到过大部分地方了。后来我在他的帮助之下完成了山西地图的绘制，很多我没有到过的地方都是在他的帮助下才补充完整的。

炼铁作坊大都在镇子的西边。如果联想到这里产的生铁供应大半个中国，那么一定会期待能见到成排的壮观的炼铁炉。但实际上能称得上壮观的只是那些矿渣或者说是那些用过敲碎了的坩埚。压根就没有高耸的炉子，这里炼铁的方式和南村的几乎一样。矿石被手工敲碎之后分筛，然后和无烟煤、含铁的熔渣汇合在

一起，倒在坩埚中。和之前描述的过程完全一样，用一堆点燃的煤烧炼，最后得到所要的铁。生铁的价钱大概是 3 马克一担。这里不产钢，但是生产一种比较软的、易折的几乎不能称为钢的东西， 506
通常是做成针。太阳也依靠西边的这些炼铁作坊，村里有很多造铁丝和针的作坊。就在居民家里生产，所有家庭成员都从事这类营生。但是我没能进到他们家中观察。我对这里的百姓无比同情，虽然他们自古就掌握一项垄断技能，按理来说完全能够以此为生。针的制作非常耗费精力和耐心，但是这里产的针每一百枚才能卖 20 芬尼，仅够他们生活。现在外国货越来越便宜，而且质量比这里产的还要好，不久的将来此地就不会再有人制针了。先前太阳产的针几乎供应整个中国市场，在这里我还遇到了从北京来的客商，他们很久之前就从当地进针贩卖，但是现在他们也抱怨外国货充斥了市场。仅仅几年时间，外国产的针就占据了中国北方大部分地区，这些商人还清晰地记得外国针是多么迅速地变得遍地都是的。

今天出现了一个意想不到的困难。我原本打算从现在所处的河谷到沁河(Tsin hŏ)那边去，再从那里去西边的平阳府。这一路大概 40 里，按说并不远，但是没想到意外出现了。我先是往高处走，越过黄土坡，经过一些矿井，然后到了一段砂岩层的斜坡上，这些砂岩层在煤层上方，再往高处，我发现，在 600—750 米高的产煤和产铁的高原上还有一段比高原高 300—600 米的山脉，完 507
全是水平层理的砂岩，而且面积巨大。这段山脉非常美丽，岩石陡峭。我们沿着峭壁的边缘前进，山上新栽了很多树木，景色宜人。

这里的地形宛若迷宫一般，没人带路很艰难。我们离开了比较大的道路，看来很少有人攀越这道关口。我们走在悬崖边上，一不小心就有可能坠入万丈深渊——这条路的一边是悬崖，另一边是深渊。路的宽度刚刚够骡子拉的车通过，如果其中一辆发生倾斜，那么这一队都有坠入谷底的危险。我们小心翼翼地，一步步从这个地方经过，一点点往高处攀登。这里的山看起来颇具高原的特征，顶端很平，而且几乎所有的山高度都一致。其间一道道深深的山谷看起来像黄土高原上的沟壑一般。山上到处都是嶙峋的岩石，两条溪流从大山深处奔腾而出，形成一幅自然野趣图。西边一条山谷的高处，离我们要经过的关隘不远，有一座孤零零的寺庙，掩映在茂密的阔叶林中。

我很乐意在这里住下，但是没有草料。所以只得继续赶路去往位于更高处的一个村子。这个村子几乎就在悬崖峭壁间，看起来很贫穷。村里有些很窄很陡的小巷子，村子虽然很小，但有些像意大利的村庄。可惜我们在这里也没找到能够过夜的地方。天色
508 已经完全暗下来，还是找不到可以住的房子。在这样一个偏僻的地方根本就没有客栈，也找不到草料。最后我们不得不下山，去山谷里一个名叫雨积河（音译：Yü ki hŏ）的村子。下山的路很陡，山谷里溪流的河床几乎都干涸了，到处都是石头。在黑暗中，我们终于蹒跚着找到了几间矮小的屋子，这就是所谓的客栈了。店主倒是很热情地接待了我们，而且也没有对我们的出现感到惊讶。这一天我发现此地很有些独特之处。在太阳我看到了葡萄，这还是自广东以来第一次见到。更让我感到惊奇的是，在雨积河村，人们居然在海拔 1200 米到 1500 米的山上种桑树。树长势还很好，只是没多少野蚕。野蚕即使吐丝当地人也没法收集。除此以外这里

还种些高粱、小麦、谷子和红薯。在太阳和雨积河村这一地区还生长着很多松树，一种瑞士五针松。

我穿过沁水县（Tsin schui hsiën）以后，沁河周边的地形发生了很大的变化。前些日子是高原地貌，现在地势平缓很多，呈波浪形起伏。在这里我见到了很多炼铁和挖煤的作坊，一派生机勃勃的工业生产景象。山谷两侧尽是峭壁，谷底则遍布石块。凡是有土的地方都是绿颜色的，其间是深色的砂岩。这里的砂岩沿着一条规则的线路分布，一会儿升高，一会儿下降，呈现波状起伏，直到攀上山坡。砂岩和谷底之间分布着长条状的，并不宽阔的黄土地带，一些村庄就位于这些黄土地带上或者是边上。有时候谷底的某一位置地势也会变高，人们就借势把山上的溪流引下来，间插

着种植了一些小麦、白杨树和桑树。山谷里那一点点松软的土地 509
被精心耕种，现在种的是用来制造鸦片烟的罂粟。

在王曲镇（Twan schö tschönn），到达沁河的时候，我发现这里是个比较大的地方，但是非常穷。到处都是挨饿的人，脸色呈黄绿色，我之前就发现了这一现象。这个地方已经闹了几年的旱灾，现在情况一点也没有好转。除了有水源的地方——当然这样的地很少，大部分地都荒了，什么也不长。尽管如此这里的人抽鸦片抽得非常厉害！这些人的身体已经十分虚弱，几乎丧失了劳动能力，只能等死。能赚钱的炼铁和挖煤等营生这里根本就没有。要是山谷再往地下深入100英尺的话，或许能穿过砂岩层达到底下的煤层。因为高原上砂岩层之下富含煤铁的地层从泽州继续往西延伸，一般情况下只要能往地下深挖，就能显露出来。在此地南边一点，也就是阳城县（Yang tschöng hsiën）附近，就是这种情

况，所以那里又重新出现了煤铁行业。或许在王曲镇附近会出现一些埋藏不那么深的煤层，但即使这样中国人的技术也达不到。

我需要找一个市镇，好把我的银子换成铜钱，以供日常所需。
我拿出一块所谓海关银，纯度很高，大概是 10 两，换算成德国的
钱，大概值 10 个塔勒硬币。很多人围上来观看，因为他们很少
510 见到纯度这么高的银子，但是谁也没有足够多的铜钱和我兑换。
这个地方很穷，人却很多。我们没法待下去，到了一个名叫魏庄
（Hwei tschwang）的小村子，并且准备在那里投宿。虽然住的是
窑洞，但是所需用具倒还算齐全。

当地的饭食很糟糕，基本没什么营养，每顿就吃点谷子，也不怎么加盐。从怀庆府开始，除了鸡蛋就没什么可入口的东西，所以我们更加依赖打猎所得。除了鸽子和雉鸡以外，还有一种长着红色脚的鸟儿，猎捕这种鸟儿是件很有意思的事情。它们生活在岩石缝隙里，经常听到左边一群和右边一群叽叽喳喳地“对话”。要找到它们并不难，要捉住它们就得有很好的爬山的本事。如果有人靠近，它们会变得警觉，但是脑袋却没法低下去看身下的岩石，所以显得傻乎乎的。只要一枪弹丸就能把一群聚集的鸟儿全部逮获。

赶了两天路，一天走了 60 里，一天 50 里。我们继续穿越沁
河河谷。四周的景色没有变化，一边是峭立的砂岩层，呈波浪形起
伏。河谷里河床很宽，尽是石头。这些石头也说明先前这里肯定
降雨量很大，才会有这么多石头被从山上冲下来。或许这里经历
了巨大的气候变迁，也许很早的时候山上还生长着古老的植物。
511 我们在河谷中不时地会经过一些村子，丹水（Tan）河谷里有很多

看起来很富庶的村庄，都是砖砌房子，有两层也有三层的。这一地区还有不少建造宏伟的寺庙。私人住宅建造得很有特色，尤其是华丽的屋顶设计，别具一格。进入沁河河谷之后景象发生了变化，虽然一排排房屋从外面看起来还算可以，灰色的房顶看起来也煞是壮观。但是里面全然不是那么回事，又穷又脏。都不知道这里的人靠什么才能活到现在。除了少数几棵桑树能出产一点丝绸可以卖钱外，他们完全靠地里的那点儿收成吃饭。而可耕种的土地非常之少，像补丁一样这儿一块儿，那儿一块儿的。令人惊讶的是，单靠这点儿土地上产的粮食怎么可能养活这些人！

如果登上高处大概海拔1500米到2000米的高原，就会发现，原来他们的土地在这里。高原上到处都是黄土，有砂岩的地方自然不可能耕作，但是有黄土的地方就可以了。高处也散落着一些村落，河谷里的人在上面也都有地。这种耕作非常辛苦，冬天很冷，还有霜，所以只在夏天能有收成。施肥也是件难事，因为要把肥料担到高处才行，那是相当费力的。只有靠近水源的土地才会有好的收成。这里的田地普遍呈黄色，非常贫瘠，而且风常常很大，甚至能把地里的种子吹跑。在形成这样的地貌之前，这里一定 512
经历了巨大的变化。因为很显然，河谷在现在这种干燥的大陆气候之前一定是非常多雨的。充沛的降水或许就是黄土不断累积并且升高的原因，降水还形成了地面的河流，使得山谷不断延伸。

这一带的黄土有着非常特别的层系结构，不仅沟谷深深切入黄土中，而且在沟谷中也覆盖着黄土，并且所有高点都被黄土覆盖着。这一地带上层黄土的颜色和黄河水差不多，是黄褐色的，有很多陆生软体动物的壳。但是其下一层的黄土则是含铁丰富的红褐色土。此外这里沟壑纵横，形成黄土丘陵。沟谷中的黄土几乎达到高原黄土的最底一层的高度。

这一奇特的现象使得黄土的形成更加像谜一般了。所有猜测，比如水成说（海水或是淡水）或是滑坡说都不再可靠。看起来似乎是，开始这里的高原就被黄土覆盖，之后水流在其上日积月累地冲出了很多沟壑。再后来这些沟壑又被黄土填埋，到最后水流还是再次形成了沟壑。但是这一过程的前提是必须经历数次地壳变动和气候的变迁。

在离开河谷之前，我们还经过了沁水县，这个地方虽然号称是一个县，而且在地图上还有标示，但实际只是因为当地的衙署设在这里而已，它本身就是一个被锯齿状城墙围绕的贫穷的小村子。生活在砂岩高原上的人和其他地方的人很不一样。他们很善
513 良，但是非常害怕外国人。在河南的时候，每到一地都有很多人围观我们。客栈的主人总是很殷勤地招呼我们住宿。但是在这里没人愿意接待我们，而唯一的理由就是害怕。在快到沁水的时候我们选择了一条连接怀庆府和平阳府的道路。这条道路的历史悠久，本来我还期待会很热闹，但情况恰恰相反，没有多少过路人。而且道路几乎没有任何一点儿被维护的痕迹。

快到山口的时候，我们在一个名叫黄子（音译：Hwang tszĕ）的村子里投宿。这里有40人的驻军，周边地区据说还有100来人。因为我们已经接近西部回民叛乱的地区，此处所有道路都设有岗哨，为的是防止生活在山西和河南的大量回民和陕西的回民一起闹事，所以有必要隔断他们。在这里，我第一次见到有人在登记客栈的住宿情况，凡是住店的都要把名字登记在一个簿子上。

从这里可以进入沁河的一条名叫鸣河(Ming)的支流，逆流而上穿过两侧是红色或绿色的砂岩和石灰岩形成的天然墙壁，就能到乌岭关(wu ling)，海拔大概 1500 米。现在我们到了汾河(Fönn hŏ)盆地，汾河是山西南部的一条大河。西边 5 里外还有一道关隘，叫作西乌岭，比乌岭关低一些。两者之间是一道深深切入岩石层的峡谷，向南边延伸，砂岩层也向南逐渐隆起，在岩层下面出现了煤层。这里和泽州府所在的高原地质结构很相似。同样的地形在这一地带再次出现，在很多深深切入的沟壑中出现了很厚的煤层，这也为东边出现广大的采煤区提供了条件。

山口的北边有一座被堡垒围绕的山峰，从山峰顶上望向东边 514
就是巨大的砂岩高原，其间有无数条峡谷纵横交错，将波状起伏的高原分隔开。这里堪称大自然的杰作，经过宽广的黄土盆地后，地形很快就变得单调起来。山脊缓慢地向地势低处延伸，我们下降了 1000 米左右就到了汾河河谷。眼前豁然开朗，地势十分平坦，和黄土高原的道路不同，那里行路艰难，而这里的道路则四通八达，十分好走。但是我并没有去探访此处的煤矿，因为它们都位于很深的地下，而且一般当地人也不允许外国人参观。后来我们到过一个煤矿，虽然叫作翼城县(Yi tschöng hsiën)煤矿，但是实际在县城的东边。这里的煤炭卖得非常便宜。10 文或是 4 个芬尼就能买 100 斤到 120 斤或者 1.5 担。好在这里到林洼口(音译：Lin wa kóu)路还算好走，到了那里价钱就涨到 30 文 100 斤了。这里的情况再次证明了距离和价格之间的关系。在离煤矿 20 里的龙化(Lung hwa)，同样 100 斤煤卖到 100 文，而在 60 里外的翼城则可以卖到 200 文。我们中午就在龙化村休息，这个村子在一道黄土坡上，距离翼城40里。走大路经过翼城可以去平阳府，大概100里。我听说，还有些更小但是更近的路可走，于是决定走小路。

在黄土中前进是件很困难的事情，这里的地形是从东往西倾
515 斜，其间的河流也都是东西流向。虽然攀越那些突出部分并不十分费力，但是长时间的上上下下，而且置身黄土中，很容易迷失方向。在龙化的时候，别人告诉我走这条路必须先到位于高处的一个村子。我们先是往下走了300米，到了谷底，这条峡谷很深，已经看得见黄土层下的石层了，然后到了一个名叫河社(音译:Ho she)的村子。这里沟壑纵横，道路也四通八达，很快我们就转糊涂了，进入一条不通的道路。天已经黑了，我们的牲口也开始“罢工”，把行李甩到地上，费了很大力气我们才重新把行李放好。这样不行，必须找一个带路人才行，不然我们根本走不出来了。四周也没有客栈，无奈之下，我们只好继续往低矮的地方前进，又到了一个名叫牛庄(Niu tschwang)的村子。住的还是窑洞客栈，我们就睡在高粱秆堆上，还好这里有地方让牲口们也休息一下。也许是太累了，或者是高粱秆适合睡觉，反正我们睡得很好，虽然窑洞里气味相当难闻，第二天早上我们又恢复了活力。

我们开始在沟壑中前进，早上我们先是往高处攀登了300米到了在龙化时别人指给我们的村子赵庄(Tsau tschwang)。然后又往下走了300米进入一条峡谷，之后又再往上攀了450米。现在我们已经到了黄土坡的边缘，这里的山丘只有一小段，但是名字却很长，叫作霍山谷碧山(音译:Hŏ schan ku pi schan)，是花岗岩和石灰岩结构。之后我们又往下走了300米进入天河(音译:Tiën

hǒ)河谷，河谷的上部，也就是浮山县(Fóu schan hsiën)周边是无
烟煤的产地，这里的地势已经沉入煤层。走了 80 里后我们在离平 516
阳府 50 里外的关角村(音译：Kwan kiau)投宿。虽然没什么风，
但是空气中全是灰尘，让人喘不过气来。到投宿地之前我们又往
下走了 275 米。

离平阳府还有 5 里的时候，我看到路边有一座非常漂亮而且安静的寺庙，立刻就决定在那里休息一天。庙里的方丈非常高兴接待我们，给我们腾出两间大屋子，非常舒适。这里离城很近，但是非常安静。如果住在城里难免会受到围观人群的骚扰，尽管如此我们到来的消息还是不胫而走。第二天有些人来庙里拜访，不过我很愿意和他们聊聊，可以得到很多有用的信息。

平阳府是一座拥有悠久历史的古镇。公元前 2300 年，尧曾在此地统治过。现在人们还经常在黄土地里发现一些古老的货币，价值很高。它们的形状像刀子，据说有的上面还刻着“平阳”两个字。时不时还出土一些古老的青铜器。后来平阳凭借其地理位置一直拥有非常重要的地位。当然要说明这一点，必须从整体上观察山西的地形才可以。

经过一道陡峭难攀的山岭之后我们走出了怀庆府一带的平
原。当接近山西南部和东部边界的时候，道路更加难行。如果是
从北方，比如蒙古而来倒是更容易些。但是如果从西边来则要受
到黄河的阻隔，因为在这一段黄河是从北流向南的，刚好切断了山
西自西至东的道路。黄河从群山陡壁中穿行，正好构成了山西西
部的天然屏障。山西的南边、东边和西边都是陡峭的边界山，而内 517
部却地势下沉，尽是砂岩层或是我们刚刚经过的高原，甚至沉降到

煤层，煤层犹如一个花环般围绕着山西。从北到南在海拔高度上逐渐下沉，平阳府所处的地方已经比北边盆地要低很多了，而西南角落的那块盆地地势更低。当皇帝在北京建都后，西南角的盆地就成了进入山西内部的必经之地。因此朝廷就沿着高原的东边，经过太原府所在的盆地，然后经平阳府，开凿了一条通往陕西和从那里继续向西，一个方向上可以通往中亚，另一个方向上可以通往西藏的道路。

因此山西在历史上一直地位重要，而且山西人历来爱抱团，所以对于皇帝来说，山西人是反对还是拥护自己并不是全无所谓的。目前朝廷在山西的威信还可以，作为报偿，老百姓也比较听话，比较拥护朝廷。山西构成了对抗西部暴乱的一座堡垒。其中山西南部最重要的据点就是平阳府，因为从山西北边发起的进攻很难对抗，比较而言从南边渭河盆地而来的就很容易控制住。现在这座古城几乎成了废墟，我只看到了很厚的城墙。大概在16年前，有一伙河南的叛民攻进了这座城市，掠了一些财物就跑了。跑出去没多远，守城的士兵站在城墙上朝他们开了几枪。这些士兵
518 本来是想以此让皇帝知道，他们和叛民进行了搏斗，并且殊死保卫了这座城市。但是那些叛民却把这几声枪响看成了是挑衅，于是立刻折回，毁了这座城市，杀死了很多人。自此后朝廷的士兵就在废墟中驻扎。现在这里看起来很是凄惨，过去几年粮食歉收，今年的收成也不好。和南边陕西的交通因为回民叛乱被中断了，现在就靠着朝廷的士兵坚守黄河天堑，否则这里也必将落入叛民之手。这一切的一切导致现在这座城市的百姓对未来异常悲观。

单就贸易而言，这里在地理位置上不具任何优势。海上进口

的货物经天津可以到这里，耗时18天，价格也翻了几倍。城里几乎没有什么作坊，草帽和纸张是最重要的产品。也种了少量罂粟，因为朝廷禁止栽种。但是只要交一笔费用，当官的也就睁一只眼闭一只眼了。小麦是最主要的农作物，还有玉米和大麦。蚕丝的产量很少，野蚕丝几乎没有。倒是大面积地种了很多烟草。也种棉花，多用于满足自家的消费，不够的部分甚至要从河南购买。年成好的时候，粮食的产量还是很大的，吃不了的会运到北边卖掉。这里的煤只够百姓家里自用和小的炼铁作坊使用。

我在这座安静的寺庙了过了整整一天，并且终于又见到了新鲜的肉和蔬菜，单就饮食来讲，这一天丰盛得像过节。因为我的最终目的地是北京，按说我应该沿着大路走，但是因为我想四处看
看，常常取道小路。在黄土盆地中走了这些日子，已经考察得差不 519
多了。所以我决定，接下来往汾河西边的山里找路前进，这样过汾河之后就能到位于平阳府西北边产煤的地方去看看了。

这次考察非常有意思，我们在平阳府稍北一点儿的地方渡过汾河。在这个季节（5月9号）汾河看起来是条很窄的河流，我们从一座用于枯水季节渡河的临时桥梁经过。但是在夏天，河水会迅猛上涨，越过堤岸。在河道两边可见一道冲积区域，紧接着就是缓慢提升的黄土层。在渡河之前我们去了一个产盐的村子。很多底部呈筛子状的大锅一个接一个被放置在一块平地上，锅里面结结实实地填进一些褐色的泥，一直填到离锅沿儿只有几英寸的地方。然后再倒满水，盐就是从这些泥里提取的。每口锅下面放着一个盆，用来收集碱液。放置在空气中有硝结晶，取走之后，再把收集到的碱液加热，最后得到一种白色的但是不怎么纯的盐，卖的

价钱非常便宜。这种制盐的过程是模仿盐湖制盐的方法。之前先要加工所用的泥土，这些泥土本来并不含盐，至少含量不高，所以得先用从不深的井里打上来的盐含量同样不高的井水多次浇，之后使水分蒸发，等盐分聚集多了，再通过上面的方式提取出盐来。这是一种极其原始而且极其不卫生的取盐方式。朝廷从南方运来大量更好的盐，但是卖的价钱是当地井盐的三倍。老百姓被强迫
520 购买官盐，并且规定，井盐不能零卖，一次至少40斤起卖，而官盐可以一两一两地卖。

这个地方的人非常简单和无知，不像河南人那样善良，也不像沁河河谷里的人那样谦逊。当地人对待我们不像在河南那样友好，感觉非常冷漠和排斥。经常听见有人喊“洋鬼子”。之前有欧洲人来过这里，就是那两位传教士威廉森和李斯(Lees)。当地人谈起他们的时候好像在说两个卖书的商人似的。虽然我在传教士中很难找到在让中国人接受外国人方面能比威廉森做得更好的，但是必须承认这种兜售《圣经》的方式并不合适，由此很难获得中国人的尊重。中国人把他们看成是些做小买卖的人，因此对他们并不怎么怀有敬意。而这些传教士通常又缺乏温厚的性情和巨大的耐性，因此凡是之前传教士到过的地方，当地人对我们并不欢迎，经常加以轻蔑的语言和保持相当的距离。

在那个产盐的村里我遇到了一件相当奇怪的事情，沾惹了一场官司。我们的队伍经过这个村子的时候，为了看看是如何制盐的，我就走开了一段时间。当我再回来的时候，发现我的猎犬迪安娜(Diana)不见了。这条狗我从开始就一直带着，那时它才6周大，我喂了它五个多月了，它非常聪明，在打猎的时候给我们带来

了很多帮助和快乐。怎么吹哨子它也不回来,后来我们对空放了一枪,但也无济于事。看来应该是迷路了,于是我们停下来返回村子里四处寻找。可能是被我们的坚持打动了,终于有一个人不怎么情愿地告诉我们,他看见一个年轻人把我们的狗装在筐里带走 521
了。我们立刻朝他指的方向追了过去,发誓要找到偷狗的人。保罗像一条搜索犬一样地四处打听,最后终于在一片田地里逮到了那个人。他鬼鬼祟祟地四下张望,当我们靠近的时候,更是躲了起来。我们没看到狗,可能它听到我们的哨声后奋力挣扎,吓得这个人不得不放掉它。但是狗的链子还在这个人的手里,保罗追上去,很快就把他控制住了。他很顽固,还想挣脱,我们只好把他的双手捆到背后,带着他回到村里。保罗举着枪跟在他后面。刚好碰到一位官员和他的随从队伍经过。开始那些衙役还想放掉这个偷狗贼,但是我们强烈地抗议,要把他带回村子。路上这个贼几次想逃跑,但是听到身后上枪栓的声音就吓得浑身哆嗦,不敢再跑了。

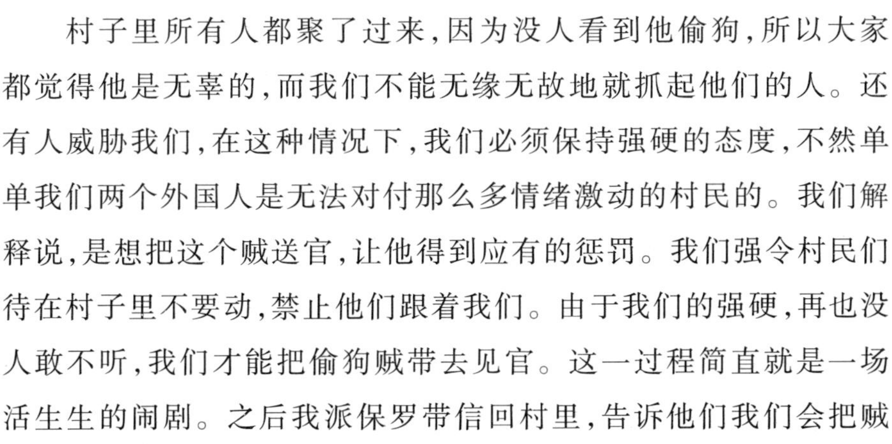

村子里所有人都聚了过来,因为没人看到他偷狗,所以大家都觉得他是无辜的,而我们不能无缘无故地就抓起他们的人。还有人威胁我们,在这种情况下,我们必须保持强硬的态度,不然单单我们两个外国人是无法对付那么多情绪激动的村民的。我们解释说,是想把这个贼送官,让他得到应有的惩罚。我们强令村民们待在村子里不要动,禁止他们跟着我们。由于我们的强硬,再也没人敢不听,我们才能把偷狗贼带去见官。这一过程简直就是一场活生生的闹剧。之后我派保罗带信回村里,告诉他们我们会把贼交给当官的,并且请求在所有人面前拷打他,以示惩罚,任谁都可

522 以来看。我让村里的老人组成了一个评审团,由他们来质问这个年轻人是不是偷狗了,决定他该受什么惩罚。很快年轻人偷狗的事实就一清二白了,他诱骗了我们的狗,想把它杀了吃。尽管如此,当这些老人中最受尊重的那位说明了这一事实后,一些人开始为偷狗的开脱起来,说他太年轻了,大概只有 18 岁,所以才这么无知。我们这方自然也要反驳,我们只是从村子里经过,并没有给大家带来麻烦,但是他却偷我们的狗,必须要重罚。我非常高兴地看到,现场越来越有法庭辩论的意思了。最后在我的要求下,评审团让那个年轻人跪在地上,脱光了上衣准备挨打。一切都准备好了,围观的人都等着看热闹,同时也很感叹,两个独行的外国人居然能赢得这场官司。他跪在地上,向我们表示忏悔。保罗趁机向他和所有围观的人说明,我们外国人在中国享有什么样的权利。所有人都感到此事处理得非常公平,对我们再也不敢小觑。

这场闹剧之后我们继续前进,经过汾河右岸的桥梁后我们逐渐进入了黄土地带。这里一个村子连着另一个村子,每个村子都有一座甚至几座寺庙,因为山西本身就是一个寺庙的王国,中国其他地方的村子里不会见到这么多的寺庙。几乎全部都是佛家寺
523 庙,没有清真寺。大部分村庄在太平天国之后都筑起了城墙,但实际上是没用的,因为几年前捻军叛乱之时,村里的人全跑到山上去了。村子还是被破坏了,现在到处都是废墟,人口很少。这里几乎就没有客栈,我们打听到在一个名叫天西(音译:Tien si)的地方才能找到客栈。现在我们处在一处黄土沟壑中,四周非常荒凉。人们就在黄土上挖了些窑洞,给过往的旅客和牲畜提供歇脚的地方。在窑洞里有土炕,在这里连牲口的食槽都是直接在黄土梁上

挖出来的。我们就住在这样的“客栈”里，条件虽差，但是不受打扰。第二天我们去考察了附近的煤矿，自从上路以来煤矿是我的重点考察对象。

在我们面前出现了一些像墙一样的山脉，黄土层一直延伸到山脚下。在峡谷的深处有些煤窑，人们从那里挖煤。我们靠近后发现煤层清晰可见，是我们非常熟悉的煤层，呈波浪形弯曲。人们就在波峰靠近地表的地方挖煤。山西东南边的无烟煤在这里已经不见踪影了，当地出产的是一种烟煤，厚度达到 3.5 米。这里的煤矿规模不小。最大的煤窑有两条隧道，深 55 米。每天有将近 100 人干活，能挖出 4000 磅煤。煤的价格比无烟煤要高出很多。为了保证当地所有的煤窑都能生存下去，他们约定了各自的挖煤范围的半径，如果有人超越范围，就要受到惩罚。这里有成千的苦力和役畜在忙碌地运煤。

离开天西 20 里，我们进入了一处山势陡峭的峡谷。山上绿意
盎然，一条溪流自狭窄的山谷中而来。我们就沿着这条溪流往高
处走。山间有一条可容骡子通过的道路，这里景色宜人，我们不禁 524
想一探究竟。越往里走，景色越美，堪称我在中国见过的最美的地方。山上到处都是野花绿草，在见过太多光秃秃的山之后，此番景色让人讶异。黄色的玫瑰和正在开花的紫丁香散落在绿色的草木之中。

这里是一处从南和西南转向北和东北方的断层线，煤层的下部沿着这条断层线向上延伸了几千英尺。我们从怀庆府平原向上攀登到了泽州府所在的高地，这里再次出现了石灰岩，和之前相比这里的石灰岩山也十分陡峭。在一条很深的峡谷中，一条溪涧

在三道河关口(1870 年 5 月 11 日)

奔流而出，因为山势陡峭，形成了多处落差。虽然现在这条河流水量不大，但是可以想见，如果雨大的话，河水暴增会出现山洪。在这条河的下游，我们看到河床两边有很多用石头垒成的堤坝，为的是防止河水泛滥。这条河名叫三道河（San tiau hŏ）。最令人感到惊奇的是这里的道路，是一条靠人工在岩石上凿出来的小路，也是我目前见过的最陡峭保存最好的盘山小路。这条路的历史很久远，以前还是一条十分重要的道路。在峡谷转弯的地方有一座已经没人的寺庙，就在一处突起的岩石上。在对面的另一山峰上还有一座塔。道路一会儿向上，一会儿向下，在山间蜿蜒。

我们遇到一些运货的人和骡子，一部分是运煤的，还有一部 525
分运的是梨。这里的梨品种非常好，和欧洲产的差不多，在中国这样一个贫穷的国家里，这么好的水果并不多见。梨子非常多汁而且饱满新鲜，好像刚刚从树上摘下来一样。但现在是5月10号，即使在欧洲也没有这么好的保鲜技术能将上一年的梨保存到这个季节。我们听说这些梨来自蒲县（Pu hsiën），那是一座山里的小城市，盛产梨。山上有很多洞穴，里面温度一直很低，像在冬天一样寒冷，可以长时间保存水果。我们很久没能饱口福了，更何况价钱如此便宜。我们花250文买了100个梨，大概合1个马克买120个梨。一头骡子运送的梨大概总共能有800磅。这条景色优美的峡谷大概5里长，在其高处的尽头，各个方向的溪流汇入一处平缓的盆地。三道河海拔1200米，或许住在别处的人曾告诉过他们有外国人在附近游荡，但是这里的人打破头也想不到，我们会到如此偏僻的地方来。虽然我们表现得很友善，但是他们还是很恐惧。我们很费劲儿地让他们安静下来，最后终于有人带我们到了一处空置的院落，让我们落脚。这里虽然简陋但用具还算齐全。这里的人很穷，种些小麦、谷子和高粱，仅够糊口。我们很快就出发往更高的山里去考察了。

我们到的地方简直就是一个世外桃源！只在西边往蒲县去的方向上还有一条路，往北边就进入了完全的野外。我们顺着很窄的峡谷往山上走，这里对于一个地理学家来说简直就是天堂。在山上小路的尽头开始出现石灰岩，之上是软的、很容易受到破坏的
526 煤层。这些煤层的出现也是导致大盆地出现的因素，其位置也是村子所在的位置。煤山一层层坡度很缓地抬高，层理非常清晰。虽然煤层的数量很多，但大部分全无价值。只有最好的煤，也是最容易开采的，被挖出运往三道河，作为当地人的燃料使用。通常情况下6人一组从一个矿井中挖煤，这六个人同时也是矿井的所有人。他们住在搭起的小屋子里，除了那些赶着驴车来运煤的人外，他们几乎没机会见到其他人。但是面对我们，他们并不十分害羞，反而和我们聊得很好。树木在当地人眼中不值钱，所以山上到处都是古老的树木。我们跟着溪流继续向上攀登，透过茂密的树林眺望北方，尽是起伏的丘陵。有人告诉我们，走这条路很费劲，带着牲口几乎是不可能的，而且没人带路很容易迷失方向。我们只好离开这座山村，回到峡谷中去。之后直接往东去往汾河。

汾河沿岸有很多大村落，房屋都建得很好，可见这里的人生活还是比较富裕的。在康河(Kang hǒ)村我们到了汾河边上，河的右岸出现了高高的一段砾石带，显然这里曾经是湖底，只是后来被填充起来了。河流从盆地中流出形成了自身的流向，只是后来
527 经历了枯水季，渐渐地草原土地(Steppenboden)出现了，黄土形

成了，因为在砾石上都还看得见黄土的影子。第三步也是最新形成的结构应该是河边的冲积带，在平阳府和以下地区冲积带非常的宽阔，但是此处只有窄窄的一条。在霍州（Hŏ tschóu），河流从山岩中奔流而出，霍州以上两岸都是大片的冲积区。冲积区的土地非常肥沃，因为水源充足。人们种了很多罂粟，收成之后还会种烟草，也种植了很多果树。

汾河在此地还是一条山间的溪流，河水碧绿湛清，从山上流下形成了一些瀑布，但是整条河流都无法行船。汾河上有很多古老的石桥，有一些还很壮观，桥上望柱的顶端有数不清的小石狮子，雕刻得意趣盎然。先前这里的道路一定得到了很好的维护，所有泥泞的路段都铺了石子。霍州位于河的左岸，我们经过一座桥就进入了这座城市。在远处看时，这个地方还算漂亮，尤其是那些装饰烦琐的房顶让人以为这里还是比较富足的。但实际上很贫穷，两条主路互相交叉，交叉点上就是为这里带来福气的福鹿雕塑。从那里我们就可以走经平阳府去北京的官道了。这条官道自南向北穿过这座城市。在霍州和太原之间的官道要经过一段十分难走的地形，因为那里黄土沟壑纵横，最深处可达海平面 1200 米以下。汾河及其支流流经之处深深切入地面大概深达 300 米，有时就从山间峭壁中流过，不时就形成一道较宽的山谷。从此处开始汾河流经一道很窄的峡谷，两侧是悬崖峭壁，因为道路不可能直接走峭壁顶端，所以只能沿着山壁开凿，蜿蜒前进，就像我之前描 528
述过的从龙化向北的道路一样。

这里的地形使得行路艰难得无以复加，而且还要不时地修理车辆和寻找新的路线，因为黄土沟壑变化多端，常常走着走着就找

不到路了。道路一年深似一年地切入黄土中,因为车辆的碾压,地面上的黄土都变成了很细的尘土,被风扬起,昏天暗地。大多数时候,道路就夹在两道黄土梁中,在深达 30 米的地方前进。有时黄土梁很薄,就像土墙一样。而且经常出现的情况是,可能黄土梁的另一面是另外一道更深的沟壑,人在这么深的路上根本就无从知道路边这两道黄土梁之外是什么情况。为了排水,人们就在不怎么厚的黄土墙上挖出些洞穴,通过这些洞穴望出去才发现原来还有更深的一道沟壑就在路的旁边。有时为了不绕路,道路就直接从一条横亘的黄土沟壑穿过,而这样的沟壑又特别多,所以就出现了道路时上时下的情况,想要走快一点儿根本就不可能。

从龙化到平阳府途中,黄土沟谷的发育最为明显。这里的道路常常在某地方需要穿过一条下沉的沟谷然后继续向前。在路面下降的地方还有铺着方形石块的台阶,这说明本来这条沟谷就存在,而且道路也是从中经过。但问题是最初的八级台阶还是完整
529 连续的,但第九级却垂直下沉很多,有时甚至能达到 50 米。这种情况在这一地带的某些地方非常明显。可以看出在垂直断裂的地方,黄土层先是从底下坍塌,然后上部跟着坍塌。但是有时候上部的土层因为两边土层比较坚固,或是由于土层中有很多石珊瑚,导致上部土层并没有跟着坍塌下来。之后裂缝中下部的土层继续坍塌,形成一个深深的洞。即使是最狭窄的沟谷中,人们也会把沟谷底部地势平坦的地方利用起来种上了庄稼。经常看到一块小小的三角形田地,两边是高 60—100 米的垂直矗立的黄土墙,而第三边则是继续沉降的深沟。在这样的土地上耕作自然十分费力,而且地块的形状受到雨水的冲刷还在不停地变化中。这样的田地大

概一亩能卖3吊（300铜钱），而完全平坦处的田地能卖30—40吊。令人惊奇的是树木的根系是如何深深扎入黄土中的，有时能达到30米深。我曾经见过一棵树，它的根因为土层断裂下沉有很大一部分都裸露悬空了，但是这棵树的生命力极其顽强，树叶还是绿色的，而且还在开花。[①]

从霍州开始，道路先是沿着一条遍布片麻岩碎石的溪涧的底部前进，之后向上攀越一道黄土梁，它的高度在西腰岭（Si yau ling-Pass）时我估计比附近的城市高出400米。然后又再次向下进入一条溪涧的底部，这条河流从东边过来逐渐接近汾河，孝义镇（Jönn yi tschönn）就位于道路的中间部分。从那里如果再向上攀越就到了著名的韩信岭。韩信岭位于一道黄土横梁上一处略微低洼的地方，比之前的那道岭还要高出100米。对于车辆来说，这条道路是我在中国走过的最糟糕的一条。或许是为了给漫长旅途 530
中的人搞点乐子，我发现官方给出的这段路途长度的数据根本就不准确，所谓的一里在这里实际是半里。无论如何我们继续向前去往灵石县（Ling schi hsiën），从那里开始又出现了平坦的道路。

之前我们经过的那两道黄土梁，只有最上部还是黄土，旁边的沟谷已经深深切入彩色的煤层中。到处都是裸露的煤层，无论是宽的或是窄的沟谷中都有很多小煤窑在挖煤。站在高处看，景象颇为壮观。从西边我们还不能清晰地看出汾河的河谷，只看到一座山脉，在三道河时我们就注意到这条山脉了，那里的山头几乎都是等高的。在东边不远处有一座雄伟的高山，就是著名的霍

① 尽管该段除了一些草图外，在《中国》第二卷中曾一字不差地出现过，但是为了读者能形成对黄土地貌的完整认识，在本书中再次使用。

山，这是一段从北向南延伸的山脉，最高峰能达到2500米，山上
十分荒凉，黄土一直覆盖到很高的位置，峡谷众多。天气好的时
候，可以看清这些峡谷的走向。这是一座非常古老而且神圣的山
峦，构成主要是片麻岩，还有些花岗岩和志留纪岩层。我是从山涧
冲带下来的石头中判断的，似乎并没有太新的岩层。这座山见证
了附近区域内地形的变化，因为它早已存在，甚至在煤层形成之前
的时代这座山可能就已经是大海中的一片岛屿了，之前我们提到
的霍山谷碧山可能只是这段山脉最南端的延续。霍山的重要性还
在于，它在山西形成了一道很明显的不同种类煤的分隔带，在它的
531 东边出产的是纯度很高的无烟煤，而西边则只出产烟煤。从山脚
下的煤矿就可以看出不同之处，这些煤矿密密麻麻构成了这里独
特的景观，而且还一直向北边延伸。霍山的名字早在记录大禹游
历的古书中就已出现。[①]

站在高处往下望，脚下是迷宫一般的黄土沟壑，移步换景，人永远都不会感觉疲倦，因为总有新的惊喜在等着你。有时候我抑制不住在四周攀上爬下，想看看到底还有什么未知的地形。但是这种尝试的结果很糟糕，因为不久就会在复杂的沟壑中迷失方向，而且找不到任何标示方向的参照物。道路也是一会儿向上，一会儿向下，有时又突然不见了，真让人着急。直到听到持续不断的骡马脖子上系着的铃铛发出的声音时，才欣喜若狂地发现我们又接近大路了。但是当你循声而去，却发现你站在一段黄土梁的顶部边缘，而大路就在你脚下深深的沟壑中，要下去还要绕很长的

① 禹在舜（公元前2357—公元前2256）之后承继大统，据说他走遍天下，在《禹贡》中有所记载。（参见第432页）

路，并且面临再次迷路的危险。

这条道路很繁忙，来往的多是粗笨的车辆。道路的斜度有时候让人吃惊不小，可能很长时间都是在平地上前进，突然眼前就出现了很大的向上或是向下的斜坡。有些地方的路上还有天然的石
阶，这一地带十分贫穷。在一些难走的路段，中国人总是能泰然自 532
若地坐在车里，而欧洲人则更愿意下马或是下车步行前进，顺便观察一下周围的情况。

路边有很多客栈，想要什么都能买到。还有一些卖吃食的店铺也开在窑洞里，只是在门前摆几张桌子和条凳就表示这里可以吃饭。伙计们经常招呼来往的旅客“喝不喝茶”。如果要喝，他们就从一个大铁壶往茶杯里倒滚烫的热水冲茶。这里的人并不怎么认得茶叶，因为茶叶很贵，普通老百姓喝不起。所以伙计们常常拿别的叶子来蒙人。对于不是喝凉水就是喝烈性饮料的欧洲人来说，并不习惯这种淡淡的茶水。但是在喝热水这件事情上蕴含着以往所保留经验的哲学，因为如果人们某一次克服了排斥情绪而尝试，会发现饮用热水比凉水舒服得多，也更提神。而且烧沸的开水比较卫生，对健康有利。欧洲人觉得喝温水很不舒服，对此中国人也同样不喜欢。除了所谓的茶水之外，还有其他喝的东西。一种在大铁锅里煮的稀粥，一个铜板买一大碗。在一些比较好的店里，还有米粥，通常是小米粥，一般不放盐。对我来说，在这种粥里放些别的调料，再加点肉类就是很好的一餐。

这一地区最美味的东西是面条。制作面条的技术堪称完美， 533
并不是山西所有的地方都能吃到如此的美味。每个来此旅行的人都不应错过这种美食。甚至店里通常有专门的师傅只负责制作面

条。制作起来也不简单，首先要和面，通过加面粉来达到合适的硬度，然后饧面，为的是做出来的面条会变得劲道。之后将大面团分成很多小份，开始抻面。用不了几分钟就能抻出几千条细细的面条，两头剩下的面团会和其他面团混合后再用。抻好的面直接放在沸腾的锅里煮，几分钟就熟了，用筷子捞出。再浇上美味的卤子就能吃了。面条是中国的饮食中比较适合欧洲人口味的。剩下的，比如猪肉、豆子、豆腐、过油加蒜炒的蔬菜就没多大吸引力了。这里有很多好馆子，通常会在有阴凉的地方摆些桌椅板凳供客人吃饭。一般还卖些煮熟的鸡蛋、栗子或者干果。

没有旅者不会被这一地区独特的黄土窑洞建筑所震撼。人们就在天然形成的黄土坡上挖洞作为居所，这些洞的穹顶都是拱形的，地面则是平坦的，只有一个入口。为了防止黄土坍塌，入口通
534 常都用砖加以固定，也砌成拱形。一般情况下同一平台上有很多口窑洞连在一起，窑洞口一个挨着一个，人们还会做些装饰，看起来很漂亮。窑洞进深大概 6—10 米不等。如果只有 5—6 个窑洞在一起，人们还会造一个拱形回廊，把这些窑洞都包括进来，形成更加牢固的窑洞。即使是建造在空地上的房屋人们也采用这种形式，经常看到一个庭院中有两到三个房屋的立面，五到六个拱形门用一条水平的带状房梁连接起来，屋顶是平的，使得房屋看起来和在黄土坡上挖出的窑洞形制一样。

这种建筑风格看来并不是传统中式的，但我只在中国见过，虽然会让人联想到意大利的房屋，尤其是当一道黄土坡上出现一排紧靠着的这样的房屋立面的时候。而且这些房屋的平屋顶同时还充当它们上方另一排房屋的门前走廊，使得这种窑洞显得格外

独特。这种聚集在一起的房屋不仅局限在黄土坡上，甚至在平地上人们也建造类似的房屋。中国人原本很擅长在房屋上做各种装饰，但这种习惯并没有在这些窑洞上得到体现，人们只是在窑洞的窗户上花了点儿心思而已。窑洞的前立面是平的，没有任何装饰，尽管如此这种建筑风格已经足够独特了。在离灵石县不远的一个村子里，这样的窑洞格外多，吸引了很多人的注意，其中包括一些耶稣会士。他们把这些窑洞的样子画了下来，威廉森在他的报告中也绘制了一幅窑洞的草图。我在孝义镇就住在这样的窑洞 535
里，里面空气很凉爽，和别的客栈房间没什么区别，有时候会忘记我们是住在如此独特的窑洞中。当地还有另外一种形式的窑洞，用两道垂直交叉的拱形横梁支撑起一口窑，其他方面都很简单，只是在顶上建造得像一座塔一样。如果是在城镇里，这样的窑洞常常带点儿神圣意味，在村子里除了上述作用更常用作瞭望塔。

韩信岭因为著名的将军韩信得名，他出生在山西（译者注：原文如此），这里的人们至今以此为傲。为了纪念他，人们建了一所庙宇，里面供奉着韩信的雕像。韩信岭无论从政治还是经济角度来说都十分重要，因为这里是通向北边和南边的要塞，如果不走这里的话，则要绕很远的路。韩信岭犹如一条8字形绳索上的节点一样，是重要的交通和货物运输要道。在它的北边是太原府所在的平原，也是山西省最重要的一片区域，再往北是更广阔的平原，直到蒙古部落。南边则是平阳府所在的平原和山西西南边以及陕西境内广阔肥沃的土地。这些区域交通往来频繁，而韩信岭恰恰位于节点之上。所以历来是兵家必争之地，在很长一段时间内成为分隔对立两方的中间区域，因为韩信岭地势险要，易守难攻，并

不那么容易被占据。

536 即使在气候上，韩信岭也是南边和北边的一个重要分隔点。南边的黄土层上直到高处都覆盖着草地，庄稼播种和收割的时间比太原府要早，大部分可收两季。在北边，罂粟还比较稀罕，但是在南边则种植了很多。气候导致交通上的最大不同就是，从南边往北的交通很繁忙，而对向则很稀少。因此我在这条路上很少看到有对向而来的车辆，即使有一些大部分都是空载的，要么装载的是更远地方的货物，主要是天津的。

灵石县很小，可惜我并没有见到威廉森描述的那块灵石。当时他在一座寺庙里过夜，在寺院中有幸见到了所谓的灵石。据他说，开始他以为真的是一块陨石，但是当走近之后，发现不过是一块高 5 英尺，宽 4 英寸的矿石。石头底下是一个基座，正对着门放置。旁边还有一个石碑，上面写着这块石头的来历。200 年前，人们在清挖河道时发现了这块石头，为了纪念这一发现，康熙皇帝命令将此地命名为灵石县（译者注：灵石县始置于隋开皇十年，确因获得瑞石而得名，但与康熙帝无关）。此后就有当地居民烧香焚拜这块石头以求赐福。如果拿一块石头敲击这块灵石的话，会发出金属的声音。如果考虑到，中国人自古认为陨石是非自然的，是神灵赐予的。那么当地人硬要把一块普通矿石误作陨石就不难理解了。

537 从这里开始，道路在一条狭窄的山谷中前进了 60 里，汾河也流经这道峡谷。汾河上有很多古老的石桥，这些桥上有无数的桥柱，还有很多各式各样的石狮子，姿态万千。之前这条道路应该得到了很好的维护，在泥泞的路段还铺了石头。最好的一座桥位

于义棠镇（Yi tang tschönn）附近，过了这座桥，道路开始向汾州府（Fönn tschóu fu）前进，也就是沿着峡谷的西侧前进。这条峡谷的挖煤业给人留下了深刻的印象，河道的两边，尤其是西边，到处可见矿渣堆和几乎变成黑色的村庄。义棠镇位于进入太原府平地之前的最后拐角上。

在中国，太原府所在的这块平地十分独特，几乎每一面都被山脉环绕，只能通过很窄但是并不高的关口进入。这块平地的海拔高度大概有900米，呈矩形，长边是自西南向东北的，大概长15德国里，窄边则只有4.5德国里长。加上所有的凹凸之处大概总面积有90平方德国里。这里曾经是一个内陆湖泊的所在地，就如现在的青海湖（Kukunor）一样，被山峦环绕。当山西还处于草原气候的时候，这里被渐渐地填充。但是湖水没有流出的渠道，后来终于出现了契机，湖水沿着山谷流出，并且河道深深地切入地面，甚至都到了煤层。现在发源于这片平地稍北边的汾河从中流过，并且形成了很多支流。这些河流都来自山中，到达平地时河水还十分清澈，并不汹涌，而且更多的是沿着地势的起伏向低处流，并不都进入切入很深的河道。山脚下尽是这些河流的冲积区。

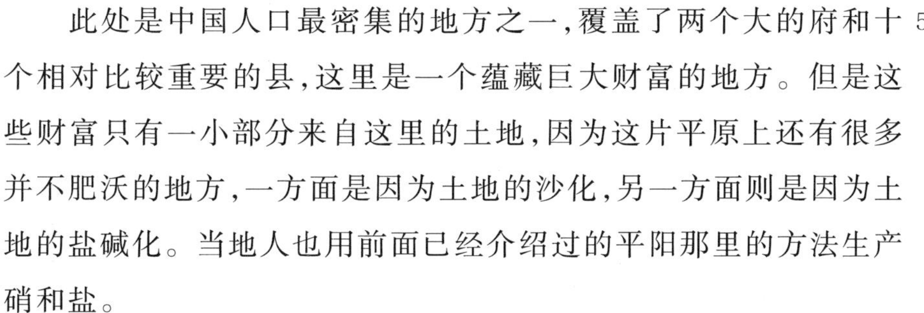

此处是中国人口最密集的地方之一，覆盖了两个大的府和十 538
个相对比较重要的县，这里是一个蕴藏巨大财富的地方。但是这些财富只有一小部分来自这里的土地，因为这片平原上还有很多并不肥沃的地方，一方面是因为土地的沙化，另一方面则是因为土地的盐碱化。当地人也用前面已经介绍过的平阳那里的方法生产硝和盐。

当地有一个非常特殊的现象，就是这里的居民依靠田地并不能自给自足，但是生活得却很富足。这里往其他地方卖煤炭、铁和盐，而众多人口日常生活必需的除了大麦和鸦片，甚至棉花和棉布都要依靠进口。因为他们自己生产的数量太少，远远满足不了需求。在山西只有南边的土地可以一年收两茬庄稼，其他大部分地方每年只收割一次。所以此处的进口应该超过出口是无疑的了。尽管如此，除了四川的成都府(Tschöng tu fu)以外，恐怕在中国再也找不到一个地方像山西太原这样，城里和村里密密麻麻地遍布造价不菲的房舍。这里很多两层或是三层的小楼，建房子的钱
539 都是主人们做生意赚来的。甚至可以说山西人主要靠脑子赚钱。

成千上万的年轻人离开家乡到直隶和满洲干账房的活儿。他们每五年或是十年回一次家，带回他们的积蓄。在山西很容易得到其他地方的信息，因为这里读过书的人大部分都出去闯荡，带回各地的消息。除了国内各地的生意，长城的另一面，从满洲的东部经蒙古部落到伊犁再到西边的哈萨克游牧部落一线的生意也都落入山西商人手中。这条线路上的贸易城市中都有他们的据点，但是他们通常只是短期住在那里，山西依然是他们的故乡，他们的家庭也都留在山西。他们的孩子在山西长大，他们老了以后也会回到山西。如果死在外乡，他们的尸体还会被运回山西安葬在祖坟中。山西人开的钱庄更是遍布全国，我们到太原的时候，就见过很多大家族的宅子，据说都是开钱庄的。在山西开钱庄的大商人多住在南边，他们的生意从北京到云南，从甘肃到上海甚至广州，蔓延全国。至于他们的生意有多大，可以这么说，他们手中的货币流可以比人口达到其两倍的整个欧洲(除了俄国以外)的全部货币流还要大。

虽然他们赚来的钱大部分仍然用在生意上，但这些钱庄人 540
家能过极为奢侈的生活。山西商人们最初通过贩卖铁赚钱，完成
了资本的原始积累。从那时起，重商的精神就在此地巩固传承下
来。山西人非常精明，但是他们的才华并没有像其他行省的人
那样被用在读书考取功名上，而是发挥他们擅长计算和经营的能
力，要么开钱庄，要么当账房，后者尤其适合他们。和中亚的游牧
民族相比，山西人在买卖中占据了绝对的优势，取得了垄断的地
位。就算是和中国其他行省的商人相比，山西商人也是出类拔萃
的。但是和来自江西的老道商人相比就差了些。山西商人们也曾
经追问过江西商人，他们为什么能在买卖中获得那么大的成功。
后者的狡猾和机智是出了名的，他们也并不怎么看得起山西的商
人，认为他们太实诚。[1]

其实山西商人是否狡猾要看和谁相比了，比如蒙古部落商人
显然就更加直接和诚实。但是无论如何山西人做生意还是较为诚
实守信的，所以他们才有这么好的名声。比如他们开的钱庄，借给
商号的钱要抽取一定的利息，无论在哪里，无论对谁，他们都抽取
同样比例的利息，绝不会多拿。因为他们的信用极好，所以生意才
能持续地做下去。当然对于一些大胆的投机商，比如广州的买卖 541
人，山西人还是很小心的，轻易不会借钱给他们。

今天天空非常晴朗，我得以看清四周群山的样子。这些山高600 米到 1000 米，多是平顶的，看起来倒像曾经是一个高原，由于受到水流的冲蚀而四分五裂，形成了山脉一样。东南边是水平的

① 参见第 99 页。

砂岩形成的高原，我们在从泽州府到平阳府去考察煤矿时已经路过这一地区。西北边虽然我们还没去过，但看起来和东南边的地质构造相似。十分有利的一点在于，这里盆地的高度刚刚好，使得位于高原边缘的煤层比平地的高度略高，很多煤层都暴露出来了。这里有很多煤矿，所产的煤质量都很好，供给周边地区使用。主要是烟煤，一吨大概卖 1.5 马克到 2.5 马克，离煤矿越远卖的价儿越高。

我们从西南边来到此地时，经过了一片相当肥沃的土地。地里的庄稼郁郁葱葱，地下 4 米到 5 米处就有地下水，即使在干旱的季节还可以抽水灌溉。这一片几乎都是这样的，所以土地的产量主要取决于地的肥沃程度。这里种了很多鸦片烟，还有其他各种

542 庄稼。水果也有很多，尤其是葡萄、杏和中国特有的枣。枣的产量和销量惊人的大，是中国北部十分重要的一种水果。山东、山西和直隶是主要的种植区。在产地经常可以看到满载枣子的车队或是驼队运往全国各地。枣子的皮是深红色的，里面有一个长条状的果核。这种水果的优点在于，很容易就能制成干果，而且可以保存几年不坏。因此无论是在城里还是农村都有很大的需求，价格还便宜，一个铜板能买一大堆。干枣吃起来口感很好而且营养丰富。在欧洲只能见到制成蜜饯的枣子。人们用刀子在枣表面竖着划几道口子，然后放上糖熬煮，之后再取出晒干。这种蜜饯枣子也能够保存很长时间，所以才能被运到欧洲。和欧洲枣子的高价相比，这里的枣子非常便宜，可以肯定即使除了运费，那些商人们一定获利颇丰。在太原府没有人种棉花，也没人种冬令蔬果。

这里有很多村子，街边上还有很多大的寺庙，在村子里还有

特别高大宏伟的建筑，而且这里的房屋和城里的一样彼此都挨得
很近。我们经过的第一座城市叫作介休县（Kiai hsiën），因为没
有穿城而过的大路，所以我们只能从城郊穿行。这座城看起来比
张兰镇（Tschang lan tschönn）大得多，本来我只想中午在这里休 543
息一下，但是我发现这里的客栈非常舒适，于是决定在此过夜。张
兰镇以前是府同知驻地，但是不知道出于什么原因被降级了。现
在这里成了一座重要的贸易城市，到处都是华丽的商铺。

这里的铁制品交易量非常大，大部分都是在当地铸造的。铁
制品的样式繁多，工艺精湛，在其他地方我都没见过。人们把生铁
和熟铁混合，熟铁来自泽州府。但奇怪的是，虽然这里炼铁的作
坊很多，当地人却不怎么使用铁器。用来炼铁的是焦炭，产自离
此 50 里到 60 里的山谷中。后来让我感到无比遗憾的是，我错过
了当地最独特也最知名的生意——古董生意。张兰镇、交城（Kiau
tschöng）和太谷县（Tai ku hsiën）就位于这块平原之上，彼此相
邻，距离不到 3 公里。那里有很多古董店铺。山西、陕西和与其交
界的河南省的一部分地区是中国出古董最多的地域，尤其是青铜
器和古币。当地的古董商人们收集起这些东西后，卖给各地的淘
宝人，甚至北京的古董商人都在这里购买。当地也有些有钱人家
收集古董，但是大部分出土的文物都被其他地方的人买走了。在
张兰镇几乎每两间铺子就有一间是卖古董的。那时我并不怎么了
解这些情况，还以为卖的不过是些不值钱的旧东西而已。再加上
围观的人太多，所以就没仔细看看。强烈建议从北京到山西这 544
些地方旅行的人一定要来看看。当地的居民知书达理，如果你是
个真正识货的人，一定会从他们那里得到认可，也一定会收获丰

厚的。

这两天天气非常炎热，空气中尽是沙尘。更让人吃力的是我的那头租来的牲口不怎么听话。虽然它膘肥体壮，但是看来以前更多地被用来拉车，而不是驮人。所以它总是想和其他牲口一起走，不愿意先走。牲口本性就是这样，愿意跟在另一头牲口摇晃的尾巴后面走。所以只要我一停下，我的这头牲口就自觉地回到队伍中去，可是我却受不了前面的牲口扬起的灰尘。所以不得不拿鞭子抽、吆喝，想尽办法让它往前走。如果赶着它走到前面了，它就开始不断地回头张望，直到听到同伴身上挂着的铃铛的响声，知道它们就在附近了，才能安静一些。要是我们落在大队伍后面，它就会撒开步子追赶，怎么拦都不会停下。

我们到达的下一个比较重要的城市是平遥县（Ping yau hsiën）。这是个大地方，城墙很高很坚固，城里房屋鳞次栉比。在山西南部的路上，如果问任何一支运货物的队伍要去哪儿，除了有官兵护送的多去蒙古部落那边外，十有八九都说要去平遥。不时有运货的队伍经过，他们的货物要运往北方。我们自怀庆府和清化经过产煤和产铁的高原一路走来的这条路从东南边进入平遥，
545 之后从西边出城，然后经沁州到赊旗并由此将整个南部中国（四川、湖南和广东）和山西北部以及蒙古部落连接起来。第三条路则从这里经太原去往蒙古部落。

再走 50 里我们到了祁县（Ki hsiën），这里是有名的蒙古马交易地。每年阴历九月，大概阳历 10 月底都会有马市。河南和湖北的商人都跑到这里来买马。山西每个城市都有自己的特色物产和特色交易。当然最大的财富集中在太谷县，先前已经提到过，那里

有一个很大的古董市场。另外那里还是那些大钱庄主人的故乡。现在我们进入了一片比较贫瘠的区域。从山上流淌下来的溪流所夹带的大石块很快就沉淀下来，而那些细小的沙粒便随着流水冲刷下来。虽然河边的堤岸都被加固了，但是随着水位的上涨，早晚会冲毁堤岸，携带大量泥沙使这片土地变得寸草不生。榆次县(Yü tsze hsiën)就经历过这样的遭难。榆次县还是一个相当大的地方，有高高的城墙环绕，我们只是从边上经过，并没有进去。

我们经过的平原上的最后一个地方叫作黄河村(音译：Hwang hŏ)，那里出产一种用黄铜做装饰的烟草匣子。现在四周地势开始缓缓地起伏，因为这一平行四边形地带的东北边是黄土坡地。我们所走的这条道路也开始随着地势的抬升，先自上而下经过榆
次县附近区域，之后进入了真正的山口，这个山口将西边过来朝 546
平原地带流向的汾河截断。第一条通道是两条之中较高的，因为这一山口只有 400 米高，但是第一条通道依然高出太原所处地区 600 米。这条路非常难走，甚至比韩信岭的路还难走，尤其不适合车马通过。

在还没到山口的时候，我们经过了一个名叫石家(音译：Schi kia)的村子。这个村子很狭长，到处都是客栈，因为几乎所有途经此地的车马都要在此歇息。在中国很多东西都有统一规格，尤其是载人的车辆，在尺寸上几乎都是一样的。但是在山西却出现了变化，车轴比整个南部行省的要宽出 20 厘米。因此所有从东往西来的车辆在这里都要更换车轴。很多车辆的车轴已经被拆下，等待更换。在整个山西和陕西，和一直再往西的地区都使用这种宽车轴。今天晚上(5 月 17 日)我们在距离石家村 20 里的李唐铺

村(音译:Li tiang pu)过夜,这次我们又住在窑洞。经过第一个山口,到太安驿(Tai ngan yi)就到了一处山谷,再走50里后到了汾河流域最后一座城市寿阳(Schóu yang)。从那里又有一道山口,直通南天门。站在高处四顾,不过还是起伏的黄土,其间的沟壑还不够深,没能达到底下的煤层,因此这里也没有煤矿。

寿阳是这条路上大的停靠点之一,因此有很多宽敞豪华的客栈。我们本来想在这里歇息,但是被告知所有客栈都客满了。有
547 一间客栈虽然还空着,但是被人预订了。于是我们暂借他们的房间略作休整,等他们来的时候再走。订房间的是从四川运送珍贵药材的车队,大概有3200磅,是给皇帝的贡品。后来我在四川得知,那些被征服的少数民族,他们的首领得到皇帝的赏赐,也给皇帝上贡以示臣服。这些贡品在成都府被集合在一起后,派专门的士兵看护押送。他们的头儿是一个品级较低的官员,另外还有一个负责杂事的年轻人。那位官员开始很是盛气凌人,一脚踏进我正在休息的屋子里,对我宣告他已经定了这间房间。我对他不理不睬,让他充分感受到他多么没有礼貌,通过这种方式使他没过多久就试着跟我们套近乎了。

没有什么比让优雅的中国人觉得他违反了礼仪规则而更能让他感到羞愧的了。在当前这个事件中我取得了决定性的成功。我最终被邀请自己住这个大房间,其他人住隔壁的那些房间。但是我没有接受,因为我们还想继续赶路。后来在我一到达北京的时候,那位负责杂事的年轻人还跑来拜访我。再后来我到了成都府,他还派人找我。但是此次偶遇更有价值的一件事是我们结识了这个队伍中的护卫队长,他虽然没有品级,但是更加富有学识,

而且非常坦诚、乐观，极具智慧和活力。听说我们之后要去中国的 548
西南部，他给了我们很多建议。当他到北京后，和保罗也交往得很愉快。后来在成都府更是为我们出了很多主意。

令人吃惊的是，中国人在这样的护送过程中所表现出的极大的能力。从成都府到北京共需 20 天时间，每天都要走 90 里到 120 里，中间不做停歇。他们很早就出发，一直走到夜宿的地方。雇一些非常健壮的牲口，每头花费价值 84 个塔勒硬币的银子，当然领头的肯定可以从中落下些好处，牲口的主人是不可能真的拿到这么高的价钱的。停歇地点之前就确定了，那里至少要驻有小官员，他要担负车队的食宿费用，当然这笔钱由公家出。这些负责接待的官员们也不会白白浪费这样的机会，也会假公济私多报些费用给自己落下些好处。

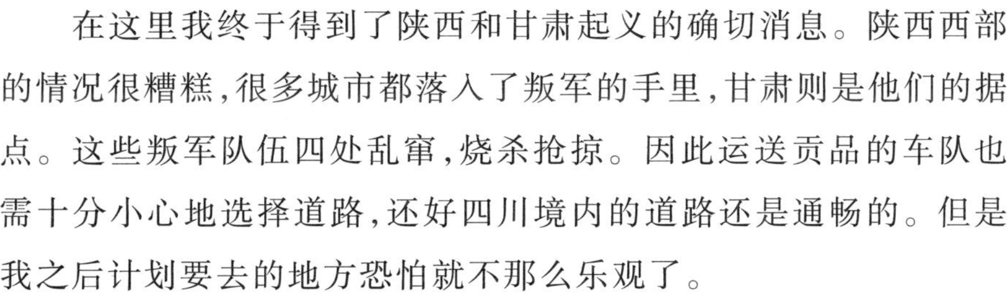

在这里我终于得到了陕西和甘肃起义的确切消息。陕西西部的情况很糟糕，很多城市都落入了叛军的手里，甘肃则是他们的据点。这些叛军队伍四处乱窜，烧杀抢掠。因此运送贡品的车队也需十分小心地选择道路，还好四川境内的道路还是通畅的。但是我之后计划要去的地方恐怕就不那么乐观了。

我就在岭上过夜，该岭官方的名字叫作南天门（Nan tiën mönn），但在这里更常被称为土西岭（音译：Tu si ling），高度大概
有 1400 米。从这里开始那条自东而来的溪流顺着河谷下泄，切入 549
高原表层的砂岩层中。在高处还看得到黄土层，如果继续往低处走 60 里，就会发现那里的煤层已经到达砂岩层的底部。我们进入了平定州（Ping ding tschóu）出产煤和铁的区域，虽然表面上看起来结构更复杂，但此处的阶梯地形实际是泽州地形的延续。如果

越过高原的东部和南部边缘，越过太行山，从平原地区望向西部，就会发现这片阶梯地形是延续性的，虽然有时宽些，有时窄些，而这样的地形十分有利于煤层和铁矿的形成。我立刻就认出，这里的岩层和泽州附近的相同，而且也几乎位于相似的海拔高度上，并且和在泽州一样也是水平分布的。这里距我首次发现这种地形的地方直线距离大概有 50 德国里。而且这里已经接近这种独特地形的北部边缘，因为我已经去过的位于大路北边一点儿的盂县（Yü hsiën）应该就是这种阶梯地形的终点。无论从分布范围还是蕴藏量来说，山西东南部的煤矿都占有优势。至于这里的情况如何，还需进一步考察才能下结论。

我发现了一个以盛产高质量的无烟煤而闻名的煤矿。矿井位于此地北边的一条峡谷中，照例只挖出一条矿井，大概深 5 米到 6 米，有时也能到 9 米深。无数的山谷和裂缝将煤系呈现在我们的
550 眼前。这些煤层从外面看并不十分显眼，但是一直深入到山体里面。在这里，人们并不像通常那样通过隧道，而是通过竖井挖煤。此处的产煤量很大，主要的矿井据说已经运营 100 多年了。那些小的竖井，大概只有 2 米厚，几乎无人在意，因为主矿井的产量就很可观了。在煤层之间的石灰岩层里有很多化石，但是这次我没能找到合适的位置进行采集。如果能作稍长时间的停留，并且对当地加深了解的话，不难收集到大量的化石。

我们在离平定州 10 里外的翼城过夜，所住的地方四周尽是高大的树木，让人赏心悦目。店老板很听话，尽力满足我们提出的一切要求。因为之前威尔曼在这里住过，并且给他留下了极好的印象。这里的老百姓非常有礼貌也很友善，和太原府东边平原地

区甚至和平定州附近地方的人截然不同。先前在那些地方的时候经常听到有人对我们说些侮辱性的话，一般我们会劝阻或是制止他们，有时也回击。甚至一些白发苍苍的老人也如此，这些老人走路慢腾腾地像个蜗牛，嘴里经常骂“孙子”。孙子这个词本意指孙辈，常常用来作为辱骂的词汇。

遇到这种情况，保罗的口才常常发挥极大的作用。曾经在一个村子里我们格外受到一些老人的侮辱。晚上过夜的时候，他们挤进客栈试图羞辱我们。保罗凭借他的三寸不烂之舌，一方面表 551
明了在此之前我们还从未遇到过像他们这样无礼的人，一方面威胁他们，要将他们送官。同时，保罗还像一个传教士一样对他们吸食鸦片烟自甘堕落表示了痛心。说得这些人哑口无言，一个接一个退出了客栈，再也不敢来打扰我们了。而在这里我们却过得非常舒服，在平定州甚至可以自由地在街上散步，并没有引起轰动，也没人尾随我们。翼城是个不太重要的地方，也没什么特别的贸易，只大量出口铁制品。大部分店铺都做这种买卖。人们从盂县买进生铁，然后做成熟铁制品。附近还有一个地方也生产铁器，那就是平定以南60里外的乐平县(Lo ping hsiën)。

越过一道低矮的山梁我们到了朔方村(音译：Schwo fang tsun)。这是个大村子，同时也出产大量的铁，虽然每家作坊的规模比泽州府的还要小些。两三块呈阶梯状排列的平坦黄土地面，再加上黄土梁中挖出的几个洞，就是一个炼铁作坊全部的设备。不止炼生铁，还可以炼熟铁，和制造各种铁艺制品。像我先前曾描述过的那样，炼铁的过程是这样的：330个坩埚被排成一行放置，后面都不用再建屋子，直接在背靠的厚厚的黄土梁上挖些洞出

来，里面放风箱。在最上面一层将原料炼成薄薄的不规则形状的生铁片，然后扔到第二层，在那里加工成规则的、厚一英寸板状半
552 成品，最后在第三层被加工成各种铁制品。炼铁的时候得有根烟囱排烟，这里的人并不需要费劲搭一根烟囱出来，只需在黄土层中挖出一条圆柱形的洞来。排烟效果极佳，堪比最好的烟囱。大概花 40 个塔勒硬币的钱就能置办齐一个炼铁作坊所需的设备，还包括足够的煤、铁和黏土等储备。因为全部所需都是就地取材，只有极少地方需要额外花钱。炼铁的原料也来自当地，一般谁幸运地在自家的地里挖出了铁矿石，就卖给炼铁作坊。炼铁所需的黏土和沙子也是这么来的。这些作坊零星分散在周边，我们在路上还遇到过一些。

东南方向高原地势整体下沉了一些，但是却出现了一座比乐平高出将近 600 米的山，名字叫作明山（Ming Schan）。乐平乡本身就位于两条山谷交汇的一处高地上。这个地方非常穷，或许是因为本身狭长的地形所致，所有的街道都很窄，两侧房屋也很破旧。客栈都很小，我们在其中一间落脚。这里以产铁而知名，铁制品用驴子驮着运往南边大平原地区的顺德府（Schun tö fu）卖掉，然后从那里买回粮食和面粉，两地间来往的车辆很多。另外这里产的锅也很有名，尤其是一种很轻很薄的黑色铁锅，因为耐用而广受欢迎。这种锅被卖到很多地方，甚至在北京也能买到。除了这个地方，还有就是山东的博山县（Po schan hsiën）能够生产类似的铁锅。

553 至此我们已经离开了山西东南边产煤和产铁的地区。这一地区的无烟煤的质量比其他地方的要好很多。众所周知，宾夕法

尼亚州(Pennsylvanien)以出产无烟煤知名，但是和山西的这一地区相比规模要小很多。从开挖难度上来讲，山西的煤矿也胜出许多，因为宾夕法尼亚州的煤层常有断裂和阻碍。即使不谈煤的质量，单从开挖难度上来讲，世界上没有另外一个地方的煤层比山西的更容易开挖了。沿着太行山边缘，超过 50 德国里长的地带上分布着垂直或是稍有倾斜的煤层，之下是坚硬的同样略有斜度的石灰岩层作为基座。从太行山的边缘开始，岩层继续向西延伸，而且砂岩层分布非常规则，甚至在高原之上又堆积起另外一片高达 1800 米的高原地形。这似乎也说明，在它的下面煤层应该也在继续延伸，而且没有受到任何破坏。沿着高原的边缘可以开挖几英里长深入煤层的隧道。或许除了厚达 6—9 米的主煤层外还有其他值得开采的无烟煤层。这里可开采的面积无比巨大，可以断言，鉴于此地独特的情况，在开采煤矿的时候也可以采取一些特别的方式。

如果能够建造一条铁路，那么这里的煤炭宝藏将创造巨大的经济价值。通过铁路可以把这里的煤运到天津和上海。铁路可以
伸入矿井中，从那里直接装上煤运出来。但是在这样的地形条件 554
下修建一条铁路绝非易事。山西南部边缘倒还好，不过是需要多转几个弯儿而已，难的是在高原陡峭狭窄的通道上铺设铁轨。而在东边几乎尽是这样的地形。边界处都是山，高耸的山峰聚集在一起，其间还有很多河流穿行，石灰岩、煤层和其他地质结构交替出现，令人眼花缭乱。而且因为空气中常常布满黄色的沙尘，很难有清晰的视野。不仅如此，从零星出现的埋藏很深的煤层和那些被压碎得几乎像灰尘一样的无烟煤可以判断出，这一地带有很多

褶皱。

下沉部分的两边却是高度不低的石灰岩山峰，对于工程师来说，在这样的地方铺设铁轨是件难以完成的任务。即使是这样，我想这条路线一定是相对好走的，不然中国人也不会选择它作为从北京到山西的大路。当然中国人修建道路的艺术远不如他们的耐性出色，因为虽然日复一日有那么多人蹒跚在这条路上，却没人想到去清除路上那些障碍。

尽管我费了很多心思，还是没能搞清楚这一带水系的分布情况。我们所走的这条路时而沿着河流前进，时而又刻意避开河道。有时会沿着某条河向下游走一小段，有时又得沿着某条支流

555 向上游前进，一会儿上山，一会儿下山，让人很是迷糊。有时为了到前面的盆地还得经过一个关口，然后又开始同样的绕来绕去。虽然这一路的景色变幻多端，但是让人感到无比遗憾的是所有的林子都被砍光了，连低矮的灌木都没剩下多少。这里的地质结构十分复杂，后来甚至还出现了黄土带。

必须承认，在欧洲没有如此结实的车子，能在这样的山路上前进。这一点中国人的确超过我们，他们造车的技术堪称一绝。路上不时出现大斜坡或是冒出一块带尖儿的岩石，原来铺的大石块天长日久已经磨得很光滑，有些已经被磨得不剩多少了。还有些地方道路就是在石灰岩上直接凿出来的，坡度很大，有两道深深的车辙，因为所有的车辆都沿着这些车辙前进。常常见到一些壮实肯干的牲口在上坡时拼尽全力拉车，因为路实在太滑，这些可怜的牲口常摔倒，膝盖上几乎都有伤。

道路非常狭窄，走了大概一半，出现了一条向下的小路，通往

固关(Ku kwan)。固关是内长城上一个重要的关口，将山西和直隶分开。这里的长城就是之前我在北京北边的南口见到的那段长城，只是万里长城的一个分段，另一段经过山西北部。这一段景色
如画，令人心旷神怡。长城就在石灰岩山峰上蜿蜒，一个接一个的 556
烽火台连绵远去。关口处的那段城墙保护得还好，再往远处几乎都残破了。关口处地势险要，山下深处一条小溪奔流而出。这里设有关卡，对来往货物收取税钱。当然我们并不需要交税，倒是和税官们攀谈了几句。

从固关道路仍然沿着之前的那条河流向下走了一段，之后就离开那条峡谷开始沿着北边的一条小支流前进。很快就到达溪河(Si hǒ)盆地，我们沿着很陡峭的山路下到底部，走了 10 里路就到了大概比固关关口海拔低 200 米的核桃园(Hǒ tau yuën)。在这里就开始看到井陉县(Tsing sing hsiën)分布广泛且很深的煤田，虽然县城本身离这里还有大概 35 里路。我们路过了一些煤矿，那里只挖出些很碎的无烟煤，主要用于当地生活，因为很便宜。倒是 100 里外平定州产的煤质量更好，每天都看得见长长的骡队载着那里产的煤经过。从井陉县的河谷中走出来后，景色焕然一新。溪河是一条湍急的河流，水质清澈，因为从山中高处流出所以落差很大，灌溉低矮处所流经的田地、花园和高大的树木。

继续往低处走，我们到了一片起伏的地带，四周被陡峭的山峰围绕。在河边我们看到很多水车，也是水平放置的，靠河水的冲力转动，经过河上一座巨大的石桥可以通往附近的城镇。根据威廉森的描述，这座城市很小很破败，这座桥已经很破旧，几乎快塌了。只有人可以走这条路，骡子车队则通常不进城，走桥左边另外

557 一条近路，为的是避开山路。井陉县离平定州有 130 里，从这里再走 70 里就能到获鹿县(Hwo lu hsiën)。

最后的这一段山路对于从事地理学研究的人来说是十分有趣的。很快我们就离开了山谷盆地和比较平缓的一些煤层。攀越过石灰岩山后，道路继续向东前进，之后又向低处走，在墙状的石灰岩山间穿行，直到这种受到侵蚀的地形被一段自南向北绵亘的山脉横着截断。这段山脉还隔断了一个湖泊，从两边高高的叠加了黄土的碎石堆上可以看出这个湖的确曾经存在过。从山形上似乎就可以看出，这段山脉的构造和我们之前几周见过的那些山不一样，顶端分裂成很多高耸的山峰。当我带着极大的好奇心靠近这段山脉的时候却发现，尤其是从那些鱼卵状的石灰岩上就能看出，这段山脉和之前我们途经之地的山脉，尤其是山东和辽东的，没多少区别。这段山脉向东逐渐平缓下降，直接联结上那里的平原地带。这段山脉的作用在于，有了它，山西高原的面貌就更加清晰完整了。

在中国，很少能见到像现在的获鹿这样如此繁荣的县城。城里虽然很小，但是城外的面积很大，来往交通熙熙攘攘的。在这一天里我遇到了估计得有 10000 头进出获鹿运货的驴子和骡子。平定州和盂县产的煤、铸铁和熟铁制品是主要的货物。运往获鹿的货物很多，但是运出的却要少得多，因此很多车辆都空着返回。
558 附近地区产的棉花、棉制品、在当地很受欢迎的外国货、盐、糖、粮食、面粉和药材被从东往西运送。我本来想住在一个方便调查这里贸易情况的客栈，但是围观的人太多了，几乎不可能在获鹿待下去。所以我们继续往前走，直到深夜却迷了路，转了半天最后到了

30 里外的少陵铺村（音译：Tschau ling pu）。

获鹿离北京 660 里，和天津离北京的距离一样。它的重要性在于，从东边来的货物大都通过马车运送，但是再往西却只能通过驴车或是骡车，因此获鹿就成了一个转运点。所有货物都要在此换车，山西全省输入的货物几乎都经过获鹿。它的重要性甚至超过先前我们到过的清化。我在山西北边考察的时候，经常遇到长长的运货队伍，如果问他们来自哪里，回答一定是“获鹿”。如果想了解山西的贸易情况，到获鹿反而比在山西本省能得到更多的信息。

这里的山峦和冲积平原之间被一条微微起伏的大概 75 米到 100 米高的黄土带分开。因为黄土土地肥沃适合种棉花，冬天 2/5 的面积都种棉花，但是看来棉花的种植也就集中在这一黄土带上。而且太行山余脉也不时地将这一黄土带隔断。

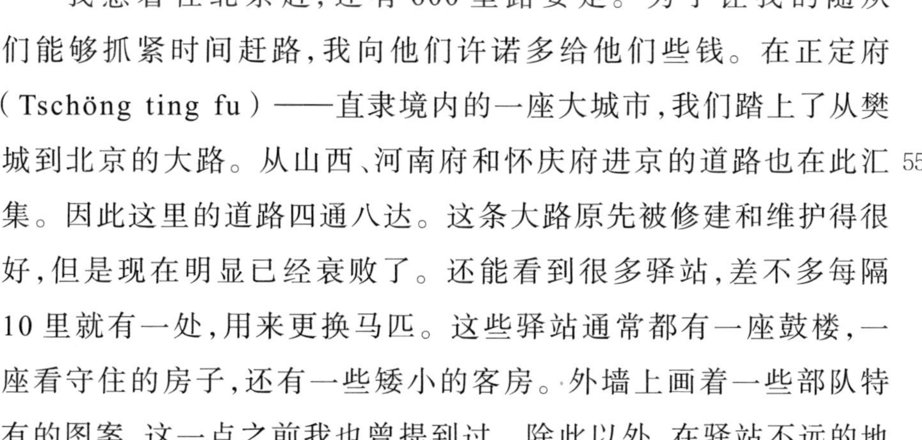

我急着往北京赶，还有 600 里路要走。为了让我的随从们能够抓紧时间赶路，我向他们许诺多给他们些钱。在正定府（Tschöng ting fu）——直隶境内的一座大城市，我们踏上了从樊城到北京的大路。从山西、河南府和怀庆府进京的道路也在此汇 559
集。因此这里的道路四通八达。这条大路原先被修建和维护得很好，但是现在明显已经衰败了。还能看到很多驿站，差不多每隔 10 里就有一处，用来更换马匹。这些驿站通常都有一座鼓楼，一座看守住的房子，还有一些矮小的客房。外墙上画着一些部队特有的图案，这一点之前我也曾提到过。除此以外，在驿站不远的地方还有一些守卫人员可以居住的房屋，如果住驿站的官员需要格外保护的话，就会安排三到四个人住在那里。这条大道基本很平

坦，经过一些大的城市和村子。之前有很多外国人曾经走过并且记录描述过这条道路，比如马可·波罗去西藏时走的就是这条路。路的左边尽是山崖峭壁，有时看起来十分壮观，让人想前去看看。对于我这样研究地理的人来说，更是想深入其中探访，因为这里和山西南部的结构很不相同。但是我实在没有时间，只能不停地赶路。因为天气干燥，一路暴土扬尘。5 月的天气已经非常炎热了，让人有点儿不堪忍受。虽然每天都有一阵天空布满乌云，看着好像雷雨要来的样子，但是我们已经知道并不需要找地方躲雨，因为直到北京一路上一滴雨都没下。

此处我想谈谈自己的一些思考，这些想法是我在回北京的路上写下的。如果回顾这一路从汉口到北京的行程，就会发现途经的这几个行省对于从中国向国外出口上几乎没做出任何的贡献。
560 而且这几个行省向中部和南部各省输送的货物也是极少的。由此可以推断出，和南方各省的居民相比，这几个省的居民几乎就是处于自产自销的状态，很少消费进口产品。

事实上非常难分析，在北方这些区域是如何保持贸易平衡的。食物和一些奢侈品大量进入人口众多的北方行省，但是这些地方生产的东西却主要被当地人消耗，只有很少一部分才会拿去卖。即使是鸦片烟，虽然这种东西赚钱极快的，但是北方产的鸦片很少卖到南方去，大部分都在北方就被吸食掉了。山西之前还产铁，并且销往全国各地，积累了巨大的财富。但是随着欧洲的金属制品带来了巨大的竞争，使得山西铁的销路大大受限，现在也只是卖给中国北边的几个省而已。虽然蒙古部落产的皮草、烧酒和其他一些东西也被卖到南方，四川也往外省卖棉花，但是和北方这几个行省大量进口的东西，比如大米、茶叶、糖和另外很多很多其他的物品相比，卖出的数量不值一提。唯一挣钱的来路，据我所知，就是山西商人积累的资本以及和蒙古部落、中亚做生意赚取的利润。这种输入和输出的不平衡导致的结果就是，北方人生活很穷苦，只够活命而已。

其实更早时候情况并不是这样的，尽管当地的居民又穷又懒 561
散，但是像我这样的旅行者完全看得出这些地方以前是非常繁荣的，比如那些大点儿的城市都建有雄伟的城墙，城里也有很多高大的房屋。那些市镇，村子还有恢宏的庙宇，以及宽阔的大道都显示出，北部这些行省曾经有过辉煌的过去。北京就是一个很好的例子，过去曾经创造出多么伟大的成就，但是现在却日渐贫困和衰败。当然就北京而言，恐怕宗教和政治因素是造成目前局面的内部原因。但是如果进一步思考，那么还是有其他的一些客观因素的。

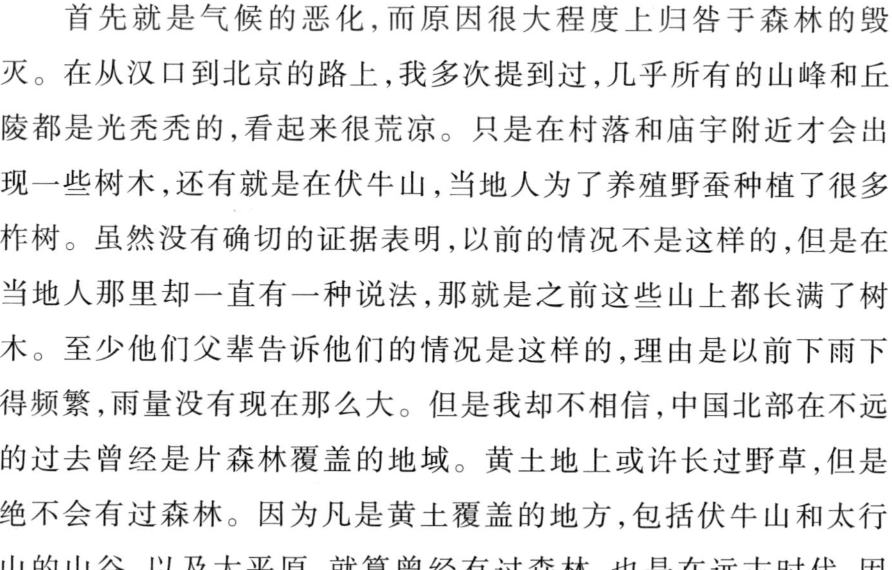

首先就是气候的恶化，而原因很大程度上归咎于森林的毁灭。在从汉口到北京的路上，我多次提到过，几乎所有的山峰和丘陵都是光秃秃的，看起来很荒凉。只是在村落和庙宇附近才会出现一些树木，还有就是在伏牛山，当地人为了养殖野蚕种植了很多柞树。虽然没有确切的证据表明，以前的情况不是这样的，但是在当地人那里却一直有一种说法，那就是之前这些山上都长满了树木。至少他们父辈告诉他们的情况是这样的，理由是以前下雨下得频繁，雨量没有现在那么大。但是我却不相信，中国北部在不远的过去曾经是片森林覆盖的地域。黄土地上或许长过野草，但是
绝不会有过森林。因为凡是黄土覆盖的地方，包括伏牛山和太行 562
山的山谷，以及大平原，就算曾经有过森林，也是在远古时代，因

为《禹贡》中就记载，大禹已经砍伐掉这些森林。

除了砍伐森林对环境造成的显见的破坏，还有更为严重的是水土的流失。如果森林还在的话，这是不可能发生的。本来雨水应该渗入地下并储存起来，但是现在却携带山上的泥石冲下来，泛滥成灾。原本干涸无水的地方被淹没，就像我们在山海关①看到的情景。而河水携带的石块和泥沙使得原本肥沃的土地变得沙化，再也不能种植庄稼。在山西和大平原地带有无数这样的土地。如果不是因为有黄土的存在，那么除了中部的大平原外，中国大部分地区早就成了一片沙漠，只是间或还能看到可耕种的山谷而已。现在大面积原本肥沃的土地，原本比其他地方更具备蓄水条件的土地面临着被破坏的危险。

另一个造成贫困蔓延的原因是恶劣的交通条件。虽然中国的陆路交通从来就不尽如人意，但是以前肯定比现在的情况要好。就连山西和河南也曾经有过辉煌的过去。如果比较陆路和水路的
563 运输费用，前者几乎是后者的 20 倍到 25 倍，那么很容易就能发现，住在没有运河连通的各个行省的人们处于何等劣势。我不得不再次提到，在山西，煤在矿区只卖 50 芬尼，6 英里外则涨到 25 马克，12 英里外就已经卖到 42 马克了。所以河南南阳府的人宁可购买距离 170 英里外走水路而来的湖南的煤，也不买离他们只有 6 英里走陆路而来的煤。因为后者比前者还贵。所以在中国，通常只有住在煤矿周边地区的人才有福气用上煤炭。对于离得远的人，煤就是一种奢侈品，他们根本消费不起。当山上还有树木的

① 参见第 254、266—267 页。

时候，人们对此感觉还不那么强烈，因为可以砍树。但是现在他们只能烧些干草、高粱秆或是费劲刨出的树根。更糟糕的是现在粮食和其他的生活所需也越来越少了。

适应了先进交通手段的人经常会觉得不可思议，在中国因为路况太差使用了多少畜力。经常看到五头强壮的牲口拉着大概25担高的货物。无可计数的牲口和马匹被用来运输货物，而大面积可耕种的土地产出的东西却用来饲养这些牲畜。其中马匹的使用率大概不到1/5，因为路面太差或太窄的地方马并不适合。可以说另外4/5都是使用驴或骡子等役畜。在南方则恰恰相反，
没有那么多的拉车的牲口，也不需要留出那么多地来供养这些牲 564
口。所以即使其他条件相同的情况下，虽然南方的人口多，但是人均耕地和北方的几乎一样。

第三个原因则是，在北方一些地方人口过剩，主要是在河南。结果就是大面积土地上的产出都用来供给当地人的吃穿，能输送到外地的产品少之又少。如果是土地肥沃的地方，比如怀庆府，那里的人可以过得比较殷实，穿着也相当好。但即使是他们，手里也没多余的钱用来购买其他生活所需。只有一定数量的人在从事农耕，还有很多人并不干活，整天游手好闲，无所事事。造成人口过剩的原因是过早的结婚。大部分年轻人在18岁、19岁或是20岁就结婚，因为在中国，子嗣延续是一件天大的事情，是人们日常主要的话题。有了子孙，老了以后才有人赡养，死了以后才有人祭拜。孩子的数量多得惊人，世界上再无其他地方像中国的某些城市或村庄那样，满眼都是孩子。有时候从一间小小的房子里会涌出一堆孩子，他们都跑出来围观我们。当我在河南的时候，曾经

和那里的官员谈论过这件事情。他们已经开始忧虑人口上涨得过快,并且已经试图阻止当地人过早结婚。

另外一个,但绝不是最后一个贫困的原因是吸食鸦片。鸦片造成的后果到底有多大,是不可能准确估计的。在我看来,北方各
565 行省,尤其是山西和河南吸食鸦片的人比南方行省多很多,比如湖南吸鸦片的人不是很多。吸鸦片或许是因为冬天人们无所事事,靠着它度过漫长的冬夜吧。那时地里没活儿干,晚上也不怎么点灯,在黑暗中也干不了别的事。所以他们就躺在炕上吸食鸦片。为什么会有这么多人吸食,可能是一家里有一个吸上了,会把烟枪递给别人尝试,而这种东西很容易上瘾。在山西的很多地方,我可以肯定 90% 的成年男子都吸鸦片,女人也不少见。在北方无论是城市还是村子里,吸鸦片的都是干体力活的劳动阶层。而在南方和满洲却不是这类人在吸食鸦片。北方的很多地方整个城市的人看起来脸庞消瘦,目光呆滞,这是典型的鸦片中毒的特点。我可以举出太多的例子来说明一个原本富有的人自从沾染了鸦片之后一步步变得一无所有了。因为鸦片使人懒散,不愿意干活,整个人都会失去活力,神经松弛,上瘾后就再也戒不掉了,直到最后所有的财产都花在一杆烟枪上。先是卖房子,之后卖老婆孩子,最后自己饿死。在山西的传教士们曾经深入调查过很多这样的例子,发现吸食鸦片使得很多人精神萎靡,丧失劳动能力。而且我可以肯定,吸鸦片的人,他们的后代身体素质也比较差。

566 撇开鸦片带来的道德上的衰败不谈,单从经济的角度来说,鸦片的种植往往需要更长的时间和更多的劳力。必然地,如果种了鸦片,那么干其他活儿的时间和体力就会减少。每年消耗在鸦

片种植上的人力是无可估量的。另外种鸦片和吸食鸦片一样，往往会受到谴责。因为人们已经认识到鸦片是造成中国积弱积贫的一大原因了。无法统计有多少原本种植了庄稼的土地被用来种植鸦片。在山西，鸦片是在我到这里的12年前，也就是1858年首次引入的，自此就不断增长。虽然当地政府早就明文规定，种植鸦片有可能会被处死，但是只此一条空文既不能限制更无法完全禁止人们种植鸦片。[①]很多人已经深陷毒瘾，无法自拔。更糟糕的是，最先吸食鸦片的往往是当地的官员，然后才会自上而下地流行起来。现在衙门里的大老爷有很多都吸食鸦片。连官员自己都吸鸦片，又怎么能坚定地执行禁烟的规定呢？一旦他们禁烟，百姓必然会造反。

在平阳府就曾发生过这样的事情。那里的官员为了限制鸦 567
片的种植，当然也可能是想从中获利，规定每亩鸦片要交400文的税。1870年，种鸦片的人没有交税，于是当官的就派人到田里把所有的罂粟拔掉了。第二年那些人仍然拒绝交税，当官差们再次到地里准备拔掉罂粟的时候，种烟的人便反了。他们把官差打跑，收了罂粟，一分税也没交。

鸦片在各地的种植面积不断地增加，尤其是在西部和北部的行省，已经相当泛滥。至于所带来的经济后果，由于情况复杂，则要多方面分析才行。鸦片的种植无疑削弱了其他农作物的种植。在河南或是山西，所种的鸦片主要被当地人吸食掉了，并没有带来任何的经济效益，那这种情况下无疑鸦片种植导致了贫困。但

① 了解中国国情的人并不相信清政府会严格执行新近颁布的禁烟布告。

是在其他一些地方，人们种植鸦片，但自己并不怎么吸食，和其他的农作物相比，鸦片带来了更多的经济效益，他们由此赚了更多的钱。

568 在这方面山西的情况最恶劣。在当地，罂粟被种在最肥沃、灌溉条件最好的地里。而这些肥沃土地原本可以出产更多的粮食和其他经济作物。这里的鸦片质量很好，劲道很大，价格可以卖到一般鸦片烟的三倍。但是当地人并不往外卖，都自己吸食了。甚至这还不够，得从邻近省份买进很多鸦片才行。因此在山西，鸦片没有带来任何的经济效益，反而造成当地人的贫困。完全相反的例子以后我们会在西南行省，主要是云南和四川看到，那里也种罂粟，但是大量往外省卖，赚了很多钱。同样这么做的还有陕西和甘肃，那里的位置更加偏北，气候凉爽，十分适合罂粟种植。他们也大面积种植罂粟，然后外销获得巨大利润。在陕西，大片土地被用来种植罂粟，在一些地方，罂粟甚至是除了小麦以外种植得最多的冬季作物。和小麦、豆类、粟子以及山药等作物相比，罂粟的产量更加有保证，价值更高，所以在这些地方，鸦片不是导致贫困而是致富的手段。

还有一点应该注意的就是鸦片烟的质量，主要是指劲道强弱。这和其他烟草或是酒类一样，高度酒喝一点儿人就会醉，而低度的，像葡萄酒或是啤酒，即使喝很多也只是让人兴奋而已。劲道大的雪茄可以刺激人的神经，而其他烟草这样的作用就不那么明显。所以只有劲道大的鸦片烟才能摧毁人的意志力，而一般的或是较弱的，即使吸食很多，能产生的影响也有限。在这一点上山西非常不幸，在中国劲道最强的鸦片烟产自甘肃，其次就是山西，再

接下来是陕西和河南，最后才是四川。罂粟价格的高低和劲道的大小是成正比的。在山西，当地人抽习惯了劲道大的鸦片烟，觉得劲道小的根本没有滋味，所以即使价格再便宜，他们也不会购买。这种结果更加糟糕。在四川，之后我们还会提到这个地方，虽然 569
也有很多人大量吸食鸦片烟，但是对人身体的伤害却不是那么明显。只有那些钟爱劲道大的鸦片烟的人，尤其是习惯吸食印度鸦片的人，身体才会变得羸弱，像很多山西人那样丧失劳动的能力。

西北行省之所以贫弱的另一个原因是外来商品的竞争。之前我就曾提过，山西的制针业就受到从英国进口物美价廉的外国针的巨大冲击几乎完全衰败了。接下来受到冲击的将是武器和钢铁制造业，那时山西的钢铁业将面临全面崩溃。在南方情况虽然也是这样，比如棉织业也受到外来货的冲击，但是外国对茶叶和丝绸的需求却在逐年攀升。因此对南方行省来说，反而面临经济的复苏，此外那里的交通条件优越，水路四通八达。因此和中国中部和南方省份相比，北方几乎不具任何优势。除了药材和棉花之外，南方几乎可以完全不依赖北方生存。

最后要提到的一点就是各时期的战争和叛乱给北方带来了非常大的破坏。与南方相比，这里的破坏更为严重，恢复起来也更难。比如鲁山县的炼铁铺子就在明清王朝更替的时候遭到了巨大打击，之后再也没有恢复过来。若是在南方，因为交通便利，家乡遭到破坏的人很容易就会迁移到其他地方重新开始生活。而在北 570
方就难一些，陕西肥沃的平原对中国人的吸引力太大了，他们不愿意离开故土，即使那里的土地先是经历了捻军后是回民的叛乱已经荒芜，要经过很长时间才能恢复。

在分析了北方行省衰败的各种原因之后，人们不禁会问，如何才能阻止这种衰败继续发展，或是如何才能采取一些措施使得这一进程能够得以逆转，或者其他国家能不能在这一地区转型的过程中发挥些积极的作用。对于最后一个问题，单靠商品贸易是行不通的，因为外国商品在某一地区的渗透和扩张和当地老百姓生活的富裕程度有着紧密的联系。当然也一定有一些导致北方衰落的原因是无法改变的。在这里不谈中国宗教和政体的问题，但是有些原因，却是可以得到有效改善的。说得更加明确一点就是，北方的交通状况就有完全改观的可能性。

在中国中部和南方的省份，即使没有大规模高强度的改进措施，目前的状况也能逐渐好转，贸易量会显著增加。但是在北方则不同，彻底的改革是关键，没有其他出路。单就河南和山西而言，如果修建起铁路，和其他的海港城市相连通，那么他们所出产的那些值钱的东西，比如金属就能被运出卖到其他地方。在北方，靠近
571 煤矿的地方有上千的人和牲畜像勤劳的蜜蜂一样从事煤炭的开采和运输。但是一旦距离稍远，就再也没人从事这方面的劳动了。在大平原地区根本就不出产有价值的燃料，所以如果修了铁路，从山西出来的每一站都能成为煤炭的交易中心。就像当下在煤矿地区一样，很多人就能从事和煤炭相关的工作，更何况在平原地区有更多的人。那么煤炭创造的价值将大大增加，有活干的人也大大增加。不仅如此，交通便利之后，各地的小型贸易也会因此繁荣起来，那么会给那些人口众多的地区带来不可估量的好处。将来连一些海港都能够得到价格便宜的煤炭供应，从而具备强大的实力。

此外钢铁业也能得到进一步的发展，其市场将远远超过目前的范围，蔓延到整个大平原地区，而不像现在这样仅仅局限在产铁的地方周围。这一发展是不容小觑的，或许山西的铁凭借廉价的劳力和廉价的原料能够占据其他地区甚至太平洋地区的市场。还有一些其他的产品也有可能找到更多的销路，比如锅和石灰。现在山西产的石灰只卖给平原地区一部分城市，将来或许能够卖给整个北方，用来当作地里的肥料。无疑山西和河南部分地区通过 572
直接销售矿产品能够极大地改善贫困的状况，使富裕程度提高，当地人也才了解他们以前不知道的需求。这样才有了从其他地方进口更多商品的条件，进口的幅度才会提高。

如果当地的制铁和煤炭业能够直接引入工业化生产，将更大幅度地推动商业的发展。或许随着时间的推移，北方将成为中国工业中心。虽然中国人自身没有能力完成这样的蜕变，但是如果有其他国家能提供这样的帮助，我想中国人还是乐意接受的。但前提是必须由外国人来经营，并且按照他们的思路发展。如何才能实现上面这些改进，尤其是在中国这样一个缺乏科学素养和商业精神的地方，那就是那些掌管国家的大人物、那些经济学家和哲学家们考虑的问题了。我只想再说两点：一是关于鸦片烟，如果说还有方法去阻止那么多人吸食的话，那就是给他们工作，因为一个人只要忙碌起来，就没时间再去抽鸦片了；第二点是关于暴动和叛乱，没有比将这些受到破坏的地区和国家的中心通过便利的交通条件连接起来更好的办法了。

在中国的第一次旅行结束

北京—上海
（1870 年 3 月 30 日至 8 月 18 日）

573 （天津的大屠杀，出自给父母的信，北京，1870 年 7 月 25 日）6 月 22 日晚上，我正和朋友们晚餐，英国公使派往天津的信使带回了法国公使及其他人员被杀害的消息。在此之前，英国公使先生还派了第二位信使前往天津，但此人至今没有回来。23 号我们还在急切地等待他的消息，但仍没有结果。这让人十分不安。按理说每位信使自然会立刻向长官报告情况的，如果没有，那么我们不得不开始担心，要么这场屠杀已经开始在其他地方蔓延，要么信使已经被抓了，后者的可能性似乎更大。不安的情绪迅速蔓延，其中还包括发生了这里的中国厨子失踪的事情。24 号终于来了一个信使，而我们之前关于信使被抓的猜测也得到了证实。①

574 关于这场暴乱规模有多大，目前掌握的情况还不多。中国人历来仇视教会，尤其是修女。很长时间都谣传，修女们把中国孩子杀死然后挖他们的眼睛和心脏送到欧洲炮制药物。那些士大夫们

① 这段关于新近在中国发生的事件的描述和作者记录的义和团运动（Boxer-Aufstand）时的经历相比，更加引起了各方广泛的关注。

更是肆意宣扬这种无稽之谈，煽动老百姓和教会作对。当下在天津和北京发生了疫情，教会收留了大量生病的孩子，但有些孩子不久就死了。这件事情成为此次暴乱的导火索，为那些仇视教会的人提供了制造事端的借口。暴民们被煽动起来，早在几天前他们就开始围住教堂，扔掷石块儿。6月21号下午三点惨剧最终发生，细节到底如何现在无人知晓。但结果是在天津的法国公使馆和教会中的人以及几个被误认成法国人的俄罗斯人被杀害。

法国领事丰大业（Fontanier）奋战到最后一刻，直到被一颗子弹击中，并且身中数刀。他的秘书西蒙（Simon）最后也倒在他的身边。最让人感到悲伤的是托马森（Mons. Thomassin）和他的夫人，他是作为翻译被巴黎方面派到使馆的，三个月前才和他那位十分可爱令人尊重的夫人结婚，在惨剧发生四小时前他们乘汽船到达天津，本打算由此前往北京的。他们只不过想在天津公使馆留宿一晚，没想到几小时后活生生的两人成了两具冰冷的尸体。两位俄国商人和他们的夫人，其中一个也才结婚三天，也在惨剧中被
杀害。他们本来是去拜访另外一位住在法国公使馆附近的俄国商 575
人的，想从人群中穿过而已，就被暴民们拽下轿子杀害了。目前看来所有的修女都被害了，有的说一共七位，有的说十位。她们的尸体被扔进了白河（Pai hǒ）。

天津这所城市是我见过的最令人讨厌的地方，城里街道狭窄，十分肮脏。白河从城中穿过，大部分欧洲人住在使馆区，位于白河下游半英里处河的右岸。那里的街道宽阔笔直，高大的房屋零落地分布，河边还有一处专供上海来的汽船停靠的地方。白河在8英里远的塘沽口附近流入大海。而法国公使馆在天主教教堂

和育婴堂(Kloster der Sainte Enfance)的旁边,并不在使馆区内
紧邻河边靠近中国人的居住地。之前那里曾经是一座皇家宫殿。
几年前中国的官员们主动提出将此地让给法国人建立公使馆。离
此不远还有一处俄国和两处德国的商号。虽然这里离其他欧洲人
也不是很远,但当他们得到消息的时候为时已晚。法国公使馆和
育婴堂已经燃起了大火,天主教堂和附近的一座英国教堂都受到
了破坏。有人看到在英国教堂的塔楼上一个中国人在放火。欧洲
人的商铺没有遭到攻击,说明他们的目的并非抢劫财物。这就是
目前我们知道的关于天津的情况。如前所说,第一条消息是在22
号晚上得到的。外交部虽然在早上11点就得到了详细的报告,但
576 并没有告知我们。如果不是那两位信使幸运地回来,我们现在还
一点儿消息没有。中国的官员们对此事十分谨慎,以至于也没能
及时给各国公使递送报告。本来公使们有权得知相关消息。22
号晚上法国代办罗淑亚(Rochechouart)找到总理衙门的时候,才
被告知中国方面已经给他递送了此事的报告。当他回到家,这份
报告确实也到了。报告中有一些细节,让人不得不怀疑有些中国
的高官参与了此次暴动。但如果早几年人们就能注意到一些事
情,或许就能阻止今天的惨剧发生了。

中国政府肯定不会忘记,是欧洲人把他们从沉睡中摇醒的。这里的中国政府我指的是中国的官员们。其中最可恶的就是所谓的士大夫阶层,他们极端仇恨欧洲人,总是想着把我们赶出中国。他们历来狂妄自大,认为欧洲国家不过是蕞尔小国,竟然敢攻打天朝、火烧圆明园、往北京派驻公使团,这些事情激起了他们无比的仇恨。他们只是不得不承认一点事实,那就是欧洲的武器和战舰

比中国的先进。但是很久以来他们都坚信,只要他们的武器达到欧洲的水平,凭借着如此巨大的人口优势,定能轻易地将我们赶出中国,再回到之前的沉睡状态。也有一些没见识的欧洲人或是美国人,因为中国人付给他们高价的报酬,就宣称愿意帮助中国人进 577
步。他们指挥中国人制造战舰、枪支、炮船和各种弹药,并且按照欧洲的模式训练中国的军队。但是这些人是否想到,中国人用这些弹药、武器和战舰来对付的不是别人,正是他们自己,所有的白种人!中国人可不是听话的学生,他们别有用意,欧洲人造的炸弹最后炸掉了欧洲人的脑袋!当中国人把武器对准曾教会他们使用武器的人时,是不会感到愧疚的。

近年来类似的事情正在逐步推进。在天津有几千士兵正在受训,他们的教官正是些拿了高薪的欧洲人,他们手里的武器也是欧洲制造的。负责一个兵工厂的一个欧洲人可以得到价值 12000 个塔勒硬币的报酬,这一收入相当可观。还有一个欧洲人,被中国的皇帝封了个官儿,在南京负责另外一个兵工厂。在上海和福州还有一些这样的欧洲人,他们在那里帮助中国人建造战舰。不止一次,有人兴奋地告诉我应该去看看那些兵工厂,看看中国人取得了多大的进步,但每次我都断然拒绝了,并且从心里十分蔑视这些无知的人。我一直认为这些人是被收买的叛徒。现在中国人似乎觉得自己已经足够强大,可以和外国人对抗了,我第一次听到了上面的说法。在我到达中国后不久,曾国藩,当时的南京总督,一个很有见地但十分仇外的大臣,曾上书给皇帝表达了这样的观点,中国虽然是世界上最大最强最有文化的国家,但是外国人在一些地 578
方,尤其是武器的使用上比中国先进。他同时指出,如果尽快弥补

这一仅有的缺憾，中国能够再次立于其他民族之上。现在曾国藩任直隶总督，而北京和天津都在直隶的地盘上，他手下统帅着上千装备了欧洲武器的士兵，这些人号称是用来保护外国人的安全，几天前被派往天津。但这些士兵到底会起什么样的作用无人知晓。

今天又有2000名配备欧洲武器的士兵带着军刀、驾着战舰前往北京。他们会干什么也没人知道。尽管表面上这些士兵是应罗淑亚代办的请求来保护修女和教堂的。但是老百姓中却在散布另外一种说法，说他们是来绞杀外国人和入了基督教的中国人的。所以很多教徒十分害怕，纷纷逃走。还有很多证据可以证明中国民众的情绪已经十分激动，上述说法只是其中之一。

北京的报纸，一份很小的报纸，每天发行，常常登载一些官方的说法。近几天来刊登了不少有意思的文章，比如今天是皇帝的一份诏书：现在天下大旱，饥荒肆虐，因为无辜之人的血流得太多。那些激动的民众认为，这里暗指的是修女们的“暴行”。人们甚至认为到了该对外国人采取有力反击的时刻了。接下来还刊登了一位大臣的奏疏：他认为皇帝无上英明，现在有必要准备3000把欧洲枪支，要么由兵工厂制造，要么想要更快一点儿则可以从上
579 海购置。这样的话，士兵们就不会像上次似的临阵逃跑了。据我所知，几天前居然有一个德国人接下了中国政府这3000支枪的订单！类似的文章报纸上还登载了几篇。综合分析这些文章，近乎可以得出这样的结论，那就是中国大臣们认为对抗欧洲人的时刻到了，因此在天津惨案发生的时候很多人都束手旁观。可以肯定的是，相当多的一些官员早就知道在天津有可能会出现攻击外国人的事情。

中国人不那么容易被激怒，但是一旦被激怒则相当可怕。而激怒他们的最好办法就是利用迷信的说法。比如天津的事情，起因就是对修女们的污蔑。而在北京，煽动闹事的人换了另外一种说法。那就是天主教会在几年前收回了早先一位皇帝赐给他们的一片紫禁城外城的土地，并且在那里建造了一座教堂，也就是北堂。当中国人看到，北堂的塔楼越盖越高，甚至超过了皇宫和北京的一些寺庙后，感觉受到了侵害，他们认为上天的恩赐被这些高高的教堂夺走了，而他们自己则会遭到不幸。这一说法在中国人那里根深蒂固，他们甚至还认为，教堂建造完以后，大旱之灾会随之而来。今年更是糟糕，通货膨胀和饥荒已经蔓延到很多地方。而这一切的灾难都是由于北堂的塔楼太高了！当我在河南和山西旅行的时候，虽然没多少人知道在北京有个北堂，但是所有知道的人都对上面的说法坚信不疑。这样的荒诞之谈一旦被当成了真，自 580
然会引起民众对外国人的怨愤和仇恨，只需再稍稍点一点火儿，暴动随时就可能发生。

现在几乎所有人都可以自由地在公开场合谈论教堂被毁、修女和基督徒被杀害，以及更大规模杀害和驱逐欧洲人的事情，几乎每个北京人都在谈论。但是局势到底会如何发展，如何迈出对付外国人的第一步，以及后果会如何无人知道。

如果天津的惨案是一撮儿暴民所为，那么北京的官员们就应该也必须保护好这里的外国人，以防止类似的事情再次发生。但是他们的做法却恰恰证明了，这些官员们也站在暴民的一边。或许是因为这次惨案主要针对的是教会，而教会在去年冬天刚好给中国的官员们惹了很多的麻烦。设若先前的猜测是对的，某些高层官员真的认为对付外国人的时刻到了，即使如此在他们中间关于如何实施报复也没有达成统一看法。还有一些官员预想到如此一来可能造成的严重后果，组成了反对的一派，另外一些则在两派之间摇摆不定，直到天津惨案发生，外国公使们采取了强硬态度后这些人才感到害怕，转为主张和解。

事情到底会如何进展，我们目前身在北京并不能看穿。如果不是信使成功逃脱，寄给我们的信件会被夺走。而我们寄出的信也不知道会不会被劫，也不知道上海那边什么时候才能得到我们还活着的消息。各方的消息纷纷涌来，一时也难辨真假。我们一
581 会儿觉得安全，一会儿又觉得危险。一些头脑容易发热的人一有风吹草动便四处散播可怕的消息；还有一些或许是想表现一下自己在遇到这样的事情时的勇气，尽说些轻浮的笑话；还有一些比较冷血的，在这样的时刻仍然在冷静地思考。我们的公使李福斯先生，立刻从他度夏的地方回到北京，他的冷静则表现在，回来后立刻收集各方的信息，进行分析整合，因为这时候他的态度无疑是十分重要的。

（7月12日）我还在北京，并不再是因为所发生的政治事件，相反这期间局势似乎平静了很多。看来我先前的猜测是对的，中国政府之所以开始没有阻止天津的事态，甚至可以说纵容了惨案的发生，其实就是想试一试外国人的态度。设若他们表现得十分害怕，或者态度不一，那么更糟糕的事情会随之而来。但是外国公使们集体到总理衙门抗议却是他们始料不及的。我觉得，李福斯先生在此事上功不可没，因为当时这些公使们的态度并不那么一致，有人认为抗议应该强硬些，有人认为应该软弱些。之后的几天

笼罩着一股不安，因为我们完全没有能力看穿事情的本质。最后
总理衙门那些大臣们表示了歉意和悔悟，这让我们安下心来。他
们大概没能料到公使们会做出如此统一的行动，因为中国派到欧
洲的公使曾告诉他们，欧洲各国政府并不总是态度一致的。皇帝
的第一道诏书 6 月 26 日在北京日报上被刊载，表明政府将调查天
津事件，追查凶犯。之后又下了第二道类似的诏书，其中提到了那
几个俄国人是被误杀的！虽然在天津，担心和忧虑还持续了很长
时间，但是在北京的外国人终于松了一口气。这几天我们才领悟 582
到皇帝诏书中的蹊跷，因为诏书中并没有进行否认，所以中国人从
中得出了关于贩卖婴儿的事情是真的的结论，甚至一些有点儿学
问的人，开始只是将信将疑，现在反而深信不疑了，认为欧洲人的
确在做这样的买卖。最近几天，北京人对外国人的仇恨再次被点
燃，有人朝我们扔石头进行挑衅，这在北京是前所未有的。其实很
多中国人贩子的确偷孩子卖到南方，如果被抓到，最好的借口就是
说偷孩子是给欧洲人的。因为没人会怀疑欧洲人是真的这么干，
所以那些人贩子每每以此逃脱罪责。

再加上有心人的煽动，天津的民众发誓要欧洲人偿还血债。
中国人自来就蔑视其他国家，现在欧洲人来到他们的土地上，发动
了战争，火烧了圆明园，进驻了北京，“偷了中国孩子做药”，在他
们眼中，必须得杀死欧洲人，赶走欧洲人，重建圆明园才足以平息
怒火。一旦民众的怒火被点燃，事情则会变得失控。正如我所猜
测的，总理衙门的官员们开始表现出悔悟的态度，事情有了一个意
想之外的结局。除了赔偿追凶，中国政府还准备派遣驻天津的最 583
高官员崇厚(Tschung hau)作为特使出访法国，向拿破仑三世递

交中国皇帝的国书。但是接下来的几天，总理衙门的大臣们却又变了脸，所有的悔悟都消失了。中国人就是这样，不管他是仆人还是当官的，只要有人扇扇风儿，立刻就能变得非常勇敢。崇厚被撤职，被选上来的继任者却告了病假。但是中国人说他其实没病，只是故意拖延不愿上任。因此崇厚依然安稳地在天津做官，一场闹剧就这样继续下去，而崇厚最终也没去巴黎。

关于天津惨案的调查最终也不了了之。在惨案发生之前，曾国藩就受命带着大批配备了欧洲武器的士兵前往天津，但是事情发生了逆转，他并没有去天津。后来他又受命处理天津事件，在不久前才到了天津。所谓的调查本来也打算草草了事，如果不是外国人强烈抗议的话，恐怕只会吊死几个替死鬼罢了。清政府背信弃义，再次煽动民众仇外。欧洲人虽然不再指望事情会得到妥善解决，但也并不用再担心自身的安全，因为几天后各国的战舰开进了大沽口。这下中国政府才不得不答应之前欧洲人提出的条件。两周后，欧洲各国政府的电报答复也到了。事实证明，只要欧洲
584 人态度强硬，就能达成目的。在北京的外国公使们第一次在如此重大的事件中表现出统一的态度，并在短时间内集结了强大的武力。这样做的目的很明确，我们有充分的证据证明自身的安全受到了威胁，所以必须不惜一切手段保护自己。

（7 月 20 日）今天本是号称驱逐欧洲人的最后的日子，我们现在对这种说法只是觉得可笑至极，因为驱逐我们是不可能发生的事儿。如果不是四周之前下了不多见的大雨，因此第二茬庄稼的收成应该还不错，那么我们面临的状况或许不会像现在这么好。生活有了保障的民众，情绪也渐渐平息下去。而那些官员们被出

现在天津、大沽口和直隶的战舰吓怕了,原来的主和派现在占了上风。外国人终于可以在接下来的一年里过安静的日子了。如果不是各国公使们集体的抗议,这种结果是绝无可能的。美国人一如既往地保持中立的态度,只派出了一艘蒸汽船。我所说的强烈抗议并非指战争威胁,只是为了达到特定目的而采取的手段,只有这样才能保证在华外国人的安全。我们的两艘普鲁士战舰,本来像其他国家的战舰一样在日本过着悠闲的日子,得令后迅速赶到这里。中国政府对欧洲各国能在如此短时间内集结起这么强大的战争力量感到十分震惊。

这段时间发生的事情仅仅只是耽误了我的一些时间,对于我的旅行计划并无其他影响。此间我一直在打扰李福斯先生。在之前的信中我已经提到过,我是应他之约在公使馆暂住的,因为他刚好要去度夏,所以我也不想给其他人增添麻烦。现在情况有变,他 585
回到了使馆。还好他非常和善,不但没把我赶出去,反而提供了热情的招待。公使先生是个美食爱好者,有一间设备齐全、物资充沛的厨房。在旅行的间隙能享受大餐让人高兴不已,但这让我感到肩上的责任更大了。现在到了必须开始积极生活的时刻了。北京这几个月的天气非常宜人,让人只想享受,懒得工作。两周的时间很快就过去了,我却什么也没干,一部分是因为天气太好了,另一部分则是因为缺乏工作的动力。

我就这样无所事事地待在这里。本想去附近的一座山中考察,但最后也没有成行。现在我开始准备接下来的行程了。我买了四匹马,租了五头驴子,为期两月。跟随我旅行的依然是保罗、我的仆人和另外三个赶车人。虽然我们只带了必须带的装备,但是行李的数量还是不少。这次我们还是穿欧洲衣服,但是带了一套中国的服装。路上面临的危险既没有增加也没有减少,如果说减少了的话,那也是因为我们现在拥有更多和中国人打交道的经验了。天津惨案之后,对欧洲人来说,在内陆旅行应该不是那么安全了,因为那些关于杀死或是驱逐欧洲人的说法肯定已经传播到那里。但是现在局势发生了变化,内地的人一定也听说了,外国人的战舰来了,要派军队攻打北京。现在恐惧已经占据上风,他们也就不会像以前那样群情激奋了。

我先去了西北方内蒙古的一个地方,为的是拜望在那里的比
586 利时传教士们。之后会经过山西北部按照既定路线去陕西省的省城西安府,然后穿越高山进入四川,直到省城成都府,这段旅程大概需要四个月。至于之后是不是去西藏,现在我还不知道。回程我打算取道云南和广西,之后沿海岸至广州附近。如果此行成功,那将是我在中国的最后一次旅行。那时我将收获更多的信息。

(故乡战争爆发!出自给父母的信,上海, 1870 年 8 月)先前我给你们写的那封长信一定让你们倍加担心我的安全了,都怪我们相隔遥远,信件到达你们那里的时候,北京的形势其实已经发生了转变。一开始连我自己也认为情况十分严重,会有不好的事情发生呢!

这个月初,因为发生的这些政治事件我甚至都想放弃我的庞大的旅行计划,立刻回到上海了。在我出发离开北京之前不久,我得到了普鲁士和法国开战的一些传言。那时我和李福斯先生还嘲笑这样的无稽之谈。 但在去上海的路上这样的传言越来越多,直到 7 月 18 号。之后到 22 号这几天不断有电报传来,虽然 7 月初

寄来的报纸上还是一派和平气象。

我们焦急地等待更多的消息，在此期间才体会出对发生在欧洲的事情延迟三周才能知道是种什么样的心焦。暂时得到的稍感安慰的消息是，奥地利并没有如同我们所担心的那样立刻加入法国的阵营。一个可怕的想法是设想一下西里西亚(Schlesien)无论是被作为敌人的奥地利人还是被作为朋友的俄国人占领。如果 587
战争单单发生在法国和但愿现在能统一起来的德国之间，那么我对此战的结果毫不担心。法国仅仅在海上的实力超过我们，而陆战对于战争的走向起决定性作用。参战的两方，一方的皇帝和他的臣民关系紧密，备受爱戴；而另一方的皇帝则是一个暴发户，虽然士兵们也曾经高呼过"皇帝万岁"，但那几乎就是一场闹剧。虽然两国历来都不缺乏爱国精神和严格的纪律，但是在坚韧品格方面，德国明显占据优势。战争本身是法国发起的侵略，而德国只是自卫。要是消息传来，战争将在法国的领土上展开就好了！那么我们的士兵就能痛饮凯旋香槟，美丽的莱茵河沿岸城市也不会遭到破坏了。

我当然很想立刻就回去，但是为时已晚，而且也没有办法。所以现在我只能按部就班地进行既定旅程，完成我在这里的任务。虽然我最初计划的旅程还要庞大，现在已经被迫放弃了将近一半，鉴于在中国发生的事件，就连我目前的计划仍然被认为是太大胆冒险了些。

尽管很多人建议我放弃原来的计划，但是我一直在坚持。当我在北京待了两个月之后，我不得不做出妥协。之前我的猜测变成了现实，在中国有数量相当大的一群人试图把我们赶走，让中国

回到原来孤立于世界的状态。在北京每时每刻都有可能发生恶劣事件，我和我的朋友们都十分焦虑。我猜想，很快我们就不得不跑
588 到上海去。欧洲战争的爆发延迟了中国这些问题的解决，或许最后将不得不使用武力，那时我之前在中国的考察将会派上用场了。[①]

我的下一步计划是：三天后动身去日本，对日本国内进行考察，等待中国这边的问题得到解决。我对日本之行非常感兴趣，因为这个国家很小，在很短的时间内或许就能获得巨大的考察成就，因此此行也是十分吸引人的。之前我并没有准备在日本的费用，所以只能从中国考察费用里抽出一部分。或许到了日本以后我能获得更多的资助。如果没有，那么我只好再回中国。无论如何我都希望在我回来之前能取得一些成果。我的朋友、杰出的爱国者伯兰特将和我一起去日本，希望能尽快得到我们所期盼的好消息。

① 参见第 347 页注释。

附录:李希霍芬在中国旅行地图

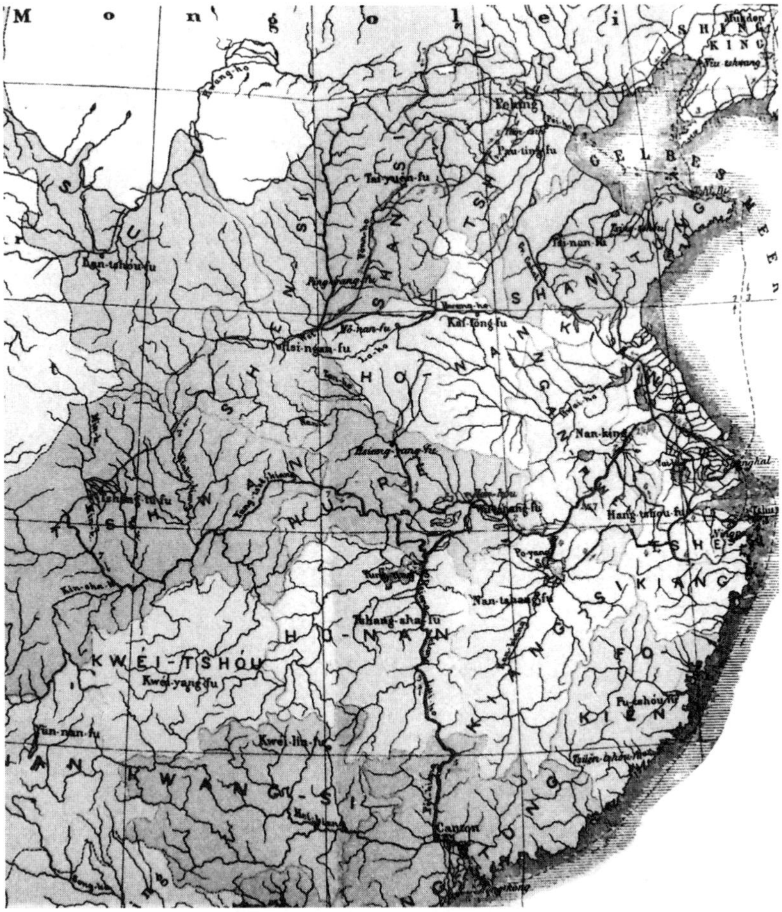

19 世纪中国省份及作者旅行路线概略图(中译本选取局部)
图中的数字和箭头显示的是旅行路线的顺序及方向
由迪特里希·艾默尔(恩斯特·佛森)出版社在柏林印制

珍藏本

纪念版

汉译世界学术名著丛书

李希霍芬中国旅行日记

下册

〔德〕费迪南德·冯·李希霍芬 著

〔德〕E. 蒂森 选编

李岩 王彦会 译

华林甫 于景涛 审校

2017年·北京

目　录

在浙江、安徽和江苏的旅行

（1871 年 6 月 12 日至 8 月 8 日）

1871 年 5 月，我从日本回到了中国。我在日本总共待了九 1
个月，部分时间是在其内地作恰人的旅行。而当我回到中国的时
候，大约正是最不好的季节，因为此时你不知道该如何有目的地
安排旅程。从 6 月到 8 月，举国酷暑，热得身体难以承受，以至于
几乎没有一个欧洲人敢于在夏季深入中国的内地。在上海及其他
沿海地区的欧洲人当中，猝死于暴晒的可谓屡见不鲜。秃着头在
路上走几分钟就能导致猝死，只有戴上常见的用木髓制成的遮阳
帽，再撑一把遮阳伞，人们才敢出门走上几步。但是即便有了这些
防晒手段，外国人中还是罕有敢于出门走动的。

我对于此时出行将要遭遇的痛苦所具有的认识与我想尽快完
善自己对中国中部的认识的强烈欲望激烈交锋。所有的人自然都
劝我不要去中部，他们不约而同地告诉我说：最好去北部，从北京
出发，或许行至蒙古南部为止。但我从自己 1869 年 7—8 月份的 2
旅行中已然知道，北部地区继酷暑而至的瓢泼大雨将会构成旅行
的巨大阻碍。我首先必须竭力避开因这些阻碍而可能产生的危险
与困顿。而我之后也很庆幸当时没有听信众人的建议，因为 1871

年中国北部第一次爆发了可怕的洪灾，并在随后几年的夏季接连爆发。洪水从 6 月份便已开始泛滥，随后的四个月里在中国东北部的任何地方都无法通行；交通中断，洼地没入洪水，小河也变成根本无法渡过的激流。然而在中国中部则是酷暑天气，那里虽常有短促的雷雨，但罕见持续不断的大雨。

没有几分英雄气概是断然不敢在这时候动身的，更何况我又必须放弃水路，因为觉得水路于地质学家极为不利。航行于水上尽管宜人，生活的供给尽管丰富，但是从河岸上看到的周围的环境却微乎其微。更不用说认识风土人情了。另外，我从 1869 年秋季的旅行中已经知道了东南部山脉大致的特殊结构，十分清楚只有经陆地横穿过去才能得到预期的收获。为此，我必须下定决心徒步旅行，因为只有我身先士卒，那些随从才会欣然地追随我左
3 右；假如我坐在椅子上让人抬着，他们自然有理由倍感辛苦。从宁波或它以南的某处出发，向西北行至长江，如此横越众山在我看来是最佳的路线，因为我可以趁机认识那些平行山脉的内部构造。然而，由于对这一路上各个地方的情况报道很少，因此我对行将踏上的旅程也并不了然，所以也不能确定十分具体的旅行计划。只是知道须从宁波出发。

6 月 12 日，我登上从上海开往宁波的汽轮。这班船每天下午四点钟从上海出发，航行 12 个小时，于次日清晨到达宁波。两地的交通十分兴旺，特别是中国人在两地间频繁地往来，货运量大大地增多，所以汽轮里往往塞满了货物与行人。这次随行的还是我的翻译保罗以及一个男仆。后者是我一年前在北京雇佣的，满族人，在英国公使馆作护卫期间忠于职守，具有一般的中国人难以

企及的品性。他颇有大无畏精神，做事积极，忠厚老实，还说得一口好英语，虽然并不流利。因为在北京洋泾浜英语不像在沿海城市那么流行，所以他以前的老师都是用地道的英语跟他交谈。可是他在同那些商业城市里成长起来的男仆进行交流的时候，对他们口中简便实用的洋泾浜英语却钦佩之至。还好这种影响未得继续，因为我在旅途中总是用准确的英语跟他交谈，于是他的英语便 4
仍旧保持地道。他肤色深棕，常令人以为他是半个黑人，人长得并不漂亮。通过从 1870 年夏到 1872 年夏两年的相处，我只能对他的忠诚与勤力表示最高的赞扬。另外我还带着我的猎犬迪安娜（Diana），它让我们在路上省去了不少时间。

我们到达宁波时，微风习习，凉爽宜人。这里的降雨远比上海的多，好天气很是稀罕。而眼下恰是晴朗天气，我们可以清楚地看到周围小山的轮廓。必须在此地制订一个最终的计划。计划要去的第一个地方就是金华府（Kinhwafu）。为了打听情况而后作必要的旅行准备，我便去拜访了麦卡锡（M' carthy）博士。可是他对我要去的地区也浑然不知。

宁波西部和西南部的丘陵地区如此的人迹罕至，很是令人讶异。天气晴朗的时候，丘陵地区在你面前迷人地铺展开来，风光旖旎，民风柔顺，你会不由地相信宁波人无论如何也难以抑制进一步认识该地区并去那里做一番远足游历的热望。但我们对该地区的认识却仍局限于福钧（Fortune）在四十年代经历过的事情。一个月之前倒是有两个德国人首次试图往内地深入一些，于是决定先去较近的天台山（Tiën tai schan），但却半路折返，因为他们不能说服执拗的苦力带他们去那里。他们的受挫让我产生了也要先去

那座名山的念头，这对我是一种别样的引诱，于是天台山便成了我第一个要去的地方。

5 宁波的先生们想方设法地想要挽留我。他们当中的每一位都在市郊据有秘密的宝藏，也就是还没找到但人们言之凿凿说有的煤、铁、铜等矿藏。我听到好多这方面的消息，假如真去调查验证是否属实的话，将会花去半月的时间。但在我看来，这些矿藏存在的可能性似乎不大，所以我就干脆准备出发。麦卡锡先生于是把苦力头领叫了来。在这类城市中诸事皆有行会，就连乞丐都有行会有头领，苦力自然也不例外。

雇佣合同不是跟个人签，因为你无法信任个人，万一他违约你
也拿他没办法；而总是跟个人选出的头领签，因为头领跟有名望的
商户相熟，这为双方履行义务提供了充分的保证。这次我见到的
苦力头领是个肤色黝黑的小个子，看起来就像个海盗，万一在僻
静处遇见他你会马上去摸武器。但他实际上很管用。他决定亲自
跟去，并为我另外找了九个苦力，以每人每月 7 美元的价钱议定。
合同拟成书面形式，条件如下：我让他们去哪，他们就得去哪。事
先就得以这种方式防患于未然，之后只要略微用心就能一切顺遂
了。大部分的行李我在上海都已作分理，使之易于搬运。行李都
6 装在了竹筐里，里面有一层防水罩，还有一个能扣在上面的筐盖。
竹筐都很轻，打包也方便，每两个筐由苦力用一条扁担挑在肩上。
人家给每个人挑的分量一般都是 80 磅重，而我因为考虑到天气炎
热，并要走得快些，所以给每个人挑的重量只有规定的一半。

我在宁波只待了一天，于此有幸见到了郇和（Swinhoe）[①]先生。他通过派人出去搜罗，从而在禽类学方面取得了不俗的收获。可惜他本人此时已经因疾病缠身，无法再去野外进行他最爱的研究工作了。——此时，我对漫步于宁波城正有着莫大的兴致：从上次来至今，我对中国已颇有了解，所以这次正要以别样的理解力审视其细微之处。这次在中国旅行，尽管有日本之行的美好印象在，但沿途的城镇和人们都给我留下了很好的印象。宁波城的洁净、繁华与富足都令人想起广州。然而它如今的地位该是大不如前。以前它同马尼拉曾有过重要的贸易往来，现在几乎都废止了。另外它还曾是福建（Fokiën）和北方（上海，山东和天津）之间贸易的航运中枢，而这一地位也因汽轮航运的出现丢掉了。然而即便是现在，宁波的商业也并不逊色，何况还有兴旺的各种工业，无论家具、木雕，还是席子或珠宝首饰，都很有名。此外，鱼的出口也很可观。为了储藏鲜鱼，河边建有众多的冰室。冰船则从舟山群岛（Tschusan-Inseln）满载鲜鱼而归。冰是从被水淹没的稻田里采来的，把最薄的冰层刨下来运到冰室，再在冰室里进一步冻结。如今本地的商人也给上海供冰。

宁波人在上海的影响是很惊人的。船帮和水手绝大部分都是 7
宁波人，苦力中有一大部分也是宁波人。宁波的男仆对广州的男仆也日益构成了排挤。而在上海做小买卖的宁波人更多，特别是做廉价冒牌货生意的——这帮人就跟犹太人似的。广州的商人爱做大买卖，要价跟欧洲人一样高；宁波的商人则自足地做着小买

① 罗伯特·郇和（Robert Swinhoe），因 1855 年至 1873 年在中国南部的动物学研究而贡献杰出。

卖,敛取薄利。许多宁波商人做买办或船舶补给商,很受欢迎。兵临朝鲜的美国舰队[①]据说都是由一个宁波人负责补给的。上海的宁波人共计约有 40000 人,几乎都生活在这座欧式的城市里。上海人似乎根本就比不上宁波人。

值得注意的是,上海最为出类拔萃的商人据说并非来自宁波本地,而是来自宁波以北几里处的小地方慈溪县(Tsz'ki hsiën)。这里因为曾是一个长期垄断中国药材贸易的望族的故里而闻名,直到如今,国内最大的一家药店仍掌控在这家人的手中。而绍兴(Schau hing)人的禀赋显然又不同于宁波人,绍兴据说出了许多师爷。在中国这样一个整齐划一的国度里,人们的进取精神和兴致凸显出地区性的特点和方向差异,真是一件引人注目的事。

我这次在宁波转悠的时候特别留意了这里的艺术。这里有许多漂亮的青铜器,年代大多不早于青铜器制造业在浙江省北部十
8 分兴旺的宋代。特别惹人注意的是街边众多的画坊,那里制作的是中国人常爱挂在房间墙壁上的卷轴画。这类画在每家商店里都可见到。类似的画坊我看了有三四十之多,都是照着模版画:都是些 14 至 18 岁的少年,在薄薄的纸上用精致的线条描出垫在纸下面的模版的轮廓,之后交给一名画师给衣服着色,另有一名画师给人物面部着色。原画似乎常是早些时候的佳作,但由于被多次描摹,这些描摹之作随后又被反复地用作继续描摹的模版,以致最后形成的作品比诸原作已经走形。如今在中国的这一地区,似乎再也找不到一位真正能自行创作的画家了。另有一些商店专事裱

① 1871 年至 1872 年,美国出兵朝鲜。

画，让人叹为能事。此外还有很多画扇面的，但画的品位低俗。郇和先生给我看过一本插图众多的中国自然史作古书，十分精美，如今已很少见。从中我十分惊异地看到，许多画鸟的画，竟然是我在日本所见画作的原型，而我当时还把见到的仿作当成了日本艺术的特产。

我晚上很晚的时候上的船——为了经水路驶过平原上这段不长的路程，我雇了两条船，于次日凌晨四点出发，午后一点才到鄞江桥（Yin kiang kiau）。天气晴朗，空气凉爽。此地我早就来过，而今一片夏季风光，比往日又增色了不少。我那北方的男仆眼见这南方的富饶以及民风的斯文，直惊得目瞪口呆。眼见他看那精 9
致的村落和田里的物产看不足的样子，我觉得十分有趣。

下一站要去的是位于雪窦山谷（Snowy Valley）里颇负盛名的一座寺庙，那是上海的旅行者最爱去的地方，因为从上海出发两天的行程范围内还找不到这么罗曼蒂克的好山水。晚上离开上海去宁波，到那里已经有船等着了，要么跟我走相同的路，要么偏南些经过奉化县（Föng hwa hsiën）再坐椅子让人抬着去寺庙。我去的那天格外晴朗，然而又热又闷，加之又是这回旅行中第一次较长的步行，所以走得格外费劲。有人估计路程有 60 里至 80 里长，但 60 里似乎更确切。越过从鄞江桥旁出来流向宁波江（Ningpo-Fluss）的那条大的支流，路就开始向上去了。山谷呈放射状延伸到群山之中，构成一个盆地，南面有一座 350 米至 600 米高的山阻隔，而西面和西南面的山则升高至约 1000 米。雪窦山谷位于波谲江（Po tsu kiang，音译）或者说宁波江本身的一个源泉旁边的西南屏障之后。因此，要到达那里须出鄞江（Yin-Fluss）河谷，经

一座约 250 米高的隘口到达地势起伏柔和的地区，该地区位于波谲江的北岸。

一路上穿过迷人的山地，山坡陡峭且遍布草木。谷底紧接着山坡，中间没有梯状的碎石坡(Schotterterrasse)，只偶尔有一道山岩碎屑构成的斜坡。这个季节，田里种的大多是稻子，但也有种靛蓝(Indigo-Pflanzen)和一种苎麻(Boehmeria)的。后者已经有约 6 英尺高了，长着绿色的茎秆，还没有开花，但看来目前正是用它的最好时候，因为人们正在从它身上往下剥皮。靛蓝直到高处还有人种，我在雪窦山谷上方高 300 米处还见到过。在到达寺庙之前，最后还要爬一段陡峭的山路。拾级而上可达十分险峻的一处山丘，从那里恰可以俯视宁波平原以及耸立于其南的群山。这里的岩石由红色砂岩和斑状砾岩构成；至于这种砾岩，我在第一次考察宁波时已作描述。[①] 断层形成了连绵的陡壁，壁间有峡谷，谷里浓密的植被下藏有瀑布。岩层主要向东北沉陷，所以陡壁都面向西南。

寺庙就在刚刚我们到达的山丘上的平坦处，海拔约为 350 米。从此处开始又形成了第二个同样陡峭的山丘，呈半圆形，站在其边缘向南以及东南看视野很开阔，而向其他方向看只能仰见陡峭的山峰。由于迷路，我们先是从要找的寺庙旁走过了，奋力地又爬高了 300 多米，直到遇见一位单独住在一座小庙里的老和尚，是他把我们引上正确的道路并把我们带回了那座大庙。到庙里已经是晚上 7 点了。这座庙也很破落肮脏，尽管它刚被局部修葺过。我

① 见上册，第 41、52 页等。（指原文页码，下同。——译者）

们一上来就遇见一个贪财的和尚,他对众多到此的外来客可谓漠不关心。几间破落不堪且是从未打扫过的房子,是给来客住的。
由于曾有一些客人依照上海的标准付过房费,所以如今在这鬼地 11
方过夜的价钱竟然跟在欧洲大都市的头等客房里一样高。尽管如此,仍有些欧洲的小姐、太太们感觉在这里住得很开心,这常令我迷惑不解,除非这么解释:她们腻烦了上海奢侈的生活,而这里朴素的生活和清新的空气正好能让她们换换口味。

这么个地方一旦出名,游人自然是争相前来。哪怕这里再不舒适,人们都不会在意。雪窦山谷作为外国游人的去处,由来已久。它的中文名字叫"雪窦寺(Hsüe tóu sz')",实际就是"雪洞寺"的意思,外国人常把它错叫作"Schü do sa"。据说这座寺庙已经有约2700年的历史,历史上屡毁屡建,如今庙里还有一座石碑,上面刻着的费解的文字出自公元前8世纪的一位皇帝之手。

次日休息,不然我就没机会结伴出游了,加之常听人说这个地方如何如何的美,想必魅力非凡。寺庙的一大引人入胜之处就是周围有许多小型的瀑布,人可以在瀑布下沐浴,瀑流的大小还可以自选。然而令寺庙真正扬名中外的是它的众多大型瀑布,最著名的那条是由雪窦谷(Schneetal)盆地中的小溪汇聚成一条大溪,然后从125米高的玢岩峭壁上飞流直下形成的。从山之上远眺,格外美丽。这条瀑布实在是美如画境,植被丰茂而多花。

6月17日,我踏上了往天台山进发的旅程。这并非易事,因 12
为要去的地方偏远而多匪盗,只有偏僻的山路可行;但据人说又因山高摩天以及有一座受人景仰的寺庙而闻名。中间的路程大部分人说都是450里,但我依照地图认为这种说法近乎荒唐。要鼓动我的苦力们去那里，并不容易。目前来看，他们显然希望能像寻常为外国游客做挑夫时那样地轻省。很可能他们也曾想过能在雪窦寺至少歇上八天而且工钱照付。另外，利用外国人的不明就里施骗也是他们挣钱的好法子。就在跟我的第一天，他们已经开始要不务正业了，毛遂自荐要去置办各样东西，回来却给我要四倍于商品实价的钱。现在他们看到无论是讵钱还是贪图轻省的想法都将行不通，于是对合同中写明的义务抱怨不迭。我们只好强硬果断起来，好让他们继续前行。他们原想经新昌县(Sin tschang hsiën)和金华府(Kin hwa fu)走大路，因为这条路颇为好走，而且一路上都能找到旅店、茶楼；现在知道我要他们走进一片毫无舒服可谈的荒凉地，他们着实觉得可怕。

我们先走到大瀑布脚下，然后沿这条随山势而下的瀑流走到一座低于雪窦山谷约 300 米的亭下村(Ting sia)。到了这里也就到了波谲江，从这里可以经水路去宁波，第一段航程是乘前端翘起的竹筏到江口(Kiang kóu)，然后从那里换乘通常的小船继续前行。走过亭下村不久，我们便走进波谲江旁边的一道山谷，在里
13 面上行了 45 里。沿大瀑布往下走的时候就遇到一位小和尚跟我们同行，约 20 岁，似乎仍乳臭未干，对于剃头的戒律好像也是一年才执行一次。他十分健谈，又因为僧人和乞丐出于游荡的习惯最了解一个地方的地形，所以他自己就能向我们说明天台寺(Tien tai-Tempel)的情况并指明去那里的道路。我很惊喜地发现他站在我们这边，反驳苦力们的看法。他实话实说的态度引起了众苦力的极大不满。他向我罗列了沿途的必经之地。很大程度上正是得益于他的帮助，我才得以最终实现我的这次旅行计划。

在我们上行经过的山谷中散布着几个较大的村落。第一个村里的大部分人还都见过外国人,而等我们渐行渐远,后来经过的村落里曾跟外国人说过话的人就越来越少了。这些村民见到我们,总是争先恐后地用他们少得可怜而又零零散散的蹩脚的英语跟我们攀谈。有一小段路是乘竹筏,下了竹筏就罕见跟宁波的关联了。而当地的货运倒还可观。我们沿途遇见成群结队的挑夫,大部分都带着成口袋的纸和茶。沿河而上运输的多是人的毛发,这也是买卖的重要货物。这里也是直到很高的地方还种着东西,谷底是广袤的稻田,山坡上有些地方种有针叶林,树龄至多不过25年。灌木植被最是葱葱郁郁。经济作物除了随处可见的乌桕之外我还看到许多桐树(Tung-Bäume)以及竹子,其中竹笋晾干腌制后是中国人的美食,也是较重要的商品。这里的苎麻也不少。

穿过山谷的路是铺成的,每五里有一个供苦力歇脚的地方——一间又小又脏的屋子,里面摆放着一尊神像、一副牌位,还有几张长凳供人坐在上面免费喝茶。一口大锅里盛着温乎的浑水,有用大拇指伸到杯子里捏着杯子去舀的,也有用带长把的小竹筒去盛的。平日里用嘴唇沾一下这样的茶具都让人觉得恶心,但现在看他们都咂吮得欢呢。水虽浑,然而对在酷暑中疲惫奔波的人而言却是难得的消渴解乏的饮品。你无法将其称作茶,尽管有些地方的锅底的确沉着些泡了又泡的茶叶。这里的人泡水用的是一种有着还不赖的苦药味的草,用它泡出来的水也有很解乏的功效。我觉得它像是一种蒿草(Artemisia)。这些歇脚用的房子在中国南部较宽的马路上很常见,隶属于那些有点公用性质的机构。这类机构算是中国特色,大多是某善人成立的基金会,恰如

天主教国家的教堂，所不同的是教堂没有实际用处而这类基金会有。凡负责烧水并为神像除尘——假如信佛或崇拜偶像，那么这样做多数是为了保持心诚——的家庭，都由这类基金会赡养。

午歇是在桕坑寺（Kiu köng sz'），这是一座辉煌的大寺庙，距雪窦山谷有30里。我们进去见僧人，受到了他们的礼遇。他们邀我们住下，并且不忍看我们坚持要在阔叶树的浓荫下露天啃干
15 粮。之后我们继续前进，先后到了三个村庄：六诏（Liu tschóu）、晚香岭（Wan siang ling）和剡界岭（Tsiënkiai ling）。最末到的这个村庄海拔约200米，恰好在波谲江与另一条河的分水岭上。我在此首次露营，这很有代表意义，因为此后的每一夜我都是如此度过的。如此夜宿让我预感到以后的旅程中我得做好怎样的心理准备。我们先是在村里找到了一处下脚的地方，但我实在不愿意在那儿呆，于是被人带去寺庙。雪窦山谷里的那座庙已经够破落的了，但远没有这里的小庙寒碜。顶多有一门、一厅，厅中有巨人像把守，其后隔着个院落又是一间向前开的厅，里面立着的常是断头或缺胳膊少腿的佛像和其他几尊神像。院落两侧的厢房是留守寺庙的人堆放杂物的地方，多数不能住人。我于是选在庙里的大戏台上扎帐。由于晴朗无风，夜里凉爽，好奇的人又少，所以也能勉强过一夜了。其余特别重要的无外乎挂好蚊帐，支好床，以及做一顿像样的饭。

次日早晨起来，所有的人都感到腰酸背痛，刚走完路的第二天通常如此。然而大家表现得都很适应，从此只要温度尚可我们就一直赶路。天气固然晴好，然而温度计也已经升到了令人担忧的高度。中午在一个小山坡上，凉荫地里是34度，太阳底下是43

度半。到了庆家岭（Tsing kia ling，音译）村——村名大概就是“姓庆的村子旁边的山岭”的意思——我们也就到了流往新昌县和嵊县（Tschöng hsiën）的水系旁。从村庄里出来走不远，路就分别朝 16
着两县岔开了。这是条较宽的路，我费了好大劲才把我的苦力们带着走过了路的转弯处。他们不仅害怕继续走下去会很辛苦，也害怕那些被诬蔑为蛮人的人。

第一种担忧，后来证明是有理的。在今天的60里路程中我们必须连续翻越四座山岭，它们把同属于一个水系的小河分开。这些小河从东边一个分水岭流过来，流向那些汇入尼姆罗德海峡（Nimrod-Sundes，音译）与三门湾（San mönn-Bai）深湾的沿海小河。这四座山岭的名字分别是剡界岭（Tsiën kiai ling）、西岗岭（Si kang ling，音译）、甘醴岭（Kan li ling，音译）和田西岭（Tiën si ling，音译），它们距离我们过夜的地方依次为10里、18里、35里和48里。这里的山很美，如画般的花岗岩地貌十分特别，最美的是那植被丰茂的花岗岩峡谷。在峡谷中从甘醴岭开始南向而下，行至一处山谷，那里有一座方石铺就的拱桥横过山间的野溪。这里的山都不算高，我估计平均有600米高。最后，花岗岩还构成一片宽15里的波状平地，上面广有种植，有些地方景象十分怡人。晚上我们到了一个名叫小将（Siau tsiang）的村庄，它位于一条也还是向西流的山溪旁，周围环绕着花岗岩垫底的波状农田。这里的客栈也脏得像牲口圈，于是我又去村子下面的一个荒庙过夜。现在我已经能够较熟练地快速营造必要的舒适住处了，周围立着的神像帮了我的大忙，他们伸出的手臂十分适于支蚊帐。我 17
这么做，大概那些敬畏神像的当地人也不会见怪吧。

第三天我们只走了20里，出了河水西流的地区，越过一座高岭，来到河水东流的地区。下午下起了雨，我们不能再走。这座山上绿草如茵，北面及高处像是阿尔卑斯山区最美的草场，可惜都还不曾利用，顶多只是有山民割草晾干了当柴火用。此山名叫九里岗（Kiu li kang），意为九里的分界山脊（Scheiderücken）。我们所翻越的山岭名叫San wang ling，意为“三王岭”，约高600米。从此岭北望，可以清晰地看到远处的山貌。可以看到两条凸起的山脉——一条是包括雪窦山和宁波以南诸山的山脉，另一条就是九里岗——围着一片山区，山区里有数个朝新昌山谷聚拢的峡谷。这两座比邻的山脉高度都约在1000米，而被它们所包围的山区海拔似乎不超过600米。可以看到新昌附近的宽广的谷地。南望则目光受阻，只看到近处一座多峡谷的山。

下山时发现山南迥异于山北。这里灌木丛生，多种多样，但目前还开花不多。覆盆子美味的果实是酷暑时节解乏的佳品。

我过夜的大同寺（Ta tung sz'）孤立于两座小村庄之间。我发现，有关当地人未开化的传言似乎不无道理，这一地区人迹罕至，所住的实际都是土著。人们大多不曾走出自己所在的山谷，连
18 最近的县都没见过，与世隔绝。

不出我所料，这儿的人格外好斗。有个男的朝我逼近，我用不太温柔的方式把他扔出庙门，他几乎因此摔倒在地。一个16岁的少年见状便冷笑着从裙下慢慢地抽出了一把大柴刀，凶狠地向我挥舞着。方才被我扔出去的男的为此振奋了起来，顺手抄起了一大块石头。其他围观的人也纷纷抽出了平日里用来割草的柴刀，情势危急，一触即发。我意识到其中的危险，面对眼前的敌人，假

如我不能在第一时间制止他们,那么马上将产生严重的后果,因为事情将不由自主。由于手无寸铁,我只有站在那里,对周围的敌人报以狰狞的冷笑。这一招还真管用。那个上来就被我盯在眼里的柴刀少年怯怯地慢慢往后退,因为他或许以为镇静的我有几分神力吧。紧接着我大喝一声,抄着石头的那位也吓得抱头鼠窜了。周围的人一哄而散,久久不敢有人再露面。但他们对我们仍是不怀好意。就像20年前在蒂罗尔的几个山谷里一样,当地的土著人暗地里议论说我们无权进入他们的领地,他们得给我们些颜色看看,好让我们知道我们将一无所获。因为夜里的突袭并非不可能,所以我们必须试图跟他们和解。我们晚上跟他们攀谈,给他们看图片,总算达到了和解的目的。他们一看我们并无恶意,面对他们正常的举止我们报以友好的态度,转而就化解了对我们的疑虑,变得热情了起来。尽管这里的气候很好,可经济并不发达,十 19
分贫穷,除了些大米就没别的,连鸡蛋都没有。田里种的除了水稻之外还有小麦、烟叶、玉米和红薯。所种的树有乌桕和桐树,但除了栗子之外就再没有什么结果的树了。木材倒是富余,这儿的村子里都长着漂亮的大树,但是树木的存量不大。

第四天我们才到了目的地。从大同寺所在的盆地里出来南向而行,往山上走,到了海拔约1000米的柏树岭(Pai schu ling)即天台山的一个山脊旁。一路越过绿草茵茵的地方往上爬,周围的山北坡也一样长满了草。到处山泉潺潺,我在静静流淌的泉水里发现有很多蝾螈。路很荒芜,我们一路上只碰到几个人,他们对在这里见到如此陌生的过客感到十分吃惊。我也感到十分吃惊,尽管此地距离宁波并不远,却那么人迹罕至,就连周围最近的地方

的人也不知道这里。在雪窦山的时候还有人说天台山在450里以外，没有谁去过那里。而当我们走了50里之后，就听说还有180里了；我们于是又走了60里，又听说只还有70里；又走了20里，再问就只有20里了。直到昨天过夜前，我们没见谁去过这座名山以及山上的那座名庙，尽管人人都晓得此山的名字。对于此山之高之险，人们说得很传奇，说它是浙江、江南（Kiangnan）、江西（Kiangsi）和福建四省中最高最险的山。从山脚看山上的寺庙，你得直直地抬头仰望，以至于帽子会从头上滑下来；从山上可以看到海，向后看还能看到欧洲就在不远处！有关其他的传奇故事中讲到了有一个106岁的老和尚，他寿眉垂肩，住在高处，只吃米饭；但还不曾有人见过他。我应该借机好好享受这些妙处。

从柏树岭开始，路转向西南，沿着南坡下到著名的华顶寺（Hwating sz'）。雨下得很大，我们紧赶慢赶总算赶到了那里。从绿草茵茵的地方走过，我们很快便走进了树木葱郁的峡谷，路过好几座寺庙，其中几个还挺大。我们在其中的一座庙里歇了歇脚避了避雨，那里的僧人对我们十分友好。之后，我们顶着瓢泼大雨赶到了主寺庙。在此所受的礼遇，实在是十分的享受。一位年轻的僧人——是个有十足眼力见儿的活泛之人——接待我们，招待得有些过于好了：因为我们虽然再三推辞，但他仍然在早饭的时候坚持给我们堆了一堆中国菜。接下来我们的饮食问题，僧人们想继续一并包管，但我马上注意到这很可能是出于对我钱包的兴趣。另外，住得也很好。

这里的僧人一起住在跟修道院一样的院落里，除了供自己住的宽敞的房子之外总还空有许多的客房给上宾，因为寺庙的一大收入来源就是来客的施舍。来这里祈祷的官员，住一夜会付很高的房价。该寺庙有 400 名僧人，但大多都在附近地方的寺庙里供职。他们没有财产，只靠着施舍和寺庙田产的收益生活。他们不许吃天上飞的、地上走的和水里游的任何东西，也就是说鸡鱼肉蛋都不许吃，也不准饮酒；都是十足的素食主义者，仅以米、菜、茶为生。我坚持要自己做饭并在这佛门清净地吃那些容不得僧人吃
的东西，对此他们显然十分不耐。他们从不放下手里的念珠，不 21
分昼夜地诵经礼佛。我们时而被叫他们起床诵经的钟声从熟睡中惊醒。

论戒规之严和履行戒规之自觉，这些声名为耶稣会传教士不实的报道所诬陷的中国僧人堪为某些修会与国家的楷模。他们是博学多识之人，但并不超出实际的需要而醉心于学问。他们从来客那里还有通过在乡间化缘得来的钱财物品中先分出一部分给本地住持，此地的最高主持就是天台县(Tiën tai hsiën)住持了，其余的足够一帮僧众生活之需。这里的寺庙有一大特点，就是古老，天台山这里的寺庙比雪窦山的不知要古老多少呢。据僧众们说，该寺庙已有 5000 年的历史，如果所言非虚的话，怎么着也比罗马的那些教堂年代要早。十分引人注目的是，这里一直以来就是佛教圣地，未曾中断。寺庙本身的建筑风格并不能体现其年代之久远，从中已无从看出古刹流传的痕迹了，显然经常翻新。宗教本身也发生了改变，想必影响了建筑外在的风格，因为这些古老的庙宇尽管至今都是佛教寺庙，但想必建庙之初并非如此。

管我们食宿的那位年轻友好的僧人，十分乐意带我们在寺庙里转悠。然而这座庙也没什么特别的，唯一惹人注目的是一间有

500个金身神像的大殿,这些神像的制作技术都很精湛,应该有
22 200年历史了。500个神像都是同父同母的兄弟,每人的名字和意义都各不相同,在造型上也被赋予了不同的个性特征。值得注意的是,500个神像中没有一个的脸型带有典型中国人特征的。寺庙为郁郁葱葱的灌木丛和高大的乔木所环绕,其中尤以庙门前的几棵古杉(Kryptomerien)为妙。这里绝对是植物学家与昆虫学家作研究的好地方,这里的植物与昆虫种类格外丰富,在沿山背面的小路上就能不费力气地做较大的探索了。通往天台县一路上山势起伏,常有带着突出山岩且沉陷很深的潮湿峡谷,这将是大有作为的地方。

雨下了一夜,直至次日上午天还是雨雾蒙蒙的,之后才雨过云开,于是我得以登上天台山顶峰。事后我才听说,此事令众僧人倍感吃惊,因为这里每月难得有两天能像今天这么晴好。僧众原本认为,我这个外国人踏进圣地所致的亵渎将使天空更加阴沉的。制高点距离寺庙不远,紧邻柏树岭,高约1100米,比寺庙高出约150米至200米。向南四五里隔着一道深谷还有一个高出此峰100米至150米的山峰,叫钟山(Tschung schan,音译),但它却没能在历史上留下最高的美名。除此之外,Tiën tai或曰"天台"就是附近的最高峰了,所以宜于登高望远。四面看去无非起伏的群山,只在东面看到宁海(Ning hai)附近的山、新昌县貌似平坦的谷地和天台县为冲积层所填满的较宽的山谷。

23 这些山都是身披绿装的中等高度的山,没有陡峭和特别典型的形状,但在排布上有一定的规律,只是不易捉摸。我正处在中国东南部山脉的中轴线上。沿此线向西南望,能看到远处是本地

最高的山峰，它们跟天台山之间被一道深深的山谷隔断。假如能够看得更远，沿这一方向还能看到更远处的武夷山(Wu i)。[①] 将此线向东北延长，延长线先是落在耸立于宁波山谷和可以看作长长的山麓的尼姆罗德海峡之间的高山上，而后继续延伸至舟山群岛。向北只能看到较矮的丘陵，绵延至天目山(Tiën mu schan)，尽管远却还依稀可辨；向南看则目光被重云遮断。

我正沉浸于观望与测量之中，突然从一座破庙里走出了一位老僧。于是我才留意到那是一座四面围墙、以草覆顶的旧屋，在这山顶上足以挡风遮雨。从23年前开始，这位老僧就生活在这里，如今91岁的他从未离开过他在伟大自然中的陋室。他骄傲地指给我看周围的地方，仿佛就是四方的君主：哪里是这个府，哪里又是那个省。从这里望去，他可以将一切尽收眼底并自诩站在中国的最高峰上。他邀我们进屋喝茶。

山顶的这座破庙很小，像这么大的小庙山坡上有很多，多是给德高望重的老僧静养的地方。他们在这里只需照看神像，靠大庙 24
分给他们的钱物生活。每一个这样的小庙里都有祭台、香烛以及平日里和尚礼佛用的所有东西。大庙给这些小庙里的老僧每人配备了一名小和尚做帮手，并提供一切所需之物；因为人们觉得高寿是敬畏佛祖的善报。这里的祭台上方刻有一句话："海天一色"，于此山顶十分契合！这位老僧的屋子收拾得比人通常想象的还要干净，他十分乐意接待像我们这样的稀客。他十分怡然自得地带我们看了他的水源。他身在峰顶而能就近汲水，真乃幸事。

① 武夷山的英文译名是Bohea，位于福建，因山坡产茶而闻名。此地茶的学名为Thea Bohea，便因此山得名。

回到大庙之后，我要求见传说中那位“寿眉垂肩”的老僧。我们的那位房东和尚带着我们在寺庙里穿廊越道来到一间显然是地位颇高的僧人才能住的禅房，房东和尚先行进门通报。出来的是一位长相丑陋年约60岁的和尚，他极力地想要显得十分年迈。领我们来的和尚故作敬畏地对我说，这位方丈得佛祖保佑已经年过百岁。老和尚看我们并非那么好骗，及早地让人怀疑自己是个骗子令他显然十分不快，于是赶紧制止小和尚再说下去。

待在华顶寺的日子虽然短暂，却令人十分受用，山顶十分凉爽，总是吹着清新的微风，研究自然的人即便夏天在这里工作都不会觉得难受。我们同僧众之间的默契一直保持到最后。他们还不曾被外国人惯坏，因此还不曾失去对我们的尊重；但他们一定听说

25 过外国人在被讨好的时候往往出手阔绰的事。但他们因为对所应得的报酬也不甚了然，所以一开始似乎还以为我们会给他们一座银山呢，后来发现我因为他们的热情招待倒也给了不少的钱，于是仍显得十分地满意。最后双方十分友好地别过。

6月22日早上5点，我们离开了寺庙下山，走向炎热的山谷。先是一段很长的路，几乎是沿着天台山的山坡向下延伸，走起来十分地享受。从寺庙出去不远，山顶上常见的变质岩(metamorphisches Gestein)就换作了花岗岩，地貌也随之改变。天台山的整个西半部分由平坦的圆形山峰和富有画意的岩堆组成：前者山坡陡峭，呈梯形，且有很多花岗岩屑；后者因断层的位置陡峭而产生。在这些山峰石堆间散落着几个村庄。最终，天台山的山势分两级而下，至一个曾于古时候还是一片汪洋的谷底平原。此两级中的上级高450米，十分陡峭；下级高300米，几乎是

垂直而下。在下级的旁边有一个漂亮的小山谷，山谷中有村落和一座曾经很大而如今已成废墟的寺庙。从峡谷中流出的溪水在上级汇聚，越过下级，成为一道很高的瀑布流入山谷。路在两级落差中凭阶梯蜿蜒而下。

此处宜于远眺。天气晴朗，只在远处的山顶上有几片云。最惬意的就是俯视天台山又深又宽的山谷，只见它分成两支从北向南然后从西向东延伸，将上文提到的中轴线同天台山隔开。不仅可以从上往下俯视谷底肥沃而广为人居的平原，还可以从下往上仰望两级直下的恢宏山势——实际上正因为如此，天台山才当得
起“天台”的美名。或许也正因为如此，才会有我前面提到的仰望 26
此山而帽为之落的传说。南向的山势并非十分陡峭，山坡上一直到谷底都覆盖着植被；而西面的山坡光秃秃的，尽是花岗岩。我到达山脚的那个地方距离寺庙 30 里。

从此地出发有一个与中轴山脉的北麓平行向西和西南（WSW）延伸的谷地，这里人口稠密，广有种植，尤以种植乌桕见长。当地人很善良，尽管地处天台县与新昌县之间我所必经的交通干道上，人们已经被沿海地区飘来的外国人很坏的传言所蒙蔽。四面环山的谷地里酷热难当，不久下起了倾盆大雨，我们拖着行李匆忙寻找避雨之处，于是来到了一个有小庙的地方，并在那里的几间农民的小屋里过夜。

现在应当取一条尽量直的道路去东阳县（Tung yang hsien）。此地尽管在地图上似并不遥远，但要走的路显然都很艰险，走起来很费时。打听一路上的情况，也很不容易。一路上帮我最多的是我的一个苦力，他早先读过书，之后还做过很长时间的教书先生，

当时为的是在方便的时候考取功名，升官发财。然而由于教师收入微薄，想考取功名又非得颇有些资财不可，于是他觉得还是做苦力较为实际。我待在中国的四年当中还没见有几个人对地理学所抱的兴趣能有眼前这位苦力大。以前坐着教书的人如今挑着沉重
27 的行李在酷暑中奔走，固然足以使自己气喘吁吁，但他仍不忘沿途向每位过路人打听情况并尽快把听到的东西记在纸上。我们来时路上经过的所有地方的名字与写法，他都了如指掌；又因为他总在询问一处通向别处的途径、距离和其他的地理问题，所以能对整个地区的全景了然于胸。因为如此，他在搜集信息方面对我十分有用，而且在向我禀报情况的时候十分忠诚可信。只可惜他因为顾及家人而未能在此次旅行结束后继续陪伴我进行其余的中国之旅。因为他至少知道前方的路程，所以常能在其余的苦力不想再走的时候驱动他们前行。

我们在宽广的天台山谷中一路上行，来到了一个叫尖山（Tsiën schan）的村庄，山谷约 20 里长的一部分就是依照它来命名的。5 里外有一个小集镇叫平头（Ping tóu），到那里有一条溪水，宽宽的河床蜿蜒曲折。之后不久是另一个地方叫街头（Kadu / Kiai tóu），我们从过夜的地方走 40 里才到达与街头同名的腹地。所谓腹地，实际上是一个非常繁荣的小集镇。山谷的宽度继续往下有 15 里，而这里只有 5 里。整个谷地的面积，我估计是 6 平方德国里。山谷东部十分肥沃，越往西去岩石越多。到处都有群岛状地貌从谷底拔地而起，它们由斑岩沉积物形成的柔软的岩石构成，覆盖着肥沃的土层。山谷因为群山环抱，非常美，并有一条从天台县下行的可航行的河流，可谓得天独厚。大部分居民以小型

房屋群的形式散落而居，这些房屋群并没有自己的名字，而是被合
并在大群落或地区里。除了田间随处可见的乌桕树之外，还有许 28
多果树，但没有在宁波以上的山谷中曾有的桑葚。另外有很多的
水稻、玉米、镰扁豆（Dolichos）、小麦、烟草，一些棉花、苎麻和大
麻；只是我没见到罂粟，也没有甘蔗。水稻是 8 天至 14 天前新栽
的，现正施肥。在生长的早期，水稻受到十分细致的照料，现在正
有一大部分的农人在田间为此忙碌。山谷周围的山上到处栽着茶
树，街头这个地方就是个很兴旺的茶市。另外，在陡峭的山坡上土
地贫瘠，种着桐树和红薯。

从街头有一条很好走的路通向东阳（Tung yang），其间越过离这个市场 30 里远处的夷簇岭（I tsu ling，音译）。我们在这条路上刚走了一小段，才知道有一条越过枪旗岭（Tschang ki ling）的路要近得多，于是我们马上改抄近道。我们的苦力似乎对这条路上的辛苦打听得比我们还清楚，他们也不像我那样抱有为了解岩石而改行山路的兴致。因此，我很难让他们前行，最后我们只好动用强力驱赶他们上路。天气比昨天还热，早上 10 点便下起了雷雨，一路未停，直下到晚上，但空气却不见凉爽。之后在一小块地方，天空大雨倾盆而下，山溪为之暴涨。早上我们越过枪旗岭那里山溪的时候见它还是平地上一条宽阔多石的干涸河床，而当我们下午在山间沿着同一个山谷走的时候，我们看到的却是一条呼啸而过的宽阔的河流，它因天降暴雨而形成，充满了整个河床。沿这
条河往上的路十分难走，但我们今天的任务是这趟旅行中最重要
的。晚上 8 点到达住处的时候，苦力们都已经精疲力竭。他们先 29
后到达，对我给他们规定的路线抱怨连天，我只好特别为他们加薪

才算平息了此事。除去气温，这条路还是很让人享受的。枪旗岭峡谷中的植物从山脚一直蔓延到山峰。当地人背着大捆的木头从山上下来，焚烧了以后用作肥料施到田里。

次日一开始，比头天结束的时候还糟。短短的 15 里路，或者说是 1 德国里，我们走了 5 个小时才走完。我们投宿在一个名叫枪旗岭下(Tschang ki ling sia)的村庄。从那里我们又往上爬了 350 米，至少有 2000 个阶梯，有一些相当陡峭。站在峰顶，东望可见天台山谷，北望可见地势平坦的赤色丘陵地。之后，下山的路很陡，又经过一条沿着错落的小分水岭蜿蜒前行的隘道，一路上景色旖旎。

这里人烟稀少。在距离山岭 9 里外的地方我发现了一座小庙，地处十分迷人的位置，可以怡然远眺，又可以享受清新的空气，旁边有浓郁的阔叶林。离这里最近的房子有二三里远，这里的庙并没有人住，倒为我提供了一个清静的休息场所。只是想清静又谈何容易！我必须派人去找补给与安营的工具，这样一来便令我们到来的消息传开了，结果我住的小庙空前喧嚣，成了人们朝拜的圣地。来的人都很善良，但老待着不走很惹人烦。对于把眼前的小庙变成一个宜人居住的过夜场所，我早在旅行之初的两三天
30 里便已训练有素了。在这样的季节，我不敢奢望有比这小庙更好的住处了。

我们到了之后的第一件事就是打扫，因为方石铺就的地面上沉积着多年的灰尘。所以，首先需要的是扫帚，派了一个苦力先去找几把。又派了一个苦力去弄一张桌子和两把椅子，再让一个苦力去捡柴生火，还有一个去找水桶；同样又有人被派去张罗安营必

需的其他东西。他们跑到农民那里说明来意，农民们对我们索要的东西都感到很吃惊；但因为我们给的钱多，所以他们马上笑脸相迎，而我需要的东西就总能很快弄到。之后先得有几个人把地方扫出来，然后放上桌椅作为我的工作与就餐场所。

现在开始布置睡觉的地方。每座庙里都有支撑着屋顶的柱子。我总是随身带着些小铜钩，在我看来是旅途享受所必备，值得向每位旅人推荐。把这些铜钩固定在柱子上，然后把一条绳子——这也是人所必备的——系在钩子上从一根柱子拉到另一根柱子，如此则好挂蚊帐。然后把一个大橡胶垫子铺在地上，垫子上铺床。我的床上从旅行开始就铺着三层蒙古羊皮做成的大褥子，冬天毛面向上，夏天皮面向上。我在中国的所有旅行途中都享用着自带的洁白的床上用品，这一点几乎没有哪一位旅行者在我之前做到过。带这些当然会增加几公斤的行李重量，但所得到的享受却远非仅仅用于裹在身上的床上用品所能比。褥子上面盖的是一个漂亮的彩色毛毯，这东西男仆吉姆（Jim）常爱拿出来向他的同伴显摆。

以上这些安营扎寨的重要部分完成以后，马上令整个空间有 31
了宜于居住的雏形，紧接着就是砌灶。行李中有一个烧木炭的小铁炉，非常实用，到处都可买到，也不重，只有几磅。除此之外只需将砖砌成一座炉膛，在里面生起熊熊大火以备做饭。做饭的厨具放在一只专门的筐里，交由细心的吉姆保管，他总是能最大限度地保持它们的整齐与卫生。另有一只筐是专门盛餐具等用的。桌子上铺着一张绯红色桌布，它也是我从头至尾都带着的。如果还有一张桌子，那就用德国国旗当桌布使。许多旅行者都认为只要

远离了文明之地还是拿铅质厨具、铅质餐盘、铅质杯子及喝水的容器较好,而实际上陶瓷和玻璃要好得多,卫生得多,因此我也从不曾放弃这些。它们也不占多少分量,重要的是要找到合适的方法来防碎;我第一次在中国旅行的时候吃过这方面的亏,所以现在已经能驾驭自如了。一盏装有防风玻璃罩的灯令住处的布置基本结束,剩下的就是再钉几个钩用来挂衣服、狩猎用具之类的东西。通常这些工作做完要半个小时,之后我们就感到十分舒服,在位置怡人的地方可以在自己布置的小屋里美美地待上一整天。白天剩余的时间通常用来做短途旅行,晚上我就工作,主要是写日记,画图纸,而保罗则在厨房里忙活。

32 在我们所带的干粮中有三样东西尤其重要:利比喜浓缩肉粥(Fleischextrakt von Liebig),跟供给法国海军用的蔬菜一样的压缩蔬菜,还有燕麦糁。用前两种东西配上几乎随处可得的几个蛋,就可以做出一种很有能量的汤,让你喝了以后不怕累。之后一般再来一道猎取的野味:野鸡、野鸭,偶尔也能猎到一只麞子,或者野鸽子,跟大米一起做。晚上少不了的是每一位旅行者一定要自带的茶,因为中国普通的茶跟我们的不同,根本难以满足我们的口味。每天早晨都有咖啡,磨细了装在铅罐里带着,加上浓缩奶;配上一块德式蛋糕,为了做这个我让人买了配料,就是蛋和面粉。在饮料中数一种美国鸡尾酒最重要,因为要在到达目的地的时候享用;它是由白兰地、糖、一种较苦的物质加上大约双倍的水调制而成的,把所有的东西用一根竹质搅拌器打成泡沫状享用。这种饮料我平时喝的时候,无论如何也品不出美国人才能品到的特别的味道。但在一天的辛勤工作之后,它让我的精神离奇地抖擞起来。

因此我在这里仍旧收拾得尽量舒适。下午凉爽的时候我们外出作业，当天作业完成的时候一般是在最后一段路上总能找到一处溪水洗个澡。而每天早上我们走的第一段路，也是去溪水边。一般我所见到的都是山间清冽的泉水，但偶尔也有水温达到37度的。对了，脸盆也是旅行者必备的，要不然你是找不到清洁的盛水容器的。我有一个宁波产的磨铜盆，已追随我多年。

次日，我们往东阳方向又前进了55里。这是一条山岭层出 33
的山路，一路上天气晴朗，但温度很高，也没有雷雨降温。我们早上5点出发。一路上向北绕了一个大弯，绕过东阳江的发源地区，很可能是因为这一地区的峡谷太深太陡，不易一一度过。开始的20里路还是山势平坦的赤色丘陵地，这我昨天从枪旗岭上已经看到。这里的河流都流向东北方，据说是流向嵊县。然而这一地区隶属于东阳，交通方便。这里的地形充满了和谐，一种深色的玄武岩类岩石，是一种这儿很少见的辉斑岩，构成了许多覆盖着林木的小山以及峡谷。这些中间铺展着的，一部分是黄色的凝灰岩地（Tuffland），一部分是一种散布着黑色石块的红褐色土地。这种土地并不肥沃，但这里也种植水稻，到处都有小的茶园，每个农民都有一小块茶地。人口稀少，有的聚村而居，有的一起住在分散的农庄或房子里。这里的作物跟山谷里的大不相同，比如完全不见有乌桕，而是大树云集，风景独特。从我们住的寺庙走出6里，就到了一座多孔石桥，像其他细致的文化留下来的残迹一样由此可见早先的盛况，而今的居民很难筹集到造这样一座桥所必需的花费。

之后不久我们来到了一个大村庄马塘（Ma tang），又行10里到了另一个村庄岭口（Ling kóu）。在此我们站在高山之麓，此山从西北面将此平坦地区隔断，山形宽厚。像东南面由枪旗岭延伸而成的山一样，这座山是由不同变种的石英斑岩（Quarzporphyr）构成的。过了塘婆岭（Tang po ling）之后，我们又向上走了700
34 米，从那里北望、西望都只看到几乎是无人居住的荒山，山上绿草茵茵，高可及1000米。之后又陡然深入一条流向嵊县去的河谷。我们在这里不时能看到人家，人都很好，给我们茶喝。有时他们一开始显得怯生，但交谈起来就熟了。经常遇到的情况是这样：家里的主妇对我们先是十分友好，请我们坐；而后家里的男人来了，向她述说这样好客的危险，她于是像见了鬼似的呆立当场，之后迫不及待地把我们往外赶，害怕我们会祸害到她家。我常体会到女人比男人更善良，更少偏见。我们在这里每天的遭遇即是明证，此外我在中国北部也有类似的体验可为例证。

在峡谷深处秀丽的樵行村（Kiau höng，音译）我们顶着树林的浓荫午休。之后又翻过一道岭，叫三木岭（San mu ling）。它因挺立于岭上的三棵浓荫大树而得名，是嵊县与东阳水系的分界。从岭上看，所见也是一片美丽的山地，其特征明显是石英斑岩。这里是重要的产茶区，我看到许多崭新的茶园，显然这里的土质普遍适于种茶，因此能够大面积地拓展茶园。住在岭上的一家人正在忙着采茶。

正值采茶制茶的时节。眼见数以百万计的茶叶分好几次流过采茶人的双手，除了让人惊奇之外，更是一件趣事。有几个人负责
35 将茶叶从树上采下来，然后送回家去。因为采茶是从梗上摘叶，难

免把梗也带进茶里，所以回家还要把梗拣出来。捡的时候要一片叶子一片叶子地理，把没用的东西扔一边。之后马上开始第一轮炒茶，能看到茶农家里炒茶用的锅已经支好。这是所能见到的最美的家庭场景，祖孙三代各司其职，有采茶的，有捡梗的，有炒茶的。这周围最好的茶园在高 500 米至 800 米的地方。不像福钧所说的在山脚下，而是多在山坡的上部或山顶上，特别是山顶平坦处。山顶上除了有茶还有玉米、甜薯、高粱(Kauliang)、谷物和豆类等；甚至还有水稻，不过都在较深的峡谷里。

谁要想了解浙江的山，我强力推荐他走我走过的这条路。在其他路线上我还从未获得过对这一地区的地貌如此深刻的认识。每到一座山上都能尽情地享受远眺所带来的快乐，并能一览群山。描述路线会妨碍沿途的享受，因为每走一步都很享受，要描述就必然错过。在这条路上，每走一段你都会为自然所陶醉，而你的描写只会像是对同一个主题的重复。比如说从三木岭到岭以西不远处另一道岭之间的路，就是很有意思的一段。峡谷中的水北向流出，峡谷格外的深并且在最上方就已经为峭壁所包围。沿着这些峭壁往前是一条在软岩石上凿出的山道；而当在一处植被茂盛 36
的峡谷中往下走的时候，自然就更显得美丽了。这是流向东阳去的第一条河的河谷，属于钱塘江(Tsien tang-Fluss)水系。这里的路也都在山坡上，铺得很好，路两旁都是绿色树木。但这道峡谷太险峻了，以致路到半截的时候必须上行至山顶，然后在水都到达一个较低的地方汇成一条河流的时候下到水边。晚上我们来到西寨岭(Si tschai ling，音译)附近一座无人居住的小庙，庙旁有清泉，从庙里可以自由眺望。周围树木高耸，附近有几户农民，可是因为

十分贫穷,我的人从他们那里也弄不到吃的,他们连自家吃的都没有。没办法,我只好加钱让人出去买,也买不到什么,除了很少的一些生米。

6 月 26 日,我们步行了连日来最长的一段路,这天也是连日来最热的一天。2 点钟的时候,气温计显示:凉荫里 41 度,太阳下 58 度。只是我当天还想走到河边的渡口,因为这样第二天一早动身就能省去一天的时间。我不能期望我的苦力们能有那么高的效率,所以又雇了几个人帮忙。这段路总共 75 里。头 20 里是在将东阳江的两条支流分开的一道分水岭上慢慢往下走,居主导地位的仍旧是玄武岩类斑岩,它们在这里也是构成了类似山顶平地的地表结构。至于说地貌,跟昨天一样,红土、玄武岩山脊、很多树、几处稀落的房屋、贫瘠土地上的作物和一些茶树构成了这里地貌的主要特征。然而随着岩石的改变,地貌特征也陡然改变。随之而来的是非常柔软的红色黏土质和沙质地层,倾斜度也不大,于
37 是开始出现山势柔和的丘陵,间以山峰陡峭的深陷的峡谷。

在颇有名气的集镇煤山(Méi schan)附近我们从山上下到东阳河谷中,在此我们走过的小山路跟一条自嵊县越过白峰岭(Pai föng ling,音译)过来的较宽阔些的交通要道会合。这是连日来第一个在我们之前曾有欧洲人来过的地方,所谓欧洲人当然是那些卖书的传教士,他们为了寻找人多的地方,走的都是舒适的马路。白峰岭路是宁波与东阳之间的交通要道的一部分。此地名为“煤山”,大概是因为据说这一地区有煤的缘故。这种说法很可能源自那些云游的传教士,他们将注意力死死地盯在哪里有煤矿上面,所做的报道也并非总是切合实际。我打探了煤矿的事情,结果只是

徒劳。人们对此一无所知,也没听说以前有过什么矿山。可是看这里的山势,以前在这里找到过少量的煤矿也并非不可能。

从煤山开始,景象变得大不相同。从这里到东阳县45里的地区都是平原。这一地区肥沃而广有耕种,尽管它比天台山那里的平原要稍微逊色些,因为天台的地质更好,灌溉更完备。这里的人口密度也是一样,尽管很可观,然而比起天台的还差得远。这里的主要经济树种也是乌桕,此外还养蚕。一路越过毫无遮拦的平原十分辛苦,因为一路上并无凉荫,我们一直在头顶着毒辣的太阳前
行,还有路面反射的热。晚上6点钟我们来到了麻车埠(Ma tscha 38
pu)渡口,对面就是东阳县。河水行至此处又窄又浅,但在多雨的季节会暴涨。现在这里已经干旱了好些日子了。停着的几艘大船因为水位太低而无法航行,我们只好乘竹排渡河。我以3元的价钱雇了两个竹排行70里到达佛堂(Fu tang),从那里有大船可乘。

我们试图找个住处,结果是徒劳。即使在房屋林立的东阳,也没有合适的地方。住旅店的话肯定会被成群的好奇之辈吵得不得安宁。与其如此,我们还不如顶着月光在河岸边露宿。把船停在这里的船夫也把圆形的船篷拿到岸上,住在里面等待水涨。这样我们便有了足够的安全感,不用再担心露宿的危险了。之前在山里的溪泉中洗澡,十分地清爽。而到了这平原地区,水虽然多得是,但河水的温度就连晚上都还有33度,高到会让人以为冬天在这里都能洗热水澡。

至此,在浙江南部的翻山之旅实际上就结束了。这是一段让人饱享自然之美的时光,尽管有酷暑和艰辛,但我对这十二天的旅程还是感到十分满意。之所以能圆满成行,我觉得主要得益于

事先有目的的准备，特别是事先雇了伴行全程的苦力。假如不是这样的话，此行不可能成功。这样省去了许多麻烦，让人可以随意行止。有些我住的地方实在迷人，令人不禁想多盘桓几日。假如不是怕遭了当地人祈求得到的雨天的麻烦，我或许就被迷住而
39 在当地多留几日了。这段旅行是一次真正的翻山之旅，除了有一天是在天台山谷里和半天在东阳平原上，其余都是走山路，上山下山，翻过山岭，横越深谷。之所以如此，是因为路都在流向四面八方的河流的发源地区。我所经过的山区，山壁与峡谷的细节较之整体的印象更美。整体的轮廓很单调，没有巨大高耸的岩堆，也没有险峻峥嵘的外形。不仅是外形和轮廓，而且在某些特定的方面也很单调，没有突出的山峰，也几乎无法看出山脉之间清晰的划分。就连寻常十分清晰可见的西南东北走向也大都泯灭不见了。风景却很美，植被丰茂而多花，各种各样四季常青的观叶植物（Blattpflanzen）尤其美观。典型的是灌木，我们欧洲人花园里种的多数根源于这些灌木。峡谷和山谷中长得很高的树林，还有人们开始植树造林，也都很大程度上增强了景色的和谐。但还没有形成真正高树干的森林，在许多地方都种着针叶树（Coniferen），树龄大约都在二三十年。

在我看来特别有趣的是，发现天台山不仅是中国东南部巨大的中轴山脉的一部分，而且因其山体内构上的相似性可以看作日本西部山脉的延续。这部分中国山脉与日本山脉在地貌上的相似性也很惹人注目。就连缺乏常识的保罗也总能看到这点。假如该地区少抬高300米，这样海水就会涌入这里的山谷和峡谷，有些山岭就会被水淹没，那么你就会发现跟日本内湖地貌一样的景

象。不仅外形,就连植被也很相似,当地的民风也都很和善。然而 40
中国的风景中还缺少在日本那样人为创造的场景,日本的寺庙所以如此迷人在于它的山门[1],另外还有日本祥和的村庄以及那里生活的诗意。

无论这段旅行在以上这些方面多么的令人满意,可当我看到自己费尽艰辛走过的路程只是地图上很短的一段时,还是感到有些绝望。我每天4点钟起床,从早上6点半或6点一直走到晚上5点甚至7点,中间只午休两个小时。然而有一半的时间都花在等待滞后的苦力上了,因为他们背着行李翻山越岭十分辛苦。我总觉得,走过的路跟付出的辛苦似乎不成正比。

次日,我们可以在水上休息,从而缓解昨天的疲劳。我同保罗、吉姆还有我的行李乘一条竹排,另外的10个苦力乘另一条。我一直都忘了提到我们当中的一分子,他就是曾陪我们从雪窦山下山的那个小和尚。我们下山之后就分道扬镳,他就直奔自己出家的那座庙去了。可是他似乎很是惦记着我们,于是在天台山他又突然出现,要求与我们继续同行。我表示愿意供他吃喝,只要他想帮忙。他一路都是颗开心果,因为他在所有的人中最为乖巧。他是一个善良又不太精明的人,十分健谈。跟我们之前,他没钱,靠僧侣养活,从一座庙到另一座庙云游度日,云游途中从没想过
洗澡。他在有幸陪我们同游之前必须彻底地清洁一下。我的苦力 41
们将他按进水里,用沙子给他搓身上。以后每天改用肥皂如此继续。他如同蓬蒿的头发由一位最好的中国理发师给他刮光,这样

① 日本寺庙前面立着的门。

他一下子就像变了个人似的，显得精神了起来。这样做的效果还是很显著的，因为这位年轻人马上体会到了其中的乐趣，于是自觉地洗起澡来。据他说，这在以前是绝不可能的。此外还给他换了衣服，特别是他那双脚，光了好几年了，现在也穿上了鞋子。对此，他表现得特别感激，以至于我都怕以后根本无法摆脱他。

这条河上的竹筏都很长，由三节特别的小竹筏组成。前面的一节上翘，后面的两节松松地挂在前面这节上，以便于三节构成一条易于活动的竹筏链。每节竹筏上都有个1英尺高的平台，上面十分干燥。今天晴空万里，一路上未见雷雨，十分酷热。所有的村庄都在祈雨、拜龙王，因为眼见水稻的收成难保，豆秧枯死。我记下了一天中的天气变化：

<table>
<tr><th></th><th>钟点</th><th>空气温度</th><th>河水温度</th><th>阳光中黑球的温度</th><th>湿球的温度</th><th></th></tr>
<tr><td rowspan="2">上午</td><td>4：30</td><td>31.3</td><td>30.2</td><td>—</td><td>—</td><td rowspan="6">西北风</td></tr>
<tr><td>9：30</td><td>37.3</td><td>31.8</td><td>48.7</td><td>29.3</td></tr>
<tr><td rowspan="4">下午</td><td>1：30</td><td>38.9</td><td>35.8</td><td>58.6</td><td>—</td></tr>
<tr><td>3：00</td><td>41.7</td><td>37.5</td><td>59.1</td><td>—</td></tr>
<tr><td>5：00</td><td>37.1</td><td>37.3</td><td>58.5</td><td>—</td></tr>
<tr><td>7：15</td><td>34.8</td><td>37.2</td><td>—</td><td>—</td></tr>
</table>

42 数字说明了连夜里都热得不行，更甭提白天一整天被阳光暴晒会有多难受了。工作与观察就不必多想了，因为一路上的天气直让人叫苦不迭。

河道蜿蜒。我原以为会看到一个有岩质河床的山区，像我以前在钱塘江的西北支流即新安江（Sin ngan kiang）上所见。不同的是，我这次看到的竟是一个平坦的山谷以及远处四散而去的山。江水贴近山谷南面的山，山都是由高出谷底至少 500 米的斑岩构成的。东阳以下 40 里是义乌县(I wu hsiën)，此后不久见有一座塔俯视山谷，将山谷界分为上下两段。此地右岸可见整片的乌桕林。河上的交通并不兴旺。东阳主要生产火腿，在中国国内如同威斯特法伦地区的火腿在德国那样有名。东阳火腿大量出口外地，连在中国最边远的地区，如哈密(Hami)和伊犁(Ili)，都广受美食者的欢迎。其质量之优应当更多地归因于生猪的品种，而非喂养得好坏。除了火腿，沿河而下还有茶叶、蜡和各种草药，向上运输的有盐、陶器、铁器、砖瓦、生石灰和棉花制品。在佛堂附近，两条平行的河汇成一条，名叫桑河(Sang hǒ)。这两条河都可行船。这里形成了一个有些重要的集市。目前泊在这里的船有 25 艘，每条载重 3000 斤(catties)。我们晚上七点到达此地，之后我马上雇了艘大船去桐庐县(Tung lu hsiën)，价钱是 13 美元，有 6 个船员。行至兰溪(Lan ki)又给苦力们专租了一条船。

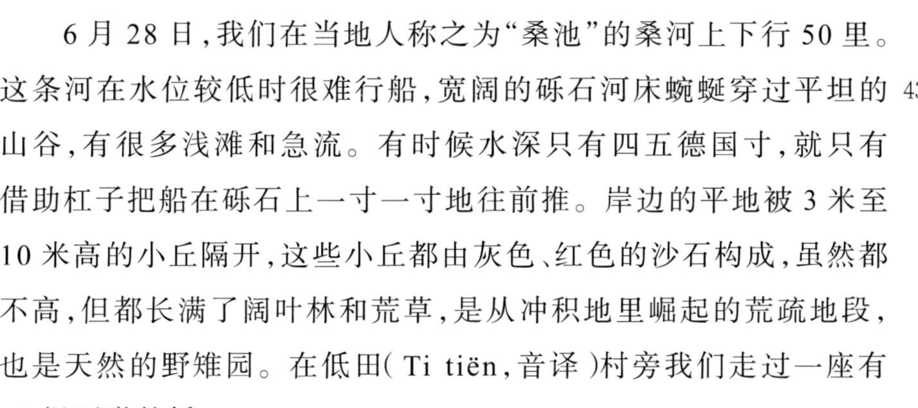

6 月 28 日，我们在当地人称之为“桑池”的桑河上下行 50 里。
这条河在水位较低时很难行船，宽阔的砾石河床蜿蜒穿过平坦的 43
山谷，有很多浅滩和急流。有时候水深只有四五德国寸，就只有借助杠子把船在砾石上一寸一寸地往前推。岸边的平地被 3 米至 10 米高的小丘隔开，这些小丘都由灰色、红色的沙石构成，虽然都不高，但都长满了阔叶林和荒草，是从冲积地里崛起的荒疏地段，也是天然的野雉园。在低田(Ti tiën，音译)村旁我们走过一座有 13 根石礅的桥。

次日又行 46 里，我们才算到了金华府(Kin hwa fu)的首府。

尽管航程不远，但我们到达的时候已经是深夜了，因为路上有的地
方特别难走。山谷到这里变成20公里宽，但并不十分肥沃，因为
有很多得不到灌溉的地方就像前面提到的小丘一样高出地面。我
们的船停泊在金华府。这里有一座秀颀的高塔，然而对于首府这
样的地方仍未免显得矮小。从河上放眼望去，坚固的城墙令人印
象不错。墙用红色沙石建成，大部分为攀缘植物所覆盖。假如是
植物学家在此，将会大有收获。待我们进得城去，发现一切都被摧
毁了！太平军曾在少数几个地区肆虐，比如这里。繁华逝去，四处
荒芜，人烟稀少。有几条主要的街道已经得到重建，路两旁虽也
有商店，但卖的只是周围居民的必需品。曾几何时充斥于此的奢
侈品，而今已不为人知了，——一切只为满足最为日常的生活需
44 要。出了这些街道，所见只有废墟。就连达官贵人们堂皇的衙门
也都被毁了，这些人不得不安于住在蹩脚的房子里苟活。一座以
红色方沙石建成的又牢固又漂亮的大桥，坚固的桥墩上架着气派
的拱，横亘在城市与对岸之间。它还诉说着这里往日的富庶与繁
华，而今已无力造这么样一座桥了。这里的民风天生柔和，如今遭
了难以后更变得胆怯起来。我们的长相固然特别，但他们表现得
都十分和善，很少追着我们看。金华山（Kin hwa schan）在城市的
北部，这条脉络交错的山高耸于山谷之上约600米。此城以下我
们又走了一段路才停船住宿。

次日，我们必须首先走完到兰溪县的一段路程。这是个曾经十分重要的大港口。之所以重要，是因为它处于两条大河的交汇处，这两条河在此地汇成钱塘江（Tsien tang kiang），其中一条来自西部和西南部，名叫信河（Tsing hŏ，音译），另一条叫桑河，就是

我们来的时经过的那条河。跟这座山谷中所有其他地方一样,兰
溪也被太平军毁坏了。但因它位置优越,所以比其他地方较早复
兴,城市的大部分原貌都已经得到了重建。到处能感受到一种生
机,然而旧日的繁华一去不复返。从广州到杭州(Hang tschóu)的
交通要道过去虽然曾令此地十分繁荣,但现在却因为有了沿海的
蒸汽船运而黯然失色了。从广州运往北方的货物不再选择经由浅
滩众多的内河运输,而是从海上用汽轮运往上海,要不了几天的时
间就到了。这是蒸汽航运给中国带来的缓慢却不可抵挡的改变之
一。过去,兰溪这里的河运远比在严州府(Yen tschóu fu)附近开 45
始的新安江重要得多,但现在新安江上的茶叶运输远比前者的运
输总量还多。

河水从兰溪转向北流。右岸矗立着象塔(Siang ta,音译),远远地俯视着山谷。河道几经曲折之后来到群山跟前,这些山将兰溪向北延伸的山谷阻断,河水紧接着流入陡峭的峡谷。这条山脉由一长串看起来海拔至多600多米的各种各样的山峰组成。山坡多样且高低不平,长满了低矮的灌木,到处是狭窄陡峭的峡谷和秀美的山岩;河水流下峡谷后一边安然地流淌,一边为人们打开了通向群山深处的门户。不久,主峡谷也开始变窄,两岸山壁开始变陡,两岸峭壁上可以看到厚厚的岩层重叠着,呈巨浪状向前延伸。我们在此又见到曾在浙江常见的斑岩层,上面还覆盖着坚固的斑岩。峡谷直至快到严州府都很狭窄,令人有身处裂缝的感觉,河道在这一段格外的直。很少有支流汇入河道,有也多来自小峡谷。只在一个地方,就是叫大洋(Ta yang,音译)的村庄附近,有一条自高山而下汇聚于此的较大的山溪从左侧注入河道。因此,这里

也是这段窄路上最宽阔的地方了。还有就是这里两岸罕见人烟,村落稀少。这所谓最宽实际仍很窄的地方,是在快到严州的时候才看到的。马上我们就要走进一个我们早就熟悉的地区了,我们之前曾经沿新安江而下到达此江与钱塘江合流之处,就是这一地区。两条河至此,无论大小还是水量都大约相同,在此汇聚之后奔流入海。

严州府城里也很动荡。还没到兰溪的时候我们就已经听说该
46 地区被一个大规模的强盗集团洗劫了。强盗们杀人越货,弄得民不聊生。没人敢在这个时候去那里,人们强烈要求我们从兰溪开始改道。由于很清楚流言在中国传播的架势,我于是毫不犹豫地决定仍旧继续原定的旅行。越接近严州,流言就越可怕,四处聚集着人群。局面混乱,状如散沙。但一眼看去根本看不出为什么会这样。细问之下我才了解到,原来是几天前有几个人夜间闯入府衙杀死了此地的最高行政长官和他的两个幕僚。我问还有没有更多的杀害,或者有没有什么放火之类的举动,可在当地并没有类似的事情发生。据说,凶手作案之后马上就逃掉了,但在周围地区却充斥着类似的暴行,情况比这里可怕得多。

我马上意识到这只是一个孤立的事件,很可能是因为某人自以为受到了不公正的对待或出于其他个人的动机对当地的主事人施行报复,此外并不贪图什么。在其他地方所做的询问验证了我的猜测,因为凡是有人实话实说的地方根本就没出过什么事。然而人们仍旧坚信,该地区散布着一个强盗集团,有的人准确地称其有 2000 名成员。据说头领是当地人十分痛恨的广州佬,成员多是当地人十分忌妒的宁波佬。成千上万的人因为听信此类的谣

言离开了严州府,逃到其他地方去投奔朋友。炮艇游弋于河面之
上,当然不是为了主动出击,而是为了制造警醒与做好战斗准备的 47
表象。简而言之,这样做非但让凶手溜掉了,而且还因为制造了紧张情景而让人们生活在恐慌之中,等于说把莫大的危害留给了自己。但这就是中国人,一小撮有种的人不用露面,就能把一座城市里的人都逼上逃亡之路。我的苦力都不是勇敢的模范,一个个都吓昏了头。此前我费了好大劲才把他们带到这里,现在他们以为我要把他们直接领进强盗和杀人魔王的洞窟去受害。

几周之后,我借机验证了流言扩散的事实。整整八天,上海的报纸都充斥着关于大规模造反的报道,说是从严州起事,进而蔓延到浙江省的大部。造反者的人数——据称这帮人杀人放火,无恶不作——报道说有 10000 人!我特别努力地想探明真相,之后发现除了严州府的杀官的事并没有一件令人不安的事情发生。

很快就有一艘炮艇靠近我们,告诉我们再往下游走会非常危险,请我们快点离开并注意隐藏自己。但他们惊讶地看到,我几近冷血地对待所有这些传闻和警告。但是因为我也不必在此逗留,所以马上继续航行,当天还走了好长一段路。

在严州附近,合流的大河很快便汇入我曾经到过的那道斑岩
峡谷中。[①] 我们顺风快行,下午 3 点就到了桐庐县。我租船就租 48
到这里。从这里我们将经陆路去长江。这里有一条两崖之间的河,很不起眼,以至于从钱塘来几乎看不到。我们进入这条河,然后上了岸。

① 见上册第 326、327 等页。

桐庐完全被叛乱者毁坏了，只剩下岸边有几个房子，房子里住着几个人。我听说这条河可以行船，于是想沿河而上再走一段，因为用船运行李显得最省力气；而且船行甚缓，我们安然步行便可度过终日，不必紧赶。这时节使用的都是又小又平的船。我对行船的困难并不了解，当有人开出每艘小船行 70 里或略少于 5 德国里就得 15 个塔勒的价钱而且预计要走两三天的时候，我还以为他们是存心不良呢。后来我眼见了他们的辛苦，才意识到他们的要求是合理的，因为我一路上在水上遇到的困难跟这些船夫在此地所遇到的困难相比，真是小巫见大巫。我还试图让载我至此的那只船沿河而上，但没走多远就遇到了一个无法通过的湍流，无奈之下我只好放弃水路，改为步行。过夜仍在船上。

我们刚在城边停下，就见来了一个相貌像坏人的家伙。他凶神恶煞地来到船上，走进船舱叽里咕噜地说了几句，想要说明他了解欧洲人；他说他也是个外乡人，最后向我们索要 120 文(Cash)。
49 我觉得此行简直无耻透顶，正准备把他扔出去的时候看见船老大满脸凄然地示意我还是给他些钱吧，不然我们将会遭殃。我给了几个小钱，却惊奇地看到船老大马上把不够的数补上，另外竟还多给了些。因为特别好奇为什么此人竟能无法无天地施行敲诈，我于是想问出个究竟。原来，他是从那有进贡义务的黑龙江省——中国人将“阿穆尔(Amur，音译)”河与满洲北部称作“黑龙江”——被流放出来的罪犯。此人犯下了某一桩重罪，因此受到流放的惩罚。但他要养活自己，所以就获准向每一艘前去分水(Fönnschui)的船只收取 120 文的过路费，并且这一权力的行使受官员的庇护。除此之外，他别无他事可做。人们都怕他，因为他性格暴戾，而且县官又袒护他。此人从 5 年前开始就在这里兴风作浪，人们都说：肥了恶人，害了桐庐百姓。中国人就把这个叫作流放！

7 月 2 日早晨，我从桐庐出发，横越众山岭向安徽进发，暂且向着宁国府(Ning kwo fu)方向。分水在地图上只是条小溪，然而周边却分布着三个城市，分别是分水县(Fönn schui hsiën)、昌化县和於潜县(Yü tsiën hsiën)。这条河流经的地区分别隶属于这三个县管辖。我预计这里是个人口稠密的山谷。山谷的上端耸立着天目山(Tiën mu schan)，此山也是个诱人的去处。山谷的入口很特别，钱塘江的北岸在这里有一串绵延如墙的小山。穿过分水几乎认不出的出口，我们来到了这一串小山的北麓。依据以前山的结构，有一道峡谷与山平行着向此北麓延伸。目前，河水正沿着 50
此峡谷流淌。然后我们又穿过一串类似的横向山隘，每个山隘后紧接着又是个峡谷，峡谷里总有一条较长的溪水奔向主河道。

我们沿河右岸上行 30 里。从早晨开始，一直酷热。四面八方呈现暴雨涌来之势，达几小时之久。我们在一座庙里停下，想避一避，但迟迟不见下雨。近晚我们才敢继续向位于左岸的一座庙进发，但就在快到的时候被淋得落汤鸡一般。此山谷中的寺庙都选建在视野最好的地方，显然是那些懂得眺望妙处的人所建。每座庙旁边，一侧都建有围墙围起的一处高台，可资远眺，在此可安享瞭望之美。

第一天我们只走了 35 里，第二天又走了 43 里，来到分水县后 8 里的地方。河道在此十分曲折。山比谷地高出近 500 米，而且山壁陡峭，一会儿环抱着主河道旁宽阔的谷地，一会儿夹挟着窄窄的峡谷。在我近三年于中国东部所做的所有旅行中，还没见过比这里更可爱的地区。植被非常茂盛，富含真正热带植物的财富，但现在显得格外荒芜，因为太平军灭掉了在这里垦荒的居民。村庄都成了废墟，但原来都建得很好：房子都是用砖砌成的，两层，涂白，宽敞而富丽，显示着超人一等的文化与富裕。分水河谷显然曾经是个富裕的地区，但现在只有几乎不到二十分之一的房子里还住着人，在断壁残垣上修葺一下凑合住。旧房里住着的要么是老户，要么是新来的，目前都仅能数米下锅地活着。现在的居民
51 中除了少数几个是老户，差不多都是新迁来的。整个山谷的人，如今还活着的似乎还不到五十分之一。这些还活着的人中，一些年纪较大的额头上或面颊上都烙着“太平”字样，十分醒目。他们是那些因为给太平军提供了方便而被赦免的人。他们在同乡中很难做人，因为大家都不愿意跟他们交往——他们脸上的印记说明他们曾为太平军做过事。绝大部分的居民并非直接死于太平军之手——尽管太平军所过之处无论城市还是农村都血流成河——而是死于他们长年躲藏在其中的逃难场所。田地荒芜，外部没有给养——要么因为不安全，要么因为没有钱——这样就有好几十万人被饿死。

城里的景象最是颓废。分水就是个废墟之城，只在曾经最为繁华的街道上有几十座应急重建的房屋，如今住着的人很少。除了米和猪肉就只能买到最基本的生活必需品了，连只鸡蛋或母鸡都买不到。而之前这里曾长时间地保持着和平与宁静的状态。有一件事情可以说明这一点，那就是县级城市（hsien-Städte）都没有城墙，都是广大而富裕的地方，只有四个城门。整个山谷过去广有种植，在所有的峡谷、山沟里和山坡的下部，都铺展着广袤的梯

田。在罹此劫难的十三年当中,这些梯田也都像谷底的田地一样荒芜了,长满了深深的野草和浓密的灌木丛,房屋废墟中也是野草 52
丛生。昔日的大道而今成了羊肠小道,时常被3米高的荒草或开满鲜花的灌木淹没,所以很难前行。野鸡、野猪自由地栖息于此,数量大大地增多。高耸的栗子树和桑树还在诉说着此地往日的繁荣。桑树林已经荒芜,大部分桑树也已经枯死,然而其他可资利用的树种却显得生机勃勃。

从高处远望,你会以为看到的是一片十分富饶的谷地:浓绿中隐现出村舍的白色山墙,背后耸立着灌木丛生、乔木挺拔的山坡。走到跟前才发现荒芜一片,之前所见无非假象,这里只不过是饰有花边的废墟而已。然而不时还可遇到一处因地势之便而保有几分生机的地方,比如距分水十五里处的浦头(Pu tóu)。它位于一个狭窄的峡谷(Klause)的入口处,该峡谷由陡峭的石灰岩构成,河流在峡谷中穿行。在比河岸稍高处,该村庄沿着石灰岩山脚的一块狭长的坡地向前铺展,秀美如画。这里至少还有几处商店和茶馆。在浦头附近我见到了一家造纸厂,用附近栽种的枇杷树(Crataegus Biwa)的树皮造一种泛灰色、相当韧的纸。但这种纸也就比竹子制成的纸略结实些。纸张有18寸见方,以每张3至4文的价钱出售。出了村子不久,我们就在一处大树的凉荫下午歇,借机享受眼前的美景。这个峡谷构成了下部山谷与中部山谷之间的门户,河流呈锐角蜿蜒流过窄窄的峡谷。

在我看来,这里的植被就其类别而言虽然让人觉得跟中轴山脉地区的大致相同,但细分又各自迥异。昆虫界的区别则更其 53
明显。我在步行的同时一直在收集甲虫样本,之所以能有这份工

夫，是因为我的苦力们总比我走得慢。我在这里以南的地方大量装入酒精瓶里的最常见的甲虫，到这里根本就找不到了。昆虫种类虽见少，但我所发现的每一种在我看来都是初见。这里也有大量的蜻蜓，比如一种朱红色的我在这里还是第一次见到。在双翅目中有一种大个的金绿色臭虫在宁波到东阳之间十分常见，而在这里我却没再见有。这些粗浅的发现或许能引导植物学家和昆虫学家在这个山区里分段采集标本。

走出峡谷后不久，我们便来到了一个荒草遍布的开阔的地方。这里的中央是分水县。天气闷热得可怕，眼看着暴雨就要来临。我穿过城市，就只买到了点茶叶，之后就到城前的一棵高大的无花果树下等我的苦力们。我今天跟他们恶吵了一架。他们原想我转转就够了，到桐庐就会结束旅行，从那里经水路返回宁波。而当我跟他们说还要从这里继续翻山越岭的时候，他们简直就要造反了。他们一再地试图开溜，但因为我一直都扣发他们一部分劳资，所以他们被我抓住了要害走不脱。他们太老实了，想不到拿着我一部分行李一走了之。不过话说回来了，行李里也没什么对他们有用的东西，我把银子藏在了他们不知道的地方。在中国的其他地方，一个人找份差事是很难的；但我面前的这帮人却不同，他
54 们没吃过什么苦，所以不管我通过减轻行李的重量还是缩短每天的行程的方式如何顾惜他们，他们依旧牢骚满腹。因为他们是宁波人，从小在平原上长大，所以吃不消背着行李翻山越岭的苦。在山里人看来很轻的行李，背在他们身上就足以令他们气喘吁吁。但是，假如说不雇他们，我大约也不可能再雇到合适的人了。没有他们，我一路上至少不会那么顺当，也不会那么安生。我很清楚，

假如从桐庐起就没了他们随行,那我肯定得放弃下一步的旅行,因为在周围地区找到挑夫的可能性极其渺茫。

在桐庐的时候,他们就已经开始想尽办法让我开除他们。眼下他们又想出磨洋工的点子,一天只走很短的路程,想以此激我开除他们。尽管我早上 5 点就已动身,但等他们到了距离动身地点不到 2.5 里的城镇时已经是下午 3 点了。我等得实在是不耐烦了,加之饥肠辘辘,因为我还没吃早饭,路上又找不到吃的,只能等行李来了才能果腹。等他们一个接一个地晃悠到地方之后,我既没让他们如愿以偿地在分水就地过夜,也没有开除他们,而是命令他们继续赶路。我发现,首要的就是要让他们走出这个城镇,尽管我也清楚地意识到前方暴雨将至。必须强迫他们,在他们不听话的时候甚至还免不了来点暴力。从这一刻起,强迫成为所有人都乐于接受的方式。

还没等我们走出城镇,一场可怕的暴雨就浇了下来,没几分钟
就把道路和荒草覆盖的田地变成了泽国。还好我们走到了河的附 55
近。我们在岸边看到的第一条船,见我们来了掉头就跑,因为船夫害怕我们。只剩下斜刺里闪出的另一条船愿意招揽生意。我们至少把行李都放在了船篷下,讲好了以 800 文的价钱到上游 10 里处一个名叫印渚(Yin tschü)的集镇。暴雨越下越紧,整个是搬着天往下倒,船行得很慢。两个船夫脱了衣服卖力地撑船,因为我给了他们不菲的价钱。不久,天开始黑了,原本清澈的河水也变得浑黄起来。水位上涨,水势越来越猛,携着大量的树木奔流而下。我们看到河水正如何对两岸的小山施虐。继续走是不可能的了,水行如此,根本无法到达目的地,再说也太危险了。

我们只好停船上岸。还好就在紧靠河岸的地方有个村庄，我们于是在一间废弃的房屋里准备过夜，虽然不是很舒服，不过倒还过得去。屋顶已经坏了，我们找了几处较为避雨的地方，不过很快还是成了水坑。我们只好用我们能找到的轮辐、椽木和板子搭起一个架子，在架子上铺床以避水。自从我发明了一种“乔列特—利比喜肉汤”（Chollet-Liebig-Suppe）之后，即便遇到眼前这种窘境也不必为吃饭发愁。这种汤里可以加蛋也可不加，总之是旅途中再好不过的给养，总能在很短的时间里为我们提供充足的能量。

次日早晨，雨仍旧下个不停，但我想换个较好的地方过夜。在湿漉漉的树丛里摸索了一阵，在不远处找到了一处可供歇脚的小
56 庙。小庙附近虽然有几户人家，但由于人们都很胆怯而且冷漠，得不到帮助的我们将难以在此地安扎。于是我们只好继续赶路，还好这时候雨停了，天气变得凉爽宜人。真正上路的时候已经是 9 点钟，加上已经是第三天连着赶路，大家都已经精疲力尽，所以这次只走了一小段路。我们从右岸坐船到了左岸。河水已经变得十分平静，唯一还能看见的就是昨天河水泛滥留下的痕迹。

这次我们总算到了印渚镇（Yin tschü tschönn）。其实，昨天就该到这儿的。这儿曾经是个十分重要的地方，而今成堆的废墟中还立着几间带着迎客表情的房子，有饭铺、茶馆、理发店以及裁缝店等，可以满足山民和船夫的生活需求。从这里开始，路沿着山谷左边的山坡向前延伸。谷底狭窄，不时为沿河而行的丘陵所充斥。窄窄的路上长满了深深的草，埋没了我们。我们只好在浓密的高达 4 米的草丛和灌木丛里披荆斩棘。从左侧向下望，狭窄的

山谷中随处可见荒芜的稻田。途中我们在视角最好的地方遇到了可供歇脚的寺庙,但已是繁华过后的断壁残垣。

走了20里这样的山路之后,我们下行至山谷中一处开阔的地方,到了位于河右岸的麻车埠村。这里过去也算是个较大的地方,如今却只稀稀拉拉地住着几户人家。这里有一家商店,另外我还惊奇地看到了一头上了鞍的毛驴,很不解它从何而来,因为在这一地区根本没见有单蹄类动物。这个村子的存在得益于它位于一条从昌化县流入此地的河流的入口处。这里到谷底的交通有多么 57
不便,相反从谷底向上走的交通就有多么便利。我一个人远远地走在前面,离我的行李很远,因为保罗从现在开始就得守在队伍后头监视并催促苦力前行。我在前面找到了一个很好的午歇地点。我踏上了一段极有浪漫趣味的道路,它是人在山岩中凿出的一条自下而上的石廊。在枝繁叶茂的大树丛里有一处最美的地方,立着个石亭,那里视野绝美。这是我们迄今为止遇到的最舒服的休息场所之一。但令我吃惊的是,当苦力们听说要在这里过夜,他们都不干,反而赶着要多走5里路去那里的牧亭(Mu ting)村投宿。他们得知那里有不少他们的同乡。

那地方是个集镇。我们住在过去曾是衙门的院落里,十分开阔。这个镇子正在变成宁波人移民的地方,已经有很多宁波人在这里落户,因此我的苦力们到了这里才会有如归故里的感觉。苦力们受到了热情的招待,决定等返乡之后也来这里落户。我第一次见他们如此高兴,而这种好心情从此以后也较为常见了。因为此前他们满目所见的无非虎狼盘踞的荒野,而现在终于意识到外面的世界并非不好,认得外面的世界并非不重要。他们常常在路

边向山里新来的移民打探他们的生活情况,发现这些人在眼前这片多年未经垦殖的土地上找到了用武之处,只要略加耕作即可生存无忧。这里的土地肥沃,既能种稻,又宜栽桑,也不乏柴烧,并且山坡上还适于种树。

58 然而像这样一个自然条件优越而又少人居住的山谷,它的居民仍旧十分贫穷,很是令人不解。这里的田地,太平天国运动前是40000文一亩,而现在只要1000文。或许可以预计会有少数几个富人将来把这里的田地买下,提高每天的酬劳,那么这儿的人也会随之富起来。不过目前这里的工资水平跟其他地方并无二致,都是除去吃喝每天50文到100文。情况只能慢慢转好,这要看移民的发展态势。目前,山谷里的土著已经极少。新来的移民多来自浙江的宁波和绍兴,另外还有来自安徽、湖北(Hupé)和四川省的。他们小范围垦荒,似乎获得了不错的收成。房子很便宜,来这儿的移民占据一座老房子并把它修葺一新。这些渐渐发生着的改善进一步证明了我之前通过某些观察所得出的结论,那就是可耕田的规模跟农耕生产的规模或曰从事生产的居民人数有着直接的关系,可耕田的规模不可太大,不然势必导致土地肥力的下降。就连这儿也是如此,别看这里的土地已经荒废了13年之久,但它们的肥力在上千年的农耕文化中已经被汲取殆尽,所以我的结论对它们同样适用。太平天国所导致的居民人数减少,在中国也直接意味着税收能力的锐减,举国各地都是如此。像在这样的一个山谷中,税收能力很可能因此从一个很高的水平降到了一个很低的水平。

一个近乎寒冷的夜晚之后,继之而来的是一个晴朗但凉爽而

舒适的白天。我们没费太大力气就走了 60 里的路。脚很受苦,因
为所有的路都由光滑的石板铺就,从桐庐开始的道路都是如此。
优美的风景在牧亭村这块平地上继续延伸,直到北面横空出现的 59
山从两面把它截断,继之就又是谷地。从这里我第一次看到了天
目山,一条长长的山脊。我们沿山谷的左坡蜿蜒前行,发现这里
的丘陵地势柔和,因为之前常见的石灰岩山地到这里就变成了宽
广的砂岩区。丘陵的高度比山谷高出 250 米至 300 米。最浪漫
的是在附近看到了两座塔,矗立于於潜县盆地的南端。这两座塔
也未曾起到它们应有的作用。[①] 曾经颇具规模的城市而今化作了
一片废墟,所见的居民与分水县相比少得可怜。在曾经商铺林立
的街道上,我不过看到了两三个小窝棚而已。到此地为止,分水
河(Fönn schui hŏ)都可以行船,尽管一路上随处可见湍流险滩,
在眼下的季节里水位奇低,很难被称之为交通要道。我们一路上
费尽周折,才把低矮的小船用木杠和缰绳拉过湍流。从於潜往上
走,落差已经不够,河流也就根本不能行船了。

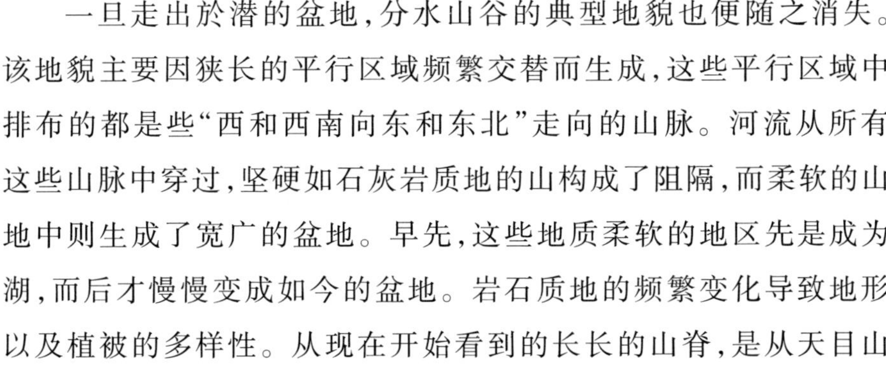

一旦走出於潜的盆地,分水山谷的典型地貌也便随之消失。该地貌主要因狭长的平行区域频繁交替而生成,这些平行区域中排布的都是些“西和西南向东和东北”走向的山脉。河流从所有这些山脉中穿过,坚硬如石灰岩质地的山构成了阻隔,而柔软的山地中则生成了宽广的盆地。早先,这些地质柔软的地区先是成为湖,而后才慢慢变成如今的盆地。岩石质地的频繁变化导致地形以及植被的多样性。从现在开始看到的长长的山脊,是从天目山

① 我曾经提到,建塔的初衷都是为了祈求上天赐福给周围地区。参见上册第 579 页。

60 延伸下来的。不过,在这些山脊之间仍旧是湖积平原,经由此路去天目山必须越过一片广阔的湖积平原。该平原在这一路上的平原中海拔最高,并且居民最多。好像正在不断地呈现出人们从河流的上游迁到下游定居之势。

这里的风景也很美,真像个公园。山泉奔流,宽阔的河床里布满了大块卵石,每逢大雨就能看到暴涨的河水中石头翻滚。这片平原的底层实际上就是由类似的大卵石铺成,只在地表有一层肥沃的腐殖质,使得人们能够在平原上开垦出大片的稻田。众多的山泉汇集成为分水河的干流。它位于西天目山和东天目山的南坡,而这两座山的南坡都建有大型庙宇,因此闻名。庙宇中较为重要的一座位于西天目山,我此行就是去那里。我沿着山谷向上,该山谷起始于两座山脉之间的峡谷之中。晚上,我们到了一座名为明空寺(Ming kung tszĕ)的寺庙。该寺位于距主寺庙10里处。一位年轻的方丈向我们施行了方便,为我们提供了一间干净舒适的客房,我们于是在这里过夜。

7月6日,我们到达主寺庙。它位于山麓,掩映于林翳之中,自下而上,呈规模庞大的建筑群状;但大部分建筑都已经被太平军毁坏了,眼下正在重修。以前,这里曾住有400位法师及僧众,不仅有供这些人居住的房屋,而且另有空房用来接待外国客人。在我之前已经有外国人来过这个地方。早在1848年,名为麦都思(Medhurst)的传教士就已经从上海出发来过这里。几年前,九江(Kiukiang)的罗伯特·弗朗西斯(Robert Francis)也到过这里,并
61 把此山的高度定在1500米以上。此外,我们还从法师们的口中得知一年前又有人从上海到过这里。他们让我们住到庙里以前用

于接待外宾的那间房里去，但这样一来我们就得跟一帮法师们住一起，而这是我所不愿的。我更情愿自在一些，于是拒绝了他们的好意，自己挑了一间通风的小房。这是一间敞厅，就在离寺庙不远处的地方，古树荫蔽，山泉淙淙。这间小房实际上是寺庙贮米的仓库。法师们对我别具一格的趣味感到十分惊讶，因为他们觉得他们之前为我提供的客房多舒服啊，而我偏偏要住在这样的龌龊之所。然而我带着所有宜居必备之物，而且这里的空气与光线又宜于工作。我的地质笔记与图纸需要加工整理，所以决定在这里盘桓几日。很快，又是架子又是板子就组成了我的安乐窝；毯子、铺盖以及旗子等也为之添加了必要的点缀，以至于庙里的法师们都为我能在如此简陋的房子里收拾出这么一个精致的沙龙感到惊讶。

次日，我本想登山，却因天气先是晦暗有雾继而又下起雨来而作罢，只好待在屋子里做事消磨时光。就我所见，天目山由两条高1200米至1500米、山势绵延而山体形似的山脉构成，这两条山脉大致都呈西和西南向东和东北走向，因其轮廓柔缓而与周围的群山迥异。与所有更南部的群山相比，这两条山脉比它们要高出两倍。连接这两条山脉的山脊也很高很平缓，经此有路可达孝丰县（Siau föng hsiën）——麦都思与弗朗西斯当年都走过这条路。
西面的寺庙创建于何时，我已不得而知。然而大约700年前，也 62
就是宋朝皇帝苟安于杭州（Hang tschóu）之时，曾有一位皇帝来过这里，这似乎曾是一件盛事。当太平天国动乱蔓延至此的时候，有400僧人为躲避太平军而逃进山里。之后，据说其中的不少人死于非命，另一些人被杀，还有一些人被掳并被强迫成婚还俗。寺庙有 70 亩(móu)稻田,足以养活现存的 30 位僧人以及另外 20 位雇工。这 50 人每天吃掉 70 斤或约合 100 磅(Pfund)的米,就着他们自己种的蔬菜。他们的化缘所得足够满足其他需要和支付雇工每天 50 文到 100 文的工资。用于建筑的木材和用于生火的柴火,山林中都很富余。他们连砖瓦和石灰都自己烧制。在众多师傅中,我觉得除了俩人之外其余都很蠢,他们的到访令我不胜其烦。还好他们不能待太久,因为钟声阵阵,催促他们要赶紧去做法事了。

像天台山一样,天目山也是自然科学家的一个好去处,植物学家、禽类学家和昆虫学家到这里必将有很大收获。两座山上都有着多种多样的植被,因海拔不同呈现出分布的层次,这里的层次性比较南的天台山更清晰。在中国东部我还没见过有几个地方的森林植被比天目山的更茂盛更辽阔的。中国的这块繁花似锦的土地上的植物界的所有魅力,尽皆汇聚于此。就连画家也能从中找到些素材,尤其是那些水流淙淙的山泉以及泉边丰茂的植被,将为画家提供趁机研究图画前景的可能。即便是游客,在中国也很少能碰到这样一个宜于盘桓流连的好去处。去往山顶的路不长,天气好的时候可以眺望到中国最美的部分之一,从这里的
63 山顶眺望比在哪里都美。另外,要到这里的寺庙也非常方便。可以从杭州经水路一直到临安县(Lin ngan hsiën),再从那里到寺庙这儿就只有一天的路程了。因为总有轿子可坐,所以女士也可以放心前来。

随后的两天里,山仍然为云雾所遮蔽。所以我只登上了山坡而没有去山顶,因为登上山顶也是徒劳,看不到什么。7 月 9

日，我启程了，仍去那些人迹罕至的地方。这次的目标是宁国县（Ning kwo hsiën）。如何去那里，路谁也不知道。只听说那里是蛮荒之地，无人居住。我的苦力都坚信在宁国府辖区内有个地方3000里长，1000里宽[①]，只有强盗虎豹出没，连吃的都没有。他们一想到要被我带去那里就感到毛骨悚然，便唠叨了起来，我因此也只好施威加压，逼其就范。

一大早，山林中的天色还显暗的时候，我就从天目山动身了。所有的法师都来了，欣然地接受了我支付的费用以及几个小礼物。动身之后，我们首先要到达从於潜县到宁国县的那条路上——我是因为其间要来寺庙这里才从那条路上下来的，而今要重新踏上此路，我们就必须越过众多从天目山西部向南辐射而出的峡谷以及峡谷之间的山岭。总共要翻越三道山岭，高度分别是150米（龙岭，Lung ling）、200米（兽岭，Schóu ling）及300米（羊岭，Yang ling），这些高度都是从山谷底部算起得出的。这一
段山区十分旖旎多姿。这里谷底狭窄，水流至此达到最高位，然 64
而恰恰是在这个位置种田的开始多了起来。这里平坦的土地上梯状的稻田，享用着从山上流下的泉水的充分滋润，已成为良田；然而山坡上还未见重新垦殖。因此，在每个小山窠里如今只有寥落的几户人家回来居住，而且多是这里的土著。看来，山上留下的清泉对于种稻而言，远比那些较长的一路上流经众多稻田的河水要好多了。这也是为什么到了这样的高处反而又开始见到更多良田的缘故。

① 也就是说大约1500×500公里，等于75万平方公里！

举目望去，众峡谷都汇聚于掩映在众多绿色山脊中的一条山脉之中。群山之上，郁郁葱葱。一眼望去看到那么多绿色，你都难以相信这也是中国，那个在山西省仍有几十万人生活在贫瘠、单调、枯黄的自然中，生活在窑洞里的中国。眼前这一望无际的旖旎风光，连绵不断。

到了这里你才发现，假如你只见识过中国的一部分，你是无法对这个国家做出判断的。只有深入不同的地区，离开大路改行小路，才能获得对它的正确认识。即便是分水盆地的上部，这里并不一定会让你想起日本的某个地方比如它中轴山脉的景观，但这里自然风光之可人，俨然可与日本某些最美的地方如小山（Oyama）的北面山坡相媲美。但这里的确缺少人文之美，缺少所有人为的可令自然更美的点缀。比如天目山的那座庙，尽管因自然的钟情显得比日本的大多数寺庙大气许多，但却没有那些在日本常见的
65 幽深的坡道、整齐的树篱、赋予乔木丛以魔力的山门，更重要的是没有能与美景搭配的民风。这里被封在山里的居民，虽然心善无害，但并不惹人喜爱。除了耕地、房产，他们的思想就只有金钱物欲了，从未听他们在日常生活中谈及风景。太缺教育了，他们既不会读书也不会写字，对外面的世界一无所知。除此之外，他们的过度好奇、不卫生以及不矜持都令人反感。这里的农耕仅限于种植粮食，此外就只有几棵栗子树、乌桕、桑树以及一些茶园——虽然各地都有，但稀稀拉拉不成规模，既没有果树也没有观赏树。

越过羊岭，来到距离寺庙30里远的羊岭口（Yang ling kóu），我们走到了从於潜县过来的官道，其实不过是条小道。它在这个山谷中从这里一直向河水上游延伸。我们又走了8里，来到了一

个较大的村庄旁边的一座庙前。大伙都盼着歇息一下,越过羊岭一路至此都是顶着似火的骄阳,十分艰辛。

7月10日,我们又走了15里,到了千秋关(Tsien tsiu kwan)。这里是钱塘水系与长江水系的分水岭,也是浙江和安徽的边界。在这座花岗岩构成的山岭上立着一截旧时为防御而建的城墙和一门生锈的火炮。上岭和下岭的路都不长,两边的高度都比毗邻的山谷高出约150米至200米。我们缓缓地越过野草丛生的山坡。过去,这里都是稻田,而今都成了荒地。这座山岭的海拔大约是350米,而它所在的山脉的最高峰应该在1000米左右,但不大可能更高。整条山脉都是花岗岩质,形态十分突出。之
后,我们下到了东河(Tung ho)谷。此地虽然落差小,但河流有险 66
滩,使得宁国县以上的地区都无法行船。位于谷地最高处的稻田又有人开始种植了,而在25里以下的地方荒废的稻田依然完全荒废着。南面的村庄曾经很有规模也很富裕,但现在只见有寥落的几户移民住在那里。这里的景色尽管不及岭以南的地区,但也十分秀美。山上是美丽的针叶林带,大部分都有20年到30年的树龄了。但我也看到个别被伐倒的树木,树龄都在50年到60年之间。然而树木的生长状况很糟糕。森林被砍伐得厉害,特别是树龄不高的树木被绑作木筏状顺流而下。人们在伐木的时候根本不懂得经济,通常紧缺的粗大漂亮的树木却被劈成柴火。晚上的时候我们到了一座宽敞的寺庙里,在里面过夜。跟这个地区的其他寺庙一样,这座庙也正在修葺,而浙江的寺庙却并非如此。在这次苦旅中我第一次真正觉得身体很不适,但我曾经反复用于治疗我的随从的那些药物,如今在我身上也起了作用,将疾病扼杀在了萌

芽状态。

走过千秋关上那段古时候浙江用来抵御来自安徽方向的进攻的老墙之后，我们就踏进了另一个省份、另一个流域。过去的几天当中，天上总显得雷雨将至。我已经习惯了不对其作预防，因为在雷雨来临之前我们总是已经到达了安身之地。我越来越习惯于在暴雨临头之际毅然前行了。昨天我们还眼见坏天气即将降临山谷，今天就得以看到它肆虐而致的灾害，因为我们已经进入了洪灾
67 区。河水高过河床三四米，山谷中的有些地方整个被水覆盖，田里的种子尽数被毁，许多地方的路都被冲断了。但是我们还是看到水已经退了，剩下的只是地面上一汪汪的积水。

7月11日，我们沿着山谷下行，走了55里。山谷狭窄的路段与谷底宽达1000米的路段交替出现。这里的河流比上面更加蜿蜒，大段平静的深水区与不深的浅滩交替出现。有几个地方因为有较高的树木而颇有凉荫，一天当中也遇到了几个地方让我们美美地洗了几次澡。有几次，道路离开河流，需要越过几个矮小的山岭。等走到狮桥（Sz’kiau）村那里，山谷的上部，也是居民较多、耕种较多的那部分，就算完了，接着就是一段狭窄的谷地。在接下来的平地上，特别是在石口（Schi kóu）和梅林镇（Méi lin tschönn）两个村都有很好的农田，但如今还荒芜着。这里的整个村落都已化为废墟，埋没在荒草与竹丛之中。其他村子里倒还有几个新迁来的住户。这里周围的山更低，风景更为宜人。大多数的山只有200米到250米高，不过站在总是平行着流淌而至的支流旁边，可以眺望到比谷底高至500米的山峰。如果目光沿着山谷向下看，只见空旷无人。石口村嵌在河流与山的峭壁之间。我

们在这里的树荫下午歇，之后开始的旅程是我这一路上让人感觉最热最难挨的一段，尽管只有10里的路。

这10里路的前一半是沿着山壁走，阳光被山壁折射到我们身上；后一半是踏着坚硬得跟打谷场一样的黏土路，穿过连树影都没有的平原。远处有一棵树孤零零地投下一块凉荫，大家都赶忙过去乘凉。因为从地面上反射的热气十分要命，我们都明显感觉到了，再这么晒下去，后果将不堪设想，而且连一丝风都没有。这片 68
近乎荒芜的平原止于一串呈直线状西南——东北走向的、为森林所覆盖的小山，这串小山的山顶秩序井然地排列着，宛如串在线上的珍珠。到了这里我们在林荫里很快就从之前短暂但很可怕的艰辛中歇了过来。之后，我们踏上了一个由河曲冲成的狭道。郁郁葱葱的狭窄的峡谷顺势而下，山坡上到处是开着鲜花的灌木。我们要到石口村下面20里处的村庄梅林镇住宿，它位于山谷的一片平原中，到处都是荒芜的田地。我们经过一座寺庙，里面放满了棺材，因为这里是家族的墓园。我们继续走，到梅林镇之后只好找了家客店住下，在这次旅行中这还是第一次。因为这家客店里面又热又脏，我们于是在屋子正面的房檐下支起了床铺。但很无奈，人、牛、猪、蚊子等吵个不停，闹得人甭想睡着。

次日依旧炎热。早上5点钟的温度在25度至27度之间，到了中午就升至37度至39度。我曾经说过，温度计上的刻度并不能完全说明炎热的程度。这里因为空气潮湿，所以愈加显得酷热难当。每天都是大雨倾盆，但于我们并无好处，因为空气并不因下雨而转凉。虽然山谷中的平地渐多，但地里的荒芜并未见少。山隘消失了，两边小山之间铺展着河流冲积而成的平地。村庄稀少

而零散。我们走了 30 里路之后到了河右岸的集市河沥溪镇(Hŏ li ki tschönn)。距此 5 里,在河的对岸就是宁国县,那里有一条从西南方向过来的大支流汇入主河道。该县也已化作一片瓦砾,大概只有几所房子还有人居住。至于贸易,无非还有两个买卖人和两家饭铺。贸易都转到了河沥集,那里是靠近河道的一处交通
69 枢纽。到了这个地方才又有了生机与交通往来,一切都是初生成的,交织着各种不同的因素。在长 500 步的地方,房屋鳞次栉比,随处可见饭厅茶楼。我的苦力们见到那么多久违的美味佳肴,早已按捺不住自己的食欲。我于是给他们时间让他们去满足食欲,自己却待在一家茶楼上休息,从那里美美地远眺河流与山谷。在那里再次吃到了一种做得还不错的面包,也很享受。

我早先设计好的路程,至此已经走完。下一步我原计划从这里折向泾县(King hsiën),然后经九华山(Kiu hwa schan)去长江边上的大通一带那些我曾经去过的美丽而迷人的山区。只是我之前曾收到过罗耶神父的邀请,让我去宁国县附近他传教的地方看看。我是 1869 年 3 月在上海到镇江(Tschingkiang)之间的汽轮上碰到他的,他当时向我讲了很多他传教所在地的情况。从他那里我至少可以期望得到些设计下一步行程所必需的信息,以便能将行程安排得更合理。另外,我对再次去见识一下地处内陆的传教站也抱有很大的兴趣。在得知这位神父住在上游距我 48 里的地方之后,我于是改变了原有的计划。

我没有踏上去宁国县的一座九拱石桥,而是径直沿河右岸下行。从上游至此,风景的特征已经变化不少。然而从此地往下,变
70 化更大, 特别是出现了在上游高地见不到的地质结构。一条石灰

岩质的丘陵山脉将山谷封得严严实实，河水从岩石中间刨出了一条窄窄的出路。谷中平地为高高的荒草所覆盖。就在我们快要到那条山脉的时候，我们在丛莽中发现河岸上有两所茅草屋，是一个新迁来的农民为了开垦周围的农田为自己及其家人而建的简易住处。我们就在这里停下了。我们在此享有宁静、清新的空气、自由、一条可供洗浴的河以及一个很好的安营地所具备的所有条件。我们希望能猎获野猪，因为这家人告诉我说：他们已经种了庄稼的那不多的几块农田，每天夜里都遭到野猪祸害。这家人的一家之长于是自己在田里搭了个过夜的棚子，每天在这里看护，竭力防止地里的种子被那些牲畜毁坏。我们跟他一起监守，但野猪似乎嗅到了火药味，在这天夜里不愿现身。还在上游山谷的时候就有人告诉我们野猪肆虐的事，越往下游走，我们听到的情况越严重，见到的这种野兽留下的痕迹也越多。

7 月 13 日醒来的时候，我们显得精神抖擞，但我们将忍受十分炎热的一天。首先，我们要翻越横锁山谷的那条丘陵山脉。先是长有灌木的砂石地，接着是一小片僵硬的石灰质地带，随后是表层由粉碎的片岩黏土构成的、地形柔和的地带。我们在这里遇见了废弃的煤窑。后来我听说，以前这里有好些地方有人挖煤，挖了煤用来烧石灰。直到找不到煤或难以开采出煤的时候，才改用木材做石灰炉的燃料。这些煤窑的没落，时间还在太平天国之前。
我们穿过峡道之后，眼前又展现出宽阔的地带，但跟之前不同，这 71
是一种红黄相间的波状地带，覆盖着黄土——这还是我在这里第一次遇见黄土。这里的地质情况很可能跟一次古老的填海运动有关。因为有黄土，在我从上海出发直到这里的路上第一次出现了沙尘。

在这个平坦地带有一个虽小但很热闹的集镇，叫水东（Schui tung）。从那里经过很让人难以忍受，因为当地居住着很多下游低地来的人，他们跟长江边的集镇上的那些人一样，对外国人抱有厌恶之情。人群熙攘，我们于是很难不受辱骂。从河边算起，东北方向约 8 里远处有一个小村庄徐村（Sü tsun），据说那里就是传教站。我把随从远远地甩在了后面，先赶去神父那里以作预备。我走进人烟稀少的地方，不认识路。此时，一个男孩过来与我同行，他对我说他是教徒，愿意把我带到神父那里。路上我们在一个茶馆里歇息，我发现掌柜的也是个老教徒。这个地方的景象并不好，小山上倒是林木葱郁，但所有较低的波状地带上几乎都被野草淹没，往日的农田消失殆尽。

11 点我到了传教站，那是个破落的村子。废墟里最大的就是神父的屋子。有人把我带进一个上面仅覆着个简易屋顶的大厅，却告诉我神父不在。然后他们打开教堂的门，原想让我看一下就走的，但见我安然就座并解释说要等神父来以及请他们去告诉神父此事，他们于是显得十分惊讶。很快，全村的教徒都聚到了我的
72 周围。由于意识到在这里还是不答话的好，所以我表现得对中文一窍不通。这些人吃惊地望着我这个一言不发的陌生来客，而我对在教区里看到这样爱围观的一群乌合之众也很惊讶。等了两个小时之后，我的苦力们到了。当我们马上放下行李，要了一张桌子做起饭来的时候，人们脸上的惊讶更重了。我们正忙于做饭的时候，有人报告说神父回来了。

一头骡子缓缓地迈进了大门，上面坐着个清瘦的先生，戴着一

顶大如车轮的草帽。但我看他并不是我所认识的罗耶(Royer)神父。这位神父自称是卢森堡的一个德国人,名叫比斯(Bies)。能跟他讲德文,我感到十分高兴。比斯神父让我们到他房里继续做饭。我惊奇地发现,在上海生活考究的耶稣会传教士来到了传教小站之后竟过着清贫如洗的生活。这间外观跟当地的其他屋子没有任何不同——包括秩序和卫生方面——的屋子,下面的房间和主房间被收拾成了教堂。里面立着个神龛,两边悬挂着许多讲述圣经故事的彩色的画。在这个房间和屋顶之间造了三个小格子间,我在里面都直不起腰来。太阳烤着屋顶,屋里比外面还热。到了冬天,屋里肯定又很冷。家具包括一张桌子、一条长凳、一张床以及少得不能再少的家用器具,还有一些药物和一本祈祷书。除此之外,这位神父就什么也没有了,哪怕是一本书或一张报纸。于
健康特别不可或缺的设施,比如洗浴设施,根本就没有。这位神父 73
跟他所在教区的人们同甘共苦,甚至在有的地方生活得比大多数的教徒还清苦。他最值钱的东西就是那头骡子,表明他尊严的标志就是那顶草帽。

过去,这里曾有过一个小堂区,但几乎被太平军灭绝了。新来的住户种稻田,每亩要付 800 文至 2 元租金。租金付给原来的住户,他们跟政府不相干。山上的土地不收租。太平天国动乱之后,原来的住户只剩下大约百分之三,大部分的人都在动乱时期死于饥饿,饿死在他们避难的山洞里了。一位幸存者讲述了他是如何在山上了待了 10 个月,又如何在此期间三次返回村子里的情形。这个地方被毁的房屋比浙江要多得多,因为这里的房屋建造得简单,毁起来也容易。在其他省份的人迁入此地、这里被毁坏的

地方又开始有人居住的时候，有很多教徒也来到了这里。他们成群结队，定居在之前就信教的村子里。他们大多来自湖北省，到这里分散在三个村子里。那时总共有大约500人，但之后很快又有增多。我发现，他们都还很缺教养，因为尽管他们也遵守教规，但他们仍像其他中国人那样好奇、污秽、无知。女教徒也像其他女人那样裹脚，搞得自己无法劳动。我觉得不当之处在于神父不是去矫正而是去适应其教徒的缺陷。仅就宗教而言，让这些教徒保留的旧信仰的残余仍过多。教堂里挂着的一大堆画，其塑造魔鬼和地狱固然在粗糙的感性上胜过佛教寺庙，但并不适于在精神上超越佛教教义。

74 宗教皈依的历史很是悠久。除了个别例外，教徒家庭都是那些在200年前就已经皈依的家庭。他们完全委身于他们的宗教，5点钟早起去做弥撒，晚上能听到他们在自己家里长时间地念叨经文，如同在蒂罗尔的高地山谷中那样。这些羊群的牧羊人是个尽职尽责的神父，他操心教徒们的灵魂远大于操心自己生活的安适。但他绝不是那种能让教众的信仰水平超越他们特有的迷信的人。一位神父，与其在自己的教堂里向人们展示自己都不知所云的那些画，还不如着手改造这些人的外在，将他们先从脏兮兮的外表里解脱出来。就我对在工业时代传教的使命所抱有的理想而言，我觉得这里的传教事业连第一步都还没有迈出。然而，传教的经费的确是少得可怜，传教事业主要靠穷教徒的捐赠维持。这让我想起了天主教传教事业里的一大失误。大把的钱都被花在了在像广州、上海、南京、北京这样的主教区建造教堂以及装点门楣上面。底下的小传教站于是就得过苦日子。一位神父的生活如何变得这般不堪，实在令人费解。

我在徐村休息了一天。三间房里的一间是为客人准备的，给
了我；第二间是神父的，第三间是食堂。因为这里的人也竞相传说
野猪造下的祸患，我于是决定去狩猎。教徒们请愿帮忙赶猪，因
为他们自己想亲眼看到牲畜被杀的场面。他们走上周围的小山，
开始往下驱赶，但由于动作十分笨拙，以致所有的动物都从他们中
间逃窜而我们也无法开枪。这个小山谷十分漂亮。谷底是稻田， 75
目前又有人开始耕种了。连着稻田的是一道宽阔柔和的斜坡，由
碎石堆积而成。从斜坡上去，就是耸起的山坡了。梯地上别有一
番景象，有一片栗子树林，树林下面是梯状的稻田，但都荒芜了，
而今还不曾有人耕种。山坡上有很多好的木材，树干粗达 3 英尺，
有针叶树，也有各种各样的阔叶树。森林眼见就要被毁掉。伐倒
的树干被截成 3 米长的段，用手推车推到水东镇，再从那里沿河漂
流到宁国府，之后船运至南京。截剩的带着枝杈的部分，就躺在原
地，静待腐朽。过不了几年，人们就会怀念这些被浪费的树木的。
跟附近的其他地方一样，这里的山地也是免费使用的，这也是为什
么人们都急于伐木换钱的原因。

从地形上能够看出，我实际上已经到达了长江谷地。众河流畔的冲积平原都位于从较宽的干流谷地经群山之间延伸进去的局部江湾之中。但除了高山和平原之外，这儿的地形还有一个突出的特征。该特征让我想起了大通[①]——那里有座小庙，是长江上船夫的航标——附近的地层。1869 年我在长江上航行的时候看到

① 见上册第 121 页。

过十分独特的地层，跟我在现在的山谷中所见到的一样，而且这种
地层在此地分布很广，扮演着十分独特而神秘的角色。我曾把这
种地层称为“大通地层”，它是由各种岩石的圆块间以一种沙质的
76 红色或褐色的黏合物而形成的粗糙密集体构成的，常见于起源年
代较老的山脉旁边，这些山脉大致具备了今天的样子之后才沉积
成为这样的地层。这些地层的倾斜角度都在 12 度至 20 度之间，
每一处都是从小山向毗邻的冲积盆地倾斜而下。跟我在大通所见
到的地层一样，它们都在高处的某个水平面上被截断，形成一个
高出冲积层 25 米至 30 米的梯地，该梯地的表面因受气候以及水
文的影响而呈现波状。山谷都峭壁如削，从河源往下游去逐渐变
宽，最后被两道陡峭的悬崖阻断。

在离开宁国河畔的冲积平原之后，我今天走的路主要是翻越
这些梯地。这里的梯地多为灌木丛所覆盖，峡谷中自上而下铺展
着荒芜的稻田，时而在山上还留有早先大面积农耕的痕迹。时而
又会来到一个陷入梯地的山谷，这里肥沃的土地上的某些地方又
开始出现大面积的农耕。比如在一条西南而至的溪流形成的一片
阔达 5 里的谷底上有个地方叫黄渡(Hwang tu)，那里被新来的移
民又变成了富饶的米乡。我们在这个“稻田山谷”里前行。一路
上，向北的视野都是开阔的。只有大通梯地仍在向远处扩展，梯地
上伴有内陷的冲积山谷。而向南是挺拔的山脉，四五百米高，我们
正向山的北麓靠近。最后，我们进了山。这里的风景十分美丽可
爱。山的主脉披着森林，山谷中有许多高大的树木，在荒芜的田野
与草原中成为灌木。这是个得天独厚的地区，人们只要略微用心
77 就能把这里变得像花园一样美。这里位于两条可以行船的河流之

间，有大片肥沃的土地，拥有经济发展所必需的一切条件，但中国人将在很长一段时间之内难以把这里的经济发展提高到太平天国前的水平。

7 月 16 日，我经过九里川(Kiu li tschwan，音译)石炭区；之所以之前避开大路不走，就是为了来这里。这里位于丘陵之中；丘陵位于上面提到的那条山脉的北面，将此山脉和长江谷地隔开。这里的地质状况不易查明，我只能做一概述。我想说的是，九里川位于南面 500 米高的砂岩山脉和北面石灰岩山脉的一面山坡之间。我们沿着这面山坡上行。可以看到石灰岩层明显向西北方沉陷，等到了通常被称作布吉山(Pu ki schan，音译)的地方，就看到开始有沉积的砂岩。这里有排列着一串废煤窑的矸石山。由于中国人开采一个矿层都是通过同一个竖井，看眼前的情况，这里只有一个矿层。这里的竖井当时应该有 15 米至 30 米深，现在都贮满了水，过去想必也常跟水做斗争，因此煤的价格总是居高不下。这些煤窑在当地仍旧有很大的名声，但在太平天国期间它们都被废弃了。现在这里的居民没有再把它们打开，因为劳动力稀少，懂开矿的人都被消灭了。但我还是看到有几个湖南(Hunan)来的人正忙于把其中一眼煤窑再次打开。煤矿层的分布并不均匀，有的地方达到 2 米多厚。部分的煤炭被采出来的时候是大块，燃烧的时候几乎没有火苗和烟。中文书里对这种煤的指称，与对无烟煤的 78
指称一样。它跟无烟煤想必性质相似，这从该地区所使用的陶炉样式上看得出来，这些炉子都特别能抽风。

此后，应当会不断有人重新开启这些煤窑，所以或许值得再研究一下这个产煤区。这里靠近长江下游一个可行船的支流，交

通无疑是便利的，很容易就能把煤卖出去。然而在开始较大动作之前，首先要确定矿层的大小。眼下的煤窑延伸分布的长度达一德国里。由于这里的山体构造很简单，应当很容易就能够确定矿层是否延伸得更远。这里是长江下游唯一让我觉得看起来还有点儿希望的煤区，这从煤享有的名声和旧煤窑的开采规模上可见一斑。但跟中国其他地方一样，这里最好的煤层只剩下零星的一些。其中一些在九里川附近，另有一些应当在西南方 150 里处，泾县往西南去 60 里。此地比九里川还出名，据说所产的煤是全省最好的。

离开煤窑区之后，我来到了一个叫周杨村(Tschóu-yang tsun)的小村庄。我原计划经泾县去大通的，但奈何我沿着这个方向并没看到地图上所谓的山区，而只看到地形开阔、偶尔有几处零星分布的山岭和丘陵堆，路过的几乎都是平地，所以于调研
79 意义不大。加之我的人一路劳顿，病痛频发，保罗时常感觉不适，也是很大的原因。我于是放弃了原来的计划，转而打听最近的港口，准备坐船去芜湖(Wu hu)。有人给我指了个叫马头镇(Ma tóu tschönn)的集市，说离这儿还有 45 里地。

这些偏远地区的居民总是很友善，跟他们交往很舒服，他们可爱，健谈，可信。我们的路开始在大通梯地和北向陷入该梯地的山谷之间变换。傍晚我们到了谭村(Tan tsun)，一个贫穷的小村庄。村民们都很好，邀请我住在他们家，并许诺会操办所有必需品。他们还真是言出必行，这很值得一提，因为很罕见。这个小插曲让我想起在日本的村庄里所受的礼遇。最终我们住进了一座破庙，当地人马上把它打扫干净，还搬来了各种各样的家具给布置停当。

另外，我们还在大树荫蔽下的清澈山泉里美美洗了个澡。可令我们唯一不解的是为什么这里的自然资源如此丰富但这里的人却那么贫穷呢。

次日，我们越接近那个离我们还有30里地的集镇，梯地之间的山谷就越宽。梯地的特征倒是一成没变：无人垦殖，到处都是荒草灌木；没有村庄，顶多偶尔有座孤零零的房屋。到处是大片的树林。这里交通不便，我们费了好大劲才没走错路。但在山谷中却是一片生机蓬勃的景象，被毁的村落里来了很多外乡人定居。

当我们一到马头镇，民风便迥然不同了起来，因为长江上来的船只带来了那些因见过外国人而失掉对其尊重态度的人们。我
们又遇到了那种令人很不舒服的熟络态度，对此我们只好采取凶 80
巴巴或冷冰冰的态度应对。只是这里并不能租到船，我们还得再走 30 里，到清弋江镇(Tsing i kiang tschönn)去。这段路走来很享受：有时候走在沿河修建的护田大堤上，有时候走在剪短河曲的近道上。这里已经又聚起稠密的人口，有大的村庄，村庄里颇有生机。人们成群地聚拢来，就为看我们的新鲜。我们到处遭受冷遇，但偶尔也受到善待。田间极为丰茂，仅有一小部分田用来种稻。麻是众多作物中特别常见的一种，大片的田地都被三四米高的麻秆覆盖着。叛乱留下的痕迹几乎都被抹去了，寺庙又建了起来，房屋里也住进了人家。河道上船来船往，我还真没在中国见过几次这样富饶的地方。晚黑时分，我们来到了在清弋江镇附近交汇的两条河形成的三角洲地带，对岸的集市上亮着一长串灯火，河上停泊着很多的船只。

我们原想晚上还能租到一条船，然后在船上过夜。于是保罗

去了对岸，打算在苦力的帮助下租条船。我不无忐忑地看他去了，当船到对岸的时候，我听到人声鼎沸。人越聚越多，我开始担心起他来。人们纷纷叫着“洋鬼子！”“打死他！”可怕的喊声划破暗夜从对岸传来。他肯定不好受，随后带着几分恐惧回来了。因为他是在到了对岸，在离河较远处的时候骂声才起，所以他是费
81 了好大劲、冒着危险折回船上的，当然也就无功而返了。我们于是在露天里安营扎寨，原野里高高的麻秆很便于我们挂上在此地尤其必不可少的蚊帐。我们生了堆小火，就这样等待次日的黎明。根据以往的经验，我们知道中国大众的怒气在早上是最少的，然后与时俱增直到晚上，一直到夜色漆黑时分才又减少。因为我们在天亮前就醒了，并且马上动身，所以我们遇到的人都还心平气和，马上就租到了一条船。

从这里到芜湖还有 150 里路，我们两天走完的，也就是 7 月 17、18 日。尽管船行的安宁很宜人，但既不利于我的考察，又由于一路上民风粗鲁所以也难得安生。在长江旁边的这些狭窄的水道上走，我们总觉得民心也出奇地褊狭，他们骂外国人骂得最凶。幸好小船可以遮蔽我们，尽量不让他们看到。

船到芜湖我就到了一个我熟悉的地方，因为我此前在长江之行中到过这里。我曾经说过汽轮在这里会停下来接客，但它只是在江心停留片刻，等小船载着岸上的客人和行李过来。岸上的站里几乎没什么东西，所谓站，也不过是个脏兮兮的中式矮房，里面放了几张桌子和几条长凳。我们就在那里囚了半天，才等来沿江而下的汽轮。我于是辞别了我的苦力们，他们都很高兴，因为我预定他们是花了高价的，加之我因为觉得他们一路上表现不错还给

他们加了钱。我还愿意免费把他们从芜湖载到上海,从上海他们 82
不用花多少钱就能到宁波了,这样的话,他们到家也就是两三天的事。但他们想走我一路走来的路,先走回桐庐,再从那儿回宁波。同样是这个地区,以前让他们听来毛骨悚然,但现在了解了以后,反让他们觉得迷人,令他们无法不从那里再过一趟。而且他们中的大部分人都说出了想在分水山谷定居的主意。另有两个苦力,一个是那有学问的,另一个因为平和忠厚而与众不同,我仍继续留用。

7月20日,我到了镇江。在这里我认识了管理关税的官员德璀琳(Detring)先生,他是个既可爱又有教养的同乡。他立即请我到他那儿住,我于是在他府上盘桓了几日。他住的屋子很大,就舒适与气派而言足可以和上海的任何一栋此类房屋媲美。我先是歇了几天,因为旅途十分劳顿。之后我才开始工作,而这里的确是工作的好地方,因为没有社交上的妨碍。但酷暑难耐,令思维阻滞。我于是才发觉,静静待着时的酷暑感觉比前一阵子四处奔走的时候更难熬。你枯坐在安静、潮湿、高温的屋子里,还不如在外面走动——只要是有点风,你就能领略到凉爽的滋味。我待在这里的这段时间里,暴雨接二连三,7月末的天气就是这样阴雨连绵。

我早就计划详细地研究一下镇江和南京一带的小山,其内部
结构好像十分难解。现在,我决定把该计划付诸实施。就旅行方 83
式而言,我可以选择步行、骑马或者坐船。步行倒是可以随意到达任何一个地方,但苦力们肯定不干。连我的两个随从对先前路上的艰辛都还避之唯恐不及呢。骑马不利于做细致的调研,因为过夜得选在官道旁边较大的地方,这在中国的这一地区还真是不好

办。我于是选择了坐船，特别是因为眼下的水位很高，所有水位低时不能用的运河现在都可以用来行船了。在徒步旅行的艰辛之后能够做一次轻装夜游，不失为一种调剂。

我只租了条小船，为的是在小运河里也能航行，价钱不高，每天 1000 文。我们一行还有保罗，我的侍从吉姆，我的两个苦力和船主的七口之家。在必要的补给之后，我让船先走。晚上我和德璀琳先生才赶去，我们在去的路上还冒着瓢泼大雨去了趟“金山”，这是一片从冲积层隆起的礁石群，位于镇江以西的岸边。去年的时候，这里由一个垄断大运河河口食盐贸易因而也是占据了中国最美的肥差之一的官员，出资在已毁庙宇的旧址上重建了一座宏伟的庙宇。从该庙宇的建筑上可以清楚地看到，只要是有钱，中国人是很能把自己的建筑传统继承发扬下去的。这座庙没少花费，为建此庙，全国各地的能工巧匠都被招至此地。眼前的这座庙，其各部分建筑依金山拾级而上，给人的整体印象如诗如
84 画：气势雄伟的山门，建在两个支点上作势欲飞的屋顶，屋顶的棱角高高抬起——所有这一切都造得跟古时候的庙宇一样。但从其构造上也能看出这样雄伟的效果只是表象而已，因为这座木制的庙宇其实很轻，而那显得十分厚重的上部建筑实际是由薄方木构成的。尽管这座建筑大体看起来尽善尽美似的，但实际在细节上仍有很大欠缺，无论泥瓦还是木工的活计都不如我在日本常见的精致。

有趣的是怎样制作神像。有上百的神像都是出自浙江一位艺人之手，它们大小不一，有些还以很有想象力的群像呈现。制作的主要材料是掺和了棉花和韧纤维的黏土。用一块木头或几根组

合起来的木棍先做出神像的骨架。在这骨架上抹上黏土，不久就能看出神像的轮廓，跟平日里所见的差不多。然后再上一层混有棉花的黏土，做出神像的细部，最后在这一层上再覆一层水泥——这样就可以给神像漆金描画了。每一单个的神像都要花费很长时间，因为要等一层层的材料干了，但艺人可以同时制作所有的神像。尽管神像的样子千篇一律，但在没有模型的情况下凭着一双手弄出这些形象来还是需要不少技巧的，特别是当所塑神像的宝相理应呈现异域特征或想要令其呈现非凡身姿时。这里特别引人注目的是主神龛后壁的群像：佛母居中，周围是各色令人敬畏的神像，其中有些是打坐在莲花之上的。在寺庙的最高一级上，那位盐官给自己造了座四壁都是玻璃的屋子，屋子既是个眺望平原山峰的佳处，又是个吟诗作画的妙所。 85

我们发现船停在一条小运河里，这是一条金山旁边南向而去的长江支流，从此与长江越去越远。我在这儿上了船，发现船里已经布置一新，而德璀琳先生便回镇江去了。接下来的旅行从7月30日开始到8月8日结束，途中我一直走长江南部的小运河，在水道够宽的地方停泊了数次。凡遇可泊船之处，我便从那里上岸，步行或骑驴进山，制作了一份精确细致的山形图。这里的风景很有意思，部分是因为这里的山结构错综复杂，部分也是因为靠近上海。这是沿长江而上的第一条山脉，对于较匆忙的旅行者而言是个短途旅行的好去处。下面我只想描述一下这条山脉的概况，然后进一步描述一下我的个别旅行，描述不依时序。

若从上海沿长江而上，你会发现零星的丘陵从广袤单调的冲积平原上冒出，它们以前都是海中的岛屿，而今看起来仍像平原上的岛屿。这些丘陵仅仅是在江南面可以看到，江北面入目尽是无垠的平原。快到镇江的时候，丘陵愈多，从银山（Silber-Insel）开始，紧挨着镇江这座贸易大城往下，江南就可见一片广阔连绵的丘陵地。南京市就在往西约10公里的地方。江在那儿向北拐了个小弯，流向镇江。这一段江面开阔，河道呈东西向，略有蜿蜒。船行于这段江面之上，南面可见童山比比，冲积地一直延伸到山脚
86 下，只偶尔在有的地方被一道黄土梯地隔开，无法直达山脚。如果我们越过这条山脉，就会发现它其实很小。它在最宽的地方仅有两德国里，往东往西递减。你要是登上某个峰顶，会发现这个丘陵地带很难划分，这条山脉的地质构造也很费解。

那不大的银山，那建着塔的丘陵，还有那欧租界里的英国公使馆倚靠着的山崖以及那金山不大的礁石，共同构成了一条山脉。该山脉的山峰大多都藏在平原之下。除了这些刚提到的比江面和平原仅仅高出少许的山包，该山脉还在更往西的地方表现为个别拱出黄土覆层的山崖。这样一条几乎是看不见的正面脉络之所以能在其他山脉中脱颖而出，是因为它是由非常古老的岩石构成的。在它南面、紧挨着镇江的地方有一座丘陵拔地而起。向西走，我们很快看到了两到三条平行的山脉，它们之间时而有横山相连。这些小山绝大部分呈从西向东的走向，但有好几座，特别是南京附近的山，都延循着中国东南地区山脉的一般走向，即从西和西南向东和东北。绝大部分的山高出平地仅200米至250米，只有少数几个能达到300米至400米的高度。为了方便起见，我们把这整个地叫作南京山脉。一层梯状的黄土，有25米至60米厚，从四周包围了这里的山，并填充了山脉之间的空地。在山的北

坡，黄土呈舌状一个个伸入冲积平原——显然是曾经遍地覆盖的黄土而今的残余。在西面，这黄土占南京城地基的很大一部分，将南京山脉同相邻的西南方位的丘陵相连。在南面，它延伸开去，直到环太湖（Taihu）的冲积平原。在东面，它最终将镇江的丘陵同 87
几条延伸到更远处的余脉连接起来。山脉的对面，长江的北岸，黄土更多。它在那里构成了表层呈波状的台地，该台地的形状、幅员都不清楚，高度很可能不超过 60 米。江边的冲积地带在那里宽不过 0.25—1.5 公里。比梯状黄土层更高的是那些 125 米至 200 米高的单个的锥形山峰，其中几个被我们认定为已经熄灭的火山[①]，而其他几个则像是某火山高地的残余。这些轮廓的特征使得那儿的风景与南面的丘陵趣味迥异。直到在南京对面重又拔起了一座封闭的山，它的轮廓表明了它与南京山脉结构相似。

南京山脉无法与浙江和安徽一带的山媲美，但也并非没有美丽之处。它的最美之处在于可以站在较高的山峰尽情眺望。长江这条雄伟的河流和夹岸的高山形成的深谷，纵横交错的运河网，不计其数的乡村、城市以及丰富的物产都铺展开去，远处的火山恰如这景色隽永而美丽的画框，其中几座山的轮廓淡入地平线，只是依稀可辨。登高远眺很难看到这样完美的地形图，因为这里的运河、农田间的界线、小路等都呈直线状，并在任何角度下彼此相交。——进一步观察的话，我们必须始终将地形构造的三个要素区分开来，即冲积平原及其深入山区的分支、黄土梯地和丘陵。

我这次又调查了一回位于南京城里的山脉的最西余脉；而首 88

---

① 见上册第 129 页。

先调查的是山脉位于南京城以东的部分，因为我上次旅行时就曾经到过那里。那里最突出的就是钟山(Tschung schan)绵延的山脊：此山外形独特，与众不同；北面悬崖峭壁，南面则平缓延展，明朝的皇陵就在山的南坡。与钟山并排，北面还有一排排的丘陵从黄土梯地中隆起，绵延到位于马掌渠(“Hufeisenkanal”的意译)的峭壁为止。东面有一个冲积谷地，谷地之外矗立着海拔 290 米的栖霞山(Si sia schan)或叫独树山——我之前来访时提到过此山。[1] 这座山十分有趣，我于是又去了一次。

我从山的西面停船上岸——我还从未乘船到过这里，上岸后便开始探访这已是故知的如画般的峡谷，还有峡谷中的寺庙。寺庙和它十分重要的僧院都已悉数毁于叛众之手，只有建得十分坚固的塔得以幸免。这些建筑沿山坡向上呈梯状排列，都是古建筑，建时都曾花费过不少心血。在现存的塔中有一座大理石塔，其上的雕刻比中国这一地区通常所见的更多、更好。茂密的灌木丛遮蔽着废墟和整个山谷，只有几个僧人眼下还在此苦熬。但鹿和野鸡却得了自由，活得比以往任何时候都自在。在几个岩洞的墙壁上布满了简单的雕刻，多为佛像。傍晚时分我登上山顶，眺望脚
89 下富饶的平原。西边是高耸的钟山，钟山脚下是南京城的城墙。在南边和东边那些如今我已熟知的丘陵地里寻找昔日我走过的路，从中印证我对山脉划分所得出的结论，这都令我兴致勃勃。山顶上依旧立着那棵树，此山的英文名便是由它而来。它的枝都伸向土里，看起来像把扫帚，暴风对它戕害甚于叛众也对它折磨。那

① 见上册第 73、128 页。

些叛众起初是要把它砍倒,但第一斧砍下,树身就有血流出,因此才令叛众不敢再继续亵渎神灵。树附近的寺庙却悉数被毁。寺庙里的钟被他们熔化做了大炮。以前,一条石块铺就的整洁宽阔的路连接着下面和上面的寺庙。如今,即便这条路已经局部荒芜,但经它上山依然很舒服。在下面的寺庙旁边从平地中拔起的石灰岩形成一个窄窄的地带,它被断层分成了几块,一直延伸到山顶。山顶的存在和它高耸的姿态应当部分得益于这种岩石坚硬的质地。

我这次是从这座石灰岩山的北面下山的。这一侧的岩石的特征是含有铁和锰矿石,这些矿石有的是含锰铁矿石,有的则是以纯褐铁矿和软锰矿形式出现的。在好几个地方都有矸石山,说明以前曾有过开矿行为,但眼下的居民已经记不得此事了。好像只要有燃料,在这里开发钢铁工业就是十分划算的。与此山相接的那些丘陵地上,以前都有大片的农田,特别是当我从东北面下来的
时候,还看到那些广袤的梯田,只是现在都已荒芜了。这里人烟稀 90
少,连一条前行的小路都很难找到。

从栖霞山向东南望去,可以看到一个圆形的大山谷,它的中央便是东阳(Tung yang)集市,东、南两面被整条山脉中最大最自成一体的山围住。四面八方的水聚拢来,汇成一条山谷中的河流,它从东阳开始可以行船,汇入南京山脉北麓一条中转地方交通的运河。我在东阳附近停船上岸,从此地出发做了两次较大规模的远足:一次是去花山(Hwa schan),这也是整条山脉上最高的山;另一次是去位于八慧庙(Pa hwéi miau,音译)附近的煤窑去调查。在镇江和东阳之间的众山当中,花山无疑是最高的,也是最美的。它的山顶呈犄角状,西边同一座阔顶的山相接。即便从东阳望

去,它暗色的丛林密布的山坡和美丽的外形都十分引人注目。看样子密布的丛林将阻住酷暑时登山者的步伐,但我听说在这山中的哪个峡谷里有一座叫宝华山(Pau hwa schan)的大寺庙,上海和镇江的外国人还不知道它,据说是在距离东阳 18 里处。

我雇了毛驴骑着,和我的人一起上路了。这一路真的很美。龙潭(Lung tan)山在左,花山长长的西坡在右,我们一路向东,先穿过稻田,又从丛林密布的山间走过,这些山在我们的左右,都是低矮的余脉。渐渐地,这些矮山靠得越来越近,最终在一处低矮的隘口处相合。在到隘口之前的不远处有一条砖铺的露天道路向右下到花山的一个山谷里,然后沿着这个山谷的坡往上走。我十分惊讶地发现,在这些童山秃岭当中还藏着这么一个原始植被保持
91 完好的地方,令人如获至宝。这些宝贝植被就呈现在我的面前,一目了然,目光沉迷于它的茂盛与丰富。这真是一片枝繁叶茂的热带植物园,灌木高高窜起,攀附于上的藤状植物将这些灌木裹得严严实实,几乎密不透光。它们的上方是参天的乔木,虽还不能称其为森林,但也说明在这里形成森林并非不可能。像在长江下游这样的地区,人的双手已将土地变成了丰茂但却单调得没有一点自然美感的农田,就连因叛乱而荒芜的地方都还未完全恢复自然的状态。在这样的地区还能找到一块像眼前这样能让你心旷神怡的纯粹自然,真是令人受用得很。令我觉得不可思议的是,这样一个距离上海那么近,距离镇江也仅有半天路程的宝地,那里的外国人怎么会不知道呢?

就在到山顶之前,我来到一个敞厅那里,它是个观景台,柱子擎顶,专供远眺之用。现在的人不再懂得它的妙用了,他们在台前

栽了一棵树,而今已经长大,挡住了眺望的视线。尽管如此,当我的随从经此处俯视那覆盖整个山谷的繁茂植被的时候,他们还是吃了一惊。过去的时候,这里或许并没有那么美丽。正是由于叛乱之后的十一年,这里的植被得以自由无阻地生长,才形成了今天我所看到的丰茂景象。我们从观景台出发,很快就到了几处被毁的建筑跟前,然后在花山最后一座山脊最深处的北坡旁边找到了一个宽阔而多树的山谷,回渠子(Hwéi tschü tszĕ,音译)或叫宝华山绵延的僧舍就建在这里,只是这些僧舍在太平天国时几乎完全被毁。这里建筑曾经鳞次栉比,长廊深院,多种多样。过去这里 92
有上千僧侣,有一段时间甚至高达1182人。而在叛乱期间却减至80人。

僧院的住持非常友好地接待了我们,并把我们引至一位高僧面前。他的职位大约相当于主教,因为他负责为僧人施洗礼。我们受到了款待,之后又被带领着四处转悠。我发现这里的建筑铺张地使用那些美丽的白色大理石,巨大的庭院都是用它铺就的,栏杆、柱石平台的基座等也都是它做成的,而且有的上面还有漂亮的纹饰。我从中发现是产自高资(Kau tszĕ)的大理石。此庙据说历史悠久,初时仍很小,直到宋代的梁武帝离开了他南京的宫殿遁入空门。他大建僧院寺庙,并成为寺庙的住持。以前这里曾有雄伟的柱石、祭器、钟以及其他大件的青铜器,只是都被叛军掠走了。当今王朝的康熙和乾隆皇帝都曾为这里的僧院贡献良多,例如后者就曾赐予巨大无比的铁锅、铜锅,放在僧院巨大无比的厨房里。该厨房如今已经被毁,废弃不用了。大锅虽然保存了下来,但也难免已经腐坏,因为现在这点儿人吃饭只要用小得多得多的锅就够

了。像藏经阁、聚画楼及类似的一般在中国古寺里都有的附属建筑,似乎已经不复存在了。我看中了几个有趣的非常古老的青铜小人,想要买却没人卖。跟在天台山一样,这儿除了有主庙之外还有大量的小庙分布在附近,这些小庙常用作供养闲职老僧的场所,而今仍有部分的小庙作此用处。我在其中的一座小庙里见到一位道士,他还遵照旧习留着发髻,蓄着稀疏的几绺长须,让他看
93 起来完全就像是朝鲜人。他格外友好地接待了我,从他的谈吐中我发现他比我在此见到的僧人要高超得多,这也是我在碰到这一原始教派的师父时常会有的一种感受。他同佛教徒们完全和睦相处。我不知道这样一位道士的存在是否是远古的遗留,因为在佛教传入之前中国的寺庙大多都属于道教。

就在我的人因骑行劳顿而酣睡时,我却向花山的犄角状山顶进发了。我虽然没能到达山顶,因为灌木丛太密了,把我的衣服都扯得褴褛不堪,但我却找到了很好的眺望点。一个工人不用几天就能把通往山顶的老路搞清楚。我觉得上海周围没有哪一个地方比宝华山旁边的这座寺庙更宜于安静地休夏。在附近的小庙里不必费多大气力就能找到个住处——尽管十分简陋,为此庙里的僧人将会乐于援手的。在这里你可以呼吸新鲜的空气,还可以到处散步。对于那些爱打猎的朋友而言,这里有很多的野猪;对于爱搜集标本的朋友而言,这里有不计其数的植物和昆虫。只是这儿缺少不可或缺的流水。一口山岩上凿的井里能够汲取饮用水,但数量太少。这里的僧人饮水都靠一方蓄水池,它是凿石而成,四周砌了护墙,用来积蓄流下的山泉。水池里游弋着一群小乌龟,但这并不妨碍僧人们取用里面的水。

山的南面，下山的路陡峭难行。那里也是有一条宽敞的老路，大部分是石灰岩铺就的阶梯，条石都已移位，且因为使用已被磨 94
得很光滑。我觉得很难往下走，驴子几乎就站不住脚。这里的山坡也是树丛密布，但不是北坡山谷中有着丰富热带植物的那种。我们在山脚下时而遇到小村庄，那里的人都很古朴，没给我们带来任何的不便。

另一次远足我们从东阳去了山谷南面的山，主要的目的地是八慧庙。我们先是在位于破黄土而出的花山余脉旁边的冲积地上走了 10 里，接着又走了 5 里路越过了途经孟塘（Mun tang）村的低矮丘陵地。这是一条常用的道路，铺路的石板是用手推车运来的，铺得很简陋。我在路上遇到了 200 来头驴，驮着山南的平原上产的烧酒去东阳。还运来很多柴火，为的是从东阳再往南京和镇江运。所有的丘陵上都长满了草木，以致我初时很难做地质观察。孟塘是个贫穷的小村庄，夹在绿色的丘陵之间，位于一条向西流向南京的河流的起点。从这里往下走 3 里路就是八慧庙。在奔去八慧庙之前，我改道去了几个向南 5 里外的温泉。路上经过一个矮矮的隘口，到那里我就站在南京山脉的南沿了，只在西南方汤水（Tang schui）以外的地方还有几排低矮的丘陵。从南京山脉的山脚下开始，略微起伏的地形延伸到平原中去，那平原又铺展开去。

越过这些起伏的丘陵我来到了汤水，这是个脏兮兮、令人生厌的村子，尽管它的地理条件本可以使之成为十分不错的温泉胜地的。在一圈围墙里立着一座简陋的房子，里面有贮满清水的水池，这些就是温泉。在里面洗浴的尽是些有皮肤病、皮肤溃烂得不

能看的人。水温我不能确定，因为流来的水不多，注入池子里显得
95 太少。这里是我记忆中在中国见过的最不干净、最令人厌恶的地方之一，我于是不禁要拿它和日本的那些美不胜收的温泉胜地相比。在日本众多有温泉的地方当地人都能够把它建成温泉胜地。这里为什么会有温泉，却不可考，我在附近并未看到火山岩。南面紧挨着村庄的丘陵是石英岩质的。这些山我想爬但没能爬上去，野生的植被，刺藤缠绕，把我逼退了。南部的平原十分广袤美丽，从中可以辨认出个别城市的位置。但这平原也并非无边无际，因为除了个别孤立的山之外，在远处还呈现出位于太湖以西的排排丘陵。

我又折返盂塘，沿着小溪往下走。不久就到了已被完全摧毁的小庙八慧庙。这里的山谷南面被一道墙状的山坡挡住，北面凸起的波状丘陵非常平坦，上面种满了松树。这些丘陵都是由风化沙石堆积形成的陡峭地层构成的。就在寺庙旁边的灌木丛里还有一串煤窑，那些六七年前叛军挖的竖井都还敞开着，只是之后便废弃了。这些煤窑如今都坍塌了，有的甚至成了一片瓦砾。残留下来的煤质量中等，介于瘦煤与肥煤之间，烧起来有股沥青味，那时候应当是作炼铁的燃料用的。对于矿井的深度与煤层的厚度我就不得而知了。那时煤的价格应当是很高的，因为这里的水使得采煤成本高昂。

96 外国人常说，中国的官员常阻碍采煤的事，由此让外国的利益大大受损。但我还从未在实践中找到证据来证明这一广为散播并常被形诸文字的看法。相反，我随处都能了解到的是政府力促采煤，因为由此政府也可分得一杯羹。而在此地我第一次听人讲，

说官员不让人采煤。或许这种说法属实，要么因为政府想要储煤以供其汽轮之用，要么就是因为政府害怕过度地刺激外国人占有煤矿的欲望。此地存煤量的前景如何，我不得而知。种种迹象表明，它跟南京明陵边的煤层是同一个煤层，但那里的煤产量可谓微乎其微。都很晚了我才回到东阳。

从我的船停泊的龙潭出发，我又做了两次远足，为的是考察龙山(Lung schan)。我第一次到中国的时候就听说过这里的煤窑，我此去就是为了研究这些煤窑。龙山在这里分成两座平行的山脊，两脊之间的沟壑是因那里的地层是柔软、易风化的煤层所致。前面的山脊有几处中断。从中断之处进去，到了那道沟壑，你会看到左右都有低矮的分水岭。煤窑就在这些分水岭上。这里的矿山关了以后也就没再开过，但我在矸石山上发现了许多被证明是无烟煤的煤块。这些煤块燃烧时没有火苗也没有烟，烧完只剩下很少的一些白灰。此地可供开采的煤层，我估计有 3 公里长。假如煤层厚度为 1.5 英尺，储煤量将有大约 35 万吨。这里有利的地势
和在我看来优质的煤炭，加之不用担心很高的水位，都表明了这个 97
有点小的矿山在一段时间内的开发前景似乎不错。

从这些煤窑所在的地方出发，我登上了龙山的主山脊。这里草木荒芜，但岩地上的植被却并不繁茂，并不怎么阻挡我前行，真正妨碍前行的是陡峭的山岩。这一带的山上野猪成群，总能不断发现它们的行迹，龙山上的野猪更是步趋左右。这一带的山脚下，主要是沿整个花山的山脚建了数里长的围墙防范猪患，另外到处都还建有守望人居住的小房子，就因为怕野猪毁坏庄稼。我看到有的玉米地被野猪啃了个精光。尽管野猪众多，我却未发一

枪,因为我的时间不够围猎之用,并且当地人拙于围猎的样子也让人很难想象能有多好的收获。月明之夜在守望人看庄稼的地方蹲守,倒可以打得更准些。但我考察山地的特别用意令我无法牺牲时间来搞这无谓的副业,哪怕就一个晚上也不行。

刚离开冲积地带,就发现几乎没了人烟,但已经开始有不少人来此聚居。尽管如此,昔日的农田也仅有一小部分恢复了生产。可是叛乱也有它的好处,因为它使得这里的植被自行生息了好些年,农田也由此得到了休养生息。山坡上生长着许多树龄在 10 年到 12 年之间的优质树木,茂密的灌木丛能够在很长一段时间内满足当地居民的烧柴之需。如果政府现在就开始监管控制,那么目前正是发展正规林业的好时候。

98 除了上述的旅行我还出去了好几次,但这几次出行所得到的结果仅限于地质方面的。我在这里如果撇开地质细节不讲,那么对这几次出行的描述就会陷入一种单调的老生常谈。这几次所遇到的向北、向南流的溪水都有个共同的特征,就是它们大多发源于分散的一个个山群之间的峡谷,常被它们源头溪水中的黄土梯地分开,然后冲破挡在它们前面的山流出来。这在黄土质的地区很常见。这些山大多形势特征明显,远远地就能看出地质层次来。这里的山远看光秃秃的,可靠近了看才发现山上常常长满了茂密的灌木。沿山的北坡有一条连接镇江和南京的路。这条路十分宽阔,石头铺就,路边有许多村庄,以前都建设得又大又好,现在在村与村之间还有供苦力和行人用的驿站。我之前提到过的运河边那些我出发去旅行的地方,就在这条路两旁。现在这里的往来不多,基本都靠手推车——这里是手推车盛行的最靠南的地区,再者就是靠驴子和驮货的马匹。从路两旁的主要的地方都有进山的小路，时而也会有一条大些的道路翻过山去，通向句容县(Kü yung hsiën)和以南的其他地方。这里大部分的山无人居住，不少黄土质的地区即便早些时候也无人垦殖。

我去下蜀街(Sia schu kai，音译)及其周围的山区做了个小小的远足。下蜀街的特别之处在于这里呈长舌状向前延伸——上述的那条路就在此长舌状地带——的黄土层下隆起一个花岗岩山峰，给这里增添了不少的秀色。最后一次远足是从桥头(Kiau
tóu)出发的，这也是所有远足中规模最大、最艰难的一次，因为我 99
们从早上 6 点到晚上 7 点一直要忍受阳光的炙烤，这次远足中得到的地质结果也是最重要的。这次我去了林山(Lin schan，音译)和高丽山(Kau li schan，音译)，两座又回到西和西南向东和东北走向的山脊，它们的高度和它们北面的陡峭悬崖都很有特色。两山的山额边沿都很陡，从那里开始东南山坡渐渐变得平坦了起来。这两座山及其周围地区很值得地质学家关注。两山，特别是林山的岩层体系，非常引人注目，让人看到一些在其他山那儿看不到的东西。从铺路所用的石块来看，这里的石化物质大量存在。后来我把保罗派去一个位于两山之间的村庄搜集标本，但他也只是带回了并不完美的东西。

另有一次远足是为了探明好几个重要的矿藏。这次是从高资岗(Kau tszě kang)村出发的，村子位于距离长江山谷最近的山与一条从南面来的河流相交产生的狭窄的缺口那里。然后我们就进入了较为宽阔的山谷，再往上走就来到了第二个类似的，但陡峭得多的缺口，它夹在西边的高丽山与东边的楚山(Tschu schan，音

译)之间。远远地就能看到前排的山上有采石的痕迹,所采的是大理石,花山上的寺庙就是用这种石头建的。我们乘船到了采石的附近,一座低矮的石桥挡住了船的去路。在采石的每一个地方,我们都看到了一系列的岩层,里面嵌着一种分布十分不均匀的斑岩。这里产的大理石被称作“米石”,因为它磨碎以后可以跟大米
100 掺和,以假乱真。许多米石被运出去作掺假之用,它们多被运到那些大米北运的出发地。贡米从南方的省份聚到这里,经大运河北上,这是古已有之的事了。在米被运往北京的漫长途中,各种各样的使诈方式都有。为了加量增重有掺水的,还有用其他法子的,其中用磨碎的石粉充数的做法就是其一。

在分布规律的岩层中跟这种石头一起出现的是铁矿石。我在这里没发现钢铁工业的痕迹,但假如有合适的燃料,那么这里的铁矿肯定还是很好利用的。就在附近的一个小隘口处有石墨矿藏,这在我从镇江出发的第一次旅行中提到过。石墨规律地分布在变成石英岩的砂石里,就在离高丽山的前山和与之平行的后山之间的花岗岩丘陵很近的地方。我们或可将这石墨矿看作一种变化了的煤矿层,特别是因为石墨矿的存在仅限于花岗岩的附近。

但在高资我最感兴趣的还是位于当地南部的老煤矿山,就在高丽山的另一边。目前只能见到老的矸石山,已经不可能推断出矿藏的种类和煤炭的质量了。我感兴趣的是第二座矸石山,它跟第一座平行,显然不是个采煤的矿山。煤位于两个石灰地带围起的砂石区里。北面的石灰地带,也就是较老的那个,里面有大量分布在岩石里的火石团块,它们在各个岩层里聚成一团。我听说当地人采火石以供贸易。因为这种石头在那些仅拿火石作引火工具

的地方绝对是个重要的贸易品。后来有了从英国进口的质量好得 101
多的火石,这些矿井才关了。

扔在矸石山上的板岩里充满了石化物质。我第一次来这里的时候曾经花费了很大的气力收集这些板岩,因为我第一次看到了一种较稳妥的标记,能够标示中国的石灰岩同欧洲所谓的煤石灰(Kohlenkalk)或矿山石灰(Bergkalk)同龄,而这种煤石灰正是构成欧洲主要的石煤岩层的基础。由此第一次证明了至少有一个中国的煤层跟欧洲的煤层是同龄的。我这次旅行至此,已是故地重游,结合着我所看到的当地的地质概况研究了一下这里的岩层序列,对那些我曾整日忙于收集化石的矿山却只是一掠而过。

8月8日,我乘船回到了镇江,带回了一张我到过山区的地质详图。我在德璀琳先生那里又住了几天,潜心工作。在那种比热带的热还要厉害的可怕的炎热里艰难地旅行,令我比任何时候都疲惫。我需要休息几天,在德璀琳先生那里比在哪里都舒服。我又步行去附近的几座小山溜达了几次,算是结束了我的这次侦察之旅。几天后我到了上海,在那里也只待了很短的时间,就又踏上旅程,开始我在中国最大也是最后的一次旅行——经北京去蒙古,然后再从那里去西北和西部省份。

(回顾/上海,1871年8月23日/出自一封写给父母的信)

我于6月12日离开上海,乘汽轮到了宁波。从那里出发,我步行了六个星期,进入浙江和安徽风景秀丽的地区,然后又从长江旁边
出来。在长江附近我又转了一圈,在镇江的一个同乡那里住了几 102
天,最后在离开两个多月之后又回到了上海。

我相信,身在中国的外国人当中没有几个能受得了这次旅行

的艰辛。中国中部的炎热比热带还糟,因为太阳的威力委实可
怕。白天的大部分时间里温度在36度至40度的情况十分常见,
日头底下的温度更是高达57度,常常还一直延续到晚上很晚的时
候。因为我总是暴露在太阳底下,所以必须忍受这样的高温。我
旅途中经过的省份既没有车也没有马,只能步行、坐轿或乘船。乘
船虽然又舒适又便宜,却是懒人之举,因为看不到什么。我常常不
得不放弃坐轿,因为大多是陡峭的山路。另外,假如我让人用轿
抬着,怕就难以维持这一行人整齐的纪律,因为那样的话每个人就
都想坐轿。由于我的人有13个之多,我于是觉得最好是我做个好
榜样,像我的最末一个苦力一样地吃苦。这样做很管用。我很快
还发现,当温度高到你觉得待在屋子里、船舱里或轿子里都会热得
要命的时候,走路反倒好得多。走路的时候当然会穿得很薄,戴着
热带的遮阳帽,撑着大遮阳伞。略有风动,你就能体会得到,哪怕
只是一丝凉意而已,你都会用心领受。一般地,除了中午歇脚两小
时,我们一整天都在走。由于运行李的苦力时常停下歇息,我每天
的进程不超过3德国里到5德国里。晚上工作,甚至写日记,自然
都顾不上,这些我都是在自己给自己放假的少数几天里再补做。
夜里总是露宿,常常是在一间敞着门的小庙里。令我引以为豪的
103 一件事就是我把我的人马总是管得很好,严明有序。不然在这逼
人的酷暑之下他们很容易无精打采,那样一来就不足以成事了。
我也很得意把他们生的小病小灾马上就治好了,因为我命令所有
的人遇有不适马上报告。

旅途的艰辛换来了对大自然高度的享受和珍贵的地理地质调查结果。早先我就曾把这个种茶的地区称为中国的花园。那时我

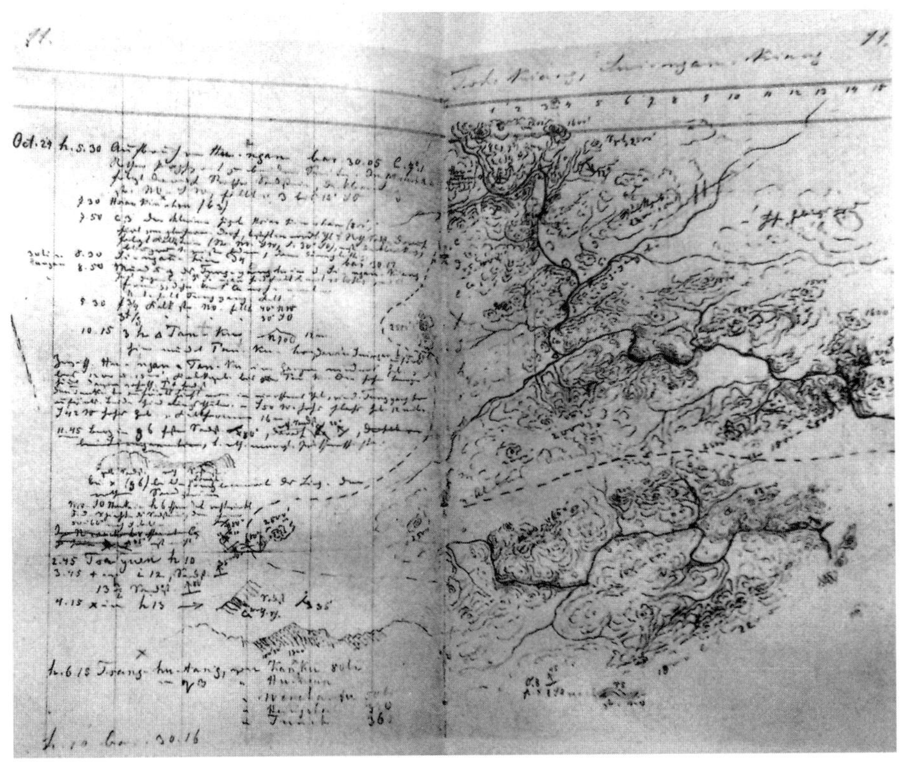

李希霍芬旅行笔记簿中的双页，上有地形、地质测绘，路线说明，地质记录和轮廓记录等

是在晚秋时节的一次乘船旅行的途中看到它；而这次我是翻山越岭，深入其中体会它，又是在植物生长最旺盛的季节里。在植物得以自由生长的地方，其茂盛的程度丝毫不输热带，花开之绚烂很可能仅比日本稍逊。除此之外，这一地区无异荒野，因为叛众摧毁了一切，杀光了人民。假如你不亲自来这里一趟，你无法体会大约十年前这里死过多少人。你只要把每个山谷加起来，那么这些山谷里被杀的人就数以百万计。我不指望你们会相信，也知道人家会说我夸张。我早先也不相信，谁要是说因太平天国运动而死的人

有三千万，我那时会当这是可笑的夸张。但现在我相信，这一数字还太小。我看到许多以前又大、人又多的城市，里面活下来的人仅有约百分之三。这些城市成了荒芜的瓦砾堆，在有些城市我只发现五六座简陋的房子里又住了人。村庄也是如此，成千上万的村庄都化作了废墟，其中有些是盖满了坚固的两层华屋的村庄。

104 看了这些破坏，你会想起中亚部族入侵欧洲以及随后席卷土耳其斯坦和印度时的情形。它们所到之处，势必毁灭一切。蒙古人现在被喇嘛教给驯服了，倒是在有着古老文明的中国人当中还存在着大量可怕的野蛮因素，并且除了野蛮以外还软弱无力，从而使得那些野蛮的毁灭性因素能够大行其道。

要不是一年前我“错误地”放弃了从北京出发的大旅行，我现在已经离家很近了。不放弃的话，我会首先做那次我那时计划好的大旅行，八个月后回到上海，大约在 3 月，正好赶上跟几个急着要从北京出发穿过中亚去土耳其斯坦的俄国旅伴上路。他们现在都快到地方了：这将是十分值得庆祝的结尾！而我现在不得不无声无息地结束自己的旅程，不过总体我很满意。我最近的一次旅行便是结束之旅，而摆在我面前的还有一个为时三四个月的旅行。

最后一次大旅行
直隶—山西(蒙古)—陕西—四川—沿长江而下[105]

(从1871年10月25日到1872年5月21日)

第一段:从北京穿过蒙古到西安府

(旅行计划/上海,1871年9月22日/出自给父母的一封信)恰恰在休息的日子里,像现在,我心中的一个念头尤其难以挥去:这样的日子我要是能跟你们一起度过该多好啊!这也正是我不停前进的一个原因,我总是想,我在这里没有时间休息,时间都是用于田野工作的。每当我在绝对必要的休息之外再歇会儿时,都有一种轻轻的责备袭上心头。我要是人在旅途,寂寞的感觉虽然令思乡之情格外地强烈,但不会心怀自责。

我现在又要踏上旅途了,按照我的意图,这一次是我最后一次在中国踏上旅途,也是时间最长的一次旅行,因为它必将持续五个月之久。然后我将感到旅行已完结,转而向往安歇。我现在计划的旅行,假如谁早先能够让我相信真能成行的话,我早就热火朝天地去做了。现在对我而言,别人能不能说服我已不重要,倒是热情

大大地减弱了:都是因为老觉着自己漂泊在外,渴望回到你们的身
106 边。如果我例外地能有半小时的时间立足于实际情况与紧迫的必
要性进行考虑,那么我对将要去的地区的研究欲望一下子就苏醒
了,因为这些地区将是我在中国旅行所经过的最有意思的地区,
将为我的中国之旅画上一个圆满的句号。如此,我的整个事业将
如此圆满,以至于我能想象日后再对其加工整理时能理出完整的
东西——前提是:此行成功。我想从北京到北部的山西,然后再到
陕西、甘肃(Kansu),冬天的时候越过一座高山向四川进发。从那
里,我制定了去西部边疆的一套完整的计划。然后我打算经长江
乘船回到上海。这样我3月初几乎不可能返回。整个旅行都是骑
马。一切都像此前那样的话,在日记里就没有几天安生日子好记
了。但是我又将回到怎样的状态呢——每天都有故事,随处都是
新知!五个月,不管过得多么快,都还是很长的一段时间,其间将
有很多事发生。我在回家之后必将重新开始学习。

你们知道,我一年前在日本的时候曾推辞了政府提供给我的
矿山和地质勘测主任的职位,就是因为我不想把自己一拴两年。
我后来大概也曾写信告诉过你们我后来很后悔当时没有接受这
个职位,因为我或许能够把两年的任期减为一年呢。撇开这个职
位是个肥缺不说,它能赋予我一种十分有意思而富有影响力的工
作,我将满足于能够把在日本很重要的这一管理分支置于良好的
107 基础之上,能够引进合适的人员——很可能绝大多数是德国人。
而当我第二次回到江户(Yeddo)的时候已经太晚了,因为一个启
程去欧洲的日本委员会受命找一个所谓的采矿工程师,可能是在
英国找。我寻思着他们可能会找个花里胡哨的骗子,心里便开始

为政府一味热衷于进口成套的、对于帝国的信贷与财政具有重要意义的设备感到遗憾，对他们的地质认识能否因此真正得以进一步提高表示怀疑。此外令我感到不安的是，因为我的推辞致使如此重要的行业将要再次落入英美人手里，而不是交由德国人掌管，我对此感到抱愧。但是日本人很幸运！因为报纸上报道说他们选择了维也纳的霍赫施泰特（Hochstetter）博士，他，你们知道的，是我最要好的朋友之一。我相信，他是这个职位的最佳人选：精干，十分谨慎，具有健康实际的眼光，是个真正的佼佼者。他远比我胜任此职，之所以如此，是因为他刚从欧洲过来，由此具有高度的欧洲科学水准，并且能够在这个新职位上兢兢业业地干几年。他已经成家，和他妻子育有五个孩子。他比我年长几岁，经验也比我丰富，所以是德国存在的最佳代表，他是符腾堡人。这样我对自己当初放弃了这个职位就不再感到那么不满了。

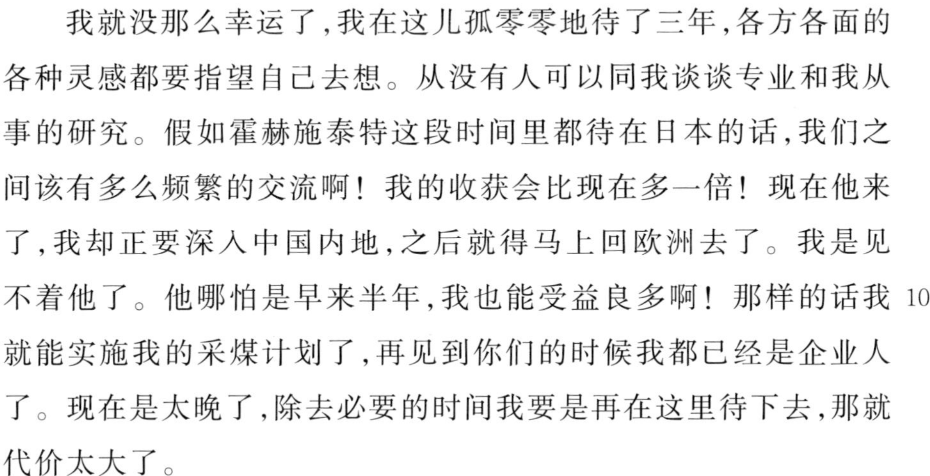

我就没那么幸运了，我在这儿孤零零地待了三年，各方各面的各种灵感都要指望自己去想。从没有人可以同我谈谈专业和我从事的研究。假如霍赫施泰特这段时间里都待在日本的话，我们之间该有多么频繁的交流啊！我的收获会比现在多一倍！现在他来了，我却正要深入中国内地，之后就得马上回欧洲去了。我是见
不着他了。他哪怕是早来半年，我也能受益良多啊！那样的话我 108
就能实施我的采煤计划了，再见到你们的时候我都已经是企业人了。现在是太晚了，除去必要的时间我要是再在这里待下去，那就代价太大了。

（北京，1871 年 10 月 17 日／出自给父母的一封信）大约一周前，我到了这里，踏上去亚洲内陆的旅程。我这次住在我的好

友俾斯麦家里。你们知道他，他也是外派至此，还有我在以前从北京发出的信中提到过他，就在去年的时候他的年轻未婚妻，威斯巴登人，来到了中国，与他在上海成的婚。此前，他已经在北京造了一幢自己的房子，那时候是我帮着办的落成典礼；我现在就住在这房里。从那时起到现在，他家里已经多了个健康的男孩，我是孩子的教父——这是我第一次获此殊荣。我的教子叫作“我们的弗里茨”，也带着我的名字。我从上海给他带了一部童车，这在这样一个偏僻的地方倒是件令人中意的礼物。

我以前的熟人中有许多都已离开这里，代之以我不大认识的生面孔。但我到了北京还是觉得像回到家里一样，熟悉得不得了，以至于根本都没动过出去看稀奇的念头，就好像柏林人不会想到去“新博物馆”走走一样。街道上尘土遍布，脏得难以想象，到处都是陈旧颓败的景象，这里只会令一个受过教育的欧洲人的美感受到侮辱。这都是想当然的事情，所以我对出门根本连想都没想过。

到处都被洪水淹没，数以百万计的人饥寒交迫。50多年前发过一次这样的洪水，根据当时的经验，中国人相信，洪灾将持续三年。有些中国人将洪灾视作对往年罪责的惩罚，另一些则把它视
109 作另一种惩罚，惩罚他们没有马上斩尽杀绝所有的欧洲人。

两天后我将要踏上漫长的旅途。你们从我的上一封信中看出我如何难于做此决定。但现在，既然去意已决，并且都已做了最充分的准备，我又完全变回旅行者身份，乐于去面对新的工作与研究。为了御寒，我给自己买了件狼皮大氅和一顶很厚的熊皮帽。盘缠我也带够了。我的行李里分装着一大堆小银锭，用来支付特

别重要的花销。我的勇气和经验都很充足。于是我就启程开始了我的最后一次旅行，怀着收获良多的希望。

想到要看到那么多不为人知的地方，我感到此行十分诱人。但假如不是想到马上就能挨过这次旅行，然后就能回家了，这又算什么呢！

（10 月 25 日 / 日记）在费尽周折的准备工作完成后，我终于在今天 10 点时启程了。我本打算租骡子一直租到四川的，但因为对方要价太高没谈成。最后谈妥能租到张家口（Kalgan），这我就觉得不错了。昨天已经万事俱备，可以出发的，但那帮人不愿意走我想走的那条路。经过长达数小时的“争执”，最终那帮人不得不听我的。但那时启程已经太晚。现在我要离开北京了——很可能是最后一次！我在俾斯麦家舒舒服服地住了 16 天。俾斯麦一家骑马送我到昌义门（Tschangyi mönn，音译）才回，然后我就沿着宽阔的石板道向西前进。我的队伍由八匹骡子和两头驴子组成，另外还有五匹满负荷的骡子，每匹都载 200 斤，还有一头半负荷的驴子由我的男仆骑着，以及两匹供保罗和我骑用的骡子。驴子 110
是随从们的资产。我们还有两条母狗做陪同，一条是跟随我走南闯北的迪安娜，另一条是保罗的细狗。

14 天晴朗之日过后，今天潮湿而温暖，不过午后有些泛晴天了。这条直到卢沟桥（Lu kóu kiau）——这个名字的意思是“鹿沟桥”，一座横跨浑河（Hun hŏ）的十墩大桥，马可·波罗骑着牲口从这座桥上走过——的路上非常繁忙。我数了数一路上遇见的载货的牲口，估计有 3000 匹，大多是骆驼，也有许多骡子和驴子，还有大车、小车和苦力。在桥边我们离开了那条通向保定府（Pau ting

fu)、河南(Hŏnan)等地的南面的大道——去年我已经沿此道而下走过——转而向西南而去，向群山进发。这里是群山脚下的前沿，是已经高达 50 米到 75 米的柔波状丘陵地带，红河谷就嵌在其中。这里的土质并不十分肥沃，这一地区人烟稀少而贫穷，村落稀疏，几乎没有客栈。西面耸起一座高山，东北向西南走向。它附近的群山叫作“马鞍山(Ma ngan schan)”，山里有许多石灰炉。群山中的最高峰是妙峰山(Miau föng schan)，据傅烈旭(Fritsche)的说法约有 1200 米高。马鞍山群山的许多山顶都有 500 米高。

我的计划是去房山县(Fang schan hsiën)看看那里的煤矿，然后从那里找条路去斋堂(Tschai tang)。但我在路上听说太安山(Tai ngan schan)附近的煤矿很有名，就在太福庄(Tai fu tschwang，音译)以西 95 里的地方。因为好像庞佩利(Pumpelly)没有去过那里，所以我要先去那里。一路上，我遇到大队运煤的骆驼，都是往北京去的。

先是穿过一条位于 10 米深谷里的山道，这里的土质是一种再生黄土，最深层的黏土里还有许多新生的根。紧接着就开始有岩石露出地表。我还穿过几个已经干枯的、覆盖着鹅卵石的河床。从其中的一个河床开始，有一条很陡很差的路向上通往“煤岭
111 (Méi ling)”，再往下——往西——通到深谷中的一条宽阔的河床那里。这条河没有名字，但它应当就是琉璃河(Liu li hŏ)的上游。北面可以看到一条高高的石灰山脉，沿着东北方向延伸至马鞍山，中间有些突如其来的中断，但在这里是止于一道东西向的陡峭的山崖。看起来，煤岭的石灰岩之上均匀地分布着含煤的岩层，在其中的几个无烟煤层地带都有兴旺的矿业。我们沿琉璃河向上

走，河就嵌在石灰岩之间，蜿蜒曲折。每到河岸凸出的地方，都有一个村庄。朝东南方向望去，透过一个开口可以看到平原。从这儿起，有一条向西延伸的高山，好像是由平缓向南倾斜的石灰岩构成的。

在黑龙关（Héi lung kwan）这个小地方附近，河流急剧弯曲，在两岸板岩岩壁遮蔽下的狭窄河道里流淌，直到一个叫红煤厂（Hung méi tschang，“无烟煤市场”）的地方：那里只有两三个大的煤行和一个客栈。骆驼沿着河岸向上一直走到这里。驴骡把煤从大安山区运下来。河流至此，就跟路挨着了，一条显然曾经波涛汹涌，但而今已经干枯的河流的石质河床从东、东北方向汇入此处。我们沿河床继续向上走，路上的风景宏大、荒芜而空旷，两边是悬崖峭壁，中间夹着宽宽的石质河床，放眼望去都是石灰质危岩，令人想起了南蒂罗尔，尽管这里的危岩远不及那里的。凡是有空地的地方，都有人垦殖，做成梯田。有很多的果树，特别是柿子树，高高的没了叶子的树上正挂满了大大的红黄色果实，但它们都还没熟透。大队的骆驼满载着柿子运往北京。

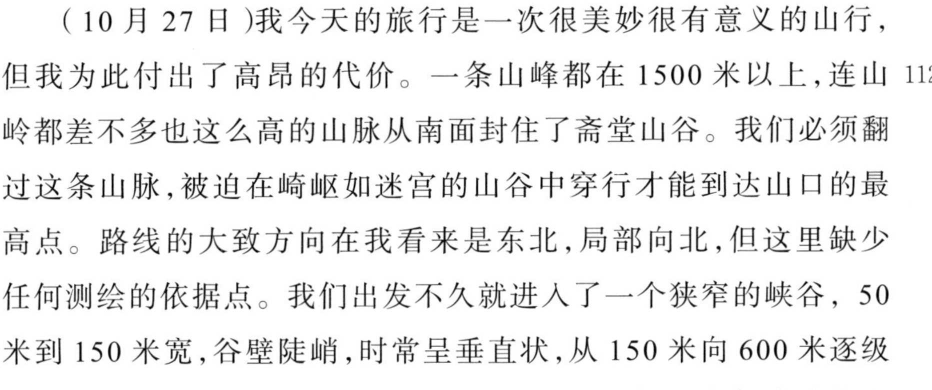

（10 月 27 日）我今天的旅行是一次很美妙很有意义的山行，
但我为此付出了高昂的代价。一条山峰都在 1500 米以上，连山 112
岭都差不多也这么高的山脉从南面封住了斋堂山谷。我们必须翻过这条山脉，被迫在崎岖如迷宫的山谷中穿行才能到达山口的最高点。路线的大致方向在我看来是东北，局部向北，但这里缺少任何测绘的依据点。我们出发不久就进入了一个狭窄的峡谷，50 米到 150 米宽，谷壁陡峭，时常呈垂直状，从 150 米向 600 米逐级升高。地面多是石质河床。这样走了 30 里，突然有条陡峭的山路通向大安山村，那里的高度比我们出发的地方高出 350 米。从这个比峡谷地区还高的地方才开始了真正的攀登。穿过山中盆地与狭窄的隘口，路越往上越陡，一直到我们来到了比大安山村高出约 750 米的某山中盆地旁的厚槽（Hóu tsau 的音译，意为“厚矿层”）煤矿。然后又向上走，在高出大约 200 米的地方到达了太海岭（Tai hai ling，音译），它正对着一个南向去的山谷，那山谷很可能跟红煤厂附近的琉璃河干流是一起的。从太海岭出发，我们沿着高高的山坡，横越那些地势最高的山沟，来到了第二座山岭妙安岭（Miau ngan ling，音译），它一直延伸到斋堂山谷。这两座山岭的高度都在 1400 米左右，妙安岭更高些。临近的山峰比它们还要高出 150 米，而在西面约 8 公里远处有一群山峰比它们都要高出 500 米左右。

从这里眺望真是美极了。一览无余的荒凉的石灰质山岩的海洋，时而与山岭等高，时而低些。越过这片山岩的海洋向东南看，可以看到平原。南面层峦叠嶂，山势蜿蜒，山形诡异。山岭的高度是事先无法预料的，山路的陡峭与岩石的质地也是如此。将骡子平日里驮载的东西运到那么高的地方就非同寻常了，但直到厚槽煤矿都还好。这里有几座很干净的房屋，里面住着的人都很善
113 良。太阳下山了，我打算在此过夜。但是这儿没有粮草，又没人愿意去向上 8 里处的妙安岭的庙里为我们讨些来，都宁愿带着所有东西一起去庙里。我的警告只是徒劳，最终大家还是上路了。一条狭窄的山路被今年的雨水浇泼得十分光滑，在陡峭的山坡上延伸，时常是凿岩而成。我们的右边是凿就的岩壁，左边常常是 150 米到 300 米深的斜坡。行至一处，突然从右边横过来一块岩石。

七匹骡子都幸运地走了过去，但第八匹却失了后蹄，不过被拽住了，只是后半身悬在斜坡上，前半身扒在路上。费了好大劲才把它身上沉重的包裹取下放到了安全的地方，但它却不幸坠下。这里的斜坡有一道修得有 5 米高的垂直墙面，下面是散铺着卵石的斜坡。那头牲口弓背收足，背着地摔下，滚落到散铺着的卵石上。都吓坏了——但骡子却毫发无损。

之后在一个小山沟里又遇到一处险关：右边是一道 3 米高的
墙，这是一座已毁的房屋的下层建筑；沿着墙脚建有一条窄道，道
左是 2.5 米深的垂直坡面。这条道上的其中一处被雨水冲垮了 2
英尺宽，牲口根本过不去。我们只好取下所有的包裹，把它们拎过
去，然后再把牲口牵过去。在一个陡峭而不便于行动的地方再把
东西装上牲口。这么操作对于人员、牲畜和包裹都很危险。但是
事情常常是临危不乱，尽管我们非常辛苦地干了一个小时，谁也没
闲着。接下来就比较顺利了，我们到达了那道通向山口的山脊，这
条山脊的两面都很陡峭漫长。然而这里好像不存在什么危险。突
然，一匹骡子令人意想不到地走错了路，等它转回来时撞上了另 114
一匹，结果包裹被撞下，迅速地翻滚着摔下了山谷。被撞的那匹骡
子恰巧驮着所有的生活必需品。其中有一个我费了好大心思琢磨
出来的大箱子，原本是为了防腐用来放碟子杯子等，还有为了保险
起见用来放一大堆旅行所需的零碎的。而今这些都摔了下去，底
下的路可怎么走啊！所有的牲口都卸了货，大家开始寻找失物。
还好是个月圆夜，很明朗；但吹着刺骨的寒风（零下 2 摄氏度），我
们都得裹缩在皮袄里。箱子已经摔碎了，其他的包裹因为是竹子
编成的倒保存了下来，但包裹里的东西却散落在长达 150 米的山

坡上了。有些我为了整个旅途的舒适而精心准备的东西，已经摔得无法修复了；其他像瓷碟、墨水瓶（玻璃）和甘油却奇迹般地被救起。还有装着利比喜浓缩肉粥的锅保存了下来，除了其中的一个。一支雪茄马上就驱走了烦恼，我们躺倒在硬地上，睡得很香，尽管稍一翻身就会像包裹一样滚下山去。

（10月28日）今天早上又把山坡找了个遍，然后才把东西重又装上牲口。九点钟的时候我们出发了。温度计在六点钟时显示是零下2摄氏度，之后天亮了，阳光明媚。妙安岭是一座平缓的鞍状山岭。从那里往下看，能看到群山环顾的斋堂盆地。河流源自许多从群山中流出的河谷幽峻的支流。在斋堂还觉不出周围群山的壮美。北面屹立着一座像一堵墙一样的石灰山。最高的山在西、西北方向30公里到50公里处：一条绵延柔和的山脊，眼下正

115 覆盖着白雪——其他山峰都没雪，很可能有2000米到2500米高；

很可能就是小五台山（Siau Wu tai schan）。

下到海拔只有约1200米高的北坡，山路上覆盖着茂密的灌木，其中有许多绣线菊（Spiraeen），而山坡上却没有灌木。这附近的人们非常和善。果树种植是这里蓬勃发展的一项营生，南坡到1200多米、北坡到约1000米都有人种植果树。梨子和坚果便宜得可笑，土豆——每担1美元——都是最好的。小米、燕麦、大豆、高粱好像是大量种植的农作物。

（10月29日）上午就在写日记和做其他事中度过了。保罗忙于修理摔碎的箱子，这件家具太重要，扔了怪可惜的。我们把碎木条都捡到一起，把它们横七竖八地钉在一起，最后成形的箱子很可能比之前还结实，就像中国人补过的碟子。下午，我去了趟

煤窑。自庞佩利开始，斋堂的矿山引起了很多人的注意，特别是引起了那些不懂行的热衷于矿山的新教传教士们的注意。亨德森（Henderson）把这些矿山看得比我发现的山西南部的无烟煤区远为重要，所以我迫切想要见识一下这些煤矿。期望越多，失望越多。这里也是如此！我先去看的是福道（Fu tau，音译）矿，它位于斋堂南和西南方向四五里处，在一条从马岭（Maling，音译）流来的河之左侧。因为为了这里的矿井已规划要建一条铁路，我于是对仅仅看到开采量很少、规模很小的矿山感到惊讶。矿井，无论新的老的，都分布在山坡最下部的一块长不过500米的地带，最高处的矿井比河床高出约60米。这里产的煤具有庞佩利所说的良好质地，但却不如山东（Schan tung）博山（Poschan）的产煤坚固，116
而且有很多滑面，因此有许多煤屑、煤尘，被烧成焦炭。现在只有两个矿井里还有约20人在工作，每人的采矿量好像不超过250斤。这就是所有现存的矿井了。很可能煤层是继续延伸的，也有可能还有一些煤在更深处。但是假如开采的范围不进一步扩大，就目前而言，修一条铁路的想法未免显得为时过早。

（10月30日）我本想从斋堂直接去南口（Nankou），从那里再去独石口（Tuschi kóu）、西湾（Siwan）和张家口，但因为在去南口的路上浑河还几乎不能通过，这样至少要花11天时间，而从斋堂据说有一条直达张家口的路，280里，路上我能翻越最重要的山脉，于是我就选择了这条路。斋堂的地理位置我还不是很清楚。庞佩利称，它位于离北京150里处。但从北京到那里的路程为160里，那么两地之间的直线距离最多120里。在大的中国地图上，这一地区的水系标示得很不完善。

我的旅途首先是越过一座高山去保安州(Pau ngan tschou, 160 里)。我们很快就通过了一道狭窄的斑岩质入口来到了一道峡谷,在峡谷中沿西北方向上行了 17 里来到了百峪(Pai yü,音译)村边的石灰质悬崖脚下,这里比斋堂高出 500 米,海拔在 1000 米左右。十分狭窄、短小、旁逸斜出的峡谷,个个岩壁直立,穿过山体向下延伸。路蜿蜒陡峭,直到到达山上地势柔和起伏的草地方止,这里海拔 1800 米左右。在这个高度上,我们继续前行。整座山脉,就像叶脉归茎一样,归入一条狭长的,东南—西北走向的山脊,其上蜿蜒着长城的南口支段。这里的长城仅由几个城楼(比如所谓的鼓楼)和一些起连接作用的城墙组成,全长 1000 米
117 左右。此外,城墙两端再没有接续。这条山脊将宽阔的山体同斋堂山谷的主分界山脉连了起来。越过此山脊的山岭大约有 1800 米左右高。天太黑,无法准确地读出气压表上的气压。分界山脉上的山峰往西一直升高,直到 2500 米左右。

走在山顶的路上,从不同的位置看到的山脉全景十分壮观,特别是俯瞰宽广、多山的斋堂盆地时,所见更其壮观。西面可见很高的山,估计有近 3000 米高。山顶已是十分寒冷,北坡的冰都不再融化。南坡直到山顶都长满了灌木,其中有栎树和绣线菊。一直到 1500 米的地方都有农作物。在麻黄峪(Ma hung yü)种植的有燕麦、小米、荞麦、大豆和土豆。土豆是这个地方的福音,其他地方的中国人都不愿意吃,而在这里它却是必不可少的粮食。

(10 月 31 日)昨天的旅行很辛苦,很晚才结束,于是我决定今天少走些路。我们往西和西北方向走,先越过了一道山岭——在村子以西高出 125 米的地方,之后来到一个峡谷,它在道口(Tau kóu）村旁脱离了大山。这个峡谷越变越宽，在海拔 1200 多米的地方开始有黄土首次出现。我们现在走进了一片黄土地，它向北渐行渐低，降到一条河，过了河又渐行渐高。一路上的山隘、山沟等都跟在其他黄土地上没什么两样。我们最后走进一座从深山中延伸至此的山谷。

从这里回望南面的分界山脉，所看到的景象完全不同于从南面向这里看：你会看到一排外形柔和的暗色的小山，都从黄土层里拔地而起；从这里向北眺望，看到的地貌也是一般特征。矾山堡（Fan schan pu）是北京到蔚州（Yü tschóu）路上的一站。这里种了很多葡萄。北京的一大部分葡萄是这里供应的，好东西都去了北京。我们买了葡萄，但并非当地值得称道的上品。矾山堡高约 118
750 米。

（11 月 1 日）昨晚就开始阴天了，夜里下了些雨，周围的山上都是雪。早上吹起猛烈刺骨的西北风，最后竟成了令人难耐的沙尘暴，根本看不清远处。我们先在黄土地上向上走了 20 里，到了比矾山高出约 200 米的一个山岭，从那里开始先是在一道山峡里下行了 10 里，然后沿着山坡走了 30 里越过了黄土地，最后踏上一条穿越桑干河（Sang kan hŏ）许多水流湍急的支流的漫长道路。两座山谷之间的分界山脉由许多山峰组成，从东部 1200 米左右向西部升高至近 1800 米，越向西，似乎也越宽阔。桑干河很宽，支流也很多，尽管水流湍急却水量不多。保安是个小州，主要的经济项目是粮食贸易。黄土地上到处都是农田，土质肥沃。

中国北方冬季的沙尘暴就好比西蒙风（Samum）。空气里充满了尘沙，遮天蔽日。黄土与河沙裹卷成团团的尘雾。寒风彻

出自李希霍芬的旅行日记：地质轮廓图及说明

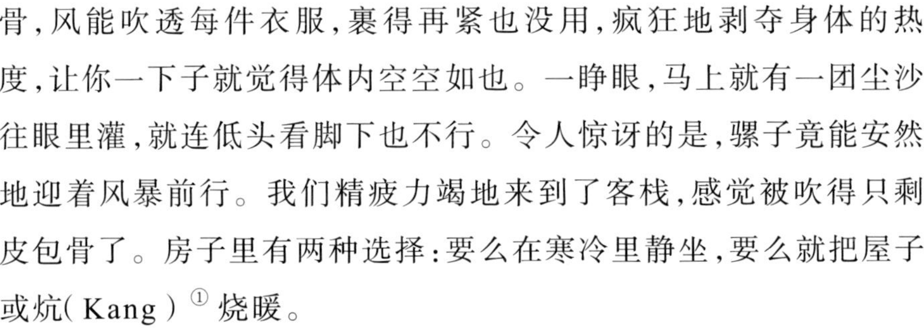

骨，风能吹透每件衣服，裹得再紧也没用，疯狂地剥夺身体的热度，让你一下子就觉得体内空空如也。一睁眼，马上就有一团尘沙往眼里灌，就连低头看脚下也不行。令人惊讶的是，骡子竟能安然地迎着风暴前行。我们精疲力竭地来到了客栈，感觉被吹得只剩皮包骨了。房子里有两种选择：要么在寒冷里静坐，要么就把屋子或炕（Kang）[①]烧暖。

119 （11 月 2 日）天亮时很冷，但风停了，阳光明媚。10 点钟的时候刮起了一阵寒冷的北风，开始不大，但渐渐地升级成像昨天那样，但规模偏小的风暴。桑干河在这里形成了一个宽广的冲积谷地，在河的左侧一直延伸到山脚下，有 12 里宽，往下游去更宽。这是一种沙质黏土，种植的麦子、高粱、玉米和许多其他作物收成都很好。这里的人们多以小米为生，其次才是玉米。这个山谷以

① 见上册第 214 页。

产白菜(pai tsai)而闻名，周围地区的白菜都是这里产的。这里人口稀少，村子都是由分散的房屋组成，房屋都是由风干的黏土砖瓦建成。

北面的山叫作黄羊山(Hwang yang schan)，它高出山谷 1100 米左右，海拔约有 1600 米。这座山也是越向西越宽阔，似乎同南面的山一道把保安山谷给围了起来。桑干河在那里从两山相夹的一个峡谷里流出。山都很高，上部开阔，再往上呈金字塔尖状，向南向北的山坡都很陡峭。路北向通往山里，在大归寺(Ta kwei sz，音译)旁抵达山麓。

眼下，路转向黄羊山东面朝着洋河(Yang hŏ，继续往下称为浑河)突出的部分，因为这一部分太陡，所以路是从一个位于比保安高 200 米处的山岭越过的。这条路揭示了一种格外有趣的山体构造。洋河是条小河，水流湍急，是褐色的黄泥水，目测有 80 米左右宽，水深有 2 英尺。河床最宽处有 400 米，汛期充盈，那时在两岸之间根本无法通行。我们过河之后便来到了从北京至张家口的大路上，路上十分繁忙。而后穿过位于石灰山脚下的狭道，最后又走了 15 里较为平坦的地带到达了宣化府(Süen hwa fu)。它是这个颇具特色的由宽阔的冲积山谷、广袤的黄土梯地和荒芜的山峡构成的地质体系的首府。这一体系在南口山岭以北，自成一 120
体，构成自平地至蒙古的过渡地带。

(11 月 3 日)宣化府跟大多数大城市一样是依照基本方位修建的方城。周围的城墙很长，但城内实际住人的地方很可能还不到城市的 1/6，其余的空间都是园子或农田。就连住人的部分也很潦倒，都是黏土造的房子，仅在几条街上有商店和衙门。街道虽

宽，但即便上一次暴雨远在6周之前，可路上还是有大片的积水阻碍通行。我去拜访了天主教传教会府邸，它位于市中心，占了一片好地。这里眼下造了座哥特式教堂，一位名叫西蒙(Simon)的教士成功地用木头雕制了同样是哥特式的主祭坛。此外还修建了一间宽敞的客厅，挂着18世纪的巨幅墙纸画，画上画的是狩猎的情景。这些墙饰一点都不具有宗教性。教徒据说有5000人，大部分都早已入教，其中似乎有些智者。

我从西门离开此城，城门前的沙地上疏落地立着高大的老柳树。恰好有骆驼、骡子、驴子和车子成群结队地从张家口来到这里。高高的柳树下队伍浩浩荡荡，俨然一幅美丽别致的画。驼队里有很多蒙古人。人们常说中国人、日本人跟印第安人长得像，这一点我从不敢苟同：有长得像的地方，那也是把所有这些人种跟白种人一对比都不一样才显出的。但我在这些喀尔喀蒙古人中却看到跟印第安人几乎完全相像的特征。看他们骑在骆驼上的样子：
121 古铜色的脸，平整的头发，有些弯曲的塌鼻梁，细长的眉眼，大多面无髭须，却有皱纹，令老年人显得有些女性化，穿着脏兮兮的花衣服；之后，当我看到长着圆脸，带着各种各样的首饰的妇女，我以为到了大盆地(Great Basin)[1]，我的意思是说我发现了许多早已见过的外貌特征。尽管长相常显得女性化，但他们的脸上有些粗犷的神气，常常有一种令人想起那些这个民族历史上特有的暴行的踧扈。

并且这里的风景也令人感觉像大盆地。撇去诸如村庄、道路、

① 见上册第167页。

农田、骆驼等这些点缀不说，眼前呈现的是一道单调，但正因为单调而显得壮观的风景：开阔、眼下显得荒凉的盆地里有枯水的河流流过，没有树木，泛着灰白、土黄；盆地上方耸立着棱角分明的童山，山里的每一道峡谷、每一条山沟、每一处悬崖都清晰可辨；远处绵延着一排排更高的山峰，在蓝里泛红的氤氲里头顶着白雪。更令人觉得像大盆地的是这里的火山岩，它独自构成了这里连绵的丘陵，显现为黝黑的岩石阵。那时而柔软多尘，时而又硬石遍布但依旧多尘的土质，也令我想起了在大盆地中寂寞骑游时的情形。等迎面遇上了成群的喀尔喀—印第安人，会不自觉地以为是梦回内华达山与岩石山脉之间的那些地方了呢。我曾经对惠特尼（Whitney）[①]说过：我期待着在中亚找到第二个大盆地，但山脉不是南北走向，而是东西走向的。这样的预感而今在这个较小的地方完全实现了。

宣化府位于一个开阔的冲积山谷中。周围的山只在有的地方是从山谷里直接拔地而起的，几乎所有的山坡上都绵延着一条很
长的黄土带，所以只有山的上半部分是从黄土中拔起的。西面有 122
座体宽顶平的山，就在黄羊山北坡的前面，跟山峰险峻的黄羊山适成对比。一直到西面这座山，路都是平的，之后越过一道小山岭，继而又穿过平原，翻过黄土坡，一直到南北向的张家口山谷。张家口位于山谷的深处，该山谷西、北、东三面完全封闭，只有南面敞开着。这里的山都光秃秃的，似乎都是由同一个火山岩构成的。

张家口位于主体山谷的西北角。这个城市从远处看显得十

① 见上册第1页。

分特别。在一片土灰色中可以辨认出平屋顶和城墙，就好像我想象中的喀什(Kaschgar)和莎车(Yarkand)那样。在城市上方的山脊上长城蜿蜒。人、畜和车，一派兴旺蓬勃的景象，很是壮观。保罗在这里遇到了一位西湾的中国朋友，他把我们安排在很好的住处：墙是新刷的，桌椅打磨得很光亮。这样的住处很遂我的心愿，因为到这里我的骡子租借合同也便终结了，我得看看有什么新的运输工具能跟去西南。

(11 月 4 日至 6 日)在张家口的三天倏忽而逝。周六早上，罗淑亚伯爵(Comte Rochechouart)和他的随从自西湾去北京的途中经过此地。到此为止，他一直由比利时传教会的名西·费兰登(Mynheer Verlinden)陪护着。此人对保罗关爱如父，成为我的座上宾。我的计划原本是从这里租骡子，能走多远走多远。租到太原府(Tai yüen fu)容易，但再远些就不好办了。

从这里到大同府的旅途中可以预见很单调，见见蒙古高原和
123 让保罗开开心心地去趟西湾的愿望，这些都促使我同费兰登从长计议旅程的安排，最终决定经西湾往北绕个弯儿经过蒙古部分地区再到西营子(Si ying tszě)和大同府。传教会的车辆此前都是为罗淑亚服务的，现在为我们运行李。我们自己骑马，马是我在这里买的。明天就出发。套上马鞍装上行李，收拾好石头，准备好地图、纵剖面图等用了好长时间，搞得我在短短几天里也不能出去走走，连拜访一下驻扎在这里的美国传教士——他们或许能给我提供一些信息——都不行。我去拜访了一家俄国人，主人名叫叶尼夫(Jonneff)，他友好地接待了我并邀请我住他家里，年轻的女主人待客优雅周到，但当地的俄国家庭都只说俄语。叶尼夫家有个

中国买办讲俄语，显然是这家人的一件老古董，在家庭中扮演着祖父的角色。他陪坐在茶几旁，好像没有他的建议什么事都办不成似的。

从这里有好几条路通往蒙古。北面和东面的路是现在的贸易大道，而西面和西北面的路却封了。货物直达归化城（Kwéi hwa tschöng），而要到宁夏府（Ning hia fu）现在只有经西安和兰州（Lan tschou）方可；通往科布多（Kobdo）和乌里雅苏台（Uliassutai，两城均现在蒙古国境内）的路完全废弃了。作为偌大一个地区——包括西伯利亚和俄国在内——唯一的中转地，张家口当然十分重要；这里的往来交通也相应如此。人口也很可观，但非常大的一部分是过路人，这里的居民中很少有人举家在此。这里富裕、宜居，生活必需品都很便宜，奢侈品如精制的欧洲糖、牛羊肉等应有尽有，而且很便宜。黄羊肉每块 600 文，这里 400 文
一担的土豆比欧洲的还好。另外还有绿色的蔬菜、大个的萝卜、胡 124
萝卜和其他当地丰富的物产。马、驴、骡和骆驼都很多。我 12 两银子买了匹好马，最好的骆驼 25 两银子。在我知道的中国各地方当中，除了北京，哪个地方的日子也不比这里花的钱少又过得更好。葡萄多来自矾山、保安或怀来（Hwai lai），并且整个冬天都有。苹果很好，梨不好。鱼在冬天冷冻了以后从黄河经归化城往外运。从蒙古来的有狐皮、野猫皮、山羊皮、绵羊皮、松鼠皮之类的毛皮，也有去毛的牛皮、绵羊皮、山羊皮和骆驼皮，另外还有骆驼毛、毡、一种黄油和所谓的乳酪。这种乳酪是熟牛奶的奶皮：鲜奶煮熟以后把奶皮一层层摞起来制成的。奶酪呈半圆形片状，非常油腻，只能少量享用，这种奶酪制作的时候不加盐。黄油盛在囊

里，白色的，看起来像炼过的动物油，制作的时候也不加盐。我还以每斤 400 文的价钱买了一种荒漠旅行途中很实用的东西，它产自甘肃省的西宁府（Si ning fu），在这里很流行。这是一张压缩水果制成的纸，里面是压缩储存的果汁，十分有营养，是欧洲没有的。它味道微酸，只要吃上半盎司就觉得像饱餐了一顿水果一样。

张家口被粗面岩（Trachyt）和流纹岩（Rhyolit）[①] 构成的山包围着，山势很陡，悬崖峭壁。山谷的北面几乎被封死，从北和西北方向流来的河进山时只有一条很窄的通道。在这个峡谷中沿着西面峻岭的山脚往上是一条往来频繁的贸易通道，一直到长城的城

125 门。这座城门也是十分简陋。山上坐落着低矮的烽火台，相互之间有些城墙连接。紧挨着城门后面的左侧（西北向）是一条狭窄的小峡谷：通往恰克图（Kiachta）的路在该峡谷中向上延伸，两边都还是粗面岩质地的山坡，山坡上似乎覆盖着黄土。山坡上建有俄国人的房子和商铺，夏天裸露在骄阳之下，门前是湍急的流水。想到能沿着峡谷上行，一步步地穿过峡谷走回家乡，那种感觉十分诱人。眼下正是出发的最好时节！

（11 月 7 日）我们今天 12 点钟才出发。包裹被装上一辆大车去了西巴尔台（Schibartai）——从这儿往北 100 里处，我则骑马奔西湾子而去。我们沿着山谷中曲折的主河道一路走，路大致呈东和东北方向。谷底平均有 300 米至 1000 米宽，夹在两边陡峭的山坡中间。一路上村庄零散，群山高出谷底 500 米至 600 米。

① 火山岩。

河水水流湍急，时常要涉水过河。河水的平均落差是 1 ： 100。谷底部分是岩石，部分是沃土。有个地方用一道弧形的高墙遮挡北风，种着稻子，很是特别。走了 20 里以后，我们来到了郭图营子（Ko tóu ying tszĕ），这里住着基督徒。我们不得不在此逗留了一个半钟头，在一家信仰基督教的人那里享用他们为我们准备的丰富、可口的饭菜。先有水果，再是甜点，随后是做法不同的肉配着多种多样的蔬菜。这家人的屋子很干净，也很讲究：抛光、油漆、粉刷过，还挂着基督教的画。屋子的守护神是个双目炯炯有神、貌似很聪慧的女子。我第一次对中国的基督徒有了较好的看法！走了 45 里以后到了西营子，等走了 60 里以后就到了从东北过来的一个大的支系山谷；到西湾子（Si wan tszĕ）的最后 20 里路我们是摸黑走完的。

我们到达西湾子时是晚上 8 点，受到了当地传教会众位绅士 126
的款待，被安排住进了舒适的客房，还美餐了一顿。我们受到了由衷的礼遇，特别是保罗，更是受到当地传教士和中国民众热情友好的欢迎。

（11 月 8 日）西湾子位于高 1200 多米处一个北和东北向南和西南走向的山谷中，在山的西坡。此山坡直到西湾子以上约 250 米处都是黄土质的。西湾子以南 20 里处耸起的大王山（Ta wang schan，音译）山顶平坦，是当地最高的山，比西湾子高出约 750 米。两者之间有一个美丽的山谷，被 500 米至 750 米高的群山环绕着。谷底遍布着农田，山坡上尽是梯田，一直延伸到山谷以上 300 米处。田里种有高粱（少数）、土豆、燕麦等，没有果树。柳树、白蜡树、杨树构成植被树种。山坡上长满了矮矮的杂草。我还看到了一棵杏树，而在传教会的园子里芦笋也正旺长。一口到水面有14米深的井，水温7度。此地不受西北风的侵扰。

这儿如今是一个基督教区，生活着1500位教徒，大多住在窑洞里。传教的使团以前是法国的，自1865年起至今都是比利时的。传教士都是精干通达之士，不留辫子，保持着欧式的生活品质，也着力创造一定的生活享受——他们自酿啤酒、葡萄酒等，并且规范地管理着教会驻地，使之秩序井然、干干净净。这里的教堂育婴堂（Sainte-Enfance）里有100来个孩子。几个修女既照顾这些孩子，又为这里的教士效劳，做些妇女的活计。西湾子村分布在黄土坡上，很不起眼，因为几乎所有的人都住在窑洞里。这是些虽简陋但干净的住处。

我先去弗朗西斯（Francis）家拜访，他家墙壁像是磨过，房间也都经过装饰。之后我去了一位农民家里，他对我说他们家四代
127 以来都住在现在他住的三间小窑洞里。窑洞用水泥防潮，建窑洞时注重选址，避免黄土层中有自上而下渗入的缝隙。建窑处的黄土土质比通常的土质含沙更多，含石灰更少，含结核量很少；但它并不分层，除非内有沉积的卵石。窑洞里的小房间就像蚕蛹。我从黄土里还找出了几块骨头，但戴维（Pere Armand David）[1]之后就没见谁再收集这东西了。这里的传教会从“信仰传播会”（Societe pour la propagation de la foi）那里获得资助，大概跟在中国传教的其他使团没什么两样；但它却在这里找到了一个便宜的地方，力求以恰当的方式使用所得的资助。修女得不到任何资

① 遣使会神职人员，19世纪研究中国成就最卓著的传教士。

蒙古南部的波状地貌，为黄土所覆盖的老山系

助,而是必须在进入修道院时已从家人那里得到了足以维持自己吃饭穿衣的钱。她们有些应当出身于殷实人家,这些人家自觉着家里出位修女很体面。所有信教的中国妇女都不准缠足,新改宗的信徒马上就得遵行。周围的其他村庄也有信徒,分布颇广,都是中国人。出于传教的需要,特别起用了中国传教士,他们有的有固定住处,有的则在各个村庄巡游布道。从这往东,在热河(Joho/Jehol)还有一个传教站,那里驻扎着一位比利时教士;另外在关东(Kwan tung)[①]也有几个。往西还有很多。巴克斯(Backs)先生几天前刚到,很可能将成为主教。他目前是传教会的领导,可谓实至名归。

(11月9日)在最后一个汉人村庄三韩坝(San han pa)附近我们到达了蒙古高原。多次上上下下并且还有一次彻底迷路、走了15里或一个半小时弯路之后,天色已晚。这时,我们很快也就迷失了方向;但草原上天空晴朗,很容易就能认定一个方向,一直
走下去必定就能走到通往恰克图的路上。我们沿着西和西北方向 128
走,一直走到几个蒙古包跟前。从那里又骑马走了10里,基本是走大路,8点到了西巴尔台。

① 东北地区的中文名称。

这一路非常有趣。刚开始是横着越过西和西南走向的深谷峡道。那些分割众山谷的山梁都呈现出微微向西北升高的柔和的波浪线状。站在高原边沿俯瞰，那些波浪线依次排列，局部重合，像是某高原的波状线。站在这里，你不会料想那些都是深谷，因为你看不到深陷的地形。而向南却能看到较陡峭的地形：深谷虽然被遮住，但从山坡的形状能够意识到深谷的存在，并且透过山坡的间隙可以看到远处、保安山以北的一座高山——黄羊山。

庞佩利所谓的“横断山脉(Barrier-Range)”，在这里完全是虚构。这里没有单个的山脉，只有上部绵延起伏但又常被流水剪断的山地；而山地的深谷所止之处，正是蒙古高原的开端。过渡非常之突然，当深谷犹自往深处蔓延之时，没有任何过渡便登上了高原。这里的高原起伏平缓，呈“滚动”之势，比之前的谷地高出约50米。这些谷地极为平坦，有的圆，有的长，都没有湖泊。西巴尔台是个由客栈构成的中国小村子，是恰克图大路上的一站。这里的房屋矮小简陋，院子倒很大，是为骆驼、骡马、羊群等准备的牲口圈。

(11月10日)我们接下来要走的路都在蒙古地区。尽是草原，地形平缓起伏，有南北向的山丘与谷地，以及向北流的河流，流往没出口的盆地。高度差最大达300米，显得却没那么大，因为坡
129 度都极为平缓。所有的山都是火山喷发形成，由一种灰蓝色的、粗粒玄武岩质的、局部充满气体的透气岩石构成。这些岩石总是排列成薄薄的、貌似水平而实际略微向北倾斜的岩层。等高线常是笔直的，也略微向北倾斜。实际的火山痕迹我并没看到，也不见火山硫气孔或小的熔岩流或角砾岩之类的火山渣的踪影——到处铺

展着又宽又平的火山岩堆。山谷的中间填满了黑色的腐殖土，很容易变得很泥泞。

看起来黄土漫过了蒙古并继续延伸，从整体上影响着蒙古的地理特征。高原特征突出地表现为，这里的河流都没有入海口，而是流向内陆盆地。假如我以前的理论是对的，那么这里的黄土至今仍在不断地生成，这得益于植被的残余和随风而至、被植被拦住的沙尘。所有火山喷发形成的山因分解而形成的产物，经由风雨运到了盆地，并在那里变成了黄土。假使高原的边缘被撕开一道深深的口子，那么经由这个口子盆地的相当一部分将脱离高原而流失，变成一片黄土山地。这一点在从西湾开始的升高地带表现得格外明显。所有山谷里的黄土都往高处延伸，有的都到了分割山谷的山脊上，而从这些山脊发出的支脉都被黄土覆盖了。在最后一段升高的地方，黄土都快到高原高度了，这里的地质是片麻岩。接着就是高原草地。草地下面是什么，不得而知，就像走在平坦的黄土地上的时候那样。草地的土呈褐色，常因有腐殖土而显黑，碰到小河床才发现土是黄土。高原的高处没有小河床，所以只能通过间接推断证明这里很可能跟周围的情况一样，山间的谷 130
地都被黄土填满了。

今天的路程是往西南方向走，去15里外的一个蒙古“村子（蒙文叫 Öll）”。村里住着一位蒙古官员，有一座喇嘛庙。老官员死了，他的儿子在北京述职，看来爵位是世袭的。我们看他那住处，是一所非常漂亮、保持得十分洁净而讲究的中式房屋与庄园。每间房里都有张大炕，炕上枕席铺盖俱全；房间里放着华丽的家具，还有一台自鸣钟。主人待客有道，十分友好。这里的庙是个精致

小巧的建筑，让人不禁想将它放置在古董桌上。庙里面洁净且井然有序，是我在中国的寺庙里还不曾见过的。庙呈方形，上下两层都不大，都有回廊环绕。再上面是彩色的宝塔式屋顶，为复杂的中式风格，还挂着风铃。下面一间里立着两排彩柱，还有镏金的佛像，四壁悬挂着许多画，有些讲述的完全是佛教的神话。我想买几幅的，但没买成。最美的是庙旁的一个偏殿，里面供着好几百个非常光洁的铜盘、银盘，盘里装着黄油、油、Siau tin[①]、大米、面粉等。有许多盛满了蒙古黄油的盘子里的灯火常明不灭，殿里还点着一百来盏小灯，并且都得到了悉心照料，十分洁净！在这里可以看到许多源自神话的有趣的金属画，有的镏金，有的粉银。跟我同道的教士惊异地看着一件系着三条银链子的香炉，但并未感到赏

131 心悦目，其形状跟天主教堂里用的一般无二。这个地方蒙文叫作“Tsagan tologhai”（察罕托罗海），此外有人还告诉我满文叫作“Tu tai”，但没有中文名字。

蒙古村落分布得极稀，村与村之间好几个钟头都见不到人影，但随处可见大规模的牧群：这儿几百头骆驼，那儿几千只绵羊，接着是一群长毛山羊，再来500匹马。在这样的草地附近往往都有村子，有没有村子似乎一方面取决于草地，另一方面取决于附近有没有水源。一个蒙古村子是由一群蒙古包组成的，我看到的，都是由6个到20个蒙古包组成。蒙古包呈圆形，顶是钝角圆锥状的。垂直方向的圆圈由垂直的椽木围成，木有约4—5英尺高，12—30英尺粗；屋顶是由呈轮辐式紧密排列的椽木构成的。整个

① 日记中就这么写的，疑为Siau mi即小米。

蒙古包覆上一层白毡，紧上头坐着个毡盖，可以拉上、打开。中央立着一根垂直的木桩。进口是个跟围墙等高的木门。木桩旁边是灶——一个由四个圈、四根条组成的铁架子，是一体浇铸而成；里面填上牛马的干粪作燃料，烧起来很费力。灶上放一口扁圆形铁锅，做饭烧水都用它。周围的墙边摞着干净光亮的箱子，这许多箱子应当在暗示这家人生活殷实，因为它们怎么看都大大超出了这家人的需求。对着门的是一种长沙发，作床用。土台（Tu tai）有支得很好、也很大的蒙古包，里面看起来十分宜居，至少天气好的时候是这样；在下雨天住在这样一个密不透风、连个窗户都没有的匣子里想来必然可怕。我们今天好几次骑马走上了歧途，5 点的时候紧贴着可汗窝尔台（Khanörtai，音译）过去，然后在天色已暗
的荒原里继续骑行，最终折回了可汗窝尔台以东 5 里处的一个蒙 132
古小村子。从那里，一位喇嘛把我们带到了要去的地方，我们到的时候是晚上 9 点。这个地区的路很难找准，看起来都一个样，而且到处路网交织。费兰登都走了好几次了，但还是给我们带错了路。

可汗窝尔台是个小村子，坐落在丰富的水源旁边。我们晚上住在村里的一个小“Jurt”（帐篷）里。一整天都没吃没喝，我们给自己弄了顿饭，这顿饭在 12 个钟头的马不停蹄以及迷途之后显得特别香。

（11 月 11 日）今天跟前四天一样的美！温度每天早上都在零下 7 度到 10 度之间，就连湍急的流水还覆着一层厚冰。不过并没有风，又很晴朗，白天里的温度十分宜人。我们所在的高度较为平均，很可能有 1700 米左右。走了 45 里之后，我们到达了高原

上第一所汉人的屋子,随后就看到一个平坦的 80 米深的山谷,里面尽是汉人村落。此山谷从北向南延伸,没有河流,叫作铜牛圈子(Tungniu küan tszě,音译)。到了谷底,我们发现是花岗岩。到位于西侧的一个村子里,我们在一个汉人家里午休。从这里到西营子这个较大的山谷还有 20 里,该山谷在此以南,为一条长长的花岗岩山所遮,此山山坡平缓,伸到谷里。河流蜿蜒流过山谷,似一条银带。到这里,高度仍有海拔 1500 米左右。

西营子是个驻扎着传教会的村子,明和·德·沃斯(Mynheer de Vos)在此为比利时传教会建了一幢三层高的欧式房屋,在众多的土房子中它就像一座宫殿。我受到热心的接待,能够罕见地享用一个带壁炉的欧式房间所带来的奢侈。西营子所处位置仍然很
133 高,很可能是 1500 米。从传教会驻地可以俯瞰整个宽阔、起伏的谷中盆地。这里比高原南面地形变化多些,但这里的高原也因为完全少树而显得十分荒凉。唯一的生机来自那许多的汉人村落:每个村子都是一簇土房,房屋之间有大垛未打的粮食和几个打麦场;粮仓在这里就没必要了。四年前这里的一切还都很有蒙古味道,没谁种植,但汉人逐年迁入。普天之下,莫非王土,土地于是被官员租了出去,只是租金据说难能流入国库。

那些离开家乡到这里定居的汉人,基本都是山西人。他们一来到马上就把荒原变田园,聚村而居,十分勤劳。土地不需要怎么追肥,从邻近的牧场捡牲口的粪便即可。主要的作物有燕麦、亚麻和芥末。后两种掺合在一起脱粒,脱出的混合籽做油料。当地的亚麻丝不能用于纺织。燕麦是人们主要的粮食,也种荞麦;大麦和高粱长得不好。大多年景不好,但只要有一个好年景就足以致

富；因为这里没有中国南方每人只准种多少地的法规。[1] 每人都种很大片的地。用于农耕的牲口又便宜，又有流入的劳动力。比如这个时节就有打麦人走乡串户，从南到北而至；他们每天的工钱是 50 文，也有高至 100 文、120 文的时候——这是农忙最甚时的最高价了。土地非常便宜，买卖都不以亩算，而是以 100 亩一顷（tsching）地算。500 亩地花 50 两就能买下。

游牧的蒙古人和农耕的汉人在这里差别特大。蒙古人所在之 134
地是空旷的草原。他们住在那里的帐篷里，虽是定居，但随时都能收拾起自己的房子快速地转移。他们不识铁锹为何物，也不曾翻过一寸土。他们跟自己的牧群和马生活在一起，骑在马上自由地在草原上游弋。汉人的财产是房屋、田地和生意。蒙古草原十分荒凉，除了蒙古人的帐篷和牧群；汉人给这荒凉中一下就注入了生机和活力。蒙古人单纯而厚道，更让我们喜欢；但我们也马上看到，汉人更高一筹，他们的生产力更高。汉人对待蒙古人就像对待孩子一样，游刃有余地利用他们的好恶。汉人总是精明奸猾，蒙古人则是直来直去。假如我要买匹马，蒙古人会说："20 两，要不要？"我如果不立即答话，他就会马上走人。不过有些蒙古人也吸取了汉人的生意经，但经商的道行仍浅。

这一地区的地质构造远比庞佩利想象得还要复杂。我在青山（Tsching schan）看到的是花岗岩，它以北是片麻岩，这儿的教堂等都是用这两种石头建的。沿山坡往上的土都完全可被称为黄土，尽管因为缺少深水河道而没有切得很深的河床。到处都是一

① 见上册第 332 页；关于"亩"，见上册第 218 页。

种黄色松软、有些沙化的土地，稍微经水一冲就易于竖着分离，这正是黄土的特点。青山那里据说有深河床，人们在那里表层之下的 6 米到 10 米处找到了骨头、古器具、箭头等。可惜这些我都不能亲见。我建议教士们收集这些发掘出来的东西。

（11 月 12—14 日）星期天休息。北风凛冽，吹聚起厚厚的云；能见度不高，所以行路之余能在高原上暖暖的房子里和好人在一
135 起，是很舒服的事。周一很冷，我因为住得很舒服就决定再待一天，也好赶赶我的工作。我在这里把我画的地图草稿的第一页完成了。

基督教区有信徒 300 人，还有许多信徒分布在其他村子。山坡宽阔的整个青山的北面直到西营子的地区几乎都由基督徒在居住和种植。眼前浮现的一幕情景就是，传教会要将这整个地区据为己有。所有这些村子都是崭新的。据说，4 年到 6 年前从这里到二十三号（Örr schi san hau，音译）都还几乎无人种植，但现在汉人逐年涌入，基督徒便聚居成区。当信众足够多时，便给他们派一位教士，像不久前在西营子就是这样。不仅如此，还已着手建造一座雄伟的教堂。另外还有一些地方依附于这里的领导：归化城，那里也要大兴土木；呼坝（Hu pa，音译），在归化城以东，距离这里有 400 里；还有包头（Po to），距此地 700 里，大概在归化城以西。这些传教会驻地都有相当的田产，并由此收入颇丰：他们从田地收成中抽取十分之一二。这些田产是传教士的有力权柄。

（回顾 / 位于蒙古西营子的传教站，1871 年 11 月 14 日 / 出自致父母的信）写这封信的时候，我正在蒙古海拔 1500 米处的一个小村子里，这里驻扎着一支比利时传教会。教士们的屋子格外

的好，我现在正在其中的一个舒适、被壁炉烤得暖烘烘的房间里住着。比利时的宗教团体六年前受教皇之命来到蒙古，在这里他们发现了一片漂亮的，此前已经由法国传教士经营过的田园。保罗以前就是跟着传教使团的首脑韦尔比斯特（Verbiest）神父来到这里的。在这里的时候，他同样展示出他在为我效力时所展现的忠实与精干，他凭借着自己的干练把许多欧洲的好东西带了过来，
而这些东西使得教士们在这偏远的地方至今仍能生活得很享受。136
他们自酿葡萄酒、啤酒，烤面包，养奶牛，制黄油，等等——所有的一切都遵照保罗的吩咐和示范。我则得以安享他们的老交情带来的好处。当我们到达张家口这个作为中俄贸易枢纽的边境重镇，我正寻思着怎样再找新的运输工具的时候，费兰登神父恰从此地经过。他是个正直可敬的人，他马上改变了他自己的计划，把教会的车给我用来运行李。我又买了几匹马，我们于是一起计划，一起上路了；不然的话，我也不知道当地的情况，很难想出这样的计划。我们首先去了西湾子，它在张家口以东6英里处，有4400英尺高，在那里很舒服地过了一天。然后，我们在美丽、晴朗、寒冷的天气里骑马西行，越过蒙古高原来到了这里的传教站。这里的天气三天以来一直寒冷，有风暴。明天，我们去第三个传教站，那里叫二十三号（Örr schi san hau），即“二十三胡符”（跟咱们西里西亚称一个地方叫“七胡符”相似）。

要说吃的，所有这些地方的出产令我大快朵颐。这里应有尽有，肉、野味、蔬菜、水果都很丰富，也很便宜。这里的土豆比我们那里的还好，产自海拔较低些的地区的葡萄可以跟其他任何地方的葡萄相媲美。山里空气冰凉，令我胃口大开。在这里为日后的

旅行养精神，比在哪儿都好。说到地理学、地质学，我在这为期不长的旅行中已经收获了格外令人满意的结果，还绘出了一张十分可爱的描绘我所行之处的地质图。从北京出发，我没有走那条人们常走的通往张家口的大路，而是向西进入高山区，横越过那些
137 山口都有 1500—2000 米的最高的山脊。我的那些负重的牲口，每头驮着 300 磅，在这陡峭的山路上可不轻省！还出了几档子事儿：有一头骡子栽到深坑里去了，还有一头在走夜路时把身上的行李摔了，还有几个有意思的小插曲，当时令人挺恼火，但过后想来却是旅途中的调剂。再说，这些比之于我的所得也是微不足道的。那些幽深、陡峭的山峡展示给我一个地质纵切面，很美丽也很壮观，是一般的地质学家终生难得一见的。这些山峻峭而荒凉，高达 2500 米，鬼斧神工，随处可见壮美的景观。它们构成了向邻近的北部地区的过渡，那里有开阔的盆地状山谷，山谷被险峻的石灰岩山彼此隔开，是地貌十分独特的地区。该地区的首府是宣化府。这里的山与山谷中都有一种特殊的东西，那就是黄土，它是中国北方的生命要素。没有黄土的地方就一片光秃秃，寸草不生。几百万人都生活在挖黄土而成的窑洞里。西湾子是个有 1500 名基督徒的村子，人基本都住在黄土窑里。这种土质总是形成垂直断面，在断面的根部凿出几个带尖拱和窗户的房间，把墙用水泥敷上，或者还修个房屋立面，前面是个胶泥墙围成的小院子。基督徒的家里常还比较干净、舒服。我走访了一位农民，他告诉我说他家在那个黄土小窑里都挨了好几代了。我目前花了不少心思研究这种有趣的物质——黄土，因为我对它的产生所持的看法似乎有些自相矛盾之处。

蒙古展现的又是另一番景象。在其他地方你基本都要看下地
图才知道已经越过边界来到了这里；但在蒙古，你即便不看地图，
也能确信自己已经到了蒙古。因为一下子，没有任何过渡，你就从 138
陡峭的山峡中走出，登上了地表柔和起伏的高原，上面平铺着火
山岩，是这些火山岩使得蒙古高原的开始显得十分突兀。这里既
没有房子，也没有田地，所有的只是深深浅浅的草，连棵树都看不
到。在地势平缓而且有水源的地方，你会看到大群的马、牛、羊和
骆驼在草原上啃食。不远处便是蒙古人的营帐，由几个圆形的帐
篷组成：4—5 英尺高的竖墙，上面罩着一座锥形的屋顶——整个
帐篷用木棍支起，外面罩上白毡。帐篷里面摆着一圈抛光很好的
箱子。对着门摆着一种沙发，可以当床用。中间是生火的地方，用
干牛粪作燃料。地上铺着白毡。帐篷上方有一个小盖儿，可以拉
开当窗户用。帐篷里洁净整齐，更舒服的是，这里可以喝上最好的
奶。这个地方距离咱家那么远，真是咱们那里奶牛的幸事，因为它
们跟它们的蒙古亲戚没法比。蒙古人正直、坦率，并且相当天真，
但有着斗士的韧劲。他们跟汉人没法比，假如他们不是因为跟汉
人干的事业不同、住的地方不同而能够无拘无束的话，就只能被汉
人蒙骗。他们骑马在广袤的草原上自由地漫游，你会觉得他们怎
么也难能被拘束住。因此，汉人和蒙古人居住的地方严格分开，相
互比邻。

大部分的河流都汇聚在小湖里，湖都没有出口。河流没有出
口的地区所及之处，住的都是蒙古人。但也有许多河流穿过高原
往中原方向流淌，并注入一条大河。汉人就沿着这些河流往上发
展农耕，迫使蒙古人步步后退。西营子位于一个开阔平坦的山谷 139

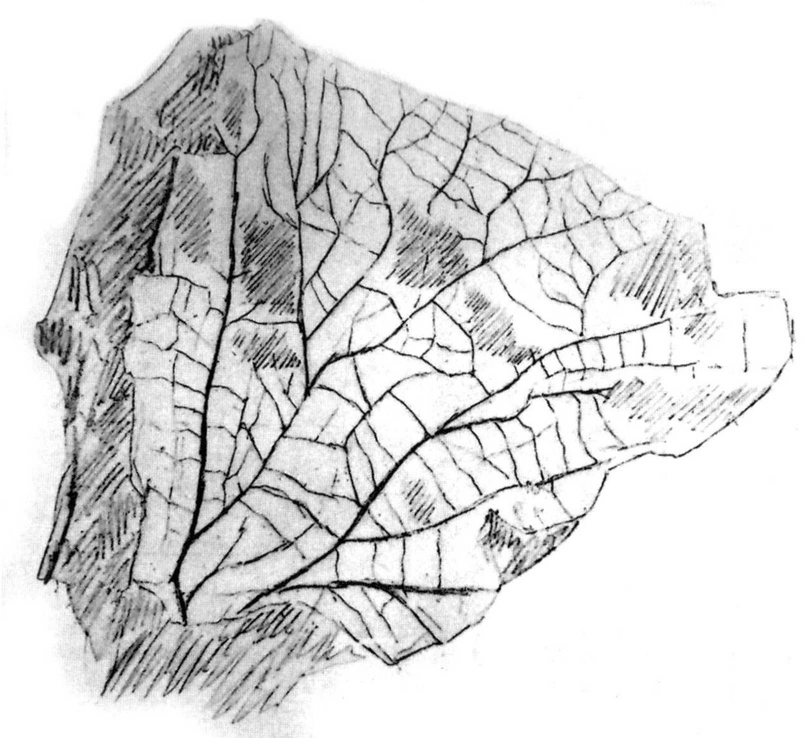

李希霍芬的铅笔图绘（1871年11月15日，煤页岩中的双子叶植物叶片，证明这些煤的形成年代近）

里，山谷里就有一条这样向南有出口的河流。就在几年前，这里还住着蒙古人，如今沿河而上遍布着汉人的村落。基督徒乐于在这样偏远的地方安家，遇有追捕可以躲入深山。他们常常聚村而居，西营子就是一例，附近还有好几个这样的村子。如果有许多基督徒在某地聚居，那么传教会就会在此地设一个分支机构并派一位教士常驻。当你从蒙古过来，对照会十分鲜明：蒙古高原上没人种地，连只母鸡都看不见。刚还在草地上走着，你突然就站在了一个宽阔、略微有些下陷的山谷盆地的边儿上，这儿有河流流向中

原。山谷里遍布着汉人的小村子，每个村子由一群简陋的黏土房组成，房子都隐没在随处可见的高高的庄稼垛里。庄稼垛之间是露天的打麦场，是打粮食、干活的地方。每家每户门前都聚着一群特大个儿的母鸡，方便生出特大个儿的鸡蛋。在这么高的地方，种的作物有燕麦、土豆、荞麦、亚麻和芥末，后两种作物是用来榨油的。在这种对有效耕作的偏爱中，性格不太招人喜欢的汉人的确有他的过人之处，远非蒙古人可比。

我在西营子见到的传教士，行为都很得体。他们没有降到中国人的水准去留辫子，而是完全保持着自己的立场，表里如一。他们不以中餐为生，而是竭力维持欧式生活。他们还自己造了一幢很好的欧式房屋，这使得他们比大冷天蹲在狭窄、透风的中式房子里能更好地保持健康，以处理常常是十分繁重的传教工作。希望 140
罗马教廷能够允许他们将中式的服装替换为欧洲传教士服装，因为中式的服装实在可笑。穿这种服装就是跟低等民族的习惯同流合污，而传教士事事都应比当地人更高一筹才是。但我在这里至少局部地看到我所想象的中国传教士应有的原则得到了体现。现在这里正建一座宏伟的教堂。教士们认真地履行职责，如果以参加礼拜的情况作为评判标准，那么他们的工作可谓成绩斐然。也有修女一类的人，据称德行不错。有些修女负责教育女孤儿院的孤儿，更少数的几个负责裁剪、洗衣、做饭之类的事情。另外，教会还给男童开班授课，其中的个别学生将成为传教士。基督徒基本都出自有信教传统的家庭，但也有不少新皈依的信众。

接下来要向山西的大同府（Tatung fu）和太原府（Tai yuën fu）进发了。我本想从那里直接西行穿过陕西去甘肃的，但这不可

能，因为那里到处都是抢劫的叛军匪众。我也找不到人和牲口跟随我去那里，所以只好沿着大道去西安府，然后去四川。

你们都不知道我这一路上要做多少事，只有在马上了才得安生。有些东西不记在日记中或画在图纸上就丢失了，这得要绝对细心。行李和其他琐事也总是让我操心，因为我要事无巨细地关注途中的一切。举个简单的例子，我假如不紧盯着一块肥皂，那它14天就得用光，接下来就没得用了。琐事是这样，其他亦同。我随身带了几本书，但根本没工夫看。类似的旅行并不轻松，但假如
141 能这么一如既往地进行下去，在旅行结束时我将能够十分满意地回顾我在中国所做的工作了。

（11月15日）我们今天先骑马去了距西营子8里的青山北麓的煤矿井。它们是一串矿井中最西边的部分，这些矿井如今都废弃于此。我在矸石山上出乎意料地发现在沙质煤页岩里有双子叶植物的叶片，可惜只是几片不完整的叶子。最大的那块儿因为开裂我不便携带，于是依样画了下来。[1]庞佩利很可能又猜对了，他认为张家口的高原边沿地下产的煤是褐煤。

（11月6日）我得陪好心的费兰登神父在他的教会驻地再待一天。该驻地已有十年历史，尽管建筑尚不完善，但秩序井然，是个真正的模范教会驻地。两位修女和她们教养的50名3岁到15岁的女孩就是勃勃生机的体现，每个人的脸庞都红润饱满，都穿着干净漂亮的衣服。为首的虽然是位中国女子，但十分出众，身材高

---

① 这个发现十分重要，因为双子叶植物在实际煤层形成时期还不存在。对这一发现重要性的即刻洞察反映在当时当地便画在日记本里的细致入微的叶片图上，此处所列的图是从日记中复制的。

挑，鼻子很像欧洲人，举止温文尔雅。这一大群人看起来都很快乐而满足。其中的两个女孩子已经订婚，女孩子们据说常是从这样的孤儿院里嫁到富裕人家。使团据有良田。大麻是主要作物，然后就是燕麦和芥末，其他便是小米、荞麦、土豆和大豆等。这里也植有很多树，一种白蜡树。

村子以北是宽广泥泞的平原，以南和以东是低矮的丘陵，以西
耸立着比村子高出约 300 米的元山（Yuën schan，音译）。我们向 142
西骑行了 12 里，顶着寒冷的风雪登上此山。我的目的是想得到些可供绘制地图的材料，因为这里视野开阔。但却是徒劳，山顶的岩石磁性很强，用于搭建山顶小屋的小条石令指南针完全反指，每块条石对指针的影响各不相同。此山有一处向东打开，状如马掌，由夹杂着伟晶岩矿脉的片麻岩构成，只有众山峰是火山岩质。马掌的内部填满了黄土，积得很高，从这里远眺很有意思。往南隔着 10 公里的地方渐渐隆起一座显然是岩浆结晶形成的山脉，有着呈锯齿状的高耸的山峰，似乎是由西向东延伸。往西、往北直到青山陡峭的南侧峭壁，看到的是平缓的轮廓，这里、那里较高的堆着石金字塔（是某种暗号？）的山峰——其中的一座山峰很具火山的形状，似乎还有个火山口。这些山峰只是构成了略微的隆起。在轮廓线以下有一道跟轮廓线等长的陡峭的边沿，边沿以下有缓坡延伸至山谷。这些山峰虽然初看上去似乎连成一体，但实际上被许多宽阔的黄土山谷隔断。往西北看到的是青山峭立的花岗岩山壁和此山东向延伸至齐齐哈尔（Tsitsi khana）山谷的部分。该山谷再往东能看到贺兰干山（He lang kan schan，音译）。这是一座从南面和西南面看峭壁森立的山，但顶部平缓，跟青山相像，面向高

原的一侧坡度很小。此山才是高原的边沿，并且位于高原边沿最明显的位置，我此前从西北方向见到过此山，很明显地能看到这一点。往东可以看到距此约 30 公里处东洋河(Tung yang hŏ)以南的山脉，山峰棱角虽不明显，但很陡峭，很可能是岩浆结晶形成的山脉。

看起来，这整个地区是一个片麻岩高地，有着个别的隆起，特
143 别是在花岗岩地被冲断之处；之后在高地上漫了一层火山岩，覆盖了所有地方，只有隆起处没有被覆盖。然后先是经由侵蚀形成了山谷；经过侵蚀，大段的火山岩覆盖层留了下来，个别地方形成了大片的裂片和小岛。后者中的一群便是元山的各个山顶。即便在侵蚀之后，似乎仍有火山运动发生。黄土漫布各处，只要不被冲刷，它就沉积在那里，除了山顶无一例外。在下面低的地方，到处有岩石呲出地面。

(11 月 17 日)我今天出发去大同府，由费兰登先生陪着。今天是我到西营子之后的第一个响晴的日子，能见度很高，隔着很远都看得很清楚。群山被雪覆盖了，平地上有的地方，雪被吹成一堆。河流几天以来都结了 5 寸至 8 寸厚的冰，上面可行载重的货车。今天的道路上也有很多冰，很滑，车行缓慢，我们只走了不长的路。

张皋儿(Tschang ku’r，音译)是这个地区较重要的一个集镇：小米、亚麻油、芥末油、燕麦和骡子是这里主要出口的商品。这里马的买卖也很频繁。我花 20 两买了一匹归化城产的牝马。这个地方的马比张皋儿当地的还好。当地是养骡的主要地区，周围种田。我们过夜的地方在一座山脊之上，此山黄土漫坡，土下是

火山岩。

（11 月 18 日）我们现在才踏上奔西南方向去的路，经一个隘口越过一座平顶的山，此山将东洋河与桑干河分开。夜里住的地方很可能有 1800 米高，比隘口高出 125 米。此山西面和东面极为平缓的山峰比隘口只高出约 150 米，但黄土和农田一直延伸到这里，在隘口高处仍有村子。在此地，直到 2000 米至 2100 米之 144
间仍有人从事农耕，山坡上都农田遍布。想一想中国南部的高山上几乎没有农耕，便觉得此事稀罕。这全都得益于黄土的存在。很难较为精确地绘制这一地区的地图，一方面是因为这里缺少明显的高峰，另一方面也因为难以纵览凹陷的山谷。满眼所见的无非是：火山岩层，上覆黄土；火山岩形成的陡峭断崖；往下是漫长的黄土山坡，一直延伸到谷底的冲积平原之中。只有实地考察后才能发现，结晶体板岩从火山岩下面露出，有的被黄土盖住，有的从山脊中突出。

丰镇（Föng tschönn）山谷约 1500 米高，农田遍布，到处是村子。这里种了很多小麦，土色深褐，土质松软，介于黏土与沙土之间，从前十分肥沃；但现在必须追肥才行，当地又没有充足的肥料。就连在地势较为平坦的地方，黄土都被水冲走了。晚上，我们看到一个富裕的蒙古人带着自己卖了 800 只羊、150 匹马等挣到的钱去五台山（Wu tai schan）的寺庙。这样虔诚的信徒在蒙古人中很常见，所以受他们供奉的寺庙都很富有。

（11 月 19 日）我早上又看了一遍周围美丽而壮观的景色。静静的高原线条和岩浆结晶形成的犬牙交错的山的轮廓相互对照，引人注目；还有宽阔的、覆盖着黑土的黄土盆地，逐渐呈下陷之势。周围最高处的山顶堆着小的石头金字塔，本是用来观察与发信号的。

从最南面的几个露天剧场一样向西面开的盆地蜿蜒而至的，是位于一条山脉的北坡低处、靠近山涧的长城。路与长城交会在
145 镇川口（Tschönn tschwan kóu）。这是个高约 3 米的拱门，由三根弯木棍搭成，跟牲口圈的破门差不多，造价不足 600 文，不够买匹北方的劣马。曾经的长城如今如此破落，几乎尽人皆可越之而过。它跟那些为数众多的哨塔一样，都是由风干的黄土砖建成。有一点可以说明这里气候常年干燥：并非整个城墙早早地被雨冲垮了。尽管颓塌如此，可这建筑还是令人觉得十分壮观：许多的烽火台排成长列，穿过山谷，在山坡上蜿蜒而去。

门边有一个关卡和一家客栈。我们等到我们的车队过来，顺利地将它们带过了这里。向南走 10 里有一座小堡垒，叫镇川堡（Tschönn tschwan pau）；它对面的西山坡上——此坡仍旧是火山岩高原的陡坡——有一些大村子，就在高原边沿的下面。从现在起，路又是典型的黄土路，在幽谷之中，路边有许多山峡。还有就是纤细的黄土尘埃化成的云雾，也让人想起了曾经的黄土地区。在山底（Schan ti 的音译，意为“山脚”）从黄土下又冒出一座高约 100 米的辉绿岩小山。有几座庙依山而建，山南麓是山底村。在尘埃弥漫的天气所允许的视域内，向南的地形十分开阔。从西面下来了几条高山的长舌，东面有几座看不太清楚的远山。

整个口外（Kóu wai）地区还有这里的人们都很善良、温和：他们坦诚、自然地直接回答我们问的每一个问题，而不会让我们把问题重复上十遍。他们从不羞辱我们，只是有些好奇，这是可以理解

的，也很容易化解。我从没听到一声像是辱骂的吆喝。客栈里算账又快又诚实。人要都这样，在中国旅行可就享受了。然而这儿 146
的客栈还有些不尽如人意的地方，因为这里的居民要求也不高。

房子由风干的黏土砖建成，上面覆着扁圆的水泥屋顶。房屋正面可见许多糊着纸的格子窗户。造得很坚固的只有那些寺庙和较大地方的个别较好的屋子。尽管房屋简陋，可这里很富裕，因为人们的需求不多，把许多产品拿到市场上去卖。现在，所有人都穿着羊皮：长外套很像匈牙利人穿的那种，短外套、夹克、裤子——都是羊皮的，羊毛冲里。他们穿着羊皮衣服比穿着他们褴褛的衣服显得干净多了。他们头上戴着蒙古灰毡帽，耳朵上捂着皮耳套。这里的人跟中国南方的人大不相同，显得不够“中国”得多。妇女都小脚，但露着。妇女的着装很难看，跟北京的女人一样：长裤短裙，一种灯笼裤裙装（Bloomer-Costume）。

（11 月 20 日）一个晴朗无风的日子，太阳底下暖暖的，但荫凉地里的温度即便正午时分也仅零下 2 摄氏度！我们沿着尘土飞扬的大路骑马走了一个半小时，来到了大同。西面不远的地方可以清楚地看到山峦重叠；东面约 15 里外，也能透过尘土弥漫的空气看到山的轮廓；南面只有平原。

大同府的城墙十分气派，进城之前先要穿过五六个城门。此城建得很好：房子都有漂亮的门和富丽的屋顶，街道垂直交通，宽敞而兴旺，远胜过宣化府。费兰登先生昨天骑马先到，所以我来的事大家已经知道。府官的儿子骑马来迎接我，要我住在衙门里。147
后来他来我住的客栈访我时，我才知道事情的原委：他想让我唤醒一位死者。府官 16 岁的次子昨天服鸦片自尽了。但事实证明，这个可怜孩子昨晚已经没命了。我的住处尽善尽美,因为我住在独门独院的屋子里。好几个基督徒过来帮忙。

(11 月 22 日)早在到达大同之前,我对这里优质的煤已多有耳闻,说在离此不远处采到大量大块的煤,说这些煤运到很远的地方,非常抢手。煤田位于大同山谷西面排成长列的群山之中,看来是某个高出山谷 500—600 米的为黄土覆盖的高原的斜坡。因为无法在市内获得关于煤田的合理信息,我们只好抱着试试看的心理骑马去了那里。到了之后我发现了一个地质问题,至今也无法解决。就好像在这里上下几千英尺厚的地层里汇聚了所有通常是超大地层的代表:都是为人熟知的地层,但它们不属于一体。

我去参观的煤井属于两家人,他们两家包括男孩子在内的劳力自己开采,另外还雇了几个人。我驱马进入一条长约 1000 米的弯弯曲曲的平巷,它随着矿层一起没入群山之中。这条平巷最高处可达 1.5 米,因此很便于驱马而入。但里面温度很高,可怜的费兰登神父从头到脚穿着皮衣,第一次下矿井就赚了个挥汗如雨。

(回顾/大同府(山西),11 月 21—22 日/出自致父母的信)从西营子出发,我们 15 日骑马去了二十三号,到那里当然又得待一天。这里是费兰登神父的驻地,他住的是一座中国房子,此外的一切却被他打点得近乎完美,特别是那所育婴堂,抚养着 50 个有些是被抛弃,有些是被父母送来的女孩。至此,我在比利时传教会
148 驻地的美好的逗留也便接近尾声,接下来又要踏上旅途了。在前两站歇着的五天里,下着暴雪;而今天气又转为风和日丽,一直到大同都是好天气。第三天我们越过了长城,昨天到了这里。从蒙

古高原下到中国的高原，十分有趣：一边是火山岩高原边沿宁静的线条，另一边是高耸的犬牙交错的群山，山势连绵，山由最古老的岩石构成；中间是宽阔的山谷，由高向低向中心汇聚，山谷中都有居民和农田。只可惜我不善绘画，不然我会把在这里一早一晚偶尔看到的美丽的光影工笔画出。仅仅线条又怎能勾勒出此地的风韵！

这里的长城已经颓败。最好是沿着长长一行哨塔的废墟寻找长城的身影。尽管它如今几乎到处都呈现一番颓败景象，但我在哪里见到它都会觉得深受感动。它以漫长笔直的姿势穿过山谷中的平原，又以蜿蜒摆动的姿势沿山坡而上。它曾是爱好和平、从事农耕的汉族人抵御高原上好斗、野蛮的游牧民族的一道防线。城墙两边所有的制高点都有小烽火台，从那里发出一种电报报警似的讯号，迅速地传递到首都。而今人们从这些静静地见证着古时民族鏖战的建筑旁边悄然走过。

我现有三匹马，一匹我骑，一匹保罗骑，还剩一匹闲着。都是
蒙古矮马，快而耐劳；如果调教得当，还是最通人性的马。它们在
这里卖得很便宜，我的这些每匹在 24 两至 33 两之间。骑骡子是
最没劲的，我以前旅行用骡子的话，几乎都是步行。骑马就快多
了，我可以方便地绕些小弯路，却还能比行李早到客栈，而且早很 149
多，所以我可以趁机写作，这样晚上就比以前少花时间。我很可能
将以这种方式走完这整个旅程。你们看，我又全身心投入到旅行
当中了。这样最好，所有之前的痛苦挣扎都已经过去了！

我既然人在旅途，那么我的心思就都花在了我的工作上，或者说至少大部分心思都花在了这上面；而对你们俩，对过去和未来，我暂且无从分心，反正来日方长呢。科学旅行总是让人无法分神，特别当像我这样，知道这是我最后的旅行时。我现在如果弄不明白的，将永远弄不明白了，所以我最大限度地刨根问底。做任何工作都是这样，工作愈久，对工作的兴趣也愈浓。然而旅途中我的脑力劳动的范围却有限，不过我迄今的经验表明，旅行结束后，原本受限的脑壳会更精神地重拾起因长期旅行而忽略掉的旧事。所以我一点都不怕今天如此专心于研究中国会导致以后没得选择，只能献身于对此国此民的研究。

这里的北方人很好，我觉得在他们当中旅行是乐事。再往南的人就让人觉得不舒服了，加之那里的人口密集，路人的好奇心是旅人的最大痛苦。

可惜 A. 没在信里放一根灰白的头发，她落款写的就是“你头发有些灰白的堂妹”呀！在这十年当中，我们每个人都不再年轻。特别是旅途的艰辛更非保养的良方。当你在夏日里头顶着骄阳漫无目的地迈步，然后又在冬季里骑马飘荡在当下室外温度不过零
150 度，即便室温也高不过 1 摄氏度的高原上，就像我现在这样——但我没有冻着，那么肯定会留有一些岁月的痕迹；我十分指望可怜的头发已有些灰白的堂妹的沙龙能起到使人年轻的作用，淡化我变老的痕迹。

我还有很多话想说，但络绎而至的打扰令我不得不一再停笔。就像刚才我还接待了一位到访的当地传教士，长达数小时。他是一位年轻的意大利方济各会修士，相貌堂堂，留着大黑胡须，目光炯炯有神，但看起来并非特别有才干。我们的对话夹杂着拉丁语、意大利语和汉语。

明天又要继续走了，先去太原府。我们尊贵的老朋友，原山东教区的主教——我曾在1869年4月的信中提到过他，他在此期间去了罗马——现在在据说有两万基督徒的太原府任主教。可惜之后我将不得不沿着尘土飞扬的行军大道去陕西的西安府。

（11月23日）今天还有很多事要做，我们下午5点才从大同府出发。在此我别过了费兰登，他过岱海（Tai hai）返回。我只租了五头骡子到太原府（720里路）。我们今天还趁着月明骑马赶路，十分得意。

（11月24日）我们今天在黑谷子（Héi ku tszĕ，音译）山谷中骑马上行，去那里的大煤井。这个山谷令人想起了山西南部的上部高原上沉陷的峡谷：很窄，宽阔、多石的河床之外仅有很少的空间；边上有时清楚地露出地层结构的峭壁，有时是小峡谷，有时是伸至高处的黄土坡，土坡垂直的坡面上到处是洞，以前都住过人的，山脚可见现在的居民住的洞窟。煤的运输使得这里交通格外频繁，但竟连条大路都没有！

（11月25日）今天也是个美丽温暖的日子，只是空气里仍有 151
很多尘埃，因此能见度不高。路的方向与挡在桑干河谷西北面的那座山的边沿平行。谷底平坦，只有通向山里的渐渐升高的狭路有时露出真正的黄土，有时在河床附近露出水平方向的沉积物，其中混杂着黏土、沙子和鹅卵石。土质差，大段的土地沙化或碱化，未经垦殖。大片的地方甚至雪白一片，都是盐霜，用它可以熬制苏打。人们把大量的土放到水里洗，把所得的溶液放在铁锅里熬或者放在小些的锅里露天晾。所得的产品卖18文一斤。

山谷里人烟稀少，但只要土地能肥沃些，村子马上就会多起来。路上很热闹,人们从口外运芥末和亚麻油到南方去。我们遇到好多中国人跟我用俄语打招呼,我要是没听懂,他们就觉得诧异。他们说他们是途径张家口去恰克图的,从湖北、湖南运茶过来。所有的交通的终点通常都是太原府和张家口。有好一部分人是运山西人的遗体返乡的。路上也可见蒙古人。那座我昨天经其西北端越过的位于西北方的山,俨然这个山谷的一道壮丽的屏障。我们今天早早地歇了,因为保罗发了高烧。

152 (11 月 26 日)我们继续在单调的路上前行,穿过荒凉地!无风而暖和,只是空气中尘埃弥漫,几至看不见东西。方向几乎是正南。我们仍行走在平坦的谷底,谷底有些朝河流倾斜。土地仍然多碱,大片的地都一片雪白;朝着南山方向的地被一层薄薄的流沙盖住。这地不透水。每个村子里的路都被碾得坑坑洼洼,坑里的积水结成的冰都还在,尽管从上次下大雨到现在都两个月了。潮湿的天气给这里造成了很大的损害:这里不产土豆,所有田里的庄稼都遭殃。所产的有高粱、燕麦、荞麦、豌豆,此外的主产就是黑豆了。

路边的村子几乎都是成排的客栈,此外就不见有多少村子了。客栈十分简陋;这整个地区实际几乎就是个不毛之地,唯其有一条往来兴旺的大路才显得有了些生机。我们今天碰到了拥有 100—500 头骆驼的规模不等的驼队,蒙古人的,他们从五台山回来。驼队里有男人、女人和儿童相随。他们很高兴遇到我们,把我们当成“俄罗斯”(俄国人),乐于跟我们交谈。他们出门时,带着帐篷和炊具。所带的帐篷只是平常的、多为蓝色的尖帐篷。岱岳(Tai yo)是个集镇,是附近产的苛性碱的主要出售地。

桑干河夏季的河床有时约达150米宽，而现在经过一座80米长的冬季用的桥就可以过河。河水本身也就大约25米宽，流速为3—4节。那座从西北挡住桑干河谷的山叫作吴家岩山（Wu kia yan schan，音译），即馒头山（Man tóu schan）的东南部分。张家镇（Tschang kia tschönn，音译）就在馒头山脚下，它是个据称约有2000户的集镇。这儿的水跟山谷里大多数地方的一样，因为含盐而特别难喝。

（11月27日）穿过桑干河谷的旅行昨晚已经结束，今天我们接着去另一个山谷滹沱河（Hu to hŏ）谷。两个山谷之间的界山在两地都叫馒头山，又高，分叉又多。从北而至靠近山谷的部分明显有巨大的片麻岩碎石堆。这里的人不知道熬盐这回事，食盐都是从太原府买来。此地往外运的是大块呈平行六角体状的苛性碱。在山谷入口处有一个村子广武口（Kwan wu kóu），有一段长城从这里经过。这段长城建得很好，保存得也很好，特别是那些哨塔和附近的小防御工事。这里的河上以前有一座很长的桥，长城就坐落其上，而今却仅剩下很小的一段。

从这里开始，路便在一个狭窄、曲折的峡谷里向东南延伸，上到雁门关（Yen mönn kwan）旁的山隘。这里比桑干河谷高出约600米，然后山路先是陡然向上，而后又向南徐徐而下。鬼峡（Kwei kia，音译）在山隘以下750米处，但至此还未到滹沱谷最深处。路几乎都在多石的河床里，两座峡谷的河床都横跨于山壁之间。两条河的河水充足，处于半冰封状，一半的路上结着冰。前行因此十分艰难，可是路上仍旧是往来穿梭，今天有2000头从南到北驮货的牲口经过雁门关。一个大约由300头骆驼组成的驼

队载着中国的棉织品经过，他们是从获鹿县(Hwo lu hsiën)到归化城去的。好几百头骆驼载着去五台山朝圣的蒙古人回来。然后有骆驼载着砖茶[①]和其他茶去张家口；产自忻州(Sin tschóu)的椽木和方木、车轮、轴承等被运到北方各地。长队的驴子载着太原府的水果、糖、铁器等，但没有外国货。从北方来的有产自口外的亚麻油和芥末油、产自岱岳的芥末和苛性碱、大量产自通城(Tung tschin，音译)和归化城的盐。一群公牛犊从喇嘛庙(Lama miau)到太原府去，几乎每个运货的商队里都跟着产自口外的骡驹。往南去的还有绵羊和猪。归化城和张家口是这一地区商队北行的终点，还有喇嘛庙也是；南行的终点是太原府和获鹿。

154 黄土延伸到最高的山坡上去，填满了所有凹陷的地方，在坐落于这些凹陷之处的深谷里露出来，但它常被实际的山体带走。南向下山的路上，从高高的地方开始就露出黄土，还没有离开山体就已经进入了深深的黄土洼地。五台山从这里看十分壮观。山峰都不怎么奇崛，整座山脉由此开始向西南绵延；但山峰的高度十分可观，大约得比山谷高出 1800 米。

(11 月 28 日)我今天离开太原大道，转奔五台山而去，因此是沿着山谷上行而非下行。到距代州(Tai tschóu) 30 里处见一冲积地， 1500 米宽，在河的右岸，左岸是河水冲刷着黄土；之后左右的情况又反过来。这里有一座冬天走的桥梁横跨宽阔的河床。

代州的城墙高大而布满城垛，雄壮的角楼上也城垛遍布，使得整个城显得极为气派。城周围环绕着许多树林，城背后是高耸的

① 一种劣质茶，因被压制成砖形而得名。

五台山，如在画里。城内却糟糕透顶。人都很好，但尾随着我们满城跑。这里无论是商业还是手工业似乎都不兴旺：不生产往外卖的东西；只在山谷中生产许多鸦片烟，部分在当地就被消费掉。这个地方上面的山谷人烟颇为稠密，里面分布着许多很体面的村子。其中的几个都围着 10 米高的砖墙，在桑干河谷里也常见这类护村的高墙，但那里的墙都修在最大的村子旁边，用的是风干的黄土砖，高达 10—12 米，远看十分气派。

该山谷的黄土沙化十分严重，谷里的冲积土质也是如此。尽管如此，这些地上无一例外地都被种上了庄稼。这里的土地上也是露出白白的碱质盐霜。年景可惜太不好了，以至于无法比较两种土壤上作物的差别。

这个地方的人不坏，因为很懦弱。他们的所有心思都放在钱 155
上，算盘是他们的标志，小算珠的脆响是他们耳中的音乐。让他们帮个再小的忙都要钱，除非让他们帮忙数一堆散架的铜钱，那他们既乐意又不要报酬。矮小的山西人在度量、钱币和重量堆里长大，也靠这个生活。占人家的小便宜是他们的目标，为此他们费尽心思。直到大同我们的预算开销都很顺利；从大同开始，麻烦不断，可怜的账房保罗日子很不好过。每家客栈给的草料比我们要求的、他们答应给的要少一半还多。然后只好用小弹簧秤再称以指正错误，接着总是争吵不休。夜里，他们从马槽里偷草料，或者往里头加黏土以便马吃草时把谷粒剩下。等到结账的时候又有各种各样的伎俩：不同的公斤定义——16 盎司还是 12 盎司，让他们有便宜可占；还有奇特的“文”的算法：在大同是 73 文作 100 文，而这里要 80 文作 100 文，这样的话，大同的一吊钱是 73 文，而这

里的却是 80 文。另外还有各地对银子重量的差别算法和每天变动的汇率的考虑。中国人由此得到了几百种诓人的伎俩。山西人是中国最厉害的商人，这就是说：这帮人总是先想着怎么投机。我最后住的一家客栈是四个年轻人合伙开的；他们年方 19—25 岁，却已然熟知所有合理、悖理的生意经了。

（11 月 29 日）去五台山的路途十分有趣。一道向高山深处枝蔓的峡谷便是我们要走的狭窄的山路。峡谷狭窄、崎岖，基本夹在陡峭光秃的岩壁中间，这些岩壁约有 600 米高。河里水量充足，
156 水流湍急，河水清澈碧绿，河床铺满石头，都是大块的岩石，在每个旁侧峡谷里的支流汇入的地方因为一个呈锥形的巨大碎石堆而变窄。刚开始的 30 里路上还有农田，都是在谷底的土地上费劲开垦出来的。越过农田之后，剩下的路上石头遍地，眼下因为结冰而非常难走。走这 60 里路，共向上爬高了大约 600 米。不时会遇到一个小村子，特别是在刚开始那段路上，那里的黄土层还往上延伸得很高。最好的那家客栈在岩头（Yen to），其他的都很差，我们住的这家也是。这里的人为了在陡峭的山坡上种田，想尽了办法。水平的界墙线标明是农田所在的位置，从滹沱河谷看这些线条还以为是地层线。农田种有燕麦、荞麦，也有土豆，而滹沱河谷里种的作物，除了鸦片和烟草之外还有红胡椒这种不正经的农作物值得一提。

在沟口（Ngo kóu，音译），那个峡谷的出口处，有个美丽的寺庙，沿山谷往上的峡谷和盆地里到处分布着寺庙。我们要来的事已经不胫而走，好几个寺庙的师父都来邀请我们住他们那里。他们靠客人的施舍为生，期望我们也能大方地布施。路上总是你来

我往，特别多的是朝拜者。

（11 月 30 日）今天只走了 40 里，却是好辛苦的一天！在继续的攀爬中要越过的山口有 2500 米至 2700 米高！上去、下来的路都颇为陡峭，路上都是冰，骡马常常摔跤，骡子因为负重，摔倒了还总要把行李再装上。另外，早上的温度是零下 24 摄氏度，一整天北风呼啸。我的一头骡子尽管戴了耳套，但还是冻坏了一只耳朵。还好我们找到了住处，在那里借着小炭火竟然把温度烧到了零下 7 摄氏度之高！墨水因火烤而解冻，但沾到羽毛笔上就又成了冰，根本没法用。

从土岭寺（Tu lin sz）到茶铺（Tscha pu）村（10 里路），上山的速度还是慢悠悠的。茶铺是个至少有一百户人家的村子，海拔与 157
名为五台山的地方同高。从那里往上走，路更陡了些，直到最后一个村子，它费解的名字大约是作揖沙（Tswo yi scha，音译）。现在才开始正式往位于一个巉岩林立的峡谷之中的山口登攀，还要再攀高约 500 米。该山口是位于一个平缓的山脊之中的一个平缓的凹陷，旁边耸立着一座十三层的塔，还有一座庙，绿色、黄色的琉璃瓦，十分漂亮，这里叫作狮子窝（Sz' tsz' wo）。接着，一条长约 350 米的下山道蜿蜒通向竹林寺（Tsu ling sz'），该寺也建有一座塔。比此处低 30 米处是山上位置最高的村子，叫小蛇口（Siau sia kóu，意为“小蛇峡谷”）。紧接着在一个东南朝向的峡谷中见到了两个村子，该峡谷尽头豁然开朗，开阔处呈星状，四条山涧汇聚于此，分别流入四个幽深的峡谷，然后在第五个峡谷中汇成一条小河流淌出去；这样就把山分成了均匀排列的五个部分。五台山[①]是否由此得名，我不得而知，但是寺庙是围绕着这个盆地排列的。这个直径约 1000 米的盆地有平坦的土地和许多汩汩的泉水。在东北方的峡谷尽头是五台山村和最大的寺庙。

令人称奇的是这些山中的村子竟然位于如此高的位置——小蛇口的海拔约有 2100 米，更令人称奇的是村子里的居民竟然以种地为生。然而种的都是燕麦，村子旁边都堆着大垛的麦秸。有一部分农田在谷底，十分特别的是那些种在延伸至小蛇口以上 150 米高处的黄土山坡上的农田，以前曾遍布各处的黄土如今只剩下个别地方还有。燕麦似乎是山西北部所有山区的主食。人们把和

158 的面制成椭圆形的小皮，每张皮绕着手指卷成卷。然后将这些小卷竖着并排放进圆形的笼里，把笼放在扁圆的铁锅里，上面先蒙上一层笼布，再用木盖盖上。锅里烧水。这种用蒸汽蒸熟的燕麦食品叫作莜面(即燕麦面)窝窝(Yu miën wo wo)，消费量大得惊人。在当地的山谷里种麦是为了养活当地村民和众多的法师、和尚以及香客。为了后三种人还要从外地买进许多东西，以及从蒙古人带给寺庙的供品中结余许多。在山坡上养绵羊与山羊也是当地人的一部分生活来源。

在蒙古人看来，这里是圣地，他们成群结队地来此朝圣，以眼下这个季节为甚。所必翻越的高山之高，所必经过的深谷之深，旅途上的艰难种种——所有这些似乎都对他们施以一种魔力，因为这些跟他们故土的特征迥然不同。还在路上的时候我就听他们带

① 这个名字的意思是：五座祭台一样的山。

着狂喜与恐惧讲述途中必须翻越的高山如何高得令人眩晕：仰望高山之上，骆驼小如蚊蚋。他们的朝圣之行也真的付出良多——艰辛、金钱还有牲口！

我今天在山口又遇到了大队的骆驼，有的是去寺庙的，有的是
去完回来的。看到人畜的惨象，实在令人悲叹。你几乎看不到一
头膝盖没有伤的骆驼，因为每头骆驼都摔过多次跤。当它们踩在
陡峭的冰面上滑了出去，在摔倒的同时还撕裂了鼻子。许多骆驼
的脚都为利石所伤。返乡的蒙古人裹在羊皮里的脸被冰冷的北风
吹着，你几乎想象不出什么东西能比眼前这巨大的皮大氅上方宽
大、酱紫的脸膛冻得更狠了；髭须上，假如留了胡子的，都挂着冰 159
凌。随行的还有妇女和儿童。这样的队伍给这里添了一道独特的
风景。

整个五台山以前据说有 360 座寺庙，现在还有大约 100 座，其中 23 座是喇嘛庙。喇嘛中有许多是汉人，蒙古人给寺庙的丰厚馈赠使得他们认为值得身披蒙古和尚的袍衣。

我们到时受到了冷遇。客栈不想留宿我们，我试图去罗淑亚两年前住过的寺院找住处也无功而返。因为当地的僧人一般不会轻易放过收受施舍的机会，于是我便明白了，这里的寺院不礼遇我们的原因跟法国人在北京不受寺院礼遇的原因相同。最终，我们强住进了一家客栈。由于最好的房子都被蒙古人住了，我们只好住在一间无法生火取暖的房里。

五台山因其重峦叠嶂而颇为壮观，很有特色的是它的那些幽深、峻峭、四通八达如迷宫般的峡谷。高耸的众峰基本宽阔平坦，分布显得杂乱无章，没有一条核心的山脊。可惜那些最高的山峰

今天都罩在雾里。我只能看到5—6公里以内的山峰,估计它们比山口高出300米;但其他山峰,据其底部判断会更高,我觉得猜它们比山口高出500米或海拔3000米左右当不为过。五台山很可能是周围很广的范围内最高的山了。

克拉普罗特(Klaproth)在中国地图上找到的位于宁武(Ning wu)旁边的"雪山"(Süe schan),在这里名不见经传。宁武周围
160 也根本没有特别高的山,我也打听不到哪里有常年积雪的山。至于耶稣会传教士张诚(Gerbillon)所谓的白沙(Pet scha,音译)山,我也没打听到。但据说在他们提到的地理方位有这样的地方,那里夏天有冰雪;但类似的地方在西湾子附近的几座山脊的北坡上也有。所谓的"雪山",这样的说法在德国也常有,很可能并不是说夏天真有积雪。就连在五台山当地,据说也是终年降雪,只在6月下雨;但今年从7月27日到8月10日,这里昼夜不停地仍在下雨,尽管此前的几个月里已经下了很多雨了。

(12月1日)尽管住处并不舒适,我决定今天还是休息,因为我的人昨天一次次地把从骡子上摔下的行李重又装上,很累了。又是天气晴朗,北风呼啸。我想工作,却做不了什么,部分是因为屋里太冷,部分是因为喇嘛们围着我坐了一整天。他们的乞讨真是可怕,就跟在埃及似的。喇嘛化缘为生,他们在这山上习惯了大笔的布施以致你难能满足他们,除非你像蒙古人那样有大群的牲口。他们无耻地让我给他们每人几两银钱;屋子里坐满了人,刚走了几个马上又来了几个。还好,我昨天骑马先于我的行李早早到达此地,所受的冷遇给了我彻底拒绝他们的理由。但这并非易事;他们现在开始拿礼物往我手里塞:白丝的小布条——随后上供

用的，还有糖。我不为所动地告诉他们，假如我不受冷遇，我会乐意捐献，但现在我不想给他们的寺庙捐任何东西，因为我跟他们信仰不同，我也因此不能接受他们的礼物。分文不捐就想脱身，为此你必须固执到底，对一个人的妥协将成为群起哄抢的信号。—— 161
这帮人多会戏耍那些好心、大度的蒙古人啊！他们大方布施的时候，有一群子喇嘛跟着！ 30—40 两是少的，有些人一给就是 1000 多两。① 为此，喇嘛们衣着光鲜，带着许多精致的玩意儿，跟人友好地打招呼的同时就把鼻烟壶奉上。我对此却无动于衷，让他们干站着，这令他们很不快。大部分的蒙古喇嘛都来自关东②，犹以来自喇嘛庙地区的为多，他们都身材魁梧，肩膀宽厚，背额头，塌鼻梁。假如他们再留一道小髭须，长得有点跟匈牙利农民一个样。

可惜天太晚了，不能一一地去各个庙里看看。老五台，即北台（Pe tai）、东台（Tung tai）、南台（Nan tai）、西台（Si tai）和中台（Tschung tai）③，似乎都曾是分布在众山顶的寺庙，但据说基本都破落了。城边的一群喇嘛庙十分漂亮，宜于摄影。当然没什么树，除了零星的几棵扫帚把一样的。眼下正值蒙古人的朝圣期，从10月延续到2月。

（12月2日）我们现在从五台山星状的山谷中南向而出，穿过一道狭窄的峡谷，来到一个比五台山低150米处的村子。山间

① 1000 两按现今的汇率算来有大约 3000 马克。

② “长城以东”的意思，是指长城以外直隶的最北地区（不宜与中国南部的广东省 [Kwangtung] 混淆）。

③ tai＝祭台；pe＝北，tung＝东，nan＝南，si＝西，tschung＝中。

旁侧的峡谷里有几座漂亮的庙。从这里向右拐进一个开阔的峡谷，继续往上走了大约 500 米，来到了青阁岭(Tsing ko ling，海拔
162 2500 米)。此岭周围的山坡柔和，上山的路缓缓而上。岭边有个村子，村里有客栈。站在岭上可以向西南眺望：都是山脊和山峰。之后下山的路却十分陡峭，直到瓦柱里(Wa tschu li，音译)村。然后在宽阔的山谷底部继续下行至我今天晚上落脚的地方，柳院村(Liu yuën tswun)，它在岭下 800 多米处，比五台山低 300 多米。

今天最引人注目的仍旧是高度，即那些小村子和农田所达到的高度。青阁岭村并非个例，从那里还能看到两个至少跟它一般高的村子坐落在山岭之上。农田直到跟青阁岭那么高的地方还有，也就是说很可能已达 2500 米左右。尽管这个高度种的都是燕麦，但那些在平坦而颇为陡峭的山坡上开垦出来的小块农田的数量却众多，收成据说也好。在这个高度上主要是一种多石的黏土地；但在柳园所在的山谷里却有真正黄土质的山坡纷纷向上延伸至青阁岭的高度，这些山坡上有垂直的垄面和深深的犁沟。这些山坡上凡是能种庄稼的地方都种了庄稼；另外，人们还在谷底尽量多垦农田。这些农田在柳园那么高的地方部分被用来种鸦片。河床宽阔而多石，今年的大水卷走了太多东西。

(12 月 3 日)今天我们继续往西南方向走，沿着五台山的山坡，横越过好几个山谷和分界岭。先是在柳园谷里往南走了 25 里。落差很大，多石的河床很开阔，种庄稼的山坡很多。许多大村庄分布在谷里。之后，此山谷转向东南，变成一个岩石林立的狭窄的峡谷，周围环绕着陡峭的山峦。那些雄伟的屏障一下就能看
163 到，我猜想到那里会有很好的地质发现；但我思忖再三，决定继续

前行，先上西汉岭（Si han ling，音译）——一个石灰岩山岭，上岭的路很陡，越过深陷的黄土沟壑。路上十分繁忙，犹以运煤的为多。从岭上可以清楚地鸟瞰柳园山谷和山谷开端处的一串高山。向西有一条不起眼的下山的路，因为紧接着西边的是一大片沉积的黄土。从黄土里隆起的只有个别小山脊，越过其中的一道向西南下行，便来到了南台（Nan tai）谷——一个巨大的椭圆形填湖平原，西北东南长约25里，宽10里。这是个很棒的山谷，高踞海拔1500多米处，土质肥沃，农田遍地，周边都是大村子。而今枯水的那条河流两旁建有河堤；因其河床比谷底高出大约2.5米，所以像在河堤围成的匣子里流淌。周围是山：西北是五台山主脉，到这里没有往东北方高；东南是雄伟、险峻、高耸的石灰岩山。沿山谷往下看这些山，妙不可言。在周围的群山和谷底的平原之间是黄土坡，整个湖必定已经渗入黄土深处。

岭上有道城门。透过城门看到夕照中的远山，很美。五台县（Wu tai hsiën）是个只有六七十户人家的弹丸之地；我们费尽周折找住处，最终在县城西南3里处的南口（Nan kóu）村住下。

（12月4日）这次租来负重的牲口令我很不走运。其中的两头很虚弱，一路上经常碍事绊脚。其中一匹年轻漂亮的牲口昨晚费了九牛二虎之力才被带到了客栈，到的时候都已夜晚时分。因为它，我已经缩短了昨天的行程。它被宣告不能再走了，我那不争气的赶牲口的伙计草率地以2000文的价钱把它卖了，而它可能
要值这个数的50倍，这事当时我并不知道。今天白天租了两头 164
驴。又有一头骡子费了好大劲才被带到这里，之后就崩溃了，后腿无法站立。我们叫了个兽医来，治病要2000文，还需要些油和棉

花。他拿出针灸的家伙，从中抽出 7 根针，每根 5 寸长，针头有秸秆那么粗。他神情肃然地用棉花缠上针尖，浸入油中。然后探手摸骡子的腰骶部，仔细比量之后用粉笔标了 7 个点，将 7 根针扎在上面点燃。一根扎在脊柱旁边，入肉 3 寸，针留在肉里；另外 6 根针入肉 1 寸，先插进去继而又拔出，伤口处涂上一种红纸包着的药膏。针灸的效果要等等看。而我也只好满足于完成了今天原计划的 90 里路程中的 30 里。

东冶镇(Tung yě tschönn)，我今天到的地方，是个生机蓬勃、人口众多的集市，距罗淑亚两年前遇险的河边(Han piën)仅 20 里。我们先是在熙攘的人群中骑马慢行通过了此地，之后又骑了 10 里，随后却因为担心我们的行李又折回，二次穿过集市寻找行李。而我们也只好任由人们好奇。不过这里的人在探明我们的来头之后都表现得十分平静友好，我们对他们会把我们当作罗淑亚之后的来者进行报复的担心似乎并无道理。

关于这个地区的地图谬误百出。我不得不将五台县的位置做了较大改动，实际的地理情况跟图上的全然不同。我沿西南方向从一个到另一个黄土盆地依次而下。这些盆地很大，基本被石灰岩山环绕，相互之间经低矮的山岭连接。巨大的五台盆地和更大
165 的东冶盆地被一条石灰岩山脉分开；道路修得很好，穿过一条深凹，行人一直在往低处走。这是一条彻头彻尾的黄土凹，向西南沉落。滹沱河经一个宽阔的凹坑进入山谷，再经东南部山里的一条险峻的峡谷出去。从东冶以东 5 里处的一个寺庙可以获得对这个人口众多的山谷盆地非同凡响的鸟瞰。

今天走的路上很有生气，部分是由于煤的运输，部分是由于载

着各种商品——其中就有很多英国的棉产品——的牲口；这些商品都是从获鹿县来的，被运往各地，如太原府。它们自获鹿经一条山路越过平山县（Ping schan hsiën），之后从五台县的东南面经过。之所以这么穿山越岭地绕行，是因为要逃避一种厘金税；假如走的是经过平定州（Ping ting tschóu）的大道，就一定要交此税。而像现在这么走就不必交纳任何费用。

这里的黄土地每亩20吊（tiau，18000文），浇灌地每亩150吊。浇灌地上种鸦片、蔬菜等，黄土地上种小麦、高粱、荞麦、大豆和土豆；小麦的产量是种子的50倍，土豆10倍。

（12月5日）那头得病的骡子按照那位中国兽医的安排必须用麻绳吊起三日，所以我等不及看到针灸的效果了。而且我要留下一个我的人照看病骡。我又租了一头骡子和两头驴子，商量再三之后又踏上了旅程。先要越过滹沱河。昨天我们已经两次骑马穿过此地；但夜里却结了许多新冰，所以我们只好改用渡船。作为东冶山谷西南屏障的那座山有处缺口：其一是一条穿山而过的河流；其二是一条填满了黄土的峡谷，路就通过这里向南和西南
而去。从这里我们进入了另一个巨大的山谷，可惜不能看清其全 166
貌，因为雾蒙蒙的。此山谷的东部为高耸、封闭的山脉挡住。

在离东冶20里的地方我们经过了河边村，就是罗淑亚遇险之处。那时是个节日，有戏剧演出，许多怒气冲冲的醉汉聚拢了来。罗淑亚子弹射中了一个狂妄自大的屠户，他是个出了名的坏家伙，把他眼睛打瞎了；此外据说还有些小的伤害。人们对我们很礼貌，既没有跟着喊，也没有追着跑。奇怪的是，他们似乎相信那些外国人是因为受到了那家伙的威胁而害怕，又因为害怕而开的

枪。在东冶,人们见到外国人也是忧心忡忡,让我们不必害怕他们。河边产砚台,由红色有丝质光泽的黏土质板岩制成。

芳兰镇(Fang lan tschönn)后面的山脚的平地上产盐,仅通过萃取表层的泥土获得,并无盐井,人说即便在盐土以下凿井也只有淡水。再行 5 里有一个村子造纸。该村位于砂岩山脉的出口处,有水源丰富的井。这里的水据说十分适于造纸,因此每家都是造纸厂。纸由白麻(pai ma)制成。

定襄(Ting siang)是个有着很多小生意的人口众多的县。因为有一大群人跟着,我只好打马经过这里。但这里的人很规矩。这个地方跟东冶一样是山谷中的集市,农民们在此卖掉粮食,购买各种生活必需品。定襄这里的山谷土地平整,非常肥沃。凡我骑马经过的地方,除了小片的土地,几乎所有的农田都能从井里汲水灌溉。而去年却遭了水灾,眼下人人都在忙于平整土地:被水冲积
167 起来的土壤被削平并堆积成堆,然后把堆起的土运到被水冲成缺口的地方。许多只忙碌的手和许多辆双轮车,形成了一派生机勃勃的景象。在壁虎(Piё hu,音译)——一个跟定襄处于同一海拔线上的小村子,我们找到了一个十分糟糕的住处,人们的好奇令我极度不快。我已经受不了了。

(12 月 6 日)我们没有去右面几里远处的忻州,而是先在马会镇(Ma hwéi tschönn,音译)附近上了大同通往太原的大道。忻州和定襄都位于同一个冲积平原上,此外还有许多村子分布在该平原上,每个村子里都有很多树木,大多是柳树和枣树。农庄的规模、房屋的大门与山墙都表明了这里的富庶,村子远远地望去也颇为可爱。但就客栈而言,却极为不洁。我们昨夜的住处比以往遇

到的都更为不洁。距壁虎 40 里，地形开始上升，随即展现出一片界分明晰的黄土峡谷。就这样上到了石岭（Schiling）上，这里比忻州高出约 350 米。

此岭是山西所有南北交通的中转站。除去狭道，这里的路还是很舒服的，两边上山的路都颇为平缓。在岭上一段 1000 步长的路上通过了五六个坚固的城门。也有旧时的哨塔，但没有真正的防御工事。向南望是清一色的黄土，逐渐倾斜成坡。你意料不到那许多深沟，它们既阻碍了交通又促成了交通。其中的一个凹沟里有一条 15—20 米深的狭道，是由风吹水洗把那里的尘土搬走而形成的。路上方 6 米高的地方还可见水平的辙痕，都是以前车轮在土坡上碾出的。岭边可以清楚地看到路逐渐地越走越深。

我今天也才知道，当我们想避开路上那许多的车辆时，在没 168
有路的黄土高原上前进有多么难。你刚离开大路，马上就完全迷失。梯地和深沟令人无法前行，最终你不得不原路返回，还回到大路上。地表颇为光滑平整，但却充满了阻碍。从战略上讲，按说没有比这样的黄土地区更好对付的了。我今天也遇到了大队运煤的，运的都是产自太原附近的西山（Si schan）的含沥青的煤。在五台县的产煤区到处都有烧焦炭的漂亮便携煤炉，挺实用的。这里的人都烧炕（Kang），不知道什么便携煤炉。

大路上遇到的人们都表现得没那么好奇，更为可敬。你能遇到许多曾在北京做过店伙的人，他们自以为见过些世面，主要是知道怎么算钱。只有极少数人能够识文写字。我在这里又见到了山西面包，一种用火烤得很干很难于消化的面团；我在煤便宜的地方总能见到这东西。货币仍旧在变。每个县的 100 文换作铜钱都不一样多:有 70 的,有 73 的,有 80 的,有 90 的;例如在我今天所到之处就是 83。付钱的数目在 100 文以下的都给的是精确数目。Tael(塔勒)迄今等于 1800 文至 2040 文不等;但我在重量上总是损失 5%—10%。一匹马每天的花费是 350 文,肉价从在蒙古时的 70 文已经涨到了 200 文。蛋类是个例外,大约 10 文。土豆仍旧很多,质量也很好;其他的蔬菜(白菜)[1]很次,只有洋葱尚可。
169 每天的薪水仍旧是 100 文,伙食每月 1000—2000 文。这里吸食鸦片成风,几乎所有 20 出头的人都吸。比如这家客栈里的厨房伙计, 26 岁的小伙子长得面容枯槁,他说每月挣 1000 文工钱,吸烟吸掉其中的 600 文。

(12 月 7 日)今天遇上第一场雪,很小,只有几片雪花。三个晚上下了大约 6 厘米。天气暖和,下午是融雪天气。但中国人见到雪就冻得发慌。我的小厮贴心地送上我所有的皮衣,我的人几乎都不愿意上路。地上雪白,空中阴暗,雾蒙蒙地看不清远处。路况很差,早上滑,下午泥泞。许多车陷在路上,实在不忍看那帮可怜的牲口沿着黄土路的陡坡奋力拽着沉重的货车往上爬的惨象。

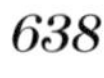

除了几小段路跟地表齐平,其余的路都陷入黄土之中。在一个宽阔的河床里有一堆黄土,周围都被冲走,就像一座无法攻克的碉堡,因为它是悬空矗立在那里。沿途的村落有的建在黄土沟壑的开阔处。在沟壑变窄的地方,村头和村尾都建有横跨整个沟宽的坚固、巨大的门。门与门之间横着路,路两旁是气派的房屋立面和院墙。透过一道门往里看,你会看到院子的另一端是被挖成

---

① 见第 119 页。

冬季的中国人
F. v.李希霍芬日记中的草图

窑洞的黄土墙，露出建筑精良的立面，时而分几层，但还不至于像此地以南的地方把它建得跟宫殿一样。黄土窑里有许多客栈。白雪覆盖的黄土地显得十分特别，尽是黄墙白顶！有一段路是沿着一条河宽阔的河床，河水仅带来了石灰质卵石，这也是唯一的建筑用石。

（12 月 8 日）我们在最后的黄土坡里下行，在就要到太原府的时候到了平地。这座城市作为很有钱的山西省的治所，并没有人们想象的那么气派。人们指给我们说最好的客栈在叫作轱辘底 170
下（Kulu ti hia，音译）的市区。我们进了一家名字十分大气、叫大观店（Ta kwan tiën）[①] 的店，却发现实际条件差得可怕。房间

① 大约是“大酒店”的意思。

冰冷，炉子点不着，只冒烟，窗和墙破破烂烂、千疮百孔，地面潮湿且带着煤黑，床垫又旧又破。想起还要在此住上几天我就感到难过。我打发保罗和小厮出去找更好的客栈，但他们跑遍全城仍一无所获，我住的地方还真是最好的了。在这种情况下我怀着感激之情接受了驻扎在当地的罗马传教会的代理主教的邀请，住在他那里。该传教会驻地拥有宽敞的房屋，我住在两间漂亮、体面的小屋里。下午我突然发高烧，只好卧床休息。

（12 月 9—10 日）我这两天都在屋里待着，因为要驱除十分严重的感冒。在当地，冬季和春季得了类似的病是十分危险的，因为很容易转为斑疹伤寒。比利时传教会的好几位最为精干的成员都是害这病去世的（韦尔比斯特，希格菲尔德等）；就连费兰登也曾险些因此丧命，这里的传教会在一年当中失去了三位神父，都因罹患此症，其中一位在一个月之前才刚过世。假如此时大汗淋漓地置身于冰冷刺骨的山风中，那是最要命的。几剂很管用的奎宁和发汗药驱退了我两天的高烧，还有住房的改善也有助于我恢复健康。

这座城市所处的地带向南倾斜。北部干燥，南部和西部潮湿，以致所有人都从北门出去。传教会驻地在北门附近的城墙里面，因其典型的意大利式教堂和钟楼而格外显眼。这是刚谢世的以赛
171 亚（Isaiah）教士的杰作，他因此备受尊崇。从前属于传教会的地产没了。所以，当传教士们 5 年前从他们山里的村庄回到这里的时候，必须买新的地产。他们花 840 吊（每吊 830 文）买下了现在这片并非不重要的房屋，又花了 2000 吊对其进行修缮，然后创造了一个宽敞而十分体面的驻地。

人们已经为行将从济南府(Tsi nan fu)调任至此的主教备好了一套房,大家每天都在期盼着他的到来。现在这里只有一位代理主教,他过几天就被封为主教了;此外有一位中国神父(姓孟[Mong],音译),他在罗马学习过 7 年,会说拉丁语、意大利语和一些英语;还有一位学问比孟逊色些的本地神父;还有看起来颇为正式的人员配备,如先生(Siën schang)、仆人等,还有神学新学生,住得又好又干净。最后,驻地还有一所男童学校。市内的基督徒有 400 人,周围地区的村子里还有许多传教驻地。

在其中的一个驻地,教会拥有重要的葡萄园,那里种着一种著名的黑葡萄,用它可以大量地酿制一种不错的酒。采摘时节的葡萄价钱才每斤 10 文。基督徒同不信教的人据说关系不好——跟穆斯林的关系好得多,好像跟中国官员的关系也不好。除去酒,这里的物质生活很差。伙食是中餐,根本不能吃,所以我让自己的厨师接管了做饭的活。这里的外在宗教仪式做得很认真,还做很多祷告。这里很少与外界通信,人们不知道报纸为何物,只偶尔有一种叫《天主教联盟》(*Unita cattolica*)的误入此处。

(12 月 11 日)我康复了,干了点活。昨天,格雷戈里奥(Gregorio)神父从 10 里外的教会驻地来访我。他说法语,而那位代理主教只说拉丁语,我的拉丁语却有点弱。我发现,想收集有关山西省的更多资料很难,就连博学的先生对自己的家乡都一无
所知。特别是问到西部的黄河(Hwanghŏ),大家都一无所知。地 172
图上有一些可以过河的地方,都是“关(kwan)”,用两个不同的汉字标注。去那里据说异常困难,骑驴肯定不行。所有保德州(Pau tö tschóu)和隰州(Ki tschóu)之间可供过河的地方都是如此。到

保德没有大道，但有常走的小道。小道的最后一段多为山道。从云州府(Yuën tschóu fu，音译)①甚至可以坐着车子翻山越岭，之后就只能骑驴，看来骑驴完全可以到达黄河。传教士们曾到过静乐县(Tsing lo hsiën)、临县(Lin hsiën)和永宁州(Yung ning tschóu)，一味地说高山险途、旅程艰辛以及山谷狭小，等等。但传教士们讲的这些并不足为训，他们喜爱乘车坐轿。据说，尽管谷底狭小，但人口却稠密，这说明那里有大量黄土。奇怪的是，黄河在这里似乎成了一条阻拦人们西去的不可逾越的天堑。我要是问一个中国人去延安府(Yen ngan fu)和榆林府(Yü lin fu)的最近的路怎么走，他会告诉我是潼关(Tung kwan)路，并历数沿途各地的名称；要是我问他有没有一条直达的路，他会表现得毛骨悚然。得到的回答是遍地虎狼与强人，情形如同我在浙江打问怎样才能翻山越岭时一样。在大同府时人们还知道从保德州过河的路，但河对岸据说有很多强盗组织，因此榆林府便也去不得了。我问，一个人要是去宁夏做官该怎么走；人说，有两条路：要么经潼关、西安府、兰州府，要么向北绕过黄河河曲，那里可以骆驼代步，经常五六天不见人烟，——更近的路不可能有！②

173 煤炭生产在这里地位显赫。我费了好大劲才证实这里附近有钢铁厂。但钢产品、武器、刀剑，现在没有，过去也不曾是太原府本地制造，而是产自潞安府(Lu ngan fu)。

(12月12日)接着7日的雪天，下来是一串北风刺骨的冷天。我已不能探知温度，因为最后一支能测低温的温度计打碎之后只

① 日记中这么写，具体所指何处，不得而知。

② 看一眼地图就知道这么走有多么绕远。

剩下些刻度不低于0华氏温度(零下18摄氏度)的温度计。水银每天早上都降到最低。房间里的供暖设施很不堪,因为你只能感觉到炕是暖的,而我睡不了烧热的床。据说山谷中不同的地方气候不同,太原府格外地冰冷刺骨,因为这个城市完全暴露在从平坦的黄土坡上吹来的北风之中。太原县(Tai yuën hsiën)的几个地方(如清源[Tsing yuën])据说因为有遮挡,所以较为暖和;这些地方的水果和葡萄种植很活跃。这里的降水量似乎比北京还少,1870年7、8月间,当北京大雨倾盆的时候,这里据说没怎么下雨。

今年,这里也开始连续地下暴雨,山谷里好几个月都无法通行;但就在最近,一场暴雨在北京、西湾子和大同府不间断地下了8天之久,在五台山甚至下了14天之久的同时,这里的人却记不起有什么连绵的雨天。可惜传教站并不做气象日志。

在山谷的这个部分罕见可灌溉的农田,最好的农田在此地西南,临近湍急的泉水。泉水驱动着98方磨,那里还种了些水稻。那里的地每亩100—200吊,即40—80两。地里收成两次:先是小麦,秋分播种,夏至前后收割;然后是小米,成熟期两个半月。
高粱总是在春天播种。土豆种在山里,长得很旺盛,但结的果实是 174
穷人吃的,富人以食土豆为耻。不种油料作物。山谷里生产的东西不供出口省外之用,甚至大量种植——特别是在山坳里——的鸦片也只供本地消费。基督徒不准种烟,但据说不能完全禁止;他们也不吸食鸦片,但据说暗中有吃烟的。这地方人口过度稠密;然而迁往北方的,特别是忻州迁往北方的很多。很可能自从鸦片剥夺了大片种庄稼的良田之后,这里的人口密度变化越来越明显。整片整片的村庄穷困潦倒据说很明显,一家一户的贫寒就更令人悚然。

这里的贸易收支问题我仍旧不明白。山西仍旧进口谷物、棉花及其他许多东西，出口的无非是铁。这个地方虽然不富，但随处可见许多富有的家庭。一个可能导致赤字的十分重要的因素是山西人都跑去省外谋生。家人留在这里，出去的人每5年或10年回来一趟，带来他们的积蓄。

山西为所有其他省份提供脑力劳动者，靠这些人挣来的钱供养，撇开那些大企业家不论。这些山西大老板聚集在不同的地方，据说太谷县（Tai ku hsiën）的银行家遍布全国，因此那里的人十分富有。忻州的商人在远及西部直至伊犁的贸易中独成一派。即便现在那里的穆斯林闹乱子，他们依旧赶去贸易。冬季沙漠里的暴风可持续三天之久，据说是人所能经历的最可怕的事情，有时能把人畜吹跑。然而或许是西部的贸易量减少，把伊犁人赶到了
175 蒙古。归化城的贸易也把持在山西人手中。我今天买了冻在冰里的黄河鲤鱼（一斤约240文），它们都是从保德州运来的。这个事实也说明，河附近的地区很难接近。

仍旧没什么好的消遣。格雷戈里奥神父走后来了一位年轻的神父，一个罗马人，他不说法文。代理主教是个了不起的人，但他们都很轻信。今天，他们先是诅咒中国人的迷信，紧接着又说在当地的一座庙里你放好一页纸，纸上就会自动写出你想的东西。对此的解释很简单：魔鬼写的那些字。那些比利时传教士也相信魔鬼，相信附体。

今天，他们同中国神父讨论孔夫子何在的问题，非常明确地宣称孔夫子肯定住在地狱里，因为他不信教。中国神父尽管十分小

心，但仍旧掩饰不住他们对自己的圣人的些许敬意，但证明是简短明确的：他的著作都没用，因为他不信上帝。可见，现今的方济各会修士比200年前的未见有丝毫长进。出于对代理主教的尊敬我不得不说，他没有加入这样的讨论。孟神父十分风趣，他对哲学、历史等也略知一二，对泛泛之事持一丝判断，也会些小提琴、笛子、黑管和风琴，显然是暗地里持中国立场而明里持欧洲立场，认为将对中国人的判断归为一句“他们是异教徒”的话还没有说出中国人的全部。

（12月13、14日）我在这些天里完成了去西安府的准备工作。此去1300里，对骡子的要价是18—20两；我无法砍价至14两以
下。这个价钱跟我在从大同到太原的路上所付的价钱不能比，但 176
送货人之间有默契，不到这个价不上路，以平衡多雨的夏季给他们带来的损失。整个贸易陷入停滞，货物堆积，所以即便要价这么高，这帮人仍能找到很多活计。最后，我通过一位基督徒雇了一辆三驾骡子的车拉行李（1000斤），全程52两，加上自由的停歇条件等。

另外我在中国神父孟的陪同下逛了逛这座城市。孟神父是个了不起的人，对欧洲人殷勤备至。这个城市很大，南北约8里，东西5里。街道宽阔平整，但未见有宏伟的建筑，除了北城门旁边的一座大寺庙和抚台（Fu tai）①衙门。这座城市给我的印象是一座贸易适度的城市。这里的人表现得比我在其他任何一个中国城市遇到的都更安详，更正直；尽管这里的人根本不常见到外国人——

① 见上册第389页。

最近见到的外国访客是两年前来这里买卖书籍的传教士和同时来访的罗淑亚伯爵及其随从，但他们表现得很有礼貌。我没有受到一次辱骂，甚至在我流连商店之中的时候也没有人尾随，而即便在上海和北京仍不时发生尾随之事呢。这里有一条街上都是大钱庄和许多看起来很可爱的商店，这些商店聚集在小庙的周围，里面可以买到各种各样的小东西。

我走进几家古玩店，买了些东西，这里的东西不比北京便宜。山西是出产古董特别是青铜器的地区。最大的古董商店在太谷
177 县、张兰镇（Tschang lan tschönn）和介休县（Kiai siu hsiën）。北京的商店都从这里进货。太原的商店比之于这几个地方的显得微不足道。各省不断有古青铜器出土，运到这些市场上。古瓷器的行家在此也将能够收获不少各种各样的小东西。我也买了三本图画书：其中两本里有描绘苗子（Miau tszě）[①] 不同部落的生活的插图和书写得很漂亮的文字；第三本里是风景画，呈现着古而不像中国的风格，线条独特，是完美之作。这也继续证明了这类我常以为是日本人发明的风景画，原来是他们从中国人这里学来的。

山西的天主教传教站有信徒 15000 人，由 26 名意大利神父教导；这些神父从其传信会每年仅得 10000 法郎的收入，比上海最低级的“教堂执事”还少。不过他们还是建了一座教堂，甚至还是一座不小的教堂，并且传教会在其“户外传教”方面的所作所为也令人十分敬佩。

（12 月 15 日）可惜在神父的友善、好客之外奏响了一丝不和

① 见上册第 399 页。

谐音。我在传教站是白住不花钱，因此想通过为神父们创造些物质享受来表达我的谢意，为此我尽力而为，只要戒律允许，我都大方地从我的旅行储备中拣最好的奉上。今天，那位代理主教送来了一份蛋糕模样的礼物。我马上猜到了这份礼物蕴含的“中国”意思，还真是如此。因为当我还礼送给代理主教一只漂亮、贵重的铃铛——这是我所有的最好的东西了，原本是只送给官员的——时，对方的感谢之词表明，他想要点其他的，他用露骨的方式说想要点儿“施舍”，不是简单的一点儿，而是跟整个传教站这些天来对我 178
的殷勤招待相称的那么点儿。这最后的、方济各会修士的袈裟下露着马脚的举动，破坏了我对他们的印象和回忆。这样的告辞跟我在同蒙古传教团言别时的情形岂止天差地别！常常再三保证的是：我们修士所给的虽然“不多”，但“发自内心”；但方济各会修士所赐跟中国人又有何不同！

（12 月 16 日）在某处久留之后将要上路，通常不是件容易事。我先是费了好大劲说动了我的赶车人，多加 2000 文让他们不要走那条经祁县（Ki hsiën）、徐沟县（Sü kou hsiën）、介休县（Kiai sin hsiën）及灵石县（Sing schi hsiën）的大路——那条路我已经部分了解，改走与那条路等长、但较难走的另一条经汾州府（Fönn tschóu fu）的路。之后又准确地称了称行李的重量，995 斤。下午两点终于把行李装毕。那位代理主教也得了赏钱，他“发自内心”地接受了。但我还希望他能帮我把一箱石头寄往天津。他后天寄一批酒到正定府（Tschöng ting fu），答应把我的箱子也“由衷”地给寄了。

代理主教和孟神父坐着华丽的官轿送我到西北城门外，从那里到我今晚投宿的南阳村(Nan yang tsun)还有20里。我们经冬季过河走的桥越过汾河,然后穿过了一些村庄。西边的山(西山[Si schan])构成了某高原的斜坡,其山峰几乎排成直线,凌驾在山谷之上大约600米处。西山远看就像一堵笔直的墙,柔和平缓地向谷中过渡;但越靠近看,越发现它分散成一个个的山脊和山崖,之间以深壑隔开,壑中是流向汾河的支流。夏天这里的风景定然十分旖旎,现在却被雪覆盖。黄土是丘陵构造中的一个重要的元
179 素,但那些幽深的峡谷很可能直切入下面的岩石,因为所有的峡谷中都产煤。据说沿着山正面的山坡到处都有小矿,但似乎并没有大矿。

王封山(Wang föng schan)过去是产铁和铜的地方,而今只还产硫。铁矿大量存在,但这里从未炼出好铁,或许是因为煅烧的燃料不行。这地方位于太原府以西60里的一个深谷中。所有这附近用的铁,要么是产自盂县(Yu hsiën)的生铁,要么是产自潞安府的熟铁。后来我获知,刀剑、大炮、长矛和其他武器确有很多仍在太原府生产,那里也是个政府的军械库。这地方市内也有火药厂,前不久刚爆炸了一家。

(12月17日)今天,我们在汾河右岸的通向汾州府的路上继续前进。太原县过后10里远处是有名的、因商业而著称的晋祠镇(Tsing sz' tschönn),位于山脚下。这里的泉水特别出名,水流湍急,一下就能推动水磨。所以这里也有稻田,在这一地区独一无二。用稻草和优质的水可以造纸,整片山坡都被变成了面朝南的水泥墙,呈梯状上升,供晾纸之用。此地以北却是许多果园,向南走便来到了一片格外富饶、农田遍野的地方,其中心位置是四周有

围墙的大集市清源(Tsing yuën)。这里的每块田都有井，所有的
地都可浇灌，因此每年收成两次。主要的果树是枣树，其果实是
一种重要的商品，另外还有葡萄、桃、梨、优质的苹果和花生。我
在中国还不曾见过这样一个所有的村庄看起来都那么富有的地
区，房子建得都很气派，很好很坚固，基本没有靠街面的窗户。高 180
白(Kau pai)也是个这样的大地方，我本想在那里停歇，但奈何客
栈都太简陋，人又多又不讨喜，于是继续前进。最终，我们在义望
(Yi wo)费了好大劲、并且是公然动了粗才找到了一个歇脚的地
方。这里不是商业要道，只有煤炭和粮食大量地运经此地，客栈里
停满了运煤运粮的车，炕铺都被赶车的人占了。只有态度粗暴才
能令老板俯首帖耳。

假如村子横向发展，便可视作当地富裕的一个迹象。这里的这种发展十分明显，假如我们将与马路垂直的方向视作横向的话。每个村子都处于垂直相交的马路织成的网中。

(12 月 18 日)今天跟前几天一样，美丽晴朗。我们经过的地区仍旧都是房屋建得很好很气派的村子。最大的屋子就像 10 米高的无窗的箱子，正面开着雕花的大门。接着是一进院子，院子里有着三个房屋立面。在朝后的房上常常立起一座塔状的建筑，令村庄远看十分壮观。院墙上绵延着齿状钻孔且有修饰的斜坡。有些屋子有碉堡一类的建筑。每个村子里都立着好几个巨大坚实的门楼，属于整个村，而不是属于个别大户。民主原则一直保留着，每个村子都是由原则上平等的公民组成的社区。在众多建筑中只有寺庙享有特殊的位置，每个村子里至少有一座庙，一般的村子里都有好几座；此外，在山坡上和山谷中还分布着很多。还可见许

多贞节牌坊和美丽的墓碑。一切都给人一种堂皇的印象，各显其
181 富。但日本的村庄又比这里的妩媚、宜人、美丽得多呢！在日本，
每家都有照料得很好的花园，有时整个村庄就是一个大花园，尽管
那里的人思想保守。

交城县（Kiau tschöng hsiën）距离山麓2公里远，是个很大气的县，城墙有12米高，维护得很好。路并不穿城而过，而是沿着城墙根儿；但即便近郊地区都洋溢着生机。又走了25里，我们越过了沙河（Scha hǒ）——一条泱泱大河，在一道狭窄的峡谷中离山而去。从那里往上，交通频繁；还有下山的毛驴和骆驼从矿井运来煤炭，那些矿井从那座桥开始，分布的范围有20—70里。这里产的煤不如北边的好，没那么硬，光泽也逊色。运下山的还有许多劣质不纯的焦炭。

（12月19日）我们从山上下来，进入山里的汾州府平原地区。到这座城市的半路上有一片被淹没的、而今被冰覆盖的平原，平原周围都是盐场，人们在此以上文曾描述过的方式[1]生产一种胶泥色的岩盐。汾州府是个大地方。被保存良好的高墙环绕着的文官武将所在的城位于道路的右侧，接着是城墙破旧、半已坍塌的商人之城。这里生意很多，洋布（yang pu）[2]生意在这个山谷中地位显赫。孝义县（Siau i hsiën）如今被冰封的平原围住，只有绕道才能到那里。这个地区随处可见红、黄琉璃瓦构成的富丽精湛的房顶，十分独特。房子的风格开始趋向十字拱、拱形立面的地窖式。我们也遇到许多像我昨天描述过的那种风格雄伟的带塔楼的箱子

① 见上册第519页。

② 欧洲织品。

式建筑。此建筑风格似乎是为防御打算，也很便于防御。城墙上 182
沿开的缺口是射击孔。我们今天也遇到许多寺庙，其中有些挺好看的，有许多保存着良好的装饰。

（12月20日）在义堂桥（Yi tang kiau）附近，我来到了1870年5月曾走过的路，路上又见煤系和黄土以及黄土中奇特的村落。到处是煤矿，桥和路被煤灰染黑，来运煤的来来往往，十分活跃。

（12月21日）平地里的煤系、黄土强有力的发展、奇特的黄土地貌、在这里达到极度完美的独特的黄土村落、生机洋溢的道路、“霍山”（Hŏ schan-Gebirge）壮观的样子，这一切都令今天的旅程显得格外的美，只可惜我没时间深入地研究一下这个地区。我特别希望能好好画上几幅黄土地貌的水彩画带着。还有，要拍照的话，这里的村落规划和独特的建筑都提供了丰富的摄影素材，但如果没有红黄色彩将无法完美地再现任何黄土地貌。与黄土地的红黄色调交互出现的还有绿、灰、红、黄镶边的覆在煤层上方的岩层（Überkohlenschichten）[①]的断面。

灵石（Ling schi）附近的黄土村落[②]是最奇特的，以最感人至深的方式展示了此类村落的所有特征。每个从此经过的路人必将注意到那由好几排穹隆组成的、梯状攀升的建筑。这只是黄土壁上的一个立面，所有的房间都开在黄土里，在每排穹隆上方都横着一道宽而镂空的雕花。在数量众多的此类建筑中，这里的最为别致。此外还有许多十字拱的地下室和作为房屋立面的黄土壁上开凿的特别粗糙、低矮的穹隆，都值得注意。另外一个特征是这些建 183

① 李希霍芬如此表述煤层上方沉积的岩石（主要是砂岩）结构。

② 见上册第534页。

筑高低不同：有的在下面的路边，有的高居于黄土壁的上方；还有的附着在黄土壁上，也是高低不同，有在极难到达之处的，有在奇特的悬崖之上的，有在梯地之上的——总之，分布如此之不规则，也只有在黄土峡谷中才可能。

岭上的路总蜿蜒着，颇为平坦。这个高度大约是黄土高原的高度，许多枝蔓如迷宫的山脊大约都这么高。这些山脊是黄土峡谷的分界岭，峡谷在上方是幽深垂直的裂缝，继之以梯状的山坡往下蔓延。有时，山脊窄得只能容下一条路；然后又变宽，黄土峡谷也跟着涌现。考一位工程师，最难的考题之一就是让他以图解的方式说明这黄土地中的一小部分。

（12 月 22 日）到了韩信岭（Han sin ling），气候开始明显变暖，雪几乎全消失了。特别是越冬的作物十分常见了，在此以北的地方即便在谷底也只是局部看到。在岭上的时候已经有黄土地种了麦子，从那里到这里的黄土地和冲积地上主要是麦子。但因为麦子是越冬作物，所以被大量地运往北方出售。我们昨天一个半小时里遇到了 520 头驮着面粉和麦粒的驴子，每头负重 100—150 斤，平均 120 斤。一天工作 15 个小时的话，每天能运大约 200 吨。今天的运输更频繁。贸易的起点是洪洞县（Hung tung hsiën），面粉是那里众多的水磨磨出的。

仅次于面粉的数烟叶最多，我却无从得知它来自何处。今天，我遇到了一个驼队，有 95 头骆驼，每头装了大约 400 斤烟叶，这大约是我今天在路上见到的用车装、用骡子或骆驼载的所有烟叶
184 量的五分之一。一大部分直接运往归化城。另外，棉花也不少，但罕见织品。还有许多其他的东西从南方运来，但几乎所有的牲口

从北方回来时都不带任何东西。只有车上装了货，基本是从获鹿进的货，给众多地方的小商小贩的。洋布当然也有，但根本不怎么多。路上行人众多，以目前的交通状况看，够一火车了。目前没怎么见当兵的；他们很可怕，因为拿了东西不给钱。

（12 月 23 日）我们今天在汾河谷里往下赶路。可惜看不清楚，以至于我无法补充去年在这里画得很草的图。洪洞是个中等规模的城市，因中转贸易而相当兴盛。它自身的贸易主要集中于麦子和面粉。如上所述，所有去往北方的大型运输都从这里开始。

平阳府（Ping yang fu）的城墙很雄伟，但墙里的城市很破败，城市也没有我想象的那么大。我们本想在此停歇，但觉得客栈太差，人群太好奇，尽管他们颇为好心，但人数众多，令人不堪，所以被逼无奈，只好继续走，我都不能进商店买古董。一群湖南和广西的士兵来到客栈，试图与我们交好。军官们一直坐在我们旁边，但对那帮好奇的民众好像没有任何威慑。他们发出的每个命令，搏来的只是一阵哄笑。另一件与兵有关的事令人不那么舒服。我路上遇到一个军方的车队，大约有一打人护卫着。那领头的一见
我，立即回马告诉其他人，然后，他们从我们身边经过。为首的那 185
位将子弹上膛的枪对着我们，其他人也都蓄势待发。这太出乎意料了，平阳府的士兵解释说，那些人怕我们攻击他们。

洪洞附近种了些水稻，其他的作物有小麦、高粱、两种小米、棉花、好几种豆类、豌豆、烟叶、一些大麻，不见有大麦。禁烟令[1]

① 见上册第 566 页。

常年三令五申。想避过禁烟令而获准种鸦片，则每亩在正常赋税之上再加 400 文。人们倾向于不交这部分附加税。盐产自潞村（Lu tsun）（解州 [Kiai tschóu]），运到这里卖 30 文一斤，在潞村那里却只卖 13 文一斤。盐是政府专营，卖盐的许可费为每年 3000—4000 两。平阳府附近产的盐叫“硝酸盐”。

在运往北方的商品中，烟叶非常重要，我今天在路上也见到大量的烟叶往北运。此外我还遇见大量的红（西班牙）花椒、许多装着木工胶的车，还有钾碱（产自闻喜县 [Wönn si hsiën]）、茶（砖茶[①]）、棉花、纸等，都产自这一地区。这些都被运往北方。我问，从北方运回什么呢？得到的回答是：“什么也没有”，所有的商品都换成了银钱。据说山西有 16 家人的财产过百万两，比西安府附近的还富有。

（12 月 24 日）我今天只走了短短一段路，因为我在 40 里之后找到了一个能够不受好奇的人群骚扰、安安静静地过圣诞节的好地方。那地方的客栈是孤立的一群，我从中找了一家较好的。然而在这里仍旧片刻难忘自己是在中国，无法完全置身于像在家里过节一样的情境，因为这里完全缺少气氛。我从旅行储备中找出
186 了最好的，准备至少做一顿好吃的来怀念文明世界的节庆。今天家乡的圣诞树旁该有多少欢笑，又有多少忧愁呢！家乡的一切对我而言不过梦境而已！这里既没有欢乐也不见忧愁，这里的人没有这样的情绪。我周围无非蝇营狗苟挣钱的人，我所得的无非一次想成其为科学的旅途中每天的喜忧！

① 见上文第 153 页。

（12 月 26 日）闻喜县有很雅致的城门、小寺庙和其他建筑，还有一座大石桥横在从此流过的涑水（Sŏ schui）。路上也有很多纪念性的建筑，特别是贞节牌坊，用石灰岩建成，十分漂亮考究。土地肥沃：平坦的再生黄土地，绝大部分都能浇灌。这里的面包是我吃过最好吃的，但只在这座城里，出了城的就没法吃了。这一地区的黄土中蜗牛特多。

（12 月 27 日）我在水头镇（Sui tóu tschönn）附近离开了大道，奔向著名的盐产地潞村。到处是黄土，有的分布在山脊上，有的分布在宽阔的梯地上。有时候觉得如在平地上行走，但穿过沟壑继续往下走才看清，那不过是黄土填平的地方而已。我们先是越过一座小山丘，它在涑水河谷南面，是山谷的南限。这座小山越往东北越陡，但在这里却呈宽阔平缓、梯状起伏的波状高踞在河流上方。之后我们不知不觉地往低处走，直到安邑县（Ngan yi hsiën）——这里比水头镇低了 60 米。笔直的涑水盆地比紧挨着它的安邑湖盆地位置稍高。这是黄土中水流分布的典型例子。位于宽阔的黄土填平处之上的土地肥沃而多产，种植着许多棉花、小麦、烟叶等。然而这里的村子看起来很贫穷，数量也不多，187
跟远不如这里肥沃的太原山谷适成对比。原因可能是这里的农田不好浇灌。

广阔的黄土地延伸至中条山（Föng tiau schan）麓，这儿的一条高耸、西北面陡峭几乎呈直线垂下的山脉，位于此地以东、东南和以南，山峰高而宽，似乎比安邑县高出约 1500 米，而山脊高度约是其一半。此山似乎呈西南东北走向，全程名称相同；然后向西继续延伸，太阳在远山后面落下。另外一座山从北面围住山谷，但

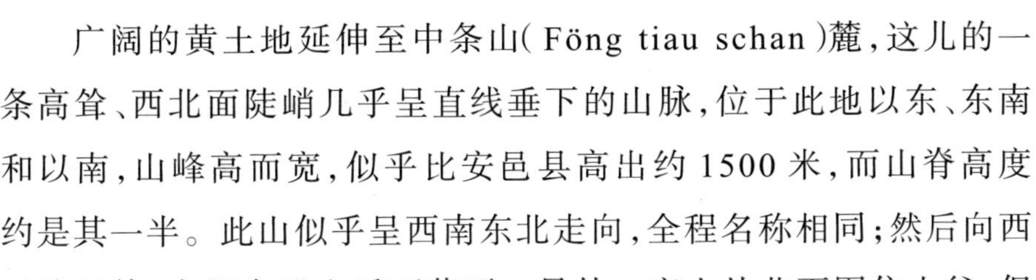

此山高度似乎仅有 800 米。

安邑县是座大城，城墙里面塞满了房子。这里异常兴旺，街道上尽是商品和人群，像西里西亚小城里的周末市场一样。但我们仍迈着此前少有的悠闲的步子经过这座人口众多的城市。没有一个人跟在我们后头，我们进商店也没人搅扰，似乎谁也没时间搭理我们，因为每个人都在忙于买卖。卖什么的都有，我特别注意到有木制品、藤柳制品、钢制品（如刀子等）和大麻。从这里还看不到湖。湖离这儿虽仅两三里远，但都是切削而出的黄土地——又宽又平的凹坑，垂直的 5 米高坡围着，坡上方铺展着高阶的黄土地。凹坑交错，分布较无规律；凹坑中的土地上农田遍布，跟高阶一样。

运城（Yün tschöng）——称潞村更知名，潞村是北门附近的一个城郊小城，卖盐之处——尽管非县也非府，却是座城墙环绕的大城，在中国人中享有盛名，被视作兴旺的贸易大城。我们在太阳
188 落山时到的，在东门附近寻找客栈，因为行李车还在路上，可能进不了城门。只有一家客栈，十分简陋：一个大院，一圈黏土房。客栈不接收我们，略作踌躇后给出的理由是，没有官老爷的特准店里不得接收陌生外国人。幸好城门还开着。去官老爷那里禀明情况之后，他马上派人来关照我们。从旅店里撤出了一打人，让我们住了进去。此后我们备受礼遇，在条件允许的范围内，因为“礼遇”在这赶车人的歇脚之处实在名不符实。百姓显然胆怯，都被管得很严；把那些人从客栈赶走，没费吹灰之力。从公安角度看，这里

的情况跟景德镇(King tö tschönn)[①]相似,好有一比。这里对盐的控制很严格。买盐的人在衙门付钱,得到一张单据,凭此到仓库领取相应数量的盐。为此还要给买盐的人发一张执照,他必须凭此执照才能带盐在身边。每人都可带盐1—2斤,超过此数量没有执照者被视作诈骗,须严惩。最高的盐官是位道台,他下面有许多小官。这里,政府卖盐的价格为每斤20文,即每百斤1500文或1.25美元。

山西的这块地方几乎每人带把武器,一般是把短刀,“以备防身之用!”就允许携带武器而言,中国定然是最自由的;或许唯其如此,才罕见刀剑相向的。

当地的盐湖名“盐池(Yen tschi)”,中国地图上也是这么标的。据说60里长,10里宽。

（12月28日)我先穿过运城市里,尽管还是大早上,但这地方 189
已经热闹起来了。城墙方圆大约5里,城里鳞次栉比。此城距我要去的盐池仍有3里。城附近都是平原,我想,平原的低洼处定能找到水面;谁承想走到比此处海拔低100米处才到那著名的盐湖,这令我颇为惊讶。这里风景奇特:一个长长的没有河流出口的盆地南部被中条山包围,此山又长又陡的斜坡向着盆地垂下;盆地其他方向被柔和抬起的高地包围,其中北面的高地呈梯状。盆地约10里宽,60里长,位于山脚下。靠近山脚的部分是一方狭窄的水面,即实际的湖;其他部分是向北、西、东沿稍稍抬高的平地,上面布满了盐场。盐并非用湖水制造,因为湖水含盐很少。为了

① 见上册第303页及其后。

得到盐水，人们在地上挖了一种漏斗状的水坑，大约 2—3 米深，上头 15—20 米阔。一种浓缩碱液汇聚于坑里，有 1.5—2.5 米深。在一个地方建了一道有小蓄水池的阶梯。把盐水用吊桶一桶接一桶地拎起，让盐水从最高处经过沟渠流向盐池，到了盐池以后再接下来的活儿由太阳来做。在每块地上每年新挖一个水坑，目前人们正忙于此事。整片地上都是大堆小堆、水坑和盐池，在更忙的时节这里定然一派忙碌的景象。这片地由大约 150 位地主及工场分享，每块地上每年产盐 20—80 铭（量词 ming 的音译，每“铭”30000 斤）。平均每块地每年产 50 铭，则年总产 7500 铭，即 3000 000 公担。这是我估算的所有产盐量，更准确的数字只能
190 从盐政部门获取。盐的售价是每铭 350 两。直接从盐场买盐，每铭要向盐政部门上交 180 两的税，此外还要拿出少量的几笔钱以求特殊的方便。

这里的盐可以满足山西、陕西、甘肃和河南诸省绝大部分的需求。这里盐的蕴藏情况多方看都很特别，首先是地表沿山坡一带的深凹，其次是周围的黄土，再次是土壤本身。挖水坑的时候发现，土壤是一种黑蓝色、闻起来像硫化氢、充满了小粒石膏晶体的黏盐土。可惜这里根本就不用钻的方法，这儿的人对此没概念。最深的水坑据说 10—12 米深。人们坦言，更深的井能产更好的盐，但认为无法把井挖得更深，因为引来太多水后井壁就会塌。这里应当适于深钻，因为很可能有岩盐体。黄土比之于盐湖，无疑是后形成的。周围的黄土中也盐分十足，并且是平铺成薄层。据说

欺诈很严重，一般要区分“官盐”[1]和“私盐”。后一种当然便宜得多，一旦发现有诈，将处以笞刑。每天工钱是 90 文加伙食（1 两合大约 1800 文）。

解州（一般读作 Hai tschau）距中条山麓不足 3 公里，那里的土地从盐湖的西端开始微微隆起。这座城比运城还大，郊区绵长。今天这里热闹非凡，我们只好匆匆走过，以免被人群围住。在
这里我第一次发现几个较大的商店里卖进口的棉织品，此外还出 191
售许多铁器，小买卖十分红火。

接下来的 40 里路是沿着中条山麓穿过一片果园。果树下面种着小麦，果实有梨、苹果、李子、柿子和枣，树有中等大小。此外有许多白蜡树和柳树，并且第一次在北方的这里见到乌桕。这个果林带宽 5—6 里，布满了山脚下的碎石地。我们过夜的虞乡县（Yü siang hsiën）是座死去的小城。客栈的条件很差，目前到处都是如此。店主是个 11 岁的小伙子，父亲已死！他在料理生意方面出人意料的早熟，这是中国人的一种品质。

（12 月 29 日）中条山北面的山前地带先是一带平地，在解州和虞乡附近很可能 30—40 里宽，但向西变窄，到尺八脊（Sz' pa ki，音译）以东只有 8 里宽，到了韩阳镇（Han yang tschönn）就完全不见了，对面被黄土山阻断。我在这整个地带没见到较大的河流。山上流下的水似乎带着石头，四处漫延，直至消失不见。部分土地可以用井水浇灌，部分土地位置低，终年积水。中国地图上标着，在解州西北有一个较大的湖，我没能看到，而只看到了那些水

① 政府准售的盐。

坑，坑的周围是大片贫瘠、没种装稼的盐碱地。山麓从解州到韩阳一带全长 100 多里，可称为一个断断续续的果园，有的地方的宽度甚至达 10 里。这一带村落众多。

尺八脊附近有座 14 层的塔屹立于黄土高坡之上。从这里望去，目光远及陕西深处。黄河从北部直着流下。其右岸是陡峭的
192 黄土壁，越往上游越高，在蒲州(Pu tschóu)西边消失不见。左岸是冲积平原，蒲州在此平原之上。周围是肥沃的、井水浇灌的农田和密密麻麻的村落。紧挨着河有一条宽宽的不那么肥沃的土地，据说是盐碱地，由此向西，是一望无际的平原，逐渐向北升高。过去那里人烟稠密，比蒲州府周围还稠，但因叛军而变得人烟稀少，因为那里没有山可供人们逃命。南面高耸的华山(Hwaschan)，能够看到的线条显得极为奇特；东南是中条山，渐渐向潼关落下。

(12 月 30 日)今天天气寒冷晴朗，我们渡过了黄河。潼关不像我想象的是个岩石隘口，而是个黄土隘口。两边的黄土壁都深入河谷，以致容不下一条路，北边几乎竖直，高 60 米，南边梯状骤升至大约 250 米。中条山南侧的黄土地形成一道下至黄河的广坡，为河边诸县提供了空间。我们要越过黄土坡才能到河边，河边立着几幢房子及一个关卡，这里的河面不超过 800 米宽。正是底冰活动频繁的时候，前几天根本没法过河，——车和牲口放在平坦的船上，船往下游走很远才渡到对岸，从那里再用纤往上游拉至关卡处。尽管河面不宽，但浅滩、礁石众多。水流速度在不同的地方介于每小时 1.5 公里和 5 公里之间。一切顺当，渡河用了两小时，花了 500 文。

潼关亭是个关卡，目前由四个团镇守，每团 500 人。它沿黄

土梯地而上：第一阶 15 米高，这里面向黄河有一道建得很好的坚固的 3 里长的墙；其他的墙只见局部。东面和西面有两座大门，是 193
我在中国见到的最美的范例。真是很雄伟的建筑！我们不断被拦住，我还被要求出示证件，但我们都顺利过关。农历七月的时候，这里曾发生哗变，因为士兵们未得到军饷。他们抢占了银行和商铺，杀死了很多人。为示惩罚，有 18 名士兵被斩首——全是河南（Hŏnan）人。现在已经完全平息。这座城并无生机，尽管它是中国最重要的通道之一，是通往帝国西北部的军事与商业要道。从潼关出发，有一条宽广、繁忙的路沿着南部隆起的黄土丘陵的边缘在 15 米高的宽阔的梯地上向西延伸。该梯地为老的湖积地，上面坐落着许多小村庄。现在每个村庄都用高墙围着。这一地区据说三年前曾遭叛军蹂躏，但眼下已看不出那时的痕迹。

我们到达华阴庙（Hwa yin miau）时，天还亮着。一大堆人跟在我们后头，我们只好又骑着马溜达了好久，天黑方回。我们好不容易才找到了一家接收我们的客栈。当然，这里也到处是那种与在河南时一样令人难以忍受的好奇，我们已然预料到会有各种各样的烦恼。今天我们遇到了许多士兵，还有几个较高级的军官，他们极为礼貌。他们是从西安府被派来此地迎接将军曹大人（Tsau ta jin，音译）[1] 的。华阴庙是个设防的寺庙，附近有个集市。庙南边屹立着华山，一座着实雄伟的山。此山线条分明，可与南蒂罗尔的白云石山相媲美。这取决于其垂直的山壁与裂缝，它们向下发展成为险峻而人迹罕至的岩石峡谷，峡谷之间是尖利有棱的山

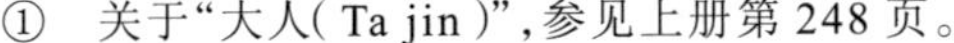

① 关于“大人（Ta jin）”，参见上册第 248 页。

194 脊。最高的山峰我估计要比山谷高出 1000 米。山的高处可见一个覆盖着森林的盆地，那里立着一座庙，其他的庙都藏在峡谷之中。华山是中国的五岳之一。

（12 月 31 日）我们今早去了华阴庙。它被防御墙环绕着，墙上立着秀气的塔台；前面耸立着高大的门，门前与立面的墙壁成直角，有两个顶着大屋檐的巨大的彩绘木门。里面有好几进院子，第一进院子里的灰顶碑亭中立着龟驮碑，很可能是皇帝的碑石。目前仅存一个主庙。外面围着一排顶着复杂的彩绘飞檐的红柱子，继之以一道无窗的砖墙从三面围住。立面由高高的网眼塔台构成。里面的白色天花板很简单，被分成区，由红柱子撑着。在沉重的主祭坛前面立着一张褐色木头雕成的漂亮的大桌子。这张桌上和这张桌子前面的其他桌上放着少数几个大祭器，立着大红烛。主祭坛旁空空如也，只有一个刻着字的牌位。整座庙里不见有一座神像，也没有佛像。许多龙蛇图案被用作装饰，龟被用作底座。这座庙很可能跟华山受封一样久远，源自佛教前的时代。叛军曾把它完全摧毁，后经皇帝的慷慨斥资才得以重建，使得中国人的现代建筑艺术声名大振。

我们继续在梯地上走。该梯地现在一直延伸到华山山脚，从华山的峡谷里流出十分清澈的溪水，经过多沙的河床汇入渭河（Wéi hŏ）。有的地方有从山上带下来的大石块，石块之间又聚沙
195 成堤，堤的表面长满了草和灌木，那里生活着很多野鸡。这地方的人口依旧稠密。乡村与城市虽然被毁，但人们只是逃进了山里，随后基本又都回来重建家园，用便宜的建材（黏土）很快就完成了。这里的人有一种令人极为不快、令人恼火的好奇，给我们的旅程

带来了不必要的麻烦。特别是到了一座庙附近，那里正值一种年市，农村人都涌向一串小杂货铺，在那里遇到的人令人十分不快。我们遇到了许多士兵和车队，载着炮兵装备——火炮、活动炮架、弹药，还有好几车白银。这些士兵对我们倒很客气。

这里的田地中等肥沃。这些湖积地有些特别之处。大同府、忻州、太原府、平阳府、解州的湖积地都很碱化，田里都有风化后留下的碱。构成梯地的物质首要的是含有密集泥灰层的黏土。这里到处可见积水，有的被用于种芦苇。山坡上栽着成片的竹子，很可能是为了利用这里的沙子和清澈的水。种果树的很多，特别是柿子，现在 1 文可以买 3 个，9 月里水果收获的季节甚至是 1 文 5 个。田里现在种的是小麦，也种许多烟叶和棉花，山溪旁还种水稻。今天我头一回看到了成群的鹭，还有头一回见到一只戴胜。惹人注意的是乌鸦，其数量或许因为那许多人的尸体而骤增。另有一种乌鸦脖子上有一圈白。

华州（Hwa tschóu）城里已没有房子了。长长的黏土城墙里面只看得到废墟和田地。人们迁回来住的时候都不愿住在城墙以内像监狱一样的城里，西门旁边因此形成了一个有生机的集镇。
这里有许多的士兵和百姓。我们从此经过，准备再骑行 30 里。路 196
上我们又遇到了一拨士兵，他们告诉我们说，他们受一位外国军官皮大人（Pi ta jin，音译）的领导，他要去天津，明早到华州。我于是马上调头往回走，在那拨士兵的帮助下找到了一间客房。他们还帮我赶走了好奇的人群，我便急忙写信，希望明早把它们一并交给皮大人。除夕我们喝潘趣酒庆祝。周围环境并不好，一间长宽各 7 英尺的客房，4 英尺 ×7 英尺放炕，3 英尺 ×7 英尺可供站立。

这种客房，只偶尔有两张而非一张炕，现在似乎已是司空见惯。生火取暖想都不要想，很难将温度保持在 0 摄氏度以上。就这样，我结束了 1871 年。

（陕西省华州，1871 年除夕 / 选自致父母的一封信）我刚才从这里出发西行，想完成我日行 7.5 德国里路程的计划。路上遇见了好几个士兵，他们告诉我，一个在中国甘肃服兵役 6 年的外国人如今官至将军，他要去天津，明早路过这里。因我怕夜里跟他错过，于是急忙回转，现利用晚上的时间写几封信。

迄今为止，旅行一切顺利。刚开始天气还很冷，特别是在越过五台山的路上，这是一座 3000 米高的山，我 12 月的时候越过其中的一座 2700 米高的山岭。此山是中国的圣山之一，峡谷中分布着 360 座寺庙。其中的好几座是带僧院的喇嘛庙，它们是蒙古人最神圣的朝拜地。当时正是朝拜时期，许多蒙古人远行至此。他们赠给僧院大礼，常施舍好几千两；僧院还以为我会像蒙人那样
197 慷慨“布施”。蒙古人堪为其他地方的朝拜者的楷模，一个富有的蒙古人是带着好几百头骆驼来的。来回的路上要走好几个月，花很多钱，吃很多苦——朝拜是在冬天，山路因为结冰而不能走。看那些天生走平地的骆驼承受着莫可名状的痛苦被赶着走过陡峭的山路，真令人痛心，许多骆驼都出过事故。在这样的朝拜中或可于痛苦和牺牲中见得一份收获！

接着是穿过很有趣的地区，到了太原府。我在那里住的客栈条件很差，所以我接受了方济各会修士的好意住在他们那里。他们是意大利人，我们用拉丁语和汉语掺和着交谈。我在那里待了一周，住得很好，感到很满意。但尽管我在此期间操心传教会的伙

食，不图回报地邀请那些先生们做我的座上宾，尽管我也通过多次大方地给小费而过高地支付了我的住宿费，最终这帮先生还是坏了我的每一丝美好的回忆。方济各会修士就是无法不乞讨，他们连这个极不恰当的时机也用上，向我这样一个身在半路、身上只带了最必要的东西的旅人索取“施舍”。他们至少想要50两。光想是没用的。我虽然没给“施舍”，但给了小费，就不在方济各会修士那里再住下去了。这件事当然令比利时传教士们可爱的待客之道更显高尚。

从太原府出发，我本想西行渡过黄河到陕西省的，但该省和甘
肃都遭遇了厄运。近10年来这一地区一直有穆斯林叛乱。叛众
摧毁村庄，杀死很多百姓。甘肃至今还在跟这些叛众作战，常还有
野蛮的叛军进入陕西。从山西到陕西的所有交通因此中断。除了 198
从太原府向南经过黄河大河曲去西安府的主干道，向其他任何方
向都不行，而且我也不能租到驮载行李的牲口。 665

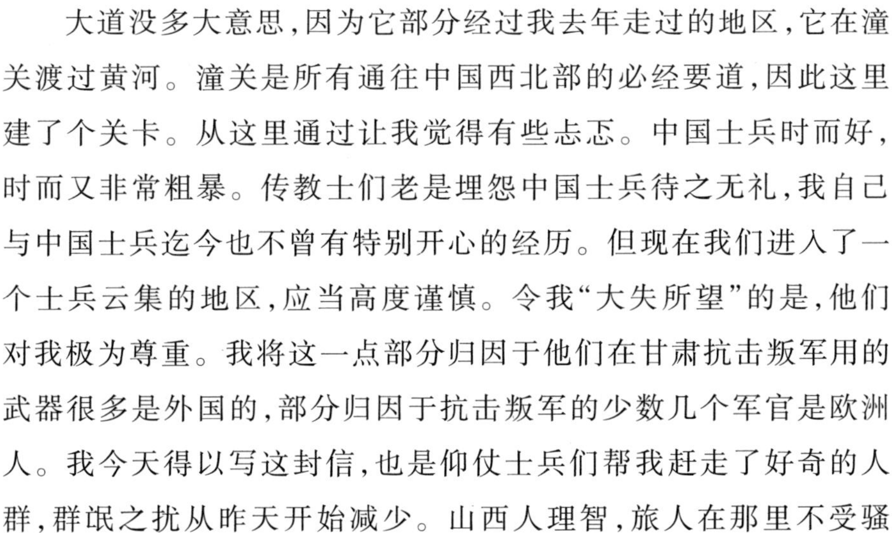

大道没多大意思，因为它部分经过我去年走过的地区，它在潼关渡过黄河。潼关是所有通往中国西北部的必经要道，因此这里建了个关卡。从这里通过让我觉得有些忐忑。中国士兵时而好，时而又非常粗暴。传教士们老是埋怨中国士兵待之无礼，我自己与中国士兵迄今也不曾有特别开心的经历。但现在我们进入了一个士兵云集的地区，应当高度谨慎。令我“大失所望”的是，他们对我极为尊重。我将这一点部分归因于他们在甘肃抗击叛军用的武器很多是外国的，部分归因于抗击叛军的少数几个军官是欧洲人。我今天得以写这封信，也是仰仗士兵们帮我赶走了好奇的人群，群氓之扰从昨天开始减少。山西人理智，旅人在那里不受骚

扰;但陕西这里就不行,跟去年在河南时一样。

天气迄今为止都很好。下过几次雪,但只有1—2寸厚,几天后总消失不见,至少阳光所及处如此。时而严寒刺骨,因为我已离开能取暖的客栈所在的地区好几天了。在这里只好住条件很差的客房。我正在写信的地方,是一间粗黏土墙围成的小房间,地板也是黏土,房顶透风,没有天花板和窗户,门不关。每天就这样。因
199 为基本上气温都不超过0度,常在0度以下很多,所以你们能够想象我为什么并不总是感到舒服。

(1872年1月1日)新年夜过得并不安生。来了许多士兵,从早上3点钟开始,之后又陆续来了好几拨。他们到我门前大叫:kai![1]怒气冲冲地连叫几遍。而当他们得知谁在里面之后,他们就会撤走。但这样一次次的吵嚷令人十分不快。我现在知道这里的士兵是怎么对待老实百姓的了,百姓自然得开门,然后被赶出来。早上有一个可恶的低级军官耀武扬威,他为讨好我们常用一条粗皮鞭抽打店主、来见我们的商人和百姓。

我还没穿戴整齐,皮大人就来了。他穿着丝质的带红色皮帽、红色大领的中国衣服,跟中国人几乎没什么两样。他原来是法国人,名叫皮内尔(Pinel),以前的法军士官,现在是Titto[2]衔(一品)。我们聊了几句,他答应咖啡时间再来,却退回位于他的士兵的营帐中心的住处,待在那里等州官。但他为我准备了一间房,他以为我会在他那里待一天。

我们11点先打发行李车上路,然后骑马到皮内尔那里。我们

① “开!”

② 日记中这么写的。实为ti tu(提督),是中国地方军队的长官。

还没走出屋门，就发现刚刚有人从我马鞍上的手枪皮套里偷走了一支10发装的勒夫舍左轮手枪。我们怀疑是士兵们干的，他们见到过此枪，特别是那个曾耀武扬威的低级军官。我把此事告诉了皮内尔，没提我们的怀疑。他马上也猜是那帮士兵干的。有几个 200
士兵住在我所在的客栈。保罗去找他们的长官，也是提督衔。这位军官也认为是士兵们干的，急忙把自己的左轮手枪（也是勒夫舍牌子的）拿出来作为补偿，并许诺严查此事。他说，此贼胆敢在众目睽睽之下偷走我们的左轮手枪，事后要掉脑袋的，说什么也不能轻判。那个令人讨厌的低级军官让我觉得可怜起来——他脸上挂着做贼被抓的表情。

皮内尔是一个精力充沛的人，汉语说得很好，留着辫子，吃中餐，娶了中国老婆，曾在戈登（Gordon）麾下作战，后来跟了李鸿章（Li hung tschang）。李让他带领一个炮兵连，配的都是外国火炮。他跟着李也到过武昌府（Wu tschang fu），后又随他去了陕西。当时李被任命为陕西和甘肃军队的长官。后来，天津教案之后，李被召到天津。他将统领权交给了刘宫保（Liu kung pau）——此人在皮内尔看来很有才干，并“借”给他22个团的步兵、骑兵和炮兵。皮内尔留下带领800名配有老式英国毛瑟枪的士兵，还配有8门火炮。他的驻地是宝鸡县（Pau ki hsiën），在那里驻防陕西边境。似乎李的军队只用作驻防陕西边界，因为李只在这里指挥，而在甘肃发号施令的仍旧是左宫保（Tso kung pau）。此人据说打了许多败仗，丢了大量武器弹药给叛军。李的军队一来，叛军就撤，据说从不敢跟李的队伍正面交锋。叛军现在的大本营在河州（Hŏ tschóu）和宁夏府。最近据说被朝廷的军队攻克了

一个重要的地方——黄河右岸的长城附近的金积堡(Tsin tsi pu),
201 在宁夏往东一些(皮内尔如是说)。通往兰州府的路可以走,但到处是左宫保的兵,据说跟强盗一样。那地方没有人烟,没有农耕,村庄被毁,所以旅行去那里不是易事;并且在黄土旮旯里还分散着叛匪余孽。他们是一伙亡命之徒,以劫掠为生,杀人不眨眼。叛匪仅在兰州府以外仍能逍遥自在。据此看来,他们在丢了金积堡之后至少被逼退至黄河对岸。他们最后一次往陕西推进,进入宝鸡县,是在今年(1871 年),但当朝廷的兵靠近那里的时候,他们又退了回去。

现在起了变化,李鸿章的统领权被收回,换由另一位曹(Tsau)[1] 姓将军接掌陕西和甘肃的统领权,刘因此带着所有他从李处"借来的"部队撤离了。皮内尔在此得知,曹想留住他带领的炮兵连,想掌控 6 个团。但因为李不同意,曹就请皇帝帮忙。还在我们说话的时候,有人禀报说曹大人正从东边过来;我们离开华州时,出乎意料地顶头碰到从西边过来的刘大人,按说他还要在西安府待更长时间。只见他排场很大,由长矛骑兵护卫,对自己的威仪感到很骄傲。我很想跟着看看两人相遇的情形,因为可以结识这两个将军,但我的行李车已经及早上路,我不能不管不问。有人担心,驻军这么一换,叛匪将再次猖獗起来,重新攻进陕西。皮内尔说,刘收到了皇帝让他去伊犁打俄国人的圣旨,但他却没有按旨行事。或许因为如此,士兵们中间传言说他到北京会掉脑袋的。

军中的公务关系很特别。纽扣标明级别,但并不代表实际的

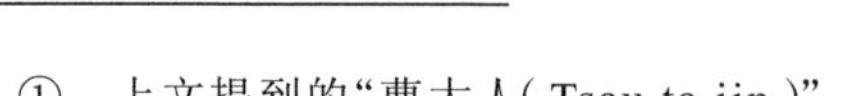

① 上文提到的"曹大人(Tsau ta jin)"。

权势。纽扣是一品的，有些人没有兵权，有些人只统领一个团，有 202
些人却统领六至十二个或更多团。每个军官对自己统领的军队有绝对的权力，可以判人死罪，施行死刑只用砍头的方式。李的军中，吸大烟者首犯割一只耳朵，再犯斩首。逃兵也是斩首。施刑的是逃兵的战友，施刑所得为500文。这是中国制度的极致！根本不经法庭，指挥官全权判刑。竹笞，最多600下！是一般的刑罚。左宫保有一次把一个为朝廷效命的欧洲人斩首了，就因为此人亲了另外一名军官的妻子。

两点钟，我离开了华州。我还去拜访了那位送我手枪作补偿的军官。他虽已官居“大人”，但还很年轻，高大，英俊，非常有军人风范。这段时间里来了更多的兵团，城里到处是士兵。

路在梯地上继续延伸。华山现在向着西南方绵延而去，消失在远方。它的山峰也在增高，比梯地至少高出2500米。在华山向西南转弯的地方连着一个高约300米的梯地，该梯地越来越靠近路，之后冲着渭河[①]戛然而止。可以纵览河对岸地区，那里从河开始地势渐渐地隆起，到处是村落或废墟。北面是一望无际的平原。渭南县（Wéi nan hsiën）被毁了，但其西侧还有长长的郊区很兴旺，那里又聚起了士兵，基本是骑兵，穿着漂亮的矢车菊蓝的衣服，但人品很差。我们快马加鞭，以免惹麻烦，因为我们令他们很
吃惊。一大群人在我们后面追，但没有谁能拦住我们。我们穿过 203
此地，到了已经被毁的小村子良田堡（Liang tien pu，音译），在那里勉强过夜。

① 渭河是黄河最大的支流，起源于甘肃境内的西藏群山的边缘，流经整个陕西，经600公里至650公里后在潼关汇入黄河。

（1 月 2 日）今天和前些天一样晴朗，但一直也不能看得十分真切，空气总是有些“雾蒙蒙的”。早上的温度为零下 2 摄氏度至零下 8 摄氏度，白天升至零下 1 度至零上 3 度。该低地地区相对最冷的部分是蒲州府和潼关之间的黄河谷，那里到处冰雪覆盖。河边洼地也是如此。而解州附近的雪已消失在平地里，潼关以西的地方也很少看见积雪。

我们动身晚。此前曹大人已经过这里。他以前就曾在这个省享有高级指挥权，现在再来都是由旧时的部下陪着。队列不怎么气派。前头是 12 个持长矛步行的人，矛长 5 米，竹子的，所以很轻，上有一旗。随后是军官，再后是曹坐着的轿子，4 人抬着，旁边有 8 名戴绦带的士兵；跟着的还是军官，骑着马的，还有曹的坐骑；然后是一打装着军官和行李的咕隆作响的车。除去武器，这一行人的装束都不像当兵的。军官们级别都不低。有几个举止颇为得体，但没一个人穿得像个兵。这一点跟日本人十分不同。

路上没有什么特别的，除了地形渐渐升高。渭河边上随处有陡峭的岸沿。随着黄土的漫延，便不见了析出的盐碱，也不见了积水。窑洞很常见。越向西走，遭叛匪毁坏的程度越深——村庄完全被毁，人烟非常稀少；然而几乎所有的农田都种了庄稼，基本是
204 小麦和苜蓿。大块的地里是去年种的棉花。南面又露出约 800 米高的山，外形圆嘟嘟的；山前是黄土高地。

叛乱始于 10 年前。那时陕西到处都是穆斯林，直到 2 年前他们还一直往陕西涌。朝廷的军队打了许多败仗，有一次是在我今天住宿的地方，还有好几次是在河州。穆斯林有好马，人勇敢，善骑善射，也有外国武器。这些武器部分是他们缴获的，部分是从天

津买的。他们吃的也好，令汉人十分钦佩。他们主要在收获季节发起攻击，聚敛给养。他们把俘虏绑起来投进火里烧死，而汉人是把俘虏枪毙。穆斯林劫掠途中屠戮一切，连女人和小孩也不放过——这是曹麾下的一个军官告诉我的。他在陕西待了10年了，跑来跟我结交，他在大沽（Taku）被英国人俘虏过，令他吃惊的是，又被释放了。曹今天留在临潼县（Lin tung hsiën）。我又走了10里，到了这个客栈所在的小地方十里铺（Schi li pu），不过这里也有许多士兵。

（1月3日西安府）今天是距离到这座城市的最后一段路了。从太原府到西安府长1445里。我们用了19天，其中有4天每天只走半天，夏天用十四五天就能走完。马可·波罗用了21天。现在在黄河大河曲处有三个通道——潼关、大庆关（Tai king kwan）和朝邑县（Tschau i hsiën），但我不知道后两个是否只是个通道。[①] 经大庆关可从蒲州府到同州府，经此路去西安府则将绕行60里。那里的黄河宽，好过，是个非常重要的通道。在大庆关和其附近有20量字（数量单位 liang tsze 的音译，每单位500人）士兵镇守，护卫山西。

空气阴霾多雾，几乎看不到1里远。先是在黄土地上行进，然 205
后下行至灞水（Pa schui）。河上横着一座全由花岗石建成的桥，很平，坐落在横排70根花岗石柱上，石柱间距约为3米半。这是个古时候的建筑，现在一半埋在沙里。

到西安府为止的所有村庄都完全被毁，连城东门外广阔的外

① 事实如此。

城也是如此。外城的围墙不够坚固。那条主干道重建过，十分兴旺，今天因为曹大人入城而显得尤其如此。曹一早经过了十里铺；我们随后出发，到西安府附近赶上他们，看到他被护卫入城的情景。几百持长枪的士兵步行列阵迎候，伴他入城，来迎接的还有几个高官。

西安府是我在中国见到的仅次于北京的最雄伟的城市。城墙长 40 里，墙体与北京的一样高，保持得很好；城东门与潼关的一样漂亮，比北京的任何一座城门都大。街道笔直，热闹非凡，商店云集，店里商品琳琅满目，大量的野鸡、锦鸡、野鸭、兔子、上好的蔬菜和水果（汉中府 [Han tschung fu] 的橘子）、甜点和极好的糕饼，这些东西令刚离开被盘剥一空之地到这里的旅人感到很有诱惑力。我们穿过一条布满旧货商店的街，见店里似乎有些漂亮的青铜器。可惜进不去，因为人太多了。尽管刚早上 9 点，店里却已人满为患。我们在马坊门（Ma fang mönn）这条街上找了一家客栈，那里有好几家客栈并列。客栈都已客满，有空房的都不愿接纳我们。我只好拿出点架子，这得益于我跟曹大人同时到来的神秘之处。我把几个人赶了出去，占了一套给官老爷住的大房，有轩敞
206 的客厅、很大的配房和两间卧室，墙上雕花并装有护墙板，门也如此并且很高。每天房费 1000 文。

（1 月 4—5 日）我昨天打发保罗去了趟传教站。这里有贾意斯（Chiais）主教，他在该省待了 40 年了；另外还有一个刚从罗马来的主教、一位阿洛伊休斯（Aloysius）教士和两位中国司译。这座城里的基督徒有 400 人。最大的传教站在高陵县（Kau ling hsiën），距此 70 里，那里有座大教堂和许多基督徒。穆斯林没有

动那座教堂和基督徒的房子，也没有杀戮这些人。在甘肃前沿还有好几千基督徒，一位传教士今年去访他们。他要 40 天才到兰州府，至今未归，因为路途太艰险。

叛乱之前，中国经北路(Pe lu)跟俄国、经南路(Nan lu)跟土耳其斯坦有着重要的贸易往来。[①] 主要的贸易品是苏州(Su tschóu)的丝绸，湖北、湖南等地的茶叶，还有糖。西安府是这些商品的堆货场。你在这里问西安府与哪里有贸易联系，得到的回答首先是苏州和杭州，其次是汉口(Han kóu)。去那里很便宜，因为只要 5 天的陆地行程先到龙驹寨(Lung kü tschai)，再从那里走水路即可到达。西安府这里平时汇集了来自东南各省(包括广东)、也有来自十分富饶的汉中府和来自四川的商品，然后从这里把商品运往陕西和整个西部各地，因此这个城市才如此繁荣。此城据说有一百万居民，其中有 5 万穆斯林。在这周围肆虐的叛匪都是陕西的穆斯林。他们大约在 1865 年至 1867 年间仍分布在城周围，此后便撤退了。他们没有炮，不然他们会把这座城市夷为平地。这两年贸易和交通停滞，出现聚众抢劫现象。然而粮食太 207
少，饿死了许多人。另外，农民也涌入城里，但都又离开了这里。城里的穆斯林一直受到控制，现在仍不许出城。他们待在城里安分，出了城就无法无天了。

似乎只要太平军和捻匪未平，这里的叛乱就没人注意。自从平息了那两股叛军，才开始严肃地对待这里的叛乱。陕西现在已经自由了；穆斯林在该省最后一个坚固的据点是金积堡，在西北

① Pe lu 和 Nan lu 是穿过中亚的北路和南路。

方向，距此有 5 天行程——具体的位置我无从得知。这个地方不久前被拿下，叛军由此被逼逃往甘肃。甘肃的穆斯林据说跟陕西的想法不太一样，但他们还是收留了陕西逃去的穆斯林。我听说河州不久前也被朝廷军队拿下了。官军用炮把城墙击倒，进入城里，叛匪逃往山里。宁夏府现在也已由朝廷控制，但叛军仍盘踞在山里。

陕西按一般的说法是个特别富饶的省份。“平原”从潼关绵延到凤翔府（Föng tsiang fu），800 里，尽管向北不远处便被山隔断，可丰产的土地却并未因此受阻，而是在山区继续延伸了好几百里——因为北山是“tu schan”（土山），南山是“schi schan”（石山）。土山都是黄土，很可能在北部也只是缓缓升高，之后才过渡为黄土丘陵地形。北山的所有土地平时都有人种植；旱涝年里收成少，但如果雨量合适，收成就很可观。去年（1870 年）1 斗（tou）[1]

208 面是 1500 文，今年是 350 文，因为去年大旱而今年丰收。这里的雨不像直隶和山西北部的那样大、那样久。山西南部和潼关那里最长的一场雨也就两三天，到这里就更谈不上多么湿润了，但年成很好。尽管十分富饶，但陕西几乎没有出口的商品，只有谷物和棉花被运往山西换来铁和煤，似乎没有其他的出口贸易。此外就只有大黄重要了，它产自陕西山里，远销广州，其他还有几种药也是如此。与中亚和经中亚的贸易所得定然大部分用于平衡收支。该省实质上是个农业省。农民生活富足，城里人用在贸易和运输货物中得到的钱购买农民的产品。

① 约等于 10 升；中国的 Liter 叫作“升（scheng）”。

我在从潼关以来的整个路上注意到，尽管人口如今变得十分稀少，但几乎所有的土地都有人种植，我猜黄土的特点之一就是自保肥沃。实际上似乎也是如此。尽管多施肥比少施要好，但没怎么施肥年成也挺好，据说即便不施肥，只要下雨收成就也还可以。我此前已经猜到浸润黄土的水中的矿物质增多，还有很可能是因为可渗透的黄土能够从空气中吸收某些成分，使得这里的土地在历经4000年的使用之后仍能保持肥力。如果要给该省找个象征性的颜色的话，那只能是黄色，而“黄（hwang）”在这里的确也意味着土壤的颜色，皇帝的称谓“hwang ti”似乎也由此而来。

纵观陕西的水文地理状况，可以得到一些对尧帝时（公元前 209
2300年）大洪水的认识。那时，尧帝住在平阳府。潼关不仅从政治和商业角度来看，更重要的是从水文地理角度来看，构成了一个广大地区唯一的出入隘口，跟这一地区西部比邻的是个巨大的平原。如果截河筑起一道比现在的水平面高10米的堤坝，则大片的土地并土地上的城市和农村都将被淹没；很可能汾河下游也将停滞不流，沿河一带也将洪水漫布。也就是说，历史记载的一部分史实将发生。许多情况都表明，那时的确曾形成过这样的一道类似堤坝的阻隔。

首先，很明显这里曾有个巨大的湖，从西部和西北部来的水流汇入其中，并在湖中澄清之后向东流去。此湖很可能存在于黄土形成时期，因为沉积物中有再生黄土；但早在黄土时期结束之前，此湖已经开始消退，因为沉积物上覆盖着黄土。此湖是否存在于海水仍旧冲刷河南和山西山脉的山麓，大平原沉积形成的时候，并且是否或许因海水处于高位而形成，也就是说是否充满了海水，或者它是经由某次山脉合围形成的,对此我不能判断,因为我并不了解潼关下游的500里地区。够了:那湖存在过,并留下了痕迹。这事远在史前,从高踞于沉积物之上的黄土丘陵可以看出。此后在东部形成了一条幽深的水流出路,湖水被排出,很可能是由于河床逐渐深化。更晚些时候——大概在尧帝时——水流再次被围堵成湖。那时,很可能整个湖底和潼关以及下游方向的河床远比现在
210 要高,可能跟我们沿途经过的在潼关附近被切断的梯地的高度相当。这次围水成湖可能是由于导致东部大平原逐渐形成、后来又致使洞庭(Tung ting)湖和鄱阳(Po yang)湖形成的那次地壳上升延续而致。如果沉积物的高度标明的的确是当时山谷的高度,那么潼关那里的地壳略微上升就能导致大片的地区被淹。而那时,包括此后很长一段时间里,这两地的高度相当,这一点可以从埋在地下的文物得到证明。经地形上升形成一道阻隔将大有可能,假如陕西那时候真的曾经发生过大地震。自从沉积物上形成了一个湖,文物被埋之后,黄河逐渐地刨出一条又窄又深的出路,随着这条出路的加深,处于旧湖积物中的同州府盆地也加深。

有待研究的是禹①在多大程度上能够通过人力促进排水。《书经》(*Schu king*)上说是炸了龙门(Lung mönn),令人不自觉地以为这个龙门就是汾河入口上方的龙门。但令人不解的是,在那里如何才能通过人力促成排去汾河谷与陕西谷里的水。有那么多叫龙门②的地方,或许那时另有一个地方叫这个名字,或许就是现在的潼关。特别是潼关这里能够通过多种途径排去被淹地区的

① 见上册第432、531页。

② 例如上册第456页。Lung mŏnn意为“龙门”。

洪水。传说中所说的黄河水与长江的水混合，这跟禹的这部分功劳无关。很可能通过那次地壳升高引起了黄河从在天津入海到在江苏入海的众多移位过程中的一次。而这样的话将在那里生成最可怕的洪水；但《书经》对那里的洪水是如何排出的没有任何记载。 211

下午我造访了传教站。贾意斯主教，一个精神矍铄的老人，给我讲了许多叛乱的事。据他说，整个北方的穆斯林叛乱源于发生在陕西的小暴动，首先发生在1862年的华州。穆斯林人总是十分恣意妄为，特别是在西安府。他们暴动，既没有既定的目标也没有统一的领导，只是为了清洗省内的所有异教徒并取而代之。其他地方也继之而起，叛众合而为一，但仍没有最高领导。后来甘肃省才发生叛乱，之后才是西部。他很肯定地否认了叛乱是从河州和西部发起的。基督徒一直安然无恙，那时候——正好是星期天——高陵县的教堂都是人，所有的人都在画十字。有些异教徒因此逃过劫数，但并非所有人都如此，因为穆斯林叛军检查他们的基督教信仰，遇有答非所问者就杀头。

1863年和1864年又有Tschang mau tszĕ[1]从老河口（Lau hŏ kóu）过来。他们受到了高陵县传教站的盛情招待，待了几天；他们杀了两个基督徒，此外没造成其他损失。据说他们比穆斯林叛军温和得多，因为他们在这里是少数，而在汉中府他们可是大开杀戒的。省里的基督徒以前有30000人，现在估计还有20000人；仅在汉中府就死了6000人，部分是太平军杀的，部分是死于

① 实际就是“长毛子”，是对不理发的太平军的称谓。

太平军入侵之后的饥荒。

西安府里据说没有古时候的文物了。始皇帝[1]（这里称“秦始
212 皇”）的陵墓仍能在临潼县附近看到。古时候的宫殿基本在现在的城市以外，现已完全湮灭。那座有着“大秦景教流行中国碑”的庙也被毁了，据说以前十分美丽，有 60 个师傅和周围一圈漂亮的乡村别墅。可以买到那碑的拓片，但上面没有十字架和叙利亚文字。我买了 10 张完整的拓片。传教士们不敢相信，马可·波罗所谓的全粲府（Quen zan fu，音译）[2]就是西安府，并为此找各种各样的解释。幸而有一位有学问的人在场。我问他西安府的旧名，他说出的第一个名字是观松府（Kwan sung fu，音译），他说得很像全粲府的发音，令在场的众传教士很感惊讶。

（1 月 6 日）我今天去看左宫保的军械库了，在他副将袁（Yuën，音译）的衙门里。那里有 43 个宁波人，他们在福州（Fu tschóu）、上海，特别是南京学过如何制造弹药武器，主要是制造各种弹头，从左轮手枪的弹头到最复杂的空心弹头。在城里的另一个地方有一个火药厂，那里也维修枪炮。所制造的只有一种枪——管长 3/4 米，上有 3 厘米钻孔，用铁浇铸、车削而成，从前面装药，有准星和发射装置。后面是个木把手，跟笨重的中国猎枪一样的，实际就是对猎枪的一种仿制。这种枪架在一个可折叠的铁三脚架上，枪管用铰链连接，可以拆卸。整体极不完善，但他们显然对自己的产品感到骄傲。车削等用的不是蒸汽机，而是一种

① 秦朝（公元前 221—公元前 209 年）的缔造者，中国最有权力的皇帝之一，一般被称作长城的建造者。参见 219 页。

② 当时应名“京兆府”。

由6人操作的曲柄。车床是很好的英国货，所有的子弹也是。可以说，中国人所有可用的战争物资都来自欧洲，或依照欧洲模式制造。他们从欧洲人那里得到了大炮、施耐德步枪、左轮手枪、弹药等，同时得到的还有武器制造与使用的说明书。我还遇到许多在戈登麾下或在其时代服役的。陕西人看到，外国的帮助使他们赶 213
走了叛军，但他们对欧洲人的厌恶很普遍也很公开。山西人至少没有表现出这一点，也没有表现得对外国人充满好奇，山西北部和口外的人甚至还喜欢欧洲人；等进入陕西，外国人才开始觉得不舒服。

这种对外国人的厌恶，其原因我不清楚。受教育不足的人看我们，夹杂着倨傲的——他们都认为整个欧洲也没有中国的一个省大，害怕的——因为他们知道我们属于一个只拥有和制造最好的东西的民族，还有厌恶的情绪。后两种情绪部分由于人们普遍地相信是外国人带来了鸦片来害中国人的。他们坚信，所有外国人也吸食鸦片，但他们知道一种解药可以令鸦片无害，可他们不想把这种药告诉中国人。那些见过很多外国人的中国人，也对外国人不同于中国人的举止、对外国人缺乏礼貌，对许多他们当然有机会看到的外国人酩酊大醉的丑态十分反感。或许中国人同样普遍会感到一种无奈，当他们看到我们穿着自己的服装自由地在他们的国土上四处游弋，他们却不能赶我们出去——我们，那么小的一个小国家的子民！

我现在每天都同军官，同很多士兵打交道。我心目中觉得用于打败中国人的欧洲士兵的必要数目，每天都在减少。中国兵的座右铭是枪法好，对于操练与军纪——除非犯了最不可饶恕的罪才有军纪——他们一无所知。占据要职或许要搭上许多条人命，

214 但在战场上，整个的中国军队遇见普鲁士步兵的一个团也是要逃的。对此，那些军官也颇为清楚。我因此相信，中国人不具有进攻的思想。

（1月7日）去往伊犁的贸易——和平时期才有可能——从这里出发主要用车运，很少用骆驼。可在西安府租一辆两驾的车到伊犁。500斤货加上2—3个乘客，或者总重约800斤，行7500里要64两。假如1塔勒算作1600文，那么得到的是格外合适的货运价，即2.25文/斤每里。这么低的要价之所以成为可能，是因为食物、草料等的价格据说非常便宜，特别是一过了中国的门户嘉峪关（Kia yü kwan）之后，租车走全程总是很容易，因为赶车人总能预料到会有往回运的货物，他们于是带着从西部来的药品、俄罗斯商品、哈密（Chami）著名的干果特别是干瓜。我的消息人，去过很多地方的中国教士皮乌斯（Pius）说，整个南路和北路以及直到那里的人们都很善良友好。现在要是能从这里乘车穿过那广袤的陌生的地区回到欧洲该是件多么美的事啊！那帮叛匪要是多等10年，我可能现在已经租车上路了！

（1月8日）这里聚集了来自各省的有事干、没事干的官员——城里据说有大约500个等职位的官员。他们没有薪水，在富裕的朋友那里借，这些朋友也会借给他们钱买个职位。宁波人除了在军械库做工，还做文书，这里以及好几个县里都有好些宁波商人。与我为邻的是两个官员，一个是宁波的，一个是湖南的；后者说，18个抚台里有14个是湖南人，湖南人在其他要职里的比例据说与此相近，有的是18个里有16个。许多人都是湘乡县（Siang
215 siang hsiën）的，那里有1700个有红色（军）官衔的官员。整个

湖南据说只有7个县的人善良，最糟糕的地方里提到了岳州(Yo tschou)[①]。我的消息人也称岳麓山(Yo lu schan)[②]一带是仇视外国人之发源地，但称跟欧洲人的接触开始令那些性格开朗、不像一般的中国人那样奸猾如商的湖南人成为外国人的朋友。左宫保是湖南人，他周围的人基本都是湖南人，所以这里的湖南人非常之多。左的前任是图大人(To ta jin，音译)[③]，一个精力充沛但很残忍的人，他从始至终指挥打仗，直到有一天被敌方的一颗子弹击中眼睛死了。他令叛军无法抵抗，但十分缓慢地才把他们从潼关经西安府驱退，期间将所有穆斯林人屠杀净尽，特别是所有叛军留下的妇女和儿童。河流那时都被血染红了。

军队编制，一个营有500士兵：一个指挥官(营官，Yuën kwan)，5个少尉(哨官，tsau kwan)各领100人，50个士官(什长，schi tsang)各领10人，445个普通人(兵，ping)，此外还有个100人的辎重队(长夫，tsang fu)。

每月的薪俸：

5个哨官，每人16两 ………………… 80两

50个什长，每人6两…………………300两

445个兵，每人4.4两………………1958两

100个长夫，每人3两……………… 300两

总计2638两

① 见上册第410页。

② 见上册第392页及以后。

③ 指穆图善。

营官每月得到3000两军饷，除去其他人的薪俸剩下大约362两是他个人的。但他还有些其他的支出，使得他名义上的薪俸减至150两；但他实际的薪俸据说平均有400两。士兵吃穿都自己
216 付，唯独带着营徽的外衣由国家付一半。一些营里，指挥官掌管着一个大食堂，士兵们在那里照菜单点菜吃饭。什长在一个小账簿里记上每人每天的开销，每月从薪俸中扣除。薪俸常常长时间不发，士兵如果有特殊需要可以赊借。大多营里的伙食每月计1.2两，什长、兵和长夫都一样。所有战利品都被卖掉，所得的百分之三归指挥官，其余的百分之九十七按比例分，但实际上指挥官可以随意支配全部所得。如果军队名册上缺员，指挥官就把缺员应得的据为己有，每一个营里的指挥官都因此获利颇丰。指挥官的另外一个创收渠道是对车运、驼运、修缮火炮等事项的单独结算，该指挥官管辖的营越多，收入就越多。

每个营据说有一定量的火炮，即8门，每门火炮配一定量的操作人员，此外配4个徒步持矛者，4个挎大刀的，10个持英式毛瑟枪的，4个操作2架抬枪(Jingals)[①]的等。由此，每个营本身就是个作战部队；但如果好几个营一起，就会构成一个笨拙、不机动、完全无法用于进攻的作战体。在同中国作战时须注意，他们一切为了防御，只要绕过需防守的地方，便可保安然无虞，然后集中进攻重要的地方。同样，他们的军官也认为他们看到的外国军队
217 的操练与演练根本没必要，重要的只有一点，那就是善射。

(1月9—14日)这6天我是在写信和工作中度过的，其间被

---

① 印度语，称便携的小炮。

令人高兴或扫兴的来访多次打断。我受邀去传教站吃过一次饭，他们一反那里的常规，上的是欧洲菜。但我因为想着在太原府遭遇的不快而不得坦然。皮乌斯神父帮我租好了去四川的牲口，买好了15份“大秦景教流行中国碑”拓片，他人非常好，尽管并不是很能干。他是传教站的管家。该省有20000名基督徒，太平天国前有30000名呢。

西安府是个买古代青铜器和古钱的好地方——这两种东西在郊区不断地出土。商人们买青铜器都带着厚厚的铜绿和上面坚固的黏土，有的也就这么着再卖出去。还经常见到上面刻着现在看不懂的古字的，据说这是铜器源自周(Tschóu)朝[1]的表征。周朝时所造的铜器最多。铜器上即便没有刻字，如果一眼便能看出年代久远，人们也肯定地以为它是源自周朝的，因为在后来的朝代中(汉朝等，还有唐和宋朝)这一行业并不发达。出土的多为三足鼎和形式多样、带着不同浮雕的祭器。价格很高，重30—50斤的大件很快就升值到60—100两。我只买了两个挺漂亮的小件，都刻着字，一个还带着盖，十分稀罕。这里的人不怎么懂古币。大部分古币都被称为汉朝的，也常有新出土的明朝古币出售。我还买了一个漂亮的大景泰蓝。他们还拿另一件美不胜收、独具匠心的给
我看，是一件家传的宝贝，因为低于100两不卖，所以我没买—— 218
一只翘首的金鳌驮着两根珐琅质云柱，云中飞翔着蝙蝠。鳌头上单腿立着一只金凤凰，另一条腿收起，在两根云柱前面张着它的珐琅翅膀。后面，两只动物的尾巴以美丽的线条交织在一起，在两柱

① 周朝，公元前1122—公元前221年。

之间呈上升之势。这是我见到的同类作品中最美的一件,珐琅无可挑剔,毫发无损,整件作品的艺术品位很高。价钱是小事,但比之于我旅途中所带的现金而言却太多。我还买了一件十分美丽的明朝花瓶。

(西安府, 1 月 10 日 / 出自致父母的一封信)我在这里休息得颇为彻底。我住在一家接待官员的客栈里的一幢房间又大又高的房屋里,能够舒心地工作。离我不远处便是传教站,也是意大利方济各会修士。主教是个硬朗、活泼的老者贾意斯主教,在这里已经待了 40 年,跟个中国人没什么区别。他的副手曾去罗马参加高级神职人员大会,在那里也成了主教——那是一个年纪跟我相仿的出色的可爱的人。第三位传教士已经头发花白,是件老迈的古董。他不信早在 13 世纪就到过这里的马可·波罗的旅行,但坚信耶稣使徒托马斯曾在中国旅行。第一位主教尽管长期处于闭塞状态,却是个善于处世的聪明人,就好像他一直在文明人群中活动一样。他似乎就是领导传教站的不二人选。而所有这些传教士普遍都缺少好些教育。他们还很小的时候就成了僧侣,然后上课,受洗,马上被派来这里传教。他们对实际的生活没有一点认识,因此在各自的传教站里也表现得不够干练。在这一方面,旧时的耶稣
219 会传教士就不一样,他们造就了基督徒,而现在的传教士之于基督徒而言只是个灵魂上的帮扶者而已。那些耶稣会传教士精通世故,他们是自愿来的,不是无意志的工具。自由地在诸如德国的大学这样的地方研习几年,然后到一个牧区去做上几年的神职实践,会对绝大部分出来的年轻人十分有益。出来与否的决定应当在较为成熟的年龄做出,而不应在他们还不具备判断力的人生阶

段做出。所有这些条件，比利时传教站的领导者们都具备，但他们的年轻人同样也陷入我刚提到的这些错误中。

西安府是个大城市，周围环绕着高大的城墙和雄伟的城门。有一百多万人，非常繁华。它现在只是陕西行省的治所，过去曾是三朝的帝都，其中最先是公元前 3 世纪秦朝的帝都。这个朝代的皇帝最先令中国名声大振，他们声名远播，直达罗马人那里。最令人敬畏的是始皇帝，他修建长城，令人焚毁了整个帝国内的儒家书籍——这些书后来凭记忆得以重修。

我们纵然可以不必过多关注中国历史的细节，却不能不关注这片伟大的历史悠久的土地。长期以来，这里一直是民族大迁徙的现场，与欧洲一样，所不同的是欧洲的民族迁徙是从东往西，这里是从西往东。连绵的昆仑山像一堵巨大的、几乎不可逾越的墙，构成了民族迁徙的南部的自然界限。沿着山的北坡有一条民族交往的大道，从中亚出发穿越沙漠和高山，经甘肃到广袤富饶的西安府山谷。这里曾多次生发出高级的文化，艺术与科学十分繁荣；但随之而来的是西北民族的新一轮入侵——上百万人丧命，但日久天长又会生机绽放。只要来到这里，见到这些地区的分布情 220
况，眼前便会展现出中国历史的全景，一如山巅纵览，相信历史只能如此，不能是别样的。一切都那么显然、自然。整个中亚及其简单的分界和古老的贸易大道展现在眼前，触手可及。

目前发生的是民族迁徙中最新的变故——穆斯林叛乱。早在 1000 年前，汉人就招了一帮信仰穆斯林教、说一种东土耳其语的人帮忙对付藏人。这帮人来了，赶走了藏人，自己却在甘肃省汉人的地方坐定不走。尤其是他们占据了高山里的河州要地，那里

从此便成为穆斯林反汉阴谋滋生的温床。这些阴谋向中国内部蔓延,在其北方省份赢得了不少信众。穆斯林人和汉人的矛盾越来越激化,终于,在1862年华州的穆斯林发起叛乱——我的上封信就是从华州写给你们的。叛乱日益增加,很快便遍布陕西全省,从这里又蔓延到甘肃,从那里又及伊犁和土耳其斯坦。在这些边远的地区,汉人很快被谋杀,穆斯林人宣布独立。但在甘肃和陕西他们却没那么容易办到,因为他们既没有一个领袖,也没有固定的计划。他们只有个泛泛的目的,就是杀光所有的异教徒,使自己成为这里的主人。男人、女人和儿童,统统杀掉,只有基督徒幸免。历经8年,直到1870年春,该省饱经磨难。抗击叛军的军队虽然派来了,但都不起作用。于是李,一位著名的汉人将领受命来到了陕
221 西。他带来了他的40营士兵,全部配备欧式武器,叛匪马上不战而逃,从陕西逃到了甘肃,投奔他们在那里的穆斯林兄弟。天津教案之后,李便不得不回天津做直隶省总督,很可能是因为朝廷让他待命于左右,以防与法国人交战之虞。但他的军队留在陕西,不管甘肃,那里由另一位汉人将领左宫保率领200营人对付叛匪。这位官居中国最高职的人很不走运,经常战败,运送给他的欧式武器和弹药半路上便被叛匪劫走。目前,政府似乎想要严肃对待叛乱一事,有几分恢复和平的希望,尽管汉人恐怕要永远放弃西部的大片地盘以及土耳其斯坦和伊犁了。

对我而言,这场战争来得真不是时候。从我来到中国开始,就一直计划着穿过甘肃和伊犁回到欧洲,这样至少可以粗略地漫游一回这些巨大而陌生的区域。我原就以为这样的一次旅行是个十分冒险的举措,所以当我听到陕西和甘肃的战事时便立即放弃

了原有的旅行计划。现在，当我已然到了西安府这个开启这样一次旅行的门户之时，便为因受阻而不能实施我的旅行计划而感到加倍地难过。我惊讶地看到，叛乱之前做这样一次旅行竟轻而易举。一位当地的中国神父，是我所见到的土生土长的中国神父里第一个真正高贵的人，他曾游历过所有那些地区，因为那里也分布着基督徒，他给了我许多有关那些地区的信息。他那时候可以从这里乘一辆两头骡子拉的车，经停 80 站（日行 5—7 里）到达俄国
边界附近的伊宁（Kuldscha）。到处都有食物，价钱便宜至极，一 222
路上的人据他说都很善良。我现在要是能从这里乘车和我的坐骑一起踏上旅程该多美啊。但现在不是没有可能这样做，即便可这样做，又实在荒唐。

我连甘肃都不去。那里没有人烟，没有客栈，却有很多士兵，路上因为有叛匪所以还不安全。去那里定然不顺当也不舒服，我得到的同所需的时间相比定然不划算。此外，我将错过游历南方各省的好季节。我受到邀请，与李的军队同行。这固然挺有意思，我趁便还能目睹一段汉人行军打仗的历史，但我没有时间。我直接去了四川省，牲口都已租妥。

223 第二段：从西安府越过秦岭山到成都府

在这座城市里十分惬意地停留了12天之后，今天我启程离去。这段日子是旅行中的一次有趣的间歇。我的住处十分体面，很好，也能较好地工作——这一点在这些中国客栈里是很难得的。我租骡子租到了成都府，四川省的治所，共24站，每站租金为17两，预付三分之一。等把所有合同里的附加条款费力地谈妥，把我的邮件交由传教站帮忙邮寄之后，已是下午。实际上，我13日就想出发的，那天是农历的十二月四日；但大家指着日历告诉我说，6日是黄道吉日，能保旅途幸运，我因为邮件的事也便顺从此说。

我们骑马从西门出城，西门之大，与东门一个样，但城墙不如我前些日子雾里所见的那么高大。紧挨着城西也有一座大的郊城，城墙环绕，未经毁坏。城位于平地之上，尽管在一个梯地之上，却不像李特尔(Carl Ritter)所言的呈梯状上升。该梯地平铺
224 至距此约20公里的山脚处，紧接着便是陡然耸起的山；目前，山上白雪皑皑。这个地区是片荒野，原有的一切都被毁掉，看不见人影，但地都还种着。田里有麦苗和棉茬，西安府的平原上没有高粱。所见的头一拨有人居住的房屋是曾经城墙环绕的大集镇三桥(San kiau)那里的，眼下仅有6座房屋，其中两座是客栈，住宿条件都很简陋。

(1月16日)先行30里穿过被毁掉的平原，接着越过渭河的一条支流，紧接着又越过了渭河。这条河至此河水丰盈，河床宽

阔多沙，但其河床通常干枯。经过一座冬季通船的桥梁可通过此河，眼下河水中浮冰涌动。

咸阳县(Hsiën yang hsiën)基本被毁。这是个大县，沿河绵延。路从东门穿西门而过，沿途十分热闹。从这里岔出一条通向乾州(Kiën tschóu)并远及甘肃的路，现在是条军事大道，而沿山谷而上的那条路则小得多。县城在河上方 6 米高的地方，这一级在此仅有 1.5 公里宽，接着便是一片百米高的黄土地的一道陡坡。这道坡上遍布着先前的窑洞，片片相连。每个类似的村庄正面都有一道护墙，村庄上方有一片梯地，梯地上有一座拾级可及的寺庙。但这一切现在都已被毁，连窑洞也不曾幸免——它们看起来就像被遗弃的马蜂窝。有一种现象很奇特，在西安府以东很远处便已出现，此后又出现在此城周围，主要是在黄土梯地之上——就是那些宽平头的丘体，有些高达 30 米——都是高官的古墓。这让

689
人想起了蒙古，那里也是远远地便可看到这样的丘体的轮廓，这是当地的特征。值得注意的还有那些过去林林总总的寺庙，而今都已被毁坏。一般地，庙前还立着两根 9—10 米高的铁柱，上面是凸出的龙形装饰。它们由山西铸铁制成，制作十分考究。反复出现 225
的有三四种不同的样式。

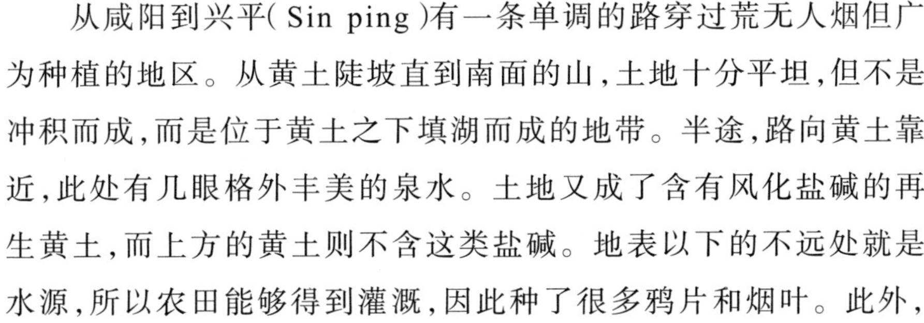

从咸阳到兴平(Sin ping)有一条单调的路穿过荒无人烟但广为种植的地区。从黄土陡坡直到南面的山，土地十分平坦，但不是冲积而成，而是位于黄土之下填湖而成的地带。半途，路向黄土靠近，此处有几眼格外丰美的泉水。土地又成了含有风化盐碱的再生黄土，而上方的黄土则不含这类盐碱。地表以下的不远处就是水源，所以农田能够得到灌溉，因此种了很多鸦片和烟叶。此外，

棉花和小麦是主要作物。南面的山很雄伟，轮廓十分简单，但貌似很有层次，比平原高出大约 1500—2000 米。李特尔提及的太白山(Tai pai schan)确有其事，因为此山在这里广为人知，据说夏季里山上仍白雪皑皑。

(1 月 17 日)兴平是个不起眼的小县，客栈很差。路仍旧是在平原上，我们走了 30 里，这里的村庄也都尽数被毁，但所有的农田都种着。这个地区的黄土地表呈现出十分柔和的波状。城被围在对面陡峭的黄土山壁之中，城墙的一侧位于山上，另一侧位于谷中。这里的黄土壁上也是窑洞遍布。北面的山低矮、平坦，河流从那里带下钙盐和砂石；南面的山可惜今天看不清，只能凭其极模糊的轮廓意想，但似乎高得很。

(1 月 18 日)扶风县(Fu föng hsiën)，即我们今天首先到达的那个城，是个非常贫穷的地方，但是没有被叛匪占据。此外也是被毁了个精光，但所有的地里也都种着庄稼。以小麦、棉花和豆子为主，此外还种着大片的鸦片。人们在所有的黄土洼地里都种上了
226 罂粟，目前正忙于大肆开拓这些黄土洼地，它们一般位于地表以下、垂直山壁之间 3—4 米深处。这些垂壁目前正被往外拓展，去掉的土撒到田里作肥料。黄土地里居民众多，土壁上有许许多多废弃的旧窑。在地表平坦的地方挖一个一面土壁垂直的洞，洞里开屋。

该地区到处是野兔，我每天都猎获很多。渭河边上有许多野雁和红鸭。客栈都很简陋，由于天气从西安府开始变得很冷，所以便处处显出客栈简陋带来的苦楚。房子里暗无天日，却到处透风，炕也都冰凉。第一晚和第二晚尚且有经渭河运到咸阳县的山

西产的煤用以生火，现在仅剩枯草可烧了。只有面粉可食，用它做成十分拙劣的馒头和面条。今天住的客栈是个土窑。这个地方实际就是一串客栈。

太白山是座体长顶平的山，似乎比山谷高出至少 2500 米。它前面是一串比它低 1500 米的山峰，排列如锯齿。尽管天气晴朗，可远望去十分模糊，特别是向南看时，只有轮廓依稀可辨。此山似乎山势陡峭。

（1 月 19 日）今天白天终于变得晴空万里，但远望仍不能看得真切，因为这里的空气中多沙尘，想看得真切除非等到雨雪初霁。路仍旧完全在黄土地上延伸，黄土地非常柔缓地升高，时而被幽深陡峭的山沟剪断。在凤翔府的山谷里以及向西都铺展着一眼望不到边的黄土地；上面遍布着如今少人居住的村庄。封闭的大村庄在这里很少见，一般都是小村庄，由一些小堡垒组成，因为每个小
的房屋群都被一圈高墙围起。几乎每个村庄都由一群大的四方匣 227
子组成，很可能每一个四方匣子里都锁着一个包含了所有亲戚的家族。显然，这个地区在暴乱前曾人烟稠密。

黄土地上的道路漫长而单调。突然，我们来到了一个陡峭的边沿，下面深处是渭河 2—3 公里宽的谷地，谷地里宽广的河床中渭河蜿蜒地流淌着。对面耸立着一座山，山脚被河水冲刷着，俨然一幅壮丽、惊人的景象。南面的山，在当地自然被简称为南山，非常有层次。它似乎有又长又平的平行山脊，其间生成的溪水是截断前面一道山的那些小河的源头。太白山上白雪皑皑，不仅像其他山那样有条状的山沟，还有因雪而变圆的边缘。所有的轮廓都抻得很长，山形平坦，山头的角度为钝角。

（1月20日）终于，我们在晴朗的日子、眺望着山里的林木来到了那条向往已久的山间大道的第一段。此前我们到过虢镇（Kwei tschönn），一个又大又重要的集镇，它像县一样被城墙围着，四面遍布着较大的郊城。昨晚，当我们到达此地的时候，看到农人从集市上带着所买的东西向四面八方的村庄涌去。在我们走的那条路上，迎面走来了好几百人。然而我没有受到丝毫骚扰，像在西安府以西各地一样，这里的人们也懂礼貌，举止充满敬意，没有令人生厌的好奇心。

很快，经过一座长长的冬桥到了渭河的右岸。这里河水湍急，清澈，水面有400步宽，沙质河床却至少有2000步宽。我们也已通过了一条山溪宽阔的锥形山麓堆积区，这条山溪是从四处蔓延的野峡谷中流下此处的。这条山溪以及所有其他山溪的水都用于推磨——这里有最白、最细的面粉和最好的面食——和用于浇
228 灌分布在山谷边缘的稻田。5里外是马营镇（Ma ying tschönn）。叛匪将这里的一切毁尽，但人们之后仍旧从山中回来，用木材和黏土依原样重建房屋。石砌的房屋在所有这些地区都不为人知，砖砌的房屋是种奢侈。——现在沿着山谷边缘一直走，穿过了好几个新建的村庄。稻田里嬉戏的有野雁、野鸭、红鸭，还有白鹭。

渭河河谷是这段旅程中最奇特的地区之一，或许可与河南府以东的洛河河谷相媲美。这里，与秦岭山脉平行，位于此山北麓，有一条笔直的沟，沟所在的谷底有3—5公里宽，沟的北面是一道多次被截断的150米高的、黄土梯地的直坡，南面是一片250—350米高的黄土地伸出来的舌状地带，这些舌状地带在众多山溪的碎石堆之间向下延伸，坡度尽管没有北面那么陡，但也相当地

陡。这一阶段之后便是越来越高、越来越险的山，被山泉流过的峡谷深深地撕裂；最后是那些阻断视线的高大的山脉。谷底的渭河在它宽阔的沙质河床里从肥沃的冲积地之间蜿蜒流过。对于那些还不熟知黄土地的人而言，最奇特的当属北面的黄土壁了，它从下至上都是成群的洞窟。无数“之”字形的道路从山谷通向高处，将所有这些人居的像昆虫的巢穴一样的房子连接起来。土坡的倾斜角有25—40度，但都被人为地平整成梯地。几乎每一段梯地都有窑洞，土地都有人种植，不浪费一丁点土地。宝鸡县周围的人口最密。此城位于黄土坡上，沿坡绵延，部分城墙建在黄土坡沿上。周围有许多新建的黏土房和土窑。

这个奇特的小地方比之于我迄今所见的格外热闹——这里有川流不息的人群和牲口群。而且沿山谷上行仍旧如此；然而往上走，山谷中的沟不久便闭合了，因为在宝鸡县上方的约10里处两边的黄土合在了一起，远处显现出中等高度的山脉的轮廓。宝鸡位于河水转弯的凸起部位。跨河有一座冬桥，之后，路便直奔一个从西南方过来的山谷里面去了。这个地方的下半部分尚且位于黄土丘陵之间。而在我夜宿的那个谁也难能说清叫什么的地方，我走的辅路合入了主路，在那里的黄土层下已经露出了坚硬的岩石。沿着山谷往上看，所见十分壮丽。目光深入到群山构成的迷宫中去，山越来越高，在今天芬芳但朦胧的气氛中看起来巨大无比。

今天，我在左岸的时候遇到了成群结队驮着甘肃（自兰州府）

229

产的水烟(Sui yen)[1]的牲口。烟装在盒子里,跟茶一样,显然是一种珍贵、重要的贸易品。此外比较重要的就只有木工胶了。

(1月21日)第一天我就越过了主山口,由此我也离开了黄河盆地,峡谷夹在陡峭的花岗岩壁之间。这是一座格外峥嵘的山,排排齿状岩石依次延伸到最高的山脊上。这个山口,煎茶岭(Tsiën tscha ling,音译),位于平原上最后一个地方上方约1100米处,海拔约1800米。而就在附近的山比这里还高出1000米呢,我依据这个山口的高度猜测,太白山至少有3300米高。所有2700米以下的山几乎还没有积雪;只有在更高的山上才有。我对黄河盆地
230 依依不舍,因为这里的好多东西我不得不交给我的那些研究中国的后继者去研究。这道分水岭所做的分割是多么的剧烈啊!但其实两边的人们却是融为一体的!

在北边的峡谷里孤零零的小村庄分布在路边,山上没怎么种地,而在南边向下却有个肥沃的谷底盆地。漫长的山间峡谷在此汇聚成东河(Tung hŏ)。人们在这个山谷中种植土豆、玉米和荞麦,农田延伸到山坡上的350米高处。这些山坡上覆盖着厚厚的黏土,而不再是黄土。这里有成群的野鸡,放眼望去就有上百只,常常就在路边。据说山里有鹿、黇鹿和山绵羊。山间的峡谷中的居民似乎跟汉人种族不同,尽管他们也留着辫子。他们矮小,脑袋又小又圆,长胡子较早。然而,在这里的路边住的主要是汉人。

迄今为止的路都没什么特别。可在有的地方路是凿山而成,砌上护墙并用柱子支撑。路也建得宽阔,尽管保存下来的路并非

---

① 日记中这么写的;指si yen,即西烟,绿色,产自甘肃。

处处宽阔。唯一还能让人看出这是一条古老的人造大道的地方是它的取线和它是用石块铺设的。所有现存的路段都用石块铺设，但石块大多已经年久失修，所以走起来十分艰难，时而有老拱桥。路上交通繁忙，产自山里的木材和木炭向下运到渭河，还有远道而来的、一般都由人背来的大米，糖和其他产自四川的商品。

（1月22日）今天是漫天乌云，零下8度，猛烈地吹着东北风，
一整天都在下着小雪。冰冷刺骨，当我的人到达这里的草凉驿
（Tsau liang yi）时，他们再也受不了了，停下歇息，对我不早些告 231
诉他们会这么冷十分恼火。大多数的旅人今天都静静地躺着歇
息，因为中国人宁愿在积雪的道路上走，也不在最好的路上冒雪
前进。

今天的路程是沿着东河往下向西南方走。跟此前在山口那边一样，道路都保持在河的一侧，以避免建桥。于是人们必须沿着陡峭的凸起的岩石，有时还要越过这些凸起的岩石建路。大段的路都是在坚硬的角闪石里凿出来的，这可是费劲活儿——你想啊，那时又没有火药，尽管比之于建造现代山路的难度那是微不足道。山谷在我昨晚住宿的地方往下陡然变窄，但从未窄到变成一个真正的山峡的地步——仍有村庄存在的空间，且绝大部分地方还有一道狭长、基本都倾斜的耕地。这样的耕地很少有1公里宽的，但跟此前见到的一样，山坡上开垦的田地零星地分布到很高的地方，都不是梯田，而是倾斜着的田地。这样的种植有赖于层层覆盖着岩石的黏土地。有的地方的黏土地具有黄土地的特征，有垂直断面，所以也不乏窑洞。村子都很穷，但到处是小餐馆，因为路上来往的行人是这里主要的收入来源之一。人们几乎不看我们，根

本不打扰我们，他们很贫穷。

（1月23日）群山山脊和山峰的高度和险度从山口处便已开始减少。秦岭真正的高山脉似乎是那条其中沉陷着山口的花岗岩山脉，似与分水岭重合。这条山脉向北陡然落下，生出流向那边的落差极大的短溪；往南流出的溪水又长，落差又小。这里仍旧是山
232 的世界，但山都变得柔和，而且也没那么高了。然而在山谷中继续下行才开始有山峡出现。

在一个狭长的山谷的下端是凤县（Föng hsiën）。城南隔着一段山麓再次隆起了较高的山。路一直追随着左岸，所以难免在山峡中有些犯难。河边有横冲着岩石夹层的高高的断崖，这些制造了巨大的麻烦，在有的地方沿着这样一道岩壁的道路几乎只能架在桩柱上。这大概能够激起马可·波罗的赞叹，因为那时候欧洲几乎看不到类似的东西。而旧的那条路并非都保存了下来，它遭受了山体滑坡、冲蚀和使用的磨难，如今只是勉强维持，以便交通不至于中断。为了使之与它作为交通大道的目的相称，需要对它进行大规模的改造；因为在这样一个国家做这些事只能通过皇恩浩荡来实现，所以这事儿就无望了。凤县是个围墙围起的小城，是这里蓬勃的地方小生意的驻地，这里的人极为和善。

（1月24—25日）没有什么比这一点能更好地描述这些山的阻隔以及嘉陵河（Kia ling hŏ）所必经过的那些山峡的凶险。为了最终到达同是这条嘉陵江（Kia ling kiang）边的地方（如保宁府/Pau ning fu/），道路必须越过高高的山口到那些不能通行的边上的山谷中去，随后才再次回到我们从凤县离它而去的那条河。我在这一通山路上一直在张望冰川的痕迹。既没有磨损的

岩壁，也没有表面被刮破的岩块。有时以为看到了冰碛，而最终总证明是从一个旁边的山沟里来的碎石堆冲着露出地表的岩石堆积在那里。

随着向南走的脚步，这座山上的植被越来越多。夏天，整座山都是绿色的，但实际上秦岭上还很少见树林和灌木。山的北坡种 233
着许多柳树，用作柴火。山的南坡可见栎树，而且数量增多；但都是小树种，没有常绿树种。迄今还没有出现任何常绿的阔叶林。今天在紫柏山（Tsz pai schan，音译）上我见到了第一丛野生的竹子，它们是唯一鲜绿的植物。除了几棵柏树就没什么针叶树了。从昨天开始，谷底里可以看到许多秀颀的杨树，树皮呈银灰色，树枝昂扬。果树还很少见，最常见的仍旧是在所有的高地山谷中枝繁叶茂的柿子树；另外还见到几株桃树，此外就没什么了。今天，在南星（Nan sing）附近，有几棵桑树，带着被采过的痕迹。早在宝鸡县附近我就看到过一棵桐树。藤蔓植物到现在才出现，榆林铺（Yü lin pu）上方的山谷已是植被众多，格外美丽，紫柏山岩间的峡谷也长满了植物。农耕一直延伸到很高的地方。养猪的开始增多，却不无令人担忧之处。所养的不再是甘肃和陕西那里的较好的品种，而是通常的中国猪种，脸上布满褶皱，长长的腹部向下耷拉着。南方的另一个特征是鸭子，迄今为止我还没见到鸭子，今天它们出现了，而且一下子就是一大堆，熏鸭大量地从汉中府运到北方。羊只作家养，野鸡仍旧成群结队，很好射猎。

负重的牲口里自然已经完全看不到骆驼——在西安府以西我还看到几个驼队，但那些骆驼的体形跟更为北边的比是多么瘦弱啊！驴子也见不到了，仅看到的几只也基本上都是矮小瘦弱的，

跟陕西那些生龙活虎的没法比。蒙古马也看不到了，只有广受欢
234 迎的四川小马。我的那些消瘦的老马因为体形较大而显得十分气派。这段路上的骡子都是良种，它们大多来自陕西和宁夏。但这里主要的负重者是人。人们一般将货物放背上背着，并且最多能背约 80 斤。在这段从汉中府到虢镇的路上，重要的货物运输几乎都用这种方式解决。

一个奇特现象昨天第一次出现在三岔驿(San tscha yi)以南的山坡上，是那些建在岩石里的洞穴，都建在谷底以上高 30—125 米处最难接近的地方，总是 20—100 个成一群，分布极为不规则。它们是在板岩里开凿的洞。对于它们的建造时间和目的我都不得而知，这儿的人都不知道。太平军来的时候，这些洞穴便成为老百姓的避难所。

(1 月 26 日)群山的绝对高度虽然在减少，但相对于山谷的相对高度却不减。假如能从高处眺望这里的地貌，就会看到广大的地区是一片山峰的海洋。河流绕行于峻岭之间，河道又深又险，旁侧的峡谷亦同。只在道路两边才有村庄，道路沿着山坡蜿蜒，常常跨越巉岩峭壁。陡峭的山坡上还有种植，但面积有限，只在几个地方还有少得可怜的一点儿黄土。

现在出现了花岗岩。山谷马上变窄了，到处是岩块。在唯一的那个开阔处便是留坝厅(Liu pa ting) ——一圈美丽的围墙，墙里只有几座简陋的房屋，不大的郊城里有几家杂货铺和客栈。尽管如此，城门还是夜夜关闭。这个位于花岗岩盆地里的地方，地形十分浪漫，但它要想具备欧洲的花岗岩山区所具的诱人特征就还缺少植被，主要是缺少跟峭壁和岩石的呆板鲜明比照的美丽的针

叶林。

今天，我们见到了第一拨常绿灌木和乔木，在陕西和山西我不 235
曾见到过这些，好像是桃金娘和月桂。它们开始出现的地方是大约 27.00 个英国气压读数的海拔高度，而且是成片地出现。随即还看到了棕榈。

（1 月 27 日）这是一次非常棒的早晨漫步，零下 2 摄氏度的温度，阳光和煦，在险峻的岩石山谷中下行！马道（Ma tau），我们的目的地，是个客栈和小商店林立的集镇。经过了一路的坎坷，我的人想在这里歇息半日。马和驴都得打掌，用具也都要修理。今天走的大致方向为向南局部向西，中间有许多小弯弯。河流在一个狭窄的岩石峡谷中流动，群山陡峭凶险，比山谷高出 600—800 米。只有极小面积的种植，更多的是在岩石之间和岩壁之上天然生长的植被。道路在河的右岸行进，必须克服一些陡峭的上坡和下坡才能越过山岩。最后，道路从一条小支流的索桥上经过，这是我在这里见到的第一个索桥。6 条 15 米长的锁链，相互的间距很小，紧绷着，上面铺着板子。桥晃晃悠悠，对于牲口而言不无危险。

在所有这些变质岩山区不知道有没有金属矿藏，主山谷里不见有淘金的。很可能是位于南侧的这个广大的变质岩区域使得位于西面和东面的山如此的险阻。最柔和、最适于种植的地区在高高的上方。

（1 月 28 日）遵循着一直以来所具的特征，峡谷愈深愈险。今天的这段旅途景色最美，道路最艰难。这里的道路实际上如同马可·波罗所言，是贴着岩壁筑起的，局部用桩柱撑着，最古老的路段在糟糕的地方还可见有他所描述的 1 英尺高的护墙。这些路段是

236 最好的路段。可是尽管道路受到了精心的修护而保存至今,但路况极差,对于牲口而言极为艰难危险,所以我只得满足了我的人提出的走 70 里后便投宿的愿望。山的险部分是由于岩石的特征,部分是由于沿着山谷下行的途中山的绝对高度没怎么减少,而相对高度却在增加。那些在此构成山脊的山峰,仍旧比山谷底部高出 900—1200 米——当然都是些离得有些远的山峰,透过峡谷可以看到,我对它们高度的猜测并不准确。依照中国地图我早在离这儿很远的北边就期望看到一个大平原的开端;可我看到的却是像阿尔卑斯山一样极为陡峭的群山。我们迄今为止所赖以绘制中国地图的那些信息来源多么不准确啊!

在青桥铺(Tsing kiau pu)以下 15 里处河流蜿蜒穿过一个壮丽粗犷的岩石峡谷。坚硬的片麻岩山壁,深处的河流和沿着山岩蜿蜒而去的富有生机的道路,一幅壮丽的景象。这个峡谷的片麻岩特别坚固,跟这个地区的其他片麻岩不同,因为它含有较大的红色正长石晶体,类似花岗岩,格外坚固,部分道路便是在它里面开凿的。河水蜿蜒流向东南方,弯曲得很有规律。山坡开始变得有些柔和了起来,顺河而下可以看到云母片岩特有的舞台布景一般的移位——当它冲着山脉走向,如同在这里,被河水横着截断的时候。但河流的旁边仍旧是高大粗犷的山峰,峡谷难以通行,这从道路要越过一个山口才能到达褒城(Pau tschöng)可以看出。

我歇息的地方只有一小片房子,有 4 家客栈,都是最小的那种。店主和他老婆为了给我腾地只得离开了他们的房间,这间房透风透得像身处旷野里一样。太平军也把这条路上直到凤县附近的一切几乎毁尽。人们开始了重建,并利用废墟中的旧东西建

房，但钱似乎仍不够建较好的房子，客栈一点都不舒适。 237

关于这条道路，人们构造出如下的美丽传说。据说2000年前，有个山西男子刘韩信（Liu han sin），力大无穷。他之所以能如此大力，是因为一次他被猛虎吞食，又活着出来了（跟尤纳斯/Jonas/遭遇相似）。之后他便成为赫克力斯（Herkules）一类的人物。他最大的作为是战胜了水龙（schui lung）。他赢得了爱戴，做了四川王，脱离了皇帝而独立，但皇帝控制着水路。为了得到去北方省份的通道并获得他们的支持，此人让人修建了这条山道，然后他就去了北方，不料却被俘虏。山西的韩信岭[①]就是用他的名字命名的，在那儿的一座庙里还保存着他的画像。这里都把这条路称作北大路（Pe ta lu）。从西安府到汉中府还有一条行程短4天的小路（Siau lu）；但这条路冬天因为多冰，牲口不能走。此外还有个别步行的小路越过大山，但路上没有投宿的地方。

在翻越大山的货物中，大米、糖、丝绸和药占据了首位，都是从南往北运的，此外往同一方向运的还有纸、木工胶、细面条等。绝大多数的货物都靠人背。一个人背着货物，大约80—100斤，从汉中府到虢镇（600里）是3—4吊。按80斤3吊算，这样的陆上运输的正常价钱是每100斤每里6文钱。骡子每天大约1吊。按骡子负重200斤日行80里算，两种情况下价钱一样。陕西运往四川的有毛皮、羊毛和棉花。

关于这一地区的气候，很难获悉什么。河床都证明了时而有 238
严重的洪水，但很可能都为时很短。四川遭遇了干旱，年成不佳。

① 见上册第529、535页及后一页，还有上述第183页。

据说有时这里会下急得可怕的冰雹。山里的降雪有时达到25—50毫米,但不会多过这个数。

(1月29日)这条路直到最后一寸都是真正的山路,止于全程中最险的通道之一。接着,又走了10里才下到峡谷底部。河流迅疾地从岩屑堆上方呼啸而下,随即形成了水面平静的墨绿色的池塘。

云母片岩的峡谷可以通过炸掉岩石收服,峡谷里有几条独特的通道,但石英岩构成的峡谷里是不可能铺路的。道路于是离开了河流,沿着山坡向上蜿蜒了大约300米到了鸡头关(Ki tóu kwan)。这是一段古时候就有的路, 2.5—3米宽,建成阶梯,围着护栏。这里没遭受过大的破坏。在鸡头关可以看到汉中府的谷底。天气晴朗时眺望,定然很壮观。南面的山脉在汉中以南约70里处再次出现。我唯一获知的是城南约150里处产条钢,大量地运往陕西。

褒城是个小县,恰好位于平原边上,颇为秀美。百丈河(Pai tsang hŏ,音译)[①],到这儿一直是一条湍急的山溪,现在在宽阔多沙的河床里缓缓前行,流向汉江(Han kiang)。到汉中府,然后再到四川去的那条路越过河流立即沿山谷上行,在上方到达汉江,并与汉中府的路交会。在黄沙镇(Hwang scha tschönn),我投宿的地方,正好逢集,街上人头攒动,但我们安然从中穿过。我们在此住进一家极为简陋的客栈,我们的住房又是风来无遮拦,还有就
239 是很难赶走好奇的人群。山坡上的黏土在这里构成了一个冲着山

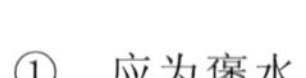

① 应为褒水。

谷的宽广的冲积慢坡，但完全没有陡峭的黄土断崖。土壤跟通常沉积于厚厚的黄土之下的土壤完全一样。在东面，梯地又向下延伸得更远，或许隔绝了平原。这个冲积山谷人口稠密，都是大村庄，尽管被盘桓在此三年之久的太平军祸害得不轻，但而今人口众多，且大部分得到了重建。一离开山区，房子和街道就脏了起来。

水稻、小麦、棉花、鸦片、烟叶、荚果是汉中府平原种植的主要作物中的几种。橘子长势良好，这里还有很好的小柑橘。汉江的河床大约有 1000 米宽，眼下有些湍流，但仍行船，船目前装载 15 担(Pikul)，夏季装载 30—40 担，货船下行 700 里远。

（1 月 30 日）早上的时候，黄沙镇正北露出一座高耸、平顶的山峰，它既是山区的一部分，又比该山区的其余部分高得多，我估计它比汉江山谷要高出至少 1500 米。人们告诉我说它叫武兴山（ Wu tsüen schan ）。这里的山没有共同的名。沿山谷向上看可以看到远处的高山，从这里开始直到陡峭的大山的坡前是一片柔和的、因其泛红而显得独特的丘陵地带，它向着沔县(Miën hsiën)绵延，封住了山谷。第二条封住山谷的线存在于汉江以南，在距离汉中府不远处有一座山止住了脚步。此山沿汉江延伸，山形都很柔和，比山谷高出 600—800 米。

沔县的山谷构成了两山之间的一片 90 里长的平地，平地上有汉江的沙质河床、一片肥沃的冲积地、一个覆盖着黏土的碎石梯地和一个黏土慢坡。路上行人穿梭，尤其是在菜园子(Tsai yuën
tsz')附近，这是一条 3 里长的热闹的街市。因为新年临近，这里 240
正逢圣诞节市场一类的集市，一串张灯结彩的杂货铺里摆满了琳琅满目的商品，正开门迎客。人们举止十分有礼。沔县位于山谷最偏僻的角落里，在汉江离山而去的地方，又是个只有围墙不见房的空城，因为太平军将一切夷为平地，而在东门附近却产生了一座不闭户的新城。

在接近的时候就看到向西20度偏南方向有一条山里的沟又深又直，这是汉江的河道。道路沿左侧的山坡向上，这一侧地势柔和，而右岸既陡且高。这里没有谷底，只有河床，水上可以行船。道路必须越过许多小水沟和柔软、积水的地方。这条路之前很可能已经破旧不堪，所以才刚刚新修过。这是我在中国见到的唯一一条新修的路，是汉中府知府的业绩，使得他备受爱戴。

我们遇到了许多从四川逃荒至此的灾民，带着老婆孩子和锅。四川省三年遭灾，因此物价高涨。这些人逃到汉中府，特别是到山里开荒种地。离这里300里的地方据说是铁炉庄(Tiē lu tschwang)，那里生产很多钢铁，驻扎着300士兵，说是为了保护钢厂里众多的工人。另外在汉中府另一侧的两个地方也生产钢铁。大规模运往陕西和山西的胶产自山里的一个地方，离汉中240里。那里大量种植一种结块茎的植物，胶是用这种植物的块茎同猪皮、废弃字纸、石灰等一起熬制而成的。生产据说很有规模。

(1月31日)江在新铺湾(Sin pu wan)附近离开了山沟，向南
241 转弯，在太安驿(Tai ngan yi)附近又回到了同一个山沟。道路追随着山沟的方向越过了好几个山口和种着稻田的峡谷的上端。可以看到，山沟仍继续向西30度偏南延伸得很远。这一段是穿越高山所经过的山谷中最美的直线道路之一。太安驿是个热闹的集市，而且还是驻扎着8个营，也就是大约4000士兵的坚固的兵站，

都是湖南和四川的军队。道路上的人熙熙攘攘，在一个大露天市场上更是像一团蚂蚁。大约 4000 人，挤作一团，忙于买卖。但我们经过的时候没受到一点骚扰。

通往四川的路现在进入了一个狭窄的横向峡谷，20 里后到达宽川铺(Kwan tschwan pu)村，从那里穿过一个石灰岩峡谷。今天，我看到了许多桐树。种植一直延续到最高的山上，都是倾斜而下的农田。凡可能的地方，都种了水稻。在这里还看到众多水磨。人们都很穷。

（2 月 1 日)选将坪(Süen kia ping)这个村庄是位于狭窄的峡谷中的一小片房屋构成的。从这里开始了到五丁关(Wu ting kwan)山口的上山路，该山口比村子高 300 米，之后便进入一个幽深的峡谷。

关于五丁关，我听说了下面这样一个有趣的逸闻，讲的人告诉我这是一段真事。四川那时住着蛮子(Man tszĕ)，而那时山里很可能已经生活着罗罗(Lŏ lŏ)。蛮子的统治者住在成都。秦始皇帝[①]从西安府途经那时已经存在的山路进入汉中山谷，想要向四川挺进，却发现这个地区道路不通，无法继续前行。他于是遣使到蛮子的统治者那里传话，说他给他带了礼物来交好。这些礼物是两头母牛，它们尽管也像其他母牛那样吃草，但排泄出来的都是纯金。于是来了五个蛮子的使节——即“五丁”——接受这两只母 242
牛。但皇帝解释说，这两只母牛需要宽阔的好路才走，需要桥才能过河。这些使者回去禀明此情，蛮子的国王便令人修建了一条好

① 见上第 211、219 页。

路，这条路如今仍从成都延伸到五丁关呢。秦始皇带着他的士兵化装成的金牛，占领了这个地方。那个时候才有第一批汉人在四川定居的记载。

还在汉朝的时候汉人就已经占领了成都山谷和其他要地。顺流而下的山谷、嘉定府和叙州府（Sü tschóu fu）地区却还长期被蛮子占据着，他们最后住在洞穴和岩壁里。[①] 在第一次被征服之后的 400 年间，刘备（Liu pi）成为了统治者，有些人说他是山西人，有些人说他是河南人。他的功绩在于第一个打开并征服了云南（Yun nan）和贵州（Kwéi tschóu）。此外，他在那些已几乎不能走的旧时小路上修建了从褒城县到宝鸡县的大北路（也叫 Tsan tau，栈道）。四川作为省是在宋朝的时候才并入中央帝国的。

我们今天遇到了去向皇帝进贡的西藏使团。一位高级使者，被当地人冠以“王（wang）”[②] 的称号，身着黄袍，被用圆顶轿子抬着。他周围有大约 20 个身着从头上耷拉下来的红色袍子的较高级别的喇嘛和 30 名随从，有的骑马有的步行。150 多匹骡子，每匹负重 200—220 斤，驮着仔细缝在皮袋里的东西，很可能都是给皇帝的礼物。重要的私人行李基本都由苦力们抬轿一样地抬着。行李上插着红旗。好几天以来，这个使团吓坏了旅途中的商
243 人和赶牲口的，因为所有的骡子都被拦住并被粗暴地没收给喇嘛用。在到褒城之前，我遇到了一个用骡子将货从北京运往成都府的商人。他恳求我护送他进城，把他的牲口假称为我的，但我拒绝

① 这些废弃的岩洞李希霍芬后来在沿岷江（Min kiang）而下的途中亲眼看到，这一点他在一则短的日记笔记中有记载。

② 王子或国王。

了。他真的被拦住，他的牲口被没收约一周，然后给往东岘（Tung hsiën，音译）去的喇嘛用。这样一来这个可怜的人要等上大约20天，却得不到任何补偿。最为怨声载道的是那些衙门里的人，因为他们必须成群地待在现在这令人生厌的龌龊环境中整日护送穿红袍的人。那些红袍在山景中美丽如画，但随从的人员非常肮脏。从渑县开始的道路据说根本就是为这个喇嘛使团才新修的。

（2月2—3日）我们终于走进了四川省。道路依旧追随着那条山溪向下，但这条河在它转弯的地方陡然切入地层，使得道路只得翻越上下坡都很陡的横向的山岩，因为河边已没有空间。从五丁关开始的路段糟糕透顶，远不及秦岭山里的路修得仔细。我们常常是踩着一种因长年使用而被磨得十分光滑的石灰石铺成的阶梯上行，时而一下子就有40—50阶，旁边就是陡峭的悬崖。而令人吃惊的是，牲口倒敏捷地通过了这些地方。

略微花上些时间和精力便可以在这里搜集到十分丰富的保存完好的化石。较场坝（Kiau tschang pa）和神宣驿（Schönn süen yi）或许是搜集化石的人应当到的好地方。巨大的珊瑚石到处都是，完全裸露在外面且保存完好。将这些岩石托盘状的底面冲外，就可以把它们用作房前影壁旁的装饰。这里是我在中国见到的最丰富的化石区。

四川的风景和人物迄今为止都让人觉得无可挑剔。风景十分 244
诱人，长满灌木的丘陵向北靠着陡峭的大山，再往北耸起几个又高又险的圆顶山峰。人们举止娴静有礼。我在中国旅行唯独在从西安府到这儿的路上所受的骚扰最少，然而这些都是山里的居民。到那些大的山谷里可能就不同了，像在汉中山谷里人们的好奇已经开始显现了。这里的村庄保持得比陕西的好,客栈不再像那里的那么简陋不堪。仍旧有成群结队的逃荒的人走过,他们都是因为物价高涨而被迫离开四川的——基本都是一大家人都走。背上背着祖父母,6岁以下的小孩放在两个筐里用竹扁担挑着。还有点不值钱的家当也都自己拖着。所有的人都是去汉江山谷的,有钱的到那里买地种,没钱的去做点小买卖。

(2月5日)为我的挑夫和他们的骡子着想,我今天决定休息,因为已经人困马乏。由于草料价格昂贵,他们自己担负不起休息当天的草料钱。因为他们怎么看都十分优秀,从未制造哪怕是最小的麻烦,所以今天我为他们买单。

这是个粗犷的山区,地层隆起,形成一系列平行的山脉。这些山跨过嘉陵河(Kia ling hŏ),河从陡峭的峡谷中穿过。狭窄的山路无法追随河流,必须高高地翻过石灰岩山脊。山脊都是石灰岩质的,非常陡峭,当中柔软的板岩构成了盆地。这个地区人口稀少,特别是南部广大的地区据说因为有野兽(野猪,据说还有老虎)根本无人居住。这里种的庄稼有小麦、豌豆、大豆、土豆,人们还栽了许多桐树。到处生长着绿树,有些是阔叶树。

245 今天,我们沿着嘉陵河往南继续顺流而下,行李用一只小船载着走水路,因为这段路是挑夫们避之唯恐不及的。天空阴云密布,但空气很清新。这是一次十分享受的旅行,就风景而言有很多壮丽的景色,就地质考察而言也十分有意思。这一段旅途是从大巴山(Ta pa schan)系向四川盆地的过渡阶段。山体的构造貌似十分简单,但却很难搞清楚由来。

先要翻越一座高山,此山的最高点为朝天关(Tschau tiën

kwan），在朝天这个地方的上方高350米处。这里的石灰岩向上弯成了波状，嘉陵江（Kia ling kiang）[①]经一个窄如罅隙、岩壁垂直有350米高的峡谷穿过此波状山岩。向上的道路修得很仔细，一条有着好几百个石阶的弯弯曲曲的宽道，冲外砌有护墙。到另一侧下山的路又很陡峭，通往龙房口（Lung fang kóu，音译）盆地，距离朝天20里，那里出现一个出自高山的、多峡谷的山谷。

于是到了广元县（Kwang yuen hsiën）。往回看，首先看到的是煤岩层形成的低矮的排列得很规则的丘陵地带，它的南坡漫长，裂口陡峭。丘陵后面是较老的岩层形成的更高的深色山脉，它的轮廓线又长又平，对应着漫长的山脊。广元是很大一个地区的小买卖的枢纽。在城墙和江之间绵延着一条热闹的商业街，商铺林立，人群拥挤，但我没看到特别吸引人的商品。这里的人们跟我在迄今所经过的小地方所见到的一样聪明，是真正具有模范性的人民。

（2月7日）今天，我们只沿着嘉陵江向下走了一小段路。群 246
山被裹在雾里，天像要下雨。我的人都坚称过了这个地方就要翻越一座山，那山逢上雨天又湿又滑，无法通行，所以希望就待在这里——这很可能是他们为了能在这个大点儿的地方过年而找的借口。在广元的南边那道昨天提到的山脊挡住了嘉陵江的去路，迫使它改道沿着山的北坡向西和西南流去。这条即便在这个季节仍旧江水滔滔的河流，在这个陡峭的山坡和北边柔和的山坡之间拐

① 即嘉陵河（Kia ling ho）。河（ho）和江（kiang）都是“河流”的意思；前者多用于中国北方，后者多用于中国南方；比如黄河（Hwang ho）和长江（Yang tsze kiang）也被简称为“河（Ho）”与“江（Kiang）”。

了几个大弯，蜿蜒流淌。

风景优美，只是树林不大，不够茂密。岩石算是最适于构成日本风格景致的那种。加上日本式的植被和点缀，这个地区将美不胜收。群山上虽然也遍布植被，但人们却不给它们自由生长的可能。在中国，令人感到奇怪的是这里没有封闭的村庄，只有小片的房子和农庄分散在四处，这给人一种祥和的印象。田里可以看到水稻、小麦、大麦、小米、烟叶、蚕豆、豌豆等，到现在还没见有鸦片，还有许多桑树和桐树。在广元上游和下游的嘉陵江里都有淘金的。

在昭化(Tschau hwa)前面的地方，过河要坐船。此城的位置比水面高出大约 5 米。但去年 9 月 17 日因为水位猛然增高，整座城市还是被淹了，水深可没屋顶。灾难是白天发生的，居民还有时间逃到了山上，但损失惨重。洪灾的痕迹至今仍四处可见。

247 (2 月 8 日)现在的路是翻越江水西边的山。上山的路很长，局部很陡。眺望可见美丽的景色，可惜今天所见的一切都雾蒙蒙的。这里的每一寸土地都种着庄稼，稻田一直延伸到很高的地方，橘子树很多，现在已经局部果实累累了。之后先是出现了煤岩山前面的矮山，然后是高耸的石灰岩悬崖。

我们到达了山岭顶上。在距离昭化 32 里的一个地方，那里正面的一排斜坡里耸立着个别又方又尖的山崖，它们与剩余的地层截然分开。这些山崖的顶上有寺庙，长满了树。从那里往下又走了 8 里，走进一个有河流自东南向流出的峡谷体系。在陡峭的山坡的怀抱中和更为陡峭的岩壁上方有个村子叫大木树(Ta mu schu)，它实际由客栈构成，因为这里是主要的站点之一。我们在这个宁静的山中的小地方度过了中国的新年。

（2月10日）今天尽管是融雪天气，还下着微微的雨雪，可我们仍旧前行。路上有许多小的上下坡，都有阶梯，局部陡峭，整体糟糕，但没有出现大的落差。整体是往南走。最低的地方是志公寺(Tschi kung sz)，距离大木树村30里，但比那里海拔低了大约250米。这个小村子位于极度陡峭的北部悬崖的北麓，这些悬崖中敞开了一道门。道路越过令人眼花缭乱的一通岩石阵之后才进入这道门，这里比那村子高出了150米。这道岩石形成的门里还建着一道城门，叫剑关(Kien kwan)。

从剑关开始的山体的轮廓看起来惊人的奇特，一道150米高的砾岩岩层呈长长的直线状向北升高。它沿着这条线高低错落（比剑关村高出250米至300米），并不连续，而是被许多或深或浅的凹陷——深的凹陷就如同剑关——分割成众多像锯齿一样陡峭的部分。整个地来看，这段山体就像摆在排成直线的一列支架上的一串巨大的浮冰，它们呈锯齿状的、碎成直角的尖端朝上放
着。山体的一部分外形显得尤为奇特，大约在距离剑关15—18 248
公里处，那里的山岩就像一排六七颗呲着的鲨鱼牙齿。

这个地区因为横七竖八的幽深的峡谷而显得几乎不能通行，所以很可能是广元县以南的所有通道中最艰险的部分。尽管所有位于众多的岩石和峭壁之间的能种植的土地都种了，到处都分布着房屋和小村子，但整体而言这个浮冰状的山区尽管绝对高度不高，但颇为荒凉。山与山之间有一道柔软的红色黏土坡平缓地倾斜下来。除了这些天然的梯地之外还有人造的，因为那些保护农田的低矮的黏土坡都被人为地修成了梯状。所有这些地方都稀

稀地分布着坚硬的砂岩质巨石，其间散布个别房屋和农庄，很少有较大的房屋群。此外这个地区就没有任何装点了。除了桐树和竹子，生长在这个地区的树实际上是柏树，偶尔成较大的树林，但基本上都是一棵一棵地分布在山坡上。风景是如此独特而和平，令人不禁常向山谷中眺望。春天的时候那里景色肯定很美。山谷分叉分得令人如此迷惑，以至于道路为了不必总是一次又一次地翻越分界岭而竭力地追随着主分水岭，但由此也被迫绕了许多弯路。不过对旅行者而言这一点却很合适，因为不然的话就看不清这个地区的全景了。

249 （2月12日）道路本身是以前精心修筑的，天长日久也只有个别地方毁损。它2.5—3米宽，用砂岩石板铺成，在哪怕是最微小的上坡处都修成阶梯。有时候有的阶梯一连200多级。路两旁都种着当地的柏树，绝大部分树干都很古老。这是一种美丽如画的树，树皮斑驳，树干基本都有些弯曲，长着虬枝。深色的树枝逸然垂下，跟浙江的用以志哀的柏树几乎一样。道路由此局部显得有东海道（Tokaido）[1] 的味道，只是没有东海道的繁荣兴旺。这或许应归咎于过年，不过目前路上几乎没有交通，连客栈里的人也抱怨这两天交通往来骤减。道路向下延伸，深入到剑州（Kiën tschóu）。这个美丽的小城因为缺少平坦的谷底而只好依偎在山坡上。眼下家家关门闭户，为了过年生意和交通都停了。还有拜年的人，男男女女穿着最好的衣服去所有的熟人那里串门，房子的护窗板上新贴了写着虔诚的话的春联，还贴着来拜年的人的名

---

① 日本的帝国大道，介于东京和京都之间。

片，所以从外面就能看出谁受的拜贺最多。

道路通过了剑州山谷，往西向上陡峭地升高了250米，然后又降低了差不多那么高，发现前面又是一排曲折连绵的分水岭，它极为巧妙地利用这些分水岭到了另一边的一个较大的山谷体系中。路的高度一直保持到临近武连（Wu hsiën）的地方，这是个从上面看颇为美丽的小村子，路就是从上面陡然降到这里的。道路与昨天一样，宽阔，铺着石板，两旁种着枝繁叶茂的柏树，连这个地方的特征也跟我昨天描述的一样，只是山脊矮了一些。那座浮冰状的山仍旧能够看到，构成一个奇特的背景，特别是那些今天看得很清楚的鲨鱼牙。

（2月13日）一个晴朗暖和的春日！连农田里看起来也一派春意，特别是菜园子里，而自然的植被仍旧滞后。在高山山脊上旅行十分惬意，你总能俯瞰山谷，遥望大地。30里之后首先看到的是梓潼河（Tsz' tung hŏ）山谷。在这个地区第一次出现了绿色的冲积带，它们位于拐着大弯蜿蜒流淌的河流凸起的河曲里。在道 250
路向高处延伸的东侧，山坡还很高且较陡，而另一侧则是低矮的丘陵，可以眺望到一个巨大平坦的盆地。只有借助水准仪我才发现，那些在另一侧汇集成一条水平线的等高线与东侧的分水岭位于同一高度，因此保持着高地的特征。向南看，这一特征也没有完全消失，只是那个方向的高度有些降低。向北看仍旧能看到高山脉的前山。

上亭铺（Schang ting pu）村位于山巅，可以在那里住宿。颇美的是大庙（Ta miau）——一个孔庙，部分是因为它位于翠绿的柏树林里，部分是因为从这里可以眺望远处。下山的时候来到了一个梯地，它把那幅巨大的中国地图上标示的河曲填满了，由碎石和黏土构成，黏土中又隆起孤岛一般的陶土层。由此开始出现较大块的农田。

梓潼县（Tsz' tung hsiën），我投宿的地方，优美地位于冲积地上，在那梯地的脚下。此城看起来很富有，屋檐上很多涡卷形花饰，一条宽阔的石板路横贯市里。客栈一般，但这里的人并不骚扰我们。晚上，基督徒来访，这里共有50名教徒，都是很有教养的人，礼貌而聪明，是该省第一批基督徒。他们是做传教士的良好人选，匆匆见过就感觉要比陕西的优秀多了。

（2月14日）今天，沿途可爱之至，天气奇好！颇有点春意了。这里不仅农田都已全绿，就连野草也已破土而出，树木也已经发芽。风光旖旎，假如能有更多阔叶树和无论什么能够施加浪漫魔力的东西就更吸引人了。

251 到了梓潼县，山路便结束了。尽管（高地的）山脊大约比村落高出约350米，仍旧围在四周，但所有的几乎都是坡度十分柔和的地区。没有冲积地、但是有水稻梯田的平坦的山谷在低矮的丘陵之间横七竖八地分叉，形成一张很难让人辨清的网。所有这些地方都种着小麦、大麦、豌豆、蚕豆、少量的鸦片，正收获花生（Arachis）[①]。稻田里都是水，还在准备种植的阶段。随后有烟叶、一些棉花、甜薯、大豆等。蚕桑树仍旧很重要。果树很少，自从进入陕西以来所见到的柿子和枣树（Tsau rh'）[②]根本看不到了，梨子很少，但质量很好，橘子也是如此，是我在中国见到的第一拨令我

① Arachis hypogaea 就是花生。

② 枣树的汉语拼音。

想起西西里橘子的橘子。一切都表明这里气候湿润。陶土上披着一层獐耳细辛和藻类，外形像伸筋草样的植物也很常见，很少见真正的苔藓。尤其是那些从平坦的山坡高处开始一直往下种植的稻田，表明了这里十分湿润。自从进入该省以来，就发现蜗牛众多，但种类稀少，局限于三四种蜗牛（Helix）、两三种豆螺（Bulimus）和一种烟管螺（Clausilia）。房屋和农庄仍旧分散，很少构成封闭的村庄。居民格外的好，也不胆怯，总是那么友好殷勤——中国最好的人。

（2 月 15 日）此外，在山脊和丘陵顶部没有任何种植，而稍微往下就开始有了，而且越接近谷底越丰富越繁茂。绵山山谷（Mien-Tal）里有许多冲积地，被分成小块农田。这里真是个花园，每一寸土都平整得很好且可以浇灌。相邻农田之间的高度差一般不会超过 1—3 寸。浇灌设施高度完善。这里的植被长势比 252
之前的更进一步。蚕豆正开花。还种着许多大麦，仔细地栽成一簇簇的。树木里最显著的是桑树、乌桕和竹子。凡植物能够生长的空间里都有许多攀缘植物，但没有可供其攀缘之物。在这山谷里也很少看到封闭的村庄，几乎都是分散的农庄和小群的房屋，很显眼的是总种着几棵树和几丛竹。寺庙建在峡谷中美丽的地方。这个地方显得格外和平而富饶。在大约四天前见到的水牛，在这里多得是，再往北我却连一头都没碰到过。与此同时出现的猪是中国猪种类里最不济的品种，比之于甘肃和陕西那里好得多、大得多、壮实得多的品种相差甚远，那些良种猪直到四川北部还见得到。真正的中国猪几乎没肉，基本都是松松垮垮鲸油似的肥油，但这似乎正对应着当地人的需要，因为猪身上的肉是最便宜的，肉之

外的所有其他东西，就连猪蹄和内脏都比肉贵。

绵州（Miën tschóu）是个充满活力的、洁净的、建设得很好并且看起来十分富裕的城市，是我在中国见过的最美的小城之一。主街宽阔，用方石铺成，街边商铺林立，可惜几乎所有的商店都因为过年关门了。茶楼或者茶堂轩敞洁净，座无虚席，它们就如同延伸到街上的大咖啡馆一般。尽管摩肩接踵，却没一个人跟着我们。假如我们天天骑马穿过城市的话，没有比这里再惬意的了。我们在这里四处受到友好殷勤的对待，这跟我们在中国通常所见大不相同。就此而言，常令我想起日本。这些人的举止中包含着
253 和善、胸无渣滓，以至于你不必知晓地图也定然能够猜出这里在地理上与世隔绝，自成一体。而对此又有几人知晓呢！人们曾常劝我说，特别是在这样的地方要着汉装、带长辫才行。这么做真是无稽！

我们遇到人时一般都会有的恼人问题在这里根本就没有。坐船渡河时也没有人问我要小费——这在中国还是第一次！每问必答，十分干脆。他们善解人意，讲一种十分纯正的官话，所以也十分好懂。客栈里的人都很殷勤，结账时几乎无一例外地不争不吵就结算完了。妇女在这里的地位整体比中国其他地方要高，她们在这里不必裹小脚，但做的活很多，也不躲着人，忙生意，常管账，遇有人说话便大大方方地出来应话。我还不曾听到过争吵和口角，四川人有权为本省感到骄傲。

（2月16日）现在慢慢爬上最后一道山脊，到罗江（Lŏ kiang）上方高150米的地方、在白马关（Pai ma kwan）附近的一座寺庙那里就通过了这道山脊。这是一座用石头建在小柏树林里的坚固

的寺庙，旁边有个僧院。我在这里也没有看到佛像，只看到神坛上留着黑色长须的大个子金人。像当地的所有寺庙一样，这个寺庙秩序井然，保持得很洁净。天气晴朗的时候从这里眺望定然很美，因为成都平原就在脚下。接着开始下到第一条河那里，这是一张宽阔、几乎无水的河床，河对岸是那充满了生机与活力的集镇黄许镇（Hwang sü tschönn），然后沿河向下到了一个小村庄孟家店（Möng kia tiën），我们住在那里的公馆（Kung kwan）里——人们就是这么叫给骡子休息的场所的。因为你要是带着骡子旅行就不能非常自由地选择停歇之所，因为绝大部分地方的客栈都是给那些坐轿来的人住的，给骡子休息的客栈集中在特定的地方。 254

（2 月 17 日）这是中国最兴旺、最富有教养、最文明也最具生产力且人口最稠密的地区之一，一个巨大的乐园，里面人口密集。他们分散地生活在数不清的房屋群和单独的农庄里，几乎没有乡村，但城市多得很。这儿的城乡截然不同！城市就是彻头彻尾的城市，自行产生，为的就是将该地区的贸易和手工业融入其中；而农村只种地。即便在路边也很少见有单个的餐馆、杂货铺等，比在山区还少见。

这里的城市在中国的行政级别较低的城市里很可能是最美的。城墙虽然并不高大坚实，但城市祥和，而且街道总是出奇的宽，都是用方石铺成。所铺的路得到了悉心维护，中间比两边高。汉州（Han tschou）可比广州，两座城市墙内的直径都有 1 英里，而汉州的郊城还有 1 里长呢。北边的郊城里有一座罩着宽顶的 150 米长的木桥，大概是架在石桩上的。在中国的其他地方很少能见到一个府能像这里的县那么大那么美。宽广的街道比广州的还热闹，因为广州那里的街道狭窄，容不下那么多人。街道两旁悬挂着红色和彩色的招牌，上面雕刻的大字更增添了这里的秀色，此外还有屋宇，特别是大门和庙宇上雄伟壮丽的装饰。每个城市里面都有好几个保存良好的大寺庙，寺庙的立面装饰得十分精致，这些寺庙大多位于主街上。另外一件特别的事就是那些巨大的茶馆——
255 轩敞公开的厅堂，摆满了桌椅，坐满了茶客。这个地区的桌椅都抛光成黑色或棕色，而且很干净！这条街上规模十分可观的商业主要是为满足这里居民的需求。城市与城市之间有许多的集镇（tschönns），有些也很大很热闹，并且有大城市的风范，例如我今天投宿的地方就是。

这里的农田一小块一小块的，每块地都弄得很平，以便能从另一块地或沟渠引水浇灌。这里的灌溉系统高度完善。在河道内壁旁、有落差的地方和沟渠分叉的地方等建有许多水泥工事，且都保存完好。而大自然也很垂怜这里，从而减轻了人力的艰辛。拜天所赐，这个平原水源充足并且适于建成最完善的灌溉系统。

整个平原坡度一致。河流既能保持平原潮湿，又能排去平原积水。这里没有堤坝，因为尽管在湿润的夏季河道都充盈至边沿，但河水不至于溢出，也没有发生过真正的洪灾。这里的河道时分时合，情况却不像江苏的河道那样是从侧面接合的。将水经过四通八达的人工渠引来灌溉稻田十分容易，在这里得到了大规模的应用。以这种方式几乎可以保证年年丰收，除非在收获季节下了太多的雨，例如1871年便是如此。

（2月18日成都府）最近几天一直雾蒙蒙的天气今天终于化作了细雨。路很差。第一段路穿过平原最低的部分，那里有很多

糖料作物——九塘(Kiu tang,音译)就是这类作物的主产地。房
屋周围的竹丛和阔叶树也越来越高,越来越密。新都(Sin tu)比
之于昨天的那些城市就大和美而言要逊色些。此外,我们今天还
穿过好几个美丽的小地方。去新都的第一个 25 里路上还经过好 256
几个造得很好的石桥,然后我们来到了位于平原东北和西南部之
间的一条分界线那里。

只有进到里面,才能看到成都府。一开始是一座郊城,它笔直、美丽、宽广的街道大约有 1.5 公里长,单此郊城之美之大就足以媲美有的北方城市。一座横跨过一条可以行船的河流的宽阔的石桥将郊城和城市分开。这地方逗留着数不清的乞丐;我在他们当中看到有些人形容枯槁,十分可怜。我们骑马经城门进城,这座城门和这里的城墙跟西安府的比虽然没那么大,但进入城里就会发现怎么比都是成都更胜一筹。我们沿着向南和有些偏东的方向骑马骑了整整 40 分钟穿过充满活力和生机的美丽宽阔的街道。自马可·波罗以来,我们是以这种方式进城的第一批外国人——但我们既没有遭受侮辱,也没有被好奇之徒追随,除了几个小男孩在少数几条行人众多的街道上时而有些恼人。我们到了那条气派的东大街(Tung ta kai),这是一条自西向东直线穿过整座城市的长约 10 里的街(这是传教士说的,实际只有 3 里长)。

这儿的客栈最多,但没有一家让我们住,说是因为没有地方安放马匹。之后有一位自愿为我们带路的,后来证实是个基督徒,他把我们领到其他街的好几个有安放马匹之所的客栈。但我们都被礼貌而坚定地拒绝了,通常的解释是客房已满。一幢漂亮的房屋,院里有小花园、可爱至极的座位和装饰、环圈里的鹦鹉等,有

几个穿着绫罗绸缎的人告诉我们这是他们的俱乐部，外国人也不得入住。就这样我们四处跌跌撞撞，还去过好几家“公馆”或曰给骡子休息的地方，都白搭。最后，我派保罗去了成都县衙。那里的
257 人十分友好，马上吩咐一个人来帮我们找客栈。那人把我们领进一家没被住满的客栈，但店门已经锁上。他命令店家开门，但没见动静，当他再次命令开门的时候，店主便带着钥匙逃之夭夭了。我要求他动用衙役的权力破门而入，这事十分容易。他说，要这么着那得从衙门再叫来七八个人，他马上去办。使用这样的暴力本非我所愿，我也知道，这个人去了就不会再回来。显然，就连衙门的人也不想帮我们。天渐渐黑了，我别无选择，只好去传教站，那里早就派人来问过我们是什么人。传教站的看门人对我们连中国通常的礼貌都没有，或许说明他们的上司也并非对所有欧洲人都以礼相待。我送上我的名片，然后被带到一间接待室。在那里先出现的是雷莫(Rime)神父，之后毕盛(Pinchon)主教也来了，他们目前是这里仅有的传教士。我请求他们帮忙找一家客栈，他们便邀请我住在传教站，我无奈只好先答应下来。我在主教的大房子里得到了一个漂亮的房间，安顿了下来。

(2 月 19—25 日)我于是在这里静静地度过了一周，工作，斋戒，因为这里戒律严明。我试图在城里找到个住处，并在周一的时候已经向知县(Tschi hsiën)反复讲过，但都白费功夫。然而前天过完了年，这让事情变得好办了些，我最终找到了一家客栈，打算明天搬进去。尽管话说得漂亮，但能够看出法国人并非发自内心地想要留宿一个德国人。主教是个可敬的人，25 年前遭迫害的时候到这里来的。那时他由一个信教的向导陪着，徒步经偏僻的

道路穿过广西(Kwang si)和贵州(Kwéi tschóu)来到了这里，然 258
后没花多少钱在成都买下了现在作传教站的地方。这是一套高大美丽的建筑，是一位高官50年前建的，此人也是基督徒最大的敌人和迫害者。此人后来家道中衰，由于房子建得高(7米)，一般阶层的中国人都不能住——规定允许的最大高度是6米，所以这家的房子被传教会花3400两买下，而实际这房的造价有这个数目的十二倍之多。自基督教早期以来这里还从未住过传教士。可现在住在这里也不舒坦，因为总是跟中国官员吵。总督十分敌视传教会。于是设立了一个叫将军(Tsiang kiun)[①]的职位，用以协调全省之内的基督徒和异教徒的关系；这个职位给了一位官员，此人履行起职责来令主教十分满意。但他一年前调离，这个位子至今空缺。现在仅有一个由五位朝廷官员组成的法庭，由"黎知府(Li tse fu，音译)"任其主事，该主事是个四品(Ss' ping)，在恰克图待过7年，自以为了解欧洲人。我昨天去拜访了他，发现他是个又老又傲又虚伪的家伙，仇视欧洲人。尽管他官衔不高，但他从不来拜访主教，而主教逢事就往他那里跑，而且每去都是穿着盛装。尽管主教拿出如此大可不必的谦卑态度，可双方仍旧交恶，这或许是因为双方只要有一方表现得哪怕迁就一点，另一方马上就自大了起来。不管怎么说，主教在传教士里是个温和的人，不愠不火，深思熟虑。我们却是第一拨在成都府穿着欧洲服饰四处转悠的人。

(2月28日)我们昨天搬进了我们的客栈，一个位于偏僻的街

① 以下提到的官名按这种写法，在这种上下文里所指并不清楚。知县(Tschi hsiën)则是一县(hsiën)之长官。

道里由几间小房构成的肮脏、昏暗、散发着霉腐味的旅店。一场错
259 综复杂的阴谋这时才现出原形，而操纵阴谋的人正是那传教站里的主教，这简直可以算是古伯察（Huc）的小说里某个章节的姊妹篇了。

在一个有好几百家最好的客栈——我所见到的只是其中的大约十来家——的城市里，我们住的这个旮旯是专为外国人而设的，因为库珀（Cooper）[①]曾经也不得不住在这里。那个受命于衙门给他找住处的人跟帮我找住处的人是同一个。此人是那主教的左右手，也是他的探子，每天向他汇报情况，因为这人住的地方就紧贴着客栈。他姓李（Li），是个表匠和基督徒，头脑狡猾，对于他所愿效力的主子而言十分有用。他一开始就试图博取我的信任，每次到我这里来之后马上回去向主教报告；主教又因怕李会不小心，一再地告诉我说这人是个爱吹牛的人，要我别太相信他。

就我到现在为止所能看明白的而言，这里对来访的外国人是这么处置的：整件事交由黎知府处理；黎知府利用传教站查明外国人的情况和目的，并同意传教站在涉外事务中顺从外国人的小意愿。一个原来是士兵的基督徒在我去拜访黎知府时在旁，并显然深得黎知府的信任，他是朝廷官员和主教之间沟通的工具。不得黎知府首肯，知县在涉外事务中无权行动。所以才出现了第一天的闹剧！衙门派来的士兵有绝对的权力征用客栈，也很可能这名士兵是受命不得强力征用。另一方面黎知府无权强征，而要利用
260 知县强征，而知县派去执行强征的两个衙役又跟李是一伙的。这

① 英国旅行家，曾于1871年到中国西部旅行，并就此出版过一本很受欢迎的书。

种关系我从一开始就有预感，因为就这么几个人总是同时行动。也就是说，从一开始我就被主教安排到这个为外国人而设的李姓看守的囚笼里了，但因为这里没空，所以我才不得不待在尽管貌似可爱至极、但实际希望赶我出门的传教站。次日我就去拜访了黎知府，请他帮忙找家客栈。他吩咐他的那位基督徒士兵去办。此人在保罗的陪同下去了，先是到知县那里请他派衙役帮忙，然后奇怪的是从所有的客栈里径直指名去李的这家，而李已经在那里候着了！

现在这其中的动机都已昭然了！主教是想推行法国政策，将其他外国人——特别是德国人——排除在该省之外。他之所以怕英国人沿长江扩张，可能只有一小部分原因是因为这些原来待在汉口和上海的少数基督徒不再重视宗教和宗教传统。他还试图阻挠我的旅行。在头些天里，他激起我对穆坪的极大兴趣，那里距离这儿有 5 天路程，位于高山之中，他早先曾在那里常驻十年，那里有个神学院，戴维[①]曾在那里待过一年。他只讲跟这个地方有关的趣事。还没等他发觉我有去此地探访的热望，他转而只讲旅途的凶险、强盗劫匪、涉水之艰等等，而中国西部和西南部的确如此。在这一点上，他的看法跟黎知府的看法是一致的，因此行为也一致。这位朝廷官员也讲到了去那里的大道上的情况，所采取的方式跟日本官员想要阻止阿礼国（Alcock）去富士山（Fusiyama）类似。主教阻止我旅行的愿望最清楚的表现在他不愿意帮我筹钱。261
我在上海未曾得到在成都兑现的汇票，因为万一我在这里不能取

① 见上第 127 页。

钱，那么所有的钱将无影无踪。经简单而正直的雷莫教士我得知传教会本身有很多钱，只要主教一句话就肯定能用寄往上海的支票向基督徒借到钱。毕盛主教却称这样行不通。

因为我现在钱不多了，致使我进一步的大规模旅行计划流产了！即便我有了钱，主教也会千方百计地设法阻挠的。我原先的计划是经打箭炉（Ta tsiën lu）到巴塘（Batang），然后奔宁远府（Ning yuën fu）去。因为这么走需要很长时间，我想直奔宁远府，经盐源县（Yen yuën hsiën）去丽江（Li kiang），然后去永昌府（Yung tschang fu），可能的话去腾越县（Tang yuě hsiën，即 Momein），从那里去云南府、贵阳府（Kwéiyangfu）、重庆府（Tschung kingfu）。我希望在百日之内完成这次大规模、彻底的旅行。这个计划现在没希望了，我将不得不满足于去汉口的寻常旅行和几次周边游。真是令人难受！一个天主教传教会就是这么支持“非法国人”的科学探索的！

我又去城里逛了逛，没受到任何骚扰，因为一名同去的衙役很容易就赶走了大喊大叫的小儿。这次对这个城市的印象因为摘掉了新年里的装饰而大打折扣。那些画得很漂亮的灯笼，那许多曾布满街道的漂亮的节日贴画及联句，都没了。但这个城市依旧美丽，特别是它的洁净值得称道。方石铺就的街道保持得很好，清扫得很干净。商店里的一切都抛过光，上过漆。人们很有礼貌，穿着
262 绫罗绸缎。在众商店中有大量专卖奢侈品的商店很奇特：有许多丝织品商店和卖丝绸饰物和丝带的店，许多卖丝绸布鞋的店，满大街都是刺绣，其中不乏漂亮的。另外还有众多的首饰店，特别是卖银首饰的，有些银首饰做得颇为漂亮，但没见精致至极的金银丝编

织品。宝石很少见，倒是有摆满了玉(Yu)器[1]的商店。有20多个表匠，基本都集中在唯一一条街上；每人一家店，店里有许多大大小小的钟表。这也说明了这里不寻常的奢侈——北京都找不到。我没见有多少书店，但据说有很多。我去淘画，结果并不令人满意，但我得到了几张有意思的手画地图。旧画价钱很高，新画大多很糙。

一个专用围墙围起的部分是满族城，城里住着3万满族人——包括妇女儿童在内——都属于军人阶层。他们不走出他们的城墙，因为一旦他们遇上当地的军队——据说有2万人，马上就会发生殴斗。妇女也都是满族人，放着脚。

尽管有众多的商店，但能看出成都并非贸易城市——看不到大商店，都是众多各式各样的小商店。但是即便考虑了这一点却仍让人感到几乎不可理解的是，所有这些商店是如何塞满了货物的呢，因为根本不见有商品运输。街上满是行人，偶尔碰到个轿子，此外碰到的就是众多臭气烘烘的挑夫了。外国商品很少能见到。600文一个的一般的玻璃水杯被用作吊灯和鸦片烟灯。此外我还看到几个瓷、玻璃和金属质的饰品——都很贵，这些东西在这
里还不曾真正行销，远不如在西安府那么时髦，例如那里的官员据 263
说已普遍使用硬脂蜡烛了，这里的硬脂蜡烛很少，一包1600文。酒瓶子300文。最普及的可能是钟表和镏金纽扣。我无须多管从外国进口的舶来品，因为我在传教站都没能见着这些。那里根本没人去，而到我这里来访的客人倒挺多。

---

① 见上册第260页。

附近重要的贸易地点是灌县(Kwan hsiën)和雅州府(Ya tschóu fu)。后者乘船可达,前者不行,因为水流太猛没有船只经过成都到那里。两地的主要贸易品是四川的砖茶。从灌县出发的贸易是往西北的西番(Sifan)国去的,据说是用上好的骡子运输。另一个重要的出发点是松潘厅(Sung pan ting),那里的独立部落(西番)当中居住的几乎都是穆斯林。砖茶从那里经极为艰险的山路部分运达西宁府。从西番国运出去的主要是羊皮、羊毛、鹿角还有一些大黄及其他药物。灌县也从西番国进口羊毛,此外还有最重要的大黄贸易。最好的大黄产自穆坪(Mu ping),它生长在最高最险的高山上,例如大雪山(Ta sue schan)上。从龙安府(Lung ngan fu)出发也有往北去的贸易,即穿过解州地区经风水岭(Fönn schui ling)到甘肃,都是又窄又陡、牲口根本没法走的山路。雅州府的贸易尤其针对西藏。松潘,特别是灌县据说除了大黄之外还有一种格外重要的产自高山区里的药材的贸易。在灌县附近山陡然升高,一条岩石道路沿着河流通向茂州(Mau tschóu),从那里有一条颇为舒适的道路通往龙安府。这个城市从绵州也可到达。
264 我们一路在谷底里上行,路边并没有高山。龙安府附近产石煤。从那里到松潘有一条颇为难走的山路,要走四天。

宁远府据说是个穷地方,但盛产铜和银,也产金和铁。经宁远到云南省的大理府(Ta li fu)的道路尽管极为难走,但在叛乱前似乎曾有几分重要性。经这条路运来的甚至有八莫(Bhamo)的贸易品,其中有英国货。大理府据说到现在的英国货源都很充足。经东川府(Tung tschwan fu)和会理州(Hwei li tschóu)到大理府的路大些,走的人要比经宁远府的多些。

就成都附近的山脉构造而言，位于西北部的一道山脉特别值得注意，它的东端我先是从梓潼县看到过，那里把它叫作半边山（Pan piën schan）；再往西称它为茶坪山（Tscha ping schan），九顶山（Kiuting schan）和三面山（San miën schan）。所有这些山似乎都没有达到常年积雪的高度。要达到这个高度，可能得到这些东北—西南走向的山与（很可能！）中国西部南北走向的山交会[①]的地方，是在穆坪地区。

（2 月 26 日 / 出自致父母的信）这已经是我到过的第 15 个省了（总共有 18 个省），但不是最差的。Sz’tschwan——这比念 Sse tschwan 更准确些——面积有 8000 多德国平方里，最近的一次普查得出据说有 3600 万人的结果。这里产丝绸、茶、糖、大黄、鸦片、烟叶，盛产盐，产一种非常珍贵的制造清漆的油和一种用昆虫炼制的精致的蜡，还有许多其他有重要价值的东西。成都府是个又大 265
又美的城市，令我十分惊讶。它直径有 1 公里长，有 80 万人。成都府绝对是中国最美的城市。街道笔直宽阔，用大块方形砾石铺成，中央凸起。有一条街叫东大街，有一小时的路程那么长，笔直笔直的，格外热闹，到处都美丽如画。所有的街道两旁都挤满了商店，到处人群熙攘。此外这里的人还很有艺术细胞，就像日本人。房前挂着小纸灯笼，上面画着不错的画。每一家茶楼、每一家商店的墙上都挂着许多手绘的画。其中的许多很有艺术性，令我感到吃惊，因为我实在没想到现在的中国人还有这本事。他们的艺术

① 这个对该地区因不同方向的巨大山脉交会而产生的令人费解的山体构造情况的预言性质的认识，特别是创立了后印度（南北走向的）山脉的概念及其对后印度和中国西部的地貌的意义，是李希霍芬旅行取得的最值得惊叹的成果之一。

细胞还特别体现在用石头建成的牌坊上面，数量很多。当一位年轻的寡妇终生不再嫁，以此追思她的丈夫的时候，那么她丈夫的亲戚还在她生前的时候就为她建一座这样的纪念碑，很多时候是皇帝敕造。寡妇的模范故事会被写在一块石板上立作碑。假如我说还有的女孩子决心终身不嫁并信守此言，那么也有人给她建造类似的纪念碑，我担心这样会刺激我们的一部分美丽女性移居国外的欲望。在有些省份，这些受颂扬的女人能有个建得很粗笨的高台就不错了，有些省份是很讲究、有很多修饰的门。而这里是用红色砂岩建的大贞节牌坊，很有建筑价值，上面还完美地雕刻着大多是很幽默的画面。在有的小村子里沿途穿过的这类牌坊有半打之多。

266 这个又大又美的城市位于一个虽然不大，但论其肥沃程度、人口密度和自然条件的得天独厚，在温带地区却罕有一比的平原上（成都平原）。在方圆 8 公里范围内有 18 座城市，我见到了其中的 3 座。它们跟省会城市一样美丽，但较小，人口众多，宛如蚁巢。城市之间的农村农庄和房屋群密集，周围都有竹丛和经济树种。自然和人力将这个平原变成了灌溉系统的典范。这个平原的海拔只有大约 300 米；西面高山耸立，很快便升至常年积雪的高度；西北部也是高山，其他方向被可爱的丘陵地围住，围成一圈。在西北角从高山之中迸发出一条泱泱大河，它一踏上平原就分成了许多支流。成都府所在的那束支流在丘陵地的脚下迅速重又汇集成一条向南流的河流，在这条河上坐船可以直达上海。另一束支流同其他一众从西北山区流下的河流交汇，也成一条河流向东南。这些都是天然的灌溉渠。它们水流湍急，因为平原的落差并不大，所以没有堤坝和洪水。这些河流上面都有宽阔的、有许多桥拱的石桥。人力将这些得天独厚的水源变成了最完善、精心至极打造的灌溉系统。又因为土壤也无可挑剔，所以这个地方惊人地丰腴。

当你纵览中国地图，看到这整个地区堆满了高山时，你无法理解其深处竟还藏有恁多生机和活力、文化如此之高等等。特别是当你看到该省与那些文明地区被高大宽阔的群山隔开时，你就更不会想到这些了。这里的文化起源于好几千年前。但当 13 世纪 267
蒙古人占领中国的时候，他们将该省毁坏殆尽，将这里的人民尽可能地赶尽杀绝，仅在成都据说就杀了 140 万人。其余的人逃入深山，他们的后人如今仍在那里独立地生存着。而四川的新居民都是从其他省来的移民。现在，这里比中国其他任何地方都更斯文礼貌。我还从未像在这里那么惬意地旅行过，尽管我在这个城市里还不曾见过穿着欧洲服装的外国人，但我在街上可以自由地闲逛。不会有辱骂、冒犯、好奇的尾随，尽管正是这里的人内心对外国人的反感似乎较大，但他会礼貌得让人觉察不到。农村则没有这种对外国人的反感，我在那里接触到的人总是极好极善良的。这种反感产生于大的城市之中，那里的人们对世事了解得更多，相互之间交流看法。在这些城市里特别是那些将要成为国家公务员的候选人们煽风点火，他们或许知道他们自己的影响力正以外国人影响力上升的势头下降着。他们散播针对外国人的谣言，而这些一般都基于对事实的歪曲和夸大。

或许正因为这种反感，所以我在刚到的时候不被任何客栈接受。他们礼貌但坚决地回绝了我。而绝大多数的客栈的确住满了人，因为正过中国的新年——一个 14 天之久的节日。我最后去求

助于朝廷官员，但是即便他派出的衙役也不能帮我什么。天黑之时，我被迫去了传教站，请求那里的先生们帮我找一家客栈。果然
268 不出我所料，最终他们邀我在传教站宽敞的房子里住下。我当然只好接受了这邀请，现已在这传教站住了一周，每天都还在努力找客栈。明天我将搬进一家客栈。你们或许以为，这么好的机会应该双手抓牢才是；但那些先生们是法国人，教士袍并不能遮掩一个法国人的政治敌意。另外，我在太原府的时候已经领教过在传教站里除了写东西就是在无所事事地打发时间的滋味。因为我到这些大城市的任务是要搜罗非常多的信息，而在传教站里没有人来找我，传教士们对于他们所在的地方几乎一无所知。

四川据说有大约 10 万基督徒。整个省分为三个主教辖区，连西藏的主教也住在四川，住在打箭炉城，因为传教士无法进入西藏。这里的主教是毕盛阁下，他在 25 年前遭迫害时来到这里，只在高级神职人员大会期间有两年不在这儿。他是个举止可敬的聪明人，尽管健谈但有保留，因为他说的都是最无关紧要的事，而在心中藏着许多他本来能说但不愿意说的事。他和一位较为年轻的神职人员雷莫，一个好心的、对主教奴颜婢膝的小人物，同住在这监牢之中。我之所以将住的这个地方称作监牢，是因为两位先生从来没出过门，他们连花园都没有。房子建得都很好，但阴森森的。里面充斥着冰冷与人情凉薄。基督徒被拒之于千里之外，交由中国的神父去管，只有少数几个被准许来此报告情况。假如有一个像我那优秀的费兰登 教士的人在这儿，情形该是多么不同啊！他定然每天步行去走访他的教徒们，是这个城市里最受欢迎和尊敬的人。他跟这里的朝廷官员的关系很可能也像在他现在就

任的地方那样好，而这里的神父跟朝廷官员的关系紧张至极。原 269
因在于只要有点滴的可能，每一方都倾向于自大。法国人无法割舍利用传教站搞政治的意图。

因为这样的机会可能不会再有，所以我想借机向你们展示一下这里的斋戒律之严。下面是八天来的食谱：

四人（保罗是第 4 个人）吃的早餐：

2 小碟猪油煎土豆（就是把土豆切成片放进猪油里炸，猪油在中国是准许吃的）

2 小碟洋葱炒蛋

4 小碟水煮菜叶

1 小碟干鱼

四人吃的午餐：

1 小碟干鱼

4 小碟水煮菜叶

2 小碟洋葱炒蛋

2 小碟猪油煎土豆

四人吃的晚餐：

2 小碟洋葱炒蛋

2 小碟猪油煎土豆

1 小碟干鱼

4 小碟水煮菜叶

考虑到我旅途奔波至此，你们就更能看出我的不易了。但我身体棒极了，而我的神职先生们身体怎样我就不敢说了。

我在写信讲比利时传教会时就曾告诉过你们我对讲法语的传

教士在中国的生活方式的看法。对此你们马上可以得到印证。这个传教站有 15 个欧洲神父,他们个个罹患消化疾病,只有一人活
270 到 58 岁,绝大多数人英年早逝。雷莫先生的身体完全毁掉了。主教的身体也病怏怏的,从他发黄的脸色、发黄的眼睛和身体的虚弱上可以看出。欧洲人受不了中国的饮食;在我看来,传教士无端地承受完全没有用处的困苦对传教工作十分有害。他们为了置身于异教徒中传教而离开家人、祖国和精神享受,这足以说明他们的奉献精神。为什么还要做一些被视作奉献而实际无聊的——假如其中真有奉献,但又于传教士的目的极为不利的事呢?

我只要一说到传教会这个话题,就不禁要滔滔不绝,很可能因为我早先心里充满了对传教会的最高崇敬,而现在当我近距离了解了它们以后,发现许多东西,有的在我看来于传教工作不利,有的跟我以前理想中的传教士相差甚远,这令我的确感到不快。我方才在此只是讲到了些很外在的东西,假如我要谈及传教事业的话,我将不能自已。我没见到品格高尚、充满神圣的激情的人,像沙勿略(Franciscus Xaverius)那样深入异教徒,向他们布施福音和基督的爱。而今这样一个人仍将制造奇迹,但现在的布道是通过赋予基督徒政治优势进行的,增加信众是通过拉扯孤儿和遭遗弃的儿童实现的。

实际的教众是由老基督教家庭的后人构成的。他们都是该省了不起的人。从我来到中国头一次遇到这样的事,晚上住进客站之后便有基督徒到我这儿来,公开宣称他们是基督徒。他们通常请求我赐福,因为他们把我当成了神父。这些小的孤立的牧区还
271 从未来过外国神父,尽管他们很容易就能到达。这些帮助灵魂的

活都交给中国神父处理了，他们被分到一个个教区去巡游。我不得不承认，这些200年来笃信宗教的基督徒的真诚把我感动了。

此外也有可能是我对现在的传教事业的那许多卓越的、令人深为钦佩的事迹还了解得不完整，因为我要是想做出恰当的评判就还得了解乡下的那些小传教站。我只看到了大城市的情形，这些主教级最高领导的驻地上的事跟小小的堂区里的事俨然不同。然而，在我看来堂区之称比教会之称更合时宜。你得让法国人去教育出良好、虔诚、顺从的基督徒，这些基督徒的特别之处就在于严格遵守所有的礼仪。但真正的宗教似乎在这些人心中并未扎根，因为他们的虔诚仅限于当他们还生活在中国内陆的家乡的时候。一旦他们中的谁到过一次上海，他就不觉得自己身为基督徒有什么了不起了。我还从未见过例外！

我从西安府出发开始的旅行格外舒适而有趣，收获了丰富的地理、地质结果。骑马骑了33天，穿越连绵的山区，先越过高山脉，然后越过柔和的丘陵地。这条道路是连接中国北部和四川省的唯一一条路。不用火药修筑这么一条路，绝非小事。有个刘备，1600年前成为该省的统治者，这里至今还缅怀他，是他让建的这条路，他让自己所有的士兵，据说有10万，参与了修路。这条路穿过狭窄的峡谷，越过高耸的山口，沿途有许多壮丽的景观。天气很好，几乎没怎么遇上雪。我在中国从未那么轻省过，没什么
人骚扰。刚开始人们表现得很被动很冷淡，自从进入了该省，人们 272
表现得很友好。即便在欧洲，我要是在如此潦倒的地区走那么长的山路也未必有那么轻省。

（2月29日）我还待在这儿呢，即刻动身的可能性不大，因为

我不愿缩短我的行程，仍计划着大规模的旅行。一直以来天气都昏暗、潮湿，很少见到太阳从雾霾中露几个小时的脸，而又不下雨。据说这里的气候基本如此，12个月里有9—10个月天都是一色地灰蒙蒙。最好的天气在3月、4月；10月、11月，长江下游地区的天气那么美，而这儿却云遮雾罩。这儿冬天很少降雨，但天气潮湿。这个平原上很少降雪，即便下雪也很小，而且很快就化。越冬作物生长在这种潮湿的气候里，基本在5月里收获。5月末一般雨季开始，6月里雨水增加，7月最强，8月基本都会稍微减弱。这跟在山西和直隶一样，跟长江中下游相反，那里的6、7月份骄阳似火，有很强的雷阵雨。这里5、6月份种水稻，10月份收割。去年的歉收是因为6、7、8月都干旱，所以水稻长势很差，而10月份又开始非常强的降雨，导致水稻都被冲走了。据雷莫教士说，夏天这里的温度经常高达32—36摄氏度，但几乎不会再高。这个季节的温度变化剧烈，对健康有害。这是雪山陡峭的边缘的温暖的山谷的气候。雪山之上降水的分配情况跟平原上显然不同，但似乎至少四川盆地北部的气候跟成都差不多。有意思的是，不仅这里的雨季跟北京一致，就连那种不正常的漫长的
273 迟雨现象去年在两个地区都曾出现——北京是在9月，这里是10月初。

价格高涨的情况现在四川十分严重。许多穷人靠国家养活。据朝廷官员说有2万这样的穷人，难免有夸大之嫌，而这个数在账目上大概属实！穷人得到的是稀饭（schi fan，做得很软的米饭），施饭在城外进行，有士兵把守。湖北、湖南得了好收成，北京方面从那里调拨了大量的粮食给四川东部地区，以防止民众从成都沿

河而下迁徙。贵州省凡有耕地的地方也都得了很好的收成，因此有一大部分人往那里迁徙。据说四川这里三四年来的收成一直低于平均水平。

四川的居民，即他们中的汉人（Han jin）[①]，都是邻省迁
来的，湖北的最多，山西的次之，也有江西（Kiangsi）、广东
（Kwangtung）和其他各省的。这个地方被蒙古人毁坏殆尽，本地
人只要没逃进山里的都被灭绝了。之后的数个世纪，一直有外地
人迁来此地。因此，本地人（pun ti jin）这个词对四川居民而言
是种耻辱。你要是问谁他是哪里人，他会说：湖北的，或其他某省
的；你问他在四川待多久了，他会说：“12 或 20 代人了。”每家对自
己的故乡故省都知之甚确，但人死后却葬在这里。宋朝的时候四
川首次成为中华帝国的一个省，那时这里还没有汉人，都是现今独 274
立地在山中生存的蛮子。

这里区分蛮子、莽子（Mangtszĕ）、番子（Fan tszĕ）和苗子（Miau tzĕ）。野人（Ijin）一词在我看来好像被用作“野蛮人”的总称。番子居住在松潘厅及以西地区，他们人数众多，所在的地区为高山区，养羊，他们的地区出产羊皮、鹿角和药材。他们也叫西番，与他们所在的地区同名。对于居住在云南和贵州的莽子，我还一无所知。蛮子分布在西部山区，到处呈独立姿态，对汉人十分敌视，为汉人所惧。他们见有汉人进入他们的地盘便将其杀掉。在西番当中住有汉族商人，但蛮子里则没有。此外峨眉（Ngomi）山脉，位于雅州府和会理州之间，也住着蛮子，他们将 3 个纬度范围

① 对汉人的指称：Han jen，与 pen ti jen= 本地人相对。

内东西间的任何交通都阻断了,因此宁远府便被孤立了。分布在雅州府以北往茂州方向去的地区的蛮子也是如此。他们小群而居,每群有头领,他们的语言据说跟藏语相近。宁远府地区也称为罗罗(Lŏlŏ)。但凡那帮传教士对认识这个地区稍有兴趣,他们很容易就能跟所有这些部落接触,并学习他们的语言。苗子是很有意思的民族志学和历史学研究对象,因为他们曾经非常强大。

成都府据说在《书经》中就已提到。而假如忽必烈大汗(Kublai-Khan)在这儿真的屠戮了140万人,那么这个城市以前比现在还大。

现在的四川居民似乎是纯种汉人,并未与以前的居民混杂。
275 由此更令人感到惊讶的是,他们构成了一个比邻省的居民品质更好、更高尚的人群。他们更洁净,更有礼貌观念,习俗更精致,举止更优雅,生活方式更好。如果将各阶层的状况最后折中,那么成都比中国其他任何城市都好,并可与世界上最大的城市比肩。这里的小城市和农民阶层的文明程度至少可达平均水平。当然这只是从外在的教养上平均而论。

(3月2日)这里的密探系统现在真是周至。每一步都有主教的密探监视着。我们只要出门,从客栈开始就有一个陌生人跟梢——每次的人还不同,以防遭到怀疑。有两个曾到过上海、竭力想帮我们的基督徒不准到我这来。他俩是唯一用得上的人,其中一位很有学问。我最无辜的愿望都遭阻挠。比如我想带点丝绸和其他产品的样品及想了解它们真正的价格。我把愿望向李说明了。他的长子,一个小军官,满心服务热情,因他自视为上海商铺的代理,掏心窝子地愿意马上去办。这是昨天早上的事。李先把此事禀明主教，我在主教那里碰到他，他得了主教的命令。晚上，他儿子很小心地进来，带着一小束极次的丝绸，疙疙瘩瘩的，而此前他还自称是行家呢。今天早上，保罗出门去搞样品。探子跟了他好几个小时。保罗摆脱他之后就去了丝绸市场——一个类似交易所的大厅，那里只做丝绸生意。他说，商人们很愿意交易，我就约了一个带上样品来。现在除了两个官府里的士兵（衙役）之外又来了两个所谓的士兵，谁派来的我们一开始还猜不出来，直到被问得不耐烦了，他们才说是主教派来的黎知府衙门的人。这两个人 276
是刺探内情的，我们有客来访时他们中总有一个守在门前。那位丝绸商一来，其中的一位当着我们的面就给门人嘀咕了些什么，结果他给我们报的价格十分荒唐，买这类样品便物无所值。卖画的在门外就被赶走了。这样的安排很可能是想败坏我在此待下去的兴致。凡此种种，还有好多琐事从中看得出刺探之意和主教要小花招。我们显然被抹了黑，不招基督徒待见。

众官员中，除了黎知府，迄今对我都友好相待。昨天保罗还被他们请去看戏，受尽优待。衙役是我们唯一能支使的人。

这里还存有刘备皇帝的宫殿，他在公元220年定都于此，命人修筑了大北路。人民至今仍缅怀他。保罗今天参观了皇宫，还留有一段坚固的旧城墙，“跟北京的一样高大坚固”；墙里并排有三座通向皇宫的大门，门前是一片空地。里面看不到多少东西，最里面封锁着。城外面，南城门旁边，是刘备的陵墓，建在一个小庙里。许多官员都去参观。

关于原住民的材料只能慢慢收集。西番在灌县之后紧接着出现，生活在岷江两边，江边的汉族地方除外。茂州、杂谷厅（Tsa ku

ting）、松潘厅都是西番地区里的移民区，西番居住在这些地方以西和以北的全部地区。在懋功厅（Móu kung ting）和打箭炉附近他们与蛮子接触，在理塘和巴塘地区与藏人接触。他们不敌视汉
277 人，跟汉人混合。在松潘西南的毛革（Mau ko）有一位好战的女国王，她是女战士类型的，试图征服北边的部落。蛮子被分成18个有进贡义务的部落，每个部落自行其是，穆坪就是其中之一。他们居住在西番以南，向西直到越过打箭炉的地区，向南向西似乎与藏族部落比邻。

然后是奇特的、据我所知孤立的罗罗居住区域。罗罗居住在位于北部的雅州府和南部的会理州之间绵延4个纬度的高山之中。他们西面被通往宁远府的路和这里被汉人占领的地区阻断，东面被雅州府、嘉定府（Kia ting fu）、叙州府一线阻断；从那里开始他们还在金沙江（Kin scha kiang）以东占有好大一片地。这整个区域对汉人来讲很难进入，只在紧邻的地方，罗罗才与汉人合得来，在其他地方视汉人为死敌。谁要是进入他们的领地，就会被烧脚掌，假如他们果真还放这人走的话。他们从不与汉人杂居，也从不把自己的女儿嫁与汉人。他们主要的粮食是玉米、荞麦和野味，穿兽皮，不服药。他们的名称据说是从他们发出的一种特有的急促呼喊声“罗罗罗罗”得来的。他们时而突袭汉人居住的地方，但汉人迄今也未能征服他们。这些部落令人难以找到合适的旅行路径。如果没有太多时间磨蹭，就只能通过几条主干道通过这个地区；其间的其他地方是去不得的。

（出自3月5日致父母的信）我原先的旅行计划只设定到这个城市。我虽然想过继续往西走，但具体的计划只有等到了成都再

说了。到了这里我发现我只有两个选择，要么就根本不出行，要 278
么就去做一次遥远的翻山旅行。假如我从这里直接回上海，那么我在中国的所作所为将缺少一个最重要的结尾。所以我决定还要出行。从这里往西屹立着世界上最壮丽的山区之一，它向北、向西、向南连绵不绝，并且很快就升到山峰终年积雪的高度。这一地区被大河切出了不少幽深的岩石峡谷，这些大河的上游还知之不详，而在它们入海的地方、沿黄海到印度一线分布着好几个亚洲最大的贸易城市。这是有进取心的旅行者还可以去的最佳的研究区域之一。

我的目的只是认识一下这个中亚山区的东边缘以及它朝向中国腹地的那些山坡。但因这个地区住着野蛮或半野蛮的部族，所以只有几条路线可以穿过这里。其中一条是经宁远府到云南西部的大理府，我决定走这条路。大理府虽然数年来一直掌控在已于云南西部建立了自己的王国的穆斯林手里，但是该城周围驻扎的都是朝廷的军队，那里并非战乱连绵。我很想从那儿往西南再走几天，以便解决一个大的或曰被视作重要的问题，那就是研究伊洛瓦底江（Ira waddi）畔的八莫和大理府之间的交通。

那里自远古就有一条贸易大道，英国人很想探明它，以便从乘汽轮可达的八莫开辟一条印度产品和英国贸易通往中国的道路。他们已经多次探索考察，但都失败了。最终于1868年由斯莱登少校（Major Sladen）从八莫挺进到中国的滕越州（Tang yüĕ 279
tschóu）[①]。因此我只需要到这个地方即可，这样那条通道就搞清

① 称Momein更著名。

楚了。

我的这个次要的计划只是这次旅行的附加目的，我故意没有告诉任何人，因为虽然大家对我的整个旅行可能兴趣不大，但若听说我要做此举动——对我而言固然是小事，定然会盯着我看。我要是到不了腾越州，大家就会说我此行失败，说我遇到困难退缩，等等。我迄今一直奉行一个原则：事先不说大计划，而是先默默放在心里，等事成之后再告诉别人。

我将艰难地做出决定，不再继续向缅甸和仰光走了——尽管从那里出发很快就能回到你们身边，而是在出了大理府后再次转向东走，经云南府和贵阳府到长江边上的重庆府，然后从那里回上海。我假如选择第一种走法去缅甸和仰光，那么我的日记、地图和我搜集的东西就得交于不确定的命运之手，我还不知道我能不能抵御这样走的诱惑。然而我所有的考虑目前都是基于回到上海的想法。

你们看，我要结束旅行并不容易，而是尽我所能地做到彻底、完整。现在我既然已经走那么远了，假如我不尽可能地利用眼前的机会，我想就太傻了。这最后的一次旅行可能会是我在中国所做的旅行中最艰难的一次，但如果我很好地完成了，那么也将是最值得的一次。它全程通过的都是完全不为人知的地区，你们不必
280 觉得我这是草率行事。我对每一个我要去的地方事先都会做最广泛的咨询，遇有什么我认为不智的事就马上放弃。我的身体迄今十分健康，只要资金充足、生活规律，我希望借此保持下去。

我从欧洲获得的消息当然都是很久以前的了，我将不得不竭力弥补这一缺失。尽管我现在无从知道发生了什么，但我对家乡

发生的事情所持的兴趣丝毫不减，我相信我对艺术的陶醉也跟以前完全一样。我几乎不敢想象再次听到像《弥赛亚》（*Messias*）这样优秀的音乐作品时会感动成什么样子。除了本地的通信往来（目前在中国和日本），我跟别人的通信可惜十分有限。我一直感觉很难堪，没有同柏林方面保持任何的信件来往。我以前曾多次写信给他们，但那里的专家一个字也没回。那里的那些博学的先生们感觉如此之好，以至于他们觉得接受我的来信已经是对我很大的优待了，于是连最寻常的礼貌也没有了。因为我不想乞讨那些高贵的先生们的优待，所以我早就不给柏林写信了。这当然于我不利，因为这样一来别人对我的关注也就没了。

从这里我也是想骑马上路，希望全程骑马。当然我走了很多路，在山路上经常一走就是一整天。我的那些马都还是我在蒙古买的，它们一路上表现很好，我本可以在这里以三倍于买入价的价钱把它们卖了。这里的马都跟驴子那么大，可爱至极，体型轻灵苗条，有活力，性子烈；它们走山路灵巧如猫，但是对于它们而言我太重了。这里的野生动物很奇特，特别是西部山区的。在外方传 281
教会（Missions Etrangeres）中有个戴维神父[①]，这是个真正的集物天才，曾在北京用了不几年工夫就搜集了一个丰富的博物馆。之后他便来到了四川，在这里他十分走运，从成都府往西只走了5天就在高山中一个森林密布的盆地里到达了穆坪传教站。传教士们在基督徒遭迫害时生活在那里，现在那里是个有着三个欧洲神父和一个神学院的传教站。戴维在那里待了整一年。他几乎就

① 见上述第127页。

没去四处旅行，而是待在穆坪——因为他根本不是个行者，众多的基督徒进山为他搜集东西。他发现这里是一个丰富的动物世界，大多数动物都是不曾见过的，他于是做了大规模的极有价值的搜集。对他而言特别幸运的，是穆坪紧挨着一条可以行船的河，这样的话他搜集的所有的东西就能很轻易、很便宜地运达上海。

我根本不便于搜集东西。行色匆匆中我只能关注石头，石头中我又只能收集少数的一些，因为我随身带着它们数周之长，费用不菲。但我有些有价值的东西。对于地质学而言特别重要的是，到了一个新地方后，搜集化石以便确定所有其他问题的基础和岩层的年龄。以前不曾有人发现中国是个寻找化石的宝地。我有幸发现了这一点，并已找到了一大堆化石。我所遇到的化石最为丰富的地方在陕西和四川交界处，那里的山中有最美的化石。为了搜集动植物，得像戴维那样能够长期待在一个地方，但是即便可以如此，也没有几个人能够赶上这位集物天才，也没有人能像他那样可以调用整个教区的信徒为之效力。他们为他猎获了熊、豹、野公
282 牛、猴子和其他野兽，这些东西在这里的山里有很多。我们也猎获过不少东西。这里是锦鸡的故乡，我不曾猎获一只锦鸡，但是猎获的普通的野鸡能装满一艘船。难以置信的是，秦岭山，即我所须穿越的山中最高的山里有很多野鸡，它们成群结队地伏在原野里，也不难射杀。

令我非常遗憾的是我在这次旅行途中没赶上搜集植物的种子。正是在这些地区我原本能够集到十分珍贵的种子，但这里早已是春季。去年夏天我上路太早了。旅行时不能够事事如意，人得盯着一个目标竭尽全力。我最需要的是晴朗的天气，必须根据

各个地区有此便利的可能性来安排我的旅行。迄今，我在这一方面取得了惊人的成功，但现在就要不行了，因为几周之后预计会有连绵的阴雨。

（3 月 6 日 / 日记）终于决定要继续旅行。无论怎么被刺探，我们同成都县的官员一直保持联系，他们对所有事情做出了很好的澄清，并许诺支持我们。而敌方阵营里却是一派慌乱，人人竞相猜忌，因为他们看到他们的诡计难以遮掩下去，而我也得到了我想得到的东西。特务之事日益明显。刚开始号称是从县衙派给我的两位衙役第二天就露了马脚，因为那天来了两个县里派来的衙役，有文书作证。另两人便称自己是黎知府衙门的。后来才发现他们原来是主教花钱雇的，甚至住都是住在传教站。他们仍旧守门。同是这帮人也曾为库珀守门，但他还以为是受了衙门的优待，而实际却是被传教站监视。人丁甚众的李家仍旧仔细地干着他们的狗腿子勾当。因为他们之前是仰仗主教才得到了政府的委任，让他们接取来自汉口的武器。这给李家三个儿子带来了官衔，为李家开了财源；所以他们才忠于主教，主教也当他们是有用的工具。但是这一小撮人里的其他人都企图讨好我，因为他们觉得被揭穿了，害怕因此丢了赏钱。就连主教本人最终对我的书面问讯也只好报以帮我筹措必要资金的回复。

这里的传教站上空郁积着一层因主教猜疑、倨傲、处心积虑却十分不智的行为而产生的阴云。他从一开始就把所有的官员视作仇敌，所有的异教徒视作下流胚。他在尖刻地诋毁人身时总以“穷鬼异教徒”结语，以此保持其基督教立场。他同官员闹得很僵，于是基督徒和异教徒的关系也很僵。其实他在这里很容易同

官员搞好关系，对他们礼貌相待、接受其社交方式、给他们拜年等都可以令关系和睦，而他们也会在小事上满足他的愿望。但他只知道发号施令，而不是礼貌地提出愿望。他僵硬地援引盟约，尽管这些并不能严加施用。因此，他很难实现原本易于实现的事，以这种方式致使官员对他深恶痛绝。教众意识到这一点，他们兑了钱给官老爷送了一份寻常的新年贺礼，但官老爷却拒而不受。然后他们又企图为前面提到的黎知府举行盛大的游城仪式，结果也被拒绝了。

284 基督徒倾向于自视非凡，而把异教徒看得很贱，此外他们知道自己享受异教徒没有的保护。省内众多皈依基督教的情况都是因这样的动机而起，基督徒可以做许多异教徒做来会受罚的事，他们因此倾向于慢待异教徒。假如像这里这么好的人民遭煽动愤而反基督徒，那么责任首先就在这些基督徒身上，其次才是有些受辱的个体进行的挑唆。一名官员怎样才能不愤然而起呢？假如他看到身边有一股占据着政治地位、跟他分庭抗礼的势力在滋长，那是一股按照不平等原则行事的势力，——主教对待下级官吏如知县等十分无礼，不接受他们的来访，对他们不予理睬；而总督则以不理睬主教相报。关系越来越紧张。因此主教惴惴不安地盼望能修正法国的条约，使得他有权对他的教徒施加政治保护。假如此事不行，厄运降临到传教站头上，那么这里也会雷雨倾盆的。

我的旅行计划是：宁远——大理府，或许还有腾越州、云南府、贵阳府、重庆府。所以，我最终选择了一次艰难、漫长而昂贵的旅行，而不是顺流而下的轻巧、迅速而便宜的旅行。但如果我能够成功，就有理由期望所得的结果与我所花的时间与精力能成正比。

第三段：从成都府进入山区；沿长江而下 285

3 月 11 日。需要很长的时间才能为旅行准备完毕。仍旧得搜集更多的信息，因为似乎有种种半道上被逼返回的可能，特别是在过金沙江时可能被阻。然后就是租骡子以及找一个可靠的人把包裹带到叙州府，后者交由传教会办理，前者只能由县衙来办。从县衙那里我们得到了最为热心的支持，因为保罗俨然成了那里的常客，经常有衙门的官员来拜访他。昨天应该出发的，但是可供选择的骡子少得可怜，且又老又瘦，遍体鳞伤。衙门方面命令带些更好的来，但来的仍旧是跟第一批一样品质的骡子，如此反复。最终衙门断然下令，征用最好的骡子。这次管用了。正好有一个宁远府来的长长的商队到此地，今天早上他们就不得不交出三头最好的牲口。

下午两点，我们出发了，到南门有大约 4 里路，这里的街道也
跟城市北半边的一样。在南门附近可见许多丝织活计，纺织的，编 286
绳的，生产各种各样装饰品的，等等。门本身恰与北门一样，但南门外的郊城较之北门外的逊色许多。再往外些有一座庙，叫武侯祠（Wu ho sz'），有红色的高大围墙和许多参天大树。这座庙很不一般，因为里面埋葬着皇帝刘备（原文如此。译者注），也是成都府的上流社会盛大出游的目的地。这里有所有令中国人心向往之的东西——大庙小庙、流水、小桥、小夏屋、生满莲与龟的水塘，塘边有家一流的茶馆和餐厅。在一个宽阔的石台——一种开放的

柱厅——上放着抛光的桌椅。从这里眺望污浊的绿色水塘就是中国人所要求的所有自然享受。这里聚了许多人，都是坐着轿子来的，穿着绸衣。店伙非常忙碌，将做得十分精美的菜肴运来运去。平台上悬挂着一幅由耶稣会教士制作的地球两半球的中文地图，还有许多美丽的画。庙旁没什么可看的。刘备的墓是一座堆起8米高的土丘，长满了树，周围有一道围墙，门都锁着。

半路上经过市场簇桥（Tsu tschiau），它因是大型丝行（Hong）[1]的驻地而著名。这儿的行建得跟客栈似的，一道带着镏金大字的高门通往作餐厅、厨房、办公室等用的厅堂，厅上又覆了一层。从这里有一道宽阔的、不封闭或局部封闭的、两边有成排房间的走廊通向后面的上房（Schang fong）[2]。所以，从街上看正
287 好可以看到上房，但它中间还隔着一道画着巨幅人像的前门和一个别院。走廊一般很长，在两边向内开的房门之间放着供到餐厅用餐的客人用的桌椅。往里看感觉不错，颇为富裕。这里所说的"行"实际也是一个"店（tiën）"[3]，与客店的不同之处在于这里住的都是做丝绸买卖的客人，有的是买主，有的是卖主。——一种"丝绸业的俱乐部"。所有的在一起可以被称作一种"丝绸交易所"。簇桥出售的丝绸有产自绵州、嘉定府和其他等地的。所见的除了和丝绸有关的东西就没别的了，有纺纱的，有浣纱的，有摇纱[4]的，有织布的，有运送的，等等。

---

① 见上册第293、336页。

② 上房。

③ 客店。

④ 源自英文的"摇纱"。

双流县(Schwang liu hsiën),我今天投宿的地方,位于平原最好的地段之一,也是个漂亮的小城,但比之于成都以北的城市要略显逊色。正好逢集,一群人跟着我们跟到衙门事先为我们定好的客栈。他们并无恶意,就又安然散去了。

（3 月 12 日)这一站地又没走多远,因为我的骡子是从一队27 头中征调的,都是从宁远驮着西瓜子来的。他们在这里会面,以便一起返回;另外 23 头都空了,迅速地离开了成都府,以防官员逼迫他们去别处。今天雾蒙蒙的,跟昨天以及好几个星期以来的几乎每一天一个样,只是偶尔见得着太阳。

昨天还看不到丘陵地,今天就清晰可见了,就在路以南的不远处。之后在岷山谷中又远远地向南隐去,但在右岸出现了丘陵,直到新津县(Sin tsin hsiën)。平原的这一部分也异常肥沃,得到良好的灌溉,人口极其稠密,分散在无数的小村落里。每个小村落 288
都是一个小的房屋群,很可能只住着一家人。屋子掩映在高高的灌木丛中间,灌木丛具有一种几乎是热带的特征,是风景中的一大点缀,就差椰子树、槟榔树和面包果树了。此外这里也常令人想起日本——田野里现在绿油油的一片,油菜花和蚕豆花正盛开,果树也开花了,柳树和桤木都已长出嫩叶。桤木在这里被当作经济作物广为种植。竹子美极了,是我在中国见到的最美的。在双流附近生长着一种像是橄榄竹(Bambus gigantea)的竹子,高达 15 米,密密实实的一丛,以光亮的灌木丛形式出现在道路两旁尤为美丽。在房屋群的周围有果树和桑树,树下种菜。然后看到了分为三级的农田:(1)没有充足的水可供种稻的农田,(2)适于种稻、但冬天干旱的农田,(3)冬天也保持湿润的稻田。极小的高度差

对于耕种的方式和地价至关重要。第三级农田只用来种稻——意味着收成，现在注满了水，还没种庄稼。第二级农田最为珍贵，现在种着大麦、小麦、豌豆、蚕豆、油菜和各种各样的蔬菜。5 月份的时候这些就都收获了，之后马上就往田里注水；八天之后犁地，然后（6 月初）马上种水稻。干旱的农田，也就是不够湿润种不了水稻的，部分用于广植蔬菜——当地的蔬菜种类非常多，而且质量上乘，有的我都不认识，部分用于种植大麻，目前已经发芽。

我们又穿过几个人口众多的集镇，它们大多位于主要桥梁的
289 旁边。今天遇到的桥也为数众多。乘渡船渡过岷江的两条支流，随后在新津县的对面又出现一条支流。周围地区种有大黄，品种拙劣，色浅，不是很苦，不能把唾液染得很黄，块茎小；7 月里将块茎植入土中，9 月收获。茎长 1.5 米高，叶宽 5 厘米、长 15 厘米。这里的大黄种植十分广泛，另外还种植其他好多种药材。岷江再往上 6 里都是可以航船的，许多船只汇聚这里，但江里湍流遍布，比我迄今在平原上所见的其他河流的流速快多了。

（3 月 13 日）我原以为今天就能跨越丘陵地区，但平原延续至邛州（Kiung tschóu），南北仅有一片低矮的梯地分隔。在这里从西北往西能把附近高山的轮廓看得相当清楚了。平原的特征改变了，在有的地方它依旧肥沃如前，但大部分地方的土地又黏又黄，有些凹凸不平，不怎么肥沃。越往西丝织文化越淡，反而双手忙于纺织棉制品的多起来了，从这里向西深入山区都是如此。棉花本身产自湖北，而作为原料也大量流往西部。水稻种植仍旧为主。小村落，还有路边的村庄和集市也不再那么密集了。河道十分复杂，所有的河道落差都很大，必须建极多的桥。

毕盛主教说过邛州是个叛乱之地，这里的人民因好斗、粗鲁而臭名昭著。另外我还发现，人们不服官长的管教，根本无法无天。这个城市的确是我在中国见到的最令人不快的城市之一。官长为我安排了一家客栈，一大群人马上挤满了那里。我步行巡视 290
整个城市，以满足人们的好奇心，但这也于事无补，客栈依旧满满的人。这群人因为极度好奇所以好言相劝也劝不走，却也不曾过分，但如果待之不当估计也会构成威胁。我刚开始还害怕我的小厮会送命，因为他火起来了，真的就开打了。天黑之时，我们用骡子堵住了长长的入口，最终将那帮人挡在了外面，但他们在街上闹哄哄地还待了好久。今天这里的人与我在四川其他地方所见差别之大，令人颇为费解。其他地方的人都彬彬有礼、十分有教养，而这里的人粗鲁得跟湖南人似的。

晚上，当地的中国神父写了一封郑重其事的信给我，之后不久便盛装出现在我面前。他以为我是位法国公使或领事，会帮他为一位因在大路上祈祷而受辱的单纯的基督徒到衙门讨回公道。这表明基督徒多么期望受到政治保护，他们一定程度上将自己视作法国人的奴才。

这个城市贫穷，但人口众多。成都北部的城市所具有的那种秀美至此已消失无踪。这个地区的主产是茶，以砖茶的形式大量运往拉萨（Lhassa）。

（3月14日）我们6点半一早就离开了邛州，但是路上已经有专为看我们而早起的人群，闹哄哄的。街上站满了人，但他们今天表现得十分安然。这个城市颇大，地理位置得天独厚，位于成都府平原的西端，一行连绵的高山脚下，但还被丘陵同山隔开。土地肥沃，有茂盛的菜地。

路从南城门出去，经一座美丽的、全由红色方形砂石造成的石
291 桥跨越了那条至此已经很宽且水势泱泱的河。这座桥歇在 16 根坚固的桥墩上，桥墩之间经由 15 个又宽又尖的桥拱连接。桥有 12 米到 15 米宽，跟这个地区的所有桥梁一样状态完好，没有一块石头是损坏的。接着便登上了昨天提到的梯地，这是一片宽阔平坦的地区，一开始比平原高出 50 米，渐渐地向西南方升高。该砖红壤梯地上仍旧人烟稠密，尽管比之于平原已是远远不如。房屋独自散落各处，但也有村庄，其中几个村子里有集市。这里的农田不适合种植越冬作物，基本种水稻，所以目前都注满了水；此外还可见许多大麦、蚕豆、小麦、豌豆和油菜，跟在平原上一样。这里的农田不如下面的那么茂盛，但砖红壤土地上也能获得相当好的收成。农田主要位于宽阔的洼地里，被栽种的松树林带分开。这些松树林十分罕见，赋予该梯地以与众不同之处。鸦片的种植范围适当。路窄，路况尚可，但交通不多。

西面的山区先是一排丘陵，不久便升高为一座上部局部平坦、局部状如犬牙的山峰，其高度据我猜测要比邛州平原高 1100 米至 1200 米。在这座有几处断开的山峰后面耸立着几座更高的山峰，它们因为今天有雾而分辨不清。

路仍旧在砖红壤梯地上延续，完全由滚石铺就，因此十分难走。像昨天一样，到处都是树林和稻田，间以油菜、大麦等。如果先俯视名山县(Ming schan hsiën)山谷，眼前便会展现一幅美景。雅州河谷呈半圆形围绕在周公山(Tschou kung schan)北麓，只有一二里宽，北部被一座半圆形的、由水平向岩层构成的红砂岩山峰

围住。今天的风景美得令人陶醉，谷底和山坡上，凡种植所及之 292
处，皆秧苗的青绿混合着盛开的油菜田里的金黄；深谷里和远处的山坡上都弥漫着一层薄雾，使得群山显得比实际要高得多——这全景中的每一个部分都是水彩画的绝佳素材。另外还有丰腴的谷地上的生命，分散着小村落和许多单独的房屋，山坡上的农田一直延伸到高得难以想象的地方——大多不过是山坡黝黑的色调里一条黄绿交织的色带。

那条河一直到雅州府都可航船，尽管到处都有湍流。我们看到许多载着棉花的小船。最后从一座桥上越过了一条北面的支流，经一座浮桥过了干流；之后又经过一座石拱桥越过南面的一条支流，最后才到了城里。那座浮桥非常简单，一条约10寸粗的竹缆绳横在河面上，在湍急的水面上呈向下游弯曲的拱形，绳的底面上拴着一排排列密实的竹束的细端。粗端用两排柴束覆盖，柴束中间是覆盖着垫板的路。牲口可以毫不费力地通过浮桥，只有一匹跃入了水中，径直往前冲，被水流冲走，差点没命。但它连同它驮着的鞍囊都被救了上来。

雅州府是座大城。因为经水路可达，所以它便成为了一个尤为广大、尽管并非人口众多的地区的贸易枢纽。西藏和建昌
（Kiën tschang）[①] 是经这里供给的主要地区。这里的人因为好奇 293
而令人不快，但不像邛州人那么粗鲁。

从成都府开始就很难有机会写日记了，除非是有坚韧不拔的意志。当地的客栈上房（Schang fong）[②] 中央有一间敞厅，里面摆

① 建昌是四川西南部的一个山谷地区，曾多次提到的宁远府是其中心。

② 见上第286页。

放着桌子和待客的座位，与厅相接的是侧面黑咕隆咚的客房，里面摆着木板床。我们被带到敞厅，在这里想拒人于千里之外是不可能的。四周总有好奇地探过来的脑袋，问个不休；此外还有嘈杂的讨价还价声、算账声等等，以至于我无法安心地写下一行字，因为这喧嚣一直持续到晚上睡觉时分方休。

从成都府开始便有一支四人小队护送我，每到一个县便换一拨人。即便这些衙役也完全不能驱散好奇的人群，我们不时还能做到，他们却根本做不到。他们的命令只是引来哄笑，而他们又不敢动手打人。关上门根本就不行，因为要么门上根本就没有门栓，要么门栓太不结实，一群人一挤就能破门而入。我们在这里还不招衙门的待见，衙门不想为我们更换护卫。成都县衙曾发了一封公开信，让护卫队交给我们，此信就如同是对护卫队的命令。这封信现在不知在哪里，衙门因此解释说没有公文在手实在做不了什么，他还拒绝接受我们的片子。保罗只好亲自前往，以其惯见的技巧摆平了事情。护卫队来了，但却要求提前预支一大笔钱，因为
294 衙门不给他们钱。给我们的也是一份伪造的文书，上面是衙门写给我们作为保证的这些护卫的姓名。所有这些都很费时，要到明早才能办妥。护卫队在这里虽然没什么实质作用，但也说不定。罗罗见到他们应当有三分敬畏的。

名山县因为大量生产茶叶以供应西藏所需而惹人瞩目。这里的茶树高大且长着深色的叶子。这里的人不怎么讲究地用大叶子泡茶，质量想来也拙劣。茶叶被运往打箭炉进行加工，据说加工成砖茶。该地区一种十分常见的活计是用棉花纺花织布，所织的布匹也是销往西藏。一种奇特的贸易品是灯芯，独特的线状木髓灯

芯,在全中国都很受欢迎,消费量十分大。这儿便是这种灯芯的产地之一。灯芯是一种长灯芯草的髓质,冬天的时候种在稻田里,现在正是采集和剥皮的时候。最后,有一种用玉米酿造的烈性酒精饮品因其口味纯正而值得关注。这种酒我只在这里见到过,在所有我知道的中国的饮料中口味最为纯正。这里把玉米当作粮食的做法十分普遍,玉米是生长在干燥的农田里的夏熟作物。

（3 月 16 日）我们今天好不容易才摆脱了雅州府,这座城市对于建昌的居民而言就像巴登—巴登(Baden-Baden)。他们在街上溜达,进戏院,逛商店,似乎在尽情享受生命赐予的最好的东西。在雅州府待一天!——这是我的人一路上都在乞求的事。但因为我想继续走,所以还得给驴子上掌,得操办各种各样的必需品,这就花了一整天时间。最终我执行了我的意愿,但也仅走到观音铺(Kwan yin pu)这里,因为他们给余下的牲口揽了载货的活,想明天再走,以便能够满负荷前进。

753

护卫的事情也解决了,有四个人继续护送我们前行。这些人是衙门里为数众多的护卫中的几个,这些人都没有薪水,主要靠赏钱生活。此外他们还从每一笔罚金或他们帮忙勒索到的钱财中分得一杯羹。假如他们被委派以护卫任务,他们每天会从衙门那里得到 80 文的劳务费,通常还从他们护卫的旅客那里得到些赏钱。看起来库珀曾遭他们的勒索,所以他们也企图勒索我。另外,衙门态度冷淡,很可能是因为不久前西藏的进贡团曾打过雅州府的护卫,因为进贡团付了 20 匹马的钱却只得到 10 匹马。该进贡团从这里到拉萨——70 天的路程——还必须由这帮人护卫。据说在进京的路上这帮人对进贡团是唯唯诺诺,为此在返回的路上却十分粗暴。这些去进贡的喇嘛并非受尽尊崇,他们的旅行是趟苦差。

可惜今天所有的高峰都被云遮住了,因此我无法对该地区做任何的山志工作。路从一个高 50 米的碎石梯地下至一条在雅州府附近从南流入的一条小河。因为路一直贴着西侧,这一侧下至小河的坡常常非常陡,因此颇有些陡峭的上下坡;但路修得很好,保持得也很好。横向的沟壑上都有建得很好的石桥可以跨越。两侧的山坡和更远处的山都是红砂岩质的。

这个地方风景妩媚。谷底是稻田和散落的房屋群,更高的地方生长着其他农作物,其中有许多乔木和灌木。越往前走,这些树
296 越多,都抽枝并泛绿了,有些树已经开花了。在覆盖着黏土质土壤的野草中有非常美丽的花,还有许多青苔和蕨类植物。在树木当中有许多是我没见过的。走了 20 里之后,山谷就变作红色岩壁之间的一个狭窄的峡谷。我们歇息的小村就坐落在其中。

(3 月 17 日)在飞龙关(Fei lung kwan)上能够很好地纵览山脉,因为在红砂岩山脉中常见这种不是通过凹陷的山口,而是越过山脊的山关。你可以看到许多平坦的山脊,它们只在东北部被深深地切分成块状岩。从那里看不到荥经县(Yung king hsien)以南积雪的远山,并没有又高又险的山峰,常见的倒是不锋利的锯齿形线条。路上有从南部来的建昌的铜,同是这个山谷产的铁,打箭炉的粗羊毛和各地产的大量药材。运往南部和西部的有棉制品——非常多,熬制的黑盐——也很多——和茶,茶在当地仍有种植。

(3 月 18 日)荥经县位于山谷中一片开阔的平地上。地理位置很好,但城市很破落,脏兮兮的,一大排小杂货铺。这里有许多

铁匠铺的产品,特别是工具、刀、矛等。这里还生产大量劣质的茶叶。周围的所有山谷中都在红砂岩上种茶,种植直延伸到快到小关(Siau kwan)的高度。茶农现在正把茶用大口袋装着背到荥经去卖,都是些带着枝子的老叶,晾了一下,都还没卷在一起;到荥经它会被烘干和炒一下,然后打包运到打箭炉,在那里,如上所述,做成成品。这里的人会让茶树长到 10 米高。许多山坡都种满了茶树。在荥经附近两个山谷合二为一,较小的从南和东南方向过来,其中有的河里有很多花岗岩和斑岩卵石。我们乘船过河,随 297
后沿主流往西和西南方向走了 20 里。风景极美,青苗遍野的山谷,散落的农庄远望去十分洁净,上方是红砂岩山坡。

在向南走了 15 里之后,经一座桥桩上铺着长 20 英尺、宽 4 英尺、厚 2 英尺的砂石块的坚固的石桥从东岸过到了西岸。从这里开始有一座峡谷。在这里第一次见有花岗岩露出地表,它被分解成大块。从这里开始路就越来越陡,总是沿着呼啸的山间河流。在距小关 20 里处,我们经过了一个较大的村庄,再行 10 里,在已经是很高的凰仪铺(Hwang yi pu,音译)附近经过旅途所经地区的上限。山谷中有的地方十分浪漫,充满了足以为极可爱的花边做素材的小景致:岩石重叠,覆盖着茂盛的、半热带的植被,还有乔木参天;山岩之间是呼啸的水流,上面有一座轻便的索桥,对岸有几处磨坊;上方是重叠的红砂岩山壁,其后是更为高耸的、黑压压覆盖着森林的花岗岩山顶。路上经过两座索桥,其中一座是在张开的锁链上拴着铁架子,铁架上面铺着木板,所以桥是悬在锁链上的。非常漂亮的是另两座在两侧跨越主流的小桥,仅供人用。四根 10 米长的圆铁棍两端放在岩石上,上面横铺着竹竿,竹竿上铺着窄窄的木板。为了安全和加固，两边还有两根更长的铁棍放在比木板高出约 1 米的地方当作栏杆。这些桥看起来格外轻便、妩媚，非常适于安放在这些山间的激流之上。

298 （出自一份特殊的手稿[①]和一封致父母的信）我满怀欣喜地动身奔赴我下一步的旅途。牲口的租期定得很长，我信心十足地盼望实现我的计划。去宁远府的路十分凶险，因为要经过独立的罗
299 罗部族所在的地区，他们守着这条道路，经常一哄而出打劫过往的商队。这倒吓不倒我，因为我们有精良的火器足以对付罗罗的铁棍和刀，正所谓知己知彼，百战不殆。

① 以下的叙述大部分出自这份手稿，它是后来对"中国日记"第三卷的其中一章的草稿，不过仅仅是对实际内容的说明。这个说明是这么开始的："尽管我在本著作中一向着意避免讲述我的旅行体验、描述我的历险，因为重要的是要客观地交代结果，而不是叙述那些我个人的无关紧要的东西，但我却想在此依据我的日记讲述一个正当我陶醉于最美好的希望时致使我的旅行戛然而止的插曲。对事实的无知多么易于导致对类似的灾难的妄自臆测，这一点我从巴伯尔（Baber）对于我半途折返的所谓动机的评语（R.Geogr.Soc.Supplem.Papers，Vol.I，第 12 页）中可见一斑。"跟这个开头首尾呼应的该说明的结尾是这么说的："在这种情况下我觉得坚持履行我的计划是愚蠢之举，特别是有鉴于云南境内发生的暴乱令马嘉理（Margary）此后不久便沦为牺牲品，我的计划本身已显得极度荒唐。好几年之后（1877 年），巴伯尔把宁远府认定为马可波罗所谓的 Kaindu，并为此感到兴奋，成功地到那些地区旅行了一番。作为英国领事的他被敬若神明，享尽各种保护。他的旅行完全是一名大员的排场，他也不必担心因为偶然在某个不幸运的地方遇险而一路都要忍受卫队的愤怒和报复。"——那些开头的话尤其值得注意，因为从中可以看出李希霍芬对科学的和通俗的叙述所做的区分。这些话或许使得编者在此有权使用那份实际只是对在相应的日子里用英文书写的日记进行翻译而成的手稿。3 月 19 日的日记是以这样的表现力极为丰富的话开始的："A hard day' s work and retrogressive in the extreme, probably fatal for my journey; and it was nearly fatal for us（一天辛辛苦苦的工作和一次极度的倒退，很可能对我的旅行十分不利，对我们而言也十分危险）。"此外，日记里的句子在那份手稿中几乎是字对字地翻译的。——另外还有选自一封自叙州府，1872 年 3 月 31 日发给父母的信的几个地方在此做补充之用。

我们这一行人的向导是位勇敢的建昌人，也就是通常所谓的宁远府人。我的随行人员中除了运货的一队人之外还有我忠实的翻译，比利时人保罗，和两个仆僮。其中一个小厮是北京的满族人，他在北京的英国公使馆已经干了好些年，洋名叫吉姆，对我极为忠诚。我返乡之后，他在北京的德国公使馆做了25年多的中国仆役的领班，之后（据较可靠消息）被青岛（Tsingtau）的行政部门委以重任。他为我当差很久了，而另一个仆僮是我在成都府才招的，他是个尤为精干而俊朗的年轻小伙，曾去过几次北京和拉萨。后来他陪我到了上海，德璀琳先生把他从那里又带去维也纳参加世界博览会，他在那里迅速地证明了自己的可塑性。他后来再去维也纳的时候在某奥地利骑兵团里接受培训，后在中国军队里做了高官。此外我们还有个常备的四人护卫队，每到一个县换一次人。他们虽然作用甚微，但却能提高我们科考旅行的声望。我的旅行工具是三头从蒙古带来的马，一头我骑，一头保罗骑，剩一头由仆僮们替换着骑。我很少用马，因为我几乎总是步行。

（3月18日）我经荥经县来到了小关，一个海拔约1380米处
的小村落，村落后面不远处就是通往按吉尔（Gill）的测算有2810 300
米高的山口大相岭（Ta siang ling）的登山路，从另一侧下到清溪县（Tsing ki hsiën）。3月19日，周二，我们踏上此路。这是一条羊肠小道，在适度陡峭、但偶尔有些地方十分陡峭的不连续的山坡上曲折而上。因为在海拔2500米以上有许多积雪，所以这条可行的窄道就变得更窄了，路况十分糟糕。我独自远远地走在前面。沿途5里一个站。我走过了大关（Ta kwan，音译）、坝房（Pa fang，音译）和门铺（Men pu，音译）。在我到达了下一个人们告

诉我名叫长河(Tschang hŏ，音译)的站点的第一座颇为颓败的房子之后，我决定等一等，等到我能够看到比我慢、跟在我后头的整条队伍为止，因为正是这里的几处路况很糟糕。路穿过一条陡然沉陷的山沟，此沟构成山坡里的一个深陷的壁龛。我在壁龛的北侧，能够纵览位于南侧的约半公里范围内我已走过的小道。

在我等的时候，有一个拿着锣的男子下山经过我旁边。他负责敲打这个发出很大声音的乐器让人注意跟在他后面长长的一队人，那队人随后也便出现了，16 个人抬着一口大棺材——中国富人把自家死者葬在祖坟里，所以常让人把它们长途运往乡里，在抬棺之人前面走的是其他人，他们四个一组抬着已经加工好的用来制作巨大外棺的大厚木板。几个士兵护卫着这个我猜共有四五十人的队伍。队伍缓慢地前行。当它到达山沟的河床时，我在对面陡峭的山坡上的目力所及的最远处看到了我的骡队的前头。我等待着，略带焦急地紧盯着两队人如何从彼此旁边经过。他们还没有碰上，我就看到我的队伍停了下来，后来说是因为在一个我看不到的地方有一头骡子连着它驮着的棉花摔下了山坡，但损害不
301 大，因为它摔在了软软的雪地上。

我提高警惕，盯着那队列队松散、步履缓慢的抬棺材的人，我的人还看不到那口棺材。我觉得，抬棺的人像是故意走得很慢。那些抬棺队伍的领头人刚一遇上第一头骡子，我就看到，一场争吵爆发了，看到走在我的人队尾的保罗快速冲到前头，据其表情判断是在试图劝和。突然，我看到他被对方的人猛地抓住摔倒在地上，他虽然挣脱了这帮人，但却被他们追赶着一路往上跑，不成想撞到了对方后面的人，最后还遇到了抬棺材的人。看到他们都加

入追赶保罗的行列，一帮人拿着棍子、铁棍、石块咆哮着在他后面追。他不时停下，企图平息他们，而同时也抽出他的左轮手枪指向他们。

我意识到危险的第一时间便急匆匆地穿过深深的积雪和灌木丛往下跑，抄近道避开经过山沟的弯路，在往下赶的过程中看到了事情的全过程。我一出现，人都愣住了，交头接耳地议论我，退了回去。保罗快速地向我讲述道，他见吉姆跟陌生人干起来了就快步跑向前去，试图劝和；这时候来了更多陌生人，突然有一个陌生人猛地打了他一下，抓住了他的脖子；他虽然很快就把那人打倒在地，但为了避免动用武器，他就逃跑，没想到碰到更多的人；还好他躲过了一个拿着沉重的铁棍的人挥向他的一击，这一击如果命中就能要他的命；他鬼使神差地摆脱了那帮人。

在他正讲的时候，对方的一个穿得较好的殿后之人从我们旁 302
边走过。打问之下我们得知这位是他们的头目。我要求他平息他的人，并希望这件小事就此便了结了。但他是个傲慢之人，仗着人多势众添了胆量。他若有所思地继续走着，边走边骂了几句以泄其对欧洲人的愤恨。然而事情似乎就这么算了，不久我的队伍中那 16 头载着棉花的骡子从我们身边走过，继续安然前行。只是我们并没有等到载着我自己的行李的牲口和我的坐骑们还有我的人。我们赶紧往山下赶着去迎他们。

我们到达更为陡峭的登山路脚下的时候就已经听说陌生人强占了我们的坐骑和负重的牲口。我们很快便追上他们，他们正继续往山下走。陌生人骑在我的马上，其他人拿着我的武器或者拿着铺盖和其他行李中好偷的东西。假如我们要用暴力夺回我们的东西，那是不费吹灰之力的；但那样的话，我们不仅要拔出而且不得不动用我们的手枪。但因为这帮人并非专业的劫匪，这队人显然听令于一个高级的人物，我们假如这样做的话，那么我的旅行也将由此完结，并且是极为令人不快的结尾。所以，我们决不能使用暴力。我们试图劝说他们冷静下来，而那些抬棺之人也乐于如此；但他们的领头人，其中有那个最先袭击保罗的，特别是那位军官头目，越说越怒，一帮人的情绪也被其挑起，使得剑拔弩张，
303 一触即发。那位头目意在勒索，想仗着人多势众达到他的目的。因此他做出一种盛怒的腔调，愈加激烈、大声、咄咄逼人。他提起全是自编的控诉，说我们弄坏了棺材的某段，保罗把他的一个人打得走不了路了。为了证明这最后一点，一个人只好表现出瘸腿状，只要我们一看他，只要他觉得没人看他的时候，腿就不知不觉地一下子好了。尽管那头目只是个低级官员，却狂妄地要看我的护照。我当然不让他看了。我这样鄙视他，更令他恼火。刚开始时他要 20 两（按那时的汇率每两合 6 马克）的赎金，我不答应；而当我的人在我不知情的时候欲答应此事并跟他解释说将说服我接受时，他又把数额提高到 400 两。

由于对方情绪过于激动，想心平气和的和解马上被证明是行不通的。只剩下两条路，要么我们完全可以用手枪夺回我们的财产，因为可以将这帮人当作路匪来对待。这也是可以做到的。但我们知道，那样的话我就没法继续旅行了，我们但凡杀了人，那么我们自己在返程路过附近热闹的地方时极有生命危险。要么我们可以把此事交由最近的官府来处理，因为我可以起诉他们谋杀保罗，强占我的牲口、行李、武器、旗帜等等等等，以及起诉他们基于

谎言敲诈勒索。然而这条路似乎胜算不大，因为我们可以想象，那帮人定然会煽动人们反对我们，唆使他们动手打我们，还会把判官拉到他们那一边，找一大堆目击证人替他们任意作证，而我们只能靠自己。然而我还是决定就这么做，将事情交由主管荥经县的官员裁决。

那种往回走的路上带着的失望、愤怒和苦恼的情绪，难以形容。因为我知道，假如我们成功地摆脱了那群我们意料之中十分 304
激愤的人，可这件严重的事件——尽管它的并不算大的起因我还不能解释清楚——极可能断送了我的旅行。另外，有些滑稽而令人满意的地方在于，我们两个人把一帮子囚徒，其中包括一名军官和好几个士兵，带上了法庭。他们无处可逃，因为周围只有一条路经过这个地区，他们必须抬着那并不舒服的重物走这条路。因为他们队伍中的那些下人对自己所为之不义心知肚明，所以我们很快就重又占有了我们的马匹和负重的牲口，让他人占有的仅剩其余被盗之物。我们骑马远远走在他们前面，知道他们跟着我们必然走向毁灭。我们过夜的地方距离目的地也比这个慢慢腾腾的队伍近许多。但这种胜利的喜悦却被这帮人在荥经县城对我们群起围攻的可能性极大地掩抑了。所以我的主要任务是先行到达城里争取民众理解，试探民众情绪。

整件事越来越明显，正如我一开始所料，是一次勒索之举，因为群情激奋而演变成为谋害之行。仗着人多势众，他们就决定给我方这样少人陪护的运输大队找茬，意图勒索钱财。他们此前已得手多次。我次日听说，就在他们遇到我们之前不久，他们还拦住一个骑马的商人。他们先把一块棺材板放在商人的马前，然后声

称商人把板给弄坏了,威胁说要带他回去见官,此后又允许他付了赎金走人,把他的钱财和衣服都扒走了。

305 那帮人一看我们直奔官府,就派人夜里告诉我说他们不要赏钱了,直接把东西还我。但已为时太晚!——被一帮乌合之众逼得掉头而回,这口气实在难咽,绝不能轻易放过他们。此外迫使我放弃我的旅行的危险已经存在。

次日早上我们又走了40里路才到荥经县。我们惴惴不安地于上午10点进入城里,因为我们原想民众对我们已经满腹怨怒了。另外正赶上集市,许多人涌往城里。但我们并未受到侮辱,顺利地来到该地区官员的衙门,到那里马上进去了,并受到这位官员的友好接待。跟通常一样,大堂中除了几个下级官员之外还有很多百姓。我马上呈上我的护照和最高省府机关给写的推荐书给这位官员,还未等我在他旁边落座,那队抬棺人中的军官就进来了。他很聪明,把我的武器带了过来。但我的大衣已经卖给了一个过路人,后来衙门再怎么派人找也找不到了。这位军官在审讯时表现怯懦,他讲述事情来龙去脉时低三下四、闪烁其词的嗓音对他很不利,跟保罗中气十足而自在的方式反差很大。而且他也未能赢得在场众人的信任。这位地方官马上就认定是他的过错,将他收监,并对我说听由我来处置。

随后我们去了客栈。但现在衙门也开始怀有我此前就有的担忧。官员们宣称没有能力关押47名囚犯,并担心这帮势众之人在
306 城里暴动反对我们。衙门没有士兵,没有能力保护我们。所以,我们得做最坏的打算。

下午, 47名囚犯都到了,那四位领头的立马就进了监狱。这事白天里传遍了整个城，每个人都在说。普遍的看法都对我们有利，因为这伙人在这里颇为出名，被视作一帮路匪。那些随行的士兵是湖南省的，招人怨恨。我的人还有几个基督徒对此向我做了忠实的汇报，然而我仍带着几分不安盼望着天亮，因为天一亮发生群众骚乱的危险就过去了。

接下来就简单了。次日，我拜访了地方官本人，一位道台（Tautai）——三品的官，算是相当高了，发现他是位可爱、明理的人。他愿意采取任何措施惩罚那 47 个人，但没有惩罚那位军官的权力。从这个军官身上既榨不出什么赔偿损失的也榨不出什么赔偿费用的银钱，因为这位根本身无分文。假如他要告知该军官所听命的将军事实真相，这军官的脑袋就保不住了。对这一点那位军官当然知道得最清楚。他卑躬屈膝，神情悲哀，蜷缩得像条虫，想要当众给我跪下。但我对这个令人同情的人却没有同情心，并不接受赔礼，而是让涉及他的事悬着；但让他掉脑袋我认为惩罚过重了。我请求官员放了那些苦力，除了那个差点用铁棍打死保罗的人。这人坏得很，事后马上自夸他就是那凶手。这个人和那四位领头的，其中一个还是荥经县的商人，按我的意愿受到了惩罚。307
我在离开此地之后听说，对他们的惩罚比我所期望的重得多。他们必须戴三个月的枷（Kang），就是在脖子周围戴沉重的木板，每人每天打 200 下。另外，他们被衙门的下级官吏榨干了所有的钱。

尽管现在出现了我们能够继续旅行的希望，但这希望却是没用的，因为假如我继续旅行，必将落入复仇者之手。棺材里装的是湖南的一位李姓将军的夫人的尸体，这位将军在宁远府地区掌管着为数众多的军队，就驻扎在路边的一个地方。去宁远府的路是

条单线，乃必经之道。道路穿过蛮荒的山区，那里住的都是不完全臣服于朝廷的、局部完全独立的西番和罗罗部族。为了提防这些部族就建了许多兵站，那里可以当作旅人歇息之所。那位将军麾下的军官大多也是湖南人，湖南又是最仇视外国人的地方。这件事不胫而走，当然很快就传遍了整个沿途地带，传出去肯定也就变了味。所谓的对棺材的损坏很可能传言成打碎了棺材。为了救那位军官的命，定然已有随行的士兵返回，在众多的卫戍部队所在地讲那军官的好处，说我们的不是——更不必说那些路上为数众多的苦力，他们定然是一拨的。因此几乎可以肯定，我们假如要去宁远府，就会陷入最糟糕的境地，那时动武也是难免的。湖南的雇佣兵原本就以通过勒索方式弥补自己微薄的薪饷而著名，他们这么做是因为他们可以任意咒骂他们自己的岗位偏远而孤立。他们假如听说两个穿西装的“洋鬼子”是致使他们的湖南同伴受罚的罪魁

308 祸首，估计他们定然会施加报复的。那位卓越的地方官向我们解释说，政府在这一地区的权力不足以保护我们不受侵害。

这一点我不提一个字，衙门自己也看得很清楚，所以那位地方官自己提议给沿途的机关写信告知事实真相。但由于我此前太清楚这类公文的性质了，所以我还极为坚定地要求他再写一封我能够给人看的公开信。尽管极不情愿，但他还是给了。信中写道，我们双方的仆役起了争执，致使我和那军官吵了起来，但我们最终达成一致见解。他对信的内容很抱歉，他不能写明真相，因为不然的话那军官就得掉脑袋，荥经县衙门由此将成为所有湖南军官的复仇对象。是的，他原本已经有担忧，因为那军官和那口棺材被滞留于此太久了，所以请我允许他放走那军官。我希望他能等我走后

一天再放走那帮人，事情也就这么办了。

湖南军官的团结一致如此可畏，以至于连我的那些赶牲口的，这世上最好心的人，都确乎料到又会被狠狠打一顿，被盘剥净尽。因为我此前曾逼迫对方至少给这些被耽误了时间的人一笔小的补偿。他们觉得，尽管本应当接受这笔钱，但事后被拿去的钱又会比得到的翻好几番。

这就是一件小小的事情引发的长长的故事。我之所以煞费口舌地讲这事，是因为它是我快速放弃本是我刚开始的最有意义的
旅行的起因。并非通常意义上的恐惧让我半途折返，因为无论是 309
野蛮的罗罗还是之前经过的任何地区的强盗组织都吓不倒我。要想理解我折返的动机，就必须不仅了解中国的，而且要了解这一地区的特殊情况。我们两人可以轻易地应付得了 50 人，将他们全部成堆地赶走。但假如我们被迫开枪打死一名当兵的或抬棺的，那么我们就会成为全民公敌，要么成为多得我们无法抵御的愤怒的人群的牺牲品；要么，假如我们到法庭控诉，我们将找不到一个证人，相反反对我们的人却有成千上万。这样的话，这次旅行将痛苦不堪。

为了将来的旅行者，我有义务到北京后继续追踪此事。假如我的遭遇只是个别情况，那就不必如此了。就在四年前，库珀先生曾到过这里，他是想找到一条通过西藏去印度的英国领地的路。他也经历了一次类似的冒险，只是情况糟糕得多了，因为他被一名军官关了五个星期，听人说要不是那位可敬的西藏主教丁盛荣（Chauveau）利用自己的影响力解救他，他早已没命了。他和我的遭遇在中国的其他地区都是闻所未闻的。向西藏延伸的山区基本

上居住的都是独立的部族。为了遏制他们,保护那条大的贸易道路和汉人居住的飞地——宁远府就是其中一块最大的飞地——不受他们侵扰,在众多的驻防地都有士兵驻防,他们不属于常规军,而是临时招募的。他们的长官军衔低下,被视作一种次品;这些长官行为非常不受限制,十分可怕。假如类似的有这类军官参与的劣行得不到惩罚,那么以后就根本不会再有欧洲旅行者踏进这个地区。

310 (3月22—23日/从荥经县动身)一直到昨天早上我还在犹豫不决,因为想到要放弃我的整个旅行,我便难以忍受,但我不得不这么做。我借口想继续我的旅行诱使衙门给我写了封公开信,但信里只有以上已经提到的内容,并不提对我们的赔礼道歉。拿着这样的信我无法上路。整条路上的人对这件事当然已经了如指掌,当然到处都是完全的歪曲。这个事实被歪曲的版本将最大地触动李和他辖下的湖南人,他们什么事都做得出来。除了这封信,当地的官员已经尽力了。他当然也为我们争取到了赔偿,但那帮人分文全无,而我又不能向衙门要一分钱,因为衙门表现了良好的意愿,对此没有责任。假如这帮人的头目,窦(Tou,音译)这个人,是文官衔,他马上就会被铐起来;但因为他有军衔,所以衙门不敢这么做。也正因为如此,衙门拒绝为我们开具其他内容的函件。我这一方的证人很多,有那四位陪护我的衙门的差役、一名住在长廊寨(Tschang lang tsai,音译)的士兵、运货的人、仆僮和其他极力支持我的人。衙门上下不仅对窦军官有罪深信不疑,而且对他的所作所为感到发指,但衙门不愿意得罪他。

在成都的时候人们告诫我说去建昌的旅途十分危险,因为多达200人的罗罗成群结队骑马抢劫路人。这样的危险不曾把我吓倒，因为对罗罗可以开枪反击，为此最后还能得到一份嘉奖。但想到正是在这条路上会遇到舍命抗击苦力和士兵的情况，我就不寒而栗，而这几乎将是难免的。军队在这里是恶势力，往往对外国人施暴。库珀和我的先后的遭遇十分相似。通往西藏的路通常是畅 311
通无阻的。我还没到岔路口就碰到了这帮湖南人，真是偶然。这样的险情通常只存在于永平（Yung ping）的营地中，那是一种不属于常规军的军官领导下的招募的边防团。

今天去雅州府，天气好得很，正是我去相岭那边的陌生地区所需的天气。天气已是炎热难当，尽管温度只有30度，但空气透明得很。我们的故事传遍了这里，还好是好版本。人们讲说，50个人袭击并抢劫了我们，但我们逮到了这一整群人并把他们交给了衙门。沿途有人来感谢我们清除了相岭（Siang ling）上可怕的路匪。

我们在这里想找条船。刚开始只有竹筏，并且即便竹筏也没有在明早以前出发的。我们以7400文的高价租了一条，从这里到嘉定府（280里），之后却抛下400文的定金不问转而花8000文租了条船。他们事后为这“香饽饽”吵了起来，决定瓜分我们这单生意，于是船上的人只好付给竹筏上的人2000文。

（3月24日）河流水势泱泱，水流湍急，颇多湍流，却少浅滩。到嘉定府的航程需要一天半，夏季只需一天，逆流上行需要四天。雅州府周围的群山全貌壮丽地展现在薄雾里，宛如一幅美丽的山水画。四通八达的山谷深深地坐落于山中，凸出的山岩依次排比。山本身局部高大壁立，看得清岩层的构造，局部是与山壁分离

的圆形山顶。下游的河谷里狭地与开阔地交互出现。狭地周围被
312 红砂岩质的山壁围住,这些山壁有的直立,甚至前倾,上面长满了蕨类植物和藤蔓。个别地方极度美丽如画,特别多极为可爱的小景致,点缀着个别有些树木、农田的人家。西南部仍旧可见周公山诸峰,悠悠地向着河流方向沉落,东北部尽是矮山。山谷中也有一条路,但太难走了,牲口没法走,因为在雅州府与梓河界(Tsz ho kai,音译)之间要乘船七次越过河流。我们5个小时后便到了梓河界这个大地方,但因为马匹到晚上才到,所以先待着。

(3月25日)今天很热,这个地方很美,万物都闪烁着春天里的新绿。多可惜啊,我没有那么多植物学的知识。有许多植物我都没见过,叫不出名字来。我一开始便注意到四川有个特点,种植的庄稼遍及所有的丘陵地,农庄散落。除了农作物之外,这里的主产还有白蜡(Pe la)[1]、丝绸和桐油。白蜡仅产于嘉定府。白蜡树(Pe la schu)[2]被大量地栽植于平原上和低矮的丘陵坡上,斜坡或农田上都有。它是一种矮树,春季迅速抽条生叶,我把它当作接骨木的一种。它在这里据说既不开花也不结果,栽种多用插枝的方式,很容易成活。树干的直径达10寸,修理得很短,上面有好几个杈桠的断头,跟我们的柳树似的。羽状复出的叶子长长地发出来。可以肯定,这里用来制蜡的树种只有这一种。

蜡虫的卵来自建昌,在那里人们把虫养在一种长着蛋形有
313 尖的叶子的常绿树上,那种树这里也有,被称作报捷草(Pau kie tsau,音译)——这个名称的汉字我无从得到。在这种树上蜡虫

① 下文描述的虫蜡。

② schu=树。

很少产蜡，但产卵。白蜡树放在建昌也能长得很好，但那里的土地种庄稼和农作物更划算，产蜡获利较少；而这里正好反过来，产蜡比只是栽种农作物获利更大。3 月末 4 月初，接着在 5 月里，小的蜡虫卵盒从建昌运到这里，然后据说是一大帮人涌往这里。虫卵都是从那里运来的，并非从云南；这里也产不了，因为这里太冷，蜡虫没法繁殖，而建昌的气候据说暖和得多。蜡虫卵盒大小和形状都像个豌豆，里面用一种粉状物质填满，颜色微褐。300 个卵盒有 1 两重。10 两卵箱产 2—3 斤蜡。人们用桐树叶制作卵箱——据说不能用其他树的叶子，每个卵箱里放进 6—7 个卵盒；然后折下带着两根叶茎的小枝子，将卵盒系在枝子上挂到树枝上。这些必须是去年的树枝。3—4 天后蜡虫开始往外爬，在枝上蔓延，很快便布满了树枝。它显然是种蚜虫，按中文的描述圆乎乎的，扁平、无腿、无头、无眼、褐色。渐渐地树皮就布满了蜡质分泌物。7 月里将枝子剪下，把蜡从枝上扫下，放进水中煮，然后把蜡倒进盆里。每棵树只能隔年使用，因为所有的枝都被铰掉了。次年长出
新枝，但这些枝再过一年才能用。操作过程并不费功夫，也不必怎 314
么监护，因为据说蜡虫没有天敌，就连蚂蚁也不能怎么着它们。嘉定府和建昌分享据说十分丰厚的利润。在建昌，树是如此珍贵，以至于人们卖地不卖树，而在这里两者是一并买卖的。

丝绸也是一种重要的产品。只有等蚕长大的时候人们才用桑叶喂它，而在它生长的前半段时间里用另外一种我不知道的树的叶子喂养。这里的蝉已经叫得令人不堪忍受，它们据说在每年的 2 月份便开始嘶叫。

雅河（Ya hŏ）上的运输并非不多，但基本是用竹筏运输。运往

上游的有湖北的棉花，四川的棉制品、洋布[①]、纸、陶器，眉州（Méi tschóu）的烟草、糖、甘蔗等；运往下游的东西很少，有荥经县的铁锅和熟铁，产自雅州府以西的山区的药材和苏打。

通往打箭炉和建昌的路，就我走过的而言，格外热闹。你从不会孤单，总是能看到整队的苦力。骡子很少见，并且仅去往建昌。运往打箭炉的劣质茶特别多，都装在长长的包（pau）里，用席子包着运输。1 包重 18 斤，绝大部分人背 6—7 包；但也有许多人甚至背 10—12 包，我见到好几个背 13 包也就是 233 斤[②]的，几乎令人难以置信，如果考虑到山路之陡峭；但据说还有背 18 包的。或许世界上没有哪个地方的人能背着那么重的东西翻山越岭，而且背
315 货的所得又少得可怜！好像这些茶因为重量分布均匀所以比体积较小的盐、铜和铁更好背。

今天因为晴天温度升至 32 度半，蝉声嘶力竭地鸣叫。然而晚上却下了场猛烈的雷雨，或许预示着要变天。所经的地区同昨天相像，只是轩敞、平坦的地方多了；每一寸土都很诱人，但风景很少变化。我中午时分到了嘉定府。从西边来这座城的路上美丽如画，一种美丽至极的真正中国式的风景，如同夸张的老钢板雕刻上的画，而这些雕刻画的模型时而就在现实中。大门、寺庙、窟隆（Kulu' s）[③]、涡卷形屋顶从绿树丛中冒出来，很有味道——一切都位于低矮的丘陵之上，长满藤蔓的丘陵陡坡伸向河流。之后便看到河边长长的红色城墙，墙头露出暗色的涡卷形屋顶，岷江对侧

① 见上文第 181 页。
② 约 140 公斤。
③ 见上册第 535 页。

矗立着绿色的丘陵，其岩壁是红色的，上面的绿色树丛里还有寺庙。我们靠城墙泊船。我的船夫阻挠我们新租一条船。显然为了挣钱，一条到叙州府的船要价 30 两，而我原来的船夫愿意出一半的价钱。保罗去了趟衙门，那里的人允诺按规定的价钱派船，但随后就开始下雷雨，阻碍了所有的计划。雨下得很大，划下许多弯曲的闪电，伴着隆隆的雷声。此前有几个好奇的人来过，但几乎都是孩子，等他们看够了之后，就走了。

（3 月 27 日）嘉定府不是大城市，看起来以前更小，因为现有的城墙里面还有一圈老城墙，也是用红砂岩石块建成的，城门还
保留着。这座城市也不是个多重要的贸易场所，而是该地区两种 316
珍贵产品——白蜡和丝绸——的集散地。此外棉花的数量也很可观，还有中国的棉制品，但洋布很少见。我看到一个商店，里面只卖基督教图画，展开了可以挂在墙上。有些是不错的黑白印刷，其中有大幅的施泰因（Steinl）式的圣母像。这些图是为外方传教会制作的。这里有许多基督徒，一个中国神父。最初信教的人中有一位是酒店的掌柜，他来拜访了我们，是个正派人。嘉定府的人再次表现出同四川东北部的城市里的人一样的良好教养，没有人尾随我们，几乎不留意我们，我甚至能安然地逛商店。

租船花了更长的时间。结果是我们以每船 7000 文的价钱租了两条去叙州府（水路 410 里，陆路 350 里）的船，一条我们坐，另一条运马匹。假如没有衙门方面无私的鼎力相助，我们不会那么容易成事。我们 1 点才出发。

岷江直到嘉定府下游，由于接纳了雅河和东河水才成了一条大河。它水流湍急，水位高时自嘉定府至叙州府只需一天，而逆

流而上却需10—12天;现在顺流要2天,逆流要9天。天气寒冷,又刮风又下雨。雨下了一整夜,今天也没怎么停。所以无法眺望,即便可以也于事无补。河流嵌在红砂岩和陶土岩石构成的矮丘陵之间,这些丘陵时而构成河岸,时而被一块平地同河流隔开。航行不久便看到左岸有个大盐场,挨着丘陵是众多盐井高高的钻
317 杆,相互之间隔着不远的距离。我想停下来看看那井,但却获知我们马上就到另一些紧挨着江的盐井。但之后并没见到,等我得知已经路过我一直想看的著名的五通桥(Wu tung tschiau)盐井时已经太晚。我早先听说这些盐井远在下游的,现在不幸错过,令我久久难以释怀。这里的盐最白,质量最好,数量众多。

今天沿岷江顺流直下,航行甚速。水流均匀,以至于很难觉察走得那么快。今天既没有湍流也没有止水,而昨天在犍为县(Kiën wéi hsiën)上面一些我们还不得不穿过一处极为艰险的湍流呢。天开始时昏暗,吹着寒冷的西北风;后来半晴了,风也转向东吹。航行的趣味不大,而如果逆流而上又是一种折磨。尽管风景很美,唤起的记忆也美,但少了些变化,地质状况也是千篇一律。这段路程中Tsai tse schan,“财者山”,非常美。这是一座150米高、岩层横向排列的红色悬崖,经一道高约120米的光滑岩壁下到江边,另一侧也山坡陡峭。攀着阶梯可以上山,一道铁门封死了入口。因为太平天国时期许多富人逃到山上,他们的财宝堆积如山,藏在这个如同“王者之山”的地方。他们的房屋而今已破落,住着十分贫穷的人。

从上面眺望很美,只是今天看不太清楚。河流的西南岸,在陡峭的河岸上方铺展着一片红色的、波状的、种植丰富且人口稠

密的土地；之后丘陵越来越高，直到变成一条比河面高出约1000
米的山脉，从河上好几个地方望去都能看到。但这里的景致并不 318
具湖南郴州（Tschönn tschóu）附近的红砂岩峡谷[①]的浪漫。这里的桐树现已花开灿烂，构成风景中巨大的点缀。此树分布十分广泛。农作物依旧是小麦、油菜、豌豆和蚕豆，次之的作物基本是玉米和花生。稻田也很多。白蜡树不再看得到了。桑树很常见，但没怎么见嘉定府用来养蚕的另一种树。茶树虽零星出现，但分布广泛。供修饰用的树为数众多，其中高大的无花果树很特别，芭蕉很常见，但没有棕榈。这里的松树多用作柴火。——而今未能去得宁远府，却流落到这个令人提不起特别的兴致的地区。同时囊中的现金存量也萎缩到我几乎难以去想大的动作的程度。

（3月29日）我所要投宿的牛屎坪（Niu schi piën）村位于叙州府上游的40里处。我的人请求我不要带他们到这座城市，因为现在解雇了1500名勇兵（Yung-Soldaten）[②]，为了运送他们顺流而下征用了近100艘船。我的两艘船定然难逃此劫，我的人也认为将会被迫步行至涪州（Fu tschóu），作为外乡人从那里肯定也运不回货物，因为没钱带回自己的船只也只好贱价出卖。他们说，这样会把他们和他们的家庭毁掉的；他们之所以载我们，完全是因为嘉定府的衙门逼迫使然。如果高层不施压，没有人愿意眼睁睁地往火海里跳。这样的徭役是一种巨大的压迫，这是人民不得不忍受的最严酷的暴政。我因此今天顺江而下只走了24里，目前停泊
在城市上游16里处。我从这里派出我的马夫去订旅店，之后打算 319

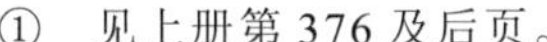

① 见上册第376及后页。

② 见上文第311和307页。

乘一只小船去城里。

叙州府位于一个丘陵起伏的盆地里,周围有美丽如画的寺庙和城门。城市本身很脏,街道狭窄。你会注意到你已经到了长江边。坏的影响顺流而上,蔓延得远比来自四川内部的好的影响要大。这里的人有一些还比较好,但已经有许多坏人,他们使得我们住在客栈里、走在大街上都不舒服。特别是这里还有好多士兵。自 1862 年动乱以来,这里驻有好几个团的勇兵,现在他们要撤离了,因为人们终于觉得他们没必要了。这些士兵是临时招募的,比常规军所得的薪饷多。军官据说都是为了指挥他们而从常规军调任的。由于所有的好客栈都被军官占了,我们只好凑合住在一家十分差的客栈里,那里的房间又暗又脏。

我们造访了传教站,那里离我们的客栈颇远。这个传教站作为一个特殊的主教管区已经存在了 10 年,有约 16000 名老基督徒,但新的很少。那些老的很团结,很讨厌新人。到这里我们发现里普雷(Lepley)先生,使徒监察官(Procureur apostolique),是个纯朴而非常和蔼的人。他邀请我们住在传教站,但我拒绝了。我从成都府寄来的行李到了,还有我于 1870 年 3 月让从汉口寄来以备将来使用的四箱子东西。只是由于传教士先生们以中餐为生,所以他们的胃口被这些他们可能预感到比米饭好些的存货激
320 起了。这些箱子到这里还不到 9、10 个月,而我已放弃在四川的旅行的谣言已经足以让人发出打开箱子,将箱子里的东西分给传教站成员的指令。这些先生们不仅享用了 500 支马尼拉雪茄、一打白兰地、利比喜浓缩肉粥和许多锡封的储备物资,而且还把纸、记事本、布勒克斯顿的地图(Blakiston’s Karte)、两个广州的箱

子、火药和所有我同衣物、靴子等打包在一起的小玩意——这些是我预防被盗时的一整套旅行装备——都分了。我几乎找不到比这更好的证据来说明我常持有的看法，即中餐之于我们是不充足的。战时的感受可能促使他们把这些东西当成了很好的战利品。

（出自一封 3 月 31 日致父母的信）幸好里普雷先生对此事并无责任，因为那时他还不在这里，但他不得不向我供认此事——一个神父对着一个俗人忏悔，还真稀罕。我也便赦免了此罪，因为这事在我看来与其说显得严肃，不如说显得滑稽。我到传教站一眼看到一堆物证，即一个装利比喜浓缩肉粥用的空罐，立马就预料到了一切。

里普雷先生最近就要被任命为主教了，他是个性格朴素、正直可爱的人。他对此事深感悲哀。另外，这事很可能就是不露声色的战争行为中的一件。我最近在一封信里曾提到，法国人即便身着僧袍仍旧是个政客，这件事就是个明证。

事后，在前面提到的那天之后几天里，我必须提一下，里普雷先生还让人把剩余的零碎搜罗到一起。这些找到的东西令此事更滑稽了。那些箱子又保存完好地给了我，但里面只剩下些残渣，引人发笑。利比喜浓缩肉粥变成了润发膏；羊毛制品已经穿了洞，
洞上打了很好的中式补丁。过于欧式的剪裁已经按中式的潮流改 321
过；三四个还保留着的装有燕麦糁儿之类东西的锡罐敞开着，但因为罐里的东西显然不如已消失的大量锡罐里的那么好，所以只是吃了点，剩下的当然都已经坏了。最绝的变身是白兰地。白兰地变成了一打优质的波尔图葡萄酒，源自里普雷先生不多的库存。我当然只拿了其中一小部分。因为我不继续旅行了，所以对我而

言这些损失算不了什么。我早就预料到箱子会没了，在整个旅途中对随身所带的库存精打细算，以至于剩余的库存完全可供我从成都府开始的大旅行路上所需。甚至咖啡、牛奶之类的东西还足用，所以返程路上我能惬意地生活了。

周六我们与县衙取得了联系。双方交换了片子，保罗同明生（Ming schan，音译）进行了商议，那人虽然十分乐于助人，但对地理一无所知。我得到了两个衙役，但他们并不能阻止士兵和百姓，因为他们与百姓所为一样，我们不堪其扰，更不用想做什么事了。

昨天，也就是复活节星期天，我们一早就去传教站做弥撒，那里除了里普雷之外还有个非常年轻的传教士——他曾参与了巴黎的恐怖行为——在那里待了一整天，很愉快地就过去了。里普雷先生许诺将传唤那位负主要责任的传教士到这里来。

今天所有的士兵都撤走了，我们于是更为安宁了。假如一切顺利的话，今天我本来应该从宁远府出发去大理府的。这种想法令我十分忧愤，无法再策划任何更远的旅行计划，因为我无法再做出能与这样的旅行一样重要的旅行。想从这里再去腾越州由于
322 过了适当的季节而只能是无聊之举。我还计划经云南府、贵阳府至重庆府做一次旅行；但是当我对这趟旅程了解得越多就越觉着这趟旅行不可能。它将持续两个月，耗费许多精力和时间。好像整趟旅程经过的都是红砂岩地区，那里从地质学角度难能有什么收获。我感兴趣的地区，从这趟旅程所经地区的那边才开始，是以西、以南和以东的地方。以西有会理州的铜矿，五丁山（Wu ting schan）的金属、腕足动物化石、遗骨洞穴等；另外还有整个云南南

部和西部；然后是贵州的分水岭和冲向湖南的分界山脉。我现在只剩下一次选择，要么做如上所述的这趟旅行，要么沿长江而下。我所列举的原因和一直折磨我的想法，即我已经放弃了一次穿越西南部的伟大旅行，很可能将促使我沿江而下。

叙州府是运往云南的贸易品的集散地，运往那里的有许多棉花，从那里运来的有铜、白铜(pai tung)、铅、银、金、鸦片、茶。金属贸易以前非常重要，但现在已经没落。

我不曾想要从这里再次开始我奔赴缅甸的旅行。我可以做较小的旅行，也有此打算，但四面八方去哪里都只能到达我实际感兴趣、觉得重要的地区的边缘，而且为此要花费许多时间。一个又一个计划被我放弃了。主要的原因或许是这些计划中没一个能像我之前的计划那样能令我满意。我现在要沿江而下了，但到了汉口之后可能还要做一次陆上的地质旅行。

(4月7日)倒霉事一旦开始，就接连不断，很难摆脱。现在倒霉的是动身的日子一拖再拖。我早已放弃了向南去的所有旅行计 323 划。浪费时间，浪费金钱，天气越来越炎热，雨季也开始了；旅行速度慢得可怕，最终也不会有什么收获的。从周一开始我已经拿定主意沿江而下，但却没有船。直到三天前，所有的船只刚到这里就已经被士兵征用。此后到的仅有几只，它们都漫天要价，例如到宜昌(I tschang)的一条大船要价是350两[①]，一条小船170两。我倒可以乘一条小船到重庆，但马匹没法运，而卖又卖不掉。在成都府的时候有人出90两买这三匹马我没卖，现在我只要30两却

① 按那时的汇率算是高得离谱的2000多马克。

找不到买主。几个好意的基督徒极为友好地自愿将它们接纳为礼物，因为法国科学探险队的先生们到最后也是所剩无几，就剩下这么点东西了。日子就这么一天天过去了！这段时间我尽量用工作填满，然而枯坐在黑屋子里对于从事脑力劳动并不是很合适，而出门走走又因为这里的人闹哄哄的就免谈了。去附近转转没多大意义，这个地区极可爱，但我见过的这么可爱的地区多了。但你要是去远处，又没有那么多的时间。比如到自流井(Sz' liu tsing)的盐井共 240 里路，要去至少三天。最吸引我的是大关(Ta kwan)，那里大量出产腕足动物化石，但到那里要九天时间，尽管直线距离只有 210 里。要到腕足动物化石的发掘地，则大约需要三个星期，跟个小型瑞士游所需时间那么长，想到达化石区附近那是没希望。

324 按里普雷先生的说法，罗罗是个懒惰的民族，低级之至，沉湎于各种恶习，特别是饮酒。据说他们举行大规模欢宴，男男女女围着玉米烧酒席地而坐，一个接一个地像牲口一样醉倒，躺在地上直到酒醒。甚至汉人谈到罗罗的肮脏不洁就恶心。罗罗女人穿一件花裙和一件罩衫。熟罗罗，也就是“驯化的”罗罗男人穿汉服，“野蛮的”穿一件毛皮斗篷，不穿裤子。东河以北，还有附近的东河以南，住的都是“驯化的”罗罗，“野蛮的”罗罗源于山里。他们以自己种植的玉米为生，没有盐，为了得到盐只有抢。屏山县(Ping schan hsiën)地区据说深受其害。有人曾在云南试图使罗罗皈依宗教，但却培养出一批最恶劣的基督徒。

早先云南各地都产银，但银的主产区是贵州的威宁州(Wéi ning tschóu)。那里大量出产一种“黑色的、柔软的”矿石，从中可以轻易地制成银。但银的生产十分有限，因为太不安全。首先是工人偷，再次是矿主相互抢，谁的团伙最强，就把弱者的银子抢走。但最可怕的强盗是那些被派来监护生产的士兵。受益分成三部分：三分之一归矿主，三分之一归国家，三分之一归地方官。假如所有这些危险都消除了，那么绝大部分情况下还会在运输的路上被盗，因为一举一动都被人监视，每次运输都无法保密。云南产金，从矿石中获取。

贵州省据说人口极度萎缩，因为那里的蛮人容不得人居住。太平天国时期有许多人逃到该省，但绝大部分人都又回去了。据
说该省中部 1863 年还在的人口中有百分之七十迁到了四川。这 325
里士兵众多，又添了一个居民外流的原因。苗子并不可怕，而是受人尊敬。据说他们慷慨大方，倾囊相助，假如能融入其中成为他们的朋友。但他们不喜欢受刺激。他们有许多肥沃的土地，从事农耕，据说总有银子花——他们从哪儿弄来的银子是汉人十分好奇的事。水银、朱砂、雌黄和雄黄是贵州西北部主要的出口产品。铜到处都有，但没有开采。各种各样的食物，价格只有四川的一半。气候非常不利于健康。据说很少有流水，大多是死水，死水用来喝很不健康，而且散发出一种热气（“瘴气”）。除非是土生土长的人，很难忍受这里的气候。这据说也是人们鲜有移民到贵州的原因之一。自从强盗横行以来，这里的气候更加恶化，因为死水里泡着许多尸体。这里虽然井多——大部分是凿在坚硬的岩石里的，但井水也不卫生。

（4 月 10 日）终于，明天可以出发了！这么多天只有两只船停靠在这里，我只好二选一：其中一只又大又舒适，也能带上马匹，

但到宜昌的价钱是100两，此外我还得等它装了货才能走；另外一只船小，带不了马，到宜昌的价钱最终谈到了55两。也就是说，要么我为了马多付50两，还得等，要么不带马匹立即就能走——但没有人愿意买马。最后我只好做了一笔特殊的交易，用马换了130两丝绸，价值大约是30两！这事是今天办妥的，明天我将结
326 束我在叙州府的凄凉日子。骑马旅行产生一种优游自在感。你不会感到疲惫，除非你停下来歇息，所以你想一直走一直走。从北京到这儿的整个旅程对我而言跟没事儿一样，因为骑马又不辛苦。现在改坐船，我觉得就像踏上了一条蹲监之路。看到马被人牵走，我很难过。但在陆地上沿着长江旅行在四川境内没意义，花费巨大，炎热难当，行李极为难运，并且没什么收获。从夔州府(Kwei tschóu fu)开始才值得在长江沿岸做陆路旅行。

(4月11—16日/叙州——重庆)，一个可爱之至的航程，一切都很迷人、秀美、可爱！所到之处，发芽吐绿，春暖花开。但在这幅漫长的卷轴里却罕有变化，以至于每天的描述都千篇一律。

江水从叙州到重庆无论宽度还是力度都渐渐地大幅增加。金沙江在与岷江合流的地方显得是两江中较小的。[①] 到泸州(Lu tschou)为止，江水平均水流缓慢，而后便加速，开始出现湍流，其中最危险的便是新渡口(Sin tu kou)的湍流，但其速度很难与岷江比肩。从江津(Kiang tsin)河曲开始便常有涡流，其中一个涡流将我们的船卷得团团转，并弄折了船桨，以至于我们不得不在江津待了半天。尽管如此，我们全程只看到一起沉船事故。它还到

① 中国人也把岷江视作长江的上游，在这一段将两者统称为大江(Ta kiang)，而扬子江的上游保留着金沙江(Kin scha kiang)的名字。

了岸边，在那里下沉，不过还能打捞上来。

自流井据说是整个四川最热闹的地区。这个地方和其他几个附近的地方又大，人口又稠密。据说这里的女人因为自主而显得 327
很特别。男人都在盐矿上工作，就由妇女主事。男人据说都很粗鲁，通常工人构成的一大群人都是如此。盐井的数量格外的多，其深度大约为 100 丈(tschang)。碱液据说很浓。为了得到气，要钻大约 200 丈深。这些深井中底层是盐水，再上面是一层石油，气体通过管子排到井外。上面有个木盖，盖上钻了好几圈眼儿，每个眼里探进去一个竹筒。这些竹筒再分别往外延长，用来给大蒸馏锅加热。即便打深井的时候，据说也没有碰到煤。盐井分布在直径 27 里的范围内。火井 24 眼，盐井“无数”。许多地方都用草和木材取火。矿井主把盐水卖给盐场。钻井所用的钻头有 120 斤重，挂在一条用简单的竹条编成的绳索上。如果有一块铁被卡住了，就放一个劈成手掌形——6 至 8 指——的竹筒下去捞。竹筒劈节的上方松松地装着一个铁环，竹筒触地之后铁环就往下滑；竹筒的手指抓住铁块，铁环束紧手指，这样就把铁块取上来了。但是接连好几个月都可能捞不上来。在打好的井里放下去的不是竹筒，而是柏树做成的管子。每两根管子用钉子、棉布和桐油扎在一起，然后探入井里。竹筒用来汲碱液：用一个三米大的卷筒和绞盘把竹筒拽上来。卖到市场上去的盐厚厚的一片，棍状晶体结构的。

高产盐区从自流井经潼川府(Tung tschwan fu)延伸至保宁
府(Pau ning fu)。长江边上没有盐井，但泸州附近据说有几口间 328
距不远的井。庞佩利历数的不同产盐的县，随处可得到求证。绝大部分地方政府不准产盐，有些地方产盐量太少，就不值一提了。

夔州府境内的长江河床里出现了一眼巨大的盐泉，冬天开采，但第一次水涨的时候就盖起来。据说有的地方还有一个个孤零零的盐井，周围只有一个人采盐。长江沿岸绝大部分的盐井据说都还在云阳(Yün yang)附近，但是从江岸以北 30—40 里处才开始。

船桨是第五天折的，为了修桨，我们只好待在江津县。附近的中白沙(Tschung pai scha)是个大地方，因其高粱烧酒而闻名。而江津县很小，它位于一个长长的江湾里的平原上。我们停靠在城市对面的一座塔附近。这个地区因其橘树林而闻名，还在泸州附近的时候它已经是个美丽的点缀，从石门(Schi mönn)开始几乎到重庆府为止，江两岸的大部分山坡上都披着橘林。果季里每棵树上都结着数千果实，现在正是花期，散发着一种怡人的芳香。橘子是江津重要的贸易品。这里的橘子完全可以同我们最好的西里西亚的橘子媲美，这里的甚至平均个头更大。它们跟那些薄皮、离皮的橘子一样好剥，有最好的香味，又甜又嫩，嫩得能吃得一点不剩，它们入口即化。这是唯一能同欧洲的橘子媲美的橘子。次优的应是厦门(Amoy)所谓的库利(Kuli，音译)橘，那种橘子的皮是与果肉分离的。

第六天下午我们到了重庆府。在布勒克斯顿所谓的“石灰岩
329 峡道(Limestone-Pass)”里终于再次出现了石灰岩，这里用石灰岩烧制石灰。岩壁上到处都是凿的洞，绝大部分洞里安放着小庙、小教堂和佛教人物。从这个石灰岩地峡到重庆船行很快，因为水流湍急。与之前一样，两岸都是红色的丘陵地。

叙州和重庆之间的整个地貌具有真正的四川特色：都是丘陵起伏；柔和的山坡同砂岩断崖交替出现；所有的岩石，除了极个别，都是红色的；丘陵上一直到高处都有种植，人们大多生活在散落的农庄里。有许多树，但是没有自然生长或人工培育的森林，只有一片一片的乔木或灌木群，它们时而非常茂密。偶尔也能见到栽植的松树，但都还不过育林的年龄。人工栽植的最棒的树是无花果树，有两种：一种已经生出新叶，另一种的老叶刚刚脱落。它们是大根的巨树，所有的村庄、寺庙、小教堂旁边及其他地方都常有分布。柏树跟在整个北部和西部一样分布广泛，但很少看到北大路[①]那里那么美的。竹子到处都是，使用广泛，茂密的竹丛装点着每个山坡和峡谷。除了几棵柳树、桤木、榆树和其他我不认识的树种之外，还有桐树、桂竹香树、橘树、桃树、樱桃树和枣树。

我沿岷江而下的时候，桐树正开花，现在已结果，大约十朵花只结出两颗果实。它那美丽的绿叶现在新绿如斯，加之枝叶舒展，令此树看起来很美。人们让这里的橘树生长 30—40 年。它 330
们种在柔和的山坡上，间距为 3—4 米。土地整理成梯田，树下有小麦、蚕豆和其他作物。橘树每两年挂一次果，据说要落 2—3 挑，尽管大个的橘子每个只有 1 文，小个的 2—3 个 1 文。花期在 4 月，果实成熟在 11 月。收成必然很多，整个沿江流域的橘子都由这里供应，据说整船整船地运往汉口。樱桃刚好熟了，只有中等大小，但味道上乘。这里很少种枣树(Tsau'rh)。我从一种江津产的像海枣一样晾干的苹果中得知这里也有苹果。它们像枣一样经加工之后储藏。看样子两侧用锋利的刀子长着切开，然后把果肉放进糖里煮，净化并晾干。

① 见上文第 237 页。

第一茬农作物早已过去。有些地方的小麦已经收割、脱粒，麦子长得很好，结的穗饱满而沉甸甸的。大麦（六节穗的）也是如此，但还没成熟。这里的油菜籽很普遍，荚果都还绿着，但已经长成了。油菜有4—5英尺高，很少有更高的。罂粟已经割过，用一把锋利的刀将罂粟壳竖着深割四次。这里只见到很少的罂粟，歉收促使人们今年没种罂粟而改种了谷物。在好几个县里都普遍形成了默契，而对于违反默契者公开的咒骂远比官员的命令更为有效。豌豆已经结果，这些日子一直是我每天必吃的蔬菜。它们很嫩，也有那种可以带壳一起煮的豌豆。蚕豆占据了一大部分的土地，蚕豆荚长成以后，人们就把蚕豆叶摘下，晾干以后磨碎，放
331 起来喂猪。这里养的猪是白色或黑白斑的，同欧洲的品种类似，同中国其他地方的品种迥异，或许它们是经云南引进的。水位高时被漫过的沙质河岸上多见荞麦，是成熟期为三个月的作物。在成都府，它跟蔬菜、萝卜等一起作为第三茬作物播种在水稻和小麦之间。这里没有燕麦，小米我也没见有。泸州和重庆之间种了许多烟草，叶子已经很长了。烟草之后接着就是玉米。现在种着小麦、豌豆、蚕豆和油菜的地方，随后会种上水稻、大豆、高粱和玉米。最后，在这里还多次见到葡萄树。茶树我在江边根本没看到，桑树很少。

四川的作物的特别之处在于农作物和树木交替出现。橘子树像个厚厚的阔叶屋顶罩着小麦和油菜，但很少见有比江津的橘子园里的麦子长势更好的。桐树、枣、果树、桑葚、茶、白蜡树、柏树——都生长在田里和坡上。农庄远望去显得干净而富有：白墙灰顶，前面一堵墙，墙里一道带着三层涡卷形屋檐的大门，里面

三侧住着房主和他所有的家眷。所有人都穿得很好，人们都很友好。外国人的出现并没有令他们惊讶，他们对外国人以礼相待。他们外表也颇为洁净，但不要看得太仔细了。

（4月17—19日/重庆府）我在这里就住在我的小船上，四处寻找一个大点的船，因为这只小船太不安全。我在这里不必一上来就求助于地方官，因为没有人骚扰我。岸上经常站着许多人，但没有一个上我船的，也没有说难听的话的。人们的行为好得惊人，特别之于一个这么大的贸易场所而言。我先还害怕这里的人聒噪，所以昨天还让人用一顶裹得严严实实的轿子把我抬到了传教站。今天我就步行穿过了全城，总有几个人跟着，但并不讨厌。332
重庆府建在一个由柔和沉陷的岩石构成的略微崎岖的平地上，该平地像一条舌头延伸在两江——嘉陵江在此汇入长江——之间，以高约20米的断崖向两侧落下。重要的地方得到了很好的加固，城墙周长约30里。江边的城墙外边有许多竹子和蒲团做成的房子，水位高时移去。只在城西有个郊城，其他方向一出城便踏上广阔的坟地。人口据说有70万，比成都府仅少了10万。这或许夸张了，但怎么说人都多，因为城市建得很窄，每一处都住着人。商品销售额据说每天5万两，在此停泊的船只却比汉口和湘潭（Siang tan）的少，城市也不如成都府美丽。街道较成都的窄，没那么干净，没有漂亮的房屋立面，也没有那许多垂下的招牌，奢侈就更没有了。就连在商店里都很难见到奢侈品，看不到成都城可见的那样多的首饰和饰品商店、银饰、书籍、图画等。这里只有贸易。城市的地面颇为不平，总是上上下下，坐轿子是一种折磨。没有街道是直的，都弯弯曲曲，曲曲折折。

当地的传教站是我遇到的最好的。先生们都是优秀人才，为首的是代理主教法旺(Favand)，一位和蔼的长者，他已在中国待了 36 年。范若瑟主教(Desfleches)几天后将被欧洲召回。代理主教既勤劳又可爱。第三位传教士范寇(Vincot)神父因为引进了一个全新的工业部门而贡献卓越。几个富有的基督徒家庭因为在遭迫害时期为了神父全心付出而家道衰落，传教会想帮助他们重
333 振家业。刚开始他们制硬脂，然后制明矾——都赔了。范寇神父教他们提取贸易的白银中含有的少量的金子，以卓越的方式解决了怎样引进些全新之物的问题。

首先制硫酸：用 6 文一斤的价格从煤场买进绿矾；把它放进锅里加热，蒸发掉结晶水。三座炉子是用来制硫酸的：每座炉子里有 300 个曲颈甑，甑上外挂着压缩容器。用的是一种长火苗的煤，出产于距此 90 里的嘉陵江边。两天半以后几乎加热到白热程度，每个容器里能有半公斤硫酸。曲颈甑和炉子的材料当然要事先找到、做好，但这个困难被幸运地解决了。白银放进坐在一口长炉子上的敞口陶碗里用硫酸溶解。硫酸银再倒进分两排放在另一口炉子上的很漂亮的敞口瓷质容器里，用铜棒析出银。将胆矾随后放进大的陶制容器里，用旧铁锅从中再把铜以渗碳铜的形式析出，浇铸成铜棒。

从硫酸银溶液中析出的金比率为 0.0025，也就是从 1000 盎司白银中析出 2.5 盎司金子——价值约 50 两。每天加工的白银有 1200 盎司(两)。所得到的银很纯，能以比寻常白银高百分之 2.5 的价格出售，特别是银锭又新又大，这当然无法平衡银两的损失。一个工场每天的毛收益估计有 400 法郎，成本和损失有

300 法郎，所以纯盈利有 100 法郎。这样的工场有三家，分属三个基督徒家庭，他们保守着加工的秘诀。硫酸据说可卖到每公斤 50 法郎。

这是我所想象的工业性质的传教会的第一个实例！——这么 334
做起效甚好。那三家人因为宗教而没落，又因它而复兴！任何不信教的人都无法分享他们的好处。神父已经想到了在已践行的道路上继续前进的新办法。

该传教会有信徒 60000 人，其中 3000 人在重庆，有 10 位法国的、40 位中国的神父；在所有传教会中是人数最多的。它同当地官员关系很好，尽管 1863 年正是在这些官员的煽动下基督教的财产和传教会的建筑遭到了破坏。1865 年，基督徒得到了大约 100 万两白银的赔偿，教堂和房屋都重建了，破产的商人得到了扶持重新自立。现在有许多富有的基督徒家庭。

我意想中的大型陆路旅行名副其实地“泡汤了”，因为我现在正颇为惬意地沿江而下。随着我的马被卖掉，最后一点儿旅行的可能也报销了。乘船是很腐败的生活，尽管能持续地享受自然风光。我在路上试图完成一部分要做的工作。

（4 月 20—21 日 / 重庆府）人们在这里常说起重开贵州的水银矿的事。那里的矿藏似乎沿着一个较为确定的地带分布。离这里最近的地方，貌似也是最高产的地方好像是贵阳府的开州（Kai
tschóu）。1848 年以前，那里的水银每担 32 两白银，在重庆府卖 335
到 50 两。开州的产量每天只有 20—30 担，这似乎不太可信。那时贵州已经开始动乱，因此慢慢出现人口流失，现在再也没有贵州产的水银运到这里。贵州的矿砂据说是白色的，蕴藏于厚厚的矿巢和矿脉里。那个地区陡峭多山，沉陷很深。矿井大量分布的一片直径为10里的地区，现在都注满了水。贵州的总督连同其他人，其中有一位重庆的基督徒商人，想把矿井再次打开，但是缺少排水的办法。那里的水银矿砂据说含银25%。将矿砂放进大锅里加热到赤热，锅上方用透气的黏土封住，形成一个圆顶，水银就会从该圆顶里渗出。余下的残渣由穷人拿去加工，获利不少。在那里采矿，可能存在获利丰厚的机遇。他们要求我去调查一下开州地区，并给出解决问题的办法；为此，我可以挑一口矿井作为我的私产！

江岸从重庆开始便改变了其特征。那有着坡度柔和的岩层、农田和橘林的可爱风景不见了，随之而来的是更加陡峭的山坡、更加坚硬的岩石和更加拥挤的隆起。

（4月23日/从重庆出发）在布勒克斯顿所谓的“铁峡谷（Iron-Gorge）”的入口，江上距离重庆15公里处，直线距离7公里，有一家钢铁场。在一座8米高的高炉里用绿色木头冶炼来自合州（Hu tschóu，位于嘉陵江畔）的黏土铁矿石，不添加任何材料，炼出的生铁浇灌成1寸厚的长方形钢板。基本生产的都是结晶质的坚硬的白色铁，即一种钢铁，但也生产柔软的灰色铁。日产量为4000斤。也有精冶炉，可把熟铁炼成小圆柱。

336 （4月24日）我们下午2点已经到了涪州（Fu tschóu）。这里的人非要在这里拜菩萨[①]，举行盛大的聚餐，没法驱使他们继续走。涪州是个大城，周围都是陡峭的河岸。这个地区种植的鸦片

① 见上册第327、382页。

很多，播种跟其他地方一样，是在10月到11月中旬（中国农历的九、十月份）。

（4月25日）今天的旅途很单调，都是红色盆地岩层[1]，它们在岸边通常构成长长的、深陷的和中空的高度为250—300米的断崖。植被跟之前一样，有许多柏树，漂亮的无花果树，没有橘树，到处都是桐树。这里种的鸦片很多，但今年的收成不好，荚果产的汁液比往常少，现在正是努力取汁的时候。这种作物在这里存在了20年了。这个地区的鸦片比成都和叙州的贵得多，因此利润大得多，种植广得多。合信（Hobson）猜测四川三分之一的良田都种了鸦片，大概是基于来自这个地区的报道。这里的小麦还没成熟，蚕豆都还长着叶子，这里的农作物几乎还都没达到10—14天前成都上游的农作物的成熟程度。这里几乎不再种油菜，这是同上游地区的一大区别。

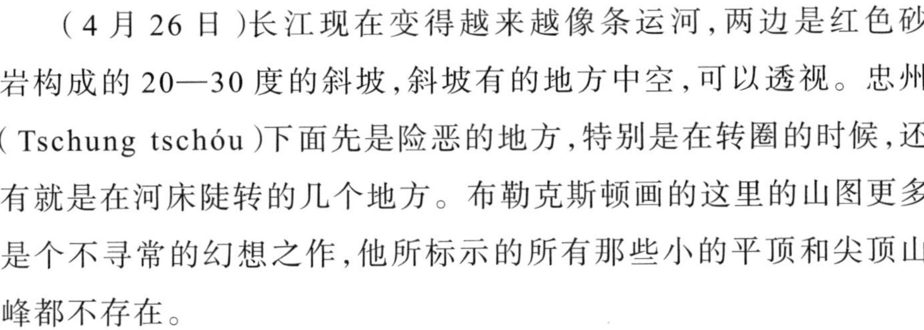

（4月26日）长江现在变得越来越像条运河，两边是红色砂岩构成的20—30度的斜坡，斜坡有的地方中空，可以透视。忠州（Tschung tschóu）下面先是险恶的地方，特别是在转圈的时候，还有就是在河床陡转的几个地方。布勒克斯顿画的这里的山图更多是个不寻常的幻想之作，他所标示的所有那些小的平顶和尖顶山峰都不存在。

从万县（Wan hsiën）至小江（Siau kiang）的那一段很特别，布 337
勒克斯顿画的还不完善。这里显然有冬季河道和夏季河道之分。两侧的岩壁高250—300米，由几乎是水平叠放的红色砂岩构成，

① 指四川的“红色盆地”岩层。

坡度为30—50度。河道开在更为坚硬的砂岩层里，如同一条构造精良的防御沟壑。它整段的宽度只有120米，只在有的地方宽达200—250米。很可能非常深的江水以均匀而迅疾的速度从中流过。在现在比最低处高出约3米的水面上方，两侧都耸立着3—8米高的竖直悬崖将间隔在江水与山壁之间的平台阻断。这些山壁本身夹着大约600米宽的夏季河床，那些砂岩竖崖夹着的是狭窄的冬季河床。这些地方在水位高时都很危险，7、8月份里没有航船的时候，据说这里的江水汹涌澎湃。

云阳（Yün yang）是个著名的盐市，有许多船只到这里来卖盐。我船上的人爆发出一种买盐热，都想在这儿买盐，因为他们都想在我的旗帜保护下私运[①]，以为到了汉口能赚百分之百的利润。我宣布，如果是这样，我将让船在每一个税务关口停泊。这样说起了些作用。我们9点到了云阳，我决定马上去那些据说位于距此以北30里的一条从北注入的小河边上的盐井。先走了15里陆路，因为湍流致使无法行船，之后走了15里水路。江水完全嵌在陡峭的山坡之间，特别是当我们开始走水路的时候。江边有一条向上延伸的路。上行140里的路边有一个传教站，从那里开始，
338 路继续通向大宁府（Ta ning fu），那里是又高又险的山区。人们从大宁山区里，即距云阳300里的地方，带了许多山里野生的大黄到云阳，我们遇到了好几个运这东西的人。此外，从附近还有煤和铁运到这里，还有桐油，这个到处陡峭的山坡上都能获取。在岩石之间最难以到达的地方都有桐树。

---

① 见上册第349页。

该产盐地本身位于一个有着250米高的陡坡的峡谷中——是个又大又非常难看的地方。盐井簇拥在一小圈地方，60米深,有1.2米的可见光。盐水用四个桶运,桶绑在一条没有端点的绳子上,绳子挂在一个滑轮上。桶被很快提起,盐水倒进一个容器,从容器里源源不断地有盐水通过输送管道运往位于更低处的盐场。这里的燃料是煤。在直径为4英尺的铁锅下面炭火通红。碱液非常浓(含盐30%—60%),味苦。这地方的人很多,当中也有很坏的人,尽管这些坏人被许多好心人喝止了,这些好心人甚至说我们是消灭了叛党之人。

(4月28—29日)因为逆风,有几个湍流在逆风时十分危险,我们只好呆着没走。所有往下游去的船只都停下来休息;往上游去的船只则张满了帆从我们旁边经过。这一段路没什么趣儿,都是红色的山。到了夔州也就到了四川与湖北的边界。

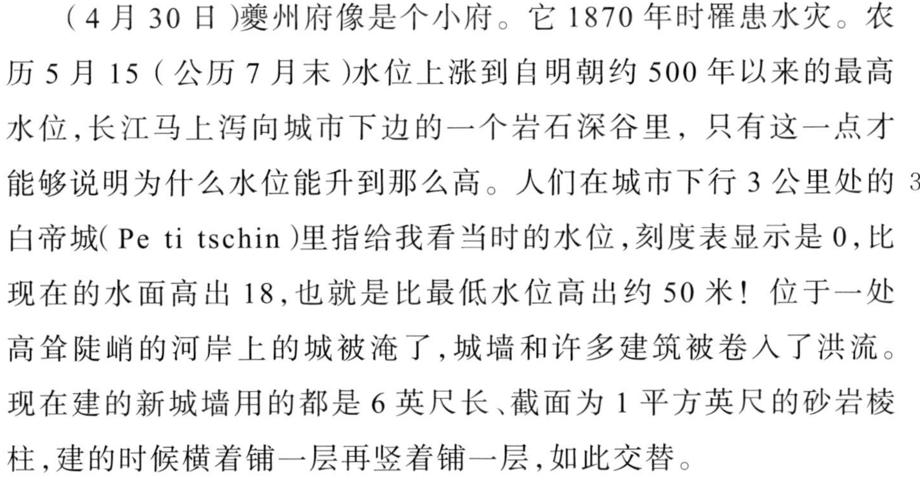

(4月30日)夔州府像是个小府。它1870年时罹患水灾。农历5月15(公历7月末)水位上涨到自明朝约500年以来的最高水位,长江马上泻向城市下边的一个岩石深谷里，只有这一点才能够说明为什么水位能升到那么高。人们在城市下行3公里处的 339
白帝城(Pe ti tschin)里指给我看当时的水位,刻度表显示是0,比现在的水面高出18,也就是比最低水位高出约50米！位于一处高耸陡峭的河岸上的城被淹了,城墙和许多建筑被卷入了洪流。现在建的新城墙用的都是6英尺长、截面为1平方英尺的砂岩棱柱,建的时候横着铺一层再竖着铺一层,如此交替。

从夔州府有一条距离江岸较远的陆路通往宜昌府,在洪水时候用来运输非常珍贵的物品。一路上据说要花10天,每天50—

60 里。负重的牲口可以走这条路，路上据说还有草料。夔州府附近有盐泉，但只在河床里面有，在城的对面。水位最低的时候河床里开井采盐，现在已经没了。储存量也同云阳县附近的一样无法说明。

我昨天去了趟白帝城——布勒克斯顿所谓的“主教的冠冕（Bishops Mitra）”，去看岩层。岩层构造很清楚，但现在又出现新的谜团，要解开它们只有靠仔细研究化石了。

风箱峡（Föng siang sia）是个短而险的狭窄山口，它横过一条有着至少 600 米高的山峰的石灰岩山脉。入口处的右侧耸立着一道 120 米高的垂直岩壁，左侧的岩壁呈狭窄的梯级——梯级都伴有垂直的黄色断崖——升高到一个至少有 500 米高的悬崖为止。奇特的是，在貌似不可到达的垂直岩壁上方高处的可耕种的小斜坡上竟然有人居住，有的地方的石灰岩洞里也有人住。在一个完
340 全无法到达的岩缝里，那里距江面大约 100 米，嵌着几个木箱；这就是所谓的“风箱（föng siang）”，没有人知道它们是怎么放上去的。

巫山峡（Wu schan-Gorge）长 23 海里（约 40 公里）。石灰岩山在这里，同岩层走向垂直，宽约 30 公里。上行的船只通常要三天才能穿过这里，下行的三个小时就够了！这是一条夹在八九百米高的峭壁之间的航道，转弯不多，没有湍流，但旋涡很多，没有礁石，很深。两边的峭壁陡峭得让人无法拉纤，所以要很久才过得去。

接着便来到了归州盆地，它的中央坐落的便是巴东（Pa tung）城，此城我明天才能看到全景。巴东是个没有围墙的小县。

（5 月 1 日）今天先是穿过了归州[①]盆地，然后穿过米坛（Mi tan，音译）峡和牛肝（Niu kan）峡进入了三斗坪（San tou ping）花岗岩区。一路上湍流众多，有几个很险，特别是在新滩（Sin tan）[②]那里。峡谷中的水流很平静，只有旋涡使得船行艰难。三斗坪地区是个周围多丘陵的地区，由分解的岩石——极可能是花岗岩屑——构成。往南呈宽广的半圆形分布着石灰岩悬崖，往北显得较为开阔。

（5 月 2 日）到达宜昌府。直到南沱（Nan to），江边的岩石都是花岗岩，但右侧高耸于其上的还有石灰岩悬崖，而左侧是丘陵地区。[③]

① 归州和之前提到的夔州府（Kwei tschou fu）不同。此外夔州府同贵州（Kwei tschou）省当然也不同。

② Sin tan 意为新湍流。

③ 日记结尾。——在一个记事本中注着：“5 月 17 日，周五晚到达汉口；5 月 19 日周日晨出发；5 月 21 日，周二到达上海。”

结尾：最后一次旅居上海 341

（1872年5月21日至10月18日）

（6月15日/出自一封写给父母的信）我正忙于处理在中国游历考察的收尾工作，都是些我从道德上感到有义务要写的文稿。我在赶，但所需的时间比我想象的要长，我还不确定什么时候能够写完。

想到还乡在即，我的心情无以言表。

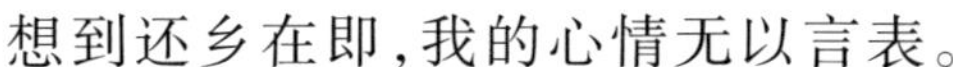

（6月24日/同一封信的续篇）我的稿子还没写好。之所以这么慢的一个原因是，我一想到要走了就无法全身心地投入到那些颇为枯燥乏味的写作中去。因此，我还无法确定什么时候启程，也没想好旅行的路线。我须带上堆起来像座山一样的行李箱，虽然可托诸货运，但还得我本人陪护。里面没什么钱，你们知道，我自从到了中国就没在乎过这一点——或许太不在乎了——而把所有时间都花在了工作上。石头我倒是有不少，还有满满一箱子日记和地图等。由于我的稿子[①]篇幅将超过70页密密麻麻印刷的四开纸，并用英文撰写——对此我并不熟练，所以你们可以 342

① 指的是（李希霍芬）为在上海的商会写的最后也是最长的一篇“关于中国的信”，见上册第347页。

想象尽管我已竭尽全力，但仍旧需要很长的时间才能写完。

我见到你们时会是怎样情形呢！你们要是都还住在牧师公馆里该多好啊！我希望，我们还能一起享受一段美好的时光。之后我才将发现，都过了那么多年了！[1] 我已经厌倦了旅行和四处漂泊。我渴望安定，哪怕只在你们身边稍作停留，那也将是美不可言！但愿不久我就能过上这样的生活，以最大限度地弥补那些我孤独度过的日子。

（6月24日/出自一封写给其兄卡尔的信）想到就要回家了我就禁不住百感交集，但最强烈的是无尽的喜悦。没有比受到妈妈的感谢更令我羞愧的事了，因为是我应当感谢她才对。这使得我蓦然异常强烈地良心发现，我虽然一直想要努力履行义务，但却从未能够做到——就因为我总是那么自私地追求我的追求，做我喜欢做的事，而没有投身于有实际意义的事，没有履行我的义务。

我们将要再见，再见时都已变老，但你会发现我的变化并不是很大。在我见到你本人之前，假如我可以言表，就请你接受我
343 最由衷的感谢吧，感谢你那么长时间独自承担了照顾我们的好父母之责。

（7月14日/出自一封写给父母的信）到你们那里的仍旧是

[1] 李希霍芬作为普鲁士特别公使团的自然科学家——该团在弗里德里希·奥伦布格（Friedrich zu Eulenburg）伯爵的率领下赴东亚，为与中国、日本和暹罗订立贸易条约——于1860年5月离开家乡，在访问了这些国家和印度尼西亚之后同公使团分开，并在放弃了从印度去中亚的考察计划之后去了旧金山，于1862年8月22日到达那里。在加利福尼亚他度过了六年——他生命中最艰苦的时光。随着他于1868年8月3日从旧金山启程，便开始写这些日记。他于1872年10月18日从上海离开中国，11月29日抵达马赛，1872年12月1日回到了他位于上西里西亚（Oberschlesien）的故乡卡尔斯鲁厄（Carlsruhe）。至此，他离乡共计12年零7个月。

信而不是我，我还得请你们允许我在这里再多待几周。看到一艘又一艘汽轮开走了而我还不能同行，十分过意不去。每艘船都带走几个熟人，其中的几个在这几个星期时间里都已到家，而我却怀揣返乡之心在此盘桓。但我还有些事要办，必须一步步地来。我还是告诉你们的好：这些事都关系到我的未来。我最后一次旅行过后，钱已所剩无几。此外我还收到一封奥伦布格伯爵的来信，他告诉我：我之前向他提出的申请，即申请由国家来提供我返程和进一步加工我的旅行成果所需的资金，虽然被文化部欣然接受了，但却由于我的经费数额无法预计而无法决议。我于是觉得有些犯难，顶多是能够回去，但到家了也已身无分文。但我为公共利益计而花了那么长时间写出来的那些稿子，还有我将自己在这里的职责期限从 12 个月延长到 22 个月，这些都使我能够从上海的大家族那里获得追加的资金支持，因为我的一大部分研究成果对他们有好处。这是件难办的事，因为我自己并不能主动，而只能在效劳之后才能得到人家的补贴。

首先，我必须完成关于最后一次旅行的文章。这我已经写完，几天后也将印刷完毕。现已开始运作：让我把旅行所得的成果加
工成普遍令人受益的东西，为我筹措必要的资金。此时此刻虽然 344
还少一个迅速而彻底地执行此事的得力之人，但聪明人已经意识到，他们不能指望我继续为了公益无偿地奉献我的时间，也意识到在资助我旅行的那笔资金之外继续追加资金支持将获益更大。无论最终怎么办，这都取决于我迄今所发表的信件所具有的价值，我只有把事情做好才好拿到资金支持。此事虽然还未定，但因为关系到接下来数年所需的大笔资金，而我只能指望用这笔钱来彻底

地整理出我辛辛苦苦旅行得来的成果以及保障我所希望的生存，所以你们要见谅，我不得不按捺住自己回家的渴望，静候——尽管并不耐烦——事情的进展。而我由此所获的谋生之资，比之于我搭进去的时间，全然不划算。一个男人到了我这样的年纪仍不能足够自立，仍无法摆脱外界的支持，这虽然证明了我的窘迫，但假如你不生在富人家，又不以挣钱为业，也不在让人最为享受的坦荡仕途之上，那么你就得认真工作，让表面上过得去，还得紧紧抓住那条并不牢靠的绳索，即要凭自己的成绩才能博取的公众或国家的支持。

倘若我现在能有两三年时间全身心地投入我的著作，那么我有理由期望在科学和实用领域都取得不俗的成绩。我的著述迄今虽还不多，但已得到了广泛的认可。我说过的话和我经历的事多
345 次被引用，作为各种以中国为题的著作之基础。此生令我再三庆幸的其中一件事，就是当初商会要求我继续写我的著作。这不仅是因为我由此能够完成一个著作——不然它势必流于残缺不全；而且也是因为我的所作所为——丝毫无损于其作为主旨的科学特征——由此指向了实用的问题，这些问题为我开启了一个拥有新视角的全新领域。在重要的新领域里发生的贸易往来大潮，以及对中国这样一个国家的生产能力进行研究，都是十分有趣也十分重要的研究对象。因此，假如认为科学便是研究的自身目的，那么实际生活中的重大问题便遭到忽视，这将是一种很有局限性的立场。假如不是商会的要求把我引导至其上，对这些实用问题我将习以为常地不会那么关注，也不会做出如此正面的判断。

今天，对于我并不重要的生命历程而言十分重要的一根纽带

脱落了：我送我忠实的保罗·施普林格特登上北去的汽轮，他去那里做他的新事业。我真的很伤感于要同这样一位忠厚、诚实的人离别，在我和他朝夕相对42个月，一起同吃苦共患难之后。他有着在我们的时代已经十分少有、特别是在海外动荡的生活中通常难以保持的金子般珍贵的品质。在我的建议下，他将到蒙古经商——他很适合干这个，走时带去大量的商品。他到那里有比利时的传教士罩着，他们会像爱护自己的眼球一样爱护他，还有一帮为他效力的基督徒。我因此希望，他在那里能过得很好。我帮助他同上海的一个并不大方的大家族建立了联系。[1] 346

还有我的那些陪伴我那么久的乖巧的狗，看着它们离去令我不无伤感。我把它们和保罗·施普林格特在一起的照片寄给你们。[2] 你们也将看到，自然并未垂青保罗，但如果我能把此人的性格也拍照寄给你们，那么他比有些徒有其表之人却美得多。

我到这里又是住在我的朋友卡利策（Calice）家中，他不久前做了奥地利的部长代办。眼下他去了北京，忙于展览会的事情。这方面他在日本和暹罗已取得了斐然的成绩，在中国似乎也进展顺利。我在这方面也能给他提些建议。这三个国家在维也纳将得到比在以往任何一届展览会上都更好的展示。——我现在同奥地利领事史力克（Schlick）住在一起：他是个简单、朴素的人，但十分

① 保罗·施普林格特此后不久便在中国供职，并成为高官。他娶了一个中国老婆，她给他生了22个孩子。这里登载的这张他被家人环绕的照片是他在李希霍芬70岁生日时（1903年5月3日）寄给李的，他在所附的贺信中表明了他对李希霍芬的忠诚，他保证他是按照当年追随李希霍芬旅行途中学到的原则教育他的所有孩子的。在他于中国和中国土耳其斯坦（Chinesisch-Turkestan）地区任不同职位30多年之后，在李希霍芬过世不久，他于1906年逝世于他的第二故乡。

② 参见上册插图3（第76页）里的照片。

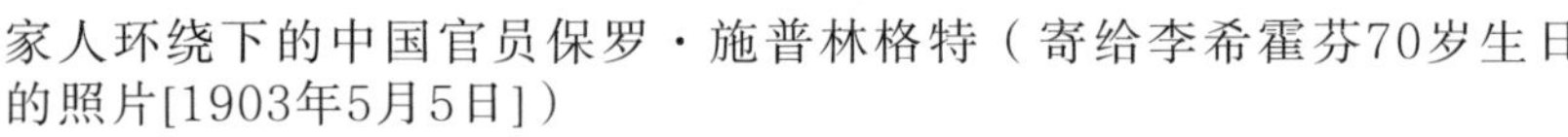

家人环绕下的中国官员保罗·施普林格特（寄给李希霍芬70岁生日的照片[1903年5月5日]）

高尚；对此，我慢慢才了解。

你们要是有机会感受一下这里14天以来的炎热，你们将原谅我就此搁笔。思想被蒸发净尽，只剩下愚蠢的残渣。要进行一项脑力劳动费劲极了，连一封最寻常不过的信现在也算得上一项写作成果了。

347 （7月29日/出自一封写给父母的信）14天以来我的事务进展不大，但已经有了点进展。我的信件付诸印刷，我不得不等它完工；这不四天前终于完工，今天我便给你们寄去我全部作品中的这个部分。几天来我的关于资金的磋商陡然转急，但从昨天起又有了起色。很可能达成的结果是，由国家来出版我的旅行所获取的非科研性质的成果。

我将那些同该国的资源、内部贸易和交通有关以及其他几个方面的成果称作非科研性质的成果。它们将展现一个以后可供外国创业家施展才能的领域。这件事的重要性得到了完全的认可。但困难主要在于，当地的代办都是临时的，等他们能用我的成果的时候大概也已经离开这里。所以，他们对此没有直接的实际兴趣。我本人的立场是，这些实用性的文章都不在我的科学工作范围之内，因此不能指望我无私地为公益奉献，奉上花费我时间和金钱却于我自己无益的长篇大作。尽管如此，我还是带着对此事的巨大热爱着手工作的，因为我对其重要性深信不疑，乐于利用这样的机会将科学研究转化为有实用意义的成果。纯地质学的研究当然不会因此受到不良影响，而是同其他实用性工作携手并进。

想到我就要再次直接投身于维护许多目前驱动你们为之激情
奋斗的家庭利益，和你们同甘共苦——而之前因为离得远这却不
大可能，我就喜不自胜。我也希望能很快地再次融入亲朋好友，再
次成为所有晚辈的好长辈。在更广阔的圈子里，在政治与科学圈 348
里，要想融入会难得多。但我也希望做到最好，特别是如果我能在
还乡时不必过于依赖别人。

邮局将交给你们的作品，跟往常你们收到的一样，可以粗看，却不值得细读。

自从我到中国以来，我第一次享有了几天安闲，没有特定、紧迫的事非做不可。迄今我都很少知道空闲为何物，假如空闲太多反而令人不悦。现在天很热，工作减至最小量。许多人都死于暴晒。我仍与史力克一起住在奥地利领事馆里。

（8 月 9 日 / 出自一封写给父母的信）事情的进展正在加快我返乡的步伐，我迫不及待地要把在异国他乡的这最后几周过完。假如不是为了你们和我计而等着此前信中说过的那件事的结果，我早就不待在这里了。

我在为将来谋一份差事而等待。对我而言，似乎是个二选一：要么为接下来几年的生活谋得一份稳定而完全独立的职业，要么就穷困潦倒地返回。但实际上意义远大于此，因为只有谋职成功我才能投入工作，将我在中国的旅行转化成精神的与实在的资本；这些旅行虽然能够成为这般资本，但尚待加工转化。所以，这事关我未来较长一段时间的人生，十分重要。此事的前景并非不利，但倘若我提早走人，那就没戏了，就会前功尽弃。我必须等着。这在我的人生中反正也不是第一次了！

（9月7日/出自一封写给父母的信）我可以告诉你们的是，事情进展得比预想的要好，但归期依旧不定。酷暑，加之其他原因
349 妨碍了那些处理我的事情的人工作，但昨天终于有了眉目，已经取得了一个有利的结果，所以我对事情的进一步发展就更有信心了。天气凉爽了许多，可以工作并四处走动了，这对于办事成功乃必备条件。然而预计接下来的情况不会像开始时那么顺利，需要等一段时间才能达到如我所愿的结果。不到那时我都动弹不得，因为只要我人一走，事情就得泡汤。我抱着最好的期望，尽管等待是苦差，但之后的成功将极大地平衡这份苦涩。

我没什么要告诉你们的。奥地利领事馆还没有逐客，好像也并无此意。假如不是找到了这么好客的去处，我是难能在上海挨那么久的。这里的一家人又团聚了。冯·卡利策先生去了趟北京，回来了，现在去日本，然后去维也纳，我希望在维也纳再见到他。史力克这个老头总是孜孜不倦。他们两人都工作，我也没闲着：上海没有哪里比这儿更勤奋的了。我很少参加社交活动。交际、

阅读等事，我都打算回家以后再做。我现在只做对古时中国的研究，忙于写作一篇关于古老得可怕的地理学[①]的文章，以便打发我等待时的时光。不做事，只是枯等的话，让人受不了。

总的说来，我在中国坐着消磨时光比那些回到德国度假、度完假还想着延长假期、几番不舍之后才不得不回到中国的岗位上的
人总还要好得多。假如不能这么耐心坐守，我估计回去以后也坐 350
不稳职位。

（9月21日/出自一封写给父母的信）就把我拴在这里的事情而言，并没有进展需要告诉你们，因为从上封信到现在这段时间里，一位先生跑去香港办理此事，明天才回来。上海没有太多能令你们感兴趣的事情可写。除了那些因天气凉爽而纷至沓来的躲不掉的宴请，我几乎都待在家里的办公桌旁。就此而言，奥地利领事馆坐落的位置可谓极佳：面朝蒸汽轮来来往往的江面，我的房间很大，也朝着正面。落地窗朝向宽敞的阳台，是一直向外开着的门户，阳台绕着半边屋，这里通常如此。因此呼吸的总是清新的空气，觉察不到城市的存在，因为江的对岸只有树木和农田。

时间过去，没有多少用处，也没有消遣或享受。我仍旧以继续古代研究打发时光，将兴趣暂时放在这上面，这也是为我接下来写其他关于中国的文章做好准备。

几天之后，我将把我收集所得与成果，约40箱，寄往汉堡，搭乘从这里开往那里的第一班汽轮。希望都能安全抵达。如能亲身陪伴我的东西那该多好，但是我还不定何时启程。然而我已经说

① 指以草稿形式保存下来但并未以此形式发表的历史地理学研究的准备之作，最终的成果以《对中国认识的发展》为题，构成了他的中国大作第一卷的第二部分。

过,如果一切顺利,那么等待就不显得漫长了,因为我至少短期内就不必担心了,并且我的工作在接下来的几年里将步入成果丰硕的轨道。

(10 月 10 日 / 出自从中国写给父母的最后一封信)你们收到这封信的同时大约也将收到我已到达的电报。实际上,我现在已经做好了启程的准备,原打算不写这封信而是亲自回去见你们的。我在 14 天前就把 23 箱东西经直航汉堡的汽轮寄走了,剩
351 下的 21 箱宝贝由也已启程的另一艘汽轮运往那里。行李箱也已经装好,我这方面万事俱备,明天就能搭乘英国的邮轮去苏伊士(Suez),然后经的里雅斯特(Triest)和维也纳回去;旅途的细节也已经计划好。只是,我还得再等一周, 18 号搭乘法国邮轮回去。很可能取道马赛。

我的事情在这里已经办妥,我能够决定在接下来的两三年里完全投身于整理我在中国旅行所得的结果。我希望再从我们的政府那里得到一笔赞助[①],以使资金充足。总之,我接下来的人生第一步不至于依赖别人,可以说,我在这里等那么久是值得的。

从我离开加利福尼亚到现在的四年里,我因为旅途劳顿与工作艰辛显得老了些;因为不能寄照片给你们,所以我怕你们一开始见到我会觉得有些惊讶,往日那些青年的特征在我如今的脸上已经找不到。但我相信很快就会好起来,你们终究会发觉我其实没怎么变。我仍旧不是个开朗而善于交际的人。没有财产,又没有国家供养,也没有职业营生的一个人为了谋生就要不断奋斗,这无

① 后来,从皇家自由支配基金和普鲁士文化和贸易部用于资助出版科学成果的基金里批给了李希霍芬数目可观的资金。

法令人多么心情舒畅。但有一点是我的人生收获：假如从加利福尼亚回国，我将不满且真的不快；现在，我可以心满意足地回顾过去的几年。假如我能如愿完成接下来的著述工作，这将是我人生 352
中的黄金时代，按照“结果满意，万事如意”的原则，便可化解我此前的损失所带来的遗憾。

我现在特别期盼在见到你们时你们都好好的。我希望我们在分离那么久之后能一起欢欢喜喜地过圣诞过新年。

带着美妙如许的想望，我最后一次自中国写信给你们，顿笔。

你们忠实的儿子

费迪南德

索 引

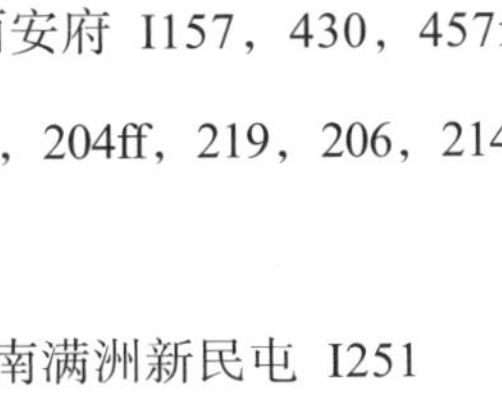

图书在版编目(CIP)数据

李希霍芬中国旅行日记.全2册/(德)费迪南德·冯·李希霍芬著;(德)E.蒂森选编;李岩,王彦会译.—北京:商务印书馆,2017
(汉译世界学术名著丛书:120年纪念版:珍藏本)
ISBN 978-7-100-14407-0

Ⅰ.①李… Ⅱ.①费… ②E…③李…④王… Ⅲ.①日记—作品集—德国—近代 Ⅳ.①I516.64

中国版本图书馆CIP数据核字(2017)第153912号

汉译世界学术名著丛书
(120年纪念版·珍藏本)
李希霍芬中国旅行日记
(全二册)
〔德〕费迪南德·冯·李希霍芬 著
〔德〕E.蒂森 选编
李岩 王彦会 译
华林甫 于景涛 审校

商 务 印 书 馆 出 版
(北京王府井大街36号 邮政编码100710)
商 务 印 书 馆 发 行
北京通州皇家印刷厂印刷
ISBN 978-7-100-14407-0

2017年12月第1版 开本710×1000 1/16
2017年12月北京第1次印刷 印张52¾
定价:258.00元